Christoph Schmitz/Hans-Jürgen Urban (Hrsg.)
Arbeitspolitik nach Corona
Probleme – Konflikte – Perspektiven

Christoph Schmitz/Hans-Jürgen Urban (Hrsg.)

Arbeitspolitik nach Corona

Probleme – Konflikte – Perspektiven

Redaktion:
Nadine Müller/Klaus Pickshaus/Jürgen Reusch

Ausgabe 2022

Bibliografische Information der Deutschen Nationalbibliothek
Die Deutsche Nationalbibliothek verzeichnet diese Publikation in der Deutschen Nationalbibliografie; detaillierte bibliografische Daten sind im Internet über http://dnb.d-nb.de abrufbar.

© Bund-Verlag GmbH, Emil-von-Behring-Straße 14,
60439 Frankfurt am Main, 2022

Umschlaggestaltung: Bernd Adam, Weinheim, www.adam-design.de
Umschlagbild: © Alexander Koch – ARTOTHEK

Satz: Dörlemann Satz, Lemförde
Druck und Bindung: Druckerei C.H. Beck, Bergerstraße 3,
86720 Nördlingen

ISBN 978-3-7663-6964-2

Das Werk einschließlich aller seiner Teile ist urheberrechtlich geschützt. Jede Verwertung außerhalb der engen Grenzen des Urheberrechtsgesetzes ist ohne Zustimmung des Verlages unzulässig und strafbar. Das gilt insbesondere für Vervielfältigungen, Übersetzungen, Mikroverfilmungen und die Speicherung und Verarbeitung in elektronischen Systemen.

www.bund-verlag.de

Inhalt

Die Autorinnen und Autoren _____ 9

Nadine Müller/Klaus Pickshaus/Jürgen Reusch/
Christoph Schmitz/Hans-Jürgen Urban
Arbeitspolitik nach Corona – Probleme, Konflikte, Perspektiven:
Einleitung _____ 15

Gute Arbeit nach Corona – Probleme, Anforderungen, Perspektiven

Hans-Jürgen Urban
Zwischen Notfall-Pragmatismus und Pfadwechsel
Erfahrungen aus der Corona-Pandemie und Blick auf eine neue
Normalität _____ 29

Frank Werneke
Das Recht auf Gute Arbeit zur gesellschaftlichen Geltung bringen
Kernpunkte der ver.di-Offensive für Gute Arbeit in der
Nach-Pandemie-Zeit _____ 48

Jörg Hofmann
Politik der IG Metall nach der Corona-Krise –
Themen und Perspektiven _____ 64

Die Pandemie und die Arbeitswelt: Beiträge aus der Wissenschaft

Elke Ahlers/Bettina Kohlrausch/Aline Zucco
Die Auswirkungen der Covid-19-Krise auf die Situation der Beschäftigten
in den Betrieben
Ergebnisse der Erwerbspersonenbefragung der
Hans-Böckler-Stiftung _____ 79

Inhalt

Jutta Allmendinger
Die Gleichstellung von Frauen und Männern auf dem Arbeitsmarkt:
Was eine geschlechtersensible Arbeitsmarkt-, Familien- und
Sozialpolitik leisten muss — 94

Richard Detje/Dieter Sauer
Die Pandemie in der Arbeitswelt
Ergebnisse einer Befragung zu Krise, Gesundheitsschutz und
Mitbestimmungspraxen in Industrie und Dienstleistungen — 106

Agnes Fessler/Hajo Holst/Steffen Niehoff
Pandemie, Erwerbsarbeit und Mitbestimmung – Anhaltende
Klassenungleichheiten in der Arbeitswelt — 120

Berthold Vogel
Investition und Innovation. Für eine Politik öffentlicher Güter — 133

Klaus Dörre
Keine Krise wie jede andere: Die Pandemie, die Transformation
und der Staat — 140

**Wirtschafts- und arbeitspolitische Probleme und Lösungen
im Sinne Guter Arbeit**

Andrea Fergen/Moriz-Boje Tiedemann
Betriebliche und staatliche Arbeitsschutzpolitik nach der Pandemie:
Erneuerung einleiten — 161

Christine Behle/Oliver Bandosz
Tarifpolitik in Zeiten von Corona
Das Beispiel Tarif- und Besoldungsrunde öffentlicher Dienst mit
Bund und Kommunen — 175

Wilfried Kurtzke/Beate Scheidt
Perspektiven der wirtschaftlichen Entwicklung nach Corona — 185

Nadine Müller/Astrid Schmidt
Arbeitsintensität und Corona – Gute Arbeit jetzt erst recht! — 197

Inhalt

Anke Muth/Dirk Neumann
Berufliche Aus- und Weiterbildung im Zeichen der Corona-Krise _____ 214

Claus Zanker/Christian Wille
Corona – Treiber oder Hemmnis für Innovationen?
Befunde des ver.di-Innovationsbarometers 2021 _____ 229

Jürgen Reusch
Das Virus, die Politik und die Betriebe _____ 240

Branchenprobleme und Forderungen aus gewerkschaftspolitischer Sicht

Christoph Schmitz/Lisa Basten
Kultur, Krise, Gewerkschaft – eine Branche im Fokus _____ 257

Kai Burmeister
Sozialökologischer Umbau, Automobilindustrie und sichere Arbeitsplätze _____ 269

Christine Behle/Mira Ball
»ÖPNV – Gute Arbeit für das Klima« _____ 283

Grit Genster
Versprochen. Gebrochen. Lehren ziehen!
Für Gute Arbeit in einem gemeinwohlorientierten Gesundheitswesen _____ 294

Annabell Kolbe/Birte Radmacher/Martina Schmerr
Nach der Krise ist vor der Krise: Schulen und Kitas im Zeitalter der Pandemie _____ 308

Susanne Uhl/Thomas Bernhard/Szabolcs Sepsi/Johannes Specht
Willkommen im neuen Fleischindustriezeitalter!?
Wie Corona, jahrelanges Engagement Vieler und am Ende beherzte Minister die deutsche Fleischindustrie umbauten – eine erste Bilanz _____ 321

Inhalt

Anhang

**Arbeitspolitik nach Corona –
Daten, Schwerpunkte, Trends**

*Johannes Brettner/Judith Hausmann/Joseph Kuhn/Uwe Lenhardt/
Jürgen Reusch*

1. Basisdaten zu Arbeitsbedingungen und Arbeitsverhältnissen _____ 335
    1.1 Die Corona-Krise – Prekarisierung und weitere Erosion
         der Tarifbindung _____ 335
    1.2 Verfestigung des Niedriglohnsektors _____ 337
    1.3 Mobile Arbeit und Homeoffice _____ 340
    1.4 Re-Traditionalisierung _____ 346
2. Psychische Belastungen in der Krise _____ 349
3. Arbeitszeit: Aktuelle Trends _____ 353
4. Psyche und Arbeitswelt _____ 356
    4.1 Psychische Störungen in der Allgemeinbevölkerung _____ 356
    4.2 Krankenstand: Trends und Ursachen der Arbeitsunfähigkeit __ 358
    4.3 Arbeitsunfähigkeit infolge psychischer Störungen _____ 360
    4.4 Frühberentungen infolge psychischer Störungen _____ 364
    4.5 Exkurs: Corona und psychische Störungen _____ 366
5. Arbeitsunfälle und Berufskrankheiten _____ 369
6. Personalstand und Tätigkeit der Aufsichtsbehörden und -dienste __ 374

Die Autorinnen und Autoren

Dr. Elke Ahlers
Sozialwissenschaftlerin, Leiterin des Referats »Qualität der Arbeit« beim Wirtschafts- und Sozialwissenschaftlichen Institut (WSI) in der Hans-Böckler-Stiftung. Kontakt: elke-ahlers@boeckler.de

Prof. Dr. h.c. Jutta Allmendinger Ph.D.
Soziologin, seit 2007 Präsidentin des Wissenschaftszentrums Berlin für Sozialforschung (WZB), Honorarprofessur für Soziologie an der FU Berlin. Forschungsschwerpunkte: Soziologie des Arbeitsmarktes, Bildungssoziologie, Soziale Ungleichheit, Sozialpolitik, Organisationssoziologie und Soziologie des Lebensverlaufs. Kontakt: jutta.allmendinger@wzb.eu

Oliver Bandosz
Jurist. Seit 2018 Leiter des Bereichs Tarifpolitik öffentlicher Dienst bei der ver.di-Bundesverwaltung. Kontakt: Oliver.Bandosz@verdi.de

Mira Ball
Soziologin. Seit 2007 Gewerkschaftssekretärin bei der Vereinten Dienstleistungsgewerkschaft ver.di. Als Leiterin der Bundesfachgruppe Busse und Bahnen war sie auch für die Koordination der Tarifkampagne #tvn2020 verantwortlich. Kontakt: mira.ball@verdi.de

Lisa Basten
Gewerkschaftssekretärin bei der ver.di-Bundesverwaltung im Bereich Kunst und Kultur. Zuständig für die Betreuung von Schriftsteller:innen, Musiker:innen, Bildenden Künstler:innen sowie der Kolleg:innen der Fachgruppe Theater und Bühnen. Kontakt: Lisa.Basten@verdi.de

Christine Behle
Seit 2019 stellvertretende Vorsitzende und Mitglied des Bundesvorstandes der Vereinten Dienstleistungsgewerkschaft ver.di. Leiterin der Fachbereiche Sozialversicherung, Bund und Länder, Gemeinden, Verkehr und Besondere Dienstleistungen. Kontakt: christine.behle@verdi.de

Autorinnen und Autoren

Thomas Bernhard
Referatsleiter Fleischwirtschaft bei der Hauptverwaltung der Gewerkschaft NGG. Kontakt: thomas.bernhard@ngg.net

Johannes Brettner
Bayerisches Landesamt für Gesundheit und Lebensmittelsicherheit. Kontakt: johannes.brettner@lgl.bayern.de

Kai Burmeister
Volkswirt, Gewerkschaftssekretär der IG Metall Bezirksleitung Baden-Württemberg im Bereich Transformation der Automobilindustrie. Kontakt: Kai.Burmeister@igmetall.de

Richard Detje
Mitarbeiter von WISSENTransfer (Wissenschaftliche Vereinigung für Kapitalismusanalyse und Gesellschaftspolitik e.V.) und der Zeitschrift Sozialismus. Mitglied im Vorstand der Rosa-Luxemburg-Stiftung. Kontakt: rdetje@aol.com

Prof. Dr. Klaus Dörre
Professor für Arbeits-, Industrie- und Wirtschaftssoziologie an der Friedrich-Schiller-Universität Jena. Kontakt: klaus.doerre@uni-jena.de

Andrea Fergen
Leiterin des Ressorts Arbeitsgestaltung und Gesundheitsschutz beim Vorstand der IG Metall. Langjährige Mitarbeit im Ausschuss für Arbeitsstätten. Kontakt: andrea.fergen@igmetall.de

Agnes Fessler
Wissenschaftliche Mitarbeiterin am Fachbereich Wirtschaftssoziologie der Universität Osnabrück. Sie forscht u.a. zu Arbeitsverhältnissen und Organisationen im Wandel, sozialer Ungleichheit und sozial-ökologischer Transformation in der Arbeitswelt. Kontakt: agnes.fessler@uni-osnabrueck.de

Grit Genster
Bereichsleiterin Gesundheitspolitik beim Vorstand der Gewerkschaft ver.di. Kontakt: grit.genster@verdi.de

Judith Hausmann
Bayerisches Landesamt für Gesundheit und Lebensmittelsicherheit. Kontakt: judith.hausmann@lgl.bayern.de

Autorinnen und Autoren

Jörg Hofmann
Ökonom, Gewerkschaftssekretär. Erster Vorsitzender der IG Metall. Kontakt: joerg.hofmann@igmetall.de

Prof. Dr. Hajo Holst
Professor für Wirtschaftssoziologie an der Universität Osnabrück. Forschungsschwerpunkte: Wandel der Arbeit, soziale Ungleichheit, Nachhaltigkeitstransitionen und industrielle Beziehungen. Kontakt: haholst@uni-osnabrueck.de

Prof. Dr. Bettina Kohlrausch
Soziologin. Wissenschaftliche Direktorin des Wirtschafts- und Sozialwissenschaftlichen Instituts (WSI) in der Hans-Böckler-Stiftung, Professorin für Bildungssoziologie an der Universität Paderborn. Kontakt: bettina-kohlrausch@boeckler.de

Annabell Kolbe
Referentin für Tarif- und Beamtenpolitik beim Hauptvorstand der Gewerkschaft Erziehung und Wissenschaft (GEW). Kontakt: annabell.kolbe@gew.de

Dr. Joseph Kuhn
Arbeitspsychologe, Bayerisches Landesamt für Gesundheit und Lebensmittelsicherheit. Kontakt: joseph.kuhn@lgl.bayern.de

Wilfried Kurtzke
Ökonom mit Schwerpunkt Makroökonomie beim IG Metall Vorstand, Ressort Koordination Branchenpolitik. Kontakt: Wilfried.Kurtzke@igmetall.de

Dr. Uwe Lenhardt
Gesundheitswissenschaftler, Bundesanstalt für Arbeitsschutz und Arbeitsmedizin, FuE-Management. Kontakt. lenhardt.uwe@baua.bund.de

Dr. Nadine Müller
Leiterin des Bereichs Innovation und Gute Arbeit bei der ver.di-Bundesverwaltung, Redaktion des Jahrbuchs Gute Arbeit. Kontakt: nadine.mueller@verdi.de

Anke Muth
Politische Sekretärin im Ressort Bildungs- und Qualifizierungspolitik beim Vorstand der IG Metall. Kontakt: anke.muth@igmetall.de

Autorinnen und Autoren

Dirk Neumann
Bereichsleiter Arbeitsgestaltung und Qualifizierungspolitik beim Vorstand der IG Metall. Kontakt: dirk.neumann@igmetall.de

Steffen Niehoff
Wissenschaftlicher Mitarbeiter am Fachbereich Wirtschaftssoziologie der Universität Osnabrück. Forschungsschwerpunkte: Organisation der Arbeit, soziale Ungleichheit, Methoden quantitativer Sozialforschung. Kontakt: steffen.niehoff@uni-osnabrueck.de

Klaus Pickshaus
Politikwissenschaftler, freier Autor und Publizist. Redaktion des Jahrbuchs Gute Arbeit. Kontakt: klaus.pickhaus@t-online.de

Birte Radmacher
Referentin für den Vorstandsbereich Jugendhilfe und Sozialarbeit beim Hauptvorstand der Gewerkschaft Erziehung und Wissenschaft (GEW). Kontakt: birte.radmacher@gew.de

Dr. Jürgen Reusch
Politikwissenschaftler, freier Autor und Berater, Redakteur des Jahrbuchs Gute Arbeit. Kontakt: juergen.reusch@gmx.net

Prof. Dr. Dieter Sauer
Sozialforscher am Institut für Sozialwissenschaftliche Forschung (ISF) München und Honorarprofessor für Soziologie. Kontakt: dieter.sauer@isf-muenchen.de

Dr. Beate Scheidt
Ökonomin mit Schwerpunkt Makroökonomie beim IG Metall Vorstand, Ressort Koordination Branchenpolitik. Kontakt: Beate.Scheidt@igmetall.de

Martina Schmerr
Referentin für den Vorstandsbereich Schule beim Hauptvorstand der Gewerkschaft Erziehung und Wissenschaft (GEW). Kontakt: martina.schmerr@gew.de

Astrid Schmidt
Referentin im Bereich Innovation und Gute Arbeit sowie im Fachbereich TK/IT in der ver.di-Bundesverwaltung in Berlin. Kontakt: astrid.schmidt@verdi.de

Autorinnen und Autoren

Christoph Schmitz
Mitglied des Bundesvorstands der Vereinten Dienstleistungsgewerkschaft. Leiter der Fachbereiche Telekommunikation/IT, Finanzdienstleistungen, Ver-/Entsorgung und Medien, Kunst und Industrie, zuständig u. a. für den Bereich Innovation und Gute Arbeit. Mitglied des Institutsbeirats des Instituts DGB-Index Gute Arbeit. Kontakt: christoph.schmitz@verdi.de

Szabolcs Sepsi
Faire Mobilität, Regionalleiter Mitte und Berater. Kontakt: sepsi@fairemobilitaet.de

Dr. Johannes Specht
Leiter der Tarifabteilung bei der Hauptverwaltung der Gewerkschaft NGG. Kontakt: johannes.specht@ngg.net

Moriz-Boje Tiedemann
Gewerkschaftssekretär im Ressort Arbeitsgestaltung und Gesundheitsschutz beim Vorstand der IG Metall. Mitglied im Ausschuss für Arbeitsstätten. Kontakt: moriz-boje.tiedemann@igmetall.de

Dr. Susanne Uhl
Leiterin des Hauptstadtbüros der Gewerkschaft NGG. Kontakt: susanne.uhl@ngg.net

Dr. Hans-Jürgen Urban
Politik- und Wirtschaftswissenschaftler, geschäftsführendes Vorstandsmitglied der IG Metall, zuständig für die Funktionsbereiche Sozialpolitik sowie Arbeitsgestaltung und Qualifizierungspolitik. Mitglied des Institutsbeirats des Instituts DGB-Index Gute Arbeit. Kontakt: www.hans-juergen-urban.de; hans-juergen.urban@igmetall.de

Prof. Dr. Berthold Vogel
Geschäftsführender Direktor des Soziologischen Forschungsinstituts Göttingen (SOFI) an der Georg-August-Universität. Arbeitsschwerpunkte: Soziologie der Arbeit, der öffentlichen Güter und des Rechts- und Sozialstaats. Kontakt: berthold.vogel@sofi.uni-goettingen.de

Frank Walensky
Hamburg, freier Journalist, Grafiker, Bildredakteur. Kontakt: frank@walensky.de

Autorinnen und Autoren

Frank Werneke
Seit 2019 Vorsitzender der Vereinten Dienstleistungsgewerkschaft. Kontakt: frank.werneke@verdi.de

Christian Wille
Referent im Bereich Innovation und Gute Arbeit bei der ver.di-Bundesverwaltung. Kontakt: christian.wille@verdi.de

Claus Zanker
Dipl.-Verwaltungswissenschaftler, Geschäftsführer von Input Consulting gGmbH. Kontakt: zanker@input-consulting.de

Dr. Aline Zucco
Volkswirtin. Wissenschaftliche Mitarbeiterin im Referat Verteilungsanalyse und Verteilungspolitik beim Wirtschafts- und Sozialwissenschaftlichen Institut (WSI) in der Hans-Böckler-Stiftung. Kontakt: aline-zucco@boeckler.de

Nadine Müller/Klaus Pickshaus/Jürgen Reusch/Christoph Schmitz/
Hans-Jürgen Urban

Arbeitspolitik nach Corona – Probleme, Konflikte, Perspektiven: Einleitung

Die Pandemie ist noch nicht vorbei. Trotzdem machen es die Verhältnisse in Deutschland notwendig, jetzt schon den Blick auf die Zeit »nach Corona« zu richten – und, im Fall dieses Buches, auf die Arbeitspolitik dieser Zukunft. Von ihr werden die Konturen der Arbeitswelt nach der Krise maßgeblich bestimmt werden. Alle sozialen und politischen Akteure sind gefordert, »die ›Zeit danach‹ vorzudenken und sich politisch zu positionieren«, schreibt Mitherausgeber Hans-Jürgen Urban im ersten Beitrag dieses Buches. Und darum geht es bei allen 22 Beiträgen in diesem neuen »Jahrbuch« Gute Arbeit. Um den richtigen Weg in die Zukunft muss jetzt gestritten werden, und die Weichen müssen jetzt gestellt werden. Darüber ist zu diskutieren.

Die Koalitionen der vergangenen Jahre haben einen Berg ungelöster Probleme hinterlassen, viele haben sie erst geschaffen. Der fast schon vergessene Wahlkampf-Herbst 2021 war geprägt vom unsinnigen Gedanken des »weiter so«, obwohl grundlegende gesellschaftliche Weichenstellungen anstehen. Die Pandemie-Krise und die Krisenpolitik blieben, so Urban, »in den Verhältnissen des Gegenwartskapitalismus befangen«. Seine Kritik: Das Krisenmanagement wurde dominiert von der Idee, die lästige Unterbrechung möglichst bald zu beenden und »zum Gewohnten«, zur alten Normalität zurückzukehren. Es war eine »Krisen-Politik ohne Pfadwechsel«. Die Arbeitgeberverbände holten alte Konzepte der Deregulierung und Flexibilisierung aus der Schublade und setzten noch eins drauf. Die Politik versprach die »Entfesselung der Wirtschaft«. Die enormen Kosten der Krise und der ökologischen Transformation sollten die Beschäftigten tragen. Allenthalben wurden »Sparrunden« angekündigt. Dennoch: Bei allem Gerede vom »zurück zur Normalität« befindet sich die Gesellschaft längst in einem Prozess tiefgreifender Veränderungen. Aber in welche Richtung?

Es kann hilfreich sein, die Erfahrungen der Krise auch aus einer ganz anderen Perspektive zu bewerten: Öffentliche Daseinsvorsorge hat sich als systemrelevant erwiesen, soll aber offenbar weiter unterbezahlt und weiter im Würgegriff der Privatisierung bleiben. Was die Gesellschaft in der Krise zusammengehalten hat, war die Arbeit. Gerade sie soll aber offenbar nicht die Anerkennung erhalten, die ihr gebührt. Für Gute Arbeit bleibt in der »neuen Normalität« nur dann Platz, wenn er erstritten wird. Eine Arbeitspolitik, die

Einleitung

das verstanden hat, muss auf mehr Ökologie zielen, auf mehr soziale Gerechtigkeit, auf gute Arbeitsplätze und mehr humane Arbeitsgestaltung, auf mehr Demokratie in der Arbeit. Das sind die Themen der Beiträge dieses Buches.

Für die Gewerkschaften geht es weiter um Gute Arbeit
Das gewerkschaftliche Konzept Gute Arbeit war von Anfang an leitend für diese Buchreihe. Auch in den folgenden Beiträgen wird versucht, Elemente des notwendigen Pfadwechsels herauszuarbeiten, wie Urban schreibt. Jetzt geht es insbesondere um »eine positive gewerkschaftliche Perspektive für die Nach-Pandemie-Zeit im Sinne Guter Arbeit in Betrieben und Verwaltungen«, unterstreicht Frank Werneke, Vorsitzender der Vereinten Dienstleistungsgewerkschaft. Für die Gewerkschaften geht es um das, »was in Normalzeiten zu wenig wichtig genommen wurde und jetzt aus- und aufzubauen ist: die soziale Infrastruktur mit einem starken Sektor sozialer Dienstleistungen; das Primat des Gesundheitssystems als Teil der öffentlichen Daseinsvorsorge vor der privatwirtschaftlichen Perspektive; gute Arbeitsbedingungen auch in Hinsicht auf ihren Nutzen fürs Gemeinwohl; Solidarität und demokratische Rechte«. Sein Plädoyer ist zugleich ein Aufruf zum Widerstand gegen »Retro-Rezepte«, die jetzt überall hervorgeholt werden.

Das Tückische an diesen Retro-Rezepten ist, dass sie zum Leitmotiv der ohnehin anstehenden Transformation werden sollen. Der Umbau dieser Gesellschaft und somit auch der Arbeitswelt ist ja längst im Gange. Aus gewerkschaftlicher Sicht muss er aber sozial und ökologisch ausfallen. Er muss, so Werneke, »Arbeits-, Gesundheits-, Umwelt- und Klimaschutz« gleichermaßen einschließen. In genau diese Richtung weist auch der Beitrag von Jörg Hofmann, Erster Vorsitzender der IG Metall. »Die Corona-Pandemie und die durch sie verursachten schweren wirtschaftlichen Verwerfungen haben die Branchen der IG Metall in einer schwierigen Phase grundlegender Veränderungen ereilt«, schreibt er. Und in diesen Veränderungen bauen sich »verschiedene bereits länger laufende strukturelle Entwicklungen in ihrem zeitlichen Zusammentreffen und ihrer wechselseitigen Verstärkung zu einer Transformationswelle« auf. Darin steckt die Gefahr, »dass sie soziale Standards zu Gunsten der Profitmaximierung und zu Lasten des gesellschaftlichen Zusammenhalts unterspült.« Es müsse deswegen darum gehen, »diese Welle transformativer Triebkräfte ›zu reiten‹ im Sinne der konsequenten Nutzung und Maximierung ihrer Chancen bei Abwendung von Beschäftigungs- und sozialen Risiken.« Das, so Hofmann, »ist *die* gesellschaftliche Großaufgabe der kommenden Jahre.«

Einleitung

Beiträge aus der Wissenschaft
Der Debatte über die Arbeitspolitik nach Corona tut es gut, Stimmen aus der kritischen Wissenschaft zu Rate zu ziehen. In mehreren Beiträgen dieses Buches ist sie zu vernehmen. Elke Ahlers, Bettina Kohlrausch und Aline Zucco fassen zusammen, was mehrere Erwerbspersonenbefragungen der Hans-Böckler-Stiftung und des Wirtschafts- und Sozialwissenschaftlichen Instituts in der Stiftung über die zwei Jahre der Krise hinweg zusammengetragen haben – wertvolle Informationen darüber, »wie die Beschäftigten diese Zeit erlebt haben, welche Belastungen, Sorgen sie beschäftigt und welche wirtschaftlichen Konsequenzen sie zu tragen haben«. Die Daten belegen, dass die Krise soziale Ungleichheiten verstärkte und dass verschiedene Beschäftigtengruppen die Pandemie-Krise unterschiedlich erlebt haben. Die »Privilegierten«, die ins Homeoffice ausweichen konnten, waren mit völlig neuen Problemen konfrontiert, die eine gesonderte Betrachtung erfordern, u. a. auch mit einer Re-Traditionalisierung der Geschlechterrollen (s. unten). Für die Übrigen erwiesen sich Arbeitsplatzunsicherheit, Einkommenseinbußen, Angst vor Ansteckung als existenzielle Probleme. Die Autorinnen plädieren u. a. für eine dauerhafte Aufstockung des Kurzarbeitergeldes und für Maßnahmen zur Stärkung der Tarifbindung.

Auch Richard Detje und Dieter Sauer haben Beschäftigte, Interessenvertretungen und Gewerkschafter:innen zu ihren Erfahrungen mit der Pandemiekrise und zu Gesundheitsschutz und Mitbestimmung befragt – in der Industrie und im Dienstleistungssektor. Ähnlich wie die WSI-Autorinnen stoßen sie auf Probleme wie Prekaritäts- und Armutsrisiken, auf mangelnden Infektionsschutz in den Betrieben, auf autoritäre Durchgriffe und ein Mitbestimmungsvakuum. Ihre Daten zeigen aber auch eine Aufwertung des systemrelevanten Faktors Arbeit und Potenziale von Demokratie und Solidarität in der Krise, die genutzt werden können.

Agnes Fessler, Hajo Holst und Steffen Niehoff werten in ihrem Beitrag ebenfalls Ergebnisse von zwei umfangreichen Befragungen und Interviews unter mehreren Tausend Erwerbstätigen aus und können zeigen, dass die Corona-Krise nahezu alle Beschäftigten in hohem Maße belastet (hat), die verschiedenen Beschäftigtengruppen aber in sehr unterschiedlicher Weise. Das betrifft die Infektionsrisiken, finanzielle Einbußen und Kurzarbeit, das mobile Arbeiten für Teile der Beschäftigten. Es betrifft auch die Arbeitsbedingungen. Hier sind diejenigen Beschäftigten in besonders hohem Maße belastet, die interpersonelle Dienstleistungsarbeit in der Krise verrichtet haben. Für die Mitbestimmungspraxis zeigen sich die meisten Schwachstellen dort, wo Interessenvertretungen über keine Regulierungserfahrungen hinsichtlich des Schutzes der Beschäftigten vor den Covid-Ansteckungsrisiken verfügten.

Einleitung

Hier haben manche Arbeitgeber den autoritären Durchmarsch versucht, eine Tendenz, für die auch Detje/Sauer und Kolbe/Radmacher/Schmerr Belege anführen.

Auch Berthold Vogel verweist darauf, dass vor dem Virus »nicht alle gleich« sind. Wir haben es mit einer »pandemischen Risikogesellschaft« zu tun, die eine »Klassengesellschaft« ist. Die Krise habe zudem gezeigt, »dass es eine neue Politik öffentlicher Investitionen in gesellschaftlich notwendige Dienstleistungen« geben müsse, die aber nicht im Selbstlauf kommen wird. Vogel unterstreicht eine Einsicht, die viele Beiträge dieses Buches durchzieht: Eine »Rückkehr zur Normalität« ist gerade nicht das, was gebraucht wird. »Gefragt sind jetzt klare Investitionsstrategien in öffentliche Dienste – zum Nutzen der dort Beschäftigten und damit zum Nutzen von uns allen« – so sein Alternativvorschlag. Konflikte sind dabei unvermeidlich. Hier sind die »Gewerkschaften als wichtige Solidaritätsspeicher unserer Gesellschaft gefordert!«

Der kritische Rückblick auf rund zwei Jahre Pandemie zeigt zudem: Ohne Staatshandeln wäre es unmöglich gewesen, wenigstens einigermaßen unversehrt durch die Krise zu kommen. Mit diesem Staatshandeln in seinen verschiedenen Ausprägungen befasst sich der Beitrag von Klaus Dörre. Er diskutiert, was aus dieser Erfahrung für die anstehende Transformation zu lernen ist (s. dazu weiter unten).

Mehr Gleichstellung der Geschlechter

»Die Gleichstellung von Frauen und Männern in Beruf und Familie ist nach wie vor weder erreicht noch strukturell oder kulturell angemessen verankert. Das zeigten die langen Monate der Pandemie eindringlich«, schreibt Jutta Allmendinger in ihrem Beitrag. Sie kartiert das weite Feld der bestehenden Ungleichheiten, die durch die Krise noch verschärft und deutlicher ans Licht gebracht wurden. Diese Ungleichheiten betreffen den Gender Care Gap, also den Fakt, dass Frauen den größten Teil der unbezahlten Sorgearbeit leisten, und den Gender Pay Gap, »die bekannteste aller Ungleichheitslücken«. Frauen verdienen im Schnitt 20 Prozent weniger als Männer für gleichwertige Tätigkeiten. Hinzu kommt der Gender Position Gap: Frauen erreichen Leitungspositionen schwerer und seltener als Männer. Insgesamt erzielen Frauen ein niedrigeres Lebenseinkommen als Männer und sind deswegen auch bei der Rente benachteiligt. Das alles ist bekannt, aber die Pandemie-Krise hat in dieser Situation als Verstärker von Ungleichheit und Benachteiligung gewirkt. Diese Benachteiligung wiegt umso schwerer, als es gerade die zumeist von Frauen ausgeübten Berufe sind, die sich in der Pandemie als »systemrelevant« herausgestellt haben. Sie sind schlechter bezahlt, haben einen geringeren sozialen Status, haben Arbeitsbedingungen mit mehr und höheren Belastungen. Doch, so Allmendingers Kritik, diese Einsicht war bisher keine »Triebfeder hin zu ›guter Arbeit‹ und einer auch geschlechtergerechteren Welt«. Für Allmendinger ist es keine Frage: Die Krise hat eine Re-Traditionalisierung der Geschlechterrollen bewirkt. Sie hat die geschlechtsspezifischen Unterschiede nicht nur deutlich gemacht, sondern »weiter verschärft«. Das ist bitter und schreit nach Veränderung. Auch die Beiträge von Urban und Ahlers/Kohlrausch/Zucco weisen auf diese Probleme hin.

Den politisch Verantwortlichen der kommenden Legislaturperiode gibt Allmendinger deswegen eine anspruchsvolle Agenda mit: Das Ehegattensplitting, das ungleiche Einkommen in Partnerschaften belohnt, muss umgebaut werden. Es braucht eine Angleichung der Arbeitszeiten zwischen den Geschlechtern. Allmendinger nennt u. a. die »32-Stunden-Woche für alle« und eine »Vaterschaftsfreistellung« nach der Geburt eines Kindes. Vergleichbare Erwerbsarbeit muss auch gleich entlohnt werden. Und der Anteil von Frauen in Führungspositionen muss erhöht werden.

Problemfeld Homeoffice
Das Problemfeld Homeoffice, dem Allmendinger einen wichtigen Stellenwert einräumt, stellt sich als ein Querschnittsproblem heraus, das in weiteren Beiträgen dieses Buches diskutiert wird. Die Autorin benennt stichwortartig eine ganze Checkliste von Problemen, die mit dem Homeoffice-Boom der Pandemie zusammenhängen. Sie erörtert zugleich den Beitrag des Homeoffice zur Re-Traditionalisierung: Homeoffice als Dauereinrichtung »erzeugt keinen Druck, eine verlässlichere und bessere öffentliche Infrastruktur für Kinder, Jugendliche und Ältere aufzubauen. Das Homeoffice als solches wird auch keine der Lücken im Erwerbsverlauf von Frauen und Männern schließen. Es wird nicht zwingend dazu führen, dass sich Väter stärker an der Care-Arbeit beteiligen.« Wenn die sozialen Verhältnisse, unter denen Homeoffice praktiziert wird, bleiben wie sie sind, wird das die Benachteiligung von Frauen weiter konservieren. Das heißt: Homeoffice darf nicht weiter überwiegend weiblich bleiben, die Rahmenbedingungen für Frauen, Männer und Kinder müssen andere werden.

Beim Problemfeld Homeoffice zeigt sich die unterschiedliche und ungleiche Krisen-Betroffenheit verschiedener Beschäftigtengruppen und insgesamt der weiblichen Beschäftigten deutlich. Darauf weisen die Beiträge von Urban sowie von Fessler/Holst/Niehoff hin. Ahlers/Kohlrausch/Zucco können anhand ihrer Datenerhebungen zeigen, dass Homeoffice eher ein Instrument der Pandemiebewältigung für »privilegierte Beschäftigte« ist, »die höher qualifiziert, besser bezahlt und letztendlich besser gegen eine Infektion mit

Einleitung

dem Coronavirus geschützt sind«. Auch in Klaus Dörres Beitrag findet sich der Hinweis, dass diese Art des Homeoffice als »Ungleichheitsverstärker« wirkt. Diejenigen, die damit Erfahrungen gesammelt haben, so zeigen Ahlers/Kohlrausch/Zucco, wünschen es sich auch zukünftig, allerdings meist alternierend. Ähnlich wie von Allmendinger ausgeführt verstärkt es aber auch die Doppelbelastung vor allem von Frauen und Müttern, die zugleich Kinderbetreuung und Homeschooling bewältigen müssen. Es kann auch zu Isolation und Vereinsamung führen. Negativ betroffen vom Homeoffice-Boom waren auch Schülerinnen und Schüler, und, oft vergessen, junge Menschen in beruflicher Ausbildung, so der Hinweis im Beitrag von Anke Muth und Dirk Neumann. Sie kritisieren: »Allzu oft wurden die Auszubildenden ohne weitere Orientierung geschweige denn materielle Ausstattung nach Hause geschickt.«

Fergen/Tiedemann weisen darauf hin, dass Arbeit im Homeoffice als »Massenphänomen« und Form digitaler Arbeit, wie sie für einen Teil der Beschäftigten in der Pandemie üblich war, ein ganz eigenes Belastungsspektrum erzeugt – psychische und körperliche Belastungen, hier vor allem ergonomischer Art, und neue Anforderungen an Flexibilität, Erreichbarkeit und entgrenzte Arbeitszeiten. »Der Druck, im Homeoffice die geforderte Produktivität unter Beweis zu stellen, ist enorm und wird im Zweifelsfall durch die Verlängerung der Arbeitszeiten in die Abend- und Nachtstunden kanalisiert«, so der Hinweis von Detje/Sauer, die sich auch auf erhobene Daten stützen. Für viele Beschäftigte und auch Arbeitgeber in Betrieben und öffentlichen Verwaltungen war Homeoffice als Massenphänomen zudem arbeitsgestalterisches Neuland, schreiben Fergen/Tiedemann. Problemverschärfend kamen gravierende Regelungslücken hinzu, die auf betrieblicher Ebene durch Regelungen aufgefangen werden mussten, was viele Interessenvertretungen überforderte und längst nicht immer gelang. Ahlers/Kohlrausch/Zucco unterstreichen die Notwendigkeit, solche Regelungen zu treffen und die Interessenvertretungen dabei zu unterstützen. Fergen/Tiedemann kritisieren, dass das gesamte Arbeitsschutzrecht dem Problem hinterherhinkt, ein Defizit, das auch in der Pandemie nicht überwunden wurde. Am 2021 beschlossenen Betriebsrätemodernisierungsgesetz bemängeln sie, dass es die Rechte der Betriebsräte zur Entscheidung über das Ob und Wie von mobiler Arbeit und Homeoffice längst nicht ausreichend ausgeweitet hat – ein Problem, das in der neuen Legislaturperiode dringend angepackt werden muss.

Einleitung

Wirtschafts- und arbeitspolitische Probleme
Der staatliche »Notfall-Pragmatismus« (Urban) in der Pandemie sorgte dafür, dass die Gesundheit der Beschäftigten vor den Infektionsrisiken des Covid-Virus wenigstens einigermaßen geschützt wurde, um die gesellschaftliche Reproduktion aufrechtzuerhalten. Das schloss die Arbeitswelt ein – unter dem Druck der Krise wurden allerdings auch die Mängel und »strukturellen Schwächen« des staatlichen und betrieblichen Arbeitsschutzsystems noch deutlicher sichtbar – ein Konfliktthema seit Jahren, so der Ausgangspunkt des Beitrags von Andrea Fergen und Moriz-Boje Tiedemann. Sie zeigten sich u. a. in der Tendenz der Unternehmen, im Gesundheitsschutz der Verhaltensprävention den Vorrang vor der sehr viel wichtigeren, aber aufwendigeren Verhältnisprävention zu geben. Ihre Befunde: Es fehlt an eindeutigen Rechtsvorschriften, und es fehlt an den notwendigen Kontroll- und Überwachungskapazitäten. Diese ernüchternden Erfahrungen werden nicht im Selbstlauf zu Verbesserungen führen. Es braucht, so Fergen/Tiedemann, eine »Präventionsbewegung von unten«, in der die Beschäftigten und ihre Interessenvertretungen eine aktive Rolle einnehmen müssen. Dass, entgegen den beschönigenden Behauptungen vieler Arbeitgeber, in den Betrieben durchaus ernst zu nehmende Infektionsrisiken virulent waren, zeigt der Beitrag von Jürgen Reusch. Demgegenüber gingen Anzahl und Dichte der behördlichen Kontrollen im Pandemiejahr 2020 sogar noch weiter zurück. Amtliche Daten dazu sind allerdings rar. Bisher zeigte die Bundesregierung wenig Interesse, den Dingen hier auf den Grund zu gehen.

Gerade im Dienstleistungsbereich, der sich in der Pandemie-Krise als hochgradig »systemrelevant« erwiesen hat, hat sich das gewerkschaftliche Engagement für gute Arbeitsbedingungen als besonders wichtig und dringend notwendig erwiesen. Arbeitsintensität und psychische Belastungen, ohnehin seit Jahren ein wachsendes Problem, haben in der Krise noch weiter zugenommen. Nadine Müller und Astrid Schmidt greifen das Thema auf, belegen es am Beispiel verschiedener Bereiche des Dienstleistungssektors und sehen hier einen Schwerpunkt bei Wissensarbeit und Arbeit mit Menschen. Was die Ursachen betrifft, stellen sie einen Zusammenhang mit der inzwischen weit verbreiteten indirekten Steuerung her. An wichtigen Branchen des Dienstleistungssektors können sie das gut belegen. Die zentralen Stellschrauben, um hier Verbesserungen durchzusetzen, sind Arbeitsmenge und Personalbemessung. Das erfordert gesetzliche Regelungen und ein gewerkschaftliches Engagement, das dazu beiträgt, öffentliche Daseinsvorsorge aus den Klammern der Ökonomisierung zu befreien.

Die Tarifrunde für den öffentlichen Dienst bei Bund und Kommunen im Jahr 2020 war ein typisches Beispiel für einen Konflikt, der entsteht, wenn

Einleitung

aus dem symbolischen Applaus für die systemrelevanten Beschäftigten dieses Bereichs praktische Konsequenzen gezogen werden sollen, nämlich bessere Bezahlung und bessere Arbeitsbedingungen. Christine Behle und Oliver Bandosz analysieren diesen Konflikt und zeigen: Es hatte sich schnell ausgeklatscht, der Widerstand der öffentlichen Arbeitgeber war heftig, und es bedurfte kreativer Konflikt- und Streikformen, bei der ver.di und die Beschäftigten selbst ein großes Engagement entwickelten. Ein zufriedenstellender Abschluss gelang schließlich, aber der Konflikt ist noch nicht ausgestanden. Denn es wird weitere Versuche geben, die Lasten der Krise gerade im öffentlichen Sektor als Sparzwänge an die Beschäftigten weiterzureichen. Gewerkschaftliche Gegenwehr bleibt also weiter gefragt.

Auch auf der wirtschaftspolitischen Ebene zeigten sich im Verlauf der Pandemie starke Verwerfungen, die mit Blick auf die zukünftige Entwicklung heftige Konflikte erwarten lassen. »Spardiktat mit dem Ziel, möglichst schnell die Schuldenquote zu reduzieren«, wäre jetzt genau das Falsche, schreiben Wilfried Kurtzke und Beate Scheidt. In der Krise wurde der gewaltige Investitionsstau in Wirtschaft und Gesellschaft offenbar, den eine jahrzehntelange neoliberale Austeritätspolitik verantwortet. Eine Investitionsoffensive ist nun mit Blick auf die nähere Zukunft überfällig, zumal die anstehende Transformation weitere massive staatliche Interventionen erfordert. Ihre Schlussfolgerung: »›Go large!‹, das muss auch in Deutschland die Maxime sein. In der makroökonomischen Gestaltung genauso wie bei industriepolitischen Maßnahmen, im finanziellen Volumen wie auch in der politischen Steuerung. Das Marktregime ist dafür ungeeignet. Wenn es jetzt nicht gelingt, die neoliberalen Dogmen zu überwinden, führt der Weg nicht in einen wirtschaftlichen Aufbruch, sondern in ein Spardiktat mit schwerwiegenden ökonomischen und sozialen Verwerfungen.«

»Auch der Bereich der Aus- und Weiterbildung war früh und stark von der Corona-Krise betroffen,« schreiben Anke Muth und Dirk Neumann. Zudem waren die Ausbildungschancen auch schon vorher ungleich verteilt. Viele junge Menschen bekamen das in der Krise zu spüren, soziale Benachteiligungen und Ungleichheiten sorgten für Rückschläge in der Ausbildung, und in vielen Betrieben nahm die Ausbildungsbereitschaft ab. 2020 wurden rund 50 000 Ausbildungsplätze weniger gemeldet als noch 2019. »Spätestens ›nach Corona‹ aber ist eine umfassende Aufarbeitung auch des Aus- und Weiterbildungsgeschehens in dieser Zeit geboten. Die dadurch zu gewinnenden Erkenntnisse müssen in den weit vor Corona begonnen Diskussionsprozess um die sozial-ökologische Transformation einfließen.«

Auch in Bezug auf Forschung und Entwicklung wirkte die Pandemie-Krise als Hemmnis. Notwendige Innovationen litten darunter, kritisieren Claus

Einleitung

Zanker und Christian Wille, und stützen sich dabei auf Ergebnisse des ver.di-Innovationsbarometers 2021. Zwar wirkte die Krise als Treiber digital gestützter Arbeitsformen, Produkte und Dienstleistungen. Aber gerade die Bereiche, die sich in der Krise als systemrelevante Infrastruktur erwiesen – vor allem das Sozial- und Gesundheitswesen, der Handel und die Verkehrs- und Logistikunternehmen –, die auch zukünftig für die gesellschaftliche Reproduktion entscheidend sind, zeigen sich für zukünftige Krisensituationen zu wenig gerüstet.

Branchenprobleme
Die Pandemie-Krise mit dem Auf und Ab der Lockdowns des gesellschaftlichen Lebens hat alle Branchen getroffen, einige davon aber ganz besonders und auf spezifische Weise. Diesen Branchenproblemen widmen sich mehrere Beiträge dieses Buches. Dazu gehört ganz besonders die Kultur in ihrer großen Vielfalt. »Keine andere Branche war so früh, so umfassend und so lange von den Maßnahmen zur Bekämpfung der Pandemie betroffen. Kulturschaffende gehören mit großer Sicherheit zu den Berufsgruppen, die unter Covid-19 am stärksten mit wegbrechenden Erwerbsmöglichkeiten umgehen mussten«, heißt es in dem Beitrag, den Jahrbuch-Mitherausgeber Christoph Schmitz zusammen mit Lisa Basten geschrieben hat. Die Pandemie habe aber »Probleme nicht hervorgebracht, sondern vor allem verdeutlicht«. Auch ohne Corona arbeiteten viele Kulturschaffende unter prekären Bedingungen. Die staatlichen Hilfen erreichten sie – viele von ihnen solo-selbstständig – nur unzureichend. ver.di als größte Interessenvertretung in der Kultur- und Kreativwirtschaft engagierte sich in der Krise als Kulturgewerkschaft z. B. für branchenspezifische Mindesthonorare oder für ein faires soziales Sicherungssystem für alle – und das in einem Bereich, in dem die persönliche Entscheidung für die Gewerkschaft nach wie vor nicht allgemein üblich ist. ver.di sieht ihre Aufgabe hier – wie auch anderswo – nicht im Sinne eines Stellvertreterhandelns, sondern will »die Bündelung von Einzelinteressen« organisieren, »um das Kollektiv in seiner Gesamtheit durchsetzungsstärker zu machen.« Die Krise hat gezeigt, so die Schlussfolgerung von Schmitz und Basten, dass es auch im Bereich der Kultur für die Zukunft »mehr kollektives Handeln« braucht.

Ganz anders liegen die Probleme in einem Bereich, in dem die Krise ebenfalls schon lange vorhandene strukturelle Probleme und Umbrüche deutlicher an den Tag gebracht hat – der Automobilindustrie. Hier gilt: »Der Klimawandel duldet keinen Aufschub mehr«, schreibt Kai Burmeister. Der ökologische Umbau der Industrie in Richtung auf eine sozial- und klimaverträgliche Mobilitätswende sei eine gewaltige Aufgabe. »Aktuell ist die IG Metall an vielen Stellen in der Gesellschaft unterwegs und sucht auch in

Einleitung

der Politik Bündnispartner für einen fairen Wandel der Automobilindustrie«, schreibt er. Dazu gehöre »ein klarer Blick auf die Lage und Perspektiven der Automobilproduktion«. Die Umstellung auf Elektromobilität und die absehbaren Verschiebungen im Mobilitätssektor hin zu »Vorfahrt für Bus, Bahn und Rad« erfordern hohe Investitionen und umfassende Qualifizierungsprogramme. Bisher zeigen die Erfahrungen der Corona-Krise aber eher, dass sie von den Unternehmen für kurzsichtige Strategien des Cost Cutting, des Arbeitsplatzabbaus und der Verlagerung genutzt wird. Notwendig sei vielmehr, dass zur Bewältigung der gesellschaftlichen Großaufgabe der Transformation Unternehmen, Staat und wissenschaftliche Einrichtungen im Sinne einer aktiven Industriepolitik zusammenarbeiten müssen. »Statt einer Schuldenbremse geht es um massive öffentliche Investitionen«, so der Gewerkschafter. Das müsse ein Beitrag zu einer nachhaltigen Wirtschaftsweise sein. »Die Bereitschaft für ökologisch verträglichere Produkte« sei »bei den Beschäftigten vorhanden«. Jetzt brauche es »in den Betrieben gerade in rauer werdenden Zeiten eine neue Qualität der Beteiligung und der Demokratie«. Es gehe »um ein neues gewerkschaftliches Großvorhaben der Humanisierung der Arbeit.«

Der Öffentliche Personennahverkehr ist das andere Standbein einer sozialen und ökologischen Verkehrswende. Welche großen Herausforderungen hier zu bewältigen sind, erläutern Christine Behle und Mira Ball. »Die Potentiale zur Verlagerung der Verkehrsmittelwahl, des so genannten Modal Splits auf den Umweltverbund, sind noch lange nicht ausgeschöpft. Dafür müssen neben dem Ausbau emissionsfreier Antriebe vor allem die Stärkung des Umweltverbunds, eine Effizienzsteigerung im Verkehr und Verkehrsvermeidung konsequent vorangetrieben werden. Die finanziellen Einbußen durch die Covid-19 Pandemie sind dabei eine zusätzliche Herausforderung.« Diese betrifft auch eine andere Seite des Problems – das Personal. Stichworte wie Privatisierungen, Tariferosion, schlechte Arbeitsbedingungen und hohe Belastungen, unterdurchschnittliche Lohnentwicklung verdeutlichen das. Die Pandemie-Krise hat klargemacht: Im ÖPNV sind Investitionen in Milliardenhöhe notwendig. Vor dem Hintergrund solcher Probleme und unter den Pandemiebedingungen stand ver.di in der Tarifkampagne 2020 vor harten Herausforderungen, wie auch der erwähnte Beitrag von Christine Behle und Oliver Bandosz in diesem Buch zeigt. Das Ringen um einen besseren ÖPNV hat nicht nur eine soziale, sondern auch eine unmittelbar klimapolitische Seite. Behle und Ball können zeigen, wie sich das im Bündnis von ver.di mit Fridays for Future und den Umweltverbänden niedergeschlagen hat – eine Pionierleistung, die beiden Seiten starke Impulse gegeben hat.

Die Pandemie hat viele gesellschaftliche Schwachstellen ans Licht gebracht. Eine ganz besonders auffällige befindet sich im Bereich des Gesundheitswesens und der Pflege. Sie bewährten sich im wahrsten Wortsinne als »systemrelevant«, während zugleich klar wurde: Dieses System kann und darf so nicht bleiben. Grit Genster analysiert die strukturellen Probleme und Defizite, vor allem im Bereich des Personals, unterstreicht aber auch: »Die Pandemie schafft ein politisches Momentum für Reformen.« Gesundheitswesen und Pflege müssen »krisenfest und gemeinwohlorientiert« gestaltet werden, ein »Systemwechsel ist überfällig«. Dazu gehören auch Arbeitsbedingungen, die mit Fug und Recht als Gute Arbeit bezeichnet werden können und ohne die der Personalmangel nicht zu beheben ist. Gesundheitswesen und Pflege dürfen nicht weiter nach Rentabilitätskriterien und »wettbewerblich ausgerichtet« bleiben, so Gensters Plädoyer. Denn das »können Markt und Wettbewerb nicht leisten«.

Strukturelle Probleme gibt es auch bei Schulen und Kitas. Sie sind, ähnlich wie auch in anderen Bereichen, schon lange bekannt und vielfach kritisiert, schreiben Annabell Kolbe, Birte Radmacher und Martina Schmerr. Aber »ins öffentliche Bewusstsein sind sie erst durch die Pandemie gerückt«. Die Auswirkungen von Pandemie und den verschiedenen Lockdowns waren gravierend. »Im Schulbetrieb war insbesondere die Umstellung auf Wechselunterricht, Distanz- oder Hybridlernen belastend für alle Beteiligten. In den Kitas reichten die Öffnungen von der Notbetreuung über den eingeschränkten Regelbetrieb hin zum Regelbetrieb unter Pandemiebedingungen. Schulen und Kitas mussten in den vergangenen anderthalb Jahren immer wieder und unter ständig neuen Bedingungen den Spagat zwischen Gesundheitsschutz auf der einen und dem Bildungs- und Erziehungsauftrag auf der anderen Seite schaffen.« Die GEW hatte es schwer mit ihren Forderungen, die Beschäftigten »sowohl vor gesundheitlichen Risiken als auch psychischen Belastungen zu schützen«. Es kommt hinzu, dass die Lockdowns eine weitere Funktion von Schulen und Kitas zeitweise außer Kraft setzten: nämlich es den Eltern zu ermöglichen, ihren Beruf auszuüben, wie die Autorinnen unterstreichen. Die Art, wie die Pandemie Schulen und Kitas prägte, trug somit auch zur Re-Traditionalisierung der Geschlechterrollen bei, wie es etwa Jutta Allmendinger in ihrem Beitrag thematisiert.

Noch einmal zurück zu einem Bereich der Industrie, der von der Pandemie in hohem Maße betroffen war, in dem in dieser Zweit aber auch tiefgreifende Veränderungen durchgesetzt wurden: die Fleischindustrie. Vier Autor:innen aus dem Bereich der Gewerkschaft Nahrung-Genuss-Gaststätten (Susanne Uhl/Thomas Bernhard/Szabolcs Sepsi/Johannes Specht) zeichnen die Entstehungsgeschichte des Problems nach und zeigen: Was jahrelanges Engagement der Gewerkschaft und vieler Initiativen gegen die schreienden Missstände in der Fleischindustrie nicht erreichten, wurde nun

Einleitung

unter Pandemiebedingungen möglich: Es ließ sich nicht mehr leugnen, dass die skandalösen Arbeitsbedingungen – die in der Pandemie die Gesundheit vieler Beschäftigter schädigten – am System lagen und dass das System verändert werden musste. Und veränderbar war. Eine »finale Bilanz können wir noch nicht ziehen«, schreiben die Autor:innen. »Es ist aber jetzt schon beachtlich, wie viele Veränderungsprozesse begonnen haben oder auf dem Weg sind: staatliches Handeln hat (positive) Effekte, vor allem dann, wenn es auf soziale und ökologische Nachhaltigkeit zielt.«

Für einen beschleunigten und ausgreifenden Reformismus
Aus der Krise lässt sich vieles lernen. Etwa, dass dem Staat für eine problemgerechte Krisenpolitik eine Schlüsselrolle zukommt. Können die Gewerkschaften, so die von Klaus Dörre diskutierte Frage, den »interventionistischen Staat der Corona-Krise nutzen, um in der Transformation Geländegewinne zu erzielen?« Wir müssen unterscheiden, so Dörre: Die Zeit des pandemischen Ausnahmestaats, der mit Demokratie nicht viel am Hut hat, ist begrenzt und wird und muss zu Ende gehen. Der wirtschaftspolitische Interventionsstaat, der in der Krise Kapitalverwertung und Profitproduktion schützte, tendiert dazu, eine soziale Schieflage zu erzeugen. Der transformative Staat allerdings, der in den zwei Jahren der Krise hier und da in Ansätzen erkennbar war, kann eine Menge bewirken, ist aber viel zu schwach. Ihm »müssen Klimabewegungen, Umweltverbände und Gewerkschaften in neuen Allianzen gemeinsam Beine machen, sonst wird er gar nicht erst erblühen«. Das müsste die gemeinsame Aufgabe von Gewerkschaften, sozialen Bewegungen und der demokratischen Zivilgesellschaft sein. Die Gewerkschaften könnten mit breit angelegten Transformationskongressen, so Dörres Vorschlag, dieser notwendigen Bewegung positive Impulse geben.

Unser Fazit lautet: Die Beiträge dieses Buches zeigen es deutlich, dass zahlreiche strukturelle Probleme des neoliberal geprägten Gegenwartskapitalismus seit Langem bekannt sind, durch die Pandemie-Krise aber auf ganz neue Weise offenkundig geworden sind. Jetzt geht es darum, wie Hans-Jürgen Urban schreibt, die Weichen »in Richtung einer Ökologisierung von Produktion, Verteilung und Konsum« zu stellen, »ein neues Politikparadigma« durchzusetzen, »das den dominierenden Notfall-Pragmatismus überwindet und die Weichen in Richtung einer öko-sozialen Transformation stellt.« Ein solcher radikaler Reformismus will die notwendige »Systemtransformation nicht verabschieden, aber er kann und will nicht auf sie warten.« Die Zeit drängt. Die Debatten darüber müssen jetzt geführt werden. Dazu wollen die Beiträge dieses Buches beitragen.

**Gute Arbeit nach Corona –
Probleme, Anforderungen, Perspektiven**

Hans-Jürgen Urban
Zwischen Notfall-Pragmatismus und Pfadwechsel
Erfahrungen aus der Corona-Pandemie und Blick auf eine neue Normalität

I Einleitung: Lehren aus einer kapitalistischen Pandemie

Während gegenwärtig (Sommer 2021) große Teile der Welt, insbesondere des Globalen Südens, sich inmitten der Akutphase der Pandemie befinden, die durch das SARS-CoV-2-Virus (»Corona-Virus«) ausgelöst wurde, blicken die Gesellschaften des entwickelten Kapitalismus auf die Nach-Pandemie-Phase. Ob hier der Wunsch Vater des Gedankens ist, wird sich zeigen. Gewiss ist jedoch, dass alle Akteure früher oder später gefordert sind, die »Zeit danach« vorzudenken und sich politisch zu positionieren. Diese Positionierung sollte mit der Frage beginnen, was aus der Pandemie, die letztlich auch eine kapitalistische war, zu lernen ist.

Warum war bzw. ist die Pandemie auch eine kapitalistische? Das Virus war weder kapitalistisch noch neoliberal, die gesellschaftlichen Verhältnisse, die es rund um den Globus jagten, in wesentlichen Bereichen sehr wohl. Die Pandemie lässt sich als ein »biomedizinisches Ereignis mit kapitalistischer Prägung« (Urban 2021: 29ff.) fassen, das intensiv mit den gegenwartskapitalistischen Verhältnissen verwoben ist. Der globale Kapitalismus prägt die Pandemie vor allem durch die kapitalistische Form der Globalisierung. Intensivierung und Beschleunigung grenzüberschreitender Transaktionen sind keine neuen Phänomene. Doch die globale Integration von Ökonomie, Politik, Kultur und Kommunikation hat mit dem Gegenwartskapitalismus eine neue Qualität erreicht. Nicht nur Finanz- und Kommunikationsnetze sind engmaschig wie nie. Auch die industrielle Wertschöpfung ist längst ein globales System mit regionalen Verdichtungen. Vom Massentourismus als Vehikel der Pandemie ganz zu schweigen. Kurzum, ohne die kapitalistische Globalisierung wären Ausmaß und Ausbreitungsgeschwindigkeit des Virus kaum denkbar.

Doch nicht nur der Pandemieverlauf, auch die Pandemie-Politik blieb in den Verhältnissen des Gegenwartskapitalismus befangen. Sie zielte vor allem auf die möglichst schnelle Überbrückung der »großen Unterbrechung« (Haug 2020), die der Shutdown der wirtschaftlichen und gesellschaftlichen Aktivitäten mit sich brachte. Der in Medien und Politik dominierende Maßstab war, welchen Beitrag die einzelne Maßnahme zur möglichst schnellen Rückkehr der Gesellschaft zur alten Normalität leistete. Wenn von Journalist:innen,

Politiker:innen und Unternehmen der Krisenpolitik eine Perspektive abgefordert wurde, handelte es sich im Grunde um einen rhetorischen Etikettenschwindel. Denn nicht die nach vorne ausgerichtete Einleitung einer neuen Zukunft, sondern die nach hinten gerichtete Rückkehr zum Gewohnten und Vermissten war gemeint. Und dem folgte die Krisenpolitik. Zweifelsohne profitierten auch abhängig Beschäftigte und andere Erwerbstätige von den Krisenmilliarden, die über Kurzarbeit und Wirtschaftshilfen Arbeitsplätze und Unternehmungen zu stabilisieren halfen. Doch im Kern handelte es sich um eine Krisenpolitik ohne Pfadwechsel. Es war ein erzwungener »Notfall-Pragmatismus« zur Rettung von Besitz- und Verwertungsstrukturen ohne sozial-ökonomische Transformation der Verhältnisse. Dieser Pragmatismus wies nicht nur eine klassenpolitische Schlagseite auf und verteilte Krankheitsrisiken und Gesundheitschancen entlang sozialer Klassen- und Schichtenlinien ungleich. Er verzichtete auch auf Weichenstellungen in Richtung einer Ökologisierung von Produktion, Verteilung und Konsum, an deren Notwendigkeit kaum noch rational gezweifelt werden kann.

Der folgende Beitrag setzt an der eigentümlichen Übergangssituation an, in der sich auch der deutsche Kapitalismus befindet. Die Pandemie ist noch längst nicht bewältigt, aber Aufmerksamkeit und Ressourcen müssen zugleich auf die Zeit danach gerichtet werden. Zumindest dann, wenn der Rückfall in die alten Zustände vermieden und Lehren aus der Pandemie für eine bessere Zukunft nutzbar gemacht werden sollen. Doch das wird sich nicht im Selbstlauf ergeben. Der notwenige Pfadwechsel setzt ein neues Politikparadigma voraus, das den dominierenden Notfall-Pragmatismus überwindet und die Weichen in Richtung einer öko-sozialen Transformation stellt.

Im Folgenden sollen Elemente eines solchen Pfadwechsels herausgearbeitet werden. Es geht um den Übergang von der Pandemiebekämpfung zu einer »Ökologie der Arbeit«, die den weiterhin notwendigen Infektionsschutz mit einer regulierten De-Karbonisierung verbindet, der die Nachhaltigkeitserfordernisse abhängiger Arbeit, Gesellschaft und Natur ernst nimmt (Urban 2019: 183ff.). Die Argumentation gliedert sich wie folgt: Einer kursorischen Skizze der coronabedingten Veränderungen der Arbeits-, Beschäftigungs- und Einkommensbedingungen (II) folgen Überlegungen, welche Schlussfolgerungen mit Blick auf die öko-soziale Transformation in den Feldern des betrieblichen Gesundheitsschutzes, der Arbeitsmarkpolitik sowie den allgemeinen Anforderungen einer De-Karbonisierung der wirtschaftlichen Wertschöpfung gezogen werden können (III). Der Beitrag endet mit einem Plädoyer für beschleunigten und ausgreifenden Reformismus (IV), der sich mit Blick auf Geschwindigkeit, Dichte und Radikalität von gängigen Politikvorstellungen unterscheidet.

II Corona und die Arbeitswelt

Die Veränderungen in der Arbeitswelt fanden im Kontext einer ökonomischen Krise statt, die zeitweilig epochale Ausmaße annahm. Selbst zur Rushhour schienen ansonsten quirlige Städte wie ausgestorben. Die Dienstleistungswirtschaft wurde heruntergefahren, und auch die Industrieproduktion ruhte in Teilen über Wochen. Doch von einem allumfassenden ökonomischen Shutdown, also einer flächendeckenden Unterbrechung der gesamten Wertschöpfung, kann keine Rede sein. Der oftmals vermittelte Eindruck eines generellen Stillstands trifft die Realität nicht. Zwar fiel das Bruttoinlandsprodukt (BIP) etwa im zweiten Quartal 2020 gegenüber dem Vorjahresquartal um bis zu 9,7 Prozent, doch über das Gesamtjahr 2020 lediglich um 4,8 Prozent.[1] Die Prognosen belaufen sich auf ein Plus von 4,5 Prozent in 2021 und von 4,9 Prozent für 2022 (IMK Report 2021: 4). Mit anderen Worten: Gut 95 Prozent der Wirtschaftsleistungen blieben auch im Corona-Jahr 2020 erhalten. Zweifelsohne verhinderten die historisch einmaligen wirtschafts- und arbeitsmarktpolitischen Interventionen Schlimmeres. Aber auch diese Kraftanstrengung der Gesellschaft sollte nicht verdecken, dass auch in der Hochzeit der Pandemie weiter (viel!) Geld verdient wurde, und dies, weil auch in dieser Zeit weitergearbeitet wurde. Für den wachstumsabhängigen Kapitalismus war das Ausmaß der Rezession ein tiefer Einbruch. Eine Unterbrechung der allgemeinen Kapital-Verwertung, die eine systemische Krise der kapitalistischen Wirtschaft hätte nach sich ziehen können, fand aber nicht statt.

Infektions- und Arbeitsschutz in den Betrieben

Für die, die während der Pandemie für die Erstellung von Gütern und Dienstleistungen sorgten, war die Erwerbstätigkeit mit zusätzlichen, über das Normalmaß kapitalistischer Lohnarbeit hinausgehenden Gesundheitsrisiken verbunden. Dabei verteilten sich auch in der Arbeitswelt Krankheitsrisiken und Gesundheitschancen entlang sozialer Klassen und Statuslinien äußerst ungleich. »Die Analysen legen dar, dass sich bestehende Muster der sozialen Ungleichheit am deutschen Arbeitsmarkt auch in den Auswirkungen der aktuellen Krise widerspiegeln. So zeigt sich in Bezug auf den Arbeitsort, dass das Arbeiten von zu Hause klar ein Privileg der oberen Bildungsgruppen ist. Die anfänglich stärkere Geschlechteregalität beim Zugang zum Homeoffice hat sich im Verlauf des Erhebungszeitraums wieder in Richtung der vormaligen Ungleichheit entwickelt. Kurzarbeit spielt in der aktuellen Krise

---

[1] https://www.bmwi.de/Redaktion/DE/Schlaglichter-der-Wirtschaftspolitik/2021/07/19-weltwirtschaft.html; Zugriff 28.07.2021.

eine große Rolle. Die Analysen zeigen, dass insbesondere unter Beschäftigten mit mittlerem Einkommen eine höhere Verbreitung von Kurzarbeit vorliegt, wohingegen Personen mit geringem Verdienst eher von Freistellungen und Arbeitslosigkeit betroffen sind.« (Destatis/WZB/BiB 2021: 483)

Mit Blick auf Infektionsrisiko und präventive Schutzmaßnahmen lassen sich drei Sektoren der Wirtschaft unterscheiden. Das stärkste Infektionsrisiko wartete auf die Beschäftigten der Gesundheits- und Sozialwirtschaft, etwa in Pflegeeinrichtungen, Altenheimen, Krankenhäusern, aber auch in den Sektoren des öffentlichen Gesundheitswesens sowie in der Sozialarbeit mit Wohnungs- und Obdachlosen, Sexarbeiter:innen und anderen sozial benachteiligten Personengruppen. Über die informelle Schattenarbeit, die auch in den entwickelten Kapitalismen des globalen Nordens wächst, liegen kaum verlässliche Informationen vor. Aber auch in den Bereichen der Produktions- und Exportökonomie, deren Anteil an der wirtschaftlichen Wertschöpfung in Deutschland besonders hoch ist, war die Erwerbsarbeit mit dem zusätzlichen Infektionsrisiko verbunden. Das galt für die die An- und Abreisewege zur Arbeit wie für den Arbeitsprozess selbst. Die Möglichkeit, sich über den Wechsel ins Homeoffice vor beruflichen Infektionsrisiken zu schützen, stand eher Besserverdienenden und höher qualifizierten Beschäftigten offen.

Auch die Chancen auf eine schützende Impfung verteilten sich ungleich. Im Juni 2021 kam eine wissenschaftliche Befragung des »Portals Lohnspiegel.de« des Wirtschafts- und Sozialwissenschaftlichen Instituts der Hans-Böckler-Stiftung (WSI) zu folgendem Ergebnis: »Trotz der jüngsten Fortschritte bei den Corona-Impfungen warten viele Beschäftigte noch immer auf ihre Erstimpfung oder einen Impftermin. Besonders ins Hintertreffen sind dabei Personen mit geringem sozioökonomischen Status geraten: Unter Geringverdienenden im untersten Fünftel der Lohnverteilung (1. Quintil) gaben im Juni 2021 nur 49 Prozent der Befragten an, schon mindestens ihre erste Impfdosis erhalten zu haben – verglichen mit 71 Prozent unter Besserverdienenden im obersten Fünftel (…). Insgesamt gaben 59 Prozent der Befragten an, zumindest eine Impfdosis erhalten zu haben; 27 Prozent waren vollständig geimpft.«[2]

Das Geschilderte zeigt, dass in der Krise der Ausbau des betrieblichen Arbeits- und Infektionsschutzes zu einer zentralen Aufgabe heranwuchs. Dabei waren durchaus Erfolge zu verzeichnen. So wurden die Regeln des Arbeitsschutzrechts systematisch erweitert und den Erfordernissen des Infektionsschutzes angepasst. Nachdem der Lobbydruck der Wirtschaftsverbände

---

2 »Geringverdienende im Impfrückstand«, Lohnspiegel.de; Geringverdienende im Impfrückstand – Lohnspiegel – Ihr Gehaltsrechner für über 500 Berufe; Zugriff 12.07.2021.

verhinderte, dass die unter Moderation der Bundesregierung formulierten »Arbeitsschutzstandards« rechtlich verbindlich wurden, konnte schließlich über die Inkraftsetzung einer »Arbeitsschutz-Regel« und einer (allerdings erst im Januar 2021 erlassenen) korrespondierenden »Arbeitsschutz-Verordnung« das Regelwerk im Sinne eines verbindlichen Corona-Arbeitsschutzes erweitert werden (s. dazu den Beitrag von Andrea Fergen/Moriz-Boje Tiedemann in diesem Band sowie Fergen/Neumann/Tiedemann 2021). Auf dieser Grundlage wurde vor allem in Großbetrieben die Umsetzung wesentlicher Maßnahmen sichergestellt. Zu ihnen gehörten die Bereitstellung von Schutzmasken und Desinfektionsmitteln sowie die Einführung von Abstandsregeln (BAuA 2021). Dennoch dürfen Umsetzungsdefizite und -lücken, die sich als Infektionsschutzlücken für die Beschäftigten bemerkbar machten, nicht übersehen werden. Vor allem der Vorrang verhaltenspräventiver vor verhältnispräventiven Maßnahmen, die Missachtung des gesetzlichen Vorrangs technischer und arbeitsorganisatorischer vor personenbezogenen Maßnahmen sowie der Widerstand vieler Unternehmen, für ein regelmäßiges und systematisches Impfgeschehen in den Betrieben zu sorgen, waren massive, teilweise schlicht rechtswidrige Defizite. Es wundert nicht, dass die Betriebe und das »berufliche Umfeld« dauerhaft als dominierende Infektionssettings geortet wurden.[3]

Arbeitsmarktverwerfungen durch die Corona-Pandemie
Neben der Infektionsgefahr am Arbeitsplatz war sein Verlust eine große Gefahr für viele Beschäftigte. Zwei Trends dominierten das Arbeitsmarktgeschehen während der Pandemie: Zum einen der Ortswechsel durch Verlagerung des Arbeitsplatzes vom Betrieb in den Privatbereich und zum anderen Arbeitszeitverkürzungen durch die Inanspruchnahme von Kurzarbeit oder um die Versorgung von Kindern und Pflegebedürftigen angesichts geschlossener Kitas, Schulen und ambulanter Pflegedienste zu sichern.[4]

Der Einbruch des Arbeitsmarktes konnte so weitgehend verhindert werden. So stieg die coronabedingte Arbeitslosigkeit Mitte 2020 um etwa 500 000 Personen. Die folgenden Schlaglichter aus der Arbeitsmarktberichterstattung des Instituts für Arbeitsmarkt- und Berufsforschung mögen einen Eindruck

---

3 Siehe die täglichen Lageberichte des Robert-Koch-Instituts zur Ausbreitung des Corona-Virus in Deutschland; https://www.rki.de/DE/Content/InfAZ/N/Neuartiges_Coronavirus/Situationsberichte/Gesamt.html; Zugriff am 27.07.2021 sowie den Beitrag von Jürgen Reusch in diesem Band.
4 Zu den hier skizzierten Arbeitsmarktentwicklungen in der Pandemie vgl. die diversen IAB Kurzberichte der Jahre 2020/2021; https://www.iab.de/de/publikationen/kurzbericht.aspx; Zugriff 27.07.2021.

vermitteln, wie sich Beschäftigungschancen und Arbeitslosigkeitsrisiken entlang von Personengruppen und Wirtschaftssektoren unterscheiden:

- Die Auswirkungen des Krisen-Schocks variierten zwischen Arbeitsmarkt-Gruppen. Wichtige Ursachen für negative Arbeitsmarkteffekte waren befristete Beschäftigungsverhältnisse, kurze Betriebszugehörigkeiten und Unterschiede in den Tätigkeitsstrukturen. Im Jahr 2020 sank das Exportvolumen, von dem mehr als ein Viertel aller Arbeitsplätze abhängt, gegenüber dem Vorjahr um 9 Prozent, wobei sich die Kriseneffekte deutlich nach Zielländern der Exporte unterschieden. Dennoch waren Exportbetriebe insgesamt nicht stärker negativ betroffen als die nicht exportierenden Betriebe (IAB Kurzbericht 10/2021).
- Mindestlohnbetriebe – also Betriebe, die mindestens eine Person zum Mindestlohn beschäftigen oder Löhne unter das Mindestlohnniveau senken möchten – befanden sich häufiger in Wirtschaftszweigen, die von der Corona-Krise stärker negativ betroffen waren. Das galt für das Hotel- und Gastgewerbe, aber auch im Bereich Kunst, Unterhaltung und Erholung. Im zweiten Quartal 2020 zeigten Mindestlohnbetriebe einen etwas stärkeren Einbruch in ihrer Arbeitsnachfrage als andere Betriebe. Bereits im dritten Quartal 2020 erholte sich die Nachfrage allerdings wieder (IAB Kurzbericht 12/2021).
- Geflüchtete und – in geringerem Umfang – andere Migrant:innen waren während des ersten Shutdowns überdurchschnittlich von Beschäftigungsabbau und Kurzarbeit betroffen. Sie konnten ihre Tätigkeiten nur in sehr geringem Umfang ins Homeoffice verlegen. Unmittelbar nach dem Auslaufen der Eindämmungsmaßnahmen des ersten Shutdowns ist die Beschäftigung der Geflüchteten zwar wieder gestiegen, doch ist ihr Beschäftigungswachstum 2020 sehr viel geringer ausgefallen als in den Vorjahren (IAB Kurzbericht 9/2021).

Insgesamt kann die Arbeitsmarktentwicklung als ambivalent bewertet werden. Der massive Einsatz von Kurzarbeit und andere Formen der Arbeitszeitverkürzung (etwa über Arbeitszeitkonten) konnten die Arbeitsmarktkrise deutlich abmildern. Die Kurzarbeit stieg in der Spitze auf knapp sieben Millionen Arbeitsplätze. Dabei profitierten nicht nur die Beschäftigten, sondern gerade die Arbeitgeber in erheblichem Maße. Ihnen wurden große Teile der Arbeitskraft-Haltekosten ersetzt. So flossen von den in 2020 verausgabten 22 Mrd. Euro etwa 12,6 Mrd. Euro als Kurzarbeitergeld an die Beschäftigten und gut 9,5 Mrd. Euro an die Arbeitgeber zur Erstattung der Sozialversicherungsbeiträge. Insgesamt konzentrierte sich die Kurzarbeit nicht, wie in vorherigen Krisen, auf das verarbeitende Gewerbe, sondern wurde vor allem im Gastgewerbe (Beherbergung und Gastronomie) und in den Branchen sonstiger Dienstleistungen, Kunst, Unterhaltung und Erholung sowie im Bereich »Private Haushalte« angewandt. Entsprechend verteilten sich auch Einkommensverluste und Jobunsicherheiten. Hinzu kommen der Zufluss und die Verfestigung der Langzeitarbeitslosigkeit. Während der Krise wuchs die Zahl der Langzeitarbeitslosen, die länger als ein Jahr als arbeitslos gemeldet waren, um ca. 640 000 Personen und erreichte damit die Millionengrenze. Die Erfahrungen aus vorherigen Krisen zeigen, dass diese Entwicklung besonders schwer zu korrigieren sein wird.[5]

Ungleiche Krisenlasten für Männer und Frauen
Unterschiede in der Krisenbetroffenheit entlang von Sektoren, Einkommens- und Qualifikationsniveaus sowie ethnischer Herkunft zeigen, dass die Krise vorhandene Spaltungslinien entlang sozialer Klassen und Privilegien verschärft. Insgesamt wurde deutlich, dass die Pandemie wie die politischen Eindämmungsmaßnahmen »die seit Jahren wachsenden vertikalen und horizontalen Klassenungleichheiten verstärken. Zum einen sind die nicht-akademischen Berufe der unteren Erwerbsklassen deutlich häufiger von wirtschaftlichen Lasten und subjektiven gesundheitlichen Risiken von Covid-19 betroffen als die akademischen Berufe der oberen Klassen, die wiederum häufiger Zugang zum mobilen Arbeiten haben. Da die unteren Klassen aufgrund ihrer schwachen Position im Betrieb und auf dem Arbeitsmarkt auch unabhängig von Covid-19 über weniger Ressourcen im Sinne von Einkommen, Beschäftigungssicherheit und Mitsprachemöglichkeiten verfügen, vergrößert die Pandemie die bestehenden vertikalen Ungleichheiten.« (Holst/Fessler/Niehoff 2021: 11; s. dazu auch den Beitrag der genannten Autor:innen in diesem Band)

Auch das Geschlecht erwies sich als relevanter Faktor. Dabei lassen sich geschlechtsspezifische Auswirkung auf die Differenzen zwischen Männern und Frauen bei den durchschnittlichen Bruttostundenlöhnen (»Gender Pay Gap«), bei den durchschnittlich geleisteten Arbeitsstunden (»Gender Time Gap«) sowie bei den durchschnittlich wöchentlich geleisteten Sorgearbeitsstunden (»Gender Care Gap«) beobachten (ausführlich Zucco/Lott 2021; s. auch den Beitrag von Ahlers/Kohlrausch/Zucco in diesem Band).

- Da Männer häufiger sozialversicherungspflichtig beschäftigt sind und am Beginn der Krise häufiger arbeitslos wurden als Frauen, sank der Gender Pay Gap zeitweilig. Die Zunahme von Arbeitslosigkeit von Frauen im Verlauf der Krise wirkte dieser Entwicklung aber entgegen.

---

5   Angaben der Bundesagentur für Arbeit (BA) vom 12. Januar. Die Übernahme der Sozialversicherungsbeiträge bei Kurarbeit durch die BA wurden bis zum September 2021 verlängert.

- Frauen reduzierten ihre Arbeitszeit häufiger aus Sorge-Gründen, Männer eher wegen Kurzarbeit. Der Gender Time Gap wuchs vor allem in der Zeit, in der öffentliche Kinderbetreuungseinrichtungen und Schulen geschlossen waren. Ob er sich bei geeigneten Rahmenbedingungen wenigstens auf das Vor-Krisen-Niveau zurückentwickelt, ist fraglich.
- Da ein Großteil der Paare die Aufteilung der Kinderbetreuung während der Krise kaum änderte, dürften sich auch beim Gender Care Gap keine dauerhaften Verbesserungen ergeben (ebd.: 22f.; zur geschlechterspezifischen Verteilung der Krisenlasten siehe auch den Beitrag von Jutta Allmendinger in diesem Band).

Ähnliche Ungleichheitsverläufe zeigen sich bei der Erwerbstätigenquote geflüchteter Menschen nach Aufenthaltsdauer und nach Geschlecht. »Zwar steigt die Erwerbstätigkeit mit der Aufenthaltsdauer bei allen, bei den Männern ist der Anstieg aber stärker ausgeprägt als bei den Frauen. Bei Neuangekommenen beträgt der Unterschied zwischen den Erwerbstätigenquoten von Frauen und Männern noch 7 Prozentpunkte (2 Prozent vs. 9 Prozent), nach vier Jahren Aufenthaltsdauer sind es bereits 38 Prozentpunkte (13 Prozent vs. 51 Prozent).« (IAB Kurzbericht 8/2021: 2)

III Die Rückkehr der Transformation und die Perspektive auf einen öko-sozialen Pfadwechsel

Die skizzierten Entwicklungen sind lediglich Momentaufnahmen. Sie können angesichts der Pandemie-Dynamik nicht in die Zukunft fortgeschrieben werden. Gleichwohl verweisen sie darauf, dass Krise und Bekämpfungsmaßnahmen vorhandene Ungleichheiten verfestigten, mitunter vertieft haben. Richtet sich der Blick jedoch in die Zukunft und wird nach Weichenstellungen für eine neue, solidarische Normalität gefragt, ist vor allem bedeutsam, dass die wirtschafts- und arbeitsmarktpolitischen Interventionen zwar historisch einmalige Finanzvolumina mobilisierten, dass sie aber weniger als bewusster Beginn einer offensiven Investitionen- und Infrastruktur-Initiative, sondern eher als Elemente des erwähnten Notfall-Pragmatismus verstanden werden müssen. Sie können kaum als Vorboten oder gar Beginn des politischen Paradigmenwechsels gelten, der zur Bewältigung der Rest-Phase der Pandemie, vor allem aber der immer dringlicheren ökosozialen Transformation unverzichtbar ist.

Gleichwohl sollte versucht werden, sie durch weiterreichende Politiken zu ergänzen, neu auszurichten und letztlich zu einem politischen Transformations-Paradigma zu verdichten. Im Folgenden werden für den Arbeitsschutz, die Arbeitsmarktpolitik und die allgemeinen Anforderungen an eine ökosoziale Transformation einige Elemente eines solchen Transformationsparadigmas formuliert. Ohne Anspruch auf Vollständigkeit, aber mit Blick auf Eignung und Praktikabilität.

Präventiver Arbeitsschutz und intervenierende Arbeitsgestaltungspolitik
Vor allem aus den Erfolgen und Defiziten des betrieblichen Infektionsschutzes können strategische Schlussfolgerungen gezogen werden (dazu auch Fergen/Tiedemann in diesem Band und Fergen/Neumann/Tiedemann 2021):

- Das Ensemble der Corona-Schutzregeln war einerseits ein Erfolg gewerkschaftlicher Lobbyarbeit. Zugleich erzeugte ihre Aufsplittung in unterschiedliche Regelwerke (Arbeitsschutzstandards, Arbeitsschutz-Regel, Arbeitsschutz-Verordnung, Infektionsschutzgesetz) und die lange ausbleibende Rechtssicherheit eine problematische Unübersichtlichkeit im rechtlichen Setting des Arbeits- und Gesundheitsschutzes. Viele Unternehmen nutzten ungeklärte Rechtsfragen, um Präventionsmaßnahmen und damit Schutzniveaus nur zögerlich umzusetzen. Daraus gilt es Konsequenzen zu ziehen. Als Vorbereitung auf neue pandemieartige Gefahren, aber auch für eine generelle Stärkung eines präventiven Arbeits- und Gesundheitsschutzes ist ein rechtlicher Rahmen aus einem Guss mit einem höheren Verpflichtungsgrad und stärkeren Sanktionsmöglichkeiten unabweisbar. Ergänzt durch arbeitsschutzrechtliche Innovationen wie etwa die von der IG Metall geforderte »Anti-Stress-Verordnung« (Urban 2019: 120ff.) sowie eine konkretisierende und verbindliche Rechtsvorschrift zur Gefährdungsbeurteilung könnte dieser Rahmen helfen, einen offensiven betrieblichen Gesundheitsschutz zu stärken.
- Ein eklatantes Manko der Pandemie-Bekämpfung bestand von Beginn an im Mangel an evidenzbasiertem Wissen über das »Infektionssetting Betrieb«. Obwohl Einzelstudien deutliche Hinweise auf die Bedeutung der Arbeitswelt für das allgemeine Infektionsgeschehen gaben (dazu der Beitrag von Jürgen Reusch in diesem Band), wurden (trotz mehrfacher Forderungen von Gewerkschaftsseite) seitens der Politik keinerlei Anstrengungen unternommen, die Abhängigkeit von sporadischen, aus methodischen Gründen schwer vergleichbaren Fall-Studien zu verringern.[6] Für zukünftige Präventionsstrategien erweist sich somit ein breit

---

6   Die aus dem linken Gesellschaftsspektrum initiierte »Null-Covid-Initiative« litt zweifelsohne an einem defizitären Verständnis sozial-epidemiologischer Präventionspolitik und gab sich der Illusion hin, im globalen Kapitalismus könnten Pandemien durch autoritäre Haurruck-Politiken gemeistert werden. Aber der Groll gegenüber der Privilegierung insbesondere der exportorientierten Produktionswirtschaft durch anhaltende Produktionserlaubnisse und Milliardensubventionen (trotz Milliardengewinnen) war durchaus nachvollziehbar https://zero-covid.org/; wo die Stoßrichtung sich von der Illusion eines virusfreien globalen Kapitalismus löste und der Akzent sich auf die Forderung nach einer »solidarischen Pause« verlagerte, gewann die Initiative an Überzeugungskraft.

angelegtes, interdisziplinäres und kontinuierliches Forschungsprogramm als unverzichtbar, das sich auf der Grundlage der arbeitssoziologischen, sozialepidemiologischen und arbeitsmedizinischen Wissensstände um die Erforschung der Arbeitswelt als Infektionsraum bemüht.
- Unverzichtbar sind zugleich transnationale Regelungen, die dem globalen Charakter der Pandemie Rechnung tragen. Hier ist nicht nur die Überwindung des andauernden epidemie-politischen Nationalismus in der EU unabdingbar, der etwa in unkoordinierten Grenzkontrollmaßnehmen zum Ausdruck kam. Ansätze auf transnationaler Ebene sind vorhanden. So nahm etwa die Europäische Kommission im Juni 2021 einen »Strategischen Rahmen der EU für Gesundheit und Sicherheit am Arbeitsplatz 2021–2027« an. In der Ankündigung heißt es: »Der Strategische Rahmen verfolgt einen dreigliedrigen Ansatz – unter Beteiligung der Organe, Einrichtungen und sonstigen Stellen der EU, der Mitgliedstaaten, Sozialpartner und anderer Interessenträger – und legt den Schwerpunkt dabei auf drei Hauptprioritäten: *1. Antizipation und Management des Wandels* vor dem Hintergrund des ökologischen, digitalen und demografischen Wandels; 2. Verbesserung der *Prävention* arbeitsbedingter Unfälle und Erkrankungen mit dem Ziel eines ›Vision-Null‹-Ansatzes in Bezug auf arbeitsbedingte Todesfälle; 3. Erhöhung der *Bereitschaft* im Hinblick auf aktuelle und künftige Gesundheitskrisen.«[7] Auch in der Arbeitswissenschaft sind Anstrengungen zu beobachten, die europäische Dimension zentraler arbeitsschutzpolitischer Herausforderungen herauszuarbeiten und strategische Handlungsfelder zu sondieren, auf denen die Arbeitswissenschaft ihre Expertise zur Erarbeitung gemeinsamer Lösungsansätze für transnationale Probleme einbringen kann. (Windel/Haus-Rybicki 2021) Schließlich reagierte auch die Internationale Arbeitsorganisation (ILO) auf die globale Dimension des Problems. Anlässlich des »Welttages für Sicherheit und Gesundheit bei der Arbeit 2021« forderte sie in einem umfassenden Bericht »widerstandfähige Arbeitsschutzsysteme für zukünftige Notfälle« und »Investitionen in die Infrastruktur für Sicherheit und Gesundheitsschutz bei der Arbeit«.[8] In diesem Bericht werden etwa die Risikolagen der Beschäftigten in den Notfall-, Gesundheits- und Pflegesektoren, die Probleme des Infektionsschutzes in kleinen und kleinsten Unternehmen und nicht zuletzt die ambivalenten Gesundheitsfolgen von Arbeit im Homeoffice (»working from home arrangements«) bewertet und Schlussfolgerungen

---

7   https://osha.europa.eu/de/safety-and-health-legislation/eu-strategic-framework-health-and-safety-work-2021-2027; Zugriff 28.07.2021; Herv. i.O.
8   https://www.ilo.org/berlin/presseinformationen/WCMS_783226/lang--de/index.htm; Zugriff 28.07.2021.

für betriebliche Gesundheitsmanagement-Systeme gefordert. Die Zukunft wird zeigen, ob sich diese Ansätze einer globalen arbeitsweltbezogenen Gesundheitspolitik erneut im Gestrüpp divergierender Interessen und asymmetrischer Machtstrukturen verheddern oder ob sie die Basis für neue globale Initiativen liefern können.

- Doch so wichtig die arbeitsschutzpolitische Vorbereitung auf neue Infektionswellen ist, nicht minder bedeutsam ist die Integration eines arbeitskraftzentrierten Arbeits- und Gesundheitsschutzes in die Transformation der Arbeit. Diese wird vor allem im industriellen Sektor durch die De-Karbonisierung und Digitalisierung an Geschwindigkeit gewinnen. Digitale Plattformarbeit und mobiles Arbeiten mit digitalen Endgeräten stellen etwa neue Anforderungen an die gesundheitspolitische Interessenvertretung (Urban 2019: Kap. 4 und 6). In der Debatte um das Homeoffice oder digital vernetzte Produktionsverbünde kommen Gefahren wie die Vereinzelung der Arbeitenden im Schatten des Privaten und die Ersetzung menschlicher durch digitale Kommunikation eher am Rande vor. Doch eine Arbeitswelt, in der digitale Technik sich zwischen die Menschen schiebt und intersubjektive Kommunikation von digitalen Algorithmen überformt wird, weist Züge einer High-Tech-Variante jener entfremdeten »verwalteten Welt« (Theodor W. Adorno) auf, wie sie aus der kritischen Sozialwissenschaft für das Reifestadium des Kapitalismus prognostiziert wurde. Arbeiten auf digitalen Plattformen und nicht zuletzt das Homeoffice könnten sich zu Sturmvögeln dieser neuen Arbeitswelt entwickeln. Bei der Reduzierung von Sozialkontakten in der Pandemie stachen seine Trümpfe. Doch die Blockierung direkter Sozialkontakte und die Verschiebung von Arbeitsfunktionen in die Privatsphäre bergen nicht nur neue Autonomiespielräume, sondern bringen auch humanisierungspolitische Risiken mit sich. Schon heute werden sie vor allem als Entgrenzung der Arbeitszeit, soziale Isolierung sowie als Mehrfachbelastungen vor allem weiblicher Beschäftigter sichtbar (Urban 2021b sowie DGB-Index Gute Arbeit 2021). Erfolge oder Versäumnisse bei der arbeitspolitischen Kultivierung dieser neuen Landschaften werden über die Qualität der digitalen Arbeitswelt in hohem Maße mitentscheiden (Fergen/Neumann/Tiedemann 2021: 28f.).

Transformative Arbeitsmarktpolitik und die De-Karbonisierung der Wertschöpfung
Doch um Arbeitsplätze humanisieren zu können, müssen sie erhalten oder neu geschaffen werden. Dazu muss eine Arbeitsmarktpolitik, die auch und gerade die Interessenperspektive der bedrohten Beschäftigten berücksichtigt und diese an der Regulierung des Transformationsprozess beteiligt, ihren

Beitrag leisten. Einen interessanten Ansatz bildet das Konzept der »transformativen Arbeitsmarktpolitik« (Knuth 2021). Es basiert auf der Kernthese, dass die Arbeitsmarktpolitik »viel stärker als jemals zuvor darin bestehen (wird), die Reallokation von Arbeitskräften, also den Wechsel des Betriebes und der beruflichen Perspektive selbst noch in einem relativ rentennahen Alter zu begleiten und zu ermöglichen. ... Neben der Qualifizierung zum Mithalten im einzelbetrieblichen Wandel, den es natürlich weiterhin geben wird, brauchen wir Qualifizierungsstrategien, die eingebettet sind in individuelle Trajekte beruflicher Veränderung.« (Knuth 2021: 6)

Angesichts der Arbeitsmarktrealitäten erweisen sich Vorstellungen einer umfassenden beruflichen Mobilität auch im rentennahen Alter als eher optimistisch. Sie sollten nicht den Blick auf die Tatsache verstellen, dass gerade für diese Altersgruppen Optionen eines flexiblen Übergangs in den Ruhestand eröffnet werden müssen. Doch die (Neu-)Bewertung einer transformativen Qualifikationspolitik trifft eine Kernaufgabe zukünftiger Arbeitsmarktpolitik. Eine auf die Sicherung hochwertiger Arbeit gerichtete Politik wird mit drei typischen Fallkonstellationen konfrontiert werden:

- Zum einen mit betrieblichen Krisen, in denen neue Produktionsverfahren, Produkte und Märkte realistische Ziele sind, in denen zwischen Status quo und Zukunftsperspektive jedoch eine zeitliche Lücke besteht. Hier kommt der Arbeitsmarktpolitik primär die Aufgabe von Überbrückungshilfen bis zu dem Zeitpunkt zu, zu dem die Überlebensfähigkeit der Unternehmen und damit die Zukunftsfähigkeit der Arbeitsplätze gesichert sind. Die IG Metall hat für diese Fallkonstellation ein »Transformations-Kurzarbeitergeld« in die Debatte gebracht. Es soll transformationsbedingte Arbeitsausfälle als Rechtsgrundlage für die Gewährung von Kurzarbeitergeld etablieren und Beschäftigung während und nach dem direkten Transformationsprozess sichern helfen (Bieback 2019).
- Die zweite Konstellation erfordert nicht die Sicherung von Arbeitsplätzen, sondern den Transfer von Arbeitskräften. Hier geht es nicht um die Überbrückung von Durststrecken, sondern um Mobilitätshilfen für Beschäftigte, die in anderen Betrieben oder Branchen eine Zukunft suchen. Die Arbeitsmarktpolitik steht hier vor der Aufgabe, über Transfermaßnahmen Missmatch-Lücken zu schließen. Dabei sind Transfer- und Mobilitätshilfe und die umfassende Absicherung von sozialen Lebenslagen (Einkommen und soziale Sicherheit) von besonderer Bedeutung, um Betroffenen ein Mindestmaß an Schutz im hochriskanten Übergang zu gewährleisten.
- Da die De-Karbonisierung der Wertschöpfung Beschäftigungsmöglichkeiten in der fossilistischen Industrie nicht nur gefährdet, sondern zugleich

neue Sektoren einer grünen Wasserstoffwirtschaft ermöglicht, muss die arbeitsmarktpolitische Förderung neu entstehender Arbeitsplätze einen neuen Stellenwert erhalten. Zu denken ist an Sektoren der erneuerbaren Energien, an alle Bereiche, die in die Erzeugung und den Transport von Wasserstoff einbezogen oder mit der Erzeugung und Unterhaltung von »intelligenten Stromnetzen« (»smart Grid«) befasst sind; hinzu kommen die Felder nachhaltiger Mobilität und Landwirtschaft, der Produktion von Batterien und anderer Energieträger usw. Die Förderung neuer Beschäftigung in den nachhaltigen Sektoren der Ökonomie muss über bisherige Hilfen zur Existenzgründung oder ähnliche, auf Individuen und kleine Zahlen zielende Maßnahmen hinauswachsen. Wie diese Aktivität ausformuliert werden sollte, um Effizienz zu gewährleisten und dem hohen Risiko von Mitnahmeeffekten auf Unternehmensseite zu entkommen, wäre in einer wissenschaftlich informierten Arbeitsmarktdebatte zu erörtern.

* Zugleich sollte die Um-Qualifizierung des volkswirtschaftlichen Arbeitskräftepools durch eine offene und integrationsorientierte Migrationspolitik begleitet werden, die stärker als bisher Instrumente der Arbeitsmarktintegration dieser Personengruppe entwickeln muss. Die Zunahme von Engpassberufen kann die Arbeitsmarktmacht der gesuchten Fachkräfte und letztlich auch die Verhandlungsmacht der Gewerkschaften stärken. Doch nichts spricht dagegen, durch eine Politik weit geöffneter Grenzen Menschen aus anderen Regionen der Welt den Zugang zum deutschen Arbeitsmarkt zu öffnen und sie mit geeigneten arbeitsmarktpolitischen Integrationshilfen zu unterstützen. Eine solche transformative Arbeitsmarktpolitik sollte zugleich in eine aktive Industrie- und Strukturpolitik eingebettet werden, die den potenziellen Transformations-Verlierer:innen in den besonders gebeutelten Regionen neue Beschäftigungsperspektiven eröffnet (Lemb 2021).

Der »Green New Deal« als öko-soziales Leitprojekt
Alle Maßnahmen eines präventiven Arbeitsschutzes und einer transformativen Arbeitsmarktpolitik müssen sich letztlich in die öko-soziale Transformation einpassen. Im Zentrum einer solchen Strategie muss auf absehbare Zeit die De-Karbonisierung nicht nur, aber auch der industriellen Wertschöpfung stehen. Über Entwicklungsrichtung, Ausprägung und Verteilungswirkungen wird dabei in politikfeldspezifischen Transformationskonflikten entschieden. Diese entfalten sich entlang der Dimensionen der Transformation und sind durch unterschiedliche Akteurs-Konstellationen geprägt, in denen Interessen, Strategien und Machtressourcen aufeinanderprallen (Urban 2019: 13ff.).

Der mitunter geforderte Übergang vom »sozialen Klassen- zum sozial-ökologischen Transformationskonflikt« (Dörre 2020) ist für die Gewerkschaften ein brisantes Unterfangen. Gerade Industriegewerkschaften, deren Mitglieder besonders hohe Transformationsrisiken zu tragen haben, stecken in einem Dilemma (Urban 2022). Einerseits sind sie mit Mitgliedschaft, Organisationsmacht und Identität vor allem in jenen Wirtschaftssektoren verankert, in denen Einkommen, Arbeitsplätze und Lebensstandards besonders gefährdet sind (Falck/Czernich/Koenen 2021). Setzen sie jedoch auf eine strukturkonservative Verteidigung existenter Strukturen, dürfte dies andererseits mit dem Ziel einer nachhaltigen Interessenvertretung ihrer Klientel kollidieren. Selbst wenn die Blockadekraft der Gewerkschaften ausreichte, den ökologischen Umbau zu verhindern oder zu verlangsamen, bestünde der zweifelhafte Erfolg in der Verschärfung der Klimakrise und der Gefährdung der natürlichen Lebensgrundlagen der Menschen insgesamt. Ein Ertrag, der kaum als nachhaltige Interessenpolitik gewertet werden könnte.

Der Rückzug auf die Rolle eines politischen Vetospielers gegen die De-Karbonisierung des gegenwärtigen Produktionsmodells kann also keine zukunftsträchtige Strategieoption sein. Wollen die Gewerkschaften die Interessen der abhängigen Arbeit umfassend und nachhaltig vertreten, müssen sie sich als gesellschafts- und damit auch ökologiepolitische Reformkraft definieren. Ein solches Rollenverständnis erfordert eine offensive Einflussnahme auf die sozial-ökologische Transformation. Orientierungsfunktion könnte das Strategiekonzept einer »Ökologie der Arbeit« bereitstellen, das gewerkschaftliche Politik als Beitrag zur Reproduktion von Arbeit, Gesellschaft und Natur gleichermaßen begreift. Ins strategische Zentrum rückte dadurch ein neues gesellschaftliches Entwicklungsmodell, das ökonomisches Wachstum nur dort fördert, wo es gesellschaftlichen Nutzen stiftet, und dort unterbindet, wo es sozialen und ökologischen Nachhaltigkeitskriterien nicht genügt. Unverzichtbar wäre zugleich eine durchgreifende Demokratisierung der Wirtschaft, da die notwendigen Reformen gegen Gewinn- und Machtinteressen vor allem der ökonomischen Eliten der fossilen Ökonomie durchgesetzt werden müssen (Urban 2019: 183–235).

Produktive Impulse für die deutsche Debatte könnten vom »Green New Deal« (GND) der US-amerikanischen Linken um Bernie Sanders, Alexandria Ocasio-Cortez und andere ausgehen.[9] Seine Vorläufer reichen weit in die amerikanische Geschichte zurück. Der gegenwärtigen Fassung gelang jedoch erst durch den Aufschwung der sozialen Protestbewegungen nach

---

9   Die Einzelaspekte der Debatte hat Bernie Sanders 2019 zu einem umfassenden sozial-ökologischen Transformationsplan zusammengefügt und erweitert; The Green New Deal | Bernie Sanders Official Website; Zugriff 27.07.2021.

Urban: Zwischen Notfall-Pragmatismus und Pfadwechsel

der großen Finanzkrise der Jahre 2007 ff. der Durchbruch in der amerikanischen Öffentlichkeit (ausführlicher: Rehmann 2019), blieb jedoch heftigen Angriffen seitens der amerikanischen Rechten und des Establishments der Demokratischen Partei ausgesetzt.

Als Kernpunkte werden folgende Forderungen herausgestellt:
- Umstellung des Energiesystems auf 100 Prozent erneuerbare Energien und Schaffung von 20 Millionen Arbeitsplätzen, die für die Bewältigung der Klimakrise gebraucht werden.
- Gewährleistung eines gerechten Übergangs (»just transition«) für Gemeinden und Arbeitnehmer:innen, einschließlich der Arbeitnehmer:innen in Sektoren mit fossilen Brennstoffen.
- Gewährleistung von Gerechtigkeit für bestimmte Gemeinschaften, insbesondere für unterversorgte Gruppen, farbige Gemeinschaften, indigene Bevölkerungsgruppen, Menschen mit Behinderung, Kinder und ältere Menschen.
- Finanzielle Entlastung amerikanischer Familien durch Investitionen in Gebäudesanierungen, öffentliche Verkehrsmittel, moderne Infrastruktur und Hochgeschwindigkeits-Breitband.
- Verpflichtende Reduzierung der weltweiten Emissionen, einschließlich der Bereitstellung von 200 Milliarden Dollar für den grünen Klimafonds, der Wiederaufnahme des Pariser Klimaabkommens und der Bekräftigung der Führungsrolle der Vereinigten Staaten im globalen Kampf gegen den Klimawandel.
- Investitionen in den Naturschutz, um öffentliches Land, Böden und Prärielandschaften zu sanieren.
- Beendigung der Gier der fossilen Brennstoffindustrie und Heranziehung derselben zur Rechenschaft.

Kurzfristig zielt der *GND* auf 20 Millionen Arbeitsplätze, die durch öffentliche Investitionsprogramme von 16,3 Billionen US-Dollar bereitgestellt werden sollen. Die Beschäftigten aus den fossilen Industrien sollen dabei bevorzugt behandelt werden; die volle Gehaltszahlung bei notwendigen Umschulungen für fünf Jahre und ein garantiertes Jobangebot für alle Betroffenen sollen gesichert sein. Explizite Zielsetzung ist die besondere Unterstützung für farbige und indigene Gemeinschaften sowie für ältere und behinderte Bevölkerungsgruppen, die von sozialer Ausbeutung und gesellschaftlicher Diskriminierung zugleich betroffen sind. Dabei sollen die notwendigen Investitionen vor allem über eine höhere Besteuerung von Großunternehmen und die Industrien der fossilen Energien finanziert werden. Zugleich sind die Streichung ökologieschädlicher Subventionen und die Kürzung der Militärausgaben vorgesehen.

Der amerikanische GND kann als kapitalismuskritischer Versuch gewertet werden, die Kluft zwischen der ökologischen und der sozialen Transformation und zugleich zwischen Klassen- und Identitätspolitik zu schließen. Dabei sind seine Investitionszusagen in neue »grüne Jobs« und eine De-Karbonisierung der Ökonomie umfangreicher und vor allem verbindlicher als dies im »Green Deal« der Europäischen Kommission der Fall ist. Es ist die Verschränkung von transformativer Umweltpolitik und Arbeitsmarktpolitik mit Klassen- und Identitätsfragen, die den amerikanischen GND auch für die deutschen Linke interessant macht. Vor allem die deutschen Gewerkschaften täten gut daran, ihn endlich ernsthaft zur Kenntnis zu nehmen.

IV Ausblick: Plädoyer für einen beschleunigten und ausgreifenden Reformismus

Bis 2030 müssen global 65 Prozent und bis 2050 100 Prozent der Treibhaus-Emissionen reduziert werden. Sonst wird die Begrenzung der Erderwärmung auf 1,5 Grad oder besser noch darunter mit katastrophalen Folgen scheitern. Alle Politiken müssen diesem Zeitdruck Rechnung tragen. Weder kann abgewartet werden, bis der »radikale subversive Gedanke« flächendeckend die kapitalistische Hegemonie zersetzt hat und radikale Systembrüche möglich werden. Noch reichen Trippelschritte aus, die bei den herrschenden Verhältnissen nicht anecken wollen und auf einen Modernisierungs-Reformismus hoffen. Mit aller Entschiedenheit müssen die Spielräume innerhalb der kapitalistischen Strukturen ausgeschöpft werden, ohne sich der Illusion hinzugeben, eine dauerhaft sozial und ökologisch nachhaltige Entwicklung sei unter diesen Bedingungen realisierbar.

Der hier angedeutete Reformismus will die Systemtransformation nicht verabschieden, aber er kann und will nicht auf sie warten. Das hat Konsequenzen. Konzepten eines »grünen Kapitalismus«, der seine Energiebasis von fossilen auf erneuerbare Energien umstellt und ansonsten alles – vor allem den pathologischen Wachstumszwang – unverändert lässt, muss mit höchster Skepsis begegnet werden. Gerade Akteure der Finanzwirtschaft setzen auf dem Weg zu »Green Growth« auf neue Basisinnovationen als Grundlage einer »neuen langen Welle« ökonomischen Wachstums. Das damit einhergehende Investitionsvolumen wäre gigantisch. »Der Kapitalbedarf allein für die Umstellung auf eine nachhaltige Energieversorgung ist enorm. Die International Renewable Energy Agency (IRENA; Internationale Agentur für erneuerbare Energien) schätzt, dass für ihr ›Transforming Energy Scenario‹ (TES) ein Investitionsbedarf von insgesamt 60 Billionen US-Dollar bis zum Jahr 2030 besteht ... Das TES der IRENA beschreibt den Entwicklungspfad der globalen Energieerzeugung und -verteilung, der es ermöglicht, den globalen Temperaturanstieg während dieses Jahrhunderts unter 2 °C und nahe bei 1,5 °C zu halten. Dafür wäre die fast vollständige Umstellung auf erneuerbare Energien notwendig, bei gleichzeitigen Effizienzsteigerungen.« (Allianz Global Investors 2021: 13) Hinzu kommen Investitionspläne der Europäischen Union im Volumen von 175 bis 270 Mrd. Euro zur Erreichung der selbstgesteckten Klima- und Energieziele sowie ein jährlicher (öffentlicher und privater) Investitionsbedarf von 5 bis 7 Billionen US-Dollar, um die von den Vereinten Nationen (UN) formulierten 17 »Ziele für nachhaltige Entwicklung« (»Sustainable Development Goals«) bis zum Jahr 2030 zu erreichen (ebd.) Ein solcher »6. Kondratieff-Zyklus«, so die Hoffnung, könnte als gigantisches Revitalisierungsprogramm für den seit längerem an Produktivitäts- und Wachstumsproblemen leidenden globalen Kapitalismus wirken.

Solche Szenarien einer »grünen Welle« ungebremsten kapitalistischen Wachstums erweisen sich bei näherer Betrachtung eher als Bedrohungen denn als Chancen. Was dagegen unabweisbar ist, ist ein Bruch mit der ökonomischen, gesellschaftlichen und politischen Entwicklungslogik des Gegenwartskapitalismus. Vor allem der permanente Wachstumsdruck erweist sich als unvereinbar mit den Nachhaltigkeitserfordernissen der Natur und muss durch politische Interventionen in die Ökonomie gebremst und reguliert werden (Urban 2019: 183–235). Der Zeitdruck, der aus der drohenden Klimakatastrophe resultiert, aber auch die Veränderungen in der allgemeinen Wirtschafts- und Lebensweise erfordern einen beschleunigten und ausgreifenden Reformismus, der gegenüber bisherigen Strategien deutlich neue Akzente setzt. Beschleunigt müssen seine Reformen ausfallen, da der Bruch mit der aktuellen Produktions-, Verteilungs- und Konsumtionsweise keinen langen Aufschub duldet; die »Beschleunigung als das Grundprinzip der Moderne« (Hartmut Rosa) muss durch eine neue Zeitlogik ebenfalls beschleunigter Korrektur-Interventionen gekontert werden. Doch ein Reformismus auf der Höhe der Zeit muss die politischen Interventionsräume zugleich erweitern. Er muss über die Institutionen der politischen Demokratie hinaus in die kapitalistische Besitz- und Verfügungsordnung ausgreifen. Dabei darf auch die heilige Kuh der privaten Verfügungsgewalt über ökonomisches Eigentum nicht verschont bleiben. Gesellschaftliche Einflussmöglichkeiten müssen weit über die bisherigen Modelle partieller Mitbestimmung ausgeweitet werden.

Dass dies alles nicht ohne einen hinreichenden Radikalismus zu realisieren sein dürfte, ist offensichtlich. Eine verzagte Muddling-Through-Politik wird noch nicht einmal in der Lage sein, partielle Veränderungen durchzusetzen, geschweige denn eine andere Entwicklungslogik in die ökonomischen, zivilgesellschaftlichen und politischen Verhältnisse zu implementieren. Der Reformismus der öko-sozialen Transformation wird also beschleunigt, ausgreifend und radikal ausfallen – oder er wird scheitern. Und mit ihm würde der Versuch scheitern, absehbare ökologische und soziale Katastrophen zu verhindern.

Literatur

Allianz Global Investors (2021): #Green Growth: Die grüne Welle des Wachstums. Analysen & Trends. März.

BAuA (2021): Betrieblicher Arbeitsschutz in der Corona-Krise. baua: Bericht kompakt.

Bieback, Karl-Jürgen (2019): Zur Bewältigung des Strukturwandels: Transformations-Kurzarbeitergeld auf den Weg bringen. Warum eine neue Form des Kurzarbeitergeldes notwendig ist, in: Soziale Sicherheit, H. 10, S. 373–382.

DGB-Index Gute Arbeit (2021): Arbeiten im Homeoffice. Zwischen Gestaltungsspielräumen und Mehrbelastung. Kompakt 1.

Dörre, Klaus (2020): Gesellschaft in der Zangenkrise. Vom Klassen- zum sozial-ökologischen Transformationskonflikt, in: Klaus Dörre/Madeleine Holzschuh/Jakob Köster/Johanna Sittel (Hrsg.): Abschied von Kohle und Auto? Sozial-ökologische Transformationskonflikte um Energie und Mobilität. Frankfurt/M., S. 23–69.

Falck, Oliver/Czernich, Nina/Koenen, Johannes (2021): Auswirkungen der vermehrten Produktion elektrisch betriebener Pkw auf die Beschäftigung in Deutschland. Ifo-Studie. Mai.

Fergen, Andrea/Neumann, Dirk/Tiedemann, Moritz-Boje (2021): Arbeitsschutz im Brennglas der Corona-Pandemie, in: Aulenbacher, Brigitte u. a. (Hrsg.): Mosaiklinke Zukunftspfade. Gewerkschaft, Politik, Wissenschaft. Münster, S. 319–330.

Haug, Wolfgang Fritz (2020): Die große Unterbrechung, in: Das Argument, 334, S. 7–15.

Holst, Hajo/Fessler, Agnes/Niehoff, Steffen (2021): Arbeiten in der Pandemie – Klassenungleichheiten und fragmentierte Corona-Erfahrungen; https://www.kooperationsstelle-osnabrueck.de/fileadmin/user/Aktivitaeten/Projekte/Arbeiten_in_der_Corona-Krise/Holst_et_al._Fragmentierung_Corona_2021.pdf; Zugriff 27.07.2021.

Lemb, Wolfgang (Hrsg.): Perspektiven eines Industriemodells der Zukunft. Marburg.

Knut, Matthias (2021): Transformative Arbeitsmarktpolitik. Herausforderungen der Arbeitsmarktpolitik unter den Bedingungen der konfluenten Digitalisierung und diverser Transformationen. Working Paper Forschungsförderung der Hans-Böckler-Stiftung. Juli.

IMK Report (2021): Mit Schwung aus der Krise. Nr. 169. Juni.

Rehmann, Jan (2019): Ein Plan für alle (Fälle) – Der Green New Deal als sozial-ökologisches Hegemonieprojekt, in: LuXemburg H. 3, S. 70–77.

Statistisches Bundesamt (Destatis)/Wissenschaftszentrum Berlin für Sozialforschung (WZB)/Bundesinstitut für Bevölkerungsforschung (BiB) (Hrsg.) (2021): Datenreport 2021. Ein Sozialbericht für die Bundesrepublik. Bonn.

Urban, Hans-Jürgen (2022): Treiber oder Vetospieler? Das Dilemma der Gewerkschaften in der sozial-ökologischen Transformation, in: Becke, Guido/Bleses, Peter (Hrsg.): Interdependenzen von Arbeit und Nachhaltigkeit. Weinheim, 2022, (i.E.).

Urban, Hans-Jürgen (2021a): Corona, Kapitalismus, Demokratie. Demokratische Arbeitspolitik für ein neues Entwicklungsmodell, in: Schmitz, Christoph/Urban, Hans-Jürgen (Hrsg.): Arbeit in der Demokratie. Eine vergessene Dimension in der Arbeitspolitik?, Frankfurt/M., 2021, S. 27–46.

Urban, Hans-Jürgen (2021b): Heilsversprechen Homeoffice. Zu den Schattenseiten eines arbeitspolitischen Shootingstars, in: Blätter für deutsche und internationale Politik H. 2, S. 103–113.

Urban, Hans-Jürgen (2019): Gute Arbeit in der kapitalistischen Transformation. Über eingreifende Politik im digitalisierten Kapitalismus. Hamburg.

Windel, Armin/Haus-Rybicki (2021): Europäische Perspektiven auf den Arbeits- und Gesundheitsschutz: Impulse für eine globaler orientierte Arbeitswissenschaft, in: Zeitschrift für Arbeitswissenschaft, H. 2, S. 162–167.

Zucco, Aline/Lott, Yvonne (2021): Stand der Gleichstellung. Ein Jahr mit Corona. WSI Report Nr. 64, März.

Frank Werneke
Das Recht auf Gute Arbeit zur gesellschaftlichen Geltung bringen
Kernpunkte der ver.di-Offensive für Gute Arbeit in der Nach-Pandemie-Zeit

Wo die Corona-Krise als Aufforderung verstanden wird, soziale Vernunft, ökologische Weitsicht und nüchterne Analyse in der Gesellschaft endlich zum Zug kommen zu lassen, muss über die Lehren der Pandemiezeit nicht lange diskutiert werden. Mehr als deutlich wurde, was in Normalzeiten zu wenig wichtig genommen wurde und jetzt aus- und aufzubauen ist: die soziale Infrastruktur mit einem starken Sektor sozialer Dienstleistungen; das Primat des Gesundheitssystems als Teil der öffentlichen Daseinsvorsorge vor der privatwirtschaftlichen Perspektive; gute Arbeitsbedingungen auch in Hinsicht auf ihren Nutzen fürs Gemeinwohl; Solidarität und demokratische Rechte. Dies ist der Weg, die Corona-Krise zu bewältigen und weiteren Krisen vorzubeugen. Es ist ein Weg auch des Widerstands gegen Retro-Rezepte, für die unter Slogans wie »Entfesselt die Wirtschaft« Druck gemacht wird und die allesamt auf eine Sozialdemontage hinauslaufen (Ausweitung prekärer Beschäftigungsformen, mehr Zugriffsmöglichkeiten für Arbeitgeber, Ausdünnung der öffentlichen Aufgaben, Rückbau des Arbeitsschutzes, längere Arbeitszeiten …).

Diesen Weg und das Ziel, eine positive gewerkschaftliche Perspektive für die Nach-Pandemie-Zeit im Sinne Guter Arbeit in Betrieben und Verwaltungen gemeinsam zu erarbeiten und umzusetzen, hat ver.di im September 2021 auf dem Kickoff für eine Offensive in Sachen Gute Arbeit ausgeführt. Der Kickoff beinhaltete auf lange Sicht angelegte Aufgaben ebenso wie Sofortziele. In diesen Kontext fügen sich die folgenden Kernpunkte einer Politik für Gute Arbeit auf gesellschaftlicher Ebene, beginnend mit der übergeordneten Aufgabe.

Den Anspruch auf Gute Arbeit rechtswirksam machen
Bereits in der im März 2010 verabschiedeten ver.di-Grundsatzerklärung ist die arbeitspolitische Leitidee unserer Gewerkschaft fokussiert worden: »Alle haben ein Recht auf Gute Arbeit.« Als Aussage in einem gewerkschaftlichen Dokument ist dies fürs erste nicht mehr als eine Selbstverpflichtung. ver.di kommt ihr jedoch nach, indem sie seit Jahren für Gute Arbeit wirkt, so durch Tarifverträge und Betriebsvereinbarungen, politische Initiativen, die Mitwirkung an Forschungsprogrammen, publizistische Tätigkeit, Öffentlichkeitsarbeit.

Das Bekenntnis von ver.di zum Recht auf Gute Arbeit entwickelt also konkrete Gestaltungskraft. Zur vollen sozialen Wirksamkeit aber kann das Recht auf Gute Arbeit erst gelangen, wenn aus der Leitidee eine Rechtsnorm geworden ist. Im Grundgesetz der Bundesrepublik gibt es eine solche bislang nicht explizit, doch fehlen dort auch andere Sozialrechte – ein schweres Versäumnis. Eine Teilkompensation bietet immerhin das Sozialstaatspostulat, das in Art. 20 Abs. 1 mit Ewigkeitsgarantie verankert ist und nach dem die »Bundesrepublik Deutschland [...] ein [...] sozialer Bundesstaat« ist. In unseren Augen birgt dies einen Dauerauftrag an den Gesetzgeber, Sorge dafür zu tragen, dass der Anspruch auf Gute Arbeit sich in operablen rechtlichen Bestimmungen materialisiert. Sozial ist, was Gute Arbeit schafft. Parlament und Regierung stehen grundsätzlich zwei Wege dazu offen; sie können:

- Gesetze und Verordnungen verabschieden, die direkt auf die Arbeitsqualität einwirken, so etwa durch ein Homeofficegesetz oder eine Antistressverordnung;
- durch eine rechtliche Stärkung des Tarifsystems indirekt wirken, indem sie den Tarif- und Betriebsparteien bessere Möglichkeiten eröffnen, Arbeitsbedingungen nach den Regeln der sozialen Selbstbestimmung zu gestalten.

Tarifvertragssystem stärken

Welcher der beiden Wege eingeschlagen werden sollte, hängt von der jeweiligen Problemlage und vom gesellschaftlichen Kräfteverhältnis ab. Worin die Aufgabe einer Gewerkschaft primär besteht, erklärt sich indes bereits aus ihrem Selbstverständnis. Dieses unterscheidet sich von dem eines Lobbyverbandes und dem einer staatsfixierten Pressure-Group. ver.di bemüht sich zwar auch, auf den Gesetzgeber einzuwirken – unsere Forderungen zur Stärkung des Tarifvertragssystems sind ein Beispiel dafür. Doch die zentrale Aufgabe einer Gewerkschaft besteht darin, sich mit den Arbeitgebern und ihrer Macht auseinanderzusetzen, und dabei beteiligungsorientiert durch Tarifverträge Beschäftigteninteressen durchzusetzen.

Die Grundlage dafür ist ein Tarifsystem, das von den Beteiligten anerkannt und getragen wird. Dazu ist ein gewisses gesellschaftliches Gleichgewicht zwischen den Repräsentanten der Beschäftigten und der Arbeitgeber nötig. Dabei hat der Staat die Aufgabe, das Funktionieren der Wirtschaft und der Gesellschaft im Sinne einer Sozialen Marktwirtschaft durch Setzung rechtlicher Rahmen zu ermöglichen. Und die Tarifparteien müssen den Wert einer eigenverantwortlichen kollektiven Regelung der Arbeitsbeziehungen zu schätzen wissen, und das heißt: Sie müssen sich als Organe des Tarifsystems verstehen und so auch handeln.

Gute Arbeit nach Corona

Diesen Anforderungen wird die Arbeitgeberseite seit Jahren immer weniger gerecht. Hoch ist mittlerweile die Zahl der Arbeitgeber, die Tarifflucht begangen haben, bei anhaltendem Trend. Verschärft wird das Problem durch Arbeitgeberverbände, die Unternehmen OT-Mitgliedschaften (ohne Tarifbindung) erlauben. Alles in allem entsteht so der Eindruck, dass Teile der Arbeitgeberschaft es darauf angelegt haben, das System der kollektiven Interessenvertretung als gesellschaftsgestaltende Kraft zu sprengen.

Dies führt Schritt für Schritt zu einer Pulverisierung des Sozialgefüges in der Arbeitswelt und zu einem Systemwechsel in den Arbeitsbeziehungen zu Lasten der Beschäftigten. Dem ist entschieden entgegenzuwirken, und dazu braucht es Maßnahmen zur Stärkung des Tarifsystems. Und wenn die Arbeitgeber nicht in der Lage oder nicht willens sind, ihrer Verantwortung für das Tarifsystem gerecht zu werden, ist der Gesetzgeber gefordert, seiner sozialen Aufgabe nachzukommen. Dies verlangt die Urformel des kollektiven Arbeitsrechts: »Der Geist der Selbstorganisation hat den Tarifvertrag geschaffen. Das Recht muss diesen Geist erhalten.« (Sinzheimer 1916/1977, 35)

Geeignete Mittel dazu sind derzeit die Erleichterung der Allgemeinverbindlicherklärung von Tarifverträgen; ein Bundestariftreuegesetz, damit öffentliche Aufträge und Förderungen nur an Unternehmen gehen, die Tarifverträge zumindest anwenden; eine Erweiterung des betrieblichen Zutrittsrechts der Gewerkschaften inkl. digitaler Wege; ein Verbandsklagerecht für Gewerkschaften. Zudem gehören OT-Mitgliedschaften in Arbeitgeberverbänden verboten.

Den Sozialstaat in die Pflicht nehmen

»Gemeinsames Handeln macht stark«, lautet der erste Satz der ver.di-Grundsatzerklärung. »Gute Arbeit gibt es nicht nach Gutsherrenart«, heißt ein Schlüsselsatz in ver.dis *ABC der Guten Arbeit* (ver.di 2015, 24). Doch nicht überall und in jeder Frage greift eine Politik für Gute Arbeit, die auf der Initiative von unten basiert. Beispiel Werkverträge, Beispiel Plattformökonomie: Wo Arbeitgeber systematisch auf Arbeitsformen setzen, die den Arbeitenden eine gemeinsame Interessenwahrnehmung nahezu unmöglich machen, muss der Staat für den nötigen Schutz sorgen. Und erst recht hat er seiner Schutzpflicht in allen Fällen nachzukommen, in denen Grundrechte von Beschäftigten verletzt werden.

Was dem Sozialstaat möglich ist, wenn er hinreichend gefordert ist, wurde während der Corona-Krise deutlich, als das längst überfällige Verbot von Werkverträgen in Schlachtbetrieben rasch durchgesetzt wurde. Was der Staat anrichtet, wenn er seinem Sozialauftrag zuwiderhandelt, ist aber auch hinlänglich bekannt. Die Deregulierungsmaßnahmen der Agenda 2010 waren massive Staatseingriffe ins Sozialgefüge zu Lasten guter Arbeitsbedingungen und sicherer Beschäftigungsverhältnisse, des gesellschaftlichen Zusammenhalts und der sozial Benachteiligten. Gute Arbeit kann aber auch durch einen im sozialen Sinne aktiven Staat gefördert werden, der seinen Sozialpflichten besser nachkommt und die Sozialrechte stärkt. Das arbeitspolitische Sofortprogramm dazu:

- *Anhebung des Mindestlohns.* Nachdem ver.di sich vor Jahren als einer der ersten gesellschaftlichen Akteure für die Einführung eines gesetzlichen Mindestlohns stark gemacht hat, fordern wir heute dessen Anhebung auf 12 Euro.
- *Auflösung prekärer Beschäftigungsverhältnisse.* Ein Sozialstaat, der Teilhabe am Arbeitsmarkt nur durch Prekarisierung sichern kann, demontiert sich selbst. Das Verbot der sachgrundlosen Befristung und die Abschaffung von Minijobs zugunsten sozialversicherungspflichtiger Beschäftigung wären erste Schritte der Abkehr von diesem Irrweg.
- *Durchsetzung des Gleichbehandlungsgrundsatzes.* Dies beinhaltet insbesondere die Schließung des Gender Pay Gaps durch ein Entgeltgleichheitsgesetz.
- *Soziale Absicherung von Plattformarbeiter:innen und Solo-Selbständigen.* Die Einbeziehung ins System sozialer Sicherung sollte auf eine ähnliche Weise erfolgen wie bei abhängig Beschäftigten. ver.di fordert außerdem ein Recht auf Kollektivzusammenschluss und -verhandlungen für alle Solo-Selbständigen.
- *Erlass einer Verordnung psychischer Gefährdungen (»Anti-Stress-Verordnung«).* Hierbei geht es der Sache nach um die Ausgestaltung einer Bestimmung, die bisher leider nur in der Bayerischen Landesverfassung verankert ist (Art. 167 Abs. 2) und es wert wäre, in jedem Betrieb direkt neben der Betriebsordnung ausgehängt zu werden: »Ausbeutung, die gesundheitliche Schäden nach sich zieht, ist als Körperverletzung strafbar.« Ergänzend zu dieser Verordnung sind Schutzbestimmungen zur psychischen Gesundheit in den Einzelverordnungen des Arbeitsschutzgesetzes und in den Bestimmungen der gesetzlichen Unfallversicherungen zu verankern (Hannack/Schröder 2013).

Maßnahmen wie die genannten verbessern die Arbeitsqualität, indem sie der Arbeitgebermacht Grenzen setzen. Damit bieten sie den Beschäftigten einen Elementarschutz, durch den Arbeitshetze und Armutslöhne gemindert werden. Gestaltungsfreiheiten, die sich auf die Arbeitsbedingungen beziehen, werden den Beschäftigten damit allerdings nicht eröffnet. Dafür sind erweiterte Beschäftigtenrechte nötig. Auch die stehen in der nächsten Phase zur Durchsetzung an, denn die Gute-Arbeit-Agenda reicht weiter als

Gute Arbeit nach Corona

ein Programm zur Durchsetzung von Arbeitsschutz und bietet anderes als ein Feel-Good-Management zur Steigerung der Arbeitsproduktivität. Wesentlich ist: Gute Arbeit nimmt dadurch Gestalt an, dass die Beschäftigten selbst die Maßstäbe für die Qualität der Arbeitsbedingungen setzen. Das Qualitätsziel ist damit in einen Souveränitätsanspruch eingebettet, wie im Jahrbuch Gute Arbeit 2020 näher ausgeführt ist: »Gute Arbeit ist ein Programm zum Abbau von Herrschaft in der Arbeitswelt.« (Schmitz 2020, 47)

Demokratische Rechte in der Arbeitswelt stärken

Politik für Gute Arbeit will also auch in der Arbeitswelt die Bedingungen gesichert wissen, die für die Ausübung demokratischer Rechte notwendig sind. In der Arbeitswelt braucht es Rechte und Freiräume für die Beschäftigten, unabhängig vom Arbeitgeber-Goodwill. Freiräume schaffen bedeutete früher vor allem, durch allgemeingültige Regelungen die Zeitzone außerhalb der Arbeitswelt zu sichern und auszuweiten, in der Arbeitgeber keine Befugnisse haben, geschehen etwa mit der Durchsetzung des Achtstundentags. Politik für Gute Arbeit besteht demgegenüber vor allem darin, »allgemeinverbindliche Beteiligungs-Normen« innerhalb der Arbeitswelt durchzusetzen. Diese werden dem Verlangen der Beschäftigten gerecht, »diesseits der im Arbeitszeitgesetz festgelegten Grenzen individuelle Gestaltungsrechte in Sachen Länge und Lage der Arbeitszeit zu erlangen oder auszubauen« (Bsirske 2015, 31).

Die Zeit ist reif, das Recht auf Gute Arbeit durch entsprechende Regelungen wirksam werden zu lassen – subjektive Berechtigungen auf der Basis konstitutioneller Lösungen. Den Beschäftigten soll ermöglicht werden, Entscheidungen über so viele Aspekte ihrer Arbeitsbedingungen zu fällen, wie es mit den Erfordernissen des Arbeitsschutzes vereinbar ist. Dies verlangt nach einer Politik der Rechte. Die nächsten Schritte auf diesem Weg:

- *Ein Recht auf Nichterreichbarkeit im Sinne einer subjektiven Berechtigung.* Dies zum einen, um den Schutz der Privatsphäre in Zeiten der Digitalisierung zu verbessern; zum anderen als Mittel gegen überbordenden Arbeitsstress. Gegen die Unbilden der Entgrenzung hilft nur das Recht, Grenzen zu setzen.
- *Ein Recht auf Homeoffice* dort, wo die Tätigkeit es erlaubt. Dafür hat sich ver.di seit 2014 eingesetzt, gegen anhaltend widerstrebende Arbeitgeber; mittlerweile ist auch umgekehrt zu betonen: eine Pflicht darf nicht daraus werden. Es braucht Wahlfreiheit, soweit die Arbeitsaufgabe dies zulässt, und dies nicht nur an wenigen Tagen im Jahr.

Bedingungen für Gute Arbeit im Homeoffice schaffen

Gleich wo gearbeitet wird, auf Gute Arbeit hat jede:r ein Recht. Auch im Homeoffice gibt es diesen Anspruch, der nicht schon dadurch abgegolten ist, dass Beschäftigte dort womöglich auf eigenen Wunsch arbeiten. Und weil die Beschäftigten im Homeoffice weiterhin dem Direktionsrecht des Arbeitgebers unterstehen, gelten dort auch dessen Pflichten in Sachen Arbeitsmittel und Arbeitsschutz. Die bisherigen Erfahrungen mit der Arbeit im Homeoffice bieten deutliche Hinweise auf Vorzüge, aber auch auf Stresstreiber, denen präventiv zu begegnen ist: ständige Erreichbarkeit, Mangel an Entlastungsmöglichkeiten, unbezahlte Mehrarbeit, eine zu große Arbeitsmenge und dadurch Arbeitsintensität, ein Übermaß an Videokonferenzen, unzureichende Arbeitsausstattung, Kommunikationsschwäche von Vorgesetzten.

Umso wichtiger ist es, dass auch für jeden Homeoffice-Arbeitsplatz – ob als »Telearbeit« deklariert oder als »mobile Arbeit« – eine Gefährdungsbeurteilung durchgeführt wird. Die Beteiligung der Beschäftigten sollte dabei unbedingt gewährleistet sein. Außerdem ist der Abschluss von Betriebsvereinbarungen rechtlich vorgeschrieben, und zwar unabhängig davon, ob und in welcher Form Rechtsansprüche auf Homeoffice und Nicht-Erreichbarkeit bereits gesetzlich verankert sind. Eine betriebsbezogene kollektivvertraglich geregelte Ausgestaltung und damit Absicherung individueller Lösungsmöglichkeiten wird durch ein allgemeingültiges Gesetz ebenso wenig überflüssig wie die Tätigkeit der betrieblichen Interessenvertretungen – im Gegenteil.

Rechte der Interessenvertretungen ausbauen

Mit der Durchsetzung von Individualrechten auf Basis von Kollektivregelungen wächst auch das arbeitspolitische Gewicht der Institution der betrieblichen Interessenvertretungen. Die Entwicklung eines innerbetrieblichen Kollektivwillens muss in stärkerem Maße gestützt, der Blick aufs Ganze der Belegschaftsanliegen und deren Vertretung intensiv gepflegt werden. Dazu sind Repräsentativorgane erforderlich. Wer sonst sollte z.B. darauf achten, dass die Auslagerung von Teilen der Arbeit in Homeoffices nicht mit Verschlechterungen in den anderen Betriebsbereichen einhergeht?

Eine Erweiterung der Mitbestimmungsrechte der betrieblichen Interessenvertretungen ist fällig. Vor allem in den Bereichen Arbeits- und Gesundheitsschutz, Weiterbildung, Fremdpersonaleinsatz, Personalbemessung und Beschäftigungssicherung müssen sie effektiv Einfluss nehmen können. Wesentlich ist zudem die Stärkung ihrer Kontrollrechte zum Schutz der Daten und der Persönlichkeitsrechte der Beschäftigten insbesondere bei der Einführung digitaler Technik. Der Arbeitgeber steht hier in einer Bringschuld, doch ist in einem so sensiblen Bereich eine Kontrolle durch fachlich geschulte

Beschäftigtenvertreter angesagt. Seit langem überfällig ist dazu ein Beschäftigtendatenschutzgesetz als Rechtsbasis.

Arbeitsschutzbestimmungen durchsetzen und weiterentwickeln
Wo die Arbeitsschutzkultur gut entwickelt ist und – ganz wichtig – die Beschäftigten bei dem Thema zu Wort kommen, gibt es bessere Arbeitsbedingungen. Dies ist das Ergebnis einer ver.di-Studie auf Basis einer Repräsentativumfrage mit dem DGB-Index Gute Arbeit (ver.di 2019). Bestärkt wird damit die Auffassung, dass das Arbeitsschutzrecht als konstruktives Mittel für die Arbeitsgestaltung gut zu nutzen ist. Von einer Überregulierung kann keine Rede sein. Wer sie beklagt, will in der Regel die Zugriffsmöglichkeiten der Arbeitgeber auf die Beschäftigten vergrößern. Dies wäre etwa bei einer Durchlöcherung des Arbeitszeitgesetzes der Fall, wie sie von Arbeitgeberverbänden gefordert wird. Nicht durch einen Rückbau der rechtlichen Bestimmungen, durch deren Weiterentwicklung und Feinjustierung wird Prävention gefördert. Zu den zahlreichen Initiativen, die ver.di dazu bereits gesetzt hat (s. Riesenberg-Mordeja/Thorein 2020 sowie Hannack/Schröder 2013), fügt sich aktuell die Forderung, psychische Erkrankungen als Berufskrankheiten anzuerkennen.

Die größten Probleme ergeben sich derzeit allerdings nicht aus Gesetzeslücken, sondern aus einer völlig unzureichenden Umsetzung des Rechts, bedingt durch personelle Unterausstattung und fehlende Sanktionen. In den letzten Jahren wurde die Zahl der Betriebskontrollen so drastisch heruntergefahren, dass ein Betrieb im Durchschnitt nur alle 25 Jahre mit einer Prüfung zu rechnen hat. Zu den Folgen gehört, dass rund die Hälfte der Arbeitgeber ihrer gesetzlichen Verpflichtung zur Durchführung einer Gefährdungsbeurteilung nicht nachkommt, ohne dass dies geahndet würde (WSI 2021; s. dazu auch den Datenanhang dieses Jahrbuches). Die Gefährdungsbeurteilung aber ist das Zentralstück des Arbeitsschutzhandelns, und die Gewährleistung, dass die Beschäftigtensicht dabei einbezogen wird, ist wesentlich für eine Arbeitspolitik von unten.

Soziale Infrastruktur für die Daseinsvorsorge ausbauen
Die systematische Vernachlässigung öffentlicher Aufgaben schlägt auch in anderen Bereichen auf die Arbeitsbedingungen durch, wie sich auch während der Corona-Pandemie deutlich zeigte (siehe dazu den Beitrag von Berthold Vogel in diesem Band). Zum Beispiel bei Erzieher:innen, die wegen schlechter Personalschlüssel Hygienekonzepte in Kitas wie die Verringerung von Gruppengrößen nicht umsetzen können; oder bei Beschäftigten, die Arbeit im Homeoffice vor allem deshalb vorziehen, um einen mangelhaften, weil

unterfinanzierten, öffentlichen Personennahverkehr zu vermeiden; oder bei Pfleger:innen im Krankenhaus, die durchschnittlich mehr als zehn Patient:innen zu versorgen haben – damit ist Deutschland europaweit Schlusslicht (Aiken et al. 2012). In der Krankenpflege fehlten bereits 2015 rund 70 000 Stellen, mittlerweile sind es 100 000 (Simon 2020; siehe dazu den Beitrag von Grit Genster in diesem Band). Dies sind nur einige Beispiele.

Vor diesem Hintergrund ist es grotesk, wenn unter dem Label »Bürokratieabbau« als Mittel zur Bewältigung der Corona-Krise einer weiteren Ausdünnung der öffentlichen Aufgaben das Wort geredet wird. In die entgegengesetzte Richtung müsste der Kurs führen. Während der Pandemie wurde der Gesellschaft vor Augen geführt, was selbst Verfechter der Sozialen Marktwirtschaft einstmals eingeräumt hatten, Neoliberale aber aus den Augen verloren haben: dass der Markt »für letzte wichtige Entscheidungen unzuständig« ist, »weil er einseitig diejenigen Aktivitäten begünstigt, die Quelle des Gewinnes sind« (Röpke 1958, 183f).

Wenn in der Pandemiepolitik etwas schiefgelaufen ist – und schiefgelaufen ist einiges –, dann ist dies primär einer Überforderung der öffentlichen Hand als Resultat eines jahrelangen Sparkurses geschuldet. Viele Sportvereine, Museen, Kitas hatten z. B. ausgefeilte Hygienekonzepte entwickelt, um Schließungen zu vermeiden. Doch was nützt dies, wenn in der öffentlichen Verwaltung nicht das Personal vorhanden ist, um sich damit zu befassen? Der niedersächsische Ministerpräsident Stephan Weil hat ein eindrucksvolles Zeugnis von den gewaltigen Versäumnissen im Vorfeld der Krise abgelegt. Deutschland sei insofern »unvorbereitet in diese Pandemie hineingestolpert«, als die zuständigen Stellen die Pandemiepläne ignoriert hätten, sagte Weil, dies sei »der größte Fehler« gewesen (Weil 2021). Offensichtlich sind die Privatisierung und Kommerzialisierung sowie die Personalausdünnung so weit vorangetrieben worden, dass das Einmaleins erfolgreicher Prävention nicht mehr abgerufen werden konnte. Wenigstens für die Zukunft sollte die Politik daraus lernen: Zu einer wirksamen Prävention gehören Geräte, Gebäude, Personal, Pläne und Knowhow.

Alles spricht also für einen Kurswechsel hin zu einer strikt gemeinwohlorientierten Daseinsvorsorge und einem daran ausgerichteten Investitionsprogramm. Dies beinhaltet eine massive Personalaufstockung insbesondere in den Bereichen Arbeitsschutz, Weiterbildung, Forschung, Kinder- und Jugendförderung, Gesundheit und Pflege sowie öffentlicher Personennahverkehr. Anlässlich der Bundestagswahl hat ver.di detaillierte Pläne vorgelegt, wie dies durch eine »gerechte Steuerpolitik und einen rationalen Umgang mit Staatsschulden« finanzierbar ist.

Gute Arbeit nach Corona

Guter Arbeit in sozialen Dienstleistungen den Weg bahnen
Ein zentraler Bereich der Daseinsvorsorge, die Alten- und Krankenpflege, war bereits vor der Pandemie ein öffentliches Gesprächsthema. Für Furore hatte dabei ein Wort der Bundeskanzlerin gesorgt: »Altenpfleger haben einen härteren Job als ich.« Allerdings hatte sie dies bereits im März 2013 gesagt, und geschehen war danach wenig, außer dort, wo Beschäftigte selbst per Arbeitskampf für Besserung sorgten. Es ist also verständlich, dass nicht wenige von ihnen abweisend reagierten, als sie im Frühjahr 2020 öffentlich als Helden gefeiert wurden. Was seitens der Applaudierenden auf den Balkons gut gemeint war, klang wie Hohn, wo es von den sogenannten Entscheidungsträgern kam.

Nein, Heldentum ist nicht die Lösung – wo es von Nöten ist, stimmt etwas nicht mit den Arbeitsbedingungen. Anders verhält es sich mit dem Stolz: Viele Beschäftigte sind stolz auf ihr Tun und ihre Leistung, wozu sie auch allen Grund haben. Es gibt jedoch noch etwas, was viel zu wenig Beachtung findet: Stolz ist auch eine bedeutende Quelle des Engagements von Beschäftigten für ihre Rechte. Gewerkschaftliche Kampfkraft lebt in beträchtlichem Umfang von diesem Stolz – von Beschäftigten, die im Bewusstsein der eigenen Würde in dem Wissen aktiv werden, dass sie es sind, die den Betrieb am Laufen halten und auch verändern können. Und es ist dieser Stolz, der viele von ihnen auch dazu bewegt, eine Managementrhetorik zurückzuweisen, die Beschäftigte heroisiert, um verstärkten Einsatz, Identifikation mit dem Arbeitgeber und unbezahlte Mehrarbeit zu fordern.

Höchste Zeit, dem Bluff ein Ende zu bereiten: Arbeitgeber geht es nichts an, aus welchen Motiven und in welcher Gesinnung die bei ihnen Angestellten ihre Arbeit tun, ob aus Idealismus, Nächstenliebe, Unternehmenstreue oder des Geldes wegen. Und am allerwenigsten haben Arbeitgeber dort eine Lizenz zum Appellieren und Schulterklopfen, wo sie den Beschäftigten eine angemessene Bezahlung und Personalausstattung verweigern. Von den in der Alten- und Krankenpflege Arbeitenden halten nur 17 Prozent ihr Einkommen für leistungsgerecht (Roth 2019, 55); 58 Prozent müssen sehr häufig oder oft Mehrarbeit leisten, weil es an Personal fehlt (Hoppe/Roth 2020, 64).

Nachdem allzu viele Arbeitgeber in dieser Frage bewiesen haben, dass auf ihr Verantwortungsbewusstsein kein Verlass ist, bietet ein Gesetz zur Personalbemessung die einzige Lösung. Damit erhielten die Beschäftigten Entlastung, der Berufseinstieg gewänne an Attraktivität und den Patient:innen und Klient:innen wäre auch gedient. Dies, der Gemeinwohleffekt Guter Arbeit, müsste ein zentrales Thema jeder Politik sein, die es ernst meint mit den Lehren aus der Krise.

Zivilgesellschaft für Gute Arbeit-Ziele gewinnen, Bündnisse schließen

Wie umgekehrt durch schlechte Arbeitsbedingungen nicht nur die Arbeitenden selbst, sondern auch das Gemeinwohl geschädigt wird, wurde der Öffentlichkeit im Frühjahr 2020 mit dem Fall Tönnies drastisch vor Augen geführt. Entsprechend laut war der Aufschrei, doch ist der Zusammenhang keine Spezialität der Fleischfabriken. Die Repräsentativumfrage zum DGB-Index Gute Arbeit 2020 ergab: Wo die Arbeitsbedingungen schlecht sind, müssen 51 Prozent der Beschäftigten sehr häufig oder oft Abstriche an der Qualität der Arbeitsprodukte bzw. Dienstleistungen machen, um ihr Arbeitspensum zu schaffen; von den Beschäftigten mit Guter Arbeit sind es hingegen nur 5 Prozent. Dass es keineswegs nur einige wenige schwarze Schafe unter den Arbeitgebern sind, die durch schlechte Arbeitsbedingungen für Qualitätsminderung sorgen, lässt sich an zwei weiteren Zahlen ermessen: Abstriche der genannten Art müssen beispielsweise insgesamt 58 Prozent aller direkt in der Pflege Arbeitenden machen und 41 Prozent des Sicherheitspersonals (vgl. Roth 2019, 51; ver.di 2018, 14f.).

Doch es gibt Anzeichen, dass die gesellschaftliche Sensibilität für die Zusammenhänge und dabei vor allem für die sozial-ökologische Bedeutung guter Arbeitsbedingungen steigt. So hat ver.di im Tarifkonflikt beim ÖPNV in Berlin mit Fridays für Future kooperiert, wo erkannt worden war, dass eine Stärkung des öffentlichen Nahverkehrs bessere Arbeitsbedingungen zur Voraussetzung hat. Wegweisend ist das »Dialog-Papier für gemeinsame Aktivitäten von Fridays für Future, ver.di und #unteilbar« vom Mai 2021 (Dialog-Papier 2021). Die drei Unterzeichnenden erklären darin explizit, sich in ihrem Engagement für nachhaltige Klimapolitik, eine solidarische Gesellschaft und einen sozial-ökologischen Umbau nicht gegeneinander ausspielen lassen zu wollen. Angestrebt wird »Gute Arbeit und soziale Sicherung für alle« im Rahmen einer Wirtschaft, die sich an »gesellschaftlichen Bedarfen, Nachhaltigkeit und gerechter Verteilung statt an Profitmaximierung« ausrichtet (siehe dazu den Beitrag von Christine Behle in diesem Band).

Auch bei den Initiativen zum Lieferkettengesetz gab es Formen des Zusammenwirkens. Gegen die Ausweitung von Sonntagsarbeit hatten sich in der Vergangenheit bereits gemeinsame lokale Initiativen u. a. von Kirchen, Theatern, Familienverbänden und Gewerkschaften gebildet. Angesichts neuerlicher Arbeitgebervorstöße ist dies ein hochaktuelles Thema.

Sozialpolitik forcieren, Schieflagen austarieren

»Vor dem Virus sind alle gleich«, war in der Krise häufig zu hören. Doch dies ist nur die halbe Wahrheit. Der Gefährdungsgrad war und ist sehr wohl von den sozialen Umständen abhängig, in denen Menschen leben. Und sozial ausgewogen war auch die Politik zur Pandemiebekämpfung nicht. Für die sozial am stärksten Benachteiligten wurde am wenigsten getan. Versäumt wurde es, präventive Schritte für jene Gruppen zu setzen, die durch Maßnahmen zum Infektionsschutz neuen Gefährdungen an Leib und Seele ausgesetzt wurden. Dabei hat es an frühzeitigen Hinweisen und Hilferufen von Expertinnen, Verbänden und Betroffenen nicht gemangelt, die z. B. auf die gravierenden Folgen der sozialen Isolation von alten Menschen und Kindern oder die erheblichen Gefahren beim Absetzen von Therapien während der Lockdowns hinwiesen. Auch dies wird am Ende in die Pandemiebilanz eingehen müssen, schon um die Lehren für den Umgang mit künftigen viralen Bedrohungen zu ziehen.

Sofort in Angriff zu nehmen ist die Korrektur der Schieflagen, die während der Pandemie entstanden sind oder vergrößert wurden. Dies gilt für den Bereich der Demokratie- und Rechtspolitik: Keine der Maßnahmen der Pandemiezeit, die Bundeskanzlerin Merkel zu Recht als »demokratische Zumutung« qualifiziert hat, darf auch nur in geringster Weise auf das staatliche Handeln in der Zeit nach der Pandemie abfärben, im Gegenteil: Die Grundrechte sind weiter zu stärken, die Stellung der Parlamente in Bund und Ländern auszubauen.

Dies gilt auch für das Thema soziale Gerechtigkeit, das für ver.di naturgemäß besondere Bedeutung hat und wo sich in der Pandemie gezeigt hat, dass Vieles im Argen liegt. Deshalb setzt sich ver.di ein für eine Verbesserung der sozialen Absicherung von denen, die in der Pandemie oft durchs Raster fielen: von Erwerbslosen und Solo-Selbständigen ebenso wie von Beschäftigten in »atypischen« Arbeitsverhältnissen – wie befristeten, Teilzeit- oder Minijobs, die in der Pandemie oftmals als erste gekündigt wurden. Dazu zählt auch die Forderung nach einer gesetzlichen Rente, die wirksam vor Armut schützt.

Drei der zahlreichen Schieflagen seien vertiefend angesprochen:
- *Gender Pay Gap.* Geschlechtergerechtigkeit ist ein Kernstück Guter Arbeit, ein Entgeltgleichheitsgesetz (s. o.) leistet einen Beitrag dazu, aber eben auch nur einen. Eine Differenz, die sich während der Pandemie vergrößert hat: Frauen leisten in überproportionalem Maße Sorgearbeit in den Familien. Es bedarf daher besonderer Anstrengungen, ihre Teilhabemöglichkeiten am Erwerbsarbeitsleben durch den Ausbau von Infrastrukturen für Sorgearbeit zu stärken und damit auch die Bedingung dafür zu verbessern, dass Sorgearbeit in den Familien fair aufgeteilt werden kann.
- *Kunst und Kultur.* Dieser Bereich war besonders hart von den Maßnahmen zur Eindämmung der Corona-Pandemie betroffen und braucht entsprechend starke Unterstützung: direkte Hilfen für Kulturschaffende und

nachhaltig wirkende Fördermaßnahmen. Dazu sind die Hilfen an Betriebe und Veranstalter aus dem Sonderfonds an »gute Arbeitsbedingungen und faire Bezahlung« zu binden (ver.di-Pressemitteilung vom 27.5.2021). Dies käme nicht allein den im Kulturbereich Arbeitenden zugute. Ohne Wenn und Aber: Ein flächendeckendes differenziertes Kulturangebot gehört zur Daseinsvorsorge, denn auch der seelischen Verarmung und Verrohung gilt es vorzubeugen (siehe dazu den Beitrag von Schmitz/Basten in diesem Band). Zudem wurde in der Pandemie aber auch deutlich, dass gerade in diesem Bereich viele durchs Raster der sozialen Sicherungssysteme fallen: Notwendig ist eine Einbeziehung von Solo-Selbständigen in die gesetzliche Renten- und Arbeitslosenversicherung.

- *Frühe Bildung und Soziale Arbeit:* Kinder und Familien gehören zu den großen Leidtragenden der Pandemie. Die phasenweise Schließung von Kitas und Schulen hat ihnen viel abverlangt, die Folgen des Mangels an sozialen Kontakten und Bildungsmöglichkeiten sind im Detail noch nicht abzusehen. In der Pandemie wurde aber auch deutlich, welchen Stellenwert die Arbeit in den personenbezogenen sozialen Dienstleistungen hat. Die Pandemie hat die strukturellen Probleme in der Sozialen Arbeit und ihre chronische Unterfinanzierung offengelegt, die ein angemessenes Reagieren auf die Erfordernisse der Pandemie kaum möglich machten: Große Kindergruppen und ein schlechter Personalschlüssel machten es während der Hochzeiten der Pandemie fast unmöglich, die Kontaktbeschränkungen und Abstandsgebote in Kitas einzuhalten. Die Überlastung der Beschäftigten in der Sozialen Arbeit insgesamt war groß, Arbeitsverdichtung u. a. durch Vertretung erkrankter Kolleg:innen und die Zunahme prekärer Lebenssituationen der Adressat:innen waren an der Tagesordnung. Bund und Länder müssen hier gemeinsam gegensteuern und die Arbeitsbedingungen verbessern, will man die Soziale Arbeit zukunftsgerecht und krisensicher aufstellen.

Verantwortlichkeiten identifizieren, Präventionskultur pflegen, sozial-ökologischen Umbau forcieren

Zwischen Arbeits-, Gesundheits-, Umwelt- und Klimaschutz besteht ein Zusammenhang, der sich auch auf die politische Schlussfolgerung erstreckt: Der sozial-ökologische Umbau kann nur gelingen, wenn das Vorsorgeprinzip in allen diesen Bereichen handlungsleitend wird (vgl. Jahrbuch Gute Arbeit 2018). Nicht nur in der Verkehrs- und Energiewende manifestiert sich ökologisches Handeln, sondern in einer »umfassenden Präventionspolitik« unter Beteiligung der Beschäftigten, wie sie ver.di bereits 2018 gefordert hat, nämlich »Prozesse (gerade auch Wachstum), Dienstleistungen und Produkte so an- und aufzulegen, dass ein nachhaltiges Gleichgewicht erreicht wird; Arbeit so zu gestalten, dass Gesundheit und Persönlichkeit der Arbeitenden gestärkt werden« (Bsirske 2018).

Gute Arbeit ist ebenso wenig durch privates Lifestyle-Management und individuelle Resilienzstärkung zu verwirklichen wie eine ökologische Wende durch Mülltrennung im Haushalt zu bewirken ist. Dafür braucht es rechtlich verbindliche, präzise gefasste Verfahren, die Unternehmen und Staat auf allen Ebenen verpflichten, gemäß dem Vorsorgeprinzip zu handeln. Dies ist auch der einzige erfolgversprechende Weg, um sich den Zielen zu nähern, die auf dem ver.di Bundeskongress 2019 formuliert wurden: »Wir wollen als ver.di Gute Arbeit für alle Beschäftigten. Es gilt, eine ökologische Katastrophe abzuwenden. Und dafür braucht es einen massiven Umbau von Wirtschaft und Gesellschaft.« (Werneke 2019) Dazu gehört ein Digitalisierungsprozess, der den Kriterien für ein humanes, öko-sozial verträgliches Wirtschaften gerecht wird.

Digitalisierung an den Kriterien sozialer Innovation ausrichten

Die Digitalisierung hat während der Corona-Krise einen gewaltigen Schub erfahren. Allerdings geschah dies im Zuge von Notstandsmaßnahmen. Kriterium war nicht, ob durch die neu oder verstärkt zur Anwendung gebrachten digitalen Verfahren Arbeit besser, Lernen gründlicher, Theater eindrucksvoller und Leben reicher werden würde. Vielmehr bot der Einsatz digitaler Mittel eine Möglichkeit – und häufig die einzig praktikable –, angesichts der Notwendigkeiten des Physical Distancing überhaupt etwas ins Werk setzen zu können. Aber auch nach der Pandemie lebt der Mensch nicht in einer digitalen Welt, sondern mit dem Digitalen in der Welt. Und das Digitale ist zu gestalten. »Digitalisierung ist kein Akteur, die Technik kein Subjekt.« (Brandl/Bsirske 2015, 14)

Sich auf Sachzwänge herausreden heißt auch in Digitalisierungsfragen, vor den Gestaltungsaufgaben zu kapitulieren. Für diese hat ver.di unter der Bezeichnung *Soziale Innovation* ein zentrales Kriterium entwickelt (s. ver.di 2013, 1f.; ver.di 2015, 34). Sozial innovativ ist, was zur Verbesserung der Arbeits- und Lebensbedingungen beiträgt, und wenn Neuerungen partizipativ gestaltet werden. Technische Innovationen sind danach zu beurteilen, ob sie auch sozial innovativ sind, bzw. so zu gestalten, dass sie es sind (s. dazu auch die ver.di-Dokumente im Anhang zu Roth 2017). Für Digitalisierungsprozesse in der Arbeitswelt trifft dies u. a. dort zu, wo dadurch Arbeit im Homeoffice möglich wird, falls von den Beschäftigten gewünscht, oder körperlich schwere Arbeit durch Assistenzen erleichtert wird. Dies widerspiegelt sich auch im gewerkschaftlichen Ansatz »Gute Arbeit by Design« insbesondere bei der Entwicklung Künstlicher Intelligenz. Damit ist gemeint, dass Technik stets mit einer beteiligungsorientierten Arbeitsgestaltung einhergehen muss (vgl. Müller 2020).

Arbeitspolitisch rückschrittlich hingegen ist der Einsatz digitaler Mittel, wenn dadurch den Beschäftigten Gestaltungsmöglichkeiten beschnitten werden (was massiv im Handel geschieht; vgl. Köhnen/Nutzenberger 2020), kollegiales Handeln erschwert wird oder durch perfektionierte Überwachung Persönlichkeitsrechte verletzt werden.

Während der Pandemie wurde deutlich, wie schwer die Versäumnisse beim Aufbau einer digitalen Infrastruktur in der öffentlichen Verwaltung und im Schulbereich wiegen. ver.di moniert dies seit langem und setzt sich für eine sozial innovative Ausrichtung der digitalen Strukturpolitik ein. Erforderlich sind dazu digitale Gemeingüter für lebenswerte Städte und Regionen, für Kultur, Bildung und Gesundheit mit gleichen Zugangsmöglichkeiten und Wahlfreiheit (also auch nicht-digital muss möglich sein) für alle Bürger:innen. Deutlich wurde in den Lockdownzeiten aber auch, dass »total digital« nicht einmal annäherungsweise funktionieren wird und überdies eine Dystopie, eine Negativutopie ist. Digitale Verfahren können menschliche Nähe, dialogisches Handeln und Empathie nicht in gleichem Maße vermitteln, lehren und fördern wie technisch unvermittelte Begegnungen zwischen Menschen. Dies fällt insbesondere bei den Jüngsten ins Gewicht, die das Grundhandwerk des sozialen Miteinanders ebenso wie des Bewältigens von Lernstoffen erst noch lernen müssen – ein direkter Umgang mit Lehrer:innen und Gleichaltrigen ist dafür unerlässlich. Doch auch viele der im Homeoffice Arbeitenden haben die Erfahrung gemacht, dass ein kollegialer Austausch, wie sie ihn sich wünschen, mit digitalen Mitteln nur unzureichend zu realisieren ist.

In der Arbeitswelt spricht alles dafür, solche und andere Erfahrungen aus der Pandemiezeit beteiligungsbasiert aufzuarbeiten und so auch nach Lösungen zu suchen. Vor der Pandemie gab es allzu wenig Partizipationsmöglichkeiten, wie Umfragen mit dem DGB-Index ergaben. Danach konnten lediglich 25 Prozent der Beschäftigten in den Dienstleistungsbranchen Einfluss auf die Art und Weise des Einsatzes digitaler Technik an ihrem Arbeitsplatz nehmen (Roth 2017, 42). Beim Weg in ein »neues Normal« müssen Beteiligungsprozesse unter Mitwirkung der Interessenvertretungen zum Regelfall werden und bereits in der Phase beginnen, in der entschieden wird, ob und wie digitale Verfahren zur Anwendung kommen.

Gute Arbeit nach Corona

Literatur

Aiken, Linda H./Sermeus, Walter/Van den Heede, Koen/Sloane, Douglas M./Busse, Reinhard/McKee, Marin/Bruyneel, Luk/Rafferty, Anne Marie/Griffiths, Peter/Moreno-Casbas, Maria Teresa/Tishelman, Carol/Scott, Ann/Brzostek, Tomasz/Kinnunen, Juha/Schwendimann, René/Heinen, Maud/Zikos, Dimitris/Sjetne, Ingeborg Strømseng/Smith, Herbert L./Kutney-Lee, Ann (2012): Patient safety, satisfaction, and quality of hospital care: cross sectional surveys of nurses and patients in 12 countries in Europe and the United States. Online abrufbar unter: https://www.bmj.com/content/bmj/344/bmj.e1717.full.pdf

Bandt, Olaf/Schneider, Ulrich: Profitinteressen wehren im Klima- und Gesundheitsschutz; in: FAZ, 7.5.2020.

Brandl, Monika/Bsirske, Frank (2015): Digitalisierung braucht ein menschliches Maß – Perspektiven gewerkschaftlichen Handelns; in: Gute Arbeit und Digitalisierung. Prozessanalysen und Gestaltungsperspektiven für eine humane digitale Arbeitswelt. Hrsg. vom ver.di-Bereich Innovation und Gute Arbeit. Berlin, S. 12–29.

Bsirske, Frank (2015): Politik für Gute Arbeit – die nächste Etappe; in: Lothar Schröder/Hans-Jürgen Urban (Hrsg.): Qualitative Tarifpolitik – Arbeitsgestaltung – Qualifizierung. Jahrbuch Gute Arbeit, Frankfurt am Main, S. 28–41.

Bsirske, Frank (2018): Vorwort zur ver.di-Sonderausgabe; in: Lothar Schröder/Hans-Jürgen Urban (Hrsg.): Ökologie der Arbeit – Impulse für einen nachhaltigen Umbau. Jahrbuch Gute Arbeit, Frankfurt am Main, S. 36–48.

Dialogpapier für gemeinsame Aktivitäten von Fridays für Future, ver.di und #unteilbar. Berlin im Mai 2021; https://www.verdi.de/++file++60926a5721efb44d612385e7/download/210429_Dialogpapier%20Aktivta%CC%88ten%20FFF_verdi_unteilbar.pdf

Hannack, Elke/Schröder, Lothar (2013): Gesetzeslücken schließen, Sanktionen verschärfen, Beteiligungsrechte stärken und Arbeitsqualität verbessern; in: Lothar Schröder/Hans-Jürgen Urban (Hrsg.): Anti-Stress-Initiativen, Impulse aus Praxis und Wissenschaft, Jahrbuch Gute Arbeit, Frankfurt am Main, S. 51–64.

Hoppe, Markus/Roth, Ines (2020): Leistungssteuerung und Arbeitsintensität. Eine Sonderauswertung des DGB-Index Gute Arbeit 2019 für den Dienstleistungssektor, Berlin.

Köhnen, Heiner/Nutzenberger, Stefanie (2020): Digitalisierung im Handel – beteiligungsorientiert gestalten, in: Lothar Schröder (Hrsg.): Arbeitsschutz und Digitalisierung – Impulse für eine moderne Arbeitsgestaltung. ver.di-Reader Gute Arbeit, Frankfurt am Main, S. 177–179.

Müller, Nadine (2020): KI und Gute Arbeit by Design, in: Zeitschrift Gute Arbeit, Heft 8–9, S. 18–21.

Riesenberg-Mordeja, Horst/Thorein, Anke (2020): Trends, Risiken, Handlungsbedarfe – Digitalisierung als Herausforderung für den Arbeitsschutz, in: Lothar Schröder (Hrsg.): Arbeitsschutz und Digitalisierung – Impulse für eine moderne Arbeitsgestaltung, ver.di-Reader Gute Arbeit Reader, Frankfurt am Main, S. 81–94.

Röpke, Wilhelm (1958): Jenseits von Nachfrage und Angebot. Nachdruck, Düsseldorf 2009.

Roth, Ines (2017): Digitalisierung und Arbeitsqualität. Eine Sonderauswertung auf Basis des DGB-Index Gute Arbeit 2016 für den Dienstleistungssektor, Berlin.

Roth, Ines (2019): Arbeiten mit Menschen – Interaktionsarbeit. Eine Sonderauswertung auf Basis des DGB-Index Gute Arbeit 2018 für den Dienstleistungssektor, Berlin.

Schmitz, Christoph (2020): Die demokratiepolitische Agenda der Guten Arbeit; in: ders./Hans-Jürgen Urban (Hrsg.): Demokratie in der Arbeit. Eine vergessene Dimension der Arbeitspolitik. Jahrbuch Gute Arbeit, Frankfurt am Main, S. 47–60.

Simon, Michael (2020): Das DRG-Fallpauschalensystem für Krankenhäuser. Kritische Bestandsaufnahme und Eckpunkte für eine Reform der Krankenhausfinanzierung jenseits des DRG-Systems; HBS Working Paper Forschungsförderung Nr. 196, November; abrufbar unter https://gesundheit-soziales.verdi.de/++file++5fad088fc59f243f766be36e/download/p_fofoe_WP_196_2020.pdf; Zugriff: 19.2.2021

Sinzheimer, Hugo (1916/1977): Ein Arbeitstarifgesetz. Die Idee der sozialen Selbstbestimmung im Recht. Nachdruck der Ausgabe 1916, Berlin.

ver.di (2010): Grundsatzerklärung der Vereinten Dienstleistungsgewerkschaft. Beschlossen vom Gewerkschaftsrat am 18. März.

ver.di (2013): Dienstleistungsinnovationen: offen, sozial, nachhaltig. Hrsg. vom ver.di-Bereich Innovation und Gute Arbeit. Berlin.

ver.di (2015): Das ABC der Guten Arbeit. Hrsg. vom ver.di-Bereich Innovation und Gute Arbeit. Berlin.

ver.di (2018): Arbeitsbedingungen im Sicherheitsgewerbe. So beurteilen die Beschäftigten die Lage. Ein Report auf Basis einer Umfrage mit dem DGB-Index Gute Arbeit. Hrsg. vom ver.di-Bereich Innovation und Gute Arbeit. Berlin.

ver.di (2018): Arbeitspolitik von unten. 10 Jahre ver.di-Initiative Gute Arbeit, Sonderausgabe Zeitschrift Gute Arbeit, Frankfurt/M., Download: Neue Publikation: »10 Jahre ver.di-Initiative Gute Arbeit« – ver.di (verdi.de).

ver.di (2019): Null Information, nix Prävention. Wie es um den Zusammenhang zwischen Arbeitsschutzkultur und Guter Arbeit bestellt ist. Hrsg. vom ver.di-Bereich Innovation und Gute Arbeit. Berlin.

Weil, Stephan (2021): Interview der Woche im Deutschlandfunk, 9.5.2021. https://www.deutschlandfunk.de/stephan-weil-spd-zum-wahlkampf-im-mittelpunkt-wird-die.868.de.html?dram:article_id=496914

Werneke, Frank (2019): Grundsatzrede auf dem ver.di-Bundeskongress, Leipzig. 25.9.

WSI 2021: Auswertung des WSI-Portals Lohnspiegel.de; WSI-Pressemitteilung vom 11.2.2021; https://www.wsi.de/de/pressemitteilungen-15991-sorge-unter-beschaftigten-vor-corona-bleibt-unverandert-hoch-30611.htm

Jörg Hofmann
Politik der IG Metall nach der Corona-Krise – Themen und Perspektiven

Mittendrin in der Transformation

Die Corona-Pandemie und die durch sie verursachten schweren wirtschaftlichen Verwerfungen haben die Branchen der IG Metall in einer schwierigen Phase grundlegender Veränderungen ereilt, in der sich verschiedene bereits länger laufende strukturelle Entwicklungen in ihrem zeitlichen Zusammentreffen und ihrer wechselseitigen Verstärkung zu einer Transformationswelle aufbauen, die die Gefahr beinhaltet, dass sie soziale Standards zu Gunsten der Profitmaximierung und zu Lasten des gesellschaftlichen Zusammenhalts unterspült.

- Die Digitalisierung bringt neue Geschäftsmodelle, Produkte und Prozesse hervor, strukturiert Produktions- und Arbeitsprozesse neu, verändert Berufsbilder und Qualifikationsbedarfe und wird zu erheblichen Verschiebungen am Arbeitsmarkt führen.
- Die Globalisierung hat durch die Digitalisierung noch einmal einen neuen Schub bekommen, weil sie die weltweite Zergliederung von Wertschöpfungsketten, globale Vernetzung und Outsourcing in noch stärkerem Maße ermöglicht hat.
- Drittens treiben der drohende Klimawandel und die zu seiner Verhinderung abgeschlossenen Abkommen und Klimaschutzpläne eine grundlegende ökologische Transformation unserer Wirtschaft und den Umbau unserer Industrie voran.
- Und schließlich ergeben sich aus der schon seit geraumer Zeit zunehmenden Vielfalt von Lebensentwürfen und Erwerbsverläufen individuellere Ansprüche an ein selbstbestimmtes Leben, unterschiedliche Zugänge zu Beschäftigung, sozialer Sicherung und ganz unterschiedliche Erwartungen an uns als Gewerkschaften – in Deutschland begleitet durch den voranschreitenden demografischen Wandel.

Diese Welle transformativer Triebkräfte »zu reiten« im Sinne der konsequenten Nutzung und Maximierung ihrer Chancen bei Abwendung von Beschäftigungs- und sozialen Risiken, kurz: ihre Gestaltung im Interesse der Beschäftigten in ihren unterschiedlichen Lebenssituationen, ist *die* gesellschaftliche Großaufgabe der kommenden Jahre (siehe 2.). Zentrale Handlungsfelder sind dabei die Sicherung und Schaffung zukunftsfähiger

Beschäftigung durch Investitionen in nachhaltige Produkte und Prozesse an den Standorten, der Bau von Brücken für die Beschäftigten in die Arbeitswelt von morgen, die Gestaltung guter Arbeit in Betrieb und Homeoffice und die Gewährleistung von Sicherheit im Wandel (siehe 3.). Denn nur wenn die Transformation sozial und demokratisch, unter Beteiligung der Beschäftigten für alle erfolgreich gestaltet wird, wird sie ökologisch nachhaltig, gesellschaftlich akzeptiert und fair – und damit erfolgreich sein.

1. Ausgangslage: Corona meets Transformation

Die Corona-Krise hat die Transformationsprozesse der Industrie verschärft und beschleunigt. Schon Ende des Jahres 2019 war das Heraufziehen einer weltweiten Rezessionsphase erkennbar. Diese Rezession hat sich durch die globale Gesundheitskrise aufgrund der Covid-19-Pandemie vertieft zu einer Weltwirtschaftskrise, deren Ausmaß in der Nachkriegszeit ungekannt ist und deren Tiefe und Dauer im globalen Maßstab, trotz deutlicher Erholung in den Märkten der Triade, noch nicht abschließend eingeschätzt werden kann.

Zwar stehen die Zeichen in der deutschen Industrie im Frühsommer 2021 deutlich auf Erholung.[1] Ungeachtet der positiven Grundtendenz setzte sich der Beschäftigungsabbau in der Metall- und Elektroindustrie im ersten Quartal 2021 aber fort.

Lieferketten für Komponenten, Bauteile und Vorprodukte sind teilweise immer noch instabil, und mancherorts führten globale Engpässe bei Halbleitern, die durch den enormen Digitalisierungsschub während der Pandemie erzeugt wurden, dazu, dass in Automobilwerken die Bänder angehalten werden mussten. Ein deutlicher Wink mit dem Zaunpfahl, dass wir uns in Deutschland und Europa unabhängiger von globalen Lieferketten machen müssen.

Die mit der Pandemie verbundenen Auftragseinbrüche erhöhten den ohnehin immensen Druck auf Strukturen und Kosten in den Betrieben, was flächendeckend zu massiven Auseinandersetzungen um Entgelte, Arbeitsbedingungen, Standorte und die Zukunft ganzer Wirtschaftsregionen führt. Besonders betroffen waren die prekär Beschäftigten, die als Befristete, Leiharbeitende, Werkvertragsbeschäftigte, Praktikant:innen und Mini-Jobber:innen als erste Opfer der Krise und des Beschäftigungsabbaus wurden. Aber auch für die Stammbelegschaften werden Beschäftigung, Qualifizierungsmaßnahmen sowie notwendige Maßnahmen und Investitionen in die Transformation durch Sparprogramme und Verlagerungsdruck in Billiglohnländer

---

1 Vgl. IG Metall Vorstand 2021: Wirtschaft Aktuell Nr. 5 | Juni 2021: Erstes Quartal 2021 im Lockdown – Erwartungen positiv.

in Frage gestellt. Das könnte unter dem Strich einen massiven Rückschlag für den gesamten Transformationsprozess bedeuten.

Die Beschäftigten spüren diesen Druck und empfinden große Verunsicherung, die bis in die Stammbelegschaften reicht. Dies zeigen die Befunde der IG Metall-Beschäftigtenbefragung 2020 deutlich.[2] Viele Beschäftigte machen sich Gedanken um die Zukunft ihres Betriebs oder befürchten gar den Verlust ihres Arbeitsplatzes. Von den Arbeitgebern fühlen sich dabei viele nicht ausreichend mitgenommen, attestieren ihnen, keine Strategie für die Transformation zu haben oder die Corona-Krise gar für Kahlschlagpläne zu nutzen.

In der Wirtschaft insgesamt sind im Zuge der Pandemie ca. 700 000 Arbeitsplätze verloren gegangen. In unseren Branchen konnte durch Kurzarbeit in großem Umfang Beschäftigung gesichert werden.[3] Damit hat sich in der Corona-Krise einmal mehr bewiesen, wieviel ein starker Sozialstaat mit gut ausgebauten Sicherungssystemen und handlungsfähigen Tarifparteien für die Absicherung von Risiken, die Stabilisierung von Einkommen und wirtschaftlicher Nachfrage wert ist.

Auch hat die Corona-Krise innerhalb kürzester Zeit alte Dogmen über den Haufen geworfen und den Staat als mächtigen Krisenbewältiger sichtbar gemacht. Binnen Kurzem wurden in Deutschland milliardenschwere Hilfspakete für Unternehmen, Beschäftigte und Selbstständige auf den Weg gebracht. Die schwarze Null – das langjährige und grundgesetzlich verankerte Dogma, dass der Staat keine neuen Schulden aufnehmen dürfe – wurde von heute auf morgen hinfällig.

Die Corona-Krise hat die Art und Weise, wie wir arbeiten und leben, noch in anderer Weise revolutioniert: Als Maßnahme zum Infektionsschutz wurden binnen kurzer Zeit Heerscharen von Beschäftigten, deren Tätigkeit das Arbeiten von zu Hause zulässt, ins Homeoffice geschickt. War dieses bisher oftmals das Privileg hoch qualifizierter Beschäftigter mit Führungsaufgaben, wurde das mobile Arbeiten nun auf eine breite Masse von Beschäf-

---

2 Vgl. Hofmann, Jörg/Mohr, Katrin 2021: Zukunftssicherung im Angesicht von Pandemie und Transformation, in: WSI-Mitteilungen, 74. Jg., 02/2021, S. 171–175; Allmendinger, Jutta/Schroeder, Wolfgang 2021: Die Situation von Industriebeschäftigten während der Corona-Pandemie: Ergebnisse der Beschäftigtenbefragung 2020 der IG Metall, WZB-Discussion Paper 2021–001, März 2021 sowie IG Metall Vorstand 2020: Beschäftigtenbefragung. Das sind die Ergebnisse (https://www.igmetall.de/im-betrieb/beschaeftigtenbefragung-2020).

3 Im April 2020 erreichte die Kurzarbeit mit über sechs Millionen Beschäftigten ihren historischen Höchststand. Auch im Mai 2021 waren nach Schätzungen des ifo-Instituts noch 2,7 Mio. in Kurzarbeit (vgl. IG Metall Vorstand, Ressort Koordination Branchenkoordination 2021: Wirtschaftspolitische Informationen. Nach Corona Spardiktat oder Investitionsoffensive; Nr. 1, Juni 2021, S. 6). Rechnerisch wurden während der Corona-Krise durch Kurzarbeit 2,2 Mio. Arbeitsplätze gesichert (Boeckler Impuls 9/2021: Kurzarbeit rettet über zwei Millionen Jobs).

tigten erstreckt.[4] Oftmals verrichteten sie ihre Arbeit ohne vernünftige technische Ausstattung und ergonomische Arbeitsmittel zwischen Küchentisch und Kinderbetreuung, die angesichts geschlossener Bildungseinrichtungen zusätzlich zu bewältigen war. Viele fanden trotzdem Gefallen an dieser flexiblen Form der Arbeit und möchten weiterhin wenigstens einige Tage in der Woche von zu Hause arbeiten, um mehr Selbstbestimmung über ihre Arbeitszeit zu haben, sich Stress und Pendelzeiten zu sparen und Familie und Beruf besser vereinbaren zu können. Auch von Unternehmensseite wird ein hybrides Arbeitsmodell aus Präsenzzeiten im Betrieb und mobilen Arbeiten mittlerweile weitgehend positiv gesehen und als selbstverständlicher Bestandteil zukünftiger Arbeitsorganisation anvisiert – teilweise auch um Kosten für teure Büroflächen zu sparen.

2. Gesellschaftliche Großaufgabe #FairWandel

Die gesellschaftliche Großaufgabe der kommenden Jahre wird es sein, die beschriebenen Triebkräfte der Transformation im Interesse der Beschäftigten an guter Arbeit, beruflichen Perspektiven und Sicherheit im Wandel zu lenken und den Beschäftigten als Teilhabenden und Gestaltenden dabei Stimme und Mitbestimmungsrechte zu geben.

Insbesondere der klimafreundliche Umbau vieler Industriebranchen ist dabei eine große Herausforderung, umso mehr als die verschärften Klimaschutzziele auf europäischer und nationaler Ebene eine noch schnellere Dekarbonisierung von Industrie und Verkehrssektor erzwingen. Für den Automobilsektor bedeuten sie, dass bis 2030 14–16 Millionen batterieelektrische Fahrzeuge auf den deutschen Markt gebracht werden müssen. Im Stahlbereich, der für ca. 30 Prozent der CO_2-Emmissionen der Industrie verantwortlich ist, muss sehr zügig die Transformation zum »grünen« Stahl erfolgen, d. h. zur Reduktion mit Wasserstoff statt Koks. Für all das werden Unmengen Strom aus erneuerbaren Energien benötigt. Denn nur, wenn die E-Autos mit grünem Strom und nicht mit Kohlestrom fahren, sind sie nachhaltiger als Benziner oder Diesel. Dies bedeutet, dass der Ausbau erneuerba-

---

4 Arbeiteten vor Corona 4 Prozent der Beschäftigten ausschließlich bzw. überwiegend von zu Hause aus, stieg dieser Anteil im ersten Lockdown auf 27 Prozent und nach zwischenzeitlichem Absinken im Januar 2021 auf 24 Prozent. Weitere 14 Prozent arbeiteten zu diesem Zeitpunkt an wechselnden Orten (vgl. Ahlers, Elke/Mierich, Sandra/Zucco, Aline: Homeoffice. Was wir aus der Zeit der Pandemie für die zukünftige Gestaltung von Homeoffice lernen können, WSI-Report Nr. 65, April 2021). Laut IG Metall-Beschäftigtenbefragung 2020 hat in unseren Branchen über die Hälfte der Befragten während der Pandemie ganz oder zeitweise von zu Hause gearbeitet, fast ein Viertel erstmals und nur wegen Corona, jede:r vierte in höherem Umfang als zuvor (vgl. IG Metall Vorstand 2020: Beschäftigtenbefragung. Das sind die Ergebnisse (https://www.igmetall.de/im-betrieb/beschaeftigtenbefragung-2020).

Gute Arbeit nach Corona

rer Energien mit mindestens ebenso großem Tempo vorangetrieben werden muss wie der Umbau von Industrie- und Verkehrssektor. Zudem sind massive Investitionen in die Netze und die Ladeinfrastruktur notwendig.

Durch den Umstieg auf Elektromobilität ist in der Automobilindustrie Beschäftigung vor allem im Bereich der Zulieferer gefährdet, die Bauteile für Diesel- oder Benzin-Motoren produzieren. Bei einem Verhältnis von 1:7 benötigter Arbeitskräfte für Elektro- und Verbrenner-Motoren sind die kürzlich vom ifo-Institut[5] prognostizierten Verluste von 178 000 Arbeitsplätzen bis 2025 und 215 000 bis 2030 nicht unrealistisch. Auch im Stahl werden durch den perspektivischen Wegfall der Kokereien Arbeitsplätze überflüssig werden.

Im Bereich der grünen Technologien und der klimafreundlichen Mobilität entsteht zwar auch neue Beschäftigung. Dies geschieht aber oftmals nicht so schnell, wie sie in den alten Bereichen wegbricht, und häufig entstehen neue Arbeitsplätze in anderen Regionen oder Branchen mit schlechteren Arbeitsbedingungen, so dass der Wechsel dorthin für viele Beschäftigte wenig attraktiv ist. Auch sind in den neuen Bereichen häufig andere Qualifikationen erforderlich als bisher gefragt waren, eine berufliche Neuorientierung ist damit in vielen Fällen unumgänglich.

Noch gravierender ist es, wenn in neue Wertschöpfung nicht dort investiert wird, wo alte Wertschöpfung verschwindet. Der Erfolg der Transformation entscheidet sich in den Regionen, dort wo heute in der Regel tariflich abgesicherte und mitbestimmte Industriearbeit für Beschäftigung und Wohlstand sorgt.

Die drängendste Aufgabe von Unternehmen, Politik und IG Metall ist es daher, Beschäftigung an den betroffenen Standorten durch Investitionen in ökologisch nachhaltige Produkte und Prozesse langfristig zu sichern bzw. neu zu schaffen und den Beschäftigten durch Qualifizierung Brücken in die digitalisierte und klimafreundliche Arbeitswelt von morgen zu bauen.

Gesellschaftspolitisch geht es für uns als Industriegewerkschaft in diesem Prozess auch darum aufzuzeigen, wie wichtig Industriearbeit in einer klimafreundlichen Wirtschaft ist. Denn allzu oft wird die Industrie in klimapolitischen Debatten als absehbar und notwendigerweise aussterbender Dinosaurier porträtiert, der sich gegen eine notwendige Modernisierung stemmt. Für die Lösung der Beschäftigungsfrage in den CO_2-intensiven industriellen Branchen wird allzu leichtfertig und ohne Ansehen der Arbeits- und Entloh-

---

5   Falck, Oliver/Czernich, Nina/Koenen, Johannes 2021: Auswirkungen der vermehrten Produktion elektrisch betriebener Pkw auf die Beschäftigung in Deutschland, Studie im Auftrag des Verbands der Automobilindustrie, Studie im Auftrag des Verbands der Automobilindustrie, ifo-Institut: München.

nungsbedingungen auf alternative Beschäftigungsmöglichkeiten im Dienstleistungssektor oder gar gleich auf das bedingungslose Grundeinkommen als unvermeidliche Antwort auf das vermeintliche, von manchen sogar herbeigewünschte Ende der Industriearbeit in Deutschland verwiesen.

Dies ist ein Irrweg, und es ist auch eine Kapitulation vor der Herausforderung einer sozial-ökologischen Transformation. Denn wir können in Deutschland eine moderne, digitalisierte, zukunftsfähige Industrie mit guten Arbeitsbedingungen, guten Löhnen und guten beruflichen Perspektiven für unsere Kolleginnen und Kollegen schaffen, wenn es gelingt, die Innovationsführerschaft der deutschen Industrie bei der Umstellung auf klimafreundliche Wirtschaftsweisen zu bewahren und damit Leitmärkte zu erobern.

Viele Unternehmen haben sich bereits auf den Weg gemacht, ihre Geschäftsmodelle, Produkte und Prozesse zukunftsfähig weiterzuentwickeln. Doch dies gilt längst nicht für alle Betriebe. Vielen fehlt immer noch – das zeigen unsere Beschäftigtenbefragung und der Transformationsatlas[6] – eine konkrete Strategie, den langfristigen Herausforderungen durch Dekarbonisierung und Digitalisierung zu begegnen. Gerade in diesen Bereichen ist deshalb die berufliche Zukunft einer großen Zahl von Beschäftigten gefährdet und müssen wir Druck machen, damit die Betriebe sich den Herausforderungen endlich stellen. Mit dem in der Tarifrunde 2021 vereinbarten Instrument der Zukunftstarifverträge haben wir hierzu den Fuß in die Tür bekommen, die es durch gewerkschaftliche Organisationsmacht zu öffnen gilt für verlässliche Vereinbarungen über Investitionen, Produkte, Beschäftigung und Qualifizierung. Unser Anspruch geht dabei weit über die Grenzen der heutigen Unternehmensmitbestimmung hinaus: Wir wollen ein mehr an Wirtschaftsdemokratie, gerade in den Zeiten dieser großen Transformation.

Auch die Politik hat große Aufgaben für die gelingende Gestaltung der Transformation zu erledigen. Der Staat muss die Transformation industriepolitisch unterstützen, durch massive öffentliche Investitionen in die Infrastruktur, die Förderung künftiger Schlüsseltechnologien, die Unterstützung von kleinen und mittleren Unternehmen sowie regionaler Transformationsstrategien. Auch muss er den Wandel arbeitsmarkt- und bildungspolitisch flankieren (siehe 3.). Er muss – auch nach Abklingen der Corona-Krise – eine aktive, investive und unterstützende Rolle einnehmen und darf die Transformationsprozesse nicht dem Markt überlassen.

Das notwendige Ineinandergreifen staatlichen Handelns, gestaltender Tarifpolitik und betrieblicher Mitbestimmung, wie es im Bild des Sozialstaats

---

6 Vgl. IG Metall 2019: Transformationsatlas – wesentliche Ergebnisse, Material zur Pressekonferenz der IG Metall am 5. Juni 2019.

4.0 beschrieben ist, fand auch in der Corona-Krise seine Bestätigung. Es wird auch Schlüssel für die Gestaltung eines fairen Wandels sein.

3. Zentrale Handlungsfelder und Themen

Für die Zeit nach Corona sehe ich darüber hinaus vier zentrale Handlungsfelder für die IG Metall, die jeweils eine Reihe von Themen beinhalten. Viele sind bereits auf den Weg gebracht, gegenüber den politischen Entscheidungstragenden adressiert und werden in unterschiedlichen Prozessen und Projekten in unseren betrieblichen, tariflichen und gesellschaftspolitischen Handlungskontexten bearbeitet. Ich denke hier an das Projekt »Die IG Metall vom Betrieb aus denken«, an die Initiative Mitbestimmung, an unsere Aktivitäten zu regionalen Transformationsbündnissen, an das Projekt zu den Weiterbildungsmentor:innen und vieles mehr. Bei manchen Themen gilt es, gegenüber Unternehmen und Politik weiter Druck zu machen, damit unsere Forderungen durch- und umgesetzt werden können, etwa beim Thema Zukunftstarifverträge und beim Transformationskurzarbeitergeld. Aus den laufenden Projekten und Prozessen gilt es kontinuierlich zu lernen und auf der Basis der gemachten Erfahrungen Konzepte und Handlungsansätze weiterzuentwickeln. Dies wird im Jahr 2022 mit der Auswertung des Projekts »Die IG Metall vom Betrieb aus denken« und in Vorbereitung des Gewerkschaftstags 2023 einer unserer Schwerpunkte sein. Insgesamt sehe ich die IG Metall programmatisch, politisch und organisationspolitisch sehr gut aufgestellt, den beschriebenen Herausforderungen zu begegnen und die Transformation gemeinsam mit den Beschäftigten erfolgreich zu gestalten.

Zukunft und Beschäftigung an den Standorten sichern
Unsere wichtigste Aufgabe ist es, Beschäftigung an den Standorten und damit die Zukunft unserer Kolleg:innen und ganzer Regionen zu sichern. Ein zentraler Hebel ist dabei der Druck auf Unternehmen, Strategien für zukunftsfähige Produkte und Technologien zu entwickeln, Investitionen in diese Bereiche zu tätigen und die Belegschaften für die neuen Bereiche und Tätigkeiten zu qualifizieren. Mit dem erwähnten neuen Tarifvertrag »Zukunft, Wettbewerbsfähigkeit und Beschäftigungssicherung« in der Metall- und Elektroindustrie haben wir einen ersten Pflock eingeschlagen, mit dem Verfahren, Analysemöglichkeiten und Belegschaftsbeteiligung festgeschrieben wurden. Die Wirksamkeit wird sich machtpolitisch an der betrieblichen Organisationsstärke und der Orientierungskraft der IG Metall vor Ort entscheiden.

Dazu müssen wir die Betriebsrätinnen und Betriebsräte, die Aktiven in den Betrieben und die Betriebsbetreuer:innen in die Lage versetzen, dieses Instrumentarium nutzen, im Betrieb Veränderungsprozesse anstoßen und die

Transformation aktiv gestalten zu können. Hier wird entsprechend auch ein Schwerpunkt unserer Bildungsarbeit liegen.

Mit dem Transformationsgeld und der Möglichkeit, dieses in betrieblichen Krisensituationen für die Kompensation von Einkommenseinbußen durch Arbeitszeitverkürzungen zur kurzfristigen Beschäftigungssicherung und zur etwas länger angelegten Bewältigung der Transformation zu nutzen, haben wir außerdem ein tarifliches Instrument geschaffen, das es uns ermöglicht, Beschäftigung zu sichern, indem Stunden statt Menschen entlassen werden und die verbleibende Arbeit auf die Beschäftigten umverteilt wird. Mit der vereinbarten Option einer »Vier-Tage-Woche« haben wir die Tür aufgestoßen für eine an die betriebliche Situation angepasste und zukunftsfähige Vision einer Arbeitszeit, die technischen Fortschritt nicht in ein Mehr an Rationalisierungsopfern, sondern in ein Mehr an Lebensqualität übersetzt. Wir sollten daher Arbeitszeitverkürzung auch als offensives Mittel zur Gestaltung der Transformation weiter diskutieren und dabei auch über Möglichkeiten staatlicher Förderung, z. B. durch die Steuerfreiheit von Entgeltaufstockungen, nachdenken.

Die Transformation trifft Branchen und Unternehmen ungleichzeitig und unterschiedlich und Regionen, die besonders von Branchen oder Unternehmensfunktionen geprägt sind, die sich stark wandeln müssen, in besonderem Maße. Aus der Erfahrung vergangener Strukturwandelprozesse in Deutschland[7] und schlechten Beispielen wie etwa im »Rust Belt« der USA, wo der Strukturwandel der Automobilindustrie in ehemals stolzen Städten wie Detroit industrielle Wüsten hinterlassen hat, wissen wir, wie wichtig es ist, gerade für diese Regionen tragfähige Perspektiven und Zukunftsszenarien auf den Weg zu bringen. Wir haben daher innerhalb unserer eigenen Strukturen den Fokus auf regionale Industrie- und Strukturpolitik verstärkt und verschiedene Initiativen angestoßen, regionale Entwicklungsprozesse zu gestalten. Im Rahmen der Konsultationen um den Autogipfel gelang es uns, hierfür auch eine unterstützende Förderkulisse für regionale Transformationsnetzwerke zu schaffen. Hier befinden wir uns nun in der Implementierung in Pilotregionen. Dies sind Beispiele für den Versuch, die Akteure vor Ort – die Betriebe, Betriebsräte und örtliche IG Metall, die lokale Politik, Forschungseinrichtungen, Bildungs- und Weiterbildungsträger sowie die Agenturen für Arbeit – zusammen zu bringen und in verbindliche Aushandlungsprozesse über regionale Transformationsstrategien einzubinden. Solche Prozesse sind

---

7   IG Metall Vorstand 2021: Sicherheit im Wandel. Instrumente für die Gestaltung der Transformation, Arbeitspapier 5 des Funktionsbereichs Grundsatzfragen und Gesellschaftspolitik, Frankfurt, Januar 2021.

keine Selbstläufer und erfordern – auch das zeigt die historische Erfahrung – einen langen Atem. Die Initiierung und Gestaltung solcher regionalen Transformationsstrategien werden uns daher in den kommenden Jahren als IG Metall weiterhin stark beschäftigen.

Damit insbesondere kleine und mittlere Unternehmen neue, zukunftsweisende Produkte und Geschäftsmodelle entwickeln können, benötigen wir außerdem besondere Finanzierungskonzepte, die deren Transformation absichern. Mit den Zukunftsfonds Automobil und den im Konjunkturpaket vereinbarten Maßnahmen staatlicher Förderung von Investitionen zur nachhaltigen Transformation gelang uns dies in ersten Schritten. Die IG Metall hat zudem mit der »Best Owner Group« (BOG) gemeinsam mit der IG BCE ein Modell implementiert, das dem Ziel folgt, privates Kapital zu mobilisieren, um den Bestand durch die Transformation gefährdeter Zulieferer und der dort Beschäftigten zu sichern.

Solche Transformationsfonds auch mit staatlicher Beteiligung benötigen wir auch in anderen Bereichen, etwa dem Stahl. Auch für weitere massive Investitionen, die für die Energie- und Mobilitätswende notwendig sind, wären solche Fonds ein gutes Mittel, um öffentliches und privates Kapital zu mobilisieren.

Brücken in die Arbeitswelt von morgen bauen
Das zweite große Thema neben der Beschäftigungssicherung ist die Frage, wie wir den Beschäftigten Brücken in die Arbeitswelt von morgen bauen können. Dies setzt Investitionen in neue Wertschöpfung in den Regionen heutiger Industrieproduktion voraus, wie oben beschrieben.

Qualifizierung und eine unterstützende Arbeitsmarktpolitik spielen eine Schlüsselrolle. Mit den gesetzlichen Fördermöglichkeiten des Qualifizierungschancengesetzes und des Arbeit-für-morgen-Gesetzes sowie unseren tariflichen Regelungen zur Bildungsteilzeit haben wir erste Ansätze, die es in den Betrieben zu nutzen gilt. Gleichzeitig müssen wir die Fördermöglichkeiten der Qualifizierung für von der Transformation betroffene Beschäftigte weiter ausbauen. Denn diese brauchen Zeit für Weiterbildung, Geld, um eventuelle Einkommenseinbußen zumindest teilweise zu kompensieren, transparente und gute Angebote sowie Beratung.

Dafür gilt es, die Arbeitslosenversicherung zu einer Arbeitsversicherung weiterzuentwickeln, die nicht nur im Fall von drohender oder bereits eingetretener Erwerbslosigkeit agiert, sondern präventiv und über den Erwerbsverlauf hinweg berufliche Entwicklungsprozesse unterstützt.

Zudem sollte Kurzarbeit zum Brückeninstrument in der Transformation weiterentwickelt und ein Transformationskurzarbeitergeld eingeführt werden, das Lohnersatz sowie die Kosten für eine berufliche Weiterbildung während der Kurzarbeit gewährleistet und das gemeinsame Handeln der Betriebsparteien sowie die Vorlage eines Qualifizierungsplans voraussetzt.[8]

Damit auch kleine und mittlere Unternehmen ihren Beschäftigten eine zeitgemäße, technisch und fachlich exzellente Qualifizierung ermöglichen können, ist die Bildung von Weiterbildungsverbünden mehrerer Unternehmen ein sinnvoller Weg, weshalb wir die Förderung solcher Initiativen durch die Bundesregierung sehr begrüßen.

Als IG Metall wollen wir zusammen mit unseren betrieblichen Funktionär:innen und den Beschäftigten das Thema Qualifizierung in den Betrieben auch selbst voranbringen. Hierzu dient auch das Projekt der Weiterbildungsmentor:innen, das in der Vorstandsverwaltung der IG Metall entwickelt wurde und bis 2024 vom Bundesministerium für Bildung und Forschung gefördert wird. In Zusammenarbeit mit den Bezirksleitungen werden darin Vertrauensleute zu Lotsen durch das Weiterbildungssystem ausgebildet, die ihre Kolleg:innen beim Zugang zu für sie sinnvoller Qualifizierung unterstützen und helfen, eventuelle Hemmschwellen abzubauen.

Damit wir Weiterbildung in den Betrieben wirksam voranbringen können, brauchen wir jedoch über die Unterrichtungsrechte nach dem Betriebsverfassungsgesetz hinaus umfassende Initiativ- und Mitbestimmungsrechte bei Beschäftigungssicherung, Personalplanung und betrieblicher Qualifizierungsplanung und -umsetzung. Der Ausbau der betrieblichen und Unternehmensmitbestimmung ist daher strategisch ein unverzichtbarer Teil einer demokratisch gestalteten Transformation. Mit der Initiative Mitbestimmung setzt die IG Metall dafür Impulse. Eine Herausforderung wird sein, wie es uns gelingt, trotz anhaltender Pandemie und den damit verbundenen Restriktionen der direkten Ansprache, 2022 erfolgreiche Betriebsratswahlen in möglichst vielen Betrieben durchzuführen.

Gute Arbeit gestalten – im Betrieb und im Homeoffice

Ein Dauerbrenner und Brot-und-Butter-Thema unserer Arbeit ist und bleibt die Gestaltung Guter Arbeit im Betrieb. Die Transformation trägt dazu bei, dass sich Arbeitsplätze, Arbeitsabläufe und Arbeitsumgebungen verändern. Es gilt daher, in einer sich verändernden Arbeitswelt präventiven Arbeits- und Gesundheitsschutz wirksam zu verankern und weiterzuentwickeln, um die gesundheitlichen Belastungen der Kolleginnen und Kollegen möglichst gering

---

8 Vgl. Bieback, Karl-Jürgen 2019: Zur Bewältigung des Strukturwandels: Transformations-Kurzarbeitergeld auf den Weg bringen. Warum eine neue Form des Kurzarbeitergeldes notwendig ist, in: Soziale Sicherheit 10/2019, S. 373–382.

zu halten. Dafür brauchen wir auch neue Mitbestimmungsrechte bei der Personalbemessung und -entwicklung.

Unabhängig von der Corona-Pandemie trägt die Digitalisierung dazu bei, dass sich Arbeitsplätze, Arbeitsabläufe und Arbeitsumgebungen verändern. Mehr als ein Drittel der Beschäftigten arbeitet an wechselnden Orten,[9] weil die Tätigkeit dies zulässt oder erfordert. In allen Tarifgebieten der Metall- und Elektroindustrie gelten deshalb bereits seit 2018 Tarifverträge zu Mobilem Arbeiten. Zudem gibt es eine Vielzahl an betrieblichen Regelungen. Auf gesetzlicher Ebene existiert derzeit jedoch noch keine verbindliche Normierung für mobiles Arbeiten.

Die Corona-Pandemie hat den gesetzlichen Regelungsbedarf deutlicher denn je gemacht. Chancen wie Risiken sind sichtbar geworden. Einerseits hat sich gezeigt, dass viel mehr Tätigkeiten das Arbeiten von zu Hause zulassen als von Arbeitgebern zuvor behauptet. Anderseits kann ungeregelte mobile Arbeit aber auch die Gesundheit und das Privatleben der Beschäftigten belasten.[10]

Umso wichtiger ist es, dass die bestehende Regelungslücke geschlossen und für gesunde Arbeitsbedingungen im Homeoffice gesorgt wird. Dies verlangt erzwingbare Mitbestimmungsrechte des Betriebsrats für die Einführung und Ausgestaltung mobiler Arbeit. Zudem bedarf es klarstellender Regelungen, damit sämtliche Arbeitszeit, die beim mobilen Arbeiten geleistet wird, auch erfasst und bezahlt wird, und digitaler Zugangsrechte zum Betrieb für Betriebsräte und Gewerkschaften, um auch die mobil arbeitenden Kolleginnen und Kollegen mit unseren Aktivitäten gut erreichen zu können.

Ob im Homeoffice oder im Betrieb: Beschäftigte haben ein Recht auf gesundheitsverträgliche Arbeitszeiten. Versuche, über eine Änderung des Arbeitszeitgesetzes längere Arbeitszeiten zu ermöglichen, sind gesellschaftlich fahrlässig und schaden der Gesundheit der Beschäftigten. Die IG Metall wird sich daher weiter dafür einsetzen, dass der Charakter des Arbeitszeitgesetzes als Arbeitnehmerschutzgesetz erhalten bleibt und die bestehenden Regelungen bzgl. der täglichen Höchstarbeitszeit sowie der garantierten, ununterbrochenen Ruhezeiten – auch bei ortsunabhängiger – Arbeit nicht aufgeweicht werden.

---

9 Vgl. DGB-Index Gute Arbeit: Jahresbericht 2020, Schwerpunktthema Mobile Arbeit.
10 Vgl. etwa Urban, Hans-Jürgen 2021: Heilsversprechen Homeoffice. Zu den Schattenseiten eines arbeitspolitischen Shootingstars, in: Blätter für deutsche und internationale Politik 2/2021, S. 103–113.

Sicherheit im Wandel gewährleisten
Für die faire Gestaltung der Transformation spielen Aushandlungen zwischen Tarif- und Betriebsparteien eine zentrale Rolle. Die Wege der Krisenbewältigung und Zukunftsgestaltung entscheiden sich machtpolitisch im Betrieb und im tariflichen Aushandlungsprozess. Sehr wohl kann der Staat aber die Akteure dabei unterstützen, indem er Initiativen für eine den Herausforderungen der Transformation weiterentwickelte Mitbestimmung aufnimmt und wirksam die Tarifbindung stärkt, etwa in der öffentlichen Auftragsvergabe, oder dem Verbot des Ausgliederns von Betriebsteilen ohne Fortgeltung der Tarifbindung.

Darüber hinaus muss der Staat durch Regulation und Investitionen die Rahmenbedingungen für eine erfolgreiche sozial-ökologische Transformation schaffen.

Einiges ist hier bereits passiert, und auch das insgesamt 158 Milliarden Euro schwere Corona-Konjunkturpaket beinhaltet zu etwa einem Drittel Gelder zur Förderung längerfristig wirkender Investitionen in den Bereichen Energie, Mobilität, Digitalisierung und Gesundheitsschutz – vor allem im privaten Bereich. Den enormen Nachholbedarf bei der öffentlichen und digitalen Infrastruktur in Deutschland wird dies aber nicht beheben. Gleichzeitig erfordern ehrgeizige und zuletzt nochmals verschärfte CO_2-Reduktionsziele weitere massive private und öffentliche Investitionen in den ökologischen Umbau unserer Wirtschaft.

Ein Zurück zu Schuldenbremse und Politik der schwarzen Null verbietet sich angesichts der immensen fiskalischen Bürden, die uns die Pandemie hinterlässt, und der riesigen öffentlichen Aufgaben im Bereich der Infrastruktur, klimafreundlichen Technologien, Bildung und sozialstaatlichen Flankierung des Wandels. Wir brauchen daher dringend eine Abschaffung oder Reform der Schuldenbremsen von Bund und Ländern sowie eine Reform der europäischen Fiskalregeln.[11]

Allein die Nettokreditaufnahme wird jedoch nicht ausreichen, die gewaltigen Kosten der sozial-ökologischen Transformation zu stemmen. Wir brauchen deshalb auch eine Steuerreform, die diese Kosten gerecht verteilt, untere und mittlere Einkommen entlastet sowie durch eine stärkere Besteuerung der höchsten Einkommen, Vermögen und Erbschaften Mehreinnahmen für einen handlungsfähigen Staat generiert. Ein Konzept dafür, dass eine Reform der Lohn- und Einkommensteuer, die Wiedereinführung der Ver-

---

11 Vgl. IG Metall Vorstand, Ressort Koordination Branchenkoordination 2021: Wirtschaftspolitische Informationen. Nach Corona Spardiktat oder Investitionsoffensive; Nr. 1, Juni 2021. S. hierzu auch den Beitrag von Wilfried Kurtzke und Beate Scheidt in diesem Band.

mögensbesteuerung, einen Umbau der Unternehmenssteuern sowie ein Konzept für eine Finanztransaktionssteuer beinhaltet, wurde im Frühjahr 2021 vom Deutschen Gewerkschaftsbund vorgelegt. Entscheidend ist dabei auch eine internationale Zusammenarbeit zur Vermeidung eines globalen Steuerdumpings und der Steuerflucht.

Die Corona-Krise hat krisenhafte Phänomene und Prozesse in unserer Gesellschaft sichtbar gemacht, teilweise beschleunigt und verschärft. Sie hat aber auch dazu beigetragen, die Kritik an der seit vierzig Jahren dominanten marktliberalen Wirtschaftspolitik auf globaler und nationaler Ebene zu verstärken. Sie hat gezeigt, dass der Staat als Krisenbewältiger unverzichtbar ist und hat alte Dogmen über den Haufen geworfen. Sie hat gezeigt, wie wichtig gute soziale Sicherungssysteme für die Sicherung von Beschäftigten, Einkommen und Nachfrage sind, und welch bedeutsame Rolle Aushandlungen zwischen Tarif- und Betriebsparteien nicht nur in Krisenzeiten zukommt. Sie hat damit ein politisches Gelegenheitsfenster geöffnet, das es nun konsequent zu nutzen gilt: für einen wirtschaftlichen Aufbruch, der klimafreundlich ist und allen zu Gute kommt; für gute Arbeit und Sicherheit im Wandel; kurz: für die faire Gestaltung der notwendigen sozial-ökologischen Transformation unserer Gesellschaft.

Die Pandemie und die Arbeitswelt: Beiträge aus der Wissenschaft

Elke Ahlers/Bettina Kohlrausch/Aline Zucco
Die Auswirkungen der Covid-19-Krise auf die Situation der Beschäftigten in den Betrieben
Ergebnisse der Erwerbspersonenbefragung der Hans-Böckler-Stiftung

Einleitung

Die Corona-Pandemie hat das Leben der Menschen schlagartig verändert und vor neue gesellschaftliche und wirtschaftliche Herausforderungen gestellt. Die Gebote der Zeit waren Kontaktvermeidung und ein weitgehendes Herunterfahren des öffentlichen Lebens – verbunden mit drastischen persönlichen, sozialen und auch wirtschaftlichen Konsequenzen.

Immer wieder war in der Öffentlichkeit die Rede vom sozialen Brennglas, mit dem die Corona-Pandemie bestehende, aber oft unbemerkte gesellschaftliche Probleme aufflammen und damit sichtbar werden ließ. Ohnehin benachteiligte Gruppen waren in der Pandemie besonders betroffen und Regulierungsdefizite wurden besonders offenkundig. Wie die Beschäftigten diese Zeit erlebt haben, welche Belastungen, Sorgen sie beschäftigt und welche wirtschaftlichen Konsequenzen sie zu tragen haben, dies steht im Zentrum dieses Beitrags.

Die Hans-Böckler-Stiftung hat zu Beginn der Pandemie eine eigene Datenerhebung mit mittlerweile fünf Befragungswellen gestartet, deren Befunde hier vorgestellt werden. Auch Ergebnisse aus dem Datenportal des Wirtschafts- und Sozialwissenschaftlichen Instituts (WSI-Lohnspiegel) fließen in die Auswertungen ein. Die erkenntnisleitende Themenstellung dieses Beitrags liegt darin, die Konsequenzen der Pandemie auf die Beschäftigten darzustellen und daraus entsprechende Lehren für die Zukunft abzuleiten.

Der Beitrag ist wie folgt aufgebaut: Zunächst werden (1.) die hier ausgewerteten Datensätze des WSI vorgestellt. Sie erlauben es (2.), die Sorgen und Ängste der Beschäftigten genauer zu erfassen. Die ausgewerteten Daten geben auch Aufschluss über die unterschiedliche Betroffenheit der Beschäftigten in der Pandemie. Der Blick richtet sich hier zunächst (3.) auf die widersprüchlichen Erfahrungen des Homeoffice und gibt (4.) Aufschluss über die Frage, ob die Pandemie eine Retraditionalisierung der Geschlechterverhältnisse gefördert hat. Schließlich zeigen die Befunde auch (5.), welche Beschäftigtengruppen während der Corona-Pandemie besonders häufig von Einkommenseinbußen oder auch Überlastung betroffen waren. Im Fazit (6.) werden Aufgaben guter Arbeitsgestaltung skizziert, die der unterschiedlichen Betroffenheit der verschiedenen Beschäftigtengruppen Rechnung tragen.

Beiträge aus der Wissenschaft

1. Daten und Methode

Die vorliegenden Auswertungen basieren auf zwei Datensätzen der Hans-Böckler-Stiftung, der HBS-Erwerbstätigenbefragung und dem Datenportal des WSI-Lohnspiegels.

Die HBS-Erwerbspersonenbefragung

Die Erwerbspersonenbefragung ist im Auftrag der Hans-Böckler-Stiftung seit Beginn der Covid-19-Krise durchgeführt worden (zur Methodik siehe Hövermann 2021). Im Rahmen der Befragung wurden zunächst 7677 Erwerbspersonen ab 16 Jahren in computergestützten Online Interviews (CAWI) zwischen April 2020 in fünf Befragungswellen zu ihrer aktuellen Erwerbs- und Haushaltssituation befragt. Tabelle 1 bietet eine Übersicht über wesentliche Kennziffern der vier Befragungswellen.

Tabelle 1: Kennzahlen der HBS-Erwerbspersonenbefragung			Gute Arbeit
Welle	Zeitraum	N	in Prozent aus Welle 1
1	3. bis 14. April 2020	7677	100
2	18. bis 29. Juni 2020	6309	82
3	5. bis 23. November 2020	6102	79
4	26. Januar bis 8. Februar 2021	6235	81
5	29. Juni bis 13. Juli 2021	6189	*

Quelle: Emmler/Kohlrausch (2021)
* In Welle 5 hat ein Oversampling von 1350 Selbstständigen stattgefunden.

Daten aus dem WSI-Lohnspiegel

Der WSI-Lohnspiegel ist eine kontinuierliche Online-Umfrage des WSI-Portals Lohnspiegel.de. Für die Auswertung wurden 51 404 Datensätze ausgewertet, die seit dem 1. April 2020 im Rahmen einer kontinuierlichen Online-Erhebung vom WSI-Portal Lohnspiegel.de erhoben wurden. Im Anschluss an einen kurzen Fragebogen zu Löhnen und Gehältern werden hier einige Fragen zum Gesundheitsschutz am Arbeitsplatz im Kontext der Corona-Pandemie gestellt. Die Umfrage ist nicht-repräsentativ, erlaubt aber aufgrund der hohen Fallzahlen detaillierte Einblicke in die Arbeitsbedingungen in Deutschland.

2. Sorgen und Ängste der Beschäftigten in der Pandemie

Arbeitsschutz, betriebliche Schnelltests und Angst der Beschäftigten vor Ansteckung

Die Ängste der Beschäftigten vor einer Corona-Infektion waren seit Beginn der Pandemie groß: Ungefähr jede:r dritte Befragte gab über den Verlauf der Pandemie an, sich Sorgen wegen einer Ansteckung am Arbeitsplatz oder auf dem Weg zur Arbeit zu machen. Dies verdeutlicht zum einen die Existenz eines neuen, bisher unbekannten Belastungsfaktors in der Arbeit, und zum anderen den angewachsenen Stellenwert eines Themas, das sonst oft nur unzureichende Beachtung findet: der betriebliche Arbeits- und Gesundheitsschutz.

Vor allem Beschäftigte mit regelmäßig engem Kontakt zu anderen Menschen äußerten die Sorge, sie könnten sich mit dem Virus anstecken. Das äußerten mehr als die Hälfte der Befragten aus den Bereichen Erziehung und Soziales (57 Prozent) und den medizinischen Gesundheitsberufen (52 Prozent). Auch überdurchschnittlich häufig betroffen sind Beschäftigte mit niedrigen Löhnen: Unter Geringverdienenden im untersten Fünftel der Lohnverteilung gaben in der ersten Maihälfte des Jahres 2021 43 Prozent der Befragten an, sich Sorgen zu machen – verglichen mit 23 Prozent der Besserverdienenden im obersten Fünftel.

Im Rahmen der SARS-CoV-2-Arbeitsschutzverordnung wurden mehrere Vorgaben und Instrumente etabliert, um Beschäftigte vor einer Infektion zu schützen: (a) die Einhaltung von Abstands- und Hygieneregelungen (AHA+L-Regeln), (b) das Ermöglichen von Homeoffice – wo immer dies umsetzbar ist –, um die epidemiologisch relevanten Kontakte am Arbeitsplatz und auf dem Weg zur Arbeit zu reduzieren, und seit dem 20. April 2021 auch (c) die Pflicht eines regelmäßigen Angebots von betrieblichen Schnelltests für die in Präsenz Beschäftigten (als direkter Erregernachweis des Coronavirus SARS-CoV-2).

Die Vorgabe an die Unternehmen war, allen in Präsenz Beschäftigten mindestens einmal pro Woche einen kostenlosen Schnelltest anzubieten. Über die von der Wirtschaft gewünschte Selbstverpflichtungserklärung ging die Umsetzung allerdings nur sehr schleppend voran: Für die Mehrheit (54 Prozent) gab es noch Anfang April 2021 weder betriebliche Schnelltests, noch waren diese überhaupt angekündigt (Ahlers und Lübker 2021). Diese Betriebe wurden offenbar erst dann aktiv, als in der SARS-CoV-2-Arbeitsschutzverordnung im April 2021 mit zwei kurz aufeinander folgenden Änderungen eine Verpflichtung der Betriebe eingeführt wurde, allen Präsenz-Beschäftigten zwei Schnelltests pro Woche anzubieten. So zeigen die Daten der WSI-Lohnspiegel-Datenbank erst ab diesem Zeitpunkt deutliche Fortschritte: In der

Beiträge aus der Wissenschaft

2. Aprilhälfte hatten 87 Prozent ein Testangebot oder eine entsprechende Ankündigung, verglichen mit nur 46 Prozent in der 2. Märzhälfte. Angesichts der zunächst zögerlichen Haltung vieler Betriebe war die Angebotspflicht offenbar ein wesentlicher Faktor, um den Zugang zu betrieblichen Schnelltests zu verbessern. Diese Befunde zeigen einmal mehr, dass Appelle allein nicht ausreichen, sondern dass zum Schutz von Beschäftigten klare Gesetze und Verordnungen nötig sind. Die Verpflichtung der Unternehmen, ihren Präsenz-Beschäftigten Testangebote zu machen, war somit politisch ein richtiger Schritt (Ahlers und Lübker 2021)

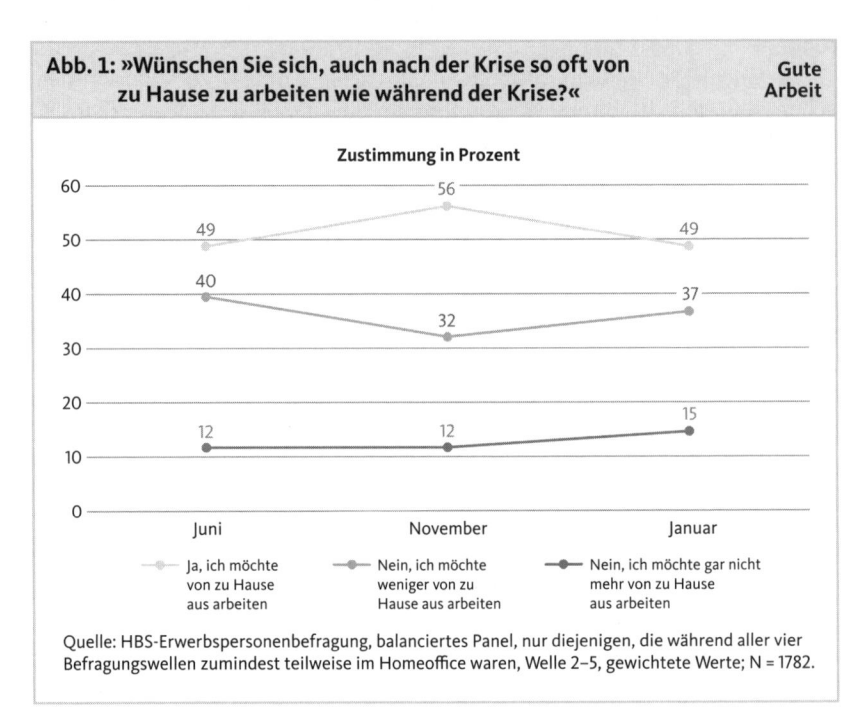

Abb. 1: »Wünschen Sie sich, auch nach der Krise so oft von zu Hause zu arbeiten wie während der Krise?« — Gute Arbeit

Zustimmung in Prozent

	Juni	November	Januar
Ja, ich möchte von zu Hause aus arbeiten	49	56	49
Nein, ich möchte weniger von zu Hause aus arbeiten	40	32	37
Nein, ich möchte gar nicht mehr von zu Hause aus arbeiten	12	12	15

Quelle: HBS-Erwerbspersonenbefragung, balanciertes Panel, nur diejenigen, die während aller vier Befragungswellen zumindest teilweise im Homeoffice waren, Welle 2–5, gewichtete Werte; N = 1782.

3. Homeoffice[1] – ein erfolgreiches Instrument des Infektionsschutzes, aber mit Widersprüchen und Nebenwirkungen

Auch Homeoffice ist und war ein relevantes Instrument der Pandemiebekämpfung und hat sich von heute auf morgen zum Arbeitsalltag vieler Beschäftigter entwickelt.

Vor der Corona-Pandemie war Homeoffice eher eine Seltenheit, denn nur 12 Prozent der Beschäftigten gingen ihrer Tätigkeit (zeitweise) auch von zu Hause aus nach (u. a. Brenke 2016); die meisten unter ihnen waren Hochqualifizierte und Personen in leitenden Positionen (Arnold/Steffes/Wolter 2015). Der Anteil der Beschäftigten, die im Homeoffice arbeiten konnten, stieg dann deutlich an, so dass im ersten Lockdown ab dem Frühjahr 2020 27 Prozent der abhängigen Erwerbspersonen ausschließlich und 17 Prozent gelegentlich im Homeoffice arbeiteten. Im zweiten Lockdown seit dem Herbst 2020 haben 24 Prozent ausschließlich von zu Hause und 14 Prozent gelegentlich von zu Hause gearbeitet.

Homeoffice, so zeigen die Befunde, ist allerdings ein Instrument der Pandemiebewältigung für privilegierte Beschäftigte, die höher qualifiziert, besser bezahlt und letztendlich besser gegen eine Infektion mit dem Coronavirus geschützt sind. Die Befunde zeigen, dass Hochschulabsolvent:innen deutlich häufiger im Homeoffice arbeiten als Personen ohne Universitätsabschluss. Auch die Verteilung der Nettoeinkommen zeigt, dass Personen mit hohen Einkommen unter den im Homeoffice Beschäftigten überrepräsentiert sind. Sie haben weniger Sorgen vor Ansteckung und äußern über die Zeit der Pandemie weniger Arbeitsbelastungen (Ahlers et al. 2021).

Aber die pandemiebedingten Erfahrungen mit dem Homeoffice sind auch hinsichtlich der zukünftig zu gestaltenden Transformation von Arbeit interessant. Denn auf diese Weise kam es in kurzer Zeit zu einem weit verbreiteten orts- und zeitflexiblen Arbeiten unter den Beschäftigten. Diese pandemiebedingte »Experimentierphase« zeigte überraschende Erkenntnisse. Denn trotz Anlaufschwierigkeiten und situativer Besonderheiten der Pandemie (wie fehlende organisatorische Vorbereitungsmöglichkeiten und fehlende Kinderbetreuung durch Schul- und Kitaschließungen) sind die überwiegenden Erfahrungen von Arbeitgeber:innen und Arbeitnehmer:innen positiv (Felstead

---

1 Der im Folgenden verwendete Begriff »Homeoffice« wird in diesem Gutachten synonym für den breiteren und juristisch korrekteren Begriff »mobile Arbeit« verwendet. Mobiles Arbeiten erfasst »alle arbeitsvertraglichen Tätigkeiten, die zeitweise (flexibel) oder regelmäßig (an fest vereinbarten Tagen) außerhalb der Betriebsstätte durchgeführt werden« (Sachverständigenkommission für den Dritten Gleichstellungsbericht 2020, S. 5). Da aber der gesellschaftliche Diskurs momentan durch den Begriff »Homeoffice« geprägt ist und auch viele empirische Befragungen und Studien diesen Begriff genutzt haben, bleiben wir in diesem Beitrag bei diesem Begriff.

und Reuschke 2020; Ahlers et al. 2021; Hofmann et al. 2020). Dies verdeutlicht einmal mehr, dass durch die Digitalisierung viele Berufe und Tätigkeiten von zu Hause erledigt werden können (Brenke 2016; Emmler und Kohlrausch 2021), und dass der Wunsch vieler Beschäftigter nach Homeoffice größer ist als das entsprechende Angebot der Arbeitgeber:innen. Tatsächlich bietet Homeoffice in einer flexiblen und digitalen Arbeits- und Lebenswelt – mit zugleich steigenden Anforderungen an die Vereinbarkeit von Beruf und Familie – für viele Beschäftigte große Vorteile: Pendelzeiten fallen weg und durch (im Idealfall) mehr Arbeitszeitsouveränität am heimischen Schreibtisch lassen sich Beruf und Privatleben besser vereinbaren.

Die Befunde zeigen, dass fast die Hälfte der Befragten, die durchgehend im Homeoffice waren, auch zukünftig gern von zu Hause arbeiten möchte (Abb. 1). Das deutet auf eine grundsätzlich hohe Offenheit und Zufriedenheit mit dem zeit- und ortsflexiblen Arbeiten hin (Hofmann et al. 2020; Felstead 2020; Ernst 2020; Stürz et al. 2020). Nur etwa 12 Prozent der Befragten lehnen dies für die Zukunft ab, wobei dieser Wert im Januar 2021 auf 15 Prozent angestiegen ist (siehe Abbildung).

Studien zeigen aber auch deutlich kritische Seiten des Modells auf. Etwa, dass Homeoffice aufgrund ungeregelter und entgrenzter Arbeitszeiten zu gesundheitsbedenklichen Überlastungssituationen führen kann. Überlange Arbeitszeiten sind im Homeoffice und bei mobiler Arbeit besonders verbreitet (Bonin et al. 2020). Auch dass Homeoffice unter Zwang, also bei fehlender Freiwilligkeit, nicht funktionieren kann und im ungünstigen Fall zu Vereinsamung und sozialer Isolation führt, wird darin gezeigt. Diese negativen Begleiterscheinungen (vgl. dazu auch Urban 2021), die mit erheblichen Gesundheitsrisiken verbunden sein können, sind allerdings oft eine Folge fehlender Regulierung und ungünstiger Arbeitsorganisation (Ahlers et al. 2021; Lott 2020). Denn faktisch spielte sich Homeoffice bisher oft in einer ungeregelten Grauzone des Arbeitsmarktes ab.

Ein wichtiger Aspekt beim Homeoffice sind die Zeiten der Erreichbarkeit. Durch die digitalen Zugriffsmöglichkeiten im Homeoffice steigen die Erwartungen der Arbeitgeber:innen, ihre Beschäftigten auch außerhalb der vertraglich vereinbarten Arbeitszeit für Rückfragen und eventuell weitere Arbeitsaufgaben erreichen zu können. Tatsächlich sind überlange Arbeitszeiten im Homeoffice und bei mobiler Arbeit besonders verbreitet (Bonin et al. 2020). Auch die Befunde der HBS-Erwerbspersonenbefragung verweisen auf Entgrenzung. Über die Hälfte der befragten Personen, die ganz oder teilweise im Homeoffice arbeiten, berichtet von verschwimmenden Grenzen zwischen Arbeit und Freizeit (60 Prozent). Ähnlich viele geben auch an, dass sie im Homeoffice länger für das Unternehmen und Kolleg:innen und/oder

Kund:innen erreichbar sind als vor der Krise (siehe Abb. 2). 39 Prozent machen im Homeoffice Überstunden.

Arbeitssoziologisch betrachtet sind jedoch hohe Erreichbarkeitserwartungen in den Betrieben nicht nur eine Folge mobiler Arbeit mit veränderten Möglichkeiten digitaler Informationstechnologien. Sie können auch eine Folge veränderter Arbeitsorganisation sein, die verstärkt auf Ergebnisorientierung sowie Kundennähe mit einer Rund-um-die-Uhr-Erreichbarkeit setzen (Menz et al. 2011). Rau und Göllner (2019) kommen daher zu dem Ergebnis, dass Erreichbarkeit für Arbeitsanforderungen außerhalb der regulären Arbeitszeit auch als Symptom einer veränderten und defizitären Arbeitsgestaltung angesehen werden kann. Etwa, dass die Arbeitsaufgaben in der zur Verfügung stehenden Zeit nicht leistbar sind. Daher sollten nicht nur Zeiten der Nichterreichbarkeit festgelegt werden, sondern auch Muster der Arbeitsorganisation hinterfragt werden, die zur ständigen Erreichbarkeit führen.

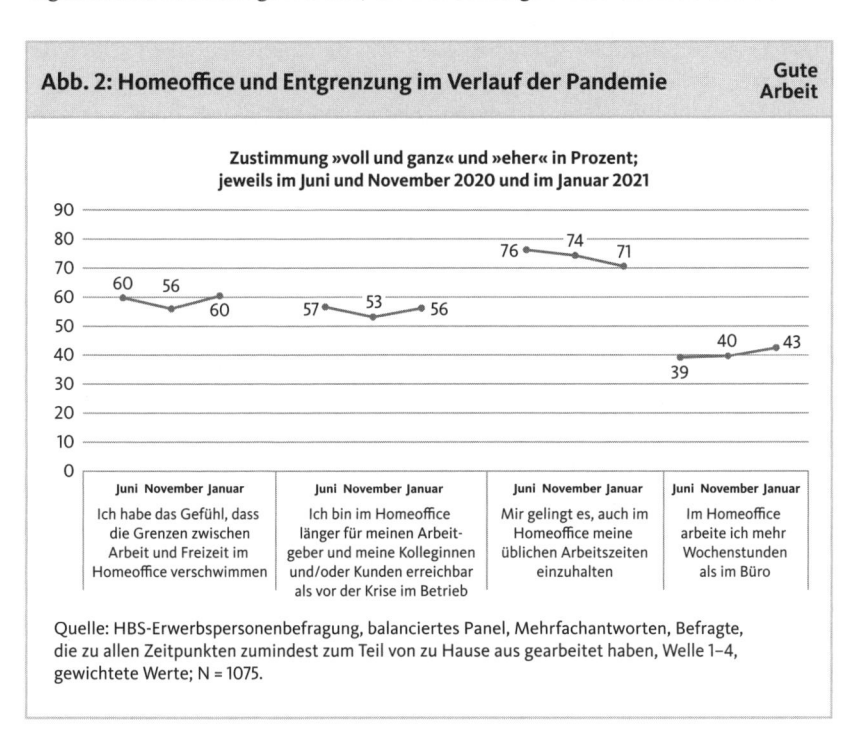

Abb. 2: Homeoffice und Entgrenzung im Verlauf der Pandemie

Zustimmung »voll und ganz« und »eher« in Prozent; jeweils im Juni und November 2020 und im Januar 2021

	Juni	November	Januar
Ich habe das Gefühl, dass die Grenzen zwischen Arbeit und Freizeit im Homeoffice verschwimmen	60	56	60
Ich bin im Homeoffice länger für meinen Arbeitgeber und meine Kolleginnen und/oder Kunden erreichbar als vor der Krise im Betrieb	57	53	56
Mir gelingt es, auch im Homeoffice meine üblichen Arbeitszeiten einzuhalten	76	74	71
Im Homeoffice arbeite ich mehr Wochenstunden als im Büro	39	40	43

Quelle: HBS-Erwerbspersonenbefragung, balanciertes Panel, Mehrfachantworten, Befragte, die zu allen Zeitpunkten zumindest zum Teil von zu Hause aus gearbeitet haben, Welle 1–4, gewichtete Werte; N = 1075.

Noch kritischer wird das Bild, wenn neben dem Homeoffice gleichzeitig Kinder zu betreuen sind. Tatsächlich war zu Zeiten des Corona-Lockdowns die Doppelbelastung für Eltern durch Homeoffice und Homeschooling immens (z. B. Kohlrausch/Zucco 2020). Von Mitte März bis zu den Sommerferien 2020 waren Schulen und Kindergärten größtenteils geschlossen oder nur tage- oder stundenweise geöffnet. Kleinkinder mussten von den Eltern betreut und Schulkinder im Homeschooling unterstützt werden. Viele berufstätige Eltern wurden hier durch diese Doppelbelastung bis an ihre Grenzen geführt. Die Befunde aus der HBS-Erwerbspersonenbefragung zeigen, dass während der Corona-Pandemie Erwerbstätige mit zu betreuenden Kindern oder Angehörigen im Homeoffice deutlich entgrenzter arbeiten als solche ohne Doppelbelastung.

Allerdings zeigen Studien auch, dass betriebliche Regelungen zur Arbeit im Homeoffice einer übermäßigen Entgrenzung von Arbeit und Privatleben entgegenwirken (vgl. Lott 2020; Hofmann et al. 2020). Auch die vorliegende HBS-Erwerbstätigenbefragung bestätigt, dass die Beschäftigten eher ihre vertraglichen Arbeitszeiten einhalten können, wenn betriebliche Regelungen zum Homeoffice vorliegen. Über den Zeitverlauf bestätigen dies 79 Prozent der Befragten mit betrieblichen Regulierungen. Auch die Zufriedenheit mit der Flexibilität im Homeoffice wird von 55 Prozent der Befragten überdurchschnittlich häufig positiv bewertet, wenn betriebliche Regelungen vorhanden sind. Gibt es derartige Regeln nicht, dann liegt der Anteil der sehr Zufriedenen nur bei 43 Prozent.

Zusammenfassend wird deutlich, dass sich die Potenziale des Homeoffice dann entfalten können, wenn im Vorfeld die betrieblichen Voraussetzungen dafür geschaffen wurden. Dazu gehören zunächst klare und transparente Zugangskriterien, auch um zu verhindern, dass sich der Zugang zum Homeoffice zu einem Konfliktfeld unter den Beschäftigten und damit zu einem betrieblichen Spaltpilz entwickelt (Ahlers et al. 2021). Wichtig sind auch Freiwilligkeit, eine Kombination aus Homeoffice und Betrieb, klare Leistungskriterien und eine fortlaufende Qualifizierung von Führungskräften und Beschäftigten in Bezug auf orts- und zeitflexibles Arbeiten (Lott et al. 2021). Aus diesem Grund wird seit einiger Zeit auch ein Recht der Beschäftigten auf Homeoffice diskutiert, das dazu beitragen könnte, die dafür nötigen Rahmenbedingungen zu reglementieren und somit kritische Auswirkungen des Homeoffice (wie u. a. Entgrenzung oder soziale Isolation) zu begrenzen (vgl. Lott et al. 2021).

Zwar kann eine Reihe dieser Rahmenbedingungen über Betriebsvereinbarungen oder Tarifverträge zum Vorteil der Beschäftigten verhandelt werden. Zu berücksichtigen ist aber, dass nur ein Teil der Beschäftigten in solchen Unternehmen tätig ist, die entweder tarifgebunden sind oder über einen Betriebsrat verfügen. 40 Prozent der Beschäftigten waren im Jahr 2019 in einem Betrieb tätig, in dem es einen Betriebsrat gibt. 44 Prozent der Beschäftigten in Deutschland arbeiten in einem Unternehmen mit Bindung an einen Branchentarifvertrag, 8 Prozent mit Bindung an einen Firmen-/Haustarifvertrag (Ellguth/Kohaut 2020).

Umso wichtiger erweisen sich dann gesetzliche Mindeststandards zur Arbeitszeit und zu den Arbeitsbedingungen, die zum Schutz der Beschäftigten über Gesetze festgelegt sind. So erlaubt das Arbeitszeitgesetz Höchstarbeitszeiten von acht bzw. im Ausnahmefall zehn Stunden pro Tag und schreibt nächtliche ununterbrochene Ruhepausen von mindestens elf Stunden vor. Das Arbeitsschutzgesetz, das ebenfalls für die Arbeit im Homeoffice Anwendung findet, verpflichtet Arbeitgeber:innen dahingehend, die gesundheitlichen Risiken am (häuslichen) Arbeitsplatz so gering wie möglich zu halten. Dazu gehören auch solche Risiken, die durch psychische Belastungen wie Überforderung, Selbstausbeutung oder mangelnde soziale Kontakte entstehen. Diese Gesetze sind zum Schutz der Beschäftigten unabdingbar und sollten auch in zukünftigen Reformprozessen zur Anpassung an eine flexiblere Arbeitswelt nicht zur Disposition stehen; sie müssten im Gegenteil sogar ausgebaut werden. Das gilt besonders in Bezug auf mobiles Arbeiten oder Homeoffice.

4. Mehr Gleichstellung in der Krise?

Im Laufe der Krise wurde im politischen Diskurs immer wieder darüber diskutiert, ob es durch die Covid-19-Pandemie zu einer Retraditionalisierung kam, also zu einem Rückfall in traditionelle Rollenmuster. Ob dies tatsächlich der Fall ist, lässt sich heute noch nicht abschließend beurteilen. Was sich allerdings sehr schnell zeigte, ist, dass Frauen deutlich häufiger als Männer ihre Arbeitszeiten reduzieren, um die ausgefallene institutionelle Kinderbetreuung zu kompensieren (Zucco/Lott 2021). Begründet ist dies u.a. durch faktisch ungleich verteilte Erwerbseinkommen zwischen den Geschlechtern (Kohlrausch/Zucco 2020). Es ist naheliegend, dass Paare gerade während der Krise bemüht sind, ihre ökonomischen Ausfälle zu minimieren. In der Realität führt das aber dazu, dass häufig das Elternteil mit dem geringeren Lohn die Arbeitszeit reduziert oder gar die Arbeit aufgibt, was aufgrund der bereits vor der Krise bestehenden Lohnstruktur meist die Frau ist (z.B. Schrenker/Zucco 2020). Die Tatsache, dass auch in der gegenwärtigen Krise die geschlechtsspezifische Diskrepanz der Verteilung der Sorgearbeit in den unteren Einkommensgruppen größer ist, spricht dafür, dass derartige Mechanismen in der Krise eine Rolle gespielt haben. Hinzu kommt, dass es für Frauen oftmals leichter ist, ihre Arbeitsstunden (nach unten) anzupassen (Seifert et al. 2016).

Beiträge aus der Wissenschaft

Diese Arbeitszeitreduktion birgt aber vor allem auf lange Sicht große Gefahren. Denn auch nach Corona werden die Folgen der Krise noch spürbar sein, so dass eine Aufstockung auf die vorherige Arbeitszeit unter Umständen nicht möglich sein wird. Somit können sich hieraus langfristig drastische Folgen für das Erwerbseinkommen von Frauen ergeben und bestehende Ungleichheiten im Einkommen zwischen den Geschlechtern durch die Corona-Krise noch weiter zunehmen (Zucco/Lott 2021). Somit hat die Krise verdeutlicht, dass es in Deutschland noch meist die Frauen sind, die implizit für die Kinderbetreuung verantwortlich sind. Oder anders gesagt, dass Frauen ihrer Erwerbsarbeit nur dann nachgehen können, wenn die Kinder betreut sind.

Hinsichtlich der Aufteilung der Sorgearbeit während der Pandemie lassen sich allerdings kaum Veränderungen beobachten: Mehr als drei Viertel der Befragten haben an ihrer Aufteilung der Kinderbetreuung im Vergleich zum Zustand vor der Pandemie nichts verändert. Denn in den meisten Fällen (76 Prozent) übernahmen die Frauen bereits vor der Covid-19-Krise den überwiegenden Teil der Kinderbetreuung. Zum Teil lässt sich auch eine »Egalisierung« beobachten; das bedeutet, dass die Partner:innen die Kinderbetreuung seit der Krise gleichmäßiger untereinander aufteilen. Interessant ist hierbei vor allem, dass Männer das mit 14 Prozent häufiger angeben als Frauen (9 Prozent). Beobachtet wurde das vor allem während des ersten Lockdowns, als viele Beschäftigte in Kurzarbeit waren, da die Wirtschaft für kurze Zeit lahmgelegt wurde. So zeigt sich auch, dass Männer in Kurzarbeit deutlich häufiger einen Großteil der Betreuungsarbeit übernommen haben. Knapp 30 Prozent dieser Männer gaben im November 2020 an, während der Kurzarbeitsphase den Hauptteil der Kinderbetreuung in ihrer Familie zu übernehmen. Vor Beginn der Pandemie taten das lediglich 7 Prozent (Pusch und Seifert 2020). Nachdem die Maßnahmen gelockert wurden, fielen viele Paare aber wieder zurück in die Aufteilung von Vor-Krisen-Zeiten. Im Gegensatz dazu berichteten 8 Prozent der Frauen und 7 Prozent der Männer von einer »Traditionalisierung«, also dass die Frau erst seit der Krise den überwiegenden Teil der Kinderbetreuung übernahm. Im Vergleich zur »Egalisierung«, ist die »Traditionalisierung« häufig über einen längeren Zeitraum zu beobachten und scheint sich damit eher zu verfestigen (Zucco/Lott 2021). Zusammenfassend können die Ergebnisse also so gedeutet werden, dass es sich weniger um einen Rückfall in traditionelle Rollenmuster handelt, sondern mehr um eine Verfestigung bestehender Ungleichheitsmuster.

5. Soziale Ungleichheiten

Nicht nur in den Arbeitsbedingungen, auch in der wirtschaftlichen Krisenbewältigung zeigen sich soziale Ungleichheiten während der Pandemie, vor allem in Bezug auf ohnehin bestehende Einkommens- und Vermögensunterschiede in Deutschland.

Die Empirie zeigt, dass die Corona-Krise nicht alle Gruppen gleichermaßen getroffen hat: Insbesondere Personen in Haushalten, die vor der Pandemie über ein niedriges Einkommen verfügten, waren besonders häufig von Einkommenseinbußen betroffen. Im Gegensatz dazu sind Beschäftigte aus Haushalten mit hohen Einkommen weniger von der Krise betroffen. Es ist also anzunehmen, dass die Ungleichheit der Einkommen durch die Krise weiter zunehmen wird. Insgesamt berichteten im Juli 2021 53 Prozent der Haushalte von krisenbedingten Einkommenseinbußen.

Das bedeutet auch, dass insbesondere den sehr einkommensschwachen Gruppen während der Krise noch weniger Einkommen zur Verfügung stand. Die Gründe für die unterschiedliche Verbreitung der Krisenfolgen liegen vor allem darin, dass die Kontaktbeschränkungen und Maßnahmen zur Viruseindämmung nicht alle Tätigkeiten gleichermaßen trafen. Stark betroffen waren vor allem Beschäftigte, deren Tätigkeit nicht im Homeoffice durchgeführt werden konnte (Kohlrausch/Zucco 2020). Sie waren häufiger von Kurzarbeit, Einkommensverlusten, Verlust des Arbeitsplatzes oder Verlust von Aufträgen usw. betroffen. Da vor allem Hochqualifizierte und zumeist auch Besserverdienende deutlich häufiger Zugang zu Homeoffice hatten (Ahlers et al. 2021), konnten sich so in der Krise bestehende Ungleichheiten verstärken (Abb. 3). Zwar konnte das Kurzarbeitergeld die Kriseneffekte auf dem Arbeitsmarkt deutlich abschwächen, allerdings profitierten davon nur Beschäftigte mit einer sozialversicherungspflichtigen Beschäftigung. Nicht zuletzt deswegen hatten vor allem Selbstständige und geringfügig Beschäftigte am häufigsten Einkommenseinbußen zu verzeichnen (Grabka 2021; Kohlrausch et al. 2020). Überdurchschnittlich häufig verzeichneten zudem befristet oder über Werkvertrag tätige Beschäftigte und Leih- bzw. Zeitarbeitnehmer:innen hohe Einkommenseinbußen (Kohlrausch et al. 2020). Grund dafür ist, dass diese Beschäftigtengruppen in Krisensituationen das höchste Arbeitslosigkeitsrisiko haben.

Beiträge aus der Wissenschaft

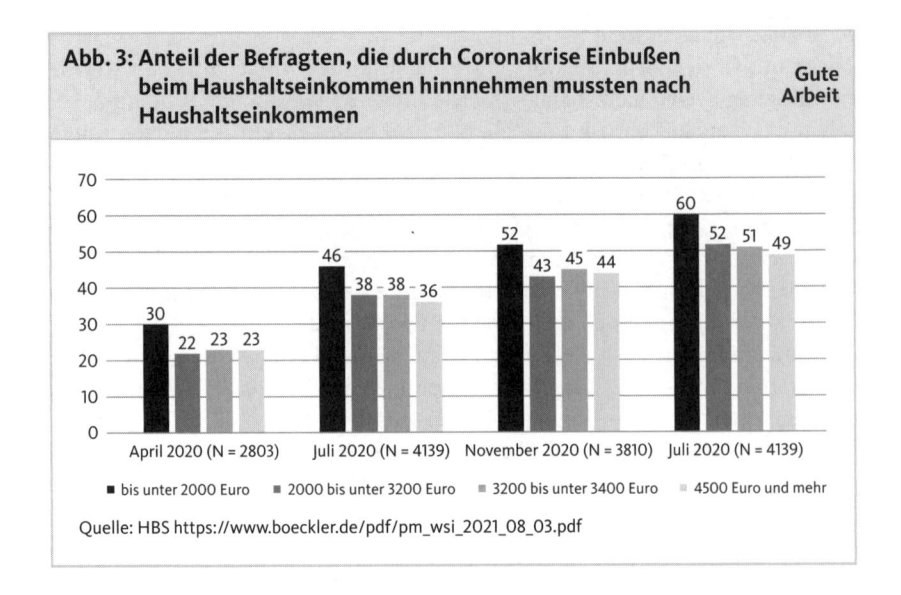

Abb. 3: Anteil der Befragten, die durch Coronakrise Einbußen beim Haushaltseinkommen hinnnehmen mussten nach Haushaltseinkommen

Gute Arbeit

	April 2020 (N = 2803)	Juli 2020 (N = 4139)	November 2020 (N = 3810)	Juli 2020 (N = 4139)
bis unter 2000 Euro	30	46	52	60
2000 bis unter 3200 Euro	22	38	43	52
3200 bis unter 3400 Euro	23	38	45	51
4500 Euro und mehr	23	36	44	49

Quelle: HBS https://www.boeckler.de/pdf/pm_wsi_2021_08_03.pdf

6. Fazit

Wie gezeigt wurde, waren und sind die Auswirkungen der Corona-Pandemie auf das soziale Leben immens – allerdings unterscheiden sie sich zwischen den Beschäftigtengruppen deutlich. Da sind einmal die oftmals besserverdienenden Beschäftigten, die ins Homeoffice ausweichen konnten oder mussten – und generell weniger Sorgen vor Infektionen oder finanziellen Einbußen hatten. Stattdessen waren für sie allerdings Entgrenzung, psychische Erschöpfung durch Doppelbelastung oder ungeregelte Arbeits- oder Erreichbarkeitsanforderungen an der Tagesordnung. Die Erfahrungen mit dem pandemiebedingten Experimentierfeld Homeoffice zeigen deutlich, dass orts- und zeitflexibles Arbeiten einer klaren und transparenten Regulierung bedürfen.

Gleichwohl waren besonders Eltern von betreuungspflichtigen Kindern benachteiligt, allen voran Frauen – die in erster Linie die Sorgearbeiten erledigt haben. Diese krisenbedingte Offenbarung von traditionellen Geschlechterrollen muss aufgearbeitet und zukünftig im Blick behalten werden, um langfristige gesundheitliche und wirtschaftliche Folgen zu vermeiden.

Die Beschäftigtengruppen, für die das Arbeitsarrangement oder gar das »Privileg« Homeoffice nicht in Frage kam, hatten – neben den Infektionsrisiken – andere, meist erhebliche finanzielle Unsicherheiten oder Einkommenseinbußen zu verkraften. Menschen im Niedriglohnsektor oder in prekärer

Beschäftigung, aber auch Selbstständige waren und sind oftmals die Verlierer:innen der Pandemie. Menschen mit geringen Einkünften waren häufiger von Arbeitslosigkeit bedroht, sie erhielten seltener und weniger Kurzarbeitergeld und auch weniger Aufstockungen zum Kurzarbeitergeld. Die Krise offenbarte einmal mehr bestehende soziale Ungleichheiten, auch in deren Vielschichtigkeit. Dies gilt auch hinsichtlich der Einkommensungleichheit, wie Befunde der Erwerbspersonenbefragung der Hans-Böckler-Stiftung zeigen: Insbesondere Beschäftigte, die zuvor im Niedriglohnbereich tätig waren, waren nicht nur häufiger von Kurzarbeit betroffen, sondern erhielten auch seltener eine Aufstockung durch ihre:n Arbeitgeber:in. Zudem traf die Krise auch diejenigen, die nicht auf das Kurzarbeitergeld zurückgreifen können, weil sie vor der Krise nicht in einer sozialversicherungspflichtigen Beschäftigung, sondern selbstständig oder in einer geringfügigen Beschäftigung tätig waren. Gefordert sind daher Instrumente, die dieser Ungleichheit entgegenwirken. Dazu gehören:

- Ein Recht der Beschäftigten auf Homeoffice, um die Vorteile dieses Arbeitsarrangements nicht nur den ohnehin privilegierten Beschäftigtengruppen zukommen zu lassen und um das Homeoffice aus der rechtlichen Grauzone herauszuholen;
- Anhebung des Kurzarbeitergeldes auf ein Mindestkurzarbeitergeld, um das Existenzminimum von Beschäftigten im Niedriglohnbereich auch in Krisenfällen abzusichern;
- Ausbau der Tarifbindung, denn diese ist nicht nur ein sehr wirksames Instrument, um den Niedriglohnbereich zu reduzieren (Schulten/Müller 2020); sie regelt auch in vielen Fällen die Aufstockung des Kurzarbeitergeldes (Pusch/Seifert 2020). Hierzu sollten das Instrument der Allgemeinverbindlicherklärung erleichtert und Tariftreuevorgaben bei öffentlichen Aufträgen gestärkt werden;
- Reform des Ehegattensplittings, denn derzeit werden insbesondere durch die Steuerklassenkombination III/V bei verheirateten Paaren in Kombination mit der kostenlosen Mitversicherung in der Krankenkasse Fehlanreize hinsichtlich der Erwerbstätigkeit gesetzt, insbesondere in Bezug auf die Art der Beschäftigung (Minijob statt sozialversicherungspflichtiger Beschäftigung). Auch aufgrund der überproportional hohen steuerlichen Belastung bei einer Aufstockung der Arbeitsstunden steigt das Nettoeinkommen unterproportional, weswegen Frauen ihren Erwerbsumfang häufig nicht erhöhen (Zucco/Lott 2021). Zudem führt das derzeitige Ehegattensplitting zu einer mittelbaren Diskriminierung von Frauen; denn aufgrund des geringeren Einkommens werden sie deutlich häufiger in die Steuerklasse V eingestuft und tragen somit eine höhere Steuerlast als

Männer (Spangenberget al. 2020). Zusätzlich wirkt sich diese mittelbare Diskriminierung nicht nur auf das Erwerbseinkommen, sondern auch auf Lohnersatzleistungen wie das Kurzarbeitergeld oder das ALG I aus, die sich am Nettoeinkommen orientieren. Und schließlich auch auf die zu erwartende Rente. Dem könnte – zumindest kurzfristig – entgegengewirkt werden, indem sich diese Lohnersatzleistungen an der (neutraleren) Steuerklasse IV orientieren.

Literatur

Ahlers, Elke/Lübker, Malte (2021): Corona-Schnelltests am Arbeitsplatz. Einblicke aus der WSI-Lohnspiegel-Datenbank. WSI. Düsseldorf (WSI Policy Brief, 56).

Ahlers, Elke/Mierich, Sandra/Zucco, Aline (2021): Homeoffice. Was wir aus der Zeit der Pandemie für die zukünftige Gestaltung von Homeoffice lernen können. Hrsg.: Hans-Böckler-Stiftung (WSI Report, 65).

Arnold, Daniel/Steffes, Susanne/Wolter, Stefanie (2015): Mobiles und entgrenztes Arbeiten. (Forschungsbericht/Bundesministerium für Arbeit und Soziales, FB460). Nürnberg: Bundesministerium für Arbeit und Soziales; Institut für Arbeitsmarkt- und Berufsforschung der Bundesagentur für Arbeit (IAB); Zentrum für Europäische Wirtschaftsforschung (ZEW) GmbH; Universität Köln.

Bonin, Holger/Eichhorst, Werner/Kaczynska, Jennifer/Kümmerling, Angelika/Rinne, Ulf/Scholten, Annika/Steffes, Susanne (2020): Verbreitung und Auswirkung von mobiler Arbeit und Homeoffice. Bundesministerium für Arbeit und Soziales (Forschungsbericht 549).

Brenke, Karl (2016): Homeoffice – Möglichkeiten werden bei weitem nicht ausgeschöpft In: DIW-Wochenbericht 5.

Ellguth, Peter/Kohaut, Susanne (2020): Tarifbindung und betriebliche Interessenvertretung: Aktuelle Ergebnisse aus dem IAB-Betriebspanel 2019. In: WSI-Mitteilungen 73(4), S. 278–285.

Emmler, Helge/Kohlrausch, Bettina (2021): Homeoffice: Potenziale und Nutzung. Hans-Böckler-Stiftung. Homeoffice: Potenziale und Nutzung. WSI. Düsseldorf. WSI Policy Brief, 52.

Ernst, Christian (2020): Homeoffice im Kontext der Corona-Pandemie. Eine Ad-hoc-Studie der Technischen Hochschule Köln.

Felstead, Alan/Reuschke, Darja (2020): HOMEWORKING IN THE UK: BEFORE AND DURING THE 2020 LOCKDOWN. Cardiff (WISERD Report). Online verfügbar unter https://wiserd.ac.uk/publications/homeworking-uk-and-during-2020-lockdown. Zugriff: 10.08.2021.

Grabka, Markus M. (2021): Einkommensungleichheit stagniert langfristig, sinkt aber während der Corona-Pandemie leicht. In: DIW-Wochenbericht 88(18), S. 308–316.

Hövermann, Andreas (2021): Belastungswahrnehmung in der Corona-Pandemie: Erkenntnisse aus vier Wellen der HBS-Erwerbspersonenbefragung 2020/21. Hans-Böckler-Stiftung. Düsseldorf. WSI-Policy Brief, 50.

Hofmann, Josefine/Piele, Alexander/Piele, Christian (2020): Arbeiten in der Corona-Epidemie – auf dem Weg zum New Normal. Studie des Fraunhofer IAO in Kooperation mit der Deutschen Gesellschaft für Personalführung DGFP.

Kohlrausch, Bettina/Zucco, Aline (2020): Die Corona-Krise trifft Frauen doppelt: Weniger Erwerbseinkommen und mehr Sorgearbeit. Hans-Böckler-Stiftung. Düsseldorf. WSI-Policy Brief, 40.

Lott, Yvonne (2020): Work-Life Balance im Homeoffice: Was kann der Betrieb tun? Hans-Böckler-Stiftung. Düsseldorf. WSI Report, 54.

Lott, Yvonne/Ahlers, Elke/Zucco, Aline/Wenckebach, Johanna (2021): Recht auf mobile Arbeit – Warum wir es brauchen, was es regeln muss. Hans-Böckler-Stiftung. Düsseldorf. WSI-Policy Brief, 55.

Menz, Wolfgang/Dunkel, Wolfgang/Kratzer, Nick (2011): Leistung und Leiden. Neue Steuerungsformen von Leistung und ihre Belastungswirkungen, in: Kratzer, Nick; Dunkel, Wolfgang; Becker, Karina; Hinrichs, Stephan (Hrsg,) Arbeit und Gesundheit im Konflikt, S. 143–198. edition sigma.

Pusch, Toralf/Seifert, Hartmut (2020): Kurzarbeit in der Corona-Krise mit neuen Schwerpunkten. Hans-Böckler-Stiftung. Düsseldorf. WSI-Policy Brief, 47.

Pusch, Toralf/Seifert, Hartmut (2021): Kurzarbeit – Mehr als eine Beschäftigungsbrücke (pdf). WSI Policy Brief, 53.

Schrenker, Annekatrin/Zucco, Aline (2020): Gender Pay Gap steigt ab dem Alter von 30 Jahren stark an. In: DIW-Wochenbericht 87(10), S. 137–145.

Schulten, Thorsten/Müller, Torsten (2020): Kurzarbeitergeld in der Corona-Krise: Aktuelle Regelungen in Deutschland und Europa. Hans-Böckler-Stiftung. Düsseldorf. WSI-Policy Brief, 38.

Seifert, Hartmut/Holst, Elke/Matiaske, Wenzel/Tobsch, Verena (2016): Arbeitszeitwünsche und ihre kurzfristige Realisierung. In: WSI-Mitteilungen 4, S. 300–308.

Spangenberg, Ulrike/Färber, Gisela/Späth, Corinna (2020): Mittelbare Diskriminierung im Lohnsteuerverfahren: Auswirkungen der Lohnsteuerklassen auf Nettoeinkommen und Lohnersatzleistungen. Hans-Böckler-Stiftung. Düsseldorf. Working Paper Forschungsförderung, 190.

Stürz, Roland A./Stumpf, Christian/Mendel, Ulrike/Harhoff, Dietmar (2020): Digitalisierung durch Corona? Verbreitung und Akzeptanz von Homeoffice in Deutschland: Ergebnisse zweier Kurzbefragungen. München (bidt Analysen und Studien, 3).

Urban, Hans-Jürgen (2021): Heilversprechen Homeoffice. Zu den Schattenseiten eines arbeitspolitischen Shootingstars. In: Blätter für deutsche und internationale Politik (2), S. 103–113.

Zucco, Aline/Lott, Yvonne (2021): Stand der Gleichstellung: Ein Jahr Corona. Hans-Böckler-Stiftung. Düsseldorf. WSI Report, 64.

Jutta Allmendinger
Die Gleichstellung von Frauen und Männern auf dem Arbeitsmarkt
Was eine geschlechtersensible Arbeitsmarkt-, Familien- und Sozialpolitik leisten muss

Die Gleichstellung von Frauen und Männern in Beruf und Familie ist nach wie vor weder erreicht noch strukturell oder kulturell angemessen verankert. Das zeigten die langen Monate der Pandemie eindringlich. In dem vorliegenden Beitrag beschreibe ich (I) zunächst die bestehenden Ungleichheiten, komme dann (II) zu den Folgen der Pandemie und weise (III) am Ende auf sehr konkrete Maßnahmen hin, die die Unterschiede in den Erwerbsverläufen von Frauen und Männern verringern können.[1] Der wichtigste Punkt sei vorangestellt: Wir als Gesellschaft müssen dringend darüber diskutieren, welche Arbeits- und Lebensverlaufsmodelle wir brauchen, um Geschlechtergerechtigkeit zu erreichen. Fehlt diese Grundsatzentscheidung, bleiben einzelne politische Maßnahmen bloßes Flickwerk ohne durchschlagende Wirkung.

I Die Kartierung der Ungleichheiten im Erwerbsverlauf von Männern und Frauen

Schauen wir auf einige Fakten, die meist als »Lücken« in den Erwerbs- und Lebensverläufen von Frauen und Männern sichtbar werden. Bekannt sind der Gender Care Gap und der Gender Pay Gap, hinzufügen möchte ich die wichtige Lücke in den Arbeitszeiten, in Führungspositionen und in den Rentenerträgen und ergänze einige Hinweise, wie die einzelnen Lücken konzeptionell klarer gefasst werden könnten.

Gender Care Gap
Zunächst zum Gender Care Gap, definiert als Unterschied in der unbezahlten Sorgearbeit von Frauen und Männern. Dazu gehören sämtliche Arbeiten im Haushalt und Garten, die Pflege und Betreuung von Kindern und Erwachsenen sowie ehrenamtliches Engagement und unbezahlte Hilfen für andere Haushalte. Der Gender Care Gap lag 2019 bei gut 52 Prozent. Pro Tag verwendeten Frauen also durchschnittlich 52 Prozent mehr Zeit für unbe-

---

[1] Der vorliegende Text bezieht sich in großen Teilen auf mein 2021 im Ullstein Verlag erschienenes Buch »Es geht nur gemeinsam! Wie wir endlich Geschlechtergerechtigkeit erreichen.« Selbstzitate werden nicht als solche vermerkt. Die Zustimmung des Verlags liegt der Autorin vor.

zahlte Sorgearbeit als Männer.² Männer verrichteten im Schnitt 2 Stunden und 46 Minuten unbezahlte Sorgearbeit, Frauen 4 Stunden und 13 Minuten.³ Das sind die Werte, wenn man alle Familienformen betrachtet. In Paarhaushalten mit Kindern war die Lücke viel größer, sie betrug 83 Prozent. Und fasst man Care enger und schaut nur auf die Kinderbetreuung sowie die Sorge und Pflege erwachsener Haushaltsmitglieder, Arbeiten also, die während der Krise besonders herausfordernd waren, schnellt der Wert hoch auf 108 Prozent. Doch selbst dieser scheint die tatsächlichen Verhältnisse nicht richtig abzubilden. Denn gemessen wird in Stunden und Minuten, einem Maß, das schwerlich die Verantwortung und kognitive Belastung berücksichtigen kann, die mit der personenbezogenen Care-Arbeit einhergehen. Das Grübeln nachts im Bett, die Unruhe und Sorge um die Familie auch dann, wenn die Kinder nicht um einen herum sind – all das wird übersehen. Wir müssen unsere Messinstrumente schärfen.

Je mehr unbezahlte Sorgearbeit geleistet wird, desto weniger Zeit bleibt für die bezahlte Erwerbsarbeit. 2018 waren Frauen im Schnitt 30,5 Stunden in der Woche erwerbstätig, Männer 38,7 Stunden. Der Unterschied beträgt also mehr als einen ganzen Arbeitstag. Übersetzt heißt das: 46 Prozent der Frauen und 11 Prozent der Männer arbeiten in Teilzeit. Dabei ist die Teilzeitquote von Frauen deutlich gestiegen, 1991 lag sie noch bei 30,2 Prozent, allerdings bei einer niedrigeren Erwerbstätigenquote. Die Teilzeitlücke zwischen Frauen und Männern hat sich ebenfalls erhöht, von 28,1 Prozentpunkten in 1991 auf heute 34,9 Prozentpunkte.⁴ Besonders informativ sind Angaben über Haushalte. Bei 25 Prozent der Paare mit minderjährigen Kindern sind Mutter und Vater gleichermaßen Vollzeit erwerbstätig. 70 Prozent der Paare setzen auf diese Kombination: Der Vater arbeitet Vollzeit, die Mutter Teilzeit. Nur bei 2 Prozent der Paare ist es umgekehrt und bei lediglich 3 Prozent gehen beide einer Teilzeitarbeit nach.⁵ Als Arbeitszeitlücken müssen auch Erwerbsunter-

---

2   Es bestehen deutliche Unterschiede zwischen West- und Ostdeutschland. Frauen im Westen arbeiten 9 Stunden pro Woche weniger als Männer, bei Frauen im Osten sind es rund 5 Stunden pro Woche weniger. Hobler, D./Pfahl, S./Mader, E. (2020): Wochenarbeitszeiten und Erwerbstätigenquoten 1991–2018. Hans-Böckler-Stiftung. https://www.wsi.de/data/wsi_gdp_ZE-TimeGap_PDF_01.pdf.
3   Bundesministerium für Familie, Senioren, Frauen und Jugend (Hrsg.) (2019). Zweiter Gleichstellungsbericht der Bundesregierung. Eine Zusammenfassung. Bundesministerium für Familie, Senioren, Frauen und Jugend.
4   Hobler, D./Lott, Y./Pfahl, S./Buschoff, K. S. (2020): Stand der Gleichstellung von Frauen und Männern in Deutschland (WSI Report Nr. 56). Wirtschafts- und Sozialwissenschaftliches Institut (WSI) der Hans-Böckler-Stiftung, S. 27.
5   Keller, M./Kahle, I. (2018): Realisierte Erwerbstätigkeit von Müttern und Vätern zur Vereinbarkeit von Familie und Beruf. Statistisches Bundesamt (Destatis). https://www.destatis.de/DE/Methoden/WISTA-Wirtschaft-und-Statistik/2018/03/realisierte-erwerbstaetigkeit-032018.html. Während im Westen bei jedem fünften Paar mit minderjährigen Kindern beide Elternteile einer

brechungen angesehen werden. Hier sehen wir, dass Mütter nach wie vor wesentlich längere Elternzeiten als Männer nehmen.

Gender Pay Gap

Der Gender Pay Gap ist die bekannteste aller Ungleichheitslücken. Über die Unterschiede im Stundenlohn wird regelmäßig berichtet und immer wieder am Equal Pay Day die Entgeltgleichheit gefordert. Der Gender Pay Gap ist die Differenz der durchschnittlichen Bruttostundenverdienste von Männern und Frauen im Verhältnis zum Bruttostundenverdienst der Männer. Der Unterschied liegt bei knapp 20 Prozent.[6] Wie beim Gender Care Gap zeigen sich auch hier einige konzeptionelle Probleme. Zunächst: Wir sprechen über Unterschiede im Stundenlohn, was oft vergessen wird. Die bei Frauen kürzeren Arbeitszeiten spielen also keine Rolle. Die Unterschiede im Einkommen, also beim Geld, das Frauen und Männer am Monatsende in der Tasche haben, sind viel größer. Zudem: Es werden alle Tätigkeiten verglichen, die erwerbstätige Männer und Frauen erbringen. Da Frauen und Männer aber sehr verschiedene Berufe ausüben, brauchen wir ein Maß, das die Ungleichheit genauer beschreibt: den *(un-)equal pay for comparable worth*, die gleiche Bezahlung für vergleichbare Arbeit. Damit ließe sich der Druck auf die Politik deutlich erhöhen und der ewige Streit um die Verwendung unkorrigierter oder korrigierter Maße vermeiden. Beim sogenannten korrigierten Gender Pay Gap werden alle Unterschiede zwischen Männern und Frauen herausgerechnet, wie Branche, Tätigkeit, Firmengröße, Bildung, Dauer der Beschäftigung und vieles mehr. Auf diese Weise reduziert man den unkorrigierten Gender Pay Gap von 20 Prozent auf einen korrigierten Gender Pay Gap, der umso niedriger liegt, je mehr Faktoren man unberücksichtigt lässt. Meistens wird eine verbleibende Lücke von 6 Prozent ausgewiesen. Ob diese dann das Ausmaß der Diskriminierung beschreibt, ist hochumstritten. Viel wichtiger erscheint mir aber die Frage, wie sich diese statistischen Korrekturen real umsetzen lassen. Nehmen dann alle Frauen männliche Erwerbsverläufe an? Oder Männer jene der Frauen? Wir brauchen einen gesellschaftlichen und politischen Diskurs über diese zentrale Frage.

Vollzeiterwerbstätigkeit nachgingen, traf dies im Osten auf fast die Hälfte zu (48 Prozent). Entsprechend war das Modell des vollzeitbeschäftigten Vaters und einer teilzeitbeschäftigten Mutter im Osten mit 46 Prozent bei Weitem seltener vertreten als im Westen (75 Prozent).

6 Statistisches Bundesamt (2020, März 16): Unbereinigter Gender Pay Gap nach Gebietsstand für die Jahre 1995 bis 2019. Statistisches Bundesamt. https://www.destatis.de/DE/Themen/Arbeit/Verdienste/Verdienste-Verdienstunterschiede/Tabellen/ugpg-01-gebietsstand.html.

Gender Position Gap
Eine weitere Lücke, der Gender Position Gap, der Unterschied zwischen Frauen und Männern im Erreichen von Leitungspositionen, ist kein etabliertes Maß. Die Bezugsgröße ist nicht definiert. Sind es alle Führungspositionen in Deutschland? Zählen gleichermaßen Leitungen von DAX-Unternehmen, Stiftungen, Konzernen, Bäckereien, Universitäten und Parteien dazu? Auf welche Führungspositionen wir uns auch immer beziehen, der Frauenanteil liegt nie höher als 36 Prozent. Von den 30 DAX-Unternehmen haben 22 überhaupt eine Frau im Vorstand, der Frauenanteil liegt bei 14,7 Prozent. Etwas besser sieht es aus in Aufsichtsräten. War im Jahr 2008 nur in einem einzigen der 30 DAX-Unternehmen eine Frau vertreten, ist, auch dank der Quote für Aufsichtsräte, der Anteil von 0,5 auf 14,7 Prozent gestiegen.[7]

Frauen erreichen ein niedrigeres Lebenseinkommen
Durch die vielen Unterschiede bei der bezahlten und unbezahlten Arbeit erhalten Frauen ein erheblich niedrigeres Lebenseinkommen als Männer. Deutlich zeigt dies eine Studie der Bertelsmann Stiftung, in der das erwartete Lebenseinkommen von heute 30-jährigen Frauen und Männern verglichen wird. »Ausgedrückt in absoluten Zahlen erzielen Frauen in Westdeutschland […] ein erwartetes durchschnittliches Lebenserwerbseinkommen von rund 830 000 Euro, während Männer mit durchschnittlich rund 1,5 Millionen Euro rechnen können. In Ostdeutschland fallen die erwarteten Lebenseinkommen insgesamt geringer aus. Frauen kommen hier auf rund 660 000 Euro, Männer auf knapp 1,1 Millionen Euro.«[8] Die Lücke im Lebenserwerbseinkommen beträgt damit 45 Prozent in West- und 40 Prozent in Ostdeutschland. Besonders hart trifft es die heute 30-jährigen Mütter, sie können mit einem Lebenserwerbseinkommen von 580 000 Euro (West) bzw. 570 000 Euro (Ost) rechnen, während kinderlose Frauen sich dem Verdienst der Männer annähern. Rund die Hälfte der Lücke lässt sich dabei auf die hohe Teilzeitbeschäftigung von Frauen und deren längere Auszeiten zurückführen.

Gender Pension Gap
Diese Ungleichheiten zeigen sich auch im Gender Pension Gap, den Unterschieden in den Altersrenten. In den alten Bundesländern lag die Rentenlücke

---

7   Kirsch, A./Wrohlich, K. (2020): Frauenanteile in Spitzengremien großer Unternehmen steigen – abgesehen von Aufsichtsräten im Finanzsektor. DIW Wochenbericht, 87(4), S. 38–49.
8   Barišić, M./Consiglio, V. S. (2020): Die große Kluft: Frauen verdienen im Leben nur halb so viel wie Männer. Bertelsmann Stiftung. https://www.bertelsmann-stiftung.de/de/themen/aktuelle-meldungen/2020/maerz/die-grosse-kluft-frauen-verdienen-im-leben-nur-halb-so-viel-wie-maenner, auf Grundlage von Berechnungen des DIW.

zwischen Frauen und Männern, die 2018 erstmals Rente bezogen haben, bei 37 Prozent (Männer: 1087 Euro, Frauen: 688 Euro). Sie ist damit wesentlich größer als der unkorrigierte Gender Pay Gap. In den neuen Bundesländern ist die Rentenlücke deutlich kleiner und liegt 2018 bei 9 Prozent (Männer: 1066 Euro, Frauen: 974 Euro).[9]

II Die Pandemie und ihre Folgen

Die Pandemie hat Familien mit Kindern, insbesondere Mütter und Kinder, besonders hart getroffen, das zeigen alle empirischen Untersuchungen. Kontaktverbote, zusammen mit Schließungen von Kitas, Schulen, Spielplätzen, Sportvereinen und dem strikten Verweis auf den engsten Familienkreis ohne Großeltern und Freunde, führten dazu, dass Eltern ihre Kinder selbst zu betreuen, zu beschulen, zu bewegen und zu erfreuen hatten.

Diese Aufgabe kam über Nacht. Sie wurde wenig diskutiert, kaum erklärt und nicht flankiert. Sie spaltete den Arbeitsmarkt zunächst in zwei Gruppen. Ein gutes Drittel der Beschäftigten konnte und musste fortan ins Homeoffice gehen, die anderen arbeiteten weiter vor Ort, darunter auch jene in systemrelevanten Berufen. Mit und durch die Pandemie wurden Homeoffice und Systemrelevanz zu neuen Schlagworten, wurden heftig diskutiert und meistens als Game Changer für die Frauenfrage interpretiert. Homeoffice, so die Prognose, löse viele Probleme junger Mütter und schlösse damit die vielen Lücken. Systemrelevanz lege den Finger in die Wunde einer zu niedrigen Entlohnung von oft frauenspezifischen Tätigkeiten und erhöhe den Druck für eine bessere Tarifierung. Beide Hoffnungen, so meine Zwischenbilanz, erfüllten sich nicht.

Problemfeld Homeoffice

Als im März 2020 der Lockdown beschlossen wurde, stieg der Anteil von Menschen im Homeoffice innerhalb weniger Tage von 10 auf knapp 35 Prozent.[10] Homeoffice war unter den neuen Umständen das Beste, was einem passieren konnte. Meist volles Gehalt, meist keine berufliche Unsicherheit. Dennoch warnten und warnen Sachverständige vor der Entgrenzung von

---

9 Deutsche Rentenversicherung Bund (Hrsg.) (2019): Rentenversicherung in Zeitreihen (Nr. 22; DRV-Schriften). Deutsche Rentenversicherung Bund. https://www.deutsche-rentenversicherung. de/SharedDocs/Downloads/DE/Statistiken-und-Berichte/statistikpublikationen/rv_in_ zeitreihen.html.
10 Dieser Anteil bezieht sich auf die Sondererhebung des SOEP, Stand April 2020. Siehe Schröder, C./Goebel, J./Grabka, M. M./Graeber, D./Kroh, M./Kröger, H./Kühne, S./Liebig, S./Schupp, J./Seebauer, J./Zinn, S. (2020): Erwerbstätige sind vor dem Covid-19-Virus nicht alle gleich (Nr. 1080; SOEPpapers on Multidisciplinary Panel Data Research). DIW Berlin, The German Socio-Economic Panel (SOEP).

Beruf und Familie, vor Ausbeutung und Selbstausbeutung, vor negativen Folgen für die Gesundheit, vor Einsamkeit.[11] Natürlich auch vor dem Verlust an Verhandlungsmacht. Schon lange fragen sich Gewerkschaften, wie sich Menschen solidarisieren, für gemeinsame Ziele eintreten und kämpfen können, wenn sie vereinzelt und fern voneinander arbeiten.[12] Wenig weiß man auch darüber, wie sich Homeoffice und Teamarbeit miteinander verbinden lassen, welche neuen Herausforderungen an Führung das Homeoffice stellt, wie es um die Fehleranfälligkeit und die Kreativität steht. Natürlich ist auch die Produktivität selbst ein Thema.

Die meisten stellen diese Fragen zurück, hoffen, dass Arbeit im Homeoffice auch nach dieser Krisenzeit erhalten bleibt, Beschäftigte, Arbeitgeber- und Arbeitnehmervertreter, politische Parteien. Sie alle haben viele gute Gründe auf ihrer Seite. Vereinbarkeit, Flexibilität, Selbstbestimmung, Umweltschutz, das Einsparen von Zeit und Kosten.[13]

Meine Gewichtung bleibt eine andere. Für mich hat das Homeoffice das Potenzial, vor allem junge Mütter zu verführen, das Hier und Jetzt zu optimieren, die Zukunft aber aus den Augen zu verlieren. Wir haben das bei der Teilzeitarbeit gesehen, bei der geringfügigen Beschäftigung, bei der Mitversicherung, beim Wechsel der Lohnsteuerklasse.

Ich habe die Sorge, dass durch das Homeoffice überfällige Reformen an Dynamik verlieren, stattdessen überkommene Rollenmuster gestärkt werden, eine Retraditionalisierung einsetzt. Das Homeoffice erzeugt keinen Druck, eine verlässlichere und bessere öffentliche Infrastruktur für Kinder, Jugendliche und Ältere aufzubauen. Das Homeoffice als solches wird auch keine der Lücken im Erwerbsverlauf von Frauen und Männern schließen. Es wird nicht zwingend dazu führen, dass sich Väter stärker an der Care-Arbeit betei-

---

11 Schröder, C./Goebel, J./Grabka, M. M./Graeber, D./Kroh, M./Kröger, H./Kühne, S./Liebig, S./Schupp, J./Seebauer, J./Zinn, S. (2020): Erwerbstätige sind vor dem Covid-19-Virus nicht alle gleich (Nr. 1080; SOEPpapers on Multidisciplinary Panel Data Research). DIW Berlin, The German Socio-Economic Panel (SOEP).
12 Die IG Metall hat 2015 ein Crowdworking-Projekt initiiert, das sich für faire Arbeitsbedingungen und die Durchsetzung »lokaler Lohnstandards« einsetzt. IG Metall. (o. J.). IG Metall zieht positive Zwischenbilanz des Crowdworking-Projektes [Pressemitteilung]. Abgerufen 20.8.2020, von https://www.igmetall.de/presse/pressemitteilungen/ig-metall-zieht-positive-zwischenbilanz-des-crowdworking-p.; siehe auch www.faircrowdwork.org.
13 Angelici, M./Profeta, P. (2020): Smart-Working: Work Flexibility without Constraints. In CESifo Working Paper Series (Nr. 8165; CESifo Working Paper Series). CESifo; DAK-Gesundheit (Hrsg.) (2020): Digitalisierung und Homeoffice in der Corona-Krise. Sonderanalyse zur Situation in der Arbeitswelt vor und während der Pandemie. https://www.dak.de/dak/download/folien-2295280.pdf; Institut für angewandte Arbeitswissenschaft (ifaa) (Hrsg.). (2019). Gutachten zur Mobilen Arbeit. Institut für angewandte Arbeitswissenschaft (ifaa). https://www.arbeitswissenschaft.net/fileadmin/Downloads/Angebote_und_Produkte/Publikationen/FDP_Gutachten_Mobile_Arbeit_Finale_Version_15.10.2020.pdf.

ligen. Das belegen verschiedene Forschungsberichte über die Aufgabenverteilung von Familien in den Monaten des Lockdowns. Nur in Haushaltskonstellationen, in denen Frauen keinen Zugang zu Homeoffice hatten, konnte sich der Gender Care Gap etwas schließen. Frauen werden so auch nicht eher in Führungspositionen gelangen. Nicht durch Vereinbarkeit macht man Karriere, »It's the economy, stupid«. Und diese verlangt Sichtbarkeit, Auftreten, Charisma. Kann man all dies von zu Hause aus und in Videokonferenzen zeigen?

Wenn Heimarbeit ein Erfolgsmodell werden soll, so ist ein grundsätzlich anderes Vorgehen nötig. Wir müssen zuerst die Rahmenbedingungen für Kinder, Frauen und Männer verbessern, dafür sorgen, dass Homeoffice nicht überwiegend weiblich wird, darüber nachdenken, wie wir Karrierewege neu anlegen, was wir von Führung erwarten, wie wir die Zeiten daheim und vor Ort aufteilen, wie wir die neuen Arbeitsplätze zu Hause ausstatten, wer die Kosten dafür trägt. Und wir müssen darüber nachdenken, was die Gesellschaft der Erwerbsarbeit vor Ort entgegenzusetzen hat, wo sich die Menschen stattdessen begegnen und ein Miteinander erleben können. Denn die Erwerbsarbeit ist für die meisten Menschen mehr als ein Mittel, Geld zu verdienen. Sie öffnet Räume, sie verbindet, führt zu Kontakten.

Problemfeld Systemrelevanz

Kommen wir zum zweiten Schlagwort, der Systemrelevanz. Systemrelevante Tätigkeiten werden vergleichsweise häufig von Frauen ausgeübt. Liegt der Frauenanteil im Durchschnitt aller Berufe bei 48,7 Prozent, beträgt er bei den systemrelevanten Berufen 59,7 Prozent, das sind 11 Prozentpunkte mehr.[14] Meist werden diese Tätigkeiten niedriger bezahlt als andere Berufe. Auch der Anteil geringfügiger, nicht sozialversicherter Beschäftigung ist in diesen Bereichen besonders hoch, die Arbeitsbedingungen sind schlecht, viel Schichtdienst, viele Überstunden, oft harte körperliche Arbeit.[15] Nach der großen Aufmerksamkeit zu Beginn der Krise werden die systemrelevanten Berufe mittlerweile wieder stiefmütterlich bedacht, das Klatschen auf den Balkonen ist verhallt. Bislang sehe ich nicht, dass die längst überfällige Diskussion über die Systemrelevanz ihre Versprechen einlösen konnte. Eine Triebfeder hin zu

---

14 Koebe, J./Samtleben, C./Schrenker, A./Zucco, A. (2020): Systemrelevant, aber dennoch kaum anerkannt: Entlohnung unverzichtbarer Berufe in der Corona-Krise unterdurchschnittlich. In DIW aktuell (Nr. 48). DIW Berlin.
15 Deutscher Gewerkschaftsbund (2020): Weiblich, systemrelevant, unterbezahlt: Arbeitsbedingungen in vier frauendominierten Berufsgruppen (Nr. 01/2020; DGB-Index Gute Arbeit Kompakt); Öz, F. (2020): Löhne und Gehälter in systemrelevanten Berufen: Gebraucht und geschätzt, aber unter Wert! Eine Analyse auf Basis der WSI-LohnSpiegel-Datenbank (Nr. 20/02). IAT Discussion Paper. https://www.iat.eu/discussionpapers/download/IAT_Discussion_Paper_20_02.pdf.

»guter Arbeit« und einer auch geschlechtergerechteren Welt war sie bis jetzt jedenfalls nicht.

Was ist vor dem Hintergrund von Homeoffice und Systemrelevanz nun über die Gleichstellung von Frauen und Männern in der Pandemie zu sagen? Die Studien ergeben zunächst ein klares Bild: Familien mit minderjährigen Kindern fühlen sich wesentlich stärker durch die Krise belastet als Familien mit erwachsenen Kindern und kinderlose Haushalte. Alleinerziehende fühlen sich stärker belastet als Eltern, die zusammen in einem Haushalt leben. Frauen fühlen sich stärker betroffen als Männer, Mütter stärker als Väter. Bei Frauen ist die Zufriedenheit mit der eigenen Gesundheit, dem Schlaf, dem Familienleben und den sozialen Kontakten stärker gesunken als bei Männern. Die allgemeine Lebenszufriedenheit ist bei Müttern mit minderjährigen Kindern niedriger als bei Vätern.[16]

Frauen mussten stärkere Abstriche bei ihrer Erwerbstätigkeit machen als Männer. Sie mussten häufiger ungeplant ihre Elternzeit verlängern, wurden zeitweise von der Erwerbsarbeit freigestellt oder beurlaubt. Selbstständig erwerbstätige Frauen mit und ohne Kinder verloren oft ihre Aufträge.[17] Auch die Arbeitszeit ging bei Frauen um 10 Prozent stärker zurück als bei Männern, im Schnitt reduzierten Frauen um wöchentlich 4 bis 5 Stunden – trotz ihres allemal sehr niedrigen Ausgangsniveaus.[18]

Wie steht es um die Verteilung von Arbeit bei Paaren, die gemeinsam in einem Haushalt leben? Anders als bei Untersuchungen über das psychische Wohlbefinden und die Entwicklung der Erwerbsarbeit sind hier die Befunde sehr uneinheitlich. Dies liegt vor allem am methodischen Vorgehen. Nur wenige Datensammlungen sind Haushaltsbefragungen, können also die Dynamiken innerhalb von Familien überhaupt abbilden. Nur wenige sind Panelbefragungen, können also die Veränderungen über die Zeit einfangen. Wir wissen: Werden Befragte gebeten, ihre Arbeitsaufteilung vor der Pandemie im

---

16 Huebener, M./Waights, S./Spieß, C. K./Siegel, N. A./Wagner, G. G. (2020): DIW Berlin: Parental Well-Being in Times of Covid-19 in Germany (Text Nr. 1099; SOEPpapers on Multidisciplinary Panel Data Research). DIW Berlin. https://www.diw.de/documents/publikationen/73/diw_01.c.795463.de/diw_sp1099.pdf.
17 Kohlrausch, B./Zucco, A. (2020). Die Corona-Krise trifft Frauen doppelt – Weniger Erwerbseinkommen und mehr Sorgearbeit (Policy Brief WSI Nr. 40). Wirtschafts- und Sozialwissenschaftliches Institut der Hans-Böckler-Stiftung (WSI). https://www.boeckler.de/pdf/p_wsi_pb_40_2020.pdf; ifo Institut für Wirtschaftsforschung; forsa Gesellschaft für Sozialforschung und statistische Analysen (Hrsg.) (2020): Erste Ergebnisse des Befragungsteils der BMG-»Corona-BUND-Studie«. http://www.ifo.de/publikationen/2020/erste-ergebnisse-des-befragungsteils-der-bmg-corona-bund-studie.
18 Fuchs-Schündeln, N./Stephan, G. (2020): Bei drei Vierteln der erwerbstätigen Eltern ist die Belastung durch Kinderbetreuung in der Covid-19-Pandemie gestiegen. Institut für Arbeitsmarkt- und Berufsforschung (IAB). https://www.iab-forum.de/bei-drei-vierteln-der-erwerbstaetigen-eltern-ist-die-belastung-durch-kinderbetreuung-in-der-covid-19-pandemie-gestiegen/?pdf=17684.

Nachhinein zu beurteilen, passieren viele Fehler. Auch die Erhebungen als solche unterscheiden sich. In manchen Studien wird nach der Zeit gefragt, die man für bestimmte Tätigkeiten aufwendet, in anderen danach, ob man sich mehr, gleich viel oder weniger als der Partner oder die Partnerin im Haushalt engagiert. Dennoch lassen sich einige gemeinsame Grundzüge ausmachen: Mütter wie Väter verbringen deutlich mehr Zeit mit ihren Kindern, wobei Mütter auf ihre allemal schon viel höhere Sorgezeit nochmals mehr Zeit satteln. Der Unterschied bei den Zeitaufwendungen wird also auf einem höheren Niveau noch ausgeprägter. Konzentriert man sich auf proportionale Steigerungen, so legen Väter natürlich mehr zu als Frauen, da sie von einem niedrigeren Ausgangsniveau starten. Die Tätigkeiten der Eltern spielen ebenfalls eine große Rolle. In den Familien, in denen die Mutter in einem systemrelevanten Bereich arbeitet, der Vater aber im Homeoffice, reduziert sich der Gender Care Gap, in allen anderen bleibt er stabil oder erhöht sich weiter.

Retraditionalisierung
Soweit ein sehr kursorischer Blick auf die vorliegenden Studien. Stützen sie meine These der Retraditionalisierung? Ich denke ja, und greife fünf Aspekte heraus.
- *Der Verlust an Optionen.* Der Auf- und Ausbau der öffentlichen Kinderbetreuung ist eine der größten Errungenschaften von und für Frauen in den letzten Jahrzehnten. Mit der Pandemie hat sich der Staat über Nacht aus der Verantwortung zurückgezogen. Bemerkenswert daran ist, dass dies ohne öffentliche Diskussion geschah. Frauen und Familien standen schlicht nicht auf der Agenda. Mütter würden es schon richten, so die implizite und nicht hinterfragte Annahme. Traditionelle Rollenvorstellungen pur.
- *Der Verlust an Öffentlichkeit.* Mit der Erwerbsarbeit verbunden ist das Erschließen öffentlicher Räume, ein Leben jenseits der eigenen vier Wände. So funktional Heimarbeit für die Vereinbarkeit von Beruf und Familie auch sein mag, so wenig hilft eine solche Ver-Heimlichung der Gleichstellung. Im schlimmsten Fall öffnet sie ein Ventil zu mehr häuslicher Gewalt. Auch das hat die Pandemie sehr deutlich gezeigt. Auch das ist Teil der Retraditionalisierung.
- *Der Entzug von freier Zeit.* In der Pandemie hat man sich trefflich darüber gestritten, wie sich der Gender Care Gap entwickelt hat, er wurde zum Lackmustest der Gleichstellung. Bei allen proportionalen Gewinnen von Vätern ist festzuhalten, dass sich die Sorgearbeit von Müttern nochmals erhöht und damit den Rest der ihnen verbleibenden freien Zeit weiter aufgefressen hat. Ein Tag hat nur 24 Stunden. Vom *mental load* gar nicht zu reden.

- *Die Gnade erzwungener Partnerschaftlichkeit.* Erwerbsformen können danach unterschieden werden, wie viel zeitliche Flexibilität sie mit sich bringen. Arbeitet man in systemrelevanten Jobs, ist man wenig flexibel, im Homeoffice dagegen sehr.[19] Arbeitet man in Vollzeit, ist man weniger flexibel als in Teilzeit. Empirische Befunde zeigen, dass sich der Gender Care Gap tatsächlich dann etwas geschlossen hat, wenn die Mütter vor Ort, die Väter aber zu Hause arbeiten mussten. Es ging um pure Notwendigkeiten aufgrund neuer Rahmenbedingungen und nicht um eine größere Aufgeschlossenheit gegenüber egalitären Partnerschaften.
- *Die Demütigungen der Klassengesellschaft.* Viele Eltern konnten die Schule nicht ersetzen, nicht in Mathematik, Biologie, bei den Sprachen helfen. Finanzielle Ressourcen für die technische Ausstattung oder Nachhilfe haben sie nicht. Sie stehen hilflos vor ihren Kindern. Heinz-Elmar Tenorth hat den Begriff der Refeudalisierung verwendet und darauf verwiesen, dass Kinder noch mehr als zuvor innerhalb ihrer sozialen Schicht verharren müssen. Auch das ein Zeichen für die Retraditionalisierung unserer Gesellschaft.

Die genannten fünf Aspekte treffen prinzipiell auf alle Familien in Deutschland zu. Bereits vor der Pandemie waren sie deutlich geschlechtsspezifisch geprägt. Die Krise hat diese Unterschiede gezeigt und weiter verschärft.

III Eine Agenda für die kommende Legislaturperiode

Um die Gleichstellung von Männern und Frauen auf dem Arbeitsmarkt steht es nicht gut. Viel bleibt zu tun. Es braucht eine Agenda, die sektoren- und ressortübergreifend in der neuen Regierung verankert und umgesetzt wird. Der Auftrag ist klar und kann in vier Punkten zusammengefasst werden.

Die Entwicklung einer konsistenten Familien- und Arbeitsmarktpolitik
Familien in Deutschland werden nach wie vor Anreize gegeben, die in ganz unterschiedliche Richtungen weisen. Das im Unterhaltsrecht definierte Ziel einer eigenständigen Sicherung von Frauen verträgt sich nicht mit dem Ehegattensplitting, das ungleiche Einkommen in Partnerschaften belohnt. Das Ehegattensplitting muss umgebaut werden, etwa in Richtung einer Individualbesteuerung mit einem größeren finanziellen Schutz für Kinder. Auch geringfügige Beschäftigungsverhältnisse müssen abgeschafft werden. Gleiches gilt für die kostenlose Mitversicherung. Auch sie erhöht die Abhängigkeit

---

19 Arntz, M., Yahmed, S. B./Berlingieri, F. (2020): Working from Home and Covid-19, The Chances and Risks for Gender Gaps (ZEW-Kurzexpertise Nr. 20–09). Zentrum für Europäische Wirtschaftsforschung (ZEW). http://ftp.zew.de/pub/zew-docs/ZEWKurzexpertisen/EN/ZEW_Shortreport2009.pdf.

Beiträge aus der Wissenschaft

vom Hauptverdiener, meist dem Mann. Und damit auch das Risiko, im Alter ohne ausreichende finanzielle Mittel dazustehen.

Angleichung der bezahlten und unbezahlten Arbeit zwischen Frauen und Männern
Die ungleiche Arbeitszeit von Männern und Frauen ist einer der maßgeblichen Gründe, warum Frauen ein geringeres Monats-, Jahres- und Lebenseinkommen haben als Männer und somit auch eine wesentlich geringere Altersrente. Wie kann diese Lücke geschlossen werden? Ein Ziel könnte die Vollzeiterwerbstätigkeit für alle Menschen im erwerbsfähigen Alter sein. Frauen würden ihre Erwerbsverläufe weiter jenen von Männern angleichen. Dies müsste mit einem Recht auf Arbeit verbunden werden, entsprechend dem ehemaligen DDR-Modell. Der andere Weg besteht darin, dass Männer ihre Erwerbsarbeit reduzieren. Das entspräche einer 32-Stunden-Woche für alle, berechnet als Schnitt über den gesamten Lebensverlauf. Dem Arbeitsmarkt würde durch die reine Umverteilung von Erwerbstätigkeit kein Arbeitsvolumen entzogen werden, die Produktivität würde sich durch die längeren Arbeitszeiten von Frauen eher erhöhen, es bliebe mehr Zeit für sich selbst und die Gesellschaft. Wie auch immer die Politik entscheidet – die Umverteilung der Care-Arbeit zwischen Frauen und Männern muss man allemal anpacken. Die »Vaterschaftsfreistellung« nach der Geburt des Kindes und ein neuer Schlüssel für die Verteilung der Erziehungsmonate wären geeignete Mittel.[20]

Gleicher Lohn für vergleichbare Erwerbsarbeit
Die großen Unterschiede im Stundeneinkommen zwischen Männern und Frauen sind zum Teil mittel- und langfristige Folgen der langen Erwerbsunterbrechungen und geringen Arbeitszeiten von Frauen. Reduziert man den Gender Care Gap, wird sich auch der Gender Pay Gap etwas schließen. Doch das wird nicht reichen. Wir müssen die Lohnstrukturen für vergleichbare Berufe anpassen und mehr Frauen in Männerberufe und mehr Männer in Frauenberufe bringen. Das wird viel ändern. Wir müssen die Verhandlungsposition von Frauen stärken, indem wir die Löhne offenlegen, wie es das Entgelttransparenzgesetz von 2017 fordert. Es gilt für Unternehmen mit mehr als 500 Beschäftigten. Die meisten Frauen arbeiten aber in kleineren Betrieben, entsprechend muss das Gesetz auf diese ausgeweitet werden.

---

20 Sachverständigenkommission zum Zweiten Gleichstellungsbericht der Bundesregierung (2017): Erwerbs- und Sorgearbeit gemeinsam neu gestalten. Gutachten für den Zweiten Gleichstellungsbericht der Bundesregierung. Zusammenfassung. Geschäftsstelle Zweiter Gleichstellungsbericht der Bundesregierung. https://www.gleichstellungsbericht.de/kontext/controllers/document.php/48.0/9/ce2669.pdf.

Den Anteil von Frauen in Führungspositionen erhöhen
Frauen in Führungspositionen haben eine große Signalwirkung. Sie sind sichtbar. Sie sind Vorbilder. Sie zeigen, dass auch Frauen erfolgreich sein und führen können. Außer Frage steht mittlerweile, dass es genügend Frauen gibt, die Führungspositionen übernehmen wollen. Das Problem liegt nicht bei den Frauen, es liegt bei den Männern und hartnäckigen gesellschaftlichen Traditionen. Um die Grundlage für eine geschlechtergerechte Welt zu schaffen, brauchen wir feste Quoten. Jetzt. Die Umsetzung des Zweiten Führungspositionen-Gesetzes (FüPoG II) ist ein wichtiger Schritt.

Damit sind die wichtigsten Maßnahmen benannt, um die Ungleichheit zwischen Frauen und Männern im Erwerbsleben abzubauen. Jetzt müssen die Ziele mit ambitionierten Vorgaben hinterlegt werden, wann was zu erreichen ist. Diese Umsteuerung unserer Gesellschaft kann nicht Aufgabe der Frauen allein sein. Wir alle profitieren von einer gerechteren Gesellschaft. Wir alle müssen uns dafür einsetzen.

Richard Detje/Dieter Sauer
Die Pandemie in der Arbeitswelt
Ergebnisse einer Befragung zu Krise, Gesundheitsschutz und Mitbestimmungspraxen in Industrie und Dienstleistungen

Der Ausgang der Corona-Pandemie ist zu dem Zeitpunkt, zu dem dieser Beitrag geschrieben wird, während der vierten Welle, völlig offen. Wie im Jahr zuvor stiegen die Infektionszahlen auch im Spätsommer und Herbst 2021 wieder an, sogar früher schon und trotz Impffortschritten mit erstaunlicher Kontinuität. In den Debatten über die Ursachen dieser Entwicklung wird auf hochansteckende Virus-Mutationen und die nicht erreichte Herden-Immunität verwiesen. Trifft das zu, dann könnten jene Virologen recht behalten, die davor warnen, dass man mit dem Virus auf absehbare Zeit wird »leben« müssen. Zumal die Impfprogramme in großen Teilen der Welt auch rund zwei Jahre nach Ausbruch der Pandemie kaum begonnen haben; so lag im Frühherbst 2021 die Impfquote in Ägypten gerade mal bei 1,8, in Jamaika bei 4,5, in Indien bei 8,4 und in Thailand bei 6,5.[1] Und recht hätte dann wohl auch der schwedische Soziologe Göran Therborn, der von der Covid-19 Pandemie als einem »landmark of world history« spricht.[2]

Doch das ist nur ein Teil der Geschichte. Ein anderer Teil ist nicht minder besorgniserregend. Selbst vor Überraschungen bei einer eigentlich simplen Größe, wie sie die Impfquote nun mal ist, ist man nicht gefeit: Darüber, ob sie höher oder niedriger als statistisch ausgewiesen ist, ließ sich im August 2021 vortrefflich spekulieren. Und wie in anderen Teilen der ökonomisch und technologisch hochentwickelten kapitalistischen Welt weiß man auch hierzulande immer noch wenig über die »Sozialstruktur des ›Infektionsgeschehens‹«.[3] Beim Robert-Koch-Institut ist die entsprechende Datenlage dünn: »Nur etwa ein Sechstel der insgesamt gemeldeten Covid-19 Fälle kann einem Ausbruch zugeordnet werden, und damit fehlen für eine Vielzahl der Fälle Informationen zur Infektionsquelle.« Von einem »diffusen« Infektionsgeschehen ist die Rede, »mit zahlreichen Häufungen vor allem in Alten- und Pflegeheimen, dem beruflichen Umfeld sowie in Privathaushalten«.[4]

---

1 Vollständig geimpft in Prozent der Bevölkerung, siehe: https://www.nzz.ch/panorama/coronavirus-weltweit-die-wichtigsten-grafiken-ld.1608094.
2 Göran Therborn: The »Inequality Pandemic« and the Future of the World, in: Sistema, no. 260, Madrid, Oct. 2020.
3 Wolfgang Streeck: Wissenschaftlern folgen? Ja doch, aber welchen? FAZ, 11.1.2021, S. 13.
4 Zitiert nach: #Faktenfuchs, 26.2.2021, https://www.br.de/nachrichten/wissen/corona-wer-sind-die-infektionstreiber-ein-faktenfuchs,SQ3TrI3.

Ohne Faktencheck findet Corona-Politik immer wieder im Blindflug statt, orchestriert von sich im Kreis drehenden Debatten über zu lockernde oder zu verschärfende Schutzmaßnahmen. Doch in einem Punkt waren sich nahezu alle Parteien auch in der heißen Phase des Bundestagswahlkampfs einig: Ein erneuter Lockdown sollte im Herbst/Winter 2021/22 in jedem Fall verhindert werden, das wirtschaftliche Leben musste am Laufen gehalten werden – zu groß ist die Sorge über die ökonomischen Folgen und finanziellen Belastungen. Das Nicht-Wissen über Infektionsketten nicht nur am Arbeitsplatz selbst, sondern auf den Wegen zur und von der Arbeit kann dabei hilfreich sein.

Um den Schleier, der auf der Welt der Arbeit liegt, etwas zu heben, haben wir in der ersten Welle der Pandemie zwischen April und Juli 2020 mit Betriebs- und Personalräten bzw. Gewerkschaftssekretär:innen ausführliche Interviews durchgeführt.[5] Wir wollten wissen, wie die Corona-Krise in den Betrieben ankam, wie damit umgegangen wurde, welche Interessenkonflikte zu beobachten waren und in welche Richtung sich Arbeitsverhältnisse verändern. Die Befunde dieser qualitativen Untersuchung konnten das weite Feld der Arbeit selbstverständlich nicht annähernd abdecken, doch sie vermitteln Einblicke, die nachfolgend durch Befragungen von Kolleg:innen in anderen Branchen und Berufsfeldern – in der Chemie- und Papierindustrie sowie in der Pflege – erhärtet wurden.[6]

1. Der »perfekte Sturm«

Von der Corona-Krise kann keine Rede sein. Es ist vielmehr ein Zusammentreffen ganz unterschiedlicher Entwicklungsprozesse, das die Besonderheit der Gegenwartskrise ausmacht. Exemplarisch ein Bevollmächtigter der IG Metall aus einer stark vom Maschinenbau geprägten Region, der auf eine Problemkumulation hinweist:

---

5 Richard Detje/Dieter Sauer: Corona-Krise im Betrieb. Empirische Erfahrungen aus Industrie und Dienstleistungen. Hamburg 2021. Die Befragungsstudie wurde dankenswerterweise unterstützt von der Rosa-Luxemburg-Stiftung und der IG Metall, FB Sozialpolitik, Frankfurt a. M. Nachfolgend wiedergegebene Interviewpassagen sind aus diesem Buch entnommen. In der Metall- und Elektroindustrie wurden Betriebe aus der Automobilindustrie und deren Zulieferer, IT und Automatisierungstechnik, Maschinenbau und Werkzeughersteller einbezogen, im Feld der Dienstleistungen waren es die Pflege, Einzelhandel, Post, Logistik, Luftverkehr, Telekommunikation und Öffentlicher Dienst. Die Untersuchungsergebnisse basieren auf 43 Interviews aus 34 Betrieben. Corona-bedingt handelt es sich um Telefoninterviews.

6 Siehe Beatriz Casas/Wolfgang Dunkel/Nick Kratzer: Arbeitsbeziehungen und Arbeitspolitik in der Corona-Krise. Kurzexpertise für die Stiftung Arbeit und Umwelt der IG Bergbau Chemie Energie. Manuskript. München 2020 sowie Daniel Behruzi/Ulrich Brinkmann/Tanja Paulitz: Corona-Krise – Stresstest für die Mitbestimmung, in: WSI-Mitteilungen 74 (4), S. 296–306.

Beiträge aus der Wissenschaft

»Es gibt Betriebe, da hat im Grunde genommen die Krise schon letztes Jahr begonnen mit einem deutlichen Auftragseinbruch ... manche hatten schon Kurzarbeit seit November letzten Jahres [2019]. Und dann, ab März [2020] ist das quasi massiv eingebrochen. Das gab bei manchen 100 % Einbruch, ganz einfach deswegen, weil die Lieferketten nicht mehr funktioniert haben, weil Betriebe selber Corona-Fälle hatten und dann vorsichtshalber alles geschlossen haben. Seit Corona hat sich das, was in der Krise sich so angedeutet hat, schlicht und einfach verdreifacht an Problemen.«

Bereits die hier aufgeführten Punkte machen deutlich: Der »perfekte Sturm«[7], der 2020 ausbrach, hat zahlreiche Wirkungsfaktoren. Darin stecken zugleich drei Besonderheiten: *Erstens* administrierte Eingriffe in die Unternehmenspolitik sowie staatliche Rettungsprogramme in einer Größenordnung, wie es sie in »Friedenszeiten« in der jüngeren Geschichte nicht gegeben hat. *Zweitens:* Die Corona-Krise ist die erste Krise mit wirklich globaler Synchronizität und Reichweite – keine Weltregion war verschont. *Drittens:* In der Großen Krise 2008 ff. war neben dem Finanzsektor die Industrie betroffen, während in den Jahren 2020/21 zusätzlich weite Bereiche des Dienstleistungssektors – und damit die ökonomische Reproduktion insgesamt – von der Krise erfasst sind.

Es kommt eine weitere Besonderheit hinzu: Es finden weitreichende Umbauprozesse statt, die Unternehmen, Arbeitsorganisation, Arbeitsinhalte, Arbeitsorte und Arbeitsmärkte nachhaltig verändern. Vom ökologischen Umbau ist beileibe nicht nur in der Automobilindustrie die Rede, und die fortschreitende Digitalisierung erfasst jetzt vor allem die indirekten Bereiche industrieller Arbeit sowie weite Bereiche des Dienstleistungssektors.[8] Transformations- und Rationalisierungsprozesse steigern die arbeitsmarkt- und arbeitspolitischen Gefahren.

Sicher: In der Krise gibt es auch Gewinner. Der Internethandel präsentiert Rekordumsätze; Logistikkonzerne feiern Sternstunden der Unternehmensentwicklung; ohne IT-Solutions wären zahlreiche Anläufe mobiler Arbeit aus den Startblöcken nicht hinausgekommen, und bei den Discountern klingelten die Kassen. Auch das zeigt unsere Befragung: Während in den nicht vom Lockdown erfassten Bereichen der Wirtschaft die Umsätze stiegen, »dass es kracht«, gehen »die Beschäftigten ... auf dem Zahnfleisch«, wie nicht nur

---

7   Marcel Fratzscher: Die neue Aufklärung. Wirtschaft und Gesellschaft nach der Corona-Krise. Berlin/München 2020.
8   Siehe mit zahlreichen Fallstudien: Klaus-Peter Buss/Martin Kuhlmann/Marliese Weißmann/Harald Wolf/Birgit Apitzsch (Hrsg.): Digitalisierung und Arbeit. Triebkräfte – Arbeitsfolgen – Regulierung. Frankfurt a. M./New York 2021.

aus dem Lebensmittel-Einzelhandel berichtet wird. Aus unserer Forschung wissen wir, dass es eine arbeitsweltliche Krisendimension gibt, die gleichsam auf Dauer gestellt ist, weil sie permanenten Druck, Stress und Unsicherheit für die Belegschaften bedeutet. Unser bereits in früheren Untersuchungen zu Tage getretener Befund, dass aus Sicht der Beschäftigten in den Betrieben »immer Krise ist«, wird erhärtet.[9]

2. Kurzarbeit: Prekaritäts- und Armutsrisiken
Trotz des gewaltigen Wirtschaftseinbruchs 2020 blieben die negativen Arbeitsmarktfolgen begrenzt. Zumindest temporär ist dies mit dem erweiterten Instrument der Kurzarbeit gelungen. Bis zu 2,2 Millionen Beschäftigungsverhältnisse sollen damit gerettet worden sein.[10] Erneut ist vom »Erfolgsmodell Kurzarbeit« die Rede.

Nach Branchen gegliedert ist der Anteil der Kurzarbeiter:innen im Gastgewerbe am höchsten, gefolgt vom Verarbeitenden Gewerbe. Beim Vergleich beider Branchen geht es – zugespitzt formuliert – gleichsam ums Ganze:
- Im Gastgewerbe dominieren Mittel-, aber vor allem Kleinbetriebe mit unsicheren, teilweise saisonal gebundenen Beschäftigungsverhältnissen, oft in Teilzeit, maßgeblich im Niedriglohnsektor, in der überwiegenden Mehrzahl ohne betriebliche Interessenvertretung, meist auch tariflich nicht erfasst.
- Die Industrie repräsentiert idealtypisch eine Gegenwelt: Groß- und Mittelbetriebe, Stammbelegschaften in mittleren Einkommenslagen, Vollzeit, mit zum Teil starker betrieblicher und gewerkschaftlicher Interessenvertretung.

Sicher: Niedriglohnsektoren finden wir auch in Teilen der Industrie, unter dort beschäftigten Leiharbeitskräften und anderen Formen prekärer Beschäftigung, denen als erste gekündigt wurde – womit im Betrieb eine Grenze nach außen hochgezogen wurde (Exklusion 1). Hinzu kommt eine Grenzziehung nach innen: Kurzarbeit sichert Beschäftigung, erhöht aber das Armutsrisiko (Exklusion 2). Betroffen sind aber vor allem Berufsfelder des Dienstleistungssektors mit großen Niedriglohnbereichen und geringer oder gar nicht vorhandener gewerkschaftlicher Organisationsmacht. Da wurde beispielsweise in Sub-Unternehmen der Logistikbranche von Freisetzungspraktiken berichtet, die an die Null-Stunden-Arbeitsverträge in Großbritannien erinnern:

---

9 Richard Detje/Wolfgang Menz/Sarah Nies/Dieter Sauer: Krise ohne Konflikt? Interessen- und Handlungsorientierungen im Betrieb – die Sicht der Betroffenen. Hamburg 2011.
10 »Kurzarbeit rettet über zwei Millionen Jobs«, Boeckler-Impuls 9/2021.

Beiträge aus der Wissenschaft

»In den Bereichen, wo wir teilweise keine Betriebsräte haben, also da werden die Leute einfach nach Hause geschickt und gesagt, ja, wir rufen Dich mal wieder an, wenn Arbeit da ist und Kapazität. Aber keine Lohnzahlung oder so …«

Der zentrale Punkt: Kurzarbeit ist in der gegenwärtigen Ausstattung ein auf männliche Facharbeit in der Industrie zugeschnittenes Instrument, das in weiten Bereichen des Dienstleistungssektors nicht existenzsichernd ist. Die sozialstaatliche Regulierung wurde zwar ausgeweitet durch die zweistufige Erhöhung des Kurzarbeitergeldes ab dem vierten und siebten Monat, doch greift dies zu spät.[11] Betriebliche Aufstockungen wiederum folgen den bezeichneten Exklusionslinien. Zu denen gehört auch noch, dass geringfügig Beschäftigte und Scheinselbständige[12] keinen Anspruch auf Kurzarbeitergeld haben – hier besteht dringender Reformbedarf in Richtung einer Erwerbstätigenversicherung.

3. Mobile Arbeit: Ausweitung des Konflikts um flexible Arbeit

Mobile Arbeit wurde in der Corona-Krise zum zentralen Instrument der Absicherung von indirekt Beschäftigten. In Deutschland arbeiteten 2019 gerade einmal 4 Prozent der Beschäftigten außerhalb des Betriebs; auf dem Höhepunkt des Lockdowns in der ersten Pandemiewelle waren es 27 Prozent, während der zweiten Welle im Januar 2021 erneut 24 Prozent.[13]

Zweimal wurden die Beschäftigten aus den Büros relativ zügig und in großer Zahl in den privaten Haushalt zur Erledigung ihrer Arbeitsausgaben geschickt. In vielen Fällen ohne Abstimmung mit den Betriebsräten. Meist wurde dies von einem großen Teil der Belegschaften ausdrücklich eingefordert. Ihr schon früher vorhandener Wunsch, durch Homeoffice private Bedürfnisse und berufliche Anforderungen besser abdecken zu können, ist durch die Corona-Krise gleich doppelt aktualisiert worden: aus Gründen des Gesundheitsschutzes und aufgrund der Notwendigkeit, den Lockdown von Kitas und Schulen kompensieren zu müssen.

Doch *mehr* als das: Geschäftsleitungen, die bis in die Gegenwart auf strikte Arbeitsvorgaben und entsprechend ausgetüftelte Hierarchien gesetzt hatten, haben in Teilen erkannt, dass man durch das Verlassen der alten Pfade des

---

11 328 000 abhängig Beschäftigte haben im Sommer 2021 aufgrund geringer Löhne und/oder niedrigem Kurzarbeitergeld ergänzende »Hartz IV-Leistungen« erhalten (FAZ, 16.8.2021).
12 Ebenso hat sich die Zahl der Selbständigen, die finanzielle Hilfe aus der staatlichen Grundsicherung beziehen, versechsfacht – rund 134 000 meist Solo-Selbständige meldeten Bedarf an »Hartz IV«-Leistungen an.
13 S. ausführlicher dazu den Beitrag von Ahlers/Kohlrausch/Zucco in diesem Band.

betrieblichen Kommandosystems oft weiterkommt. Ein Betriebsrat aus dem Finanzdienstleistungssektor brachte das auf den folgenden Punkt:

»... es mag sein, dass unsere Geschäftsleitung sieht, dass die Leute trotzdem arbeiten, selbst wenn sie Homeoffice machen, ja? ... Die Chefin vermutet bei den Mitarbeitern nicht genug Reife für Homeoffice, sprich sozusagen es sind alles faule Arschlöcher und wenn der Chef nicht hinter einem steht und die Peitsche schwingt, dann macht man keinen Handschlag, ja?«

Der Umbruch vom Kommandosystem mit direktem Kontrollzugriff zu indirekten Steuerungssystemen mit höherer Autonomie für die Beschäftigten ist eine wesentliche strukturelle Voraussetzung für eine breitere Durchsetzung mobiler Arbeit – unabhängig von der Corona-Krise.

In mehreren Interviews wurde uns von einer Konfliktlage berichtet, die man als Wiederkehr der alten »Kragenlinie« bezeichnen könnte: zwischen Arbeiter:innen und Angestellten, blue und white collar workers. Das gilt bezogen auf den Gesundheitsschutz, wie auch die Entgelte, wenn die Produktionsbeschäftigten in Kurzarbeit sind, während die Angestellten in Vollzeit sich von zu Hause in die betrieblichen Programme einloggten. Exemplarisch ein Betriebsrat aus einem Maschinenbaubetrieb:

»Bei manchen Betrieben waren die Direkten im Betrieb und die Angestellten im Homeoffice und da gab es dann natürlich ein paar herbe Diskussionen, weil so ein Arbeiter gesagt hat: ›Die sitzen im Wohnzimmer und tun so, als würden sie arbeiten und wir dürfen hier schuften und haben das Risiko, dass wir uns anstecken.‹ Also da gab es schon ziemlich heftige Diskussionen ...«

Man kann das auch anders sehen: Der Druck, im Homeoffice die geforderte Produktivität unter Beweis zu stellen, ist enorm und wird im Zweifelsfall durch die Verlängerung der Arbeitszeiten in die Abend- und Nachtstunden kanalisiert. Hinzu kommt eine hohe Intensität digitalisierter Arbeitsprozesse. So rechnen sich Homeoffice und Videokonferenzen, zumal, wenn Einsparungen bei Immobilien- und Reisekosten hinzukommen. Beschäftige wünschen sich hingegen individuelle Wahlmöglichkeiten in der Proportionierung von mobiler und stationärer Arbeit. Dabei nehmen sie teilweise erhebliche Risiken in Kauf: »Die Grenzen zwischen Arbeits- und Lebenszeit verschwimmen weiter, die Kontrolle von Arbeitsschutzrechten (etwa der Bildschirmergonomie oder der Arbeitsumgebung) werden erschwert und digitale Überwachungsmöglichkeiten erleichtert. Die mobile, weitgehend digital stattfindende Arbeit wird eine neue Ära der ›Kolonialisierung der Lebenswelt‹ (Jürgen Haber-

Beiträge aus der Wissenschaft

mas) einleiten.«[14] Die regulativen Herausforderungen sind immens – zurecht spricht Hans-Jürgen Urban von der Notwendigkeit einer »umfassenden Gestaltungs- und Humanisierungsinitiative«, die neue Arbeitszeitregulierungen im Sinne von Zeitsouveränität, die Übertragung von Arbeitsschutzrechten und deren sicherlich komplizierte Kontrolle im privaten Haushalt, erweiterte Mitbestimmungsrechte von Betriebsräten und Partizipationsrechte der Beschäftigten umfassen muss.

Und es gilt in stärkerem Umfang, die sozialen Voraussetzungen der betrieblichen Arbeit (Kita, Schule, Pflege etc.) im Blick zu haben. Hier hat sich in der Not der alltäglichen Lebensführung gezeigt, wie wenig der Markt »regelt«, vielmehr auf welche sozialen und infrastrukturellen Voraussetzungen das kapitalistische Lohnarbeitssystem zurückgreifen muss, um funktionieren zu können, kurz: welche Alltagsrelevanz Sozialstaatlichkeit für die Erwerbsarbeit hat.

4. Infektionsschutz: umkämpftes Terrain

Schutz vor einer Vireninfektion ist mehr noch als jede andere Maßnahme des Gesundheitsschutzes ein Unternehmensinteresse, droht doch bei rasant steigenden Infektionszahlen möglicherweise eine Betriebsschließung. Tatsächlich wurden vor allem in großen Unternehmen umfangreiche Maßnahmen zum Schutz der Belegschaften durchgeführt. Eine Aussage, wie wir sie häufig gehört haben:

»... *die machen alles, was ihnen einfällt, greifen jede Idee auf ..., machen eigentlich mehr, wie sie von den Behörden her müssten ... die Kantinen gesperrt, nur noch Take-away-Essen, Schutzmasken verteilt, überall Desinfektionsmittel aufgestellt, also die machen wirklich alles ...*«

Wird wirklich »alles Mögliche« getan? Was in dieser Interviewpassage aufgeführt wird, sind vor allem verhaltens- und hygienebezogene Maßnahmen. Die stehen laut Bundesanstalt für Arbeitsschutz und Arbeitsmedizin (BAuA) in 66–88 Prozent der Fälle tatsächlich im Mittelpunkt. Technische und arbeitsorganisatorische Maßnahmen wurden hingegen nur in einem Fünftel bis zu einem Drittel der Betriebe ergriffen. Diese sind im Schnitt deutlich kostenintensiver. In Gewerkschaften wurde früh das »Neuland« betrieblicher Arbeitsschutzpolitik vermessen und konzeptionell neu aufbereitet.[15] Die Um-

---

14 Hans-Jürgen Urban: Heilsversprechen Homeoffice. Zu den Schattenseiten eines arbeitspolitischen Shootingstars, in: Blätter für deutsche und internationale Politik 2/2021, S. 108.
15 Vgl. Andrea Fergen/Dirk Neumann: Corona-Prävention im Betrieb. Neue Herausforderungen für eine demokratische Arbeitsschutzpolitik, in: C. Schmitz/H.-J. Urban (Hrsg.): Demokratie in

setzung erweist sich jedoch als schwierig angesichts der Neuzuschnitte der Arbeitsorte (Homeoffice), neoliberaler Blockadehaltungen von Arbeitgeberverbänden, Schwächung gewerkschaftlicher Organisationsmacht und ängstlicher Zurückhaltung maßgeblicher Akteure im politischen Feld, assistiert von seit langem bekannten staatlichen Vollzugs- und Kontrolldefiziten.

Zu Beginn der Pandemie waren es auch Proteste aus der Belegschaft, die zu Produktionseinstellungen führten. So beispielsweise Mitte März im weltgrößten LKW-Werk des Daimler-Konzerns in Wörth am Rhein (Die Rheinpfalz, 17.3.2020), wo unter normalen Bedingungen täglich 400 Lastkraftwagen vom Band laufen. Ein Betriebsrat berichtete ausführlicher von einem

»Konflikt mit dem Vorstand, die hätten das [die vorübergehende Schließung des Werks] gerne noch ein bisschen länger hinausgezögert... Und dann kam genau die Diskussion, ja wie lange setzen wir denn unsere Kolleginnen und Kollegen an der Arbeit der Gefahr aus?«

Andere Betriebsräte waren hingegen froh, den Kelch des betrieblichen Lockdowns an sich vorüberziehen zu sehen:

»Wir haben halt versucht mit unseren Kollegen dahingehend zu kommunizieren, dass sie froh sein sollen, dass wir genug Arbeit für sie haben, dass wir nicht schließen und dass wir halt alle Maßnahmen treffen, um den Gesundheitsschutz der Kollegen auch sicherzustellen.«

In anderen europäischen Ländern waren Belegschaftsproteste häufiger. In Italien beispielsweise steht dafür der Slogan: »Non siamo carne da macello« – »Wir sind kein Schlachtvieh«. Dort kam es auch zu Streiks z.B. bei Fiat. Die Regierung griff ein und beschloss, alle nicht essenziellen Betriebe vorübergehend stillzulegen. Vergleichbares gab es in deutschen Industrieunternehmen – Ausnahme Fleischindustrie – nicht.

5. »Systemrelevanz«: Aufwertung von Arbeit

Nicht der Hedge Fonds oder die Bank, sondern Arbeit hat sich in der Corona-Pandemie als »systemrelevant« erwiesen. Die Verhältnisse sind gleichsam vom Kopf auf die Füße gestellt worden: Galten in der Großen Krise vor gut zehn Jahren weite Bereiche des Finanzkapitals als »systemrelevant«, so

---

der Arbeit. Eine vergessene Dimension der Arbeitspolitik? Jahrbuch Gute Arbeit, Ausgabe 2021. Frankfurt a.M. 2021, S. 158–174; s. auch den Beitrag von Andrea Fergen/Moriz Boje Tiedemann in diesem Band.

sind es in der Pandemie die Einrichtungen und Beschäftigten nicht nur in den Kranken- und Pflegestationen, sondern weite Bereiche der für die gesellschaftliche Reproduktion unerlässlichen Dienstleistungen. Mehr noch:»Die Menschen, die uns halfen, die Gesellschaftsordnung aufrechtzuerhalten, befinden sich am unteren Ende der Skala, während diejenigen, die am oberen Ende angesiedelt sind, im Großen und Ganzen nutzlos waren«, schreibt die Soziologin Eva Illouz.[16]

Niedrig- bis Armutslöhne, miserable Arbeitsbedingungen, flexibilisierte Teilzeitarbeit mit fehlender gesellschaftlicher Anerkennung sind Kennzeichen der neuen systemrelevanten Beschäftigtengruppen.[17] So findet in der Neubewertung von »Systemrelevanz« eine Aufwertung der Arbeit gegenüber Kapitallogiken statt, während zugleich in der Krisenbearbeitung Prekarität fortgeschrieben wird.[18] Von den Beschäftigten wird die ungewohnte öffentliche Anerkennung ihrer Arbeit durchaus registriert, aber zwiespältig gesehen. Eine Pflegekraft in einem Krankenhaus in München bringt das auf den Punkt:

»Die Leute haben noch mal auf eine andere Art und Weise verstanden, wie unfassbar relevant dieser Beruf ist und wie viele Missstände es da eigentlich gibt. Das kann man extrem gut nutzen und ich hoffe auch, dass wir das extrem gut für uns nutzen also.«

Angespielt wurde hier auf die Tarifrunde des öffentlichen Dienstes 2020. Dort gelang es ver.di, aus der Aufwertung der Arbeit Kraft und öffentliche Unterstützung zu ziehen. Neben deutlichen Verbesserungen in der Pflegearbeit konnten untere Gehaltsklassen überdurchschnittliche Einkommensanhebungen verzeichnen. Bereits ganz anders sah es ein Jahr später in der Tarifrunde des Einzelhandels aus, als die Arbeitgeber einen Abschluss weit unterhalb der Preissteigerungsrate forderten und gleichzeitig das Tarifsystem durch betriebliche Lohnangebote de facto auszuhebeln trachteten. Strukturelle Machtressourcen machen hier den Unterschied aus: Während Pflegekräfte händeringend gesucht werden, meint man im Handel bei einer lohnpolitischen Dumpingstrategie bleiben zu können.

Der Preis fürs »Heldentum« ist hoch: weil man gesundheitlichen Gefahren ausgesetzt wird, sich über Grenzen hinaus belastet, große Leidensfähigkeit

---

16 Eva Illouz: Acht Lehren aus der Pandemie, in: DIE ZEIT vom 18.06.2020, S. 53.
17 Nicht nur, aber zu einem erheblichen Teil, wie die Studie von Philipp Tolios: Systemrelevante Berufe. Sozialstrukturelle Lage und Maßnahmen zu ihrer Aufwertung, Rosa-Luxemburg-Stiftung, Berlin 2020, zeigt.
18 Siehe dazu ausführlicher Nicole Mayer-Ahuja/Richard Detje: »Solidarität« in Zeiten der Pandemie: Potenziale für eine neue Politik der Arbeit? In: WSI-Mitteilungen 73 (6), S. 493–500.

zeigt und sich für andere – den Kunden, die Patientin, die Allgemeinheit – einsetzt, wenn nicht aufopfert. Wir haben in drei Dienstleistungsfeldern Befragungen durchgeführt, in denen diese »Held:innen« zu finden waren:
   In den *Pflegeberufen* gehört Opferbereitschaft bei Teilen der Beschäftigten immer noch zum Berufsethos. Vor allem zu Beginn der Pandemie waren die Beschäftigten in den Krankenhäusern extremen Risiken ausgesetzt, weil im Neuaufbau der Stationen große Unsicherheit herrschte: Die notwendige Schutzausrüstung war zunächst nicht verfügbar, die Qualifikationen für die Betreuung auf Intensivstationen waren unzureichend und der Umgang mit Covid-19-Patienten musste erst erlernt werden.
   Auch *Paketzusteller:innen* wurden als »Held:innen der Arbeit« gefeiert, die das Versandgeschäft mit den verstärkt online eingekauften Waren kaum bewältigen konnten:

»... also die Arbeitsbelastung in den Paketdiensten ist brutal. ... Wir haben ein Riesenproblem gehabt, dass Menschen mit den Masken nicht richtig atmen und arbeiten können, also gerade in Bereichen der körperlichen Höchstbelastung wie, wenn man jetzt zum Beispiel Pakete irgendwo schichtet.«

Ferner haben die Verkäufer:innen im *Lebensmitteleinzelhandel* in der Corona-Krise eine besondere, von Beifall begleitete »Heldenrolle« gespielt. Sie selbst haben gerade in der ersten Corona-Phase, in der die Kunden noch ungehinderten Zugang zu den Geschäften hatten, sehr negative Erfahrungen gemacht,

»... weil die Kunden zum Teil ihre gesamte Angst und Panik in Hamsterkäufen zum Ausdruck brachten. In der Phase sind die Kunden so aggressiv gewesen: Die Beschäftigten wurden angespuckt, sie wurden aktiv angegangen, zum Teil haben die mit Toilettenpapier nach den Beschäftigten geschlagen ...«

In der politischen Auswertung gilt es die Systemrelevanz von Arbeit weiter in den Blick zu nehmen. In der Pandemie hat sich gezeigt, dass die Sicherung einer qualitativ hochwertigen gesellschaftlichen Reproduktion sich als letztlich ausschlaggebend gegenüber dem kapitalistischen Renditesystem erwiesen hat.[19] Damit verbunden: Der Blick darauf, was gesellschaftlich not-

---

19 Vgl. Richard Detje/Dieter Sauer/Michael Schumann: Nach den Banken nun die Arbeit? Systemrelevanz in der Corona-Krise, in: B. Aulenbacher/F. Deppe/K. Dörre/C. Ehlscheid/K. Pickshaus (Hrsg.): Mosaiklinke Zukunftspfade. Festschrift für Hans-Jürgen Urban. Münster 2021, S. 177–183.

Beiträge aus der Wissenschaft

wendige und sinnvolle Arbeit ist, hat sich geschärft. Die kapitalistische Formbestimmung von produktiver Arbeit als allein mehrwert- bzw. profitproduzierender Arbeit hat sich als Fehlsteuerung, im Zweifelsfall als pathologisch, existenzgefährdend erwiesen. Dies sollte im Sinne eines Neuanlaufs einer wirtschaftsdemokratischen Debatte über das »Was«, »Wofür« und »Wie« von Produktion und Dienstleistungen vertieft werden.

6. Die Stunde der Exekutive oder das Mitbestimmungsvakuum

In der ersten Welle der Pandemie schlug wie im politischen System auch in den Betrieben die »Stunde der Exekutive«. Vielen betrieblichen Interessenvertretungen fiel es ausgesprochen schwer, Mitbestimmungsrechte offensiv wahrzunehmen. In einer Reihe von Interviews wurde uns berichtet, dass eine Vielzahl von Betriebs- und Personalräten die Krise als »Notfall-« oder »Ausnahmesituation« verstanden und Mitbestimmungsrechte zurückgestellt haben. Von anfänglicher »Überforderung« ist die Rede. Ein Betriebsrat aus einem mittelständischen Metallbetrieb beschreibt die Situation folgendermaßen:

»Wo das hier angefangen hat ..., da hatten wir drei Wochen lang eigentlich so ein Mitbestimmungsvakuum, weil der Werksleiter halt einseitig hergegangen ist und Arbeitszeiten geändert hat, Umkleideräume geschlossen hat, Kantinen nicht mehr betreten werden durften, Leute ins Homeoffice per Direktive reingeschickt hat usw.«

Meist ging dies ohne Konflikte vonstatten, die Entscheidungen des Managements wurden abgenickt. Hier bestätigt sich eine schon länger anhaltende Transformation der früheren Konfliktpartnerschaft zu einer »Partnerschaft ohne Konflikt«.[20]

Einigen Betriebsräten gelang es gleichwohl, ihr Mandat offensiv wahrzunehmen. Doch die Hürden waren hoch: In Kurzarbeit und Homeoffice ist der Betrieb als Ort kollektiver Erfahrung herabgesetzt; auch Betriebsratsarbeit fand über längere Zeit im virtuellen Raum statt; Ansprache und Kommunikation über Betriebsversammlungen waren ausgesetzt; die Mobilisierung der Belegschaft ist unter Auflagen des social distancing massiv erschwert.

Die Corona-Krise veränderte die Bedingungen der Arbeit der betrieblichen und gewerkschaftlichen Interessenvertretung: weniger Präsenz, Unterbrechung der traditionellen Verständigungswege, mehr digitale Kommunikation.

---

20 Wolfgang Streeck: Von Konflikt ohne Partnerschaft zu Partnerschaft ohne Konflikt in Deutschland. In: Industrielle Beziehungen 23 (1) 2016, S. 47–60.

Die erzwungene Digitalisierung wird von den befragten Betriebsräten in ihrer Bedeutung für die zukünftige Arbeit unterschiedlich eingeschätzt:
- Ein Teil sieht in der mangelnden persönlichen Kommunikation eher eine *Schwächung* der Interessenvertretung, die auf Face-to-Face-Kontakte angewiesen sei.
- Andere sehen in der notwendigen Nutzung digitaler Medien eine sinnvolle *Ergänzung* auch für zukünftige Arbeitsweisen, aber keinen Ersatz.
- Wieder ein anderer Teil sieht in der Nutzung der neuen Medien die Zukunft der Gewerkschaftsarbeit und neue Chancen für eine aktivierende, beteiligungsorientierte Interessenpolitik.

7. Potenziale von Demokratie und Solidarität in der Corona-Krise

Noch ist offen, welche Schlussfolgerungen Beschäftigte und Interessenvertretungen aus ihren Erfahrungen ziehen. Einige haben mit Evaluierungen in ihrem Erfahrungsumfeld begonnen, um das, was passiert ist, zu verstehen und einzuordnen. Dabei wird auch die Tatsache, dass über sie verfügt wurde, dass ihre Beteiligung nicht gesucht wurde und dass Mitbestimmungsrechte missachtet wurden, ein Grund zum Nachdenken sein. Ein Personalratsvorsitzender aus einem Krankenhaus, das von Covid 19-Fällen überschwemmt wurde und an die Grenze des Leistbaren gehen musste, um die vielen Patient:innen zu versorgen, blickt auf die erste Welle der Pandemie zurück:

»*... jetzt merken die eigentlich, hey, ich bin da eigentlich gar nicht wirklich gefragt worden. Ich bin da in was reingeschmissen worden. Die sind da eingewiesen worden, die haben eigentlich gar nicht gewusst, was sie tun.*«

Auf der anderen Seite wissen sie, dass ihr Funktionieren in Extremsituationen und ihre aufopfernde Einsatz- und Leistungsbereitschaft die Basis für die Bewältigung von bis dahin nicht gekannten Herausforderungen waren. Vielleicht resultiert daraus ein neues Selbstbewusstsein. Ausnahmesituationen müssen nicht autoritär bewältigt werden, Effizienz muss nicht in Kommandostrukturen erzeugt werden. Selbständiges Handeln der Beschäftigten wird in demokratischen Strukturen produktiv – vielleicht hat die Corona-Krise ja auch Lernprozesse angestoßen, die in diese Richtung gehen.

In unseren Interviews berichten zahlreiche Betriebs- und Personalräte von den autoritären Durchgriffsversuchen des Managements, aber auch vom Widerstand der Interessenvertretungen, die auf ihren Mitbestimmungsrechten beharrten und sich zur Wehr setzten. Auch wenn in der Corona-Krise keine Fortschritte in Sachen Demokratisierung erkennbar sind, wurden zum Teil erfolgreiche Abwehrkämpfe zur Sicherung der Mitbestimmung als Gegenmachtressource geführt. Manche Betriebs- und Personalräte sind daraus mit gestärktem Selbstbewusstsein hervorgegangen. Denn auch in der Krise werden kollegialer Zusammenhalt und gemeinsame Sinnstiftung erlebt, wird Arbeit als solidarischer Zusammenhang erfahren. Eine Pflegerin im Krankenhaus berichtet:

»... *es war gigantisch, dieser Zusammenhalt in der Pflege. Es wurde dieser Zusammenhalt einfach im Menschen gefördert und ich hab kein einziges Mal gehört, ich mach das nicht, ich will das nicht, im Gegenteil. Jeder ist über sich selber hinausgewachsen und das war auch von dem ganzen Team das Feedback ... Ich hab mir eher das Schlimmste ausgemalt und das war wirklich das Schöne an dem Ganzen, obwohl es so schlimm war.*«

Von den Beschäftigten wird – ob im Krankenhaus oder im Produktionsbetrieb, an der Kasse beim Discounter oder bei der Paketzustellung – verantwortliches Handeln in riskanten Situationen verlangt. Sie wissen, dass die Folgen der Pandemie nur mit ihrer Hilfe bewältigt werden können. Dieses (Selbst-)Bewusstsein bricht sich an der Einordnung in ein autoritäres Betriebssystem, das durch die pandemische Notfallsituation noch verstärkt wird. In unseren Interviews ist die Nachdenklichkeit über diese Diskrepanz deutlich geworden.

Es gibt weitere Hinweise auf neue Kollegialitäts- und Solidarerfahrungen: Bei ausgedehnter Kurzarbeit und mobiler Arbeit außerhalb des Betriebs wird die betriebliche Arbeit als ein »Teil von Gemeinschaft« vermisst. Der Betrieb ist durchaus auch ein positiv besetzter Ort des sozialen Zusammenlebens, ein wichtiger Teil des individuellen und kollektiven Alltags. Dieser wird vermisst. Ein Betriebsrat in einem Metallbetrieb findet dafür drastische Worte:

»... *der Betrieb ist mehr als nur Arbeit, das ist auch ein Ort der sozialen Interaktion, das ist so etwas wie Familie und deswegen wollen auch viele Leute auch wieder arbeiten, ... sie vermissen ihre Betriebsfamilie. Das ist ein Teil von Gemeinschaft und da scheißen sie dann auch ein Stück weit auf die Sicherheitsvorkehrungen ...*«

Wir wissen nicht, was von diesen Erfahrungen in Post-Corona-Zeiten bleibt und was schnell wieder im alltäglichen Leistungsdruck und in Konkurrenzsituationen verschwindet. Aber im Betrieb stoßen wir anders als im öffentlichen Diskurs nicht nur auf Beschwörungsformeln des »gesellschaftlichen Zusammenhalts«, sondern auf konkrete kollegiale Erfahrungen in der alltäglichen Arbeit.

Trotz des autoritären Durchgriffs zu Beginn der Pandemie ist die Corona-Krise nicht einfach als demokratische Regression zu begreifen. Bei genauerem Blick in die Welt der Betriebe, den unsere Untersuchung ermöglicht, trägt der Krisenverlauf doch sehr viel widersprüchlichere Züge, in denen auch demokratische und solidarische Potenziale zu finden sind. Im Jahrbuch Gute Arbeit 2021 stand die »Demokratie in der Arbeit« zur Diskussion. An zahlreiche der dort präsentierten Befunde gilt es anzuknüpfen, um die Corona-Pandemie in der Arbeitswelt tatsächlich bekämpfen zu können. Wir meinen: Demokratie und Solidarität erweisen sich letztlich als die entscheidenden Ressourcen, die statt Verzweiflung und Regression neue Perspektiven eröffnen.

Agnes Fessler/Hajo Holst/Steffen Niehoff
Pandemie, Erwerbsarbeit und Mitbestimmung – Anhaltende Klassenungleichheiten in der Arbeitswelt

Seit nun fast zwei Jahren hat die Corona-Pandemie weitreichende Auswirkungen auf die Arbeitswelt. Überall dort, wo sich Menschen in der Arbeit begegnen, besteht das Risiko einer Ansteckung mit dem SARS-CoV-2-Virus, Erwerbstätige aus verschiedenen Branchen berichten von steigenden Arbeitsbelastungen, die wiederholten Schließungen von Schulen und Kinderbetreuungseinrichtungen resultieren in Vereinbarkeitskonflikten. Insbesondere im Dienstleistungssektor und in der Kulturwirtschaft führen die Eindämmungsmaßnahmen zu wirtschaftlichen Problemen, und die von der Pandemie ausgelösten weltwirtschaftlichen Turbulenzen beeinträchtigen größere Teile der Industrie.

Allerdings: Die arbeitsweltlichen Folgen der Pandemie betreffen keineswegs alle Arbeitenden in gleichem Maße. Die inzwischen umfangreiche Forschung in Deutschland hat gezeigt, dass die Pandemie bestehende Einkommens-, Geschlechter- und Klassenungleichheiten vergrößert (beispielhaft: Hövermann 2020; Hipp/Bünning 2020; Holst et al. 2020a).

An diese Erkenntnisse knüpft der Beitrag an. Anhand der Erhebungen des Arbeitswelt-Monitors »Arbeiten in der Corona-Krise«[1] werden auf Basis des klassenanalytischen Ansatzes von Daniel Oesch (2006) berufliche Ungleichheiten in den arbeitsweltlichen Auswirkungen der Pandemie untersucht. Während die bisherige Forschung überwiegend einzelne Themenfelder isoliert betrachtet und die Pandemieeffekte an einem einzelnen Zeitpunkt (Querschnitt) untersucht hat, werden hier die Folgen der Pandemie in größerer thematischer Bandbreite, in ihren Beziehungen zueinander und im Zeitverlauf (Längsschnitt) betrachtet. Neben den Ansteckungsrisiken am Arbeitsplatz und den wirtschaftlichen Folgen der Pandemie werden auch Veränderungen der Arbeitsbedingungen, die Ausbreitung mobilen Arbeitens und der Rück-

---

1   Der Arbeitswelt-Monitor »Arbeiten in der Corona-Krise« ist ein gemeinsames Projekt der Universität Osnabrück und der Kooperationsstellen Hochschulen und Gewerkschaften in Niedersachsen und Bremen. In mehreren Erhebungswellen werden jeweils Online-Surveys und qualitative Interviews durchgeführt. Für diesen Beitrag greifen wir auf zwei Erhebungen vom April/Mai 2020 und April/Mai 2021 zurück. In der ersten Welle beteiligten sich 9736 Erwerbsarbeitende an dem Survey, zudem wurden 27 Interviews geführt. In der zweiten Welle nahmen 6319 Erwerbsarbeitenden an der Online-Befragung teil, parallel dazu wurden 42 qualitative Interviews geführt. Ausführlichere Hinweise zu den Samples und zur Methode finden sich an anderer Stelle (Holst et al. 2020a, 2020b).

griff auf Kurzarbeit in den Blick genommen. *Welche sozialen Klassen sind von den Auswirkungen jeweils wie betroffen? Und welchen Einfluss hat die organisierte Mitbestimmung?* Der klassenanalytische Zugang ermöglicht es zudem, die unterschiedlichen Pandemieeffekte in der Erwerbsstruktur zu lokalisieren und mögliche überlappende Betroffenheiten einzelner Klassen zu identifizieren. *Betreffen Ansteckungsrisiken, wirtschaftliche Folgen, Kurzarbeit, Arbeitsbelastungen und mobiles Arbeiten dieselben Klassen – oder haben die unterschiedlichen Pandemieeffekte ihre Schwerpunkte jeweils in verschiedenen Bereichen der Klassenstruktur?* Auch wenn die Auswirkungen der Pandemie jeweils vom aktuellen Infektionsgeschehen beeinflusst werden und die Effekte nicht über den gesamten Pandemieverlauf konstant sind: Der Vergleich der Pandemieerfahrungen der Erwerbsarbeitenden in den beiden sogenannten »harten Lockdowns« im April/Mai 2020 und im April/Mai 2021 gibt einen Fingerzeig auf die mittelfristige Dynamik des Pandemiegeschehens in der Arbeitswelt. *Wie haben sich seit der Frühphase der Pandemie die Betroffenheiten und vor allem die Klassenungleichheiten verändert?*

Im Folgenden wird gezeigt, wie weitreichend die arbeitsweltlichen Auswirkungen der Pandemie sind: Kaum eine Erwerbsperson, die keine Änderungen spürt, kaum ein Aspekt von Erwerbsarbeit, der nicht beeinflusst wird. Besonders auffällig sind jedoch die ausgeprägten – vertikalen und horizontalen – Klassenungleichheiten, die sich zudem im bisherigen Verlauf der Pandemie kaum verändert haben.

Die Ergebnisse des Arbeitswelt-Monitors zeigen, dass die Art der Tätigkeit eine entscheidende Rolle für das Erleben der Pandemie spielt: Menschen aus interpersonellen Dienstleistungsberufen erleben Corona häufiger als Gesundheitsgefährdung, in technischen Berufen und unter Selbständigen ist die Erfahrung der Wirtschaftskrise weit verbreitet und administrative Berufe erfahren die Pandemie häufiger als Treiberin mobilen Arbeitens. Innerhalb der drei horizontal strukturierten Corona-Erfahrungswelten finden sich jedoch jeweils ausgeprägte vertikale Ungleichheiten: Die nicht-akademischen Berufe der unteren sozialen Klassen sind jeweils deutlich stärker von subjektiven Infektionsrisiken und wirtschaftlichen Lasten betroffen als die oberen Klassen und haben zugleich seltener Zugang zum mobilen Arbeiten. Hinzu kommt, dass sich die Klassenungleichheiten in den beiden Lockdowns im April/Mai 2020 und im April/Mai 2021 mit Ausnahme der für alle Klassen gestiegenen Arbeitsbelastungen kaum geändert haben. Auch nach mehr als einem Jahr Pandemie sind immer noch die gleichen Klassen besonders stark von der Pandemie betroffen. Auffällig ist zudem, dass die Mitbestimmung nicht in allen Themenfeldern einen Unterschied macht. Das Vorhandensein eines Betriebs- oder Personalrats reduziert die wirtschaftlichen Risiken für die Beschäftigten und wirkt sich positiv auf die Reichweite mobilen Arbeitens aus. Bei den Infektionsrisiken am Arbeitsplatz und den Arbeitsbedingungen lässt sich hingegen kein vergleichbarer branchenübergreifender positiver Effekt der Mitbestimmung identifizieren.

1. Der Forschungsansatz des Arbeitswelt-Monitors: Erwerbsklassen nach Oesch

Um die beruflichen Ungleichheiten in den Auswirkungen der Pandemie zu analysieren, greift der Beitrag auf den klassenanalytischen Ansatz von Daniel Oesch (2006) zurück, der die klassische vertikale Ungleichheitsachse um eine horizontale Achse der Differenzierung nach Tätigkeitsinhalten erweitert: Die *vertikale Klassenlage* eines Berufs bestimmt sich über Qualifikationsanforderungen. Die Skala reicht hier von akademischen und halb-akademischen Berufen in den oberen Erwerbsklassen bis hin zu berufsfachlich qualifizierten Berufen und Anlerntätigkeiten in den unteren Klassen. Hingegen bezieht sich die *horizontale Klassenlage* auf die dominante Arbeitslogik des Berufs. In der interpersonellen Arbeitslogik besteht der Kern des Arbeitsprozesses aus direkter menschlicher Interaktion, in der administrativen Logik bestimmen bürokratische Regeln den Arbeitsprozess, in der technischen Logik spielen technische Artefakte und Maschinen eine zentrale Rolle und die unabhängige Logik wird von der (formalen) Kontrollmacht der Selbständigkeit geprägt. Aus dem Zusammenspiel der vertikalen Stratifizierung zwischen oberen und unteren Klassen und der horizontalen Differenzierung entlang der vier Arbeitslogiken ergeben sich acht Erwerbsklassen (Abb. 1):

Die vier unteren Klassen umfassen Ausbildungsberufe und Anlerntätigkeiten. Sie befinden sich überwiegend an den unteren Enden betrieblicher und wirtschaftlicher Hierarchien. Die Klasse der *Produktionsarbeitenden* beinhaltet Fertigungs- und Montageberufe aus der Industrie, Handwerksberufe, Logistiktätigkeiten und landwirtschaftliche Arbeiter:innen. Zu den *Bürokräften* zählen administrative Ausbildungsberufe und Anlerntätigkeiten wie Sekretariatskräfte, Bankkaufleute oder einfache Verwaltungsbeschäftigte. Unter den *Dienstleistenden* finden sich nicht-akademische Pflege- und Erziehungsberufe, Verkäufer:innen, Bedienstete des Gastgewerbes und Zusteller:innen. Ebenfalls zu den unteren Klassen zählen die *Kleingewerbetreibenden und Solo-Selbständigen*. Sie arbeiten zwar nicht in abhängigen Beschäftigungsverhältnissen, ihre Erwerbssituation ist aber in der Regel von hoher wirtschaftlicher Abhängigkeit gekennzeichnet. Neben solo-selbständigen Künstler:innen zählen Klein- und Kleinstunternehmer:innen mit weniger als neun Beschäftigten, z. B. aus dem Einzelhandel und dem Handwerk, zu dieser Klasse.

Abb. 1: Das Klassenschema nach Daniel Oesch

		Abhängig Beschäftigte			Selbständige
	Arbeits-logik	interpersonell	administrativ	technisch	unabhängig
Qualifikationsanforderungen	Akademische und halbakademische Berufe	Soziokulturelle Professionen	Oberes und mittleres Management	Technische Expertinnen und Experten	Arbeitgeber und Arbeitgeberinnen sowie Freie Berufe
	Ausbildungsberufe und Anlerntätigkeiten	Dienstleistende	Bürokräfte	Produktionsarbeitende	Kleingewerbetreibende (< 9 Beschäftigte) und Solo-Selbständige

Gute Arbeit

Quelle: Eigene Darstellung.

Die vier oberen Klassen vereinen akademische und halb-akademische Berufe, die sich in den betrieblichen und wirtschaftlichen Hierarchien mehrheitlich in mittleren bis oberen Positionen befinden. Zu den *technischen Expert:innen* zählen Maschinenbau- und Elektroingenieur:innen, Datenverarbeitungsexpert:innen und Meister:innen in der Industrie. Die Klasse des *oberen und mittleren Managements* umfasst unter anderem Betriebswirt:innen, Personal- und Führungskräfte und Verwaltungsbeschäftigte. Zu den *soziokulturellen Professionen* zählen vor allem Ärzt:innen, Lehrer:innen und Sozialarbeiter:innen. Die mit Eigentumsrechten und Kontrollmacht ausgestatteten *Arbeitgeber:innen und freien Berufe* bilden die obere Klasse in der unabhängigen Arbeitslogik und besetzen per Definition Führungspositionen in ihren Organisationen. Neben selbständigen Anwält:innen und Ärzt:innen umfasst diese Klasse Eigentümer:innen von Unternehmen mit mindestens neun Beschäftigten.

Beiträge aus der Wissenschaft

2. Auswirkungen der Pandemie auf Erwerbsarbeit: berufliche Ungleichheiten

Die Erhebungen des Arbeitswelt-Monitors zeigen, dass die Pandemie weitreichende Auswirkungen auf die Arbeitswelt hat. In beiden Surveys im April/Mai 2020 und im April/Mai 2021 geben jeweils mehr als 90 Prozent der Teilnehmer:innen an, ihre Arbeit habe sich durch Corona verändert. Zugleich zeigen die Befragungen und die Interviews, dass die Pandemie Erwerbsarbeit in einer Vielzahl von Aspekten berührt. Im Folgenden werden die Pandemieeffekte exemplarisch an fünf Themenfeldern beleuchtet: subjektive Infektionsrisiken, wirtschaftliche Folgen, Kurzarbeit, mobiles Arbeiten und Arbeitsbedingungen. In jedem Themenfeld werden zwei Items aus den Surveys der beiden Erhebungswellen[2] in den Blick genommen und mit Befunden aus den qualitativen Interviews ergänzt.

2.1 Ansteckungsrisiken und Schutzdefizite am Arbeitsplatz: Dienstleistende am stärksten betroffen, gefolgt von soziokulturellen Professionen

Die subjektiven Ansteckungsrisiken weisen eine bemerkenswerte Stabilität im Pandemieverlauf auf. In den Surveys beider Erhebungswellen berichtet ungefähr ein Viertel der Erwerbsarbeitenden von *Sorgen um eine Infektion mit dem Coronavirus in der Arbeit*, ein ebenso großer Anteil bewertet jeweils die *Schutzmaßnahmen der Arbeit- und Auftraggeber* als unzureichend. Auffällig sind die Geschlechterdifferenzen. Frauen äußern häufiger Ansteckungssorgen als Männer und bewerten auch die Schutzmaßnahmen am Arbeitsplatz kritischer. Zugrunde liegt dieser Differenz die vergeschlechtlichte Arbeitsteilung: Frauen arbeiten häufiger in den interpersonellen Dienstleistungsberufen, in denen die subjektiven Infektionsrisiken am stärksten verbreitet sind. Unter den nicht-akademischen Dienstleistenden – der unteren Klasse der interpersonellen Arbeitslogik – hat in beiden Erhebungswellen fast jede:r zweite Befragte Sorgen wegen einer Infektion in der Arbeit; jede:r Dritte bewertet die Schutzmaßnahmen der Arbeitgeber als unzureichend. Besonders oft berichten Verkäufer:innen im Einzelhandel, Kinderbetreuer:innen und nicht-akademische Pflegekräfte von Ansteckungsrisiken. An den Worten einer nicht-akademischen KiTa-Kraft aus dem im Frühjahr 2020 wird die Erfahrung deutlich, dem Virus weitgehend ohnmächtig ausgeliefert zu sein:

---

2 Die quantitativen Daten sind nach den klassenspezifischen Verteilungen von Geschlecht, Alter und Einkommen gewichtet, um mögliche Asymmetrien in der Samplezusammensetzung zu kompensieren. Referenz ist der ALLBUS 2018.

»*Natürlich haben wir Schutzkonzepte. Das lässt sich aber im normalen Kita-Alltag nicht umsetzen. Ich kann zu den Kindern ja nicht sagen, wir müssen Abstand halten. [...] Grundsätzlich ist jeder, der mit Menschen arbeitet, gefährdet. [...] Aber vielen ist es völlig Wurst, was mit uns ist, denen geht es nur darum, dass die ihr altes Leben zurückhaben wollen. [...] Wir sind Kanonenfutter. Also unser [Infektionsrisiko] interessiert überhaupt gar keinen.*«

Im Vergleich der Surveys der beiden Erhebungswellen fällt auf, dass sich seit Pandemiebeginn die Schutzmaßnahmen am Arbeitsplatz nur in wenigen Branchen verbessert haben. Vor allem das Gesundheitswesen fällt hier positiv auf. In vielen Branchen hat sich in den Augen der Arbeitenden die Qualität der Maßnahmen allerdings kaum geändert. Neben den Dienstleistenden sind auch die soziokulturellen Professionen überdurchschnittlich häufig von subjektiven Infektionsrisiken betroffen. Jede:r Dritte äußert jeweils Sorgen vor einer Ansteckung, und ein noch etwas größerer Anteil bewertet die Schutzmaßnahmen als unzureichend. Besonders betroffen sind Lehrer:innen, akademische Erzieher:innen und Ärzt:innen. Alle anderen Klassen weisen deutlich geringere subjektive Infektionsrisiken auf, wobei in jeder Arbeitslogik jeweils die nicht-akademischen Berufe der unteren Klasse auffällig stärker betroffen sind als die akademischen Berufe der oberen Klasse. Die geringsten Infektionsrisiken äußern in beiden Erhebungswellen die Arbeitgeber:innen, die technischen Expert:innen und die Managementberufe. Branchenübergreifend reduziert die Existenz eines Betriebs- und Personalrats weder die Ansteckungssorgen der Beschäftigten noch erhöht sie die Bewertung der Schutzmaßnahmen.

2.2 Wirtschaftliche Lasten: Selbständige am stärksten betroffen,
gefolgt von Produktionsarbeitenden
Auch die wirtschaftlichen Lasten weisen eine bemerkenswerte Stabilität zwischen den beiden Lockdowns auf: In beiden Erhebungswellen gibt ein Fünftel der Teilnehmer:innen an, aufgrund von Corona *Verdiensteinbußen* hinnehmen zu müssen. Sogar ein Viertel berichtet, durch Corona sei die eigene *berufliche Zukunft unsicherer geworden*. Wie bei den Infektionsrisiken finden sich auch bei den hier untersuchten wirtschaftlichen Lasten spürbare Geschlechterdifferenzen: Männer sind stärker von Verdiensteinbußen und einer Zunahme der Zukunftsunsicherheit betroffen. Und auch in diesem Fall sind die Differenzen in den unterschiedlichen Positionen der Geschlechter in der Klassenstruktur begründet, da Männer in den Berufen der technischen Arbeitslogik überrepräsentiert sind, die stärker von den wirtschaftlichen

Lasten betroffen sind. Im Vergleich mit anderen Ungleichheitsmarkern wie Geschlecht, Alter und Region stechen die Klassenungleichheiten heraus, die sich zudem im Zeitverlauf kaum verändert haben. Mit Abstand am stärksten betroffen sind die selbständigen Berufe, wobei die Klasse der Kleingewerbetreibenden und Solo-Selbständigen die höchsten Lasten aufweist: In der zweiten Erhebungswelle im Frühjahr 2021 gaben drei Viertel der Befragten an, Verdiensteinbußen im Vergleich zur Vor-Corona-Zeit hinnehmen zu müssen. Unter den Arbeitgeber:innen war der Anteil zwar etwas geringer, aber immer noch deutlich mehr als in den anderen Klassen. Besonders betroffen sind Selbständige aus der Kulturwirtschaft, dem Gastgewerbe und dem Einzelhandel. Im Interview macht eine freiberufliche Musiklehrerin deutlich, dass die strukturelle Vulnerabilität ihrer solo-selbständigen Position sie besonders anfällig für die Auswirkungen der Pandemie macht:

»*Die Pandemie nimmt mir eigentlich die Grundlage. [...] Ich habe einen Honorarvertrag und fertig. Und wenn ich meine Arbeit mache, kriege ich dieses Honorar und mach ich die Arbeit nicht, kriege ich auch kein Geld. [...] Im Rahmen von Corona wurden die angestellten Musiker alle in Kurzarbeit geschickt. Und die Honorarkräfte dürfen nicht arbeiten.*«

Die besonderen wirtschaftlichen Lasten der Kleingewerbetreibenden und Solo-Selbständigen sind nicht auf Verdiensteinbußen beschränkt: Fast 70 Prozent geben 2021 an, dass ihre berufliche Zukunft durch Corona unsicherer geworden ist. Unter den abhängig Beschäftigten fallen vor allem die Produktionsarbeitenden und die Dienstleistenden auf. In der Frühphase der Pandemie müssen knapp 30 Prozent der Produktionsarbeitenden Verdiensteinbußen hinnehmen, für ebenso viele steigert Corona die Zukunftsunsicherheit. Besonders betroffen waren zu diesem Zeitpunkt Produktionsarbeitende aus der Metall- und Elektroindustrie. In der zweiten Erhebungswelle im April/Mai 2021 sind die Verdiensteinbußen in den nichtakademischen Produktionsberufen aufgrund der wirtschaftlichen Erholung in der Industrie zwar spürbar zurückgegangen (auf 21 Prozent), die Zukunftsunsicherheit liegt aber stabil bei knapp 30 Prozent. Gleichzeitig sind die wirtschaftlichen Lasten der Dienstleistenden im Verlauf der Pandemie angestiegen und liegen im Frühjahr 2021 auf dem gleichen Niveau wie jene der Produktionsarbeitenden. Hinzu kommt, dass die Dienstleistenden unter allen Berufen am häufigsten von einem pandemiebedingten Arbeitsplatzverlust betroffen sind. Ein Drittel aller Corona-Erwerbslosen, die an der zweiten Befragungswelle teilgenommen haben, stammt aus dieser Klasse. In der administrativen Arbeitslogik sind die wirtschaftlichen Lasten deutlich weniger verbreitet, wobei die untere Klasse, die Bürokräfte, spürbar stärker betroffen ist als die Management- und Verwaltungsberufe. Auffällig sind auch die deutlichen Unterschiede, die mit der Mitbestimmung in beiden Erhebungswellen einhergehen. In Organisationen mit Betriebs- und Personalrat müssen Arbeitnehmer:innen seltener Verdiensteinbußen hinnehmen und Beschäftigte fühlen sich deutlich seltener verunsichert in ihrer beruflichen Zukunft.

2.3 Kurzarbeit: untere Erwerbsklassen häufiger in Kurzarbeit, obere Klassen erhalten häufiger Aufstockung

Eng mit den wirtschaftlichen Auswirkungen der Pandemie verbunden ist das Thema Kurzarbeit. Während im April/Mai 2020 16 Prozent der befragten abhängig Beschäftigten in Kurzarbeit waren, ist der Anteil im April/Mai 2021 auf 12 Prozent zurückgegangen. Geschlechterdifferenzen sind beim *Zugang zur Kurzarbeit* nicht festzustellen, dafür sind die Klassenungleichheiten auffällig: In der Frühphase der Pandemie wiesen die Produktionsarbeitenden mit 26 Prozent den höchsten Anteil an Kurzarbeitenden auf, im April/Mai 2021 ist der Anteil aufgrund der Erholung in vielen Industriebranchen auf 18 Prozent zurückgegangen. Leicht angestiegen ist der Kurzarbeitsanteil hingegen unter den Dienstleistenden, die mit 21 Prozent in der zweiten Erhebungswelle den höchsten Anteil aller Klassen verzeichnen. Alle anderen Klassen weisen im April/Mai 2021 deutlich geringere Kurzarbeitsanteile auf. Während der Rückgriff auf Kurzarbeit im Pandemieverlauf allgemein zurückgegangen ist, ist der Anteil der Kurzarbeitenden, die vom Arbeitgeber eine *Aufstockung des Kurzarbeitergeldes* erhalten, minimal gestiegen: von 49 Prozent in 2020 auf 52 Prozent in 2021. Eine Betriebsrätin aus der Nahrungsmittelindustrie beschreibt die Kurzarbeit als eine der ersten wichtigen Aufgaben der Interessenvertretung in der Corona-Krise; nur mit der erkämpften Aufstockung können die Beschäftigten die Kurzarbeit als soziale Absicherung erleben:

»Unsere Außendienstler [waren] sehr froh, dass wir das [die Kurzarbeit] im Manteltarifvertrag verankert hatten, Gott sei Dank. Nicht viele haben für eine unvorhergesehene Krise verankert, wie es mit Kurzarbeit läuft [...] Trotz alledem waren wir in der Lage, dass unsere Außendienstler jetzt nicht irgendwie am Existenzminimum rumkauern müssen mit Kurzarbeitergeld, sondern tatsächlich eine Aufzahlung bis zu 90 Prozent erreichen.«

Die Klassenungleichheiten fallen bei der Aufstockung etwas geringer aus als bei den Kurzarbeitsanmeldungen und laufen in der zweiten Erhebungswelle zudem vertikal in die entgegengesetzte Richtung: In den oberen Erwerbsklassen erhalten zwischen 55 und 65 Prozent der Kurzarbeitenden eine Aufstockung durch ihren Arbeitgeber, in den unteren Klassen ist dieser Anteil rund 10 Prozentpunkte geringer. Damit befinden sich branchenübergreifend die nicht-akademischen Berufe der unteren Erwerbsklassen zwar häufiger in Kurzarbeit, die akademischen Berufe der oberen Klassen erhalten jedoch häufiger eine Aufstockung des staatlichen Kurzarbeitergeldes von ihrem Arbeitgeber.

Wenig überraschend macht die betriebliche Mitbestimmung beim Thema Kurzarbeit einen Unterschied – und zwar stabil in beiden Erhebungswellen: Der Anteil an Beschäftigten, die sich in Kurzarbeit befinden, ist in nicht-mitbestimmten Organisationen nahezu doppelt so hoch wie in Unternehmen mit Betriebs- oder Personalrat, dafür zahlen mitbestimmte Unternehmen doppelt so häufig eine Aufstockung auf das staatliche Kurzarbeitergeld. Offensichtlich bremsen Betriebs- und Personalräte die Arbeitgeber beim wirtschaftlich unnötigen Rückgriff auf Kurzarbeit, setzen dafür jedoch Aufstockungszahlungen für die Mitarbeiter:innen durch.

2.4 Mobiles Arbeiten: Primär eine Angelegenheit der oberen Erwerbsklassen
Auch die Ausweitung des mobilen Arbeitens gehört zu den am meisten verbreiteten Arbeitsfolgen der Pandemie. Beim *Zugang zum pandemiebedingten mobilen Arbeiten* unterscheiden sich die beiden Lockdowns kaum voneinander: Im April/Mai 2020 und im April/Mai 2021 arbeiten jeweils vier von zehn Teilnehmer:innen häufiger von zu Hause als vor der Pandemie. Hingegen hat sich zwischen den beiden Erhebungswellen der pandemiebedingte Digitalisierungsschub fortgesetzt. Zu Beginn der Pandemie geben 32 Prozent an, ihre *Arbeit sei digitaler geworden*, in der zweiten Erhebungswelle sogar 39 Prozent. In beiden Aspekten sind die im Zeitverlauf bemerkenswert stabilen Klassenungleichheiten auffällig. Das pandemiebedingte mobile Arbeiten ist vor allem ein Thema der oberen Erwerbsklassen: In den Berufen der oberen administrativen Klassen liegt der Anteil derjenigen, die in der Pandemie mehr von zu Hause arbeiten, stabil bei ungefähr 65 Prozent, unter den technischen Expert:innen und den soziokulturellen Professionen bei gut 60 Prozent. In einem Interview macht ein Elektrotechniker mit Bürotätigkeiten deutlich, dass mobiles Arbeiten – trotz Entgrenzungsgefahr – für die Beschäftigten nicht nur eine Schutzmaßnahme ist, sondern auch eine Vereinbarkeitsressource sein kann:

»Wir sind mit dem mobilen Arbeiten halt besser geschützt als die [in der Produktion]. Die müssen jetzt doch jeden Tag aufstehen und jeden Tag mit dem Auto hier rüberfahren, weil Bus und Bahn mit Risiken verbunden sind. Die sind ja auch dementsprechend mit den Kindern überfordert. Die können ja nicht sagen, ich arbeite von Zuhause. Das geht in der Produktion schlecht.

Entweder ist die Mutter dann Zuhause oder halt Oma oder Opa werden in Anspruch genommen.«

Der Zugang zum mobilen Arbeiten – das zeigt sich stabil über die beiden Erhebungswellen – ist höchst ungleich verteilt. Von den unteren Klassen können nur die Bürokräfte in nennenswertem Ausmaß ins Homeoffice wechseln. Produktionsarbeitende und Dienstleistende haben hingegen kaum die Möglichkeit, in Distanz zu arbeiten. Aus diesen Klassen arbeitet nicht einmal jede:r Zehnte in der Pandemie mehr von zu Hause als vor Corona. Ähnliche Ungleichmuster zeigen sich auch beim Digitalisierungsschub: Es sind vor allem die oberen Erwerbsklassen, die eine Digitalisierung der eigenen Arbeit erleben, während die Arbeit insbesondere der Kleingewerbetreibenden, der Produktionsarbeitenden und der Dienstleistenden kaum pandemiebedingt digitalisiert wird. Deutlich ist auch der Einfluss von Betriebs- und Personalräten auf den Zugang zum mobilen Arbeiten: In mitbestimmten Unternehmen und Einrichtungen arbeiten fast doppelt so viele Beschäftigte in der Pandemie mehr von zu Hause als in nicht-mitbestimmten Organisationen. Bei der Digitalisierung ist der Effekt hingegen deutlich geringer.

2.5 Arbeitsbedingungen: Allgemeiner Anstieg der Belastungen, interpersonelle Klassen besonders betroffen

Die Pandemieeffekte auf die Arbeitsbedingungen unterscheiden sich in zwei Punkten von den anderen untersuchten Themenfeldern: Zum einen zeigen sich größere Veränderungen zwischen den beiden Erhebungswellen, zum anderen fallen vor allem die vertikalen Klassenungleichheiten geringer aus. Der Anteil derjenigen, die angeben, durch Corona mit *steigenden Arbeitsbelastungen* konfrontiert zu sein, ist von bereits hohen 47 Prozent im April/Mai 2020 auf 57 Prozent im April/Mai 2021 angestiegen. In den Interviews berichten viele Beschäftigte vor allem aus dem Dienstleistungssektor von einer deutlichen Arbeitsintensivierung. Auffällig sind die ausgeprägten Geschlechterdifferenzen: Frauen sind in beiden Erhebungswellen um ungefähr zehn Prozentpunkte stärker von Belastungssteigerungen betroffen als Männer. Dies hängt zum einen mit der asymmetrischen Verteilung der Kinderbetreuungslasten zusammen. Zum anderen spielt aber auch – parallel zu den subjektiven Infektionsrisiken – die vergeschlechtlichte Arbeitsteilung eine wichtige Rolle. Frauen sind in den von Belastungen stärker betroffenen interpersonellen Berufen überrepräsentiert. Die Klassenungleichheiten sind bei den Arbeitsbelastungen zwar geringer ausgeprägt als in den anderen Themenfeldern, trotzdem sind die beiden interpersonellen Klassen stärker betroffen als die anderen Klassen. Eine Supermarktkassiererin macht deutlich, dass die im Vergleich zur Vor-Corona-Zeit und auch zur Frühphase der Pandemie gestiegenen Arbeitsbelastungen eng mit den Versuchen der Unternehmen verbunden sind, auch in Pandemiezeiten die Gewinnziele zu erreichen:

»Das stört uns sehr. Wir haben im Handel wirklich ein hartes Jahr hinter uns. Zuerst die Hamsterkäufe, dann die ganzen [Schutz]-Maßnahmen, die wir ständig umsetzen müssen: den ganzen Tag Abstand halten, Maske tragen. Man fühlt sich eingesperrt und eingeengt. Bei den Hamsterkäufen, das war Wahnsinn, jeden Tag war der Laden leer, wir haben jeden Tag LKW-weise Ware bekommen. Wir mussten ja viel, viel mehr arbeiten. Von uns wurde natürlich auch verlangt, dass wir dann ständig da waren, obwohl wir alle nur Teilzeit sind. [...] Die Firma hat von uns einfach erwartet, dass wir im Zeichen der Solidarität und ›wir sind ein Team‹ im Prinzip Tag und Nacht arbeiten. Jetzt ist ein Jahr vergangen und wir werden mehr geknechtet denn je. Die Firma hat die Zügel angezogen, weil sie meint, sie hätte nicht genug Gewinn gemacht in der Zeit.«

Im Unterschied zu den gestiegenen Arbeitsbelastungen blieben die Auswirkungen auf die *Vereinbarkeit von Arbeit und Leben* im Pandemieverlauf hingegen stabil. In beiden Befragungswellen geben knapp 30 Prozent der Teilnehmer:innen an, dass sich durch Corona für sie die Vereinbarkeit verschlechtert hat. Interessenterweise fallen vor allem die Geschlechterdifferenzen eher gering aus, ebenso wie die Klassenungleichheiten. Quer über alle Berufe berichten drei von zehn Erwerbstätigen von einem negativen Effekt der Pandemie auf die Vereinbarkeit von Arbeit und Leben. In Unternehmen mit Betriebs- oder Personalrat erleben ähnlich viele Beschäftigte eine Steigerung der Arbeitsbelastungen sowie eine Verschlechterung der Vereinbarkeit wie in Unternehmen ohne Interessenvertretung.

3. Fazit: weitreichende Auswirkungen der Pandemie, aber starke Klassenungleichheiten

Corona und die Eindämmungsmaßnahmen haben weitreichende arbeitsweltliche Implikationen. Die Pandemie verändert die Erwerbsarbeit für viele, aber auf sehr unterschiedliche Art und Weise: Nach einem Jahr Corona sind gestiegene Arbeitsbelastungen die am weitesten verbreitete Arbeitsfolge der Pandemie, gefolgt vom mobilen Arbeiten und einer verschlechterten Vereinbarkeit von Arbeit und Leben. Insgesamt geben sechs von zehn Erwerbstätigen im April/Mai 2021 an, dass ihre Arbeitsbelastungen gestiegen sind, vier von zehn arbeiten pandemiebedingt mehr von zu Hause als vor Corona und drei von zehn berichten, dass sich für sie durch die Pandemie die Vereinbarkeit verschlechtert hat. Allerdings hat die Analyse der fünf Themenfelder – subjektive Infektionsrisiken, wirtschaftliche Lasten, Kurzarbeit, mobiles Arbeiten und Arbeitsbedingungen – ausgeprägte vertikale und horizontale Klassenungleichheiten zu Tage gefördert, die sich zudem – das zeigt der Vergleich der Befragungen in den beiden harten Lockdowns (April/Mai 2020 und April/Mai 2021) – im Verlauf der Pandemie nicht abgeschwächt haben. Wie jemand die Pandemie erlebt, hängt entscheidend von der Klassenlage ab. Entlang der horizontalen Dimension finden sich drei distinkte Corona-Erfahrungswelten: Arbeitende in interpersonellen Dienstleistungsberufen erleben die Pandemie häufiger als Gesundheitsgefährdung, in selbständigen und technischen Berufen dominiert die Erfahrung der Wirtschaftskrise und in administrativen Berufen wird die Pandemie vielfach als Treiberin mobilen Arbeitens erlebt. Innerhalb der Erfahrungswelten existieren vertikale Ungleichheiten: Die nicht-akademischen Berufe der unteren sozialen Klassen leiden häufiger unter Ansteckungssorgen, bewerten die Schutzmaßnahmen am Arbeitsplatz häufiger als unzureichend, müssen häufiger Verdiensteinbußen hinnehmen und sehen ihre berufliche Zukunft häufiger durch Corona verunsichert – und haben zudem auch in Pandemiezeiten kaum Zugang zum mobilen Arbeiten. Die unteren Klassen der Ausbildungsberufe und Anlerntätigkeiten leiden besonders unter den arbeitsweltlichen Folgen – und damit soziale Klassen, in denen auch schon vor der Pandemie niedrige Einkommen, geringe Beschäftigungssicherheit und fehlende Wertschätzung verbreitet waren.

Diese Klassenungleichheiten sind vielen Erwerbstätigen im Arbeitsalltag präsent. Die vertikalen Ungleichheiten werden von den unteren Klassen reflektiert und die eigene berufliche Lage in der Erwerbshierarchie stärker ins Bewusstsein gerückt; zugleich führt die Pandemie vielen Arbeitenden aus den oberen Klassen ihre privilegierte Stellung vor Augen. Aber auch die horizontalen Ungleichheiten zwischen den unteren Klassen werden von Arbeitenden wahrgenommen. Eine Betriebsrätin aus der Chemieindustrie macht deutlich, dass sich in der Pandemie die Differenzen zwischen Arbeiter:innen und Angestellten verschärfen:

»Die Verwaltungsangestellten können ins Homeoffice. Aber die Leute, die an einem bestimmten Ort sein müssen, die haben nun wirklich ein echtes Problem. [...] Sie können die Sachen drehen und wenden, wie Sie wollen, am Ende müssen Sie in den Umkleideraum. Das Risiko für die Arbeiter und Arbeiterinnen, die ortsgebunden arbeiten müssen, ist natürlich größer als für andere. Keine Frage. [...] Es wird ja immer so getan, es gibt keine Klassengesellschaft. [...] Aber Arbeiter und Arbeiterinnen und Angestellte leben in völlig verschiedenen Welten. Es macht einen Unterschied, ob Sie

Beiträge aus der Wissenschaft

morgens aus dem Bus steigen und Sie gehen in einen Umkleideraum, wo also Schränke, Spinde sind, 40 Zentimeter pro Nase, wo Sie dicht an dicht auf einer Bank sitzen und dann gehen Sie also in eine Abteilung mit 100 Leuten. Oder Sie haben Gleitzeit, der eine kommt um sieben, die andere kommt eine halbe Stunde später. Sie wissen gar nicht, was ein Spind ist, sie können ihren Mantel also in Ihrem Büro irgendwo hinhängen. Der nächste Schreibtisch ist zwei Meter entfernt, dazwischen steht eine Blume. Das ist einfach etwas völlig anderes. Sie können aufstehen, Sie können sich die Hände so oft waschen, wie Sie wollen. Wenn Sie an einem Band sind und Sie wollen aufstehen und sich die Hände waschen, müssen Sie der Nachbarin sagen: Ich gehe mal eben weg. Wird sie sagen: Wieso willst du denn schon wieder die Hände waschen? Dann stehe ich hier alleine.«

Dass die unterschiedlichen coronabedingten Problemlagen in vielen Belegschaften direkt aufeinandertreffen, ist auch eine Herausforderung für die betrieblichen Interessenvertretungen. Diese müssen nicht nur die aufkommenden Spannungen und Konflikte zwischen verschiedenen Belegschaftsgruppen einhegen, sondern die Interessendifferenzen berücksichtigen und zugleich klassenübergreifende Solidarisierungsprozesse unterstützen. Offensichtlich gelingt es Betriebs- und Personalräten seit Pandemiebeginn, Verdiensteinbußen von Beschäftigten zu begrenzen, Aufstockungszahlungen für Kurzarbeitende durchzusetzen, Zukunftsunsicherheit zu reduzieren und den Zugang zum mobilen Arbeiten auszuweiten. Hingegen sind bei den weniger traditionellen Mitbestimmungsthemen, zu dem zu Pandemiebeginn keinerlei Regulierungserfahrungen existierten – den Ansteckungsgefahren des SARS-CoV-2-Virus –, bislang keine vergleichbaren branchenübergreifenden Differenzen entlang der Mitbestimmung zu erkennen.

Literatur
Hipp, Lena/Bünning, Mareike (2020): Parenthood as a driver of increased gender inequality during COVID-19? Exploratory evidence from Germany, in: European Societies. Special Issue European Societies in Time of the Pandemic.

Hövermann, Andreas (2020): Soziale Lebenslagen, soziale Ungleichheiten und Corona-Auswirkungen für Erwerbstätige, WSI Policy Brief Nr. 44, 6/2020, Düsseldorf.

Holst, Hajo/Fessler, Agnes/Niehoff, Steffen (2020a): Covid-19, social class and work experience in Germany: inequalities in work-related health and economic risks, in: European Societies. Special Issue European Societies in Time of the Pandemic.

Holst, Hajo/Fessler, Agnes/Niehoff, Steffen (2020b): Covid-19 und die Arbeitswelt. Berufliche Ungleichheiten im Arbeitsleben in der Pandemie. Forschungsbericht. Osnabrück: Universität Osnabrück.

Oesch, Daniel (2006): Redrawing the Class Map. Stratification and Institutions in Britain, Germany, Sweden and Switzerland, Basingstoke.

Berthold Vogel
Investition und Innovation.
Für eine Politik öffentlicher Güter

Wandeln sich unsere Gesellschaften mit der Corona-Pandemie zum Besseren? Sind wir Zeugen neuer Solidarität? Erleben wir gar das Ende des Marktradikalismus und eine neue Wertschätzung für die öffentlichen Angelegenheiten? Diese Fragen greifen Erwartungen auf, die aus den Sozialwissenschaften heraus seit März 2020 formuliert wurden. Tatsächlich gelang es ja auch, dass sich Politik, Wirtschaft und Gesellschaft der pandemischen Belastungsprobe vereint stellten. Rasch war von Rettung und Finanzhilfe, von Subvention und Sonderzahlung die Rede. Berufe und Tätigkeiten erhielten mediale und politische Aufmerksamkeit, die sonst eher zum vernachlässigten Hintergrundrauschen der Arbeitsgesellschaft zählen: Sanitäter und Busfahrerinnen, Logistikmitarbeiterinnen und Sozialarbeiter. Hinzu kam, dass rasch öffentliche Hilfen in Aussicht gestellt wurden. Das galt unisono über Partei- und Regierungs-Oppositions-Grenzen hinweg. Rettungsschirme aller Art bestimmten die Schlagzeilen.

1. Regional und europäisch denken für eine Politik öffentlicher Güter
Doch diese Solidaritäts- und Wertschätzungsimpulse waren nicht von langer Dauer. Schnell wurde Skepsis laut, dass Konjunkturpakete eine Sicherheit suggerieren, die sie nicht werden bieten können. Zumal mit jeder Milliarde mehr die Begehrlichkeiten wachsen – und vor allen Dingen die Sorge, zu denen zu gehören, die zu kurz kommen und ihre Interessen nicht rasch und wirkungsvoll artikulieren können.

Dieser Prozess war und ist auf regionaler und nationalstaatlicher Ebene zu beobachten und er kulminierte Mitte Juli 2020 auf dem EU-Sondergipfel zur Bekämpfung der Corona-Folgen. Wechselseitige Ressentiments und offensichtlich tief verankerte Vorurteile vom »sparsamen« Norden und »undisziplinierten« Süden, vom »liberalen« Westen und »autoritären« Osten brachen sich angesichts der Corona-Krise nahezu ungehemmt Bahn. Je länger die Krise anhält, umso klarer treten sukzessive die jeweils eigenen wirtschaftlichen und sozialen Interessen zutage. Bereits vorhandene Bruchlinien innerhalb und zwischen Gesellschaften werden nun deutlich sichtbar. Nichts spricht aus soziologischer Sicht dafür, dass das Virus und die Pandemie-Krise Gleichmacher wären oder den gesellschaftlichen Zusammenhalt verstärkten. Im Gegenteil: Der Umgang mit der Pandemie ist ein unerbittlicher Trennungsbeschleuniger. Das Vorgehen in der Covid-19-Krise attackiert den sozialen Zusammenhalt. Die Institutionen des Wohlfahrtsstaates und das Vorhandensein öffentlicher Güter machen je nach Land und Region den starken Unterschied. Sie vermögen, soweit vorhanden, soziale und wirtschaftliche Trennungen auszugleichen und politisch zu gestalten. Länder, die nicht über wohlfahrtsstaatliche Institutionen verfügen, trifft die virologisch befeuerte soziale Spaltung sehr viel härter. Die fiskalischen, ökonomischen und sozialen Lasten, die die Pandemie-Krise auferlegt, werden jedoch auch die wohlhabenden Gesellschaften, die über einigermaßen reaktionsfähige und resiliente öffentliche Güter und Strukturen verfügen, noch lange begleiten. Die Pandemie stellt unsere sozialen Verhältnisse und Beziehungen in ein klares und oftmals kaltes Licht. Die prosaische Realität der Kleinfamilien wird im zermürbenden Kampf zwischen Homeoffice und Kinderbetreuung ebenso sichtbar wie die betrieblichen Ungleichheiten zwischen Büro und Werkhalle. Selbst die sogenannten Lockdowns waren branchen- und betriebsspezifisch sehr ungleich verteilt. Vielerorts ging die Arbeit weiter – oft über jede Belastungsgrenze für die Beschäftigten hinaus, für Frauen wie auch für Männer. Beim Gesundheitspersonal oder bei den Verkäuferinnen war das allgemein sichtbar. Aber auch die Logistik, der Straßenbau, das Handwerk und weite Teile der industriellen Fertigung standen seit März 2020 zu keinem Zeitpunkt still. Im Gegenteil: Paketdienstfahrer standen unter Dauerdruck, im Baugewerbe blieben hierzulande nahezu alle Baustellen offen. Vor dem Virus, genauer: vor der Infektionsgefahr sind keineswegs alle gleich. Vielmehr zeigte sich bereits im Frühjahr 2020, dass die pandemische Risikogesellschaft in ihrer alltäglichen Arbeitswirklichkeit eine Klassengesellschaft ist.

Was ist nun zu tun? Was sind die Aufgaben, die nach 2021 anstehen? Die Verteilungskonflikte, die auf uns zukommen, benötigen leistungs- und reaktionsfähige öffentliche Institutionen, auf lokaler, nationaler wie internationaler Ebene. Diese (noch) vorhandene Präsenz öffentlicher Einrichtungen, beispielsweise im Bereich der kommunalen Verwaltung oder der öffentlichen Gesundheitsversorgung, haben im bisherigen Verlauf der Krise eine zentrale Rolle gespielt. Eine neue Politik der öffentlichen Güter, die gleichermaßen regional wie europäisch denkt, ist daher nicht nur das spontane Gebot der Stunde, sondern der nachhaltige Auftrag für die kommenden Jahre. Insofern hätte es Europa gutgetan, wenn man sich beispielsweise im Sommer 2020 zu einer europäischen Gesundheitspolitik hätte durchringen können. Denn von einer gut funktionierenden und leistungsstarken Gesundheitsversorgung in Spanien, die sich im Krisenfall reaktionsfähig zeigt und einen wirtschaftlichen *Lockdown* zu verhindern vermag, profitieren zum Beispiel auch die Niederlande oder auch Finnland. Solidarität heißt eben auch, in Zusammenhängen denken zu können. Waren es nicht gerade die mittel- und nordeuropäischen Länder, die in der Vergangenheit insbesondere den südeuropäischen Partnern Sparprogramme in ihren öffentlichen Aufgabenbereichen im Rahmen einer Austeritätspolitik auferlegt haben? Auch im Umgang mit Covid-19 wurden Ressentiments forciert, und zumindest im europäischen Rahmen gab es bislang nur geringe solidaritätsstiftende Effekte. Das ist bis zum heutigen Tag auch in der Frage der Impfpolitik im Besonderen und des Infektionsschutzes im Allgemeinen zu sehen.

2. Investitionen in sozialen Ausgleich und Zusammenhalt

Vor diesem Hintergrund braucht es umso mehr eine neue Politik öffentlicher Investitionen in gesellschaftlich notwendige Dienstleistungen. Investitionen in Strukturen der sozialen Daseinsvorsorge, aber auch Investitionen, die gesellschaftlich notwendige Dienstleistungen gerade für junge Leute attraktiv machen. Sie sind die Träger der öffentlichen Angelegenheiten für morgen. Der Frage der Nachwuchsrekrutierung muss daher mehr Aufmerksamkeit gewidmet werden. Berufe, die auf die Sicherung gesellschaftlich notwendiger Dienstleistungen zielen, müssen attraktiver gestaltet werden. Das gilt mit Blick auf Fragen der Entlohnung, der betrieblichen Arbeitsgestaltung und Mitbestimmung sowie hinsichtlich der mit diesen Berufen verknüpften Aufstiegsmöglichkeiten.

Öffentliche Güter sind für die Gestaltung der gesellschaftlichen Zukunft aus doppeltem Grund wichtig: Die Pandemie zeigt, dass sie zum einen als wichtige gesellschaftliche Leitplanken funktionieren. Sie signalisieren soziale Sicherheit und politische Gestaltungsfähigkeit. Dort, wo in öffentliche Angelegenheiten investiert wird, entstehen Zukunftsperspektiven. Dort, wo sich die öffentliche Hand sukzessive aus dem gesellschaftlichen Leben zurückzieht, erodieren Zusammenhalt und Integrationsfähigkeit. Darüber hinaus zeigt die Pandemie sehr konkret, dass öffentliche Güter Orte praktizierten Gemeinwohls sind. Sie repräsentieren Prinzipien des Allgemeinen. Die Logik des Kollektiven steht über der Logik der Einzelinteressen. Die Versorgung der Kranken, die Verwaltung der öffentlichen Angelegenheiten, die Sicherung von Leib und Leben, die Bildung von Menschen, die Ermöglichung von Mobilität und die kulturelle Erweiterung unserer Lebenshorizonte repräsentieren das, was die Philosophin Angela Kallhoff in ihrem Buch »Why Democracy needs Public Goods« als »Social Equalizing« (Kallhoff 2011) bezeichnet. Öffentliche Güter bzw. diejenigen, die Verantwortung für öffentliche Güter übernehmen, stärken den Zusammenhalt demokratisch und rechtsstaatlich verfasster Gesellschaften, indem sie für Ausgleich, für wechselseitige Verantwortung und für soziales

Bewusstsein sorgen. Das gelingt nicht immer und überall gleichermaßen gut. Aber es gelingt und das ist historisch und im internationalen Vergleich betrachtet ein Fortschritt. Hier repräsentiert sich in einem positiven Sinne die Staatsbedürftigkeit der Gesellschaft (vgl. Vogel 2007). Der Staat ist hier nicht autoritäre Lehranstalt, in der Moral und Wohlwollen unterrichtet wird, sondern Rahmensetzer für Entfaltung, Teilhabe und Sicherheit der Bürgerinnen und Bürger (s. auch den Beitrag von Frank Werneke in diesem Band). Die öffentliche Hand schafft die Voraussetzungen, dass sich die Zivilgesellschaft für sich und um sich sorgen kann. Unsere Studien zu »Sozialen Orten« zeigen diesen Zusammenhang überdeutlich (vgl. Arndt et al. 2020). Sehr zu Recht stellt daher der Publizist Raul Zelik fest: »Wenn es einen Lichtblick gibt, dann ist es der Charakter der von der Pandemie aufgeworfenen Fragen: Warum stehen öffentliche Infrastrukturen wie das Gesundheitswesen eigentlich nicht im Mittelpunkt jeder ökonomischen Theorie, wenn sie doch offenbar die Grundlage unseres Lebens garantieren? Wieso werden Krankenpfleger:innen, Kassierer:innen und Transportarbeiter:innen nicht ›systemrelevant‹ bezahlt, wenn ohne sie nichts geht? Weshalb werden die ganzen Markttheorien nicht endlich ins Reich der Ideologie verwiesen, wenn der Markt in jedem schwierigen Moment Panikkäufe und Warenknappheit produziert?« (Zelik 2020, S. 13f.)

Mit Blick auf die Arbeits- und Berufswelt öffentlicher Güter gilt es, sich politisch wie wissenschaftlich dafür zu engagieren, dass die Pandemie unsere soziale Aufmerksamkeit und Wertigkeiten nachhaltig verändert. Denn sonst wird es bei einem knappen, für kurze Zeit provozierten Lichtblick bleiben. Es ist nicht zu bestreiten, dass bis vor Kurzem die öffentlichen Güter noch mit dem Stigma der mit sich selbst beschäftigten Bürokratie (exemplarisch: Gesundheits- und Ordnungsämter) behaftet waren. Ab Mitte März 2020 avancierten sie zur notwendigen Voraussetzung einer konstruktiven Krisenbewältigung. Das gilt allemal für das Gesundheitswesen. Aber auch öffentliche Verwaltung, Polizei und Sozialarbeit, Busfahrer und Lebensmittelhändler erleb(t)en neue Wertschätzung. Diesen Moment gilt es zu nutzen – nicht im Sinne einer Bestandswahrung des Althergebrachten im öffentlichen Dienst, sondern durch innovative Konzepte öffentlicher Verantwortung und Leistungserbringung.

3. Die Pandemie provoziert Innovationen

Doch was passiert, wenn in der Staatschuldenkrise die Verteilungskonflikte klein gearbeitet werden? Was passiert, wenn das Virus in vielen Ländern länger durchhält als alle staatlichen Hilfsprogramme? Was passiert, wenn die Pandemie immer mehr zur lokalen Frage wird und ihre globale Dimension aus der Perspektive der wohlhabenden Länder nur noch als Externalisierung von Risiken behandelt wird? Wir sollten für die Krise, an deren Anfang wir uns befinden, einige sehr grundsätzliche Dinge verstehen lernen.

1. Unser Leben in einer freien und sicheren Gesellschaft ruht auf spezifischen Voraussetzungen, die weder historisch noch aktuell einfach so gegeben sind. Jede Art und Weise öffentlichen Handelns, ob staatlich, kommunal, zivilgesellschaftlich oder auch unternehmerisch, muss immer wieder neu hergestellt werden.
2. Die Pflege und Verantwortung für öffentliche Güter sind eine kollektive Aufgabe, die wir Erwerbstätigen übertragen sollten, die hierfür gut ausgebildet sind und ein vernünftiges Arbeitsumfeld mit adäquater Vergütung vorfinden. Unsere Studien im öffentlichen Sektor zeigen, dass die Mehrheit der im öffentlichen Sektor Beschäftigten ein starkes wertorientiertes Arbeitsbewusstsein mitbringt (Vogel/Pfeuffer 2016). Die Mehrheit der von uns befragten Pflege- und Lehrkräfte, Busfahrer und Sozialarbeiterinnen, Rettungsdienstler und Polizistinnen sind sich ihrer öffentlichen Verantwortung bewusst. Dies ist ein gesellschaftliches Kapital, eine soziale Bindekraft, auf der wir aufbauen können. Die Gegenwart der Pandemie bestätigt diese Befunde mit Nachdruck. In diese Institutionen und ihr Personal wurde in den vergangenen Jahrzehnten fahrlässig wenig investiert (s. auch den Beitrag von Christine Behle/Mira Ball sowie Grit Genster in diesem Band). Doch in der Krise hat sich gezeigt, dass die Präsenz in der Fläche zählt. Dezentralität und Föderalität sind Stärken, gerade weil sie eine balancierende Wirkung haben (Stichwort: *social equalizing*).
3. Schließlich müssen wir verstehen, dass die Wirkungsfähigkeit öffentlicher Güter in transnationalen und globalen Bezügen wächst. Gesundheitsversorgung und Sicherheit, Schutz der Lebensgrundlagen und die Stärkung des Bewusstseins, eine Welt zu teilen, kann keine allein nationale Aufgabe sein. Gerade die Pandemie zeigt doch, dass Regime, die sich und ihre Interessen über die anderer stellen und die umgekehrt kein Interesse daran haben, kollektiv nutzbare öffentliche Infrastrukturen zu garantieren, sich in der Krisenbewältigung erheblich schwerer tun. Wenn der Staat alleine als Ort klientilistischer und oligarchischer Bereicherung der Wenigen betrachtet wird, verlieren öffentliche Einrichtungen ihre Handlungsfähigkeit für die Angelegenheit des Gemeinwohls.

Unter Berücksichtigung dieser Punkte geht es darum, den öffentlichen Sektor neu zu gestalten. Die öffentliche Gesundheitsversorgung braucht verstärkt Personal, Status und Wertschätzung. Verwaltung, Zivilgesellschaft und lokale Unternehmen müssen bei der Stärkung lokalen Zusammenhalts enger kooperieren. Die finanzielle Ausstattung der Kommunen ist hier ein wesentlicher Faktor, der in der Debatte um das Verhältnis von Staat und Markt bzw.

Staat und Gesellschaft oft zu kurz kommt. Digitalisierung bzw. digitale Tools müssen stärker in den Dienst gemeinwohlorientierter Aktivitäten gestellt werden. Das gilt für Fragen der räumlichen Mobilität und Verkehrsplanung, für die Kommunikation zwischen Verwaltung und Bürgerschaft, aber eben auch für die lokale Gesundheitsversorgung. Digitale Techniken können als öffentliche Güter gestaltet werden, wenn der entsprechende politische Wille vorhanden ist, sie im Sinne des Gemeinwohls zu gestalten. Hier liegen erhebliche Innovationspotenziale für kommunale Beziehungen und soziale Räume. Die Pandemie eröffnet die Möglichkeit, Neues auf den Weg zu bringen.

4. Neue Aussichten für die öffentlichen Angelegenheiten statt Rückkehr zur Normalität!

Die Zukunft der demokratischen Gemeinwesen nach pandemischen Krisenereignissen wird von der Investitionsbereitschaft in öffentliche Güter abhängen. Das bringt Verteilungskonflikte mit sich. Hier sind nicht nur Rettungsschirme gefragt. Sie schützen nicht auf Dauer und werden zudem rasch zum begehrten Objekt erfolgreicher Lobbypolitik, auch in demokratisch organisierten Rechts- und Sozialstaaten. Gefragt sind jetzt klare Investitionsstrategien in öffentliche Dienste – zum Nutzen der dort Beschäftigten und damit zum Nutzen von uns allen. Diese Investitionsstrategien müssen von den lokalen Verhältnissen her gedacht werden, von den Bedarfen vor Ort, von der Notwendigkeit neuer regionaler Infrastrukturen des Zusammenhalts. Aktuelle Erhebungen des Soziologischen Forschungsinstituts (SOFI) zu »Sozialen Orten«, die Zusammenhalt stiften, zeigen das Vorhandensein lokaler Potenziale, also wirtschaftlich und sozial engagierter Bürgerinnen und Bürger sowie aktiver und innovativer Lokalpolitikerinnen und -politiker in strukturschwachen Regionen (vgl. Arndt et al. 2020). Um diese lokalen Stärken zu unterstützen, ist eine gezielte Struktur- und Steuerpolitik unabdingbar, die dabei hilft, den privaten Reichtum unserer Gesellschaft in öffentlichen Wohlstand zu übersetzen. Die Demokratie wird nicht an der Umsetzung von Infektionsschutzgesetzen scheitern, wie uns manche politischen und juristischen Beobachter einreden wollen. Die Zukunft der Demokratie und die Stärke ihres Zusammenhalts drohen vielmehr an unserer mangelnden Bereitschaft zu scheitern, diejenigen Menschen stark zu machen, die bereit sind, sich für öffentliche Aufgaben zu engagieren. Gegen die Fragmentierung und Polarisierung der Gesellschaft hilft neben dem Zugang für alle zu einem Impfstoff, vor allem eine neue Politik der öffentlichen Güter. Sie muss die finanziellen Voraussetzungen und das Bewusstsein schaffen, dass die Interessen am Gemeinwohl in eine produktive Balance mit den Bedürfnissen der Einzelnen gebracht werden. Hierzu zählt auch, dass eine Politik der öffentlichen Güter die Gruppen der Arbeitsgesellschaft im Blick behält, die keine Lobby haben. Menschen, die als Leiharbeitskräfte, als Werkvertragsarbeiter, als Multijobber sich und ihre Familien durchbringen müssen; und wir müssen durch Forschung die sozialen Orte ausfindig machen, die auch in Zeiten des *Social Distancing* Zusammenhalt bieten können. Insgesamt bleiben zwei Punkte festzuhalten:

1. Wer auf öffentliche Güter und Daseinsvorsorge setzt, auf die Infrastrukturen des Sozialen, vertraut zunächst auf die Solidität unserer Institutionen – mehr als auf eine vorgängige Solidarität aller Bürgerinnen und Bürger. Beides ist nicht voneinander zu trennen, das zeigt ja auch die anhaltende und stetige Diskussion um das Verhältnis von Staat und Zivilgesellschaft. Das alles ist kein Appell an höhere Einsichten, sondern erstens der Aufruf, bestehende Ressourcen unserer Gesellschaft zu nutzen und zu stärken, und zweitens der praktische Hinweis, dass die politische und fiskalische Bewältigung der Coronakrise unter keinen Umständen zu Lasten derer gehen darf, die ihre Arbeitskraft in der Krise in den Dienst der Gesellschaft gestellt haben.
2. Eine Rückkehr zur (schlechten) alten Normalität darf es daher nicht geben. Denn mit der, durch die und nach der Pandemie warten weitere zentrale Herausforderungen sozialer, wirtschaftlicher und politischer Transformation: der digitale Wandel der Arbeitswelt, die demografische Herausforderung unserer Sozialsysteme und vor allem die ökologische Neuausrichtung und sukzessive Dekarbonisierung unserer Arbeits- und Lebensweise. Diese fundamentalen Prozesse werden nur dann demokratisch und im Sinne sozialer Balancen (Solidarität!) gestaltet werden können, wenn wir über starke und resiliente öffentliche Güter und Infrastrukturen verfügen. Diesen Fingerzeig der Pandemie gilt es zu verstehen – und in beiden Punkten sind die Gewerkschaften als wichtige Solidaritätsspeicher unserer Gesellschaft gefordert!

Literatur
Arndt, M./Buschbohm, K./Neu, C./Ljubica N./Reingen, H./Simmank, M./Vogel, B./Wicklow, D. (2020): Soziale Orte. Ein Konzept zur Stärkung lokalen Zusammenhalts, wisodiskurs 05/20: Friedrich-Ebert-Stiftung, Berlin.
Kallhoff, A. (2011): Why Democracy needs Public Goods, London.
Vogel, B. (2007): Die Staatsbedürftigkeit der Gesellschaft. Hamburg.
Vogel, B./Pfeuffer, A. (2016): Amtsethos oder Job? Zum Arbeitsbewusstsein im öffentlichen Dienst; in: WSI-Mitteilungen 69 (3), Schwerpunktheft »Gerechtigkeitsansprüche und Arbeitnehmerbewusstsein heute – neue Ansätze, neue Befunde«, S. 513–520.
Zelik, R. (2020): Wir Untoten des Kapitals. Über politische Monster und einen grünen Sozialismus, Berlin.

Klaus Dörre
Keine Krise wie jede andere:
Die Pandemie, die Transformation und der Staat[1]

Die Corona-Pandemie ist eine medizinische Katastrophe, die sich auf eigentümliche Weise mit einer ökonomisch-ökologischen Zangenkrise verbindet. Wegen dieser besonderen Synthese erleben wir nicht nur den Übergang von einer Phase des Kapitalismus zu einer anderen, sondern »etwas Epochaleres: den Zusammenbruch jener Strategien und Verhältnisse, die in den letzten fünf Jahrhunderten die Kapitalakkumulation aufrechterhalten haben«.[2] Zangenkrise besagt, dass sich das wichtigste Mittel zur Befriedung sozialer Konflikte im Kapitalismus, die Erzeugung von Wirtschaftswachstum, unter Status-Quo-Bedingungen – hohem Emissionsausstoß, Ressourcen- und Energieverbrauch – unweigerlich in eine ökologische Destruktivkraft verwandelt. Insofern bewegen sich vor allem die frühindustrialisierten Länder zwischen Scylla und Charybdis. Bleibt das Wirtschaftswachstum aus, nehmen Armut, Prekarität und soziale Ungleichheiten zu; stellt es sich hingegen ein, nähern sich globale ökologische Gefahren wie der menschengemachte Klimawandel Schwellenwerten, an denen die Veränderungen irreversibel und große Teile des Planeten unbewohnbar werden. Diese Konstellation zwingt zuerst Industriestaaten wie die Bundesrepublik zu einer großen gesellschaftlichen Transformation, zu dramatischen Veränderungen ihrer Produktions- und Lebensweisen. Längst hat der Veränderungsdruck das Zentrum auch der bundesdeutschen Wirtschaft erreicht. Mit dem Energie-, Verkehrs- und Gebäudesektor, der Landwirtschaft und – oft vergessen – der Finanzindustrie befinden sich wichtige Branchen inmitten eines Wandels, der in seinen Auswirkungen wohl mit der ersten industriellen Revolution verglichen werden kann.

Diese Transformation, die auch den digitalen Wandel umfasst, trifft die Gewerkschaften in ihren noch verbliebenen Hochburgen – allen voran in der Auto- und Zulieferindustrie. Als wäre das alles nicht schon genug, kommen

---

1   Der Beitrag ist in gendersensibler Sprache verfasst. Wo sinnvoll, ist entsprechenden Worten ein Doppelpunkt eingefügt. Um die Lesbarkeit zu gewährleisten, ist das bei zusammengesetzten Worten, eindeutigen Geschlechterzuordnungen und Fachbegriffen nicht der Fall.
2   Moore, Jason W. (2015): Capitalism in the Web of Life. London/New York, S. 1; in der deutschen Ausgabe: Moore, Jason (2019): Kapitalismus im Lebensnetz. Ökologie und die Akkumulation des Kapitals. Berlin, S. 8.

nun auch noch die Corona-Pandemie und deren katastrophale Folgen hinzu. Nicht zuletzt die Komplexität der Herausforderungen zwingt alle gesellschaftlichen Akteure, die Gewerkschaften eingeschlossen, zu einer strategischen Neuausrichtung.

Im Zentrum der strategischen Wahl steht derzeit, so meine These, die veränderte Rolle des Staates. Können die Gewerkschaften den interventionistischen Staat der Corona-Krise nutzen, um in der Transformation Geländegewinne zu erzielen? Mit dieser Frage beschäftige ich mich im nachfolgenden Beitrag. An eine Auseinandersetzung mit dem Corona-Diskurs (1) schließt eine Betrachtung des Corona-Staates und seiner widersprüchlichen Aktivitäten an (2, 3, 4). Zum Ende (5) wird die Frage nach dem interventionistischen Staat als gewerkschaftlicher Machtressource noch einmal aufgegriffen und – so hoffe ich – in differenzierter Weise beantwortet.

1 Pandemie und Ideologie

Beginnen wir mit einem Blick zurück. Als die pandemische Situation öffentlich wurde und der erste Lockdown folgte, schien die Welt still zu stehen. Endlich, so hieß es, werde der Ausstieg aus dem Hamsterrad des »Immer mehr und nie genug!« möglich. Trotz aller Gefahren gab es nun Zeit für Muße, die Natur erholte sich, und in der Bucht von Venedig wurden anstelle riesiger Kreuzfahrtschiffe wieder Delfine gesehen.[3] Auch die öffentliche Sicht auf die Arbeitswelt schien sich zu ändern. Mit Beginn der Pandemie rückten Berufsgruppen ins gesellschaftliche Rampenlicht, die zuvor nahezu unsichtbar waren. Nicht Autobauer, sondern das Altenpflege- und Klinikpersonal, die Kassierer:innen im Supermarkt und die Erzieher:innen in den Kindertagesstätten erwiesen sich als systemrelevant. Die neuen »Held:innen des Alltags« wurden von Balkonen beklatscht, und eine Aufwertung ihrer Tätigkeiten schien nur noch eine Frage der Zeit. Nie war die Gelegenheit günstiger, die Gesellschaft grundlegend zu verändern, wollte man selbst beim Spiegel wissen.[4]

Geblieben ist von dieser gesellschaftlichen Stimmung wenig bis nichts. Anstelle eines mutigen »Machen wir die Gesellschaft der Zukunft besser!« hat sich Katzenjammer eingestellt. Der Stimmungswechsel hängt eng mit der Erkenntnis zusammen, dass die Gesellschaften noch viele Jahre benötigen werden, um die sozialen, kulturellen und psychischen Belastungen durch

---

3 Mit besonderem Charme und großer Reichweite hat mein Kollege Hartmut Rosa diese Position vorgetragen. Siehe: Rosa, Hartmut (2020): Pfadabhängigkeit, Bifurkationspunkte und die Rolle der Soziologie. Ein soziologischer Deutungsversuch der Corona-Krise. Berliner Journal für Soziologie 30, S. 191–213, https://doi.org/10.1007/s11609-020-00418-2. Zugriff: 3.5.2021.
4 Der Spiegel, Nr. 17 vom 18.4.2020.

Beiträge aus der Wissenschaft

Covid-19 und die ihr nachfolgende wirtschaftliche Rezession halbwegs zu bewältigen. Mehr und mehr bricht sich die Erkenntnis Bahn, dass die Corona-Pandemie, darin früheren Seuchen ähnlich, in vielerlei Hinsicht als Ungleichheitsverstärker und Entsolidarisierungstreiber wirkt. Dem entspricht ein Katastrophenrealismus, wie ihn Thomas Mayer, Professor an der Privatuniversität Witten-Herdecke, beispielhaft auf den Punkt bringt: Der »falsche Fokus« auf den Klimawandel habe zumindest einen Teil der politischen Klasse in Deutschland dazu verleitet, Gefahren, die von Seuchen oder von Hochwasser ausgehen, aus dem Blick zu verlieren: »Sie scheuen keine für ihre Bürger entstehenden Kosten und Zumutungen und vernachlässigen doch das Naheliegende.« Gemeint sind wirksame Schutzmaßnahmen zuerst für die eigene, für die nationale Bevölkerung. Krisenrobustheit, neudeutsch Resilienz, wird zum Zauberwort, das eine bemerkenswerte Diskursverschiebung leistet. Die Zunahme von Katastrophen erscheint geradezu unausweichlich, deshalb lautet die Devise nun: »Schütze sich, wer kann!« Die diskursive Attacke gilt nicht allein der politischen Klasse, sondern auch der wissenschaftlichen Vernunft: »Wir neigen dazu, uns im unübersehbaren Universum des künftig Möglichen auf ein paar Möglichkeiten zu konzentrieren. Die Auswahl übernehmen gesellschaftliche Gruppen, die ihr Anliegen so lautstark vortragen, dass sie die öffentliche Meinung dafür gewinnen. Dann versuchen wir, diese Möglichkeiten wissenschaftlich auszuloten und zu vermessen. Beriefen sich die Herrschenden früher auf Gott, holen sie ihre Legitimation nun von den ›Wissenschaftlern‹.«[5]

Ein Wissenschaftler, der andere Mitglieder der *scientific community* pauschal mit Anführungszeichen bedenkt, macht ungewollt deutlich, worin die Gefahr derartiger Interventionen besteht. Der berechtigte Hinweis, dass Computersimulationen und darauf gegründete Zukunftsszenarien keineswegs mit realen gesellschaftlichen Zukünften zu verwechseln sind, wird genutzt, um generelle Zweifel am Wissenschaftssystem zu säen. Und der gesamten »politischen Klasse wird vorgeworfen, so zu handeln wie Mrs. Jellby in Charles Dickens Roman »Bleak House«: »Sie kämpfen mit ganzer Kraft für das Wohlergehen eines obskuren Stammes von Ureinwohnern in Afrika und vernachlässigen dabei ihre eigene Familie.«[6]

Mit solchen Sätzen beginnt die Zerstörung wissenschaftlicher Vernunft. Weder die Corona-Pandemie noch die Flutkatastrophe im Ahrtal sind plötzlich über uns gekommen. Sie haben ihren Ursprung in der außer-

---

5 Mayer, Thomas (2021): Der falsche Fokus auf den Klimawandel. https://www.welt.de/wirtschaft/article232787463/Corona-und-Hochwasser-Der-falsche-Fokus-auf-den-Klimawandel.html.
6 Ebd.

menschlichen Natur, werden jedoch, sobald sie die menschliche Zivilisation berühren und bedrohen, endogenisiert und somit zu gesellschaftlichen Phänomenen. Selbstverständlich lässt sich ein einzelnes Wetterereignis wie die Flutkatastrophe im Ahrtal nicht auf den menschengemachten Klimawandel zurückführen. Doch der anthropogene Klimawandel beeinflusst nach Auffassung der noch jungen Attributionsforschung zunehmend das Wetter. So konnten Modellsimulationen zeigen, dass die Dürre von 2018 wegen des Klimawandels etwa mit doppelt hoher Wahrscheinlichkeit eingetreten ist.[7] Einmal mehr findet sich ein Anhaltspunkt dafür, dass der Klimawandel für das verstärkte Auftreten von Wetterextremen wie Hitzewellen, Überschwemmungen, Trockenperioden und heftigen Stürmen mit verantwortlich zeichnet. Er verursacht Gletscherschmelzen, Wassermangel, Hungersnöte, Kriege und steigende Fluchtmigration – alles Phänomene, die Gesellschaften tiefgreifend verändern. Diese bereits jetzt messbaren Folgen des Klimawandels gegen einen kurzfristigen Schutz vor Katastrophen auszuspielen, die sich gerade *wegen* menschengemachter Klimaveränderungen häufen, zeugt von einer zynischen Geisteshaltung. Was über uns kommt, scheint ohnehin unabwendbar. Deshalb soll ein krisenrobuster Staat vor allem die eigene Bevölkerung schützen. Man beginnt zu ahnen, was Ulrich Beck vor Augen hatte, als er vor mehr als drei Jahrzehnten die Tendenz zu Katastrophengesellschaften beschrieb, in denen außer Kontrolle geratene ökologische Großgefahren den Alltag eines Großteils ihrer Bürger:innen bestimmen.[8] Öffentlichkeitswirksam in Szene gesetzte Attacken gegen die Tragfähigkeit wissenschaftlicher Expertise können autoritären Gesellschaftsentwürfen den Boden bereiten. Selbstverständlich sind Zweifel an vermeintlich gesicherten Erkenntnissen eine grundlegende Bewegungsform wissenschaftlichen Wissens. Damit ist zugleich gesagt, dass die Mehrheitsmeinung keineswegs immer die richtige sein muss. Doch obskure Minderheitenpositionen, sei es bei Flutwellen, sei es bei Covid-19, gegen die veröffentlichte Mehrheitsmeinung auszuspielen, um das Handeln sowohl der wissenschaftlichen Expert:innen als auch das der politischen Eliten systematisch zu delegitimieren, ist etwas völlig anderes als die Formulierung wissenschaftlich begründeter Gegenpositionen. Im Katastrophenfall ist Staatshandeln zwingend erforderlich, denn Zivilgesellschaften, und seien sie noch so demokratisch, können nicht leisten, was nur der Kernstaat vermag – verbindliche Regeln zu vorzugeben, um die zwin-

---

7   Deutscher Wetterdienst (2021): Klimatologischer Rückblick auf 2020: Eines der wärmsten Jahre in Deutschland und Ende des bisher wärmsten Jahrzehnts. Stand 7.1.2021, https://www.dwd.de/DE/klimaumwelt/aktuelle_meldungen/201230/Deutschland_Klimarueckblick_2020.html;jsessionid=BCE11567EFF9B7A8D9. Zugriff: 4.5.2021.
8   Beck, Ulrich (1986): Risikogesellschaft. Frankfurt/M., S. 105.

gend nötigen Schutzmaßnahmen zu veranlassen und auch durchzusetzen. Das Staatshandeln kann besser oder schlechter ausfallen und es ist in jedem Falle kritisierbar. Aber der Staat ist niemals homogener Akteur; er verkörpert, zumal in kapitalistischen Gesellschaften, ein soziales Verhältnis. Er ist abhängig von Klassenverhältnissen und politischen Kompromissbildungen, differenziert sich in verschiedene Apparate mit eigensinnigen Logiken aus und entwickelt mit bürokratischer Kontrollmacht eine spezifische Materialität. Seine Aktivitäten lassen sich deshalb niemals auf die Interessen herrschender Klassenfraktion reduzieren.[9] Das gilt es zu beachten, wenn hier vom Corona-Staat die Rede ist. Nachfolgend beschränke ich mich auf eine knappe Inspektion von dreierlei Staatsaktivitäten. Ich betrachte nacheinander den Staat der Pandemie im engeren Sinne, den interventionistischen Wirtschaftsstaat und den Staat als Manager der ökonomisch-ökologischen Zangenkrise.

2 Der pandemische Ausnahmestaat

Beginnen wir mit dem Staat der Pandemie. Er ist zunächst ein Staat des Managements von Unsicherheit, den seine Gesundheits- und Hygieneapparate dominieren. Seit dem Ausbruch der Seuche weiß die Welt über das Virus SARS-CoV-2 und die von ihm verursachte Krankheit Covid-19 einiges mehr, aber noch immer viel zu wenig. Sicher ist nur: Das Virus wirkt aggressiv, kann töten und ist trotz zwischenzeitlicher Lockerung von Abstandsregeln auch in Europa keineswegs besiegt. Die gute Nachricht besagt, dass die Zahl der an und mit dem Virus Verstorbenen noch weit unter den 40 Millionen Opfern liegen, vor denen Virolog:innen bei Ausbruch der Seuche gewarnt hatten. Die schlechte Botschaft lautet, dass die Pandemie noch längst nicht zu Ende ist, Impfkampagnen selbst in reichen Ländern zu langsam vorankommen, und ständig neue Mutationen des Virus auftreten, von denen Altersgruppen betroffen sind, die zuvor eher als wenig gefährdet galten. Deshalb wird es nicht bei den mehr als 4,3 Millionen Todesfällen und den 203 Millionen Infizierten bleiben, die Anfang August 2021 offiziell registriert wurden.[10]

Allerdings, auch das gehört zur alltäglich gewordenen Unsicherheit, sind die verfügbaren Daten zu Infizierten und bereits Gestorbenen seit Beginn

---

9 Poulantzas, Nicos (1978 [2002]): Der Staat, die Macht und der Sozialismus. Hamburg; Jessop, Bob/Sum, Ngai-Ling (2013): Towards Cultural Political Economy: Putting Culture in its Place in Political Economy. Cheltenham. Mit Hilfe eines solchen Staatsverständnisses lässt sich die verschwörungstheoretische Deutung, das staatliche Management der Corona-Pandemie folge einzig den Interessen der Pharmaindustrie, als purer Unfug kritisieren.
10 Statista (2021): Entwicklung der weltweiten Todesfälle mit Coronavirus (Covid-19) in 2021. Stand: 10. August 2021.

der Pandemie hochgradig ungenau. Hinzu kommt, dass wir über die Langzeitfolgen von Covid-19 noch immer wenig wissen. Wann Impfstoff in ausreichenden Mengen zur Verfügung gestellt werden kann, um die gesamte Erdbevölkerung zu versorgen, entzieht sich genauer Kenntnis; die Weltgesundheitsorganisation rechnet mit Jahren. Wie das staatliche Krisenmanagement zu bewerten ist, wird ebenfalls erst mit gehörigem zeitlichem Abstand angemessen zu beurteilen sein. Doch auch im Rückblick wird eine angemessene Bewertung der Risikoabwägungen wegen des sogenannten Seuchenparadoxons schwierig sein, denn es kann nur geschätzt werden, wie viele Tote uns durch Lockdowns und Shutdowns erspart geblieben sind. Ausschlaggebend für die Bewertung solcher Maßnahmen ist eben nicht allein die Zahl der Verstorbenen; die wahrscheinlich vor dem Tode Bewahrten müssen als zusätzliches Bewertungskriterium herangezogen werden. So schätzt eine in »Nature« publizierte 11-Länder-Studie, dass bereits mit den Maßnahmen während des ersten Lockdowns mehr als drei Millionen Sterbefälle vermieden werden konnten.[11]

Dass ist die Leistung eines Ausnahmestaates, der noch *innerhalb der Verfassung* Grundrechte außer Kraft setzt, um die Seuche einzudämmen. Dem Humanökologen und Klimaaktivisten Andreas Malm gilt der intervenierende Corona-Staat daher geradezu als Inkarnation kollektiver Vernunft. Die Staatsaktivitäten zur Eindämmung der Pandemie brächten, so Malm, »das Beste des modernen bürgerliches Staates zum Vorschein – die Achtung vor dem Leben, die die Achtung vor dem Eigentum übertrumpft«.[12] Dieser Staat pendelt nicht zwischen Demokratie und wirtschaftlicher Effizienz, wie mein Kollege Stephan Lessenich argumentiert.[13] Er beruht auf Kompromissbildungen zwischen kollektivem Gesundheitsschutz und ökonomischer Bestandssicherung. Der zeitweilige Vorrang für den Gesundheitsschutz gelingt, weil Covid-19 zwar alle unterschiedlich, aber erfahrbar doch alle betrifft. Die Erkenntnis, dass auch die Flucht aufs Landgut den Reichen keinen vollständigen Schutz vor Seuchen bieten kann, war bereits im 19. Jahrhundert Triebkraft für sozial- und gesundheitspolitischen Fortschritt: »Die wiederholten Heimsuchungen durch Cholera, Typhus, Pocken und andere Epidemien ha-

---

11 Flaxman, Seth et al. (2020): Estimating the effects of nonpharmaceutical interventions on COVID-19 in Europe, in: Nature, Vol. 584, S. 257–261, https://doi.org/10.1038/s41586-020-2405-7. Zugriff: 26.5.2021.
12 Malm, Andreas (2020): KlimaX. Berlin.
13 Lessenich, Stephan (2020): Soziologie – Corona – Kritik, in: Berliner Journal für Soziologie 30, S. 215–230, hier: S. 217, https://doi.org/10.1007/s11609-020-00417-3. Zugriff: 3.5.2021. Lessenich bezieht sich kritisch auf: Dörre, Klaus (2020): Die Corona-Pandemie – eine Katastrophe mit Sprengkraft. In: Berliner Journal für Soziologie. Nr. 30. S. 165–190, https://doi.org/10.1007/s11609-020-00416-4

ben dem britischen Bourgeois die dringende Notwendigkeit eingetrichtert, seine Städte gesund zu machen, falls er nicht mit Familie diesen Seuchen zum Opfer fallen will. Dementsprechend sind die [...] schreiendsten Missstände heute beseitigt oder doch weniger auffällig gemacht. Die Kanalisation ist eingeführt oder verbessert, breite Straßenzüge sind quer durch viele der schlechtesten unter den ›schlechten Vierteln‹ angelegt, ›Klein Irland‹ ist verschwunden.«[14] So schildert Friedrich Engels die hygienischen Maßnahmen für den englischen Industriekapitalismus seiner Zeit. Auf ungleich höherem Reichtumsniveau agiert der Corona-Staat ähnlich wie ein Staat, der dem »Jugendstand der kapitalistischen Ausbeutung entwachsen ist«[15]. Auch dessen Schutzmaßnahmen zugunsten der Gesundheit wirken sozial selektiv. Faktisch wird die weltweite pandemische Lage von starken Nationalstaaten und großen Unternehmen bestimmt. Ursprünglich versprach der sogenannte COVAX-Mechanismus, eine solidarische globale Impfstoffverteilung zu gewährleisten. Durch exklusive bilaterale Verträge reicher Staaten mit Impfstoffherstellern wurde dieses Abkommen jedoch ausgehöhlt und unterlaufen. Eine Folge ist, dass ärmeren Ländern der Impfstoff fehlt. Dort kann häufig nicht einmal das Pflegepersonal der Kliniken vor Covid-19 geschützt werden.

Im Impfstoffnationalismus offenbart sich ein Grundmuster der Krisenbewältigung inmitten eines epochalen Umbruchs. Gefahrenlagen wie die der Corona-Pandemie existieren im globalen Maßstab; letztendlich können sie auch nur in globalen Kooperationen bearbeitet und überwunden werden. Gelingt das, wie bei Covid-19, nicht, schlägt das Virus früher oder später zurück. Die Gefahr von Mutationen wächst, Impfkampagnen werden zu einem Rennen gegen die Zeit und privatkapitalistisches Eigentum, festgeschrieben in Patenten für Corona-Technologie, erweist sich als Haupthindernis für nachhaltigen Gesundheitsschutz. Deshalb fordern Organisationen wie »Ärzte ohne Grenzen« zu Recht ein Aussetzen von Patenten auf Covid-19-Technologie, raschen Technologietransfer in Länder des globalen Südens sowie Impfstoffspenden reicher Staaten, um zumindest die schlimmsten Engpässe auszugleichen. Darin artikuliert sich ein subversives Moment der Pandemie. Kapitalistische Gesellschaften, denen es nicht gelingt, elementare Schutzbedürfnisse in ihre sozioökonomischen und politischen Funktionsmechanismen zu integrieren, generieren in einer global verflochtenen Welt spürbar und nachvollziehbar ein Überlebensrisiko, das vor allem die verwundbarsten

---

14 Engels, Friedrich (1972 [1892]): Vorwort zur deutschen Ausgabe von 1892 Die Lage der arbeitenden Klasse in England, in: MEW 2, Berlin, S. 637–650, hier: S. 640.
15 Ebd.

Gruppen der Weltbevölkerung trifft. Deshalb irrt Andreas Reckwitz[16], wenn er argumentiert, die Corona-Pandemie lasse sich nicht mit Seuchen aus früheren Jahrhunderten vergleichen, weil es nationalen Wohlfahrtsstaaten möglich sei, Risikopolitik zu betreiben und ihre Bevölkerungen zu schützen. In einer globalisierten Welt korrespondiert das nationale Gesundheitsmanagement reicher Staaten unauflöslich mit der pandemischen Lage in den südlichen Peripherien, wo etwa vier Milliarden Menschen über keinerlei Sozialschutz verfügen. Dies vor Augen, sollte man die Leistungen des pandemischen Ausnahmestaates weder unterschätzen noch überbewerten. Spätestens mit dem Ende der Pandemie erlischt seine Legitimation.[17] Beendet ist eine Pandemie jedoch erst, wenn sie, was schon im Begriff angelegt ist, weltweit als besiegt gelten kann. Dafür reicht nicht aus, dass die zehn reichen Staaten, die im Frühjahr 2021 über 76 Prozent des Impfstoffs verfügten, allen Bürger:innen im nationalen Maßstab ein Impfangebot machen. Stattdessen muss gelten, was die 17 Sustainable Development Goals (SDGs) vorschreiben. Gesundheit ist ein öffentliches Gut, das es weltweit auch gegen Verwertungsinteressen der Pharmaindustrie zu garantieren gilt.

3 Der wirtschaftliche Interventionsstaat

Der vorübergehende und nur selektiv durchgesetzte Primat des Gesundheitsschutzes hat, teils direkt, teils indirekt (Störung von transnationalen Wertschöpfungsketten), für eine weltweite Rezession gesorgt, welcher ein wirtschaftlicher Interventionsstaat mit milliardenschweren Programmen entgegenwirken soll. Dieser Staat ist dem Ausnahmestaat der Pandemie im Grunde unmittelbar entgegengesetzt, weil er gewissermaßen die Suppe auslöffeln soll, die ihm Lockdowns und Shutdowns eingebrockt haben. Fiskal-, finanz- und industriepolitisch hat sich tatsächlich Erstaunliches getan. Und das nicht allein auf nationalstaatlicher Ebene, sondern auch im Rahmen der EU-27. Insgesamt 1,8 Billionen Euro wollen die Mitgliedstaaten der EU aufwenden, um die Wirtschaft neu aufzubauen. 30 Prozent der Gelder sollen für grüne Investitionen ausgegeben werden. Zur Finanzierung des Green Deal nehmen die Länder erstmals gemeinsam Schulden auf. Darin deutet sich ein wirtschaftspolitischer Paradigmenwechsel an, den manche Verteidiger:innen

---

16 Reckwitz, Andreas (2021): Die neue Politik des Negativen, in: Der Spiegel vom 6. März 2021, S. 42. Sowie: Ders.: Risikopolitik. In: Volkmer, Michael/Werner, Karin (2020): Die Corona-Gesellschaft. Analysen zur Lage und Perspektiven für die Zukunft. Bielefeld, S. 241–251.
17 Deshalb ist der Staat des Gesundheitsnotstands etwas völlig anderes als der Ausnahmestaat, den Carl Schmitt und Giorgio Agamben beschreiben. Es geht gerade nicht um das systematische Ausschalten jeglicher Opposition. Vgl.: Schmitt, Carl (1922): Politische Theologie. Vier Kapitel von der Lehre zur Souveränität. Berlin; sowie: Agamben, Giorgio (2004): Ausnahmezustand. Homo saccer II.1. Berlin.

des nationalen Wohlfahrtsstaates in ihren Analysen eigentlich ausgeschlossen hatten. Für EU-Europa zeichnet sich damit ab, was als wirtschaftspolitischer Paradigmenwechsel über die Pandemie hinaus Bestand haben könnte. Der Staat greift tief in die Wirtschaft ein. Doch kann diese – gegenwärtig noch fragile und temporäre – Abkehr von Marktradikalismus und Schuldenbremse tatsächlich als Akt kollektiver Selbstermächtigung gedeutet werden?

Zweifel sind angebracht. Wenngleich der neue Wirtschaftsinterventionismus dazu beiträgt, die sozialen Folgen der pandemiebedingten Rezession abzufedern, verfügt der kommende Aufschwung lediglich über ein schwaches politökonomisches Fundament. Er beruht auf einer dramatischen Neuverschuldung von Staaten, die Staatsanleihen und ähnliche Papiere ausgeben, welche wiederum von den Zentralbanken, allen voran der Europäischen Zentralbank (EZB), aufgekauft werden. Dieser Mechanismus kann nur so lange stabil bleiben, wie die Zinsen auf niedrigem Niveau verharren und die Finanzmärkte mitspielen. Die Risiken entsprechender Fiskal- und Finanzpolitiken liegen auf der Hand. Einerseits tendiert anlagesuchendes Kapital dazu, zwecks Renditeerwartungen hohe Risiken einzugehen; die Gefahr von Blasen in den Immobilien- und Aktienmärkten wächst. Andererseits wird der Druck auf Löhne und Gehälter zunehmen, so dass sich klassenspezifische wie auch andere soziale Ungleichheiten selbst in den frühindustrialisierten Ländern noch stärker ausprägen werden als das ohnehin bereits der Fall ist. Hinzu tritt die Gefahr von Zombie-Unternehmen, also das Fortexistieren von Betrieben mittels Staatshilfen, die ohne Subventionierung im Wettbewerb keine Überlebenschance besäßen.

Doch unabhängig von der Zukunft eines wirtschaftspolitischen Interventionsstaates, den sich ohnehin nur wohlhabende Länder leisten können, zeichnet sich laut UN-Bericht weltweit ein Bild sozialer Verwüstungen ab, das als gewaltige Nachhaltigkeitsbremse wirken dürfte.[18] So ist das Ziel, sämtliche Formen der Armut bis 2030 überall zu beenden, in weite Ferne gerückt. Mit hoher Wahrscheinlichkeit wäre es auch ohne Pandemie verfehlt worden. Covid-19 hat nun dafür gesorgt, dass erstmals seit Jahrzehnten alle Ausprägungen von Armut wieder zunehmen. 2020 sind 71 Millionen Menschen zusätzlich in extreme Armut getrieben worden. Auch die Bekämpfung des Hungers ist ins Stocken geraten. Neben Klimaschocks, Kriegen und der Wanderheuschreckenplage erweist sich Covid-19 als zusätzliche Belastung für die Ernährungssysteme. 144 Millionen (21,3 Prozent) der Kinder unter fünf Jahren werden deshalb voraussichtlich von Wachstumshemmungen be-

---

18 United Nations (2020): Ziele für nachhaltige Entwicklung. Bericht 2020, https://www.un.org/Depts/german/pdf/SDG%20Bericht%20aktuell.pdf. Zugriff: 4.5.2021.

troffen sein. Auch die Geschlechtergleichstellung (SDG 5) leidet. Mit Ausgangssperren nimmt das Gewaltrisiko gegen Frauen und Mädchen zu. Vor allem Frauen sind wegen der Pandemie mit Hausarbeiten zusätzlich belastet. Durchschnittlich stellen Frauen 70 Prozent des Personals in den Gesundheits- und Pflegediensten, die von Ansteckung besonders bedroht sind. Drei Milliarden Menschen haben keine einfache Handwaschgelegenheit im Haus und sind deshalb bei den Hygienemaßnahmen strukturell benachteiligt (SDG 6). Zwar hat sich die Einkommensungleichheit binnen fünf Jahren in 38 von 84 erfassten Ländern verringert, doch Covid-19 trifft nun die verwundbarsten Gruppen besonders hart. Dazu zählen neben Kindern vor allem Ältere, Menschen mit Handicap sowie Fluchtmigranten. Die Umsetzung des Ziels, die Ungleichheit in und zwischen Staaten zu verringern (SDG 10), wird auch deshalb erschwert, weil die weltweite Rezession die Finanzierung von Entwicklungsprogrammen gefährdet.

Bedenkt man ferner, dass die pandemiebedingte Rezession weltweit bis zu 400 Millionen Arbeitsplätze kosten könnte und 1,6 Milliarden Menschen in der Schattenwirtschaft existenziell bedroht, wird deutlich, dass Covid-19 nicht nur bestehende Ungleichheiten verstärkt, sondern auch neue Verwundbarkeiten erzeugt. Dieser Trend zeichnet sich auch in wohlhabenden Staaten wie der Bundesrepublik deutlich ab. Mittlerweile ist hinreichend bewiesen, was Virologie und angrenzende Wissenschaftsdisziplinen auch aufgrund der unzureichenden Datenlage zunächst übersehen haben. Wie das Robert-Koch-Institut feststellt, ist die Ansteckungsgefahr überall dort besonders hoch, wo materielle Not und räumliche Enge das Abstandhalten erschweren. Die Verfolgung von Infektionsketten führt zu prekären Arbeitsverhältnissen, beengtem Wohnraum und Quartieren mit hohen Anteilen an Menschen im Hartz-IV-Bezug. Die »Zone der Prekarität«, der hierzulande mindestens ein Fünftel der Bevölkerung zuzurechnen ist (Anhaltspunkt sind die 20 bis 24 Prozent Erwerbstätigen im Niedriglohnsektor), bietet Corona-Hotspots den sozialen Raum.

Doch die ungleiche Verteilung von Gesundheitsrisiken ist auch hierzulande nur ein Aspekt des ungleichen Pandemiegeschehens. Weil es einen vollständigen Stillstand der Ökonomie nie gegeben hat, wirkte auch das Management von Pandemie und nachfolgender Rezession vom ersten Tag an als Ungleichheitsverstärker.[19] Konnten viele Angestellte ins Homeoffice wechseln, mussten gewerblich Arbeitende häufig auch dann in die Fabrik, wenn es dort an elementaren Schutzvorkehrungen fehlte. Millionenfache Kurzarbeit

---

19 Aufschlussreich dazu: BMAS (Hg.) (2021): Soziale Folgen der COVID-19-Pandemie. Ergebnisse einer repräsentativen Befragung. DIW ECON, Berlin.

ist mit erheblichen Einkommensverlusten der Betroffenen verbunden. Nur 54 Prozent der Beschäftigten von Betrieben mit und nur 31 Prozent der Arbeitenden in Betrieben ohne Tarifvertrag haben ein aufgestocktes Kurzarbeitergeld bekommen. Wer im Niedriglohnbereich arbeitet, kann damit kaum die laufenden Kosten bestreiten. Mitte 2020 war für etwa zwölf Millionen Menschen Kurzarbeit angemeldet; real arbeiteten sechs bis sieben Millionen Beschäftigte in reduzierter Zeit. Je länger die Kurzarbeit andauert, desto größer werden die Einbußen beim Lohn. Eingeschränkter Konsum mag das teilweise kompensieren, doch die Lage ändert sich schlagartig, wenn laufende Kosten wie Kredite und Mieten nicht mehr zu bedienen sind. Viele kleine Selbstständige, deren Gewerbe lahmgelegt ist, müssen ein solches Schicksal fürchten. Wer von Mini- und Midi-Jobs lebt, fällt häufig durch das Raster staatlicher Auffang- und Aufbauhilfen.

Ungleichheitsverstärkend wirkt die Pandemie auch in scheinbar privilegierten Milieus. Weil der Nebenjob verloren geht, gerät das Studium in Gefahr. Homeoffice und digitale Kommunikation erweitern trotz mancher Annehmlichkeit auch den Zugriff auf die Privatsphäre. Wenn Schule und Kitas geschlossen oder nicht voll funktionsfähig sind, wird die Kinderbetreuung zu einem schwerwiegenden Problem. Leidtragende sind zumeist Frauen, denen, obwohl oftmals selbst berufstätig, wieder die Hauptlast bei den überlebensnotwendigen Sorgearbeiten zufällt. Auch die Umstellung auf digitale Kommunikation kann als Ungleichheitsverstärker wirken. In den Schulen scheitern bevorzugt diejenigen, die auf persönliche Kontakte und Hilfestellungen durch Bezugspersonen dringend angewiesen sind. Wer nicht einmal über einen Computer verfügt und dem Fernunterricht qua Handy beiwohnen muss, um dessen Nutzung er mit seinen Geschwistern ringt, neigt zu Resignation und droht, an den sozial hochgradig selektiven Mechanismen des Bildungssystems zu scheitern. Studierende, die ihre Kommiliton:innen und Professor:innen nach drei Semestern noch nie persönlich getroffen haben, wissen, wovon die Rede ist.

Befragte Studierende machen auf eine Problematik aufmerksam, die infolge der Corona-Pandemie zwar nicht völlig neu entsteht, aber doch für jüngere Altersgruppen eine unerwartet hohe Relevanz erhält – Einsamkeit und soziale Isolation. Viele Studierende benennen dies mit Abstand als ihr Hauptproblem. Aber sie sind gewiss nicht die einzig Betroffenen. Ausschlaggebend für den Problemkomplex Einsamkeit sind mangelnde Integration in soziale Netzwerke und fehlende Wertschätzung durch andere. Einsamkeit ist keineswegs identisch mit totaler sozialer Isolation; sie ist ein relationales Phänomen, das sich im Kontrast zu erfüllten Sozialbeziehungen definiert. Auch die Verengung sozialer Kontakte im Alter oder die Tatsache, dass man im Leistungsbezug von ALG II mit Stigmatisierung zu kämpfen hat und Sozialkontakte sich zunehmend auf einen Kreis von Personen im Leistungsbezug beschränken, kann zu Einsamkeit führen. Covid-19 verstärkt solche Tendenzen. Daran zeigt sich exemplarisch: Das Virus SARS-CoV-2 wirkt antisozial. Einziger Schutz ist *social distancing*, also Kontaktverzicht. Hält man Abstand und bleibt zuhause, läuft das auf radikale Entgesellschaftung, ja Entgemeinschaftung hinaus. Jede andere Person kann Viren übertragen. Deshalb muss digitalisierte Kommunikation ersetzen, was sonst Direktkontakte zwischen Menschen leisten. Dergleichen ist jedoch nur sehr bedingt möglich. So gilt das Homeoffice großen Mehrheiten der Beschäftigten als willkommene Option und Zugewinn an Autonomie. Doch je länger die Heimarbeitsphase dauert, desto stärker macht sich der fehlende soziale Kontakt am Arbeitsplatz bemerkbar. Kaum ein Beschäftigter möchte auf einen festen Arbeitsplatz in der Firma vollständig verzichten, der digitale Eremit ist für sie eher eine Dystopie. Doch auch unabhängig davon steigt in der Alltagskommunikation die Gereiztheit. Die Zugänge zum »Massenschönen« (Kaspar Maase), zu Konzerten, Sportveranstaltungen, Theateraufführungen, Bars und Restaurants sind versperrt. Damit fehlen jene Selbstbetätigungsräume, die moderne Gesellschaft zusammenhalten. Dass Medien und digitale Kommunikation Face-to-Face-Kontakte ersetzen könnten, ist eines jener Märchen, dessen Glaubwürdigkeit mit der Häufigkeit der Erzählungen abnimmt.

Besonders bedrückend ist indes, dass die gesellschaftliche Aufwertung der beklatschten Held:innen das Alltags weiter auf sich warten lässt. Von einer Prämie abgesehen, die zudem nur ein Teil des Pflegepersonals erhielt, hat sich kaum etwas getan. Allgemeinverbindliche Tarifverträge für die Sozial- und Gesundheitswirtschaft sind weiterhin nicht in Sicht. Ohne tarifliche Absicherung kann jedoch weder die dringend nötige materielle noch die ebenso wichtige symbolisch-kulturelle Aufwertung der sorgenden, pflegenden, erziehenden und bildenden Tätigkeiten gelingen. Das steht in einem grotesken Missverhältnis zu den besonders hohen gesundheitlichen Risiken, denen das Pflegepersonal beispielsweise auf den Intensivstationen oder in den Altenheimen ausgesetzt ist. Unter rigidem Kosten- und Wettbewerbsdruck wurde über Jahre hinweg vor allem beim Personal gespart. Als die Pandemie zur Jahreswende 2020/2021 ihren vorläufigen Höhepunkt erreichte und die Intensivbetten knapp wurden, waren Ärzte, Klinikbeschäftigte und Pflegerinnen im Dauereinsatz. Individuell wurden die Belastungsgrenzen häufig weit überschritten. In den Alten- und Pflegeheimen fehlte es wegen Infektionen und familiären Betreuungsaufgaben der Beschäftigten an Personal. Oft konnte der Betrieb nur mit Hilfe von Leiharbeitskräften aufrechterhalten werden, die sich infolge ihrer Einsätze ebenfalls infizierten. Es ist kein Zufall, dass die Todeszahlen beim Pflegepersonal weltweit besonders hoch sind. Mehr als 100 000 von ihnen haben ihr Leben verloren; allein in Indien sind, Stand Mai 2021, etwa 1000 Ärzte an Covid-19 gestorben.

4 Der transformierende Staat

All das war und ist trotz und teilweise auch wegen des staatlichen Managements der Pandemie möglich. Insofern ist auch der wirtschaftspolitische Interventionsstaat kein Garant für jene Nachhaltigkeitsrevolution, die uns die ökonomisch-ökologische Zangenkrise laut Weltklimarat abverlangt. Das zeigen auch die aktuellen Daten zum Klimawandel. Nur auf den ersten Blick wirkt Covid-19 ökologisch segensreich. Wie der Crash von 2007 bewirken Lockdown und Wirtschaftskrise erneut *degrowth by disaster*.[20] Eingeschränkte Mobilität und zeitweiliger Zusammenbruch der Industrie haben die Kohlendioxidemissionen – vorübergehend – in einem Maße reduziert, wie das seit Jahrzehnten nicht mehr der Fall gewesen ist.[21] Auch die Bundesrepublik hat ihre Klimaziele 2020 vor allem wegen der Pandemie erreicht. Doch mit der konjunkturellen Belebung der Wirtschaft sind die Emissionen rascher wieder angestiegen als erwartet.[22] Berechnungen der Internationalen Energieagentur (IEA) bestätigen für 2020 einen Rückgang der Emissionen um weltweit etwa 5,8 Prozent; das entspricht dem Ausstoß der gesamten Europäischen Union. Im Energiesektor gingen die Emissionen um 3,3 Prozent zurück, im Bereich Verkehr war es gar ein Minus von 14 Prozent. Doch seit April 2020 sind die Emissionen weltweit wieder angestiegen; im Dezember lagen sie bereits über den Werten des Vergleichsmonats aus dem Vorjahr.

Um das 1,5-Grad-Erderhitzungsszenario, das allein als noch einigermaßen beherrschbar gilt, laut Weltklimarat aber nur durch rasches, entschlossenes Handeln noch zu erreichen ist[23], wären weltweit Reduktionen des Treibhausgasausstoßes um durchschnittlich 7,6 Prozent jährlich erforderlich – das aber kontinuierlich und eben nicht als Folge eines zeitlich begrenzten Lockdowns. Die Internationale Energie Agentur befürchtet, dass die historische Chance der Welt, 2019 den globalen Höhepunkt an Emissionen erreicht

---

20 Victor, Peter A. (2008): Managing without growth: Slower by design, not disaster. London.
21 IEA (International Energy Agency): Global energy review 2020. Paris 2020. https://www.iea.org/reports/global-energy-review-2020. Zugriff: 4.5.2021.
22 Fabian Hein/Philipp Litz/Patrick Graichen: Abschätzung der Klimabilanz Deutschlands für das Jahr 2021. Agora Energiewende. Berlin, August 2021. https://static.agora-energiewende.de/fileadmin/Projekte/2021/2021_04_KNDE45/A-EW_227_Abschaetzung-Klimabilanz-DE-2021_WEB.pdf.
23 IPCC (Hg.) (2021): Climate Change 2021: The Physical Science Basis. https://www.ipcc.ch/report/sixth-assessment-report-working-group-i/

zu haben, verspielt wird. Das nicht zuletzt, weil in Industriestaaten wie der Bundesrepublik neben dem Fahrrad vor allem der individuelle PKW-Verkehr von den Corona-Regeln profitiert, während die Fahrgastzahlen bei der Bahn und im öffentlichen Nahverkehr in Stadt und Land um 70 bis 80 Prozent eingebrochen sind. Offenbar steigert die Corona-Krise die Gefahr einer Schädigung von Sektoren, die für eine nachhaltige Verkehrswende unverzichtbar sind. Das verheißt für die Zukunft wenig Gutes. Harte Verteilungskämpfe, wie sie infolge hoher Verschuldung bei gleichzeitig sinkenden Steuereinnahmen allen Gesellschaften bevorstehen, könnten auch innerhalb nationaler Gesellschaften Entsolidarisierungstendenzen forcieren. In Deutschland plädieren die Wirtschaftsverbände bereits für rigide Sparmaßnahmen, die in erster Linie zulasten von Sozialausgaben gehen sollen. In anderen europäischen Staaten fallen Forderungen der Kapitalverbände noch erheblich radikaler aus.

Schon die wenigen präsentierten Daten zur Umsetzung der SDGs signalisieren, dass die Corona-Pandemie gegenwärtig als zusätzlicher Bremsklotz für die überfällige Nachhaltigkeitsrevolution wirkt. Dies festzustellen bedeutet nicht, jegliche Hoffnung auf Gesellschaftsveränderung schon im analytischen Ansatz zu eliminieren. Es geht allein darum, überschießende Hoffnungen davor zu bewahren, angesichts widriger Realitäten von enthusiastischem Überschwang alsbald in Resignation und Ohnmachtsgebärden zu verfallen. Wenn Chancen zu radikalen Veränderungen tatsächlich ergriffen werden sollen, ist, darin stimme ich mit der jungen Star-Ökonomin Grace Blakeley vollständig überein, eine realitätstaugliche Analyse gesellschaftlich-politischer Kräfteverhältnisse eine unabdingbare Voraussetzung. In »Ermangelung einer solchen Machtanalyse«, so Blakeley, verkommen selbst die besten Ideen »zu einer Spielart des Solutionismus, auf den viele Liberale hereinfallen«.[24]

5 Transformationskonflikte erfolgreich bestehen

Als vorläufiges Resümee bleibt: Die Kombination aus Pandemie, nachfolgender Rezession und ökonomisch-ökologischer Zangenkrise ist historisch einzigartig. Sie fügt sich nicht in gängige wissenschaftliche Krisendeutungen. Schon die analytische Durchdringung dieses Umbruchs verlangt nach einer kollektiven Kraftanstrengung, die Grenzziehungen zwischen Sozial- und Naturwissenschaften systematisch überschreitet. Auch das Staatshandeln erfolgt auf unsicherem Terrain. Deshalb stellt sich die Frage: Können Gewerkschaften, können Betriebs- und Personalräte den Corona-Staat als institutionelle Machtressource nutzen, um in der Transformation zu bestehen.

---

24 Blakeley, Grace (2021): Stolen. London, S. 349.

Die Antwort muss differenziert ausfallen. Sie lautet: Dem Ausnahmestaat ist zu misstrauen, der wirtschaftspolitische Interventionsstaat benötigt industrie- und wirtschaftspolitische Fantasie und dem transformativen Staat müssen Klimabewegungen, Umweltverbände und Gewerkschaften in neuen Allianzen gemeinsam Beine machen, sonst wird er gar nicht erst erblühen. Zu den Chancen einer nachhaltigen Arbeitspolitik seien abschließend drei Überlegungen präsentiert.

(1) Ausnahmestaat
Es wäre geradezu fahrlässig, wollte man den Staat des gesundheitlichen Ausnahmezustands als Beweis für die Veränderbarkeit der Welt feiern. Alles, was dem Ausnahmestaat positiv zugeschrieben wird – Entschleunigung des Alltags, Konsumverzicht, Verkehrsvermeidung und Zeit für die Sorge um sich selbst –, ließe sich nach dem Abklingen der Pandemie nur noch auf freiwilliger Basis aufrechterhalten. Der erkennbare Drang zur Wiederherstellung einer Vor-Corona-Normalität, wie er sich in vielen Ländern lautstark artikuliert, lässt indes erahnen, wie wenig realitätstauglich derartige Erwartungshaltungen sind. Das ist, gerade mit Blick auf eine pandemische Situation, ein wichtiger Punkt. Der Staat im engeren Sinne kann auch schon unter kapitalistischen Bedingungen etwas, was der demokratischen Zivilgesellschaft jenseits des Kernstaates nicht möglich ist. Er ist in der Lage, verbindliche Maßstäbe zu definieren, die für die Gesellschaft einen Wahrheitsgehalt besitzen und Verständigung ermöglichen. Diese Funktion geht der Herrschaftsausübung voraus.[25] Sie ist nicht ersetzbar und muss auch in nachkapitalistischen Gesellschaften Bestand haben. In einer pandemischen Situation sind die Zivilgesellschaften jenseits des Kernstaates darauf angewiesen, dass auf der Basis wissenschaftlicher Expertise anhand nachvollziehbarer Maßstäbe Regeln formuliert und durchgesetzt werden, die der Seuchenbekämpfung dienen. Diese Regeln sind kritisierbar, man kann sie verletzen und in demokratischen Verfahren für andere, bessere Regeln kämpfen. Aber es gibt eine Instanz, die definitionsmächtig und letzten Endes auch durchsetzungsstark ist. Wenn eine pandemische Situation die vorübergehende Einschränkung von Rechten verlangt, dann ist das noch keineswegs Ausdruck einer Diktatur; es kann sich um eine legitime Strategie handeln, sofern es bei Einschränkungen auf Zeit bleibt. Auch die Gewerkschaften müssen dafür Sorge tragen, dass der Gesundheitsnotstand rasch beendet wird, wenn es die Lage erlaubt. Mehr noch: Sie können dem Ausnahmestaat als soziale Rechte abtrotzen, was ursprüng-

---

25 Bourdieu, Pierre (2014): Über den Staat. Vorlesungen am Collège de France 1989–1992. Berlin, insbesondere S. 19–30.

lich nur als Notmaßnahme gedacht war: beispielsweise die Möglichkeit, den Arbeitsort selbst zu bestimmen, um so die Vorzüge verschiedener Arbeitsweisen – Arbeitsplatz in der Firma, Homeoffice, open work spaces – optimal zu verbinden.

(2) Interventionsstaat
Für den wirtschaftspolitischen Interventionsstaat gilt Ähnliches. Dieser Staat kommt gewerkschaftlichen Forderungen, die eine Abkehr von Schuldenbremse und »schwarzer Null« verlangen, nahe. Doch er leidet an regional-, struktur- und industriepolitischer Fantasielosigkeit. Das Beispiel Seuchenprävention mag veranschaulichen, wovon die Rede ist. Bisher setzten Hygienemaßnahmen in der Regel erst dann ein, wenn die Krankheiten auftraten. Weitdenkende Virolog:innen haben stattdessen angeregt, ein globales Früherkennungssystem zu entwickeln, das potenzielle Pandemien schon während ihrer Entstehung wirksam bekämpft. Ein nachhaltiges Präventionssystem wäre jedoch ausgesprochen teuer. Es müsste weltweit errichtet werden, um zu schützen, und würde daher die Prioritäten öffentlicher Haushalte dramatisch verschieben. Groß angelegte Rüstungsprogramme ließen sich dann nicht mehr finanzieren. Nachhaltige Seuchenprävention liefe daher auf eine deutliche Veränderung der Prioritätensetzung in öffentlichen Haushalten und schließlich auf radikale gesellschaftliche Veränderungen hinaus, denn sie wäre ohne eine demokratische Rückverteilung des gesellschaftlich erzeugten Reichtums nicht zu bewerkstelligen.

Eigentlich, so könnte man hinzufügen, haben alle Staaten, die den SDGs zugestimmt haben, solche Veränderungen im Grunde längst akzeptiert. Sie sind verpflichtet, sich für die Gesundheit aller Menschen jeden Alters einzusetzen und deren Wohlergehen zu garantieren (SDG 3). Der Bruch mit dem Impfstoffnationalismus wäre dazu ein kleiner Schritt. Er fiele umso leichter, wenn die Impfstoffproduktion Unternehmen obliegen würde, die für den Gesundheitsschutz statt primär für Gewinnerwartungen produzieren. Privatkapitalistisches Eigentum, festgeschrieben in Patenten für Corona-Technologie, erweist sich längst als Haupthindernis für nachhaltigen Gesundheitsschutz. Deshalb fordern Organisationen wie »Ärzte ohne Grenzen« ein Aussetzen von Patenten auf Covid-19-Technologie, raschen Technologietransfer in Länder des globalen Südens sowie Impfstoffspenden reicher Staaten, um zumindest die schlimmsten Engpässe auszugleichen. Dies vor Augen, gilt es mit der Mär zu brechen, dass der Staat immer der schlechtere Unternehmer sei. Ohne staatliche Unterstützung wäre, wie Mariana Mazzucato so eindrucksvoll gezeigt hat, keine der großen Sprunginnovationen und der dazu nötigen Forschungen überhaupt möglich gewesen. Der Staat muss »zu jeder

Beiträge aus der Wissenschaft

Zeit im Konjunkturzyklus die Rolle eines echten Tigers spielen«, während die Unternehmen nur die Rolle von »Hauskatzen« einnehmen.[26] Doch wenn der »Tiger« die »Hauskatzen« mit einem Geldsegen bedenkt, müssen sich die Gewerkschaften als Dompteure bewähren und den Unternehmen einen Preis abverlangen. Jeder Euro Staatsgeld verlangt nach einer Gegenleistung – nach einem unternehmensspezifischen Plan zu Erreichung sozialer und ökologischer Nachhaltigkeitsziele. Die Verwandlung von staatlichen Subventionen in Belegschaftsanteile und der damit verbundene Übergang zu Formen eines kollektiven Selbsteigentums würden dem Transformationsprozess zusätzlich Schubkraft verleihen.

(3) Transformationsstaat
Ein transformativer Staat, der den Übergang zu Produktion langlebiger Güter und nachhaltig hergestellter Dienstleistungen forciert, entsteht nicht von selbst. Er benötigt Druck von unten, die Schubkraft sozialer Bewegungen, die harte Transformationskonflikte nicht scheuen. Dass dergleichen gelingen kann, sei an einem Beispiel illustriert. Zum Höhepunkt einer Vollversammlung, während der 1500 Studierende im Mai 2019 in Leipzig *Students for Future* gründeten, geriet der Auftritt eines Betriebsratsvorsitzenden aus dem Bereich des Öffentlichen Personennahverkehrs (ÖPNV). Mit der Forderung nach einer möglichst kostengünstigen oder gar kostenfreien Mobilität in der Stadtregion konfrontiert, hatte er auf die negativen Folgen hingewiesen, die geringere Einnahmen für Löhne, Gehälter und Arbeitsbedingungen der Beschäftigten haben können. Der Betriebsrat verlangte aber nicht, auf ökologisch sinnvolle Forderungen zu verzichten. Er rief dazu auf, den Klimaschutz mit einer Unterstützung der ÖPNV-Beschäftigten bei künftigen Tarifrunden zu verbinden.

Der Appell des Interessenvertreters stieß bei den Studierenden auf Begeisterung, und es blieb nicht bei symbolischen Gesten. Als Folge der Leipziger Ereignisse gründeten sich aus Students for Future heraus in mindes-

---

26 Mazzucato, Mariana (2013): Das Kapital des Staates. Eine andere Geschichte von Innovation und Wachstum. München, S. 17. An anderer Stelle schreibt Mazzucato: »In vielen Fällen kann Unternehmertum sehr wohl unproduktiv sein, zum Beispiel, wenn es bei Innovationen Rent-Seeking involviert oder bislang nicht genutzte, aber nichtsdestoweniger effektive rechtliche Manöver entdeckt, die es gegen die Mittwettbewerber [sic] einsetzen kann. Das Patentsystem bietet heute zahlreiche Möglichkeiten für diese Art ›unproduktiven Unternehmertums‹. Patente können Monopole stärken und den Missbrauch der Marktmacht intensivieren; sie können die Verbreitung von Wissen ebenso blockieren wie Folgeinnovationen; außerdem erleichtert es die Privatisierung von öffentlich finanzierter kollektiver Forschung.« Mazzucato, Mariana (2018): Wie kommt der Wert in die Welt? Von Schöpfern und Abschöpfern. Frankfurt a. M./New York, S. 269f. Rent-Seeking bezeichnet Strategien von Marktakteuren, die das eigene Einkommen zulasten des Einkommens anderer Marktteilnehmer steigern wollen.

tens 25 Städten Komitees und Aktionsgruppen, die den zuständigen ver.di-Fachbereich trotz Pandemie während der Tarifrunde tatkräftig unterstützten. Ver.di selbst hatte die Tarifauseinandersetzung bewusst als Kampf für Klimagerechtigkeit angelegt. Dieses ambitionierte Konzept stieß im hauptamtlichen Gewerkschaftsapparat, aber auch an der Mitgliederbasis nur teilweise auf Akzeptanz. Als ein zartes Pflänzchen veranschaulicht es jedoch, was neue Allianzen für Nachhaltigkeit benötigen – einen *labour turn* in den ökologischen Bewegungen und einen *climate turn* bei den Gewerkschaften, um jeweils das Gemeinsame gegenüber dem Trennenden in den Mittelpunkt politischen Handelns zu rücken.[27] Sicher ist noch unklar, wie weit solche Nachhaltigkeitsallianzen tragen. Erstaunlich ist aber, wie rasch das Beispiel innerhalb der Gewerkschaften von sich reden macht. Wie schon zu Zeiten der 1968er-Bewegungen oder auch der neuen sozialen Bewegungen in den 1980ern geschehen, können Impulse aus dem zivilgesellschaftlichen Bewegungsspektrum auch zu einer Belebung gewerkschaftlicher Interessenpolitik beitragen. Dass dergleichen gelingen kann, belegen Interventionen wie die des Betriebsratsvorsitzenden Carsten Bätzold von VW Kassel-Baunatal. Auf eine progressive Rolle der Gewerkschaften in einer Nachhaltigkeitsrevolution angesprochen, antwortet er:

»Es wäre für die Organisation [gemeint ist die IG Metall] nicht so schwer, das zu tun. Dazu braucht es aber erst mal Diskussionen: Welche Geschäftsmodelle stellen wir uns vor? Welche gesellschaftlichen Voraussetzungen braucht es? Wollen wir den Wandel blockieren, oder macht es mehr Sinn, diesen Weg zu gestalten, und zwar mit der Kraft, die uns noch zur Verfügung steht? Denn das ist ja auch klar: Diese Kraft wird immer kleiner. Wir können ja gar nicht so schnell gucken, wie wir Betriebe verlieren. Ich will damit aber nicht sagen, dass alles nur den Bach runtergeht. Wir können vielleicht wieder neue Stärke gewinnen – aber nur, wenn wir den Kopf nicht in den Sand stecken. Meine Erfahrung ist, dass unsere Leute von uns erwarten, dass wir mit ihnen ehrlich über Alternativen diskutieren. Dann sind sie auch bereit, zusammenzustehen und etwas zu riskieren.«[28]

Diese Worte stammen von einem Betriebsratsvorsitzenden, dessen Werk allein im Zuge der Umstellung auf E-Mobilität wahrscheinlich bis zu 8000

---

27 Im Anschluss an Oliver Pye: Kaiser, Julia (2020): #Wir fahren zusammen. Die Allianz von Fridays for Future und ver.di im Bereich Nahverkehr als Exempel ökologischer Klassenpolitik. In: Dörre, Klaus/Holzschuh, Madeleine/Köster, Jakob/Sittel, Johanna (Hrsg.) (2020): Abschied von Kohle und Auto? Sozial-ökologische Transformationskonflikte um Energie und Mobilität. Frankfurt a. M./New York, S. 267–283.
28 Bätzold, Carsten (2021): »Elektro-SUVs lösen kein Problem«. Interview mit Jörn Boewe und Johannes Schulten, in: Der Freitag, Ausgabe 12/2021, S. 11.

Beiträge aus der Wissenschaft

Arbeitsplätze verlieren wird und der sich dennoch seiner Positionen völlig sicher ist. Denn er weiß, dass es in der Transformation etwas zu gewinnen gibt – eine bessere, weil sozial und ökologisch nachhaltige Gesellschaft, für die es sich zu kämpfen lohnt.

Ausblick
Gefährlicher als der idealistische Überschwang zu Beginn der Pandemie ist der Katastrophenrealismus der Gegenwart, dessen Plädoyers für Hilfsbereitschaft und Solidarität spätestens an nationalen Grenzen enden. Um die zahlreichen Plädoyers für eine Demokratisierung von Wirtschaft und Gesellschaft, wie sie zwischenzeitlich laut wurden, nicht in Zynismus, Ausweglosigkeit und Verzweiflung münden zu lassen, müsste es zu einer innovativen Bündelung solcher Stimmen kommen. Die IG Metall hat mit ihren Zukunftskongressen Ende der 1980er Jahre schon einmal gezeigt, wie das gelingen kann. Der Kapitalismus-Kongress des DGB zum Ende der globalen Finanzkrise war ein weiterer Versuch. Wäre es nicht angesagt, erneut die Initiative zu ergreifen? Den Beschäftigten können Ängste vor der Transformation nur genommen werden, wenn es Aussichten auf eine bessere Zukunft gibt. Daran wäre zu arbeiten – beispielsweise im Rahmen einer Serie von Transformationskongressen[29], die einer Beteiligung von unten, aus sozialen Bewegungen und allen Bereichen der demokratischen Zivilgesellschaft offenstehen. Das wären noch nicht die Transformations- und Nachhaltigkeitsräte, wie ich sie an anderer Stelle als Organe einer demokratischen Zivilgesellschaft vorgeschlagen habe[30], aber doch ein wichtiger Schritt, um die Zukunftsfähigkeiten der Gewerkschaften diskursiv uns streitbar unter Beweis zu stellen.

---

29 Anlässlich der Bundestagswahlen hat im August 2021 eine erste Transformationskonferenz des DGB stattgefunden. Daran lässt sich anknüpfen.
30 Vgl. dazu: Dörre, Klaus (2021): Die Utopie des Sozialismus. Kompass für eine Nachhaltigkeitsrevolution. Berlin: Matthes und Seitz, S. 20, S. 140–143.

Wirtschafts- und arbeitspolitische Probleme und Lösungen im Sinne Guter Arbeit

Andrea Fergen/Moriz-Boje Tiedemann
Betriebliche und staatliche Arbeitsschutzpolitik nach der Pandemie: Erneuerung einleiten[1]

Als die Anzahl der Corona-Infektionen im Frühjahr 2020 in kürzester Zeit massiv nach oben schnellte und die »erste Welle« der Pandemie auch die Arbeitswelt erfasste, stand der Arbeits- und Gesundheitsschutz vor großen Herausforderungen. Aus heutiger Sicht und noch ehe die Pandemie beendet ist, lassen sich Stärken, vor allem aber strukturelle Schwächen im betrieblichen und staatlichen Arbeitsschutz klar erkennen. Es zeigt sich einmal mehr, dass das deutsche Arbeitsschutzrecht und das Arbeitsschutzsystem einen erheblichen Reformbedarf aufweisen. Gerade bei einer Zusammenschau der vielen Einzelprobleme ist die Dringlichkeit eines arbeits- und präventionspolitischen Kulturwandels kaum mehr zu übersehen.

Der nachfolgende Beitrag greift jene präventionspolitischen Erfahrungen der Corona-Pandemie auf, die auf tieferliegende Strukturprobleme im deutschen Arbeitsschutzsystem verweisen und benennt Schlussfolgerungen für eine reformpolitische Erneuerungsstrategie. Zur besseren Nachvollziehbarkeit soll zunächst das Präventionshandeln im ersten Jahr der Pandemie kursorisch skizziert werden.

1. Präventionshandeln am Infektionsort Betrieb: ein uneinheitliches Bild

Auch wenn die bislang erhobenen empirischen Daten nach wie vor keine genauen Rückschlüsse auf die Bedeutung des Infektionsortes Betrieb für die Ausbreitung der Pandemie zulassen, haben staatliche und gesellschaftliche Akteure sowie die Wissenschaft die Relevanz der Arbeitswelt für den Kampf gegen das Virus bereits frühzeitig betont und in Teilen auch danach gehandelt.[2] Ein einheitliches Lagebild der betrieblichen Pandemiebekämpfung

---

1 Bei diesem Beitrag handelt es sich um eine aktualisierte und überarbeitete Fassung des Beitrags von Andrea Fergen/Dirk Neumann/Moriz-Boje Tiedemann: Arbeitsschutz im Brennglas der Coronas-Pandemie, erschienen in: Brigitte Aulenbacher/Frank Deppe/Klaus Dörre/Christoph Ehlscheid/Klaus Pickshaus (Hrsg.): Mosaiklinke Zukunftspfade. Gewerkschaft – Politik – Wissenschaft. Münster 2021, S. 319–330.
2 Mit Blick auf das Infektionsgeschehen im Betrieb gibt es bedeutende Erkenntnislücken. Als Orientierungspunkt können die Daten des Robert-Koch-Instituts (RKI) gelten. Die Lageberichte des RKI sind eine Momentaufnahme und zeigen für viele Landkreise und Städte ein »diffuses Infektionsgeschehen« mit »zahlreichen Häufungen vor allem in Privathaushalten, im beruflichen Umfeld sowie in Kindergärten«. (So beispielsweise der COVID-19-Lagebericht vom 16.3.2021; https://bit.ly/3ltRHMe) Allerdings verdichten sich in jüngster Vergangenheit die Indizien für eine

Wirtschafts- und arbeitspolitische Probleme

lässt sich dabei nur schwer nachzeichnen: Groß ist das Spektrum an Branchen und Betriebsstrukturen, verschieden sind die Akteurskonstellationen (etwa Betriebe mit oder ohne Betriebsrat), unterschiedlich die Sichtweisen und Maßnahmen.[3] So reichen etwa die »Corona-Aktivitäten« der Unternehmen von einem engagierten und umfassenden Infektionsschutz über die Umsetzung eines sehr begrenzten Maßnahmenpakets (etwa Hygiene und Maske) bis hin zu eklatanten Verstößen gegen alle Regeln des Arbeitsschutzes und menschenverachtenden Arbeitsbedingungen. Traurige Berühmtheit haben etwa die skandalösen Vorkommnisse in der Fleischindustrie erlangt.

Hiervon unbenommen kann man den Unternehmen ein insgesamt erhöhtes präventionspolitisches Engagement in der Pandemie jedoch nicht absprechen. Auch gilt, dass in vielen Betrieben Gesundheitsprävention und Arbeitsschutz eine Aufmerksamkeit erhalten haben, wie sie unter »normalen« Bedingungen bis dato unüblich war. Das hat sicher auch mit dem Umstand zu tun, dass bei Missachtung der Infektionsschutzregeln und einem Corona-Ausbruch die Einstellung des Geschäftsbetriebs drohte. Wirtschaftliches Kalkül und Infektionsschutz haben augenscheinlich unter Pandemiebedingungen eine größere Schnittmenge als im »Normalbetrieb«.

Auch Betriebsräte und Beschäftigte bringen durchaus ihre Zufriedenheit mit den im Betrieb getroffenen Schutzmaßnahmen zum Ausdruck. Das zeigt unter anderem die Beschäftigtenbefragung der IG Metall aus dem Jahr 2020.[4] Zudem wird über ungewöhnlich kooperatives Vorgehen der Geschäftsleitungen berichtet. Doch negative Erfahrungen und Konflikte zwischen Management, Interessenvertretung und Belegschaften gehören ebenfalls zum betrieblichen Corona-Alltag. Immer wieder umkämpft sind dabei Qualität, Reichweite und Kosten der Maßnahmen. Gleichzeitig kommt es auch innerhalb der Belegschaften zu Auseinandersetzungen, etwa darum, wer noch im

---

besondere Bedeutung der Arbeitswelt (hierzu u. a. die Ergebnisse des CoDAG Berichts Nr. 16 der Ludwig-Maximilians-Universität München vom 28.5.2021). Wie präzise sich einzelne Infektionsherde im Detail tatsächlich nachverfolgen lassen, ist allerdings weiterhin eine kontrovers diskutierte Frage. Mehr über die Bedeutung unterschiedlicher gesellschaftlicher Settings zu erfahren, scheint für eine wirksame Pandemiebekämpfung unerlässlich. Hier gilt es daher, insbesondere für die Zukunft ein methodisch angemessenes Instrumentarium zu entwickeln und vorzuhalten.

3 Verschiedene Studien liefern einen ersten Eindruck. Dazu gehören eine Expertenbefragung der Bundesanstalt für Arbeitsschutz und Arbeitsmedizin (BAuA) und eine Betriebsbefragung derselben in Zusammenarbeit mit dem IAB. Vgl. L. Adolph u. a.: SARS-CoV-2-Arbeits- und Infektionsschutzmaßnahmen in deutschen Betrieben: Ergebnisse einer Befragung von Arbeitsschutzexpertinnen und -experten, Dortmund 2021, https://bit.ly/2TRDGyv sowie Swantje Robelski u. a.: Betrieblicher Arbeitsschutz in der Corona-Krise, in: baua: Bericht kompakt, Dortmund 2020 (https://bit.ly/3s2TzxP). Informativ auch die Studie von Richard Detje/Dieter Sauer: Corona-Krise im Betrieb. Empirische Erfahrungen aus Industrie und Dienstleistungen, Hamburg 2021 sowie die Beschäftigtenbefragung der IG Metall, Frankfurt/M. 2020 (https://bit.ly/2OQ5hNZ).

4 Vgl. IG Metall: Beschäftigtenbefragung 2020. Ergebnisse (https://bit.ly/2PjsaJX).

Betrieb arbeiten und Masken tragen muss oder wer die Gelegenheit erhält, im Homeoffice zu arbeiten. Nicht selten scheinen dabei alte Ressentiments zwischen direkten und indirekten Bereichen wieder aufzubrechen.[5]

Auch für staatliche Arbeitsschutz-Akteure, Unfallversicherungsträger, Arbeitgeberverbände und Gewerkschaften sind die spezifischen Anforderungen der Pandemiebekämpfung Neuland in ihrem präventionspolitischen Handeln. Nach den bisherigen Erfahrungen lässt sich staatliches Handeln im Corona-Arbeitsschutz wie folgt zusammenfassen: Dem Gesetz- respektive Verordnungsgeber war zu jedem Zeitpunkt der Handlungsbedarf bewusst, allerdings hat er sich insbesondere in der Frühphase der Pandemie vom Lobbydruck der Arbeitgeberverbände davon abbringen lassen, verbindliche Rechtsvorschriften zu erlassen und sich vor allem auf die Veröffentlichung von Appellen und Empfehlungen konzentriert. Auch mit dem sogenannten »Arbeitsschutzstandard« wurde zunächst eine unverbindliche Regelung jenseits der Rechtssystematik des deutschen Arbeitsschutzrechts geschaffen. Erst mit der später verabschiedeten Arbeitsschutzregel und der im Januar 2021 eingeführten Verordnung wurde ein verbindliches Regelwerk für den Corona-Arbeitsschutz erlassen.[6]

An der Durchsetzung verbindlicher Regelungen hatten vor allem die Gewerkschaften einen hohen Anteil, während die Arbeitgeberverbände immer bemüht waren und nach wie vor bemüht sind, die maximale unternehmerische »Beinfreiheit« auch unter den Pandemiebedingungen durchzusetzen.[7] Die Unfallversicherungsträger haben mit branchenspezifischen Handlungsempfehlungen und der Aktivierung ihrer Forschungseinrichtungen einen wichtigen Beitrag zum Corona-Arbeitsschutz geleistet.

2. Impulse für eine reformorientierte Erneuerung des Arbeitsschutzrechts und der Arbeitsschutzpraxis

Zweifelsohne handelt es sich bei der Corona-Pandemie von Beginn an um eine extreme Ausnahmesituation. Das gilt für Wirtschaft, Gesellschaft und Politik im Allgemeinen und für den Arbeitsschutz im Besonderen. Und es steht zu hoffen, dass Vieles mit dem Ende der Pandemie Geschichte sein wird. Die Corona-Krise hat aber zugleich bekannte Strukturprobleme des

---

5 Detje/Sauer 2021, a.a.O., S. 63.
6 SARS-CoV-2 Arbeitsschutzregel v. 1.8.2020 (aktuelle Fassung hier: https://bit.ly/38ZrNe6) u. SARS-CoV-2-Arbeitsschutzverordnung (Corona-ArbSchV) v. 21.1.2021 (aktuelle Fassung hier: https://bit.ly/38WCwq0).
7 Vgl. etwa »Arbeitgeber verzögern neue Regeln für Schutz vor Sars-CoV-2«, Süddeutsche v. 26.7.2020, https://bit.ly/3s3OllE.) In einem Positionspapier forderte etwa Gesamtmetall im Sommer 2020 »Mehr Spielräume beim Arbeits- und Gesundheitsschutz«, https://bit.ly/3ilbsWf.

Wirtschafts- und arbeitspolitische Probleme

Arbeitsschutzsystems offengelegt.[8] Die bisherigen Krisenerfahrungen sprechen entschieden für eine reformorientierte Erneuerungsstrategie des Arbeitsschutzrechts und der Arbeitsschutzpraxis. Dazu gehören verschiedene Aufgaben, die nachfolgend skizziert werden.

Handlungssicherheit der betrieblichen Akteure stärken: Eindeutige Rechtsvorschriften zur Gefährdungsbeurteilung sind überfällig
Für die Fachakteure des Arbeitsschutzes war zu Beginn der Corona-Krise schnell klar, dass der Infektionsgefahr bei der Arbeit mit dem zentralen Arbeitsschutzinstrument der Gefährdungsbeurteilung begegnet werden muss.[9] Das gemeinsame Ziel war, die Gefährdung der Beschäftigten durch passgenaue Maßnahmen der Umgestaltung am Arbeitsplatz, der Arbeitsumgebung und der Hygiene so gering wie möglich zu halten. Allerdings wurde schnell deutlich, dass in vielen Betrieben die Anwendung des Instruments auf die neue Gefährdungslage sehr schwer fiel. Sicher, einige große Betriebe mit etablierten und funktionierenden Arbeitsschutzorganisationen vereinbarten sehr zügig angemessene Präventionsmaßnahmen. Das Gros der Betriebe war hingegen mit den pandemiebedingten Präventionsanstrengungen sehr stark gefordert, bisweilen auch überfordert.

In der zugespitzten Krisensituation galt es daher, den betrieblichen Akteuren schnell und rechtssicher aufzuzeigen, wie eine Gefährdungsbeurteilung grundsätzlich funktioniert und wie sie auf die spezifische Infektionsgefahr anzuwenden ist – in vielen Betriebe ein bis dato gänzlich unbekanntes Terrain! Als erste große Hürde erwies sich die Tatsache, dass es zum zentralen präventionspolitischen Instrument der Gefährdungsbeurteilung *keine integrierte Rechtsvorschrift* gibt, die den Akteuren den direkten Weg zu einer inhaltlich angemessenen Umsetzung aufzeigt. Mehr noch: Um den Prozess einer rechtskonformen Gefährdungsbeurteilung verstehen zu können, muss zuerst der *Flickenteppich der Rechtsetzung* rund um die Gefährdungsbeurteilung zu einem »Gesamtkunstwerk« zusammengesetzt werden.[10] Besonders unter Pandemiebedingungen ein kaum lösbares Problem. Die Fragmentierung der Rechtsetzung zur Gefährdungsbeurteilung verstärkte die Handlungsunsicherheit bei den betrieblichen Akteuren, obwohl das Gegenteil erforderlich

---

8   Vgl. dazu auch Andrea Fergen/Dirk Neumann: Corona Prävention im Betrieb. Neue Herausforderungen für eine demokratische Arbeitsschutzpolitik, in: Christoph Schmitz/Hans-Jürgen Urban (Hrsg.): Demokratie in der Arbeit eine vergessene Dimension in der Arbeitspolitik. Jahrbuch Gute Arbeit 2021, Frankfurt/Main, S. 158–175.
9   Vgl. IG Metall: 10 Maßnahmen zum Schutz vor dem Corona-Virus im Betrieb, https://bit.ly/3lqwg0J.
10 Vgl. Fergen, Andrea (2020): Gefährdungsbeurteilung: Tatenlose Arbeitgeber, ratloser Staat, in: sicher ist sicher 05/20, S. 255ff.

gewesen wäre: nämlich eine routinierte und rechtssichere Präventionspraxis, die die neue Gefährdungssituation mit etablierten Prozessen zielführend zu verbinden weiß.

Wer die offensichtlich gewordenen präventionspolitischen Rechtssetzungsdefizite überwinden will, hat anzuerkennen, dass die einschlägige *Systematik der Rechtsvorschriften* umfassend überarbeitet werden muss. Gegenstand einer solchen Optimierung sollten insbesondere die prozessualen Anforderungen an die *Gefährdungsbeurteilung* sein, die im jetzigen Regelwerk sehr unterschiedlich entwickelt und gelegentlich nur schwer nachvollziehbar sind. In diese Richtung weist auch eine Vielzahl von betrieblichen Konflikten zwischen Arbeitgebern und Betriebsräten, die nicht nur aus unterschiedlichen Interessenlagen heraus resultieren, sondern auch aus unklaren gesetzlichen Anforderungen an die Prävention erwachsen. Sowohl die Auslegungsstreitigkeiten über die Art und Weise der Durchführung von Gefährdungsbeurteilungen als auch die zum Teil unsäglich lange Dauer von Einigungsstellen und komplexe arbeitsrechtliche Verfahren sprechen hier eine deutliche Sprache.

Eine wichtige Lehre aus den bisherigen Erfahrungen der Pandemie ist also: Eine das Arbeitsschutzgesetz *konkretisierende Rechtsvorschrift zur Durchführung der Gefährdungsbeurteilung*, die die Anforderungen aus den verschiedenen Gefährdungs- und Rechtsbereichen integriert, muss von den politisch Verantwortlichen zügig auf den Weg gebracht werden. Mit einer eindeutigen Rechtsvorschrift und entwickelten betrieblichen Anwendungserfahrungen hätten die Corona-Schutzmaßnahmen gewiss vollständiger und schneller umgesetzt werden können. Diese Einschätzung wird schließlich auch durch die Befunde der ESENER 3-Studie[11] bestätigt: Sie weist deutlich auf, dass Unternehmen vor allem dann präventionspolitisch aktiv werden, wenn es konkrete gesetzliche Verpflichtungen gibt, die für den Normadressaten auch *verständlich* und *nachvollziehbar* sind. Gesetzliche Anforderungen mit unklarem Handlungsauftrag bilden diesen Befunden zufolge kein ausreichend starkes Motiv für die Arbeitgeber, Arbeits- und Gesundheitsschutz zu betreiben.

Wie genau eine übergeordnete Rechtsvorschrift aussehen könnte, muss freilich noch diskutiert werden. Sinnvoll wäre gewiss eine eigenständige Verordnung zur Gefährdungsbeurteilung. Ihr zwingender Rechtscharakter könnte nicht nur die Umsetzungsdefizite bei der Gefährdungsbeurteilung deutlich minimieren. Von erheblichem Vorteil wäre auch der viel höhere Bekanntheitsgrad einer Rechtsverordnung als der einer Technischen Regel. Hinzu

---

11 Vgl. European Agency for Safety and Health at Work (EU-OSHA) 2019: European Survey of Enterprises on New and Emerging Risks (ESENER 3), https://bit.ly/37h3jft.

kommt: Wäre eine solche Verordnung auch als eine »Prozessvorschrift« hinreichend konkret ausgestaltet, könnten zahlreiche andere Paragrafen in geltenden Verordnungen und sicher auch große Teile der Technischen Regeln zur Gefährdungsbeurteilung entfallen. Und das Rad muss nicht neu erfunden werden: Als Schablone für dieses Vorhaben kann etwa die ASR V3 Gefährdungsbeurteilung dienen. Diese beschreibt alle Prozessschritte, sie ist einstimmig im Ausschuss für Arbeitsstätten beschlossen worden und bietet insofern eine inhaltlich solide und von allen Akteuren konsentierte Grundlage. Die Arbeitgeberverbände dürften sich einem solchen Vorhaben also nur schwer entziehen können.[12]

Kulturwandel in der betrieblichen Präventionspolitik einleiten:
TOP-Prinzip umsetzen
Das Arbeitsschutzgesetz ist eine Rahmenvorschrift, die den verantwortlichen Akteuren den Spielraum bietet, die erforderlichen Präventionsmaßnahmen sinnvoll an die jeweiligen betrieblichen Bedingungen anzupassen. Sicherheit und Gesundheit bei der Arbeit einschließlich ihrer menschengerechten Gestaltung sind als Präventionsziele festgelegt. Ebenso zweifelsfrei regelt die Rechtsvorschrift die *Rangfolge der zu ergreifenden Schutzmaßnahmen*. Dabei gilt das sogenannte TOP-Prinzip (Technisch – Organisatorisch – Personenbezogen): Technische Maßnahmen haben Vorrang vor organisatorischen, diese wiederum vor personenbezogenen Maßnahmen, zu denen etwa die Verwendung persönlicher Schutzausrüstung gehört. Dabei sind die jeweiligen Maßnahmen sachgerecht miteinander zu verknüpfen. Die hier zugrunde liegende Logik leuchtet unmittelbar ein: Eine Gefährdung gänzlich zu *vermeiden* oder wenigstens durch technische Maßnahmen der Arbeitsgestaltung zu *minimieren*, ist wirkungsvoller, als den Beschäftigten nur aufzugeben, auf Gefahrenquellen zu *achten*, damit ihnen bei der Arbeit nichts passiert. Übertragen auf die betriebliche Corona-Prävention bedeutet das etwa: Technische Maßnahmen wie die Optimierung der Lüftungstechnik, die veränderte Anordnung von Maschinen zur Einhaltung von Sicherheitsabständen oder die Installation transparenter Abtrennungen sind vorrangig, weil sie wirksamer sind als das bloße Tragen von Masken und Sicherheitsunterweisungen.

In der Pandemie sehen die betrieblichen Schutzkonzepte hingegen oft anders aus. Getreu dem Motto »Maske auf und gut« setzten Unternehmen selbst in einer massiven und akuten Gefahrensituation verstärkt auf Maßnahmen der Verhaltensprävention. So zeigt die BAuA/IAB-Betriebsbefragung aus dem Herbst 2020: In zwei Dritteln der Betriebe wurde das Tragen von

---

12 Vgl. Fergen 2020, a. a. O.

Mund-Nasen-Bedeckungen verbindlich eingeführt, und der überwiegende Teil der Beschäftigten erhielt konkrete Hinweise zum Lüften (75 Prozent) sowie zur Nies- und Hustenetikette (81 Prozent). Doch technische Maßnahmen wie der Einbau von Schutzscheiben (34 Prozent) etwa waren in der betrieblichen Corona-Prävention eher die Ausnahme.[13] Selbiges gilt für technische Maßnahmen wie die Überprüfung der Klima- und Lüftungsanlage: Nur 20 Prozent haben diese Maßnahme umgesetzt, obwohl arbeitswissenschaftliche Erkenntnisse die Erforderlichkeit des infektionsschutzgerechten Betriebs von raumlufttechnischen Anlagen unterstreichen.[14]

Auf die streitige Auseinandersetzung über das TOP-Prinzip weisen auch die Studienergebnisse von Detje und Sauer hin. Ihre Befunde belegen eindrucksvoll, wie betriebliche Konflikte um die Frage der Priorisierung von verhaltens- oder verhältnispräventiven Maßnahmen kreisen. Ein befragter Betriebsrat schildert den Konflikt so:

»Der Vorschlag von der Geschäftsleitung war dann halt eben, wir machen das Schichtmodell platt und führen stattdessen eine Maskenpflicht ein. Da habe ich denen den Vogel gezeigt (...) Also technisch, organisatorisch und dann erst persönlich. (...) Solange wir organisatorische Möglichkeiten haben, die Leute irgendwie auseinanderzuhalten, sehen wir es nicht ein, dass wir denen die Masken aufdrücken sollen.«[15]

Dass die nachrangige *personenbezogene Verhaltensprävention* das betriebliche Infektionsschutzgeschehen weitgehend *dominiert*, belegen schließlich auch die Arbeiten von Adolph u. a.: Unterweisung und aktive Kommunikation sowie Mund-Nase-Schutz und persönliche Schutzausrüstung führen die »Hitliste« der Präventionsmaßnahmen an.[16] Die personenbezogene Verhaltensprävention dominiert. Dieser Trend *widerspricht* nicht nur den *verbindlichen Vorgaben des Arbeitsschutzgesetzes*; es missachtet auch die pandemiespezifischen Anforderungen der *SARS-CoV-2-Arbeitsschutzregel* und der *Corona-Arbeitsschutzverordnung*.

Die Gründe für diese Umkehrung der rechtlich und arbeitswissenschaftlich gebotenen Priorisierung scheinen vor allem in betriebswirtschaftlichem Kal-

---

13 Vgl. Swantje Robelski u. a.: Betrieblicher Arbeitsschutz in der Corona-Krise, in: baua: Bericht kompakt, Dortmund 2020, S. 2f. (https://bit.ly/3s2TzxP).
14 Siehe hierzu auch S. Voß/A. Gritzki/K. Bux (2020): Infektionsschutzgerechtes Lüften – Hinweise und Maßnahmen in Zeiten der SARS-CoV-2-Epidemie, S. 7ff. Bundesanstalt für Arbeitsschutz und Arbeitsmedizin (baua: Fokus). DOI: 10.21934/baua:fokus20200918.
15 Detje/Sauer 2021, a. a. O., S. 60.
16 Vgl. L. Adolph u. a. 2021.

Wirtschafts- und arbeitspolitische Probleme

kül zu liegen: Besonders bei verketteten Arbeitssystemen ist der Präventionsaufwand durch eine Umgestaltung der Arbeit größer und unter Umständen mit einer geringeren Produktivität verbunden. Mit dem Primat »Maske-Tragen« werden nicht nur die zur Pandemiebewältigung nötigen Anstrengungen, sondern auch deren negative Auswirkungen schlichtweg auf die Beschäftigten verlagert: Sie müssen die Zusatzbelastung durch möglichst dichte Masken auf sich nehmen (einfache Stoffmasken sind wegen ihrer mangelnden Wirkung am Arbeitsplatz nicht mehr erlaubt) und erhalten hierfür häufig noch nicht einmal eine Kompensation, etwa in Form zusätzlicher Erholungspausen.[17] Diejenigen Interessenvertretungen, die diesen »Deal« nicht akzeptierten, hatten nicht selten Konflikte auszutragen, die wegen der mangelnden Nachgiebigkeit mancher Arbeitgeber gelegentlich in betrieblichen Einigungsstellen gelöst werden müssen. Die Ignoranz gegenüber der Rangfolge der Schutzmaßnahmen schwächt nicht nur eine wirksame Corona-Prävention, sie trägt auch dazu bei, dass erforderliche Schutzmaßnahme zunehmend infrage gestellt werden.

Obwohl das sogenannte *TOP-Prinzip*, also die Beachtung der Rangfolge von Schutzmaßnahmen eine eindeutige Rechtspflicht ist, gibt es in der Praxis eine verhaltenspräventive Schlagseite – auch ohne Pandemie![18] Allzu oft folgt der Präventionsalltag dem altbekannten Muster: Gehörschutz statt Lärmvermeidung oder -minderung; Resilienz-Förderung statt Reduzierung der psychischen Fehlbelastungen, Rückenschule statt Hebehilfen oder Minderung der Tragelast. Die Rangfolge der Maßnahmen wird auf den Kopf gestellt. Ihre Umkehr gefährdet dringend erforderliche Präventionserfolge und befördert durch die Dominanz von oft als Gängelung wahrgenommenen verhaltenspräventiven Maßnahmen einen Ansehensverlust des Arbeitsschutzes bei vielen Beschäftigten.

Diese Erfahrungen unterstreichen den seit langem erforderlichen Kulturwandel in der betrieblichen Präventionspolitik: Rechtskonformes Handeln muss selbstverständlich werden. Damit gilt: Gefährdungen sind grundsätzlich zu vermeiden. Technische und organisatorische Arbeitsschutzmaßnahmen

---

17 Um eventuellen Missverständnissen vorzubeugen: Die Relevanz der Masken für den Infektionsschutz wird hiermit keineswegs in Frage gestellt. Zu befürworten ist jedoch, dass andere Schutzmaßnahmen vorrangig ausgewählt werden.

18 Vgl. Medizinischer Dienst des Spitzenverbandes, GKV-Spitzenverband: Präventionsbericht 2019, Leistungen der gesetzlichen Krankenversicherung: Primärprävention und Gesundheitsförderung (https://bit.ly/3lz1iRR). Siehe auch: Lothar Schröder/Hans-Jürgen Urban (Hrsg.): Transformation der Arbeit. Ein Blick zurück nach vorn. Jahrbuch Gute Arbeit, Frankfurt/Main 2019, Datenanhang, Kapitel 4.1 »Betriebliche Gesundheitsförderung«, S. 338–342 (Verfasser dieses Kapitels: Uwe Lenhardt). Dort zeigt sich, dass der Anteil verhaltenspräventiver Maßnahmen zu Lasten der Verhältnisprävention sogar zugenommen hat.

gehören immer dann in den Fokus, wenn eine Vermeidung von Gefährdungen nicht möglich ist, bevor schließlich die minder wirksame und belastungsintensive Variante der persönlichen Schutzausrüstung gewählt wird. Dies setzt jedoch voraus, dass gesunde Arbeitsbedingungen als Wert an sich anerkannt und nicht kurzfristigen wettbewerbspolitischen Renditeinteressen untergeordnet werden.

Lahmender Vollzug: Erneuerung in quantitativer und qualitativer Hinsicht erforderlich
Es vermag nicht zu überraschen, dass diejenigen Branchen und Betriebe, die schon länger durch schlechte Arbeitsbedingungen für öffentliches Aufsehen gesorgt haben, auch in der Corona-Krise durch ein hohes Infektionsgeschehen aufgefallen sind. Zu wenig Bewegungsfläche am Arbeitsplatz, schlechte Lüftung und enge Gemeinschaftsunterkünfte bilden einen Nährboden für das Corona-Virus. Nur: Die Bedingungen etwa in der Fleischindustrie sind seit langem bekannt. Betriebe mit derart prekären Arbeitsbedingungen hätten frühzeitig von den Aufsichtsbehörden der Länder und dem Aufsichtspersonal der zuständigen Berufsgenossenschaften überwacht werden müssen. Eine rechtzeitige Kontrolle der betrieblichen Corona-Präventionsmaßnahmen hätte die Entstehung von Corona-Hotspots mutmaßlich verhindern können. Stattdessen mussten die Gesundheitsbehörden aktiv werden, als es bereits viele infizierte Beschäftigte gab. Das Präventionsziel wurde gänzlich verfehlt.

Alles in allem eine wenig überraschende Situation. Immerhin wird das Aufsichtspersonal in den Ländern seit vielen Jahren massiv abgebaut.[19] Ein Umstand, den insbesondere die IG Metall seit langem kritisiert.[20] Bund, Länder und auch die Berufsgenossenschaften sind in der Pflicht: Die Umsetzung verbindlicher Vorschriften und (Präventions-)Regeln muss überwacht werden, wenn das Recht auf körperliche Unversehrtheit mehr sein soll als eine wohlgefällige Floskel! Diese Erkenntnis wird durch die Corona-Erfahrungen einmal mehr unterstrichen.

Zu knappe Personalressourcen und die viel zu geringe Kontrolldichte führen zu einem eklatanten Defizit im Gesundheitsschutz.[21] Erste Maßnah-

---

19 Vgl. die jährlich erscheinenden Berichte zur Sicherheit und Gesundheit bei der Arbeit. Zuletzt: Bundesministerium für Arbeit und Soziales (BMAS)/Bundesanstalt für Arbeitsschutz und Arbeitsmedizin (BAuA) (2020): Sicherheit und Gesundheit bei der Arbeit – Berichtsjahr 2018, Unfallverhütungsbericht Arbeit, Dortmund/Berlin/Dresden, S. 133 (https://bit.ly/3vIzGhP). S. a. die regelmäßige Berichterstattung im Datenanhang des Jahrbuches Gute Arbeit, z. B.: Ausgabe 2021 (Fußnote 8), S. 367–370.
20 Vgl. IG Metall Ressort Arbeitsgestaltung und Gesundheitsschutz (Hrsg.) (2019), Gute Arbeit kompakt Nr. 11, 10/2019, Aufsicht am Limit: Wie der staatliche Arbeitsschutz kaputtgespart wird.
21 Diese und weitere Defizite der Überwachungspraxis wurden zuletzt durch eine externe Evaluation der deutschen Arbeitsschutzinstitutionen offenkundig, die im Auftrag der Europäischen Union durchgeführt wurde. Vgl. den Abschlussbericht zur SLIC-Revision 2017 des staatlichen Arbeits-

Wirtschafts- und arbeitspolitische Probleme

men, um diese langjährige Negativentwicklung zu stoppen, hat die Bundesregierung im Jahr 2020 mit dem »Arbeitsschutzkontrollgesetz« auf den Weg gebracht, das am 1. Januar 2021 in Kraft trat. Zur Verbesserung des Arbeitsschutzniveaus sollen mit Hilfe einer neuen Regelung im Arbeitsschutzgesetz jährlich mindestens fünf Prozent der im Land vorhandenen Betriebe besichtigt werden. Diese Mindestbesichtigungsquote ist spätestens im Jahr 2026 zu erreichen. Begleitend wurde beschlossen, eine Bundesfachstelle zur Intensivierung der Bundesaufsicht über die Aufsichtstätigkeit der Länder einzurichten, die die Jahresberichte der Länder einschließlich der Besichtigungsquote auswertet und in einem jährlichen Bericht aufbereitet. Bei Redaktionsschluss dieses Buches hatte der Aufbau dieser Bundesfachstelle bei der Bundesanstalt für Arbeitsschutz und Arbeitsmedizin begonnen.

Diese Maßnahmen gehen in die richtige Richtung. Sie erkennen die Bedeutung des Vollzugs und seine Defizite an und versuchen, eine Trendumkehr herbeizuführen. Gleichwohl kann der durchschnittliche Zeitraum zwischen zwei Betriebsbesichtigungen noch immer mehrere Jahrzehnte betragen. Die Länder sind daher gefordert, die Mindestbesichtigungsquote im Interesse eines wirksamen Arbeits- und Infektionsschutzes sehr viel früher zu erreichen und dann kontinuierlich weiter auszubauen. Für das Niveau von Sicherheit und Gesundheit bei der Arbeit wird es außerdem darauf ankommen, dass auch die Aufsichtsdienste der Berufsgenossenschaften in die Pflicht genommen werden. Wenngleich die Besichtigungsquote bei einigen Unfallversicherungsträgern deutlich höher ist als die mancher Landesbehörden, gibt die geringe Zahl der getroffenen Anordnungen doch Anlass zum Zweifel an den Beurteilungsmaßstäben, die bei einem Betriebsbesuch angelegt werden. Für beide Säulen des Arbeitsschutzes gilt es, die Überwachungsstrategie deutlich zu verbessern.[22]

Mit mehr Personal allein ist es allerdings nicht getan: Die Aufsichtsbehörden der Länder sowie die Unfallversicherungsträger sind zudem gefordert, »Überwachungskonzepte« für Arbeit außerhalb der Arbeitsstätte zu entwickeln. Eine Systemkontrolle einschließlich »Compliance-Prüfung« und eine Besichtigung einzelner Arbeitsplätze im Unternehmen werden zukünftig

---

schutzsystems der Bundesrepublik Deutschland – durchgeführt vom Senior Labour Inspectors' Committee (SLIC) (deutsche Übersetzung). Hrsg. von der Geschäftsstelle des Länderausschusses für Arbeitsschutz und Sicherheitstechnik c/o Hess. Ministerium für Arbeit und Soziales Abteilung III, Wiesbaden; https://bit.ly/3A6O2tW

22 Die Ergebnisse einer Evaluation der Gemeinsamen Deutschen Arbeitsschutzstrategie (GDA) zeigen deutlich: Empfehlungen oder Auflagen seitens der Aufsichtsbehörden gehören zu den wichtigsten Faktoren, die Arbeitgeber zur Verstärkung der Arbeitsschutzbemühungen in Ihrem Betrieb veranlassen. Vgl. GDA (2017): Grundauswertung der Betriebsbefragung 2015 und 2011, S. 66. Online unter: https://bit.ly/3yjwHxn.

nicht mehr ausreichen.[23] Für eine Beurteilung von Arbeitsstandards bei ortsflexibler Arbeit, also im Homeoffice, beim Kunden oder etwa im Zug bedarf es einer deutlichen Erweiterung des »Instrumentenkoffers«. Da in diesen Fällen die Vor-Ort-Überwachung aus vielerlei Gründen nicht infrage kommt, kann nur die Beteiligung der betrieblichen Interessenvertretungen und der betroffenen Beschäftigten selbst ein weiterer Baustein im Beratungs- und Überwachungshandeln der Aufsicht sein. Im Vordergrund muss dabei neben der Beratung über zentrale Arbeitsstandards bei ortsflexibler Arbeit auch die Stärkung der Beschäftigten (Empowerment) stehen. Sie müssen in die Lage versetzt werden, diese Standards für sich zu reklamieren und einzuhalten. Der inhaltliche Kontext ist dabei durch die Ergebnisse der jeweiligen Gefährdungsbeurteilung geprägt. Sicher ist dieses Feld weiter auszuleuchten. Aber gewiss kann der Dreiklang von definierten Beschwerderechten der Beschäftigten in Verbindung mit den Mitbestimmungsrechten der Betriebsräte und den Vollzugsmöglichkeiten der Aufsichtsbehörden wesentlich dazu beitragen, dass Arbeitsschutzstandards auch bei mobiler Arbeit beachtet werden.

Homeoffice: Neuland arbeitspolitisch kultivieren
Die Corona-Krise wirkte wie ein Katalysator für den Arbeitsort »Homeoffice«, denn Großraumbüros sowie moderne Bürolandschaften sind nicht »Coronakompatibel«. Im Gegenteil: Platzsparende, auf schnelle Kommunikation ausgerichtete Raumkonzepte mit oft schwierigen Belüftungsmöglichkeiten fördern die Ansteckungsgefahr für die Beschäftigten. Kein Wunder also, dass diejenigen, die qua digitaler Technik ihre Arbeitstätigkeit ortsungebunden verrichten können, ins Homeoffice »umgezogen« sind. Während ihr Anteil in der 1. Welle im Frühjahr 2020 rasant anstieg, blieb der Anteil der zu Hause arbeitenden Beschäftigten in der 2. Welle im Herbst aber deutlich hinter den Erwartungen und Notwendigkeiten zurück. Diese Entwicklung sowie der Anstieg von Infektionen am Arbeitsplatz veranlassten die Bundesregierung im Januar 2021 zum Erlass einer Corona-Arbeitsschutzverordnung. Diese verpflichtete die Arbeitgeber zu weiteren Kontaktbeschränkungen bei der Arbeit. Als ein wesentlicher Beitrag zur Minderung von Kontakten wurden die Arbeitgeber verpflichtet, »Beschäftigten mit Büroarbeit oder vergleichbaren Tätigkeiten« anzubieten, diese »in deren Wohnung auszuführen, wenn keine zwingenden betriebsbedingten Gründe entgegenstehen« (§ 2 Abs. 4 Corona-ArbSchV). Die Verordnung zeigte Wirkung. Der Anteil der Beschäftigten,

---

23 Vgl. LASI 2014, Überwachungs- und Beratungstätigkeit der Arbeitsschutzbehörden der Länder, Grundsätze und Standards (https://bit.ly/30VoSPk).

Wirtschafts- und arbeitspolitische Probleme

die überwiegend von zu Hause arbeiteten, stieg wieder deutlich an.[24] Die Präventionsmaßnahme »Homeoffice« versprach mehrere Vorteile: Zum einen ist sie gewiss eine wirksame organisatorische Maßnahme zum Infektionsschutz. Die Beschäftigten hatten mehr Sicherheit, sich weder bei der Arbeit noch in öffentlichen Verkehrsmitteln infizieren zu können. Zugleich konnten mitunter lange Wegezeiten eingespart werden. Darüber hinaus erspart die Nutzung des privaten Wohnraums auch als »Office« den Arbeitgebern, Büroflächen abstandswahrend umzugestalten oder gar neue Bürofläche anmieten zu müssen. Doch die Bilanz greift zu kurz, wenn sie nicht auch die kritischen Auswirkungen orts- und zeitflexibler Arbeit problematisiert: Bildschirmarbeit ohne Ende, veränderte Arbeitsabläufe, Videokonferenzen statt Teamgespräche – all das führte in der Corona-Zeit auch zu einem Anstieg psychischer Belastungen.[25] Hinzu kommt: Rechtsverbindliche Schutzstandards für die Arbeit im Homeoffice greifen nur, wenn es sich um Telearbeit im Sinne der Arbeitsstättenverordnung handelt. »Telearbeitsplätze sind vom Arbeitgeber fest eingerichtete Bildschirmarbeitsplätze im Privatbereich der Beschäftigten, für die der Arbeitgeber eine mit den Beschäftigten vereinbarte wöchentliche Arbeitszeit und die Dauer der Einrichtung festgelegt hat« (§ 2 Abs. 7 ArbStättV). Andere Formen mobiler Arbeit fallen bisher nicht unter den Anwendungsbereich der ArbStättV.[26] Dementsprechend ist der Arbeitgeber bei beruflich veranlasster Bildschirmarbeit im Homeoffice nicht verpflichtet, diese ergonomisch auszustatten. Auch gelten die arbeitsschutzrechtlichen Anforderungen, die im Betrieb bei Bildschirmarbeit zu beachten sind, außerhalb der Arbeitsstätte nicht. Der Rechtsrahmen für mobile Arbeit ist äußerst lückenhaft.

Wie sich Arbeitgeber diesen lückenhaften Rechtsrahmen für Kostensenkungsmaßnahmen zulasten der Beschäftigten zunutze machen, zeigt die Befragung von Detje/Sauer exemplarisch mit dieser Aussage eines Betroffenen:

»Eine fest institutionalisierte Betriebsvereinbarung zu Homeoffice haben wir nicht, nur für Telearbeit und das wird halt jetzt im Rahmen von Smart

---

24 Vgl. die Befragungsergebnisse der Hans-Böckler-Stiftung (https://bit.ly/3tBX3YO). Auch wenn die gesetzliche Pflicht der Arbeitgeber zum Homeoffice-Angebot mit sinkenden Infektionszahlen im Sommer 2021 wieder zurückgenommen wurde (zuletzt durch Änderung des IfSG), hat sich das »Arbeitsmodell Homeoffice« bei einem relevanten Teil der Beschäftigten etabliert.
25 Vgl. hier etwa die Ergebnisse des aktuellen TK-Gesundheitsreports 2021 der Techniker Krankenkasse (Hrsg.): Ein Jahr Coronapandemie: Wie geht es Deutschlands Beschäftigten? Sie zeigen auf, dass für einen erheblichen Teil der Menschen der Arbeitsalltag in der Pandemie durch ein Anwachsen psychischer Belastungen geprägt ist. https://bit.ly/2VwO2o8
26 Vgl. Empfehlungen des Ausschusses für Arbeitsstätten (ASTA) zur Abgrenzung von mobiler Arbeit und Telearbeitsplätzen (https://bit.ly/3vKz4Iz).

working, da wird dann mobiles Arbeiten, Homeoffice, Telearbeit abgeschafft, weil der Arbeitgeber, ich meine, das ist halt eigentlich Wahnsinn, der will sich an keinen Kosten beteiligen.«[27]

Dieser Umstand wiegt schwer, zumal das Homeoffice im Zuge der Corona-Pandemie zu einer Art Massenphänomen geworden ist und die regelmäßige Arbeit in den eigenen vier Wänden auch über die Pandemie hinaus zum »new normal« für einen relevanten Teil der Beschäftigten zu werden scheint.[28] Es ist daher höchste Zeit, den Widerspruch zwischen den Anforderungen an die Arbeit am betrieblichen und der Arbeit am häuslichen Arbeitsplatz aufzulösen. Es bedarf Antworten auf die Frage, welche Arbeitsschutzregeln gelten sollen, wenn regelmäßig ohne Telearbeitsvertrag von zu Hause gearbeitet wird. Auch sind Fragen der Pausengestaltung, ständiger Erreichbarkeit und der Ruhezeit mit der Arbeit im Homeoffice noch unmittelbarer verbunden als mit der Arbeit im Betrieb. Die Arbeitsschutzinstitutionen, allen voran die Bundesregierung sind gefordert, einen Diskurs über das sensible Thema der Arbeitsgestaltung im Homeoffice zu initiieren und Lösungen auch durch verbindliche Regeln anzustreben.[29] Dass das seit Mitte des Jahres in Kraft getretene Betriebsrätemodernisierungsgesetz und die in diesem Zuge vorgenommene Änderung des Betriebsverfassungsgesetzes – insbesondere die neu eingeführte Mitbestimmung bei der »Ausgestaltung mobiler Arbeit, die mittels Informations- und Kommunikationstechnik erbracht wird« (§ 87 Abs. 1 Nr. 14) – hinreichend sein wird, um den aktuellen Herausforderungen gerecht zu werden, ist zweifelhaft. Mitbestimmung bezieht sich demnach nur auf das »Wie«, nicht auf die Frage, ob mobile Arbeit eingeführt wird. Doch unabhängig davon kommt es auch auf die Betroffenen an: »Sie müssen für die Einhaltung von Arbeitszeit- und Ergonomie-Standards Sorge tragen und sind somit auch als Kontrolleure der eigenen Arbeitsbedingungen gefordert.

---

27 Detje/Sauer 2021, S. 89.
28 Siehe hierzu die neuesten Zahlen vor Redaktionsschluss, Pressemitteilung des WSI vom 3.8.2021: »Die Zahl der Personen, die im Homeoffice arbeiten, ist mit dem Auslaufen der Verpflichtung für Arbeitgeber, Homeoffice wo immer möglich anzubieten, deutlich zurückgegangen. Im Juli arbeiten 15 Prozent der Befragten ausschließlich oder überwiegend in der eigenen Wohnung, neun Prozentpunkte weniger als bei der letzten Erhebung im Januar. 67 Prozent arbeiteten ausschließlich im Betrieb (Januar: 60 Prozent), 18 Prozent (Januar: 14 Prozent) hatten wechselnde Arbeitsorte. Damit liegen die Zahlen ungefähr auf dem Niveau des letzten Sommers. Gleichzeitig ist der Anteil derer gestiegen, die aktuell im Homeoffice arbeiten und dies auch weiterhin im gleichen Umfang tun wollen. Das sagen 62 Prozent, während es im Januar 49 Prozent waren. Dagegen wollen 11 Prozent der Befragten, die aktuell (auch) daheim arbeiten, künftig gar nicht mehr im Homeoffice sein, 27 Prozent wollen den Anteil reduzieren.«
29 Vgl. hierzu Hans-Jürgen Urban: Heilsversprechen Homeoffice. Zu den Schattenseiten eines arbeitspolitischen Shootingstars, in: Blätter für deutsche und internationale Politik, Heft 2/2021, S. 103–113.

Wirtschafts- und arbeitspolitische Probleme

Die Fähigkeit zur Selbstorganisation, kurz: Empowerment der Beschäftigten, wird dabei zur Schlüsselressource.«[30]

3. Auf eine »Präventionsbewegung von unten« kommt es an

In keinem anderen Politikfeld scheint die Rechtsverweigerung der Arbeitgeber so folgenlos zu sein wie im Arbeits- und Gesundheitsschutz. Nach nunmehr 25 Jahren Arbeitsschutzgesetz hat nur etwa die Hälfte aller Betriebe eine Gefährdungsbeurteilung vorgenommen. Eine verschwindend geringe Anzahl kümmert sich um psychische Belastungen, obwohl die Zahl der Arbeitsunfähigkeitstage, die hierdurch verursacht sind, seit Jahren sehr hoch ist. Von dem Leid der Betroffenen und der hohen Anzahl von Erwerbsminderungsrenten infolge psychischer Erkrankungen ganz zu schweigen.[31]

Wesentlichen Anteil an dieser Misere hat die Bundesregierung: Solange sie die Regelungslücken nicht durch konkrete Rechtsverordnungen schließt, begünstigt sie die Rechtsverweigerung vieler Arbeitgeber. Nur hinreichend konkrete Anforderungen etwa durch eine Anti-Stress-Verordnung werden die Arbeitgeber veranlassen, sich rechtskonform zu verhalten. Zugleich brauchen die Aufsichtsbehörden der Länder eindeutige Rechtsvorschriften, um Verstöße auch ahnden zu können. Doch die Länder sind auch gefordert, ihren politischen Kompass neu auszurichten: Die Gesundheit der Beschäftigten bei der Arbeit muss zukünftig stärker gewichtet und in der Rangfolge der föderalen Aufgaben deutlich nach vorne geschoben werden. Auch das ist eine Lektion, die über die Pandemie hinaus gilt.

Für den Arbeitsschutz gibt es viel zu verlieren, aber auch viel zu gewinnen. Einer der zentralen Erfolgsfaktoren – egal ob es um Gefährdungen durch psychische Belastungen oder um das Corona-Virus geht – ist dabei die Beteiligung der Beschäftigten. Ohne eine »Präventionsbewegung von unten« werden die Herausforderungen nicht zu meistern sein. Diese muss »in den Betrieben unter allen Beteiligten Bewusstsein und Handlungsbereitschaft gegen Gefährdungen bei der Arbeit fördern« und »Beschäftigte als Experten ihrer Arbeitsbedingungen einbeziehen«.[32] Kollektive Rechte und selbstbewusste Interessenvertretungen und Beschäftigte, die ihre Rechte wahrnehmen können – das ist die Währung für eine erfolgreiche Arbeits(schutz)politik der Zukunft.

---

30 Ebenda, S. 112.
31 Vgl. hierzu auch Andrea Fergen: Arbeitsschutz 4.0: Essentials einer digitalen Humanisierungs-Agenda aus Sicht der IG Metall, in: O. Cernavin, W. Schröter, S. Stowasser (Hrsg.): Prävention 4.0, Analysen und Handlungsempfehlungen für eine produktive und gesunde Arbeit 4.0, Wiesbaden 2018, S. 121–134.
32 Hans-Jürgen Urban: Gute Arbeit in der Transformation. Über eingreifende Politik im digitalisierten Kapitalismus, Hamburg 2019, S. 127.

Christine Behle/Oliver Bandosz
Tarifpolitik in Zeiten von Corona
Das Beispiel Tarif- und Besoldungsrunde öffentlicher Dienst mit Bund und Kommunen

Die Tarif- und Besoldungsrunde 2020 mit Bund und Kommunen hatte in ver.di in verschiedener Hinsicht einen längeren Vorlauf. Bereits seit 2017 diskutierte die Bundestarifkommission für den öffentlichen Dienst (BTK ö.D.) das Thema Arbeitszeitgestaltung. Ausgangspunkt war die Erfahrung, dokumentiert unter anderem durch die mit dem DGB-Index durchgeführte Befragung »Gute Arbeit für die öffentliche Verwaltung 2015«, dass auch im öffentlichen Dienst die Arbeitszeitverdichtung erheblich zugenommen hat.

Eine Arbeitsgruppe der BTK ö.D. zum Thema Arbeitszeit sah dieses Thema als mobilisierungsfähig an und favorisierte in ihrem Diskussionspapier vom Oktober 2017 Arbeitszeitverkürzung durch zusätzliche freie Tage mit individuellen Wahlmöglichkeiten für Beschäftigte. Um konkrete Ausgestaltungsmöglichkeiten zu bestimmen, regte die Arbeitsgruppe intensive Diskussionen zu diesem Thema in den Betrieben und Dienststellen an. Ab dem Frühjahr 2019 wurden die Beschäftigten des öffentlichen Dienstes zu ihren Arbeitszeitrealitäten und -wünschen befragt. Geplant war, die Arbeitszeitgestaltung zum zentralen Thema in der Tarif- und Besoldungsrunde mit Bund und Kommunen 2020 zu machen.

Die Planung der Tarifbewegung war 2019 ebenfalls frühzeitig auf den Weg gebracht worden. Ziel war, eine möglichst breite Kampagne auf die Beine zu stellen, mit einer stärkeren Beteiligung der BTK ö.D., von aktiven Ehrenamtlichen und von Mitgliedern. Auch Hauptamtliche sollten von Anfang an stärker einbezogen werden. Geplant war eine breite, frühzeitige, niedrigschwellige und schnelle Kommunikation in allen Phasen der Tarif- und Besoldungsrunde. Unterstützung erfolgte durch externe Organizer:innen, die bereits ab Herbst 2019 in Kooperation mit Hauptamtlichen vor Ort bezirkliche Ansprachemodule und Erschließungsworkshops durchführten.

Neuorientierung im Lockdown
Die Vorbereitung der Tarif- und Besoldungsrunde war Thema in der Sitzung der BTK ö.D. Anfang Dezember 2019, in deren Anschluss auch eine separate Veranstaltung mit allen ver.di-Hauptamtlichen aus den Bereichen des öffentlichen Dienstes stattfand. Der Auftakt der Forderungsdiskussion sollte in der darauffolgenden Klausur der BTK ö.D. am 24./25. März erfolgen. Dazu kam

Wirtschafts- und arbeitspolitische Probleme

es nicht mehr. Stattdessen fand coronabedingt ein Livestream mit Chatmöglichkeit statt, da auf die Technik für größere Videokonferenzen in der Kürze der Zeit noch nicht zurückgegriffen werden konnte. Statt über Forderungen zur Tarif- und Besoldungsrunde musste die BTK ö.D. über die kurzfristige Aufnahme von Tarifverhandlungen mit der Vereinigung der kommunalen Arbeitgeberverbände (VKA) über Kurzarbeit beschließen. Im Tarifrecht des öffentlichen Dienstes waren bis dahin keine Regelungen zur Kurzarbeit enthalten. Doch auch hier waren Beschäftigte in vielen Bereichen durch den Lockdown betroffen, zum Beispiel in Bädern, kulturellen Einrichtungen, Häfen oder Teilen des Nahverkehrs. Die Tarifeinigung wurde am 1. April 2020 erzielt, zunächst mit einer Laufzeit bis 31. Dezember 2020, mittlerweile verlängert bis 31. Dezember 2021.

In den folgenden Wochen stand die Frage im Vordergrund, wie mit der Tarif- und Besoldungsrunde unter den veränderten Bedingungen weiter verfahren werden könnte. Die Bedeutung des öffentlichen Dienstes für eine funktionierende Gesellschaft gelangte in der Krise sehr deutlich ins öffentliche Bewusstsein. Am augenfälligsten war der Beifall von Balkonen und aus Fenstern für die Beschäftigten in den Gesundheitsbereichen. Doch auch in vielen anderen Bereichen, wie zum Beispiel der Bearbeitung der über elf Millionen Anträge auf Kurzarbeit, im Nahverkehr, bei der Infektionsverfolgung in den Gesundheitsämtern, der Notbetreuung in Kitas und Schulen haben die Beschäftigten im öffentlichen Dienst die Bürger:innen in der Corona-Krise oft an vorderster Front beraten, betreut und unterstützt. Dieses Argument sprach dafür, dass die Beschäftigten zu Recht erwarten können, nicht nur beklatscht zu werden, sondern dass ihre Leistung auch finanziell aufgewertet und honoriert wird. Gleichzeitig war nicht absehbar, wie sich die Pandemie weiterentwickelt und welche wirtschaftlichen und beschäftigungspolitischen Folgen sie noch haben wird.

Die BTK ö.D. diskutierte – nun in einer Videokonferenz – am 3. Juni verschiedene Handlungsoptionen für die Tarif- und Besoldungsrunde. Anstelle »normaler« Tarifverhandlung oder einer Verlängerung des bestehenden Tarifvertrags favorisierte sie einen sogenannten Kurzläufertarifvertrag, der zum Beispiel eine Einmalzahlung beinhalten könnte. Beschlossen wurde, dass die Verhandlungsspitze dazu Sondierungsgespräche mit dem Bund und der VKA aufnehmen soll.

»Es hat sich ausgeklatscht«

Ziel der Sondierungsgespräche war seitens der ver.di-Verhandlungsspitze, auf die Herausforderungen in der Corona-Krise zu reagieren und mit den Arbeitgebern Handlungsspielräume auszuloten. An einem Kurzläufertarifvertrag zeigte insbesondere die VKA jedoch kein Interesse. Sie sah keine Veranlassung, vom bisherigen Verfahren abzuweichen. Die VKA wertete schon den Tarifvertrag zur Kurzarbeit als Zeichen von Wertschätzung für die Beschäftigten, obwohl dieser auf ihre Initiative zustande gekommen war und den kommunalen Arbeitgebern die Möglichkeit bot, Beschäftigte zu halten und dabei Personalkosten einzusparen.

Die Haltung der Arbeitgeberseite wurde vielfach als Konfrontationskurs wahrgenommen. Offensichtlich, so die Einschätzung in der BTK ö.D., ging insbesondere die VKA davon aus, dass die Beschäftigten und ihre Gewerkschaften unter Corona-Bedingungen nicht in der Lage sein würden, ihre Interessen und Forderungen durchzusetzen. Die harte Haltung der Arbeitgeber wirkte mobilisierend für viele Beschäftigte und sorgte dafür, dass die Öffentlichkeit für die Anliegen der Gewerkschaften mehr Verständnis aufbrachte.

»Es hat sich ausgeklatscht: Arbeitgeber verweigern echte Wertschätzung« – so war das Flugblatt der ver.di-Jugend überschrieben, das von der Videokonferenz der BTK ö.D. vom 18. Juni 2020 berichtete. An diesem Tag kündigte die BTK ö.D. die Entgelttabellen für die rund 2,3 Millionen Beschäftigten von Bund und kommunalen Arbeitgebern und leitete die Forderungsdiskussion ein.

Tarifkampagne unter Corona-Bedingungen
Der Zeitraum für die Forderungsdiskussion war mit zwei Monaten sehr knapp, und er lag in den Sommerferien des Jahres 2020. Ursprünglich war der Startschuss für Ende März geplant. Üblicherweise finden zum Auftakt einer »normalen« Tarifrunde Veranstaltungen in den ver.di-Bezirken und Landesbezirken statt. Anschließend wird die Forderungsdiskussion in den Betrieben und Dienststellen geführt. Da jedoch Präsenzveranstaltungen unter den Corona-Bedingungen nicht möglich waren und viele Beschäftigte sich in Kurzarbeit oder im Homeoffice befanden, wurden zentral von der Bundesebene koordiniert 40 bezirkliche digitale Auftaktkonferenzen und zusätzlich neun Branchenkonferenzen organisiert; jeweils unter Beteiligung des ver.di-Vorsitzenden Frank Werneke oder der stellvertretenden Vorsitzenden Christine Behle, die die ver.di-Verhandlungsspitze bildeten. An diesen Konferenzen beteiligten sich insgesamt zwar nicht mehr Kolleg:innen als sonst bei Präsenzveranstaltungen. Sie sorgten aber für ein gemeinsames Verständnis für die besondere Situation, in der die Tarifbewegung stattfand. Auch erhielt die Verhandlungsspitze so einen direkten Eindruck von den Themen, die die Kolleg:innen vor Ort bewegten, und die Kolleg:innen konnten per Klick ihre Bereitschaft zu Aktivitäten im Rahmen der Tarif- und Besoldungsrunde unter Corona-Bedingungen erklären.

Wirtschafts- und arbeitspolitische Probleme

Zur Unterstützung der betrieblichen Forderungsdiskussion wurde eine Umfrage entwickelt, die sowohl individuell als Online-Umfrage als auch zur Ansprache und Mobilisierung in Betrieb und Dienststelle genutzt werden konnte. Die betriebliche Nutzung konnte mittels Papier-Fragebogen oder per Tablet oder Smartphone, im direkten Gespräch oder per Telefon erfolgen. Dafür erhielten sogenannte Interviewer:innen jeweils einen eigenen Code, um ihre Gespräche online eingeben zu können. Gefragt wurde nach der Vorstellung für die Entgeltforderung und nach den drei wichtigsten weiteren Themen für die Forderungen. Wichtig war vor allem die Verknüpfung mit der Frage, was man für die Durchsetzung der Forderungen bereit wäre zu tun.

Trotz einiger technischer Einschränkungen bewährte sich die Kombination von Ansprache/Mobilisierung und digitaler Forderungsdebatte. Es wurden auch viele Nicht-Mitglieder erreicht, die häufig bereit waren, sich an Aktivitäten in der Tarif- und Besoldungsrunde zu beteiligen und – sofern sie ihre Daten hinterließen – auch auf eine Mitgliedschaft angesprochen werden konnten. Für die Tarif- und Besoldungsrunde für die Beschäftigten der Länder 2021 ist ein technisch weiterentwickeltes Umfrage-Tool ebenfalls wieder im Einsatz.

Kreative neue Instrumente im öffentlichen Dienst

In der Tarif- und Besoldungsrunde 2020 gab es für interessierte Kolleg:innen zudem die Möglichkeit, sich als Tarifbotschafter:innen zu melden. Tarifbotschafter:innen sind für die Zeit der Tarif- und Besoldungsrunde Ansprechpartner:innen für die Kolleg:innen in ihrem Betrieb oder ihrer Dienststelle. Sie sind Botschafter:innen zwischen Dienststelle, Betrieb oder den Kolleg:innen im Homeoffice und ver.di. Sie informierten ihre Kolleg:innen über aktuelle Entwicklungen in der Tarifrunde, hatten den direkten Draht in die Betriebe und Dienststellen und konnten die Verhandlungen mit Berichten über die Stimmung vor Ort unterstützen.

Im Verlauf der Tarif- und Besoldungsrunde fanden für Tarifbotschafter:innen acht Videokonferenzen jeweils direkt im Anschluss an zentrale Termine statt – wie der Forderungsbeschluss der BTK ö.D. oder die Verhandlungsrunden. In den Konferenzen hat die Verhandlungsspitze über den aktuellen Stand bzw. Ergebnisse berichtet, und es bestand die Möglichkeit, Fragen zu stellen oder Kommentare abzugeben, die noch während der Konferenz aufgegriffen wurden. Diese Form der Beteiligung ist bei vielen Kolleg:innen gut angekommen. An den Videokonferenzen nahmen zwischen 650 und gut 1500 Kolleg:innen teil. Interessant ist diese Form der Beteiligung insbesondere für Kolleg:innen, die sich zwar engagieren wollen, dies aber nur mit überschaubarem Zeitaufwand und nicht mit einer dauerhaften Bindung in gewerkschaftlichen Gremien, im Personal- oder Betriebsrat oder als Vertrauensfrau bzw. Vertrauensmann.

Die Zahl der Tarifbotschafter:innen, die Zahl der von Interviewer:innen geführten Gespräche zur Forderungsdiskussion und die Anzahl streikbereiter Betriebe waren Kriterien für die erstmals in einer Tarifrunde im öffentlichen Dienst angewandte bedingungsgebundene Tarifarbeit. Für den Gesundheitsbereich war sie kurzfristig entwickelt worden, weil in diesem Bereich die Erwartungen materieller Verbesserungen aufgrund der Pandemie-Situation besonders hoch waren, der Organisationsgrad aber eher schwach. Der enge Terminplan ließ nur wenig Zeit zur Mobilisierung. In nur drei Wochen konnten die Kriterien aber weitgehend erfüllt werden. Zudem kam es zu einem sichtbaren Mobilisierungsschub. Bedingungsgebundene Tarifarbeit, so die Erfahrung aus diesem Beispiel, ist auch in einer Flächentarifrunde grundsätzlich möglich.

Verschiedentlich genutzt wurde in der Tarif- und Besoldungsrunde 2020 das Mittel des Telefoncampaigning. Gemeint ist gezielte und anhand von Telefonlisten vorbereitete telefonische Ansprache von Kolleg:innen zu konkreten Anlässen. Nach anfänglicher Skepsis gab es viele positive Erfahrungen. Ein Abwimmeln oder Ärger bei der/dem Angerufenen ist selten der Fall. Insbesondere in Betrieben bzw. Dienststellen ohne gewerkschaftliche Strukturen war die Resonanz positiv. Voraussetzung ist allerdings, dass Telefonaktionen gut vorbereitet sind, eine klare Konzeption und Schwerpunktsetzung haben und eine Qualifizierung der Teilnehmenden erfolgt ist.

Erstmals Einsatz in einer Auseinandersetzung um einen Flächentarifvertrag fand das Mittel der Fotopetition. Kolleg:innen konnten mit dem Hochladen ihres Fotos Gesicht zeigen für die Tarifforderungen und zusätzlich Beschäftigte im eigenen Betrieb oder der Dienststelle ansprechen und zum Mitmachen animieren. Die Anzahl der Fotos konnte über ein Info-Tool auf der Website zur Tarifkampagne abgerufen werden – sowohl die Gesamtzahl, wie auch die Zahlen für die Bezirke, Landesbezirke und für einzelne Betriebe. Dies sollte auch als Stärketest und Anreiz zum Wettbewerb mit anderen Betrieben dienen. Gut ein Drittel der Teilnehmer:innen hat außerdem angegeben, mehr erfahren zu wollen und konnte somit gezielt angesprochen werden.

Für knapp die Hälfte der Betriebe und Dienststellen wurde allerdings nur ein Foto hochgeladen. Das Hochladen konzentrierte sich auf einen kleineren Teil der Betriebe und auch bei einigen Teilnehmer:innen, die teilweise mehr als 100 Fotos von Kolleg:innen hochluden. Zur Mobilisierung und als Stärketest eignet sich eine Fotopetition in einer Tarifrunde eher für größere

Wirtschafts- und arbeitspolitische Probleme

Betriebe, aber weniger in der Fläche. Die aus den Fotos erstellten Transparente, die vor der dritten Verhandlungsrunde am Verhandlungsort präsentiert wurden – stellvertretend für die Kolleg:innen, die wegen der Pandemie nicht in großer Zahl dabei sein konnten – haben dennoch Eindruck hinterlassen.

Dezentralere Streikformen

Neu in der Tarif- und Besoldungsrunde 2020 war auch der sogenannte Arbeitsstreik. Das bedeutet: In der ersten Phase der Streikbewegung wurden Beschäftigte darin geschult, ihre Kolleg:innen kompetent anzusprechen und ihnen die Forderungen der Tarif- und Besoldungsrunde näher zu bringen. Mit Unterstützung von Gewerkschaftssekretär:innen oder Organizer:innen probierten sie das Erlernte in Betrieb oder Dienststelle anschließend aus.

Zunächst herrschte eine ziemliche Skepsis gegenüber dieser Art des Streiks. Nachdem sich aber erste Arbeitsstreiks als erfolgreich erwiesen hatten, legte sich die Skepsis. Trotz der Pandemie gab es während der Tarifrunde in den Betrieben und Verwaltungen über 550 Arbeitsstreiks. Sie erwiesen sich als sehr wirksam bei der Vorbereitung von betriebsnahen Warnstreiks bezüglich der Mobilisierung, aber auch bei der Mitgliedergewinnung. Auch für die Tarif- und Besoldungsrunde der Länder 2021 spielten Arbeitsstreiks eine wichtige Rolle.

Um die Tarifauseinandersetzung näher an die Betriebe heranzubringen, wurde bereits vor Beginn der Pandemie vereinbart, dass in mittelgroßen und großen Städten in allen Betrieben und Verwaltungen betriebsnahe Streiks organisiert werden sollten. Unter Corona-Bedingungen wurde diese Form der Streiks zu einem wirksamen Ersatz für die nicht durchführbaren zentralen Streiks und Kundgebungen. Ein Vorteil der betriebsnahen Streiks ist zudem, dass die Beteiligung gegenüber zentralen Streiks deutlich steigt und Mitglieder sowie Nicht-Mitglieder besser angesprochen werden können. Auch wenn die Bedingungen Veranstaltungen mit hoher Beteiligung wieder möglich machen, bleiben betriebsnahe Streiks ein wichtiges Mobilisierungsmittel und sollten nicht fehlen in einer Tarifauseinandersetzung, die auch zentrale Streiks vorsieht.

Digitale Kommunikation

In der Tarif- und Besoldungsrunde 2020 wurde verstärkt auf digitale Kommunikation und das parallele Bedienen mehrerer Kommunikations-Kanäle gesetzt. Die ver.di-Mitglieder im Tarifbereich des öffentlichen Dienstes von Bund und Kommunen erhielten regelmäßig zeitnah Informationen zum Stand der Tarifauseinandersetzung über insgesamt zwölf zentrale Mitgliedermailings. Diese Form der Information war bereits in den vorangegangenen

Tarif- und Besoldungsrunden eingeführt worden und auf positive Resonanz gestoßen. Dass sie gut angenommen wird, ist an Öffnungsraten der Mails von 43 Prozent, zum Auftakt der Tarifrunde und zur Tarifeinigung sogar von 50 Prozent zu erkennen.

Neben der Kampagnenseite wurden die Social-Media-Kanäle Facebook, Twitter und Instagram bedient. Die Nutzung des Facebook-Kanals stieg während der Tarif- und Besoldungsrunde 2020 auf das Sechsfache der durchschnittlichen Nutzung an. Über den Messenger-Dienst Telegram mit rund 4500 Abonnent:innen wurden zunächst ein bis zwei Nachrichten die Woche, nach der zweiten Verhandlungsrunde täglich und während der dritten Verhandlungsrunde mehrmals täglich Nachrichten verschickt, darunter viele kurze Spots, die Kolleg:innen von ihren Aktivitäten vor Ort zur Verfügung stellten. Gut genutzt wurde auch der ver.di blog (wir-sind-verdi. de), auf dem fakten-orientierte, leicht lesbare Artikel sowie individuelle Geschichten zur Verfügung stehen. Kommentare und Nachfragen über den blog haben, ebenso wie über die anderen Social-Media-Kanäle, vor allem nach der Tarifeinigung stark zugenommen, insbesondere Detailfragen zur Corona-Sonderzahlung.

Ein Höhepunkt war am Tag vor Beginn der dritten Verhandlungsrunde ein dreistündiger Livestream »3 Tage – 300 Aktionen« mit Einspielern, Live-Schalten und Interviews aus allen ver.di-Landesbezirken. Er machte die Streiktage vor Ort in ihrer coronabedingten Vielfalt einem breiten Publikum zugänglich und dokumentierte eindrücklich die Kampfkraft und Geschlossenheit nach innen wie nach außen.

Begleitend zur Tarif- und Besoldungsrunde kamen Beiträge von ver.di-TV stärker zum Einsatz: Über die Kampagnenseite informierten die Verhandlungsspitze, aber auch Mitglieder der BTK ö.D. sowie ver.di-Vorstandsmitglieder aus den betroffenen Tarifbereichen per Video-Botschaft oder Interview über das laufende Geschehen und ihre Eindrücke. In der Tarif- und Besoldungsrunde der Länder 2021 sind mit Hilfe von ver.di-TV zusätzlich kurze, prägnante und informative Videoclips zu mehreren Themen erschienen, unter anderem zum Angriff der Arbeitgeber auf das Eingruppierungssystem (»Arbeitsvorgang«), zu Rolle und Erfahrungen von Tarifbotschafter:innen oder zur Frage, wie Tarifverhandlungen funktionieren. Die Clips stehen auf der aktuellen Kampagnenseite zur Verfügung (www.unverzichtbar.verdi.de).

Trotz Corona haben sehr viele Kolleg:innen eine beindruckende Vielfalt an Aktivitäten entwickelt, haben phantasievolle und coronagerechte Streiks und Aktionen vor Ort initiiert, haben im persönlichen Gespräch oder auf anderen Wegen ihre Kolleg:innen ansprechen und mobilisieren können. Im Ergebnis zeigt sich dies auch in der Mitgliederentwicklung: In allen ver.di-

Wirtschafts- und arbeitspolitische Probleme

Landesbezirken lagen die Eintrittszahlen deutlich über den Eintrittszahlen der vorangegangenen Tarifrunde. Auch bezogen auf die einzelnen ver.di-Fachbereiche des öffentlichen Dienstes lagen sie höher.

Tarifabschluss in schwierigen Zeiten

Bund und VKA machten lange kein Angebot, erst am 16. Oktober, knapp eine Woche vor der dritten Verhandlungsrunde legten sie eines vor. Es sah eine sehr lange Laufzeit bis Ende 2023 und für 2021 und 2022 lediglich eine Tariferhöhung von jeweils einem Prozent vor. Außerdem beharrten sie bis in die dritte Verhandlungsrunde hinein auf Zugeständnisse beim § 12 TVöD (»Arbeitsvorgang«). Dieses Ansinnen konnte schließlich abgewehrt werden.

Unter den Bedingungen der Corona-Krise ist stattdessen ein ordentlicher Tarifabschluss gelungen, der für unterschiedliche Berufsgruppen, die im Fokus der Tarifrunde standen, maßgeschneidert war. Besonders herauszuheben sind die deutlichen Verbesserungen für untere und mittlere Einkommensgruppen, für die Gesundheitsämter und die Pflege.

Die Tarifeinigung sieht unter anderem vor, dass die Tabellenentgelte ab 1. April 2021 um 1,4 Prozent, mindestens aber 50 Euro und ab 1. April 2022 um weitere 1,8 Prozent steigen, bei einer Laufzeit bis 31. Dezember 2022. Der Mindestbetrag und die nach Einkommen gestaffelte, noch 2020 ausgezahlte Corona-Sonderzahlung (zwischen 300 und 600 Euro) erhöht die Einkommen in den unteren und mittleren Einkommen überproportional. Für den Pflegebereich konnten Zulagen erreicht werden, die zu einer Einkommenssteigerung von 8,7 Prozent und in der Spitze für Intensivkräfte von 10 Prozent führen. Gelungen ist nach 30 Jahren deutscher Einheit endlich die Angleichung der Arbeitszeit Ost an die im Westen. Und im Bereich der Sparkassen, deren Beschäftigte mit Forderungen nach Einkommenskürzungen konfrontiert waren, wird ein Teil der Sonderzahlung in freie Tage umgewandelt.

Die verschiedenen Bereiche im öffentlichen Dienst und damit auch die Beschäftigten waren und sind ganz unterschiedlich von den Folgen der Krise betroffen. Dies war ein Einfallstor für den Versuch der Arbeitgeberseite, deren Interessen gegeneinander auszuspielen. Gelungen ist das nicht. Die »maßgeschneiderte« Tarifeinigung hat die besondere Situation berücksichtigt und ein Zeichen für Solidarität gesetzt. In der BTK ö.D. war häufiger das Argument zu hören, dass die Tabellenerhöhung auch geringer ausfallen könne, wenn dafür im Gesundheitsbereich mehr erreicht würde. Auch die Arbeitszeitangleichung Ost-West war breiter Konsens. Eine gemeinsame Sichtweise auf das Ergebnis der Tarifeinigung in seinen verschiedenen Facetten war die Voraussetzung dafür, dass es auch breit in der BTK ö.D. und schließlich auch von den Mitgliedern getragen wurde. Die Entwicklung einer solchen gemeinsamen Sichtweise ist auch für künftige Tarif- und Besoldungsrunden zu berücksichtigen, wenn möglicherweise weiter mit bedingungsgebundenen Elementen und Sonderforderungen für einzelne Bereiche gearbeitet wird.

Ausblick

Die Tarif- und Besoldungsrunde 2020 war mit ihrer besonderen Situation eine Lehrstunde für alle Beteiligten. Viele Elemente der Tarifkampagne mussten unter großem Zeitdruck und mit Bereitschaft zum Improvisieren entwickelt und eingesetzt werden – auch wenn die Planung dazu teilweise bereits vor Beginn der Pandemie gestartet war. Kolleg:innen vor Ort haben eine beachtliche Fantasie und Kreativität bei der Entwicklung coronagerechter Aktivitäten entwickelt. Damit ist ein Erfahrungsschatz für künftige Tarif- und Besoldungsrunden entstanden, ob sie nun unter Corona-Bedingungen stattfinden oder nicht.

Einen positiven Schub für künftige Tarifauseinandersetzungen haben der Beifall für die vielen beschäftigten »Held:innen des Alltags« gebracht und die Erkenntnis, wie wichtig der öffentliche Dienst für das Funktionieren einer demokratischen Gesellschaft ist (s. den Beitrag von Berthold Vogel in diesem Band). »Wir sind unverzichtbar, wir sind systemrelevant« – so lautete das selbstbewusste Motto für die Tarif- und Besoldungsrunde 2020. Und Systemrelevanz wurde auch in der Politik ein Maß für die Einordnung von Tätigkeiten während der Corona-Krise.

Deutlich wurde in der Krise aber auch, wie dünn die Personaldecke in vielen Bereichen des öffentlichen Dienstes ist. Die Kreditanstalt für Wiederaufbau (KfW) ermittelt regelmäßig den Investitionsrückstand bei den Kommunen – 2020 belief er sich auf 149 Milliarden Euro, die vor allem in Schulen, Straßen, Verwaltungsgebäude sowie bei Feuerwehr, Kitas, Sport und Kultur investiert werden müssten. Ausgaben für zusätzliches Personal sind dabei gar nicht mitgerechnet. Zusätzliche Ausgaben für Personal und Ausbildung müssen aber in den Haushaltsplänen von Bund, Ländern und Gemeinden vorgesehen werden, wenn die Funktionsfähigkeit des öffentlichen Dienstes erhalten und ausgebaut werden soll. Gute Arbeits- und Einkommensbedingungen sind außerdem wichtig für die Attraktivität des öffentlichen Dienstes als Arbeitgeber, damit bestehendes Personal gehalten und neues Personal gewonnen werden kann.

Für künftige Tarif- und Besoldungsrunden im öffentlichen Dienst kommt es darauf an, wie mit den Kosten der Krise umgegangen wird. Der Versuch, mit Verweis auf die Schuldenbremse und mit dem Argument, es sei kein Geld mehr da, Kosten auf die Beschäftigten im öffentlichen Dienst abzuwälzen, kann nicht gelingen. Darunter wird nur die Attraktivität öffentlicher Arbeit-

Wirtschafts- und arbeitspolitische Probleme

geber leiden und angesichts der Höhe der Krisenkosten kämen Einsparungen an dieser Stelle ohnehin dem sprichwörtlichen Tropfen auf den heißen Stein gleich.

ver.di nimmt daher auch ihr politisches Mandat wahr mit eigenen Vorschlägen zum Umgang mit Krisenkosten und Schuldenbremse und tritt für eine Reform der nationalen und europäischen Schuldenregeln ein (https://verdi-waehlt.verdi.de/). Denn ein ideologisches Festhalten an schwarzer Null und Schuldenbremse – bzw. ein Zurück dorthin – zwingt Bund und Länder und über diese auch die Kommunen dazu, die Corona-Kredite zeitnah zurückzuzahlen. Aus ökonomischer Sicht kann Deutschland mit den höheren Schulden problemlos leben. Müssten künftige Staatseinnahmen dagegen in die Schuldentilgung fließen, fehlen sie für die Finanzierung wichtiger Zukunftsaufgaben. Die Auseinandersetzung über den Umgang mit Staatsschulden, Schuldenbremse und Steuerpolitik ist daher auch eine Auseinandersetzung über künftige gesellschaftliche Gestaltungsmöglichkeiten bei der Daseinsvorsorge und über Arbeitsbedingungen im öffentlichen Dienst.

Wilfried Kurtzke/Beate Scheidt
Perspektiven der wirtschaftlichen Entwicklung nach Corona

1. Krisenbewältigung und digital-ökologischer Umbau brauchen einen handlungsfähigen Staat

Die Corona-Pandemie ist innerhalb von nur etwas mehr als zehn Jahren das zweite Ereignis nach der Finanzkrise, das die Weltwirtschaft erschüttert. Waren es 2008/09 die deregulierten und nahezu unkontrollierten global vernetzten Finanzmärkte, die den Nährboden für die Krise bildeten, wirkten unterfinanzierte Gesundheits- und Sozialsysteme sowie Ungleichheiten in der Verteilung und beim Zugang zur Gesundheitsvorsorge, Bildung und zu sozialer Sicherheit verschärfend in der Corona-Pandemie. Vitor Gaspar (Direktor beim Internationalen Währungsfonds) sieht die Gefahr eines Teufelskreises zunehmender Ungleichheit mit verheerenden sozialen und politischen Spannungen (IWF 2021).

Im vorherrschenden marktliberalen Paradigma der letzten vier Jahrzehnte gelten staatliche Markteingriffe als »Anmaßung von Wissen« (Hayek 1973), effizienz- bzw. wohlfahrtsmindernd und sollten deshalb auf ein Minimum reduziert werden. Die Defizite des Marktregimes werden allerdings immer offensichtlicher: Es erzeugt in hohem Maße krisenanfällige Ökonomien und heftige Einbrüche, die den Staat in die Pflicht nehmen und zum Handeln zwingen, um die sozialen Folgen abzumildern. Relativ schnell erholen sich in aller Regel die Vermögenswerte an den Finanzmärkten, während der Wiederaufbau verloren gegangener Arbeitsplätze und die Korrektur der Einkommensverluste keinem simplen Automatismus folgen, sondern mühsam erkämpft werden müssen. Gewinne werden privatisiert, Verluste sozialisiert. So wird auch die Corona-Krise Spuren hinterlassen, die unser Gesellschafts- und Wirtschaftsmodell herausfordern.

Deutschland muss gleichzeitig die digital-ökologische Transformation insbesondere in den Industriebranchen zügig und sozial verantwortlich gestalten. Der Handlungsdruck ist für den Produzierenden Sektor enorm: Allein der Anteil des Energiesektors und des Verarbeitenden Gewerbes an den Treibhausgasemissionen entsprach 2018 etwa 50 Prozent (Umweltbundesamt 2019). Nicht nur die Produktionsprozesse, sondern auch die von der Industrie erzeugten Produkte müssen langfristig CO_2-neutral sein. Im Produzierenden Gewerbe entsteht andererseits ein Großteil der deutschen

Wirtschafts- und arbeitspolitische Probleme

Wertschöpfung. 2018 betrug dieser Anteil (ohne Baugewerbe) etwas mehr als 25 Prozent – Verarbeitendes Gewerbe: 21 Prozent – und ist damit im internationalen Vergleich relativ hoch. 8,3 Millionen (18,6 Prozent) aller Erwerbstätigen und acht Millionen (knapp 20 Prozent) aller Arbeitnehmer:innen waren im Produzierenden Gewerbe beschäftigt (Destatis 2021). Industrielle Arbeitsplätze sind überdurchschnittlich gut bezahlt und tarifgebunden. So betrugen Bruttolohn und -gehalt je geleisteter Arbeitnehmerstunde 2020 im Durchschnitt 28,76 Euro und in der Industrie 33,85 Euro. Bei 55 Prozent aller dort Beschäftigten berechneten sich die Entgelte auf der Grundlage eines Tarifvertrags (Deutschland insgesamt: 51 Prozent) (WSI Tarifarchiv 2021). Es steht also viel auf dem Spiel.

Eine gelingende Transformation braucht sichere Rahmenbedingungen für langfristige Entscheidungen; denn damit verbunden sind umfangreiche Investitionen in den öffentlichen und privaten Kapitalstock. Die Corona-Krise hat den Investitionsstau in Deutschland noch sichtbarer gemacht. Eine Modernisierungsoffensive ist notwendig für sichere Beschäftigungsperspektiven im Strukturwandel. Wenn es jetzt nicht gelingt, eine ausreichende Kredit- und Steuerfinanzierung für die Gestaltung der Transformation sicherzustellen, drohen schwerwiegende ökonomische und soziale Verwerfungen.

Die Krisenpolitik stabilisierte die Ökonomie, trieb aber die Staatsdefizite und -verschuldung hoch. Deutschland wurde wie die meisten anderen Industrieländer im zweiten Quartal 2020 massiv von den Auswirkungen der Maßnahmen zur Eindämmung der Pandemie getroffen. Die Wirtschaftsleistung brach um beinahe 10 Prozent gegenüber dem Vorquartal ein. Die Erholung erfolgte überraschend schnell im dritten Quartal mit plus 8,5 Prozent. Am Jahresende stand ein Minus des Bruttoinlandsprodukts von knapp 5 Prozent gegenüber dem Vorjahr. Die aktuellen Prognosen der Wirtschaftsforschungsinstitute gehen davon aus, dass die deutsche Wirtschaft im vierten Quartal 2021 wieder ihr Vorkrisenniveau erreicht haben wird.

Im Jahr 2020 fuhr die Bundesrepublik nach einigen Jahren mit Haushaltsüberschüssen erstmals wieder ein Defizit ein. Es betrug 139,6 Milliarden Euro bzw. 4,2 Prozent des Bruttoinlandsprodukts (BIP). Umfassende Stützungsmaßnahmen rissen ein tiefes Loch in die öffentlichen Haushalte. Der fiskalische Impuls, der verhinderte, dass die Wirtschaftsleistung noch massiver abstürzte, betrug etwa 11 Prozent des BIP. Beteiligungen, Kredite und Garantien im Umfang von 27,8 Prozent des BIP, die allerdings nicht in diesem Umfang in Anspruch genommen werden müssen, ergänzten die stabilisierende Wirkung der Fiskalpolitik. Das Frühjahrsgutachten der Wirtschaftsforschungsinstitute erwartete, dass Deutschland auch 2021 (minus 159,3 Milliarden Euro, minus 4,5 Prozent des BIP) und 2022 (minus 58,8 Milliarden

Euro, minus 1,6 Prozent) Defizite verbuchen wird. Die Staatsschuldenquote dürfte sich nach Berechnungen des IWF im Jahr 2021 auf etwa 70 Prozent erhöhen (IWF 2021). Stand Mai 2021 ging die Bundesregierung für 2021 von einem Anstieg der Schuldenquote in 2021 auf 75 Prozent aus. Im internationalen Vergleich ist dies dennoch eine auffallend niedrige Quote (IWF 2021). Die fortgeschrittenen Volkswirtschaften insgesamt werden im Jahr 2021 im Durchschnitt einen Wert von 122,5 Prozent erreichen. Der globale Durchschnitt kommt auf beinahe 99 Prozent (s. Abb. 1). Eine niedrige Zinslast und negative Renditen für langjährige deutsche Staatsanleihen eröffnen der deutschen Bundesregierung zusätzliche Handlungsspielräume, die genutzt werden müssen. Ein Spardiktat mit dem Ziel, möglichst schnell die Schuldenquote zu reduzieren, würde genau das Gegenteil bewirken. Wichtige Investitionen würden unterbleiben und die konjunkturelle Erholung erschwert. Vielmehr muss mit einer klugen und mutigen Ausgabenpolitik sowohl die kurzfristige Stabilisierung der Ökonomie als auch die digital-ökologische Transformation sozial ausgewogen gestaltet werden.

Abb. 1: Bruttostaatsschulden und Finanzierungssalden des Staates

in Prozent des Bruttoinlandsprodukts

Fortgeschrittene Volkswirtschaften

Jahr	2016	2017	2018	2019	2020	2021*	2022*
Fortgeschrittene Volkswirtschaften	105,5	103,1	102,5	103,8	120,1	122,5	121,6
Welt	83,2	82,0	82,3	83,7	97,3	98,9	99,0
Deutschland	69,3	65,1	61,8	59,6	68,9	70,3	67,3
Finanzierungssaldo	1,2	1,4	1,8	1,5	-4,2	-4,5	-1,6

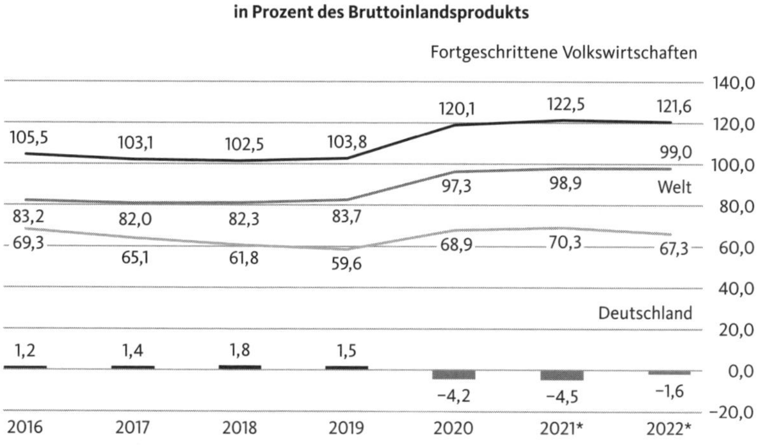

Quelle: IMF (2021 c), Fiscal Monitor Database April 2021, Gemeinschaftsdiagnose April 2021,
* = Projektionen
Grafik: IG Metall, Koordination Branchenpolitik

Wirtschafts- und arbeitspolitische Probleme

2. Investitionen gegen die Krise und für die Transformation

Die Überalterung der öffentlichen Infrastruktur ist unmittelbar zu erleben. Immer wieder müssen wichtige Verkehrswege gesperrt werden, weil Brücken marode sind. Die Bahn kämpft mit Verspätungen, weil über viele Jahre nicht genügend in den Erhalt des Streckennetzes investiert wurde. In der Pandemie wurde bitter wahrgenommen, dass viele Schulen über keine intakten Sanitäranlagen verfügen. Sie halten nicht mal minimalen Hygieneanforderungen stand. Von leistungsfähigen Lüftungsanlagen oder einer digitalen Infrastruktur ganz zu schweigen.

Schon lange ist der Investitionsstau Thema in wissenschaftlichen Debatten. Bereits 2013 veröffentlichte das Deutsche Institut für Wirtschaftsforschung (DIW 2013) eine Studie dazu. Es wurde beklagt, dass die im Inland gebildete Ersparnis stark im Ausland investiert wurde und dadurch Wachstumspotenziale verloren gingen. Insgesamt wurden die zusätzlichen Bedarfe mit »... knapp 80 Milliarden mehr Investitionen pro Jahr im öffentlichen und privaten Bereich« beziffert (DIW 2013, S. 18). Ausführlich beschrieben wird das Investitionsproblem in Kurtzke/Scheidt (2021).

Der Anteil der Bruttoanlageinvestitionen am BIP stagnierte in den letzten Jahren bei ca. 20 Prozent. Lediglich seit 2018 hat es einen leichten Anstieg gegeben. Für 2020 sind es rein rechnerische Effekte: Die Bruttoanlageinvestitionen schrumpfen nicht so stark wie die Wirtschaftsleistung. Der Anstieg in den Jahren 2018 und 2019 ist vor allem auf die Steigerung der Investitionen im Wohnungsbau zurückzuführen. Dahinter verbergen sich teilweise überproportionale Preissteigerungen in diesem Bereich. Rückläufig war über die Jahre der Anteil der Ausrüstungsinvestitionen (Maschinen, Anlagen, Fahrzeuge). Der Wert vor der Finanzkrise 2008/09 konnte nicht wieder erreicht werden (s. Abb. 2). Das deutet auf erhebliche Probleme für die Zukunft der Industrieproduktion in Deutschland.

Die öffentlichen Investitionen nehmen mit etwa 2,5 Prozent einen relativ kleinen Anteil an der Wirtschaftsleistung ein. Eine bedeutende Rolle bei den öffentlichen Investitionen fällt den kommunalen Investitionen zu. Der größte Anteil an den kommunalen Anlageinvestitionen fließt in die Infrastruktur. Mit 33,3 Milliarden Euro tätigten die Gemeinden 2020 noch 37 Prozent der öffentlichen Bruttoanlageinvestitionen, 1992 hatte ihr Anteil noch 51 Prozent betragen. Seit Jahren sind ihre Nettoinvestitionen negativ, im Jahre 2020 betrugen sie minus 0,6 Milliarden Euro. Die kommunale Infrastruktur verfällt. Weil die Investitionen nicht einmal den Ersatzbedarf abdecken, altert der kommunale Kapitalstock zunehmend. Die jährliche Erneuerungsrate betrug 1991 noch annähernd 4 Prozent, 2005 waren es weniger als 2 Prozent (DIW 2019). Nach Erhebungen der KfW bestand in den letzten Jahren in den

Kommunen ein Investitionsstau zwischen 140 und 160 Milliarden Euro (KfW Kommunalpanel 2021).

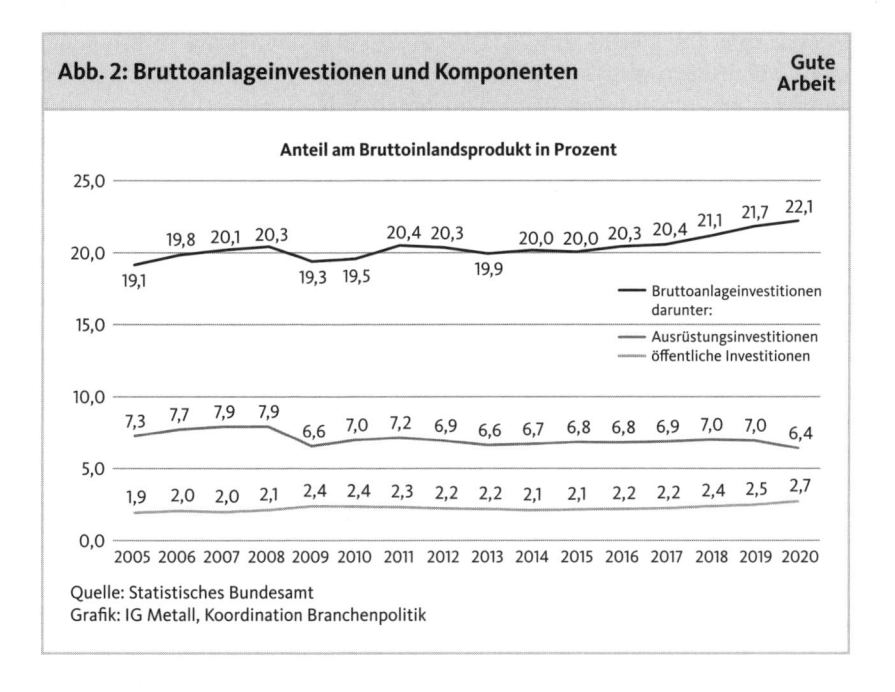

Abb. 2: Bruttoanlageinvestionen und Komponenten — Gute Arbeit

Anteil am Bruttoinlandsprodukt in Prozent

Bruttoanlageinvestitionen: 19,1 19,8 20,1 20,3 19,3 19,5 20,4 20,3 19,9 20,0 20,0 20,3 20,4 21,1 21,7 22,1
darunter:
Ausrüstungsinvestitionen: 7,3 7,7 7,9 7,9 6,6 7,0 7,2 6,9 6,6 6,7 6,8 6,8 6,9 7,0 7,0 6,4
öffentliche Investitionen: 1,9 2,0 2,0 2,1 2,4 2,4 2,3 2,2 2,2 2,1 2,1 2,2 2,2 2,4 2,5 2,7

Jahre: 2005–2020

Quelle: Statistisches Bundesamt
Grafik: IG Metall, Koordination Branchenpolitik

In der Vergangenheit wurden die öffentlichen Investitionen oft als Konkurrenz zu privaten Aktivitäten gesehen. Eine solche Crowding-Out-These (»Verdrängungs-These«) wurde jüngst noch einmal von Bert Rürup vertreten (Handelsblatt vom 14.5.2021). Doch die empirischen Untersuchungen (DIW Wochenbericht 31/2019; Dullien et al. 2021) zeigen einen starken Crowding-in-Effekt: Öffentliche und private Investitionen konkurrieren nicht, sondern sie bedingen und ergänzen sich. Die private Wirtschaft, und dabei vor allem die Industrie, ist auf eine leistungsfähige öffentliche Infrastruktur angewiesen.

Um die Wirtschaft wieder anzukurbeln, hatte die Regierung neben den diversen Stützungsmaßnahmen Anfang Juni 2020 ein Konjunkturprogramm im Volumen von 130 Milliarden Euro auf den Weg gebracht. 50 Milliarden Euro davon gehörten zum Zukunftspaket, mit dem längerfristig wirkende Investitionen angeregt bzw. gefördert werden sollten. Im Zukunftspaket wurden Maßnahmen für die Bereiche Energie, Mobilität, Digitalisierung und Gesundheitsschutz auf den Weg gebracht. Der größte Anteil sind diverse Förder-

Wirtschafts- und arbeitspolitische Probleme

programme für private Investitionen, mit denen der Strukturwandel besser bewältigt werden soll. Das Zukunftspaket reicht nicht aus, um die öffentlichen Investitionen dauerhaft zu steigern. Entsprechend der Projektion der Bundesregierung gibt es von 2021 bis 2025 keine nennenswerte Erhöhung mehr. Mit diesem Ausgabenvolumen ist eine Auflösung des Investitionsstaus, vor allem im kommunalen Bereich, nicht möglich.

In zwei gemeinsamen Studien, die im November 2019 und im Mai 2020 vorgelegt wurden, zeigen das Institut für Makroökonomie und Konjunkturforschung (IMK) und das Institut der deutschen Wirtschaft (IW), wie eine Investitionsoffensive ausgestaltet werden kann. Politisch von Vorteil ist, dass diese Vorhaben sowohl von den Gewerkschaften als auch vom Bundesverband der Deutschen Industrie (BDI) unterstützt werden. Gefordert wird ein Programm von zusätzlich mindestens 450 Milliarden Euro für die nächsten zehn Jahre, also 45 Milliarden Euro pro Jahr. Dabei handelt es sich nicht um öffentliche Investitionen im engeren Sinne, sondern auch Maßnahmen zur öffentlichen Förderung privater Investitionen sind darin enthalten.

Für eine schnelle wirtschaftliche Erholung ist die Stimulierung der wirtschaftlichen Aktivitäten durch Investitionsprogramme ein wichtiges Mittel. Der notwendige ökologische Umbau und die Digitalisierung werden durch die Krise beschleunigt. Auch für die Umsetzung dieser Transformation sind gewaltige Investitionen erforderlich. Die Bundesregierung hat mit ihrem neuen Klimaschutzgesetz nochmals ambitioniertere Ziele formuliert. Danach soll der Ausstoß des Klimagases CO_2 bis 2030 (vom Ausgangswert 1990) um 65 Prozent reduziert werden. Bisher betrug das Reduktionsziel 55 Prozent. Klimaneutralität soll anstatt 2050 jetzt bereits 2045 erreicht werden. Dazu sind weitere Investitionen notwendig.

3. Krisenpolitik und Investitionen müssen finanziert werden

Die Umsetzung des enormen Investitionsbedarfs setzt eine ausreichende Finanzierung voraus. Im Vorfeld der Bundestagswahl im Herbst 2021 gab es kontroverse Debatten über eine rasche Rückführung der im Zuge der Pandemie gestiegenen Defizite und der Staatsschuldenquote, um die Schuldenbremse wieder einhalten zu können.

Im Zuge der Gründung der europäischen Währungsunion wurden mit dem Vertrag von Maastricht (1992) die Konvergenzkriterien und anschließend im Stabilitäts- und Wachstumspakt (1997) die nach wie vor gültige zulässige Obergrenze für die Staatsschuldenquote auf 60 Prozent festgelegt – ein Grenzwert, der dem damaligen Durchschnittswert der Mitgliedstaaten der EU entsprach, sich jedoch nicht ökonomisch begründen lässt. Die Konvergenzkriterien sollten grundsätzlich die öffentlichen Haushalte disziplinieren, um es der Europäischen Zentralbank zu erleichtern, ihr prioritäres Ziel der Preisniveaustabilität zu erreichen. Die deutsche Schuldenregel erlaubt dem Bund seit 2016 ein (strukturelles, also konjunkturbereinigtes) Defizit von maximal 0,35 Prozent. Die Bundesländer dürfen sich seit 2020 überhaupt nicht mehr verschulden. 12 der 16 Bundesländer haben Regelungen zu Schuldenbremsen in ihre Landesverfassungen aufgenommen. Sowohl die deutsche Schuldenbremse als auch die europäischen Fiskalregeln sehen immerhin Ausnahmen in Rezessionen und bei »Naturkatastrophen und außergewöhnlichen Notsituationen« vor. Die dafür notwendigen Beschlüsse des Bundestages und – sofern in den Landesverfassungen geregelt – der Landtage müssen mit einem Tilgungsplan verbunden werden, der eine Rückführung der Schulden innerhalb einer »angemessenen« Frist festlegen soll. Die Gefahr besteht, dass die Tilgungspläne zu früh Ausgabenkürzungen vorsehen, um die Schuldenbremse möglichst bald wieder einzuhalten. Dies würde die konjunkturelle Erholung gefährden.

Der Bund hat als Musterschüler regelmäßig seinen Tilgungsplan übererfüllt. 2014 wurden sogar erstmals strukturelle Budgetüberschüsse im Umfang von 0,27 Prozent des BIP erzielt. Die »Schwarze Null« und das Idealbild der »Schwäbischen Hausfrau« wurden in den Folgejahren zum Markenkern des deutschen Finanzministers, der sich auf dem internationalen diplomatischen Parkett regelmäßig Vorwürfen ausgesetzt sah, das Wachstum nicht genügend zu stimulieren und die Weltkonjunktur zu bremsen. Aus Sicht der USA, die mit massiven Leistungsbilanz- und hohen Staatsdefiziten das globale Wachstum treiben, ein durchaus verständlicher Ärger. Erhebliche finanzielle Spielräume für Investitionen blieben in Deutschland in den letzten zehn Jahren ungenutzt – Spielräume, die gleichzeitig für eine Modernisierung des Kapitalstocks genutzt, das Wachstum stimuliert sowie vermutlich eine noch schnellere Rückführung der Staatsschuldenquote ermöglicht hätten können.

Die deutsche Schuldenbremse und die europäischen Fiskalregeln stehen seit Jahren in der Kritik und müssen reformiert werden. Sie wirken durch eine fehlerhafte Potenzialberechnung und Konjunkturbereinigung destabilisierend, beziehen auch Investitionen mit ein und vernachlässigen die Zinslast. Während 1999 knapp 17 Prozent des Bundeshaushalts für Zinszahlungen verwendet wurden, betrug der Anteil im Jahr 2019 nur noch 3,5 Prozent (s. Abb. 3). Angesichts der aktuell und perspektivisch niedrigen Zinsen bleiben Zukunftschancen ungenutzt. Eine Abkehr von der »Schwarzen Null«, d.h. die Ausschöpfung der Verschuldungsmöglichkeiten, eine Verstetigung der Ausgaben und die Einführung einer »Goldenen Regel«, um die öffentlichen Investitionen von der Schuldenbremse auszunehmen und zukünftige

Wirtschafts- und arbeitspolitische Probleme

Generationen an deren Finanzierung zu beteiligen, sowie die Berücksichtigung der Zinslast erweitern den Handlungsspielraum zur Finanzierung gesellschaftlich wichtiger staatlicher Ausgaben.

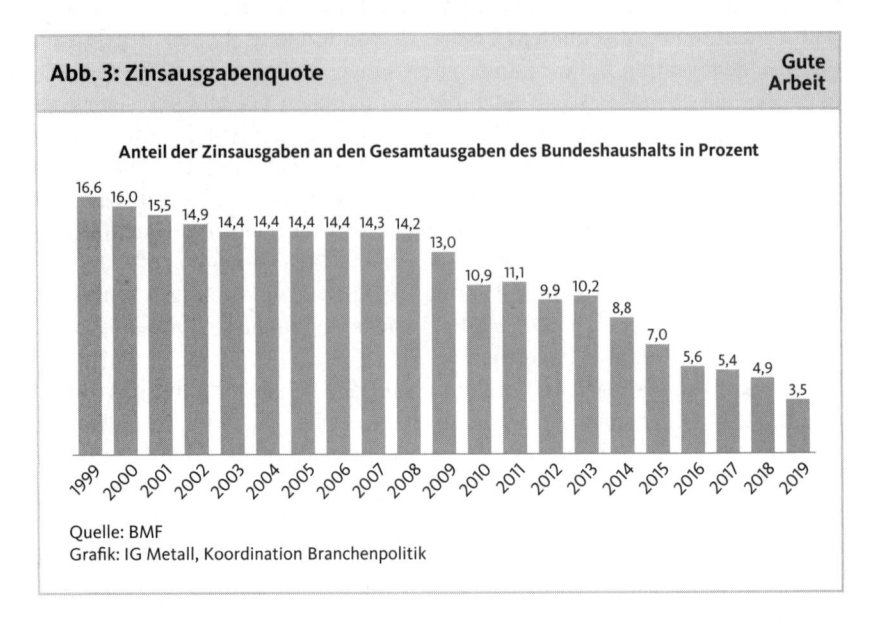

Abb. 3: Zinsausgabenquote — Gute Arbeit

Anteil der Zinsausgaben an den Gesamtausgaben des Bundeshaushalts in Prozent

Jahr	Prozent
1999	16,6
2000	16,0
2001	15,5
2002	14,9
2003	14,4
2004	14,4
2005	14,4
2006	14,4
2007	14,3
2008	14,2
2009	13,0
2010	10,9
2011	11,1
2012	9,9
2013	10,2
2014	8,8
2015	7,0
2016	5,6
2017	5,4
2018	4,9
2019	3,5

Quelle: BMF
Grafik: IG Metall, Koordination Branchenpolitik

Die Finanzierung der anwachsenden Staatsausgaben allein über eine Reform der Schuldenbremse und Kredite zu regeln, genügt nicht; zumal die Schuldenbremse für die Kommunen nicht gilt, diese aber die Hauptlast der öffentlichen Investitionen tragen und teilweise aufgrund hoher Kassenkredite eingeschränkte Handlungsspielräume haben. Ihnen ist eher geholfen, wenn die Länder und der Bund die Schuldenlast mittragen. Dies ist insofern gerechtfertigt, als den Gemeinden in den letzten Jahren durch den ihnen (auch vom Bund) zugewiesenen Aufgaben im Sozialbereich außergewöhnliche Ausgaben zugemutet wurden. So haben bereits die Grundgesetzänderungen (Art. 104c GG) in den Jahren 2017 und 2019 für den Bund Fördermöglichkeiten im Bereich der kommunalen Bildungsinfrastruktur geschaffen (Scholz 2021, S. 13).

Darüber hinaus muss das gesamte Steuersystem auf den Prüfstand, um mit einer soliden Finanzierung die Handlungsfähigkeit in den nächsten Jahrzehnten zu sichern. Eine Reform des Steuersystems muss zudem für mehr Steuergerechtigkeit sorgen. Ein alternatives Konzept wurde vom Deutschen Gewerkschaftsbund vorgelegt (DGB 2021). Der Umbau des deutschen Steuersystems nach diesem Vorbild könnte jährlich 55 bis 60 Milliarden Euro zusätzliche Staatseinnahmen bedeuten. Darin enthalten ist eine Reform der Lohn- und Einkommensteuer, die zu einer Entlastung unterer sowie zu einer stärkeren Belastung höherer Einkommen führen würde und somit dem Leistungsfähigkeitsprinzip Rechnung trägt. Darüber hinaus soll die Vermögensbesteuerung wiedereingeführt werden, die angesichts der extremen Konzentration von großen Vermögen auf wenige Menschen und der im internationalen Vergleich hohen Vermögensungleichheit in Deutschland gut zu begründen ist. Außerdem ist ein Umbau der Unternehmenssteuern (Gewerbesteuer, Körperschaftsteuer) vorgesehen sowie ein Konzept für eine Finanztransaktionssteuer. Der Steuervollzug soll verbessert werden. Neben dem Umbau des Steuersystems gibt es andere Instrumente, die das enorme Finanzierungsvolumen für die digital-ökologische Transformation heben würden: staatlich unterstützte Fondsmodelle. Diese könnten Beteiligungen an privaten Unternehmen vornehmen und Investitionen für den Strukturwandel mitfinanzieren. So fordert die IG Metall etwa einen speziellen Fonds für die Stahlindustrie, um die Umstellung auf eine CO_2-freie Stahlproduktion zu ermöglichen. In diesem Fonds sollen bis 2030 10 Milliarden Euro bereitgestellt werden.

Entscheidend ist auch eine internationale Zusammenarbeit zur Vermeidung eines globalen Steuerdumpings und der Steuerflucht. Die Unterstützung durch die neue US-Regierung verbesserte die Aussichten auf eine erfolgreiche Umsetzung einer globalen Mindeststeuer und die Unterbindung von Steuerflucht. US-Präsident Biden vollzieht damit eine steuerpolitische Kehrtwende in den USA, die seit der Amtsübernahme von Ronald Reagan 1981 auf eine Reduktion der Unternehmenssteuern setzte, in der Hoffnung nicht nur mehr Investitionen zu stimulieren, sondern über mehr Wachstum auch die Steuereinnahmen zu steigern. Eine Hoffnung, die sich nicht erfüllte.

4. Paradigmenwechsel schafft weitere Perspektiven

Die weiteren wirtschaftlichen Perspektiven hängen zunächst einmal von den Erfolgen bei der Pandemiebekämpfung ab. Trotz diverser Mutationen des Virus und daraus folgender Rückschläge in einigen Staaten rückt zumindest für die Industrieländer mit den Impffortschritten die Überwindung der Pandemie in greifbare Nähe. In vielen Staaten des globalen Südens liegen umfassende Impfraten dagegen noch in weiter Ferne.

Mit dem Eindämmen der Pandemie kehrt der Optimismus zurück. Praktisch alle Institutionen erwarten eine schnelle und tiefgreifende Erholung der Weltwirtschaft. Der internationale Währungsfonds prognostiziert in seiner Frühjahrsprognose (April 2021) für 2021 ein Wachstum der Weltwirtschaft von 6 Prozent und für 2022 von 4,4 Prozent. Für Deutschland liegen die Pro-

Wirtschafts- und arbeitspolitische Probleme

gnosen der Wirtschaftsforschungsinstitute für 2022 zwischen 4 und 5 Prozent, die Bundesbank erwartet mit einem Wachstum von 5,1 Prozent sogar einen noch höheren Wert.

Nach der Einschätzung der Bank für Internationalen Zahlungsausgleich (BIS) ist für die schnelle wirtschaftliche Erholung die fiskalische Unterstützung der Staaten in Form von Transferleistungen, Krediten und Garantien für Unternehmen und private Haushalte entscheidend; neben der expansiven Geldpolitik der Notenbanken (BIS, Annual Economic Report 2021).

Dem ist nur zuzustimmen. Eine so schnelle Erholung, wie sie am Anfang der Pandemie kaum für möglich gehalten wurde, wäre ohne die entschiedene Antikrisenpolitik vieler Länder nicht denkbar. Noch stärker als in der Finanzkrise 2008/09 und mit einem breiten Instrumentarium wurden wirtschaftliche Impulse gesetzt. Damit wird ein Paradigmenwechsel vollzogen. Ideologisch wurde dabei in den USA der Weg geebnet von Ökonomen wie Paul Krugman, die inzwischen auch die Konjunkturprogramme aus der Anfangszeit von Obama als zu gering einschätzen. Aus der Ideologie wird Praxis: »Im März 2020, als mehr als zwanzig Millionen Amerikaner innerhalb weniger Wochen ihre Jobs verloren, einigte sich der Kongress auf ein gigantisches Konjunkturprogramm. ... Und mit einer demokratischen Mehrheit im Kongress übertrug sich der Schwung ins Jahr 2021. Jeder singt jetzt offen Krugmans Greatest Hits nach: Wiederholt nicht die Fehler der ersten Obama-Regierung – Go large!« (Tooze 2021)

Während mit der zunehmenden Erholung unmittelbare Stützungsmaßnahmen schnell wieder zurückgefahren werden, wirken andere Programme langfristiger. In den USA drehte sich die Debatte im Sommer 2021 nach den Einkommenshilfen um große Programme für Infrastrukturinvestitionen. In Europa nahm der Aufbau- und Resilienzfonds im Sommer 2021 gerade erst seine Arbeit auf. Auch in Deutschland liefen zu dieser Zeit viele Projekte aus dem Zukunftspaket gerade erst an. Damit stützten die staatlichen Programme weiterhin die wirtschaftliche Erholung. Die Bekämpfung der Folgen der Pandemie ist ein großer weiterer Schritt zur Überwindung neoliberaler Dogmen. Diese Entwicklung ist das eigentliche Erfolgsgeheimnis. Umso mehr, als eher konservative Institutionen wie die BIS sich dieser Entwicklung nicht entgegenstellen.

Ein anderer Faktor ist die aufgestaute Ersparnis, die nun die Konjunktur beflügelt. Weil in der Krise durch Lockdown und Reisebeschränkungen die Konsummöglichkeiten eingeschränkt waren und zudem große Verunsicherung über die weiteren persönlichen Einkommenserwartungen herrschte, brach der private Konsum ein und die Sparquote stieg an. Nach Berechnungen der Bundesbank liefen bis Ende 2021 in Deutschland zusätzliche, pandemiebedingte akkumulierte Ersparnisse von über 200 Milliarden Euro auf (Monatsbericht 06/2021). Diese Ersparnisse werden über einen längeren Zeitraum abgebaut und konsumiert und sorgen so für einen zusätzlichen Nachfrageschub. Mit einer Nutzung der Kurzarbeit in einem noch nie gekannten Umfang – in der Spitze im Frühjahr 2020 bezogen 6 Millionen abhängig Beschäftigte Kurzarbeitergeld – gelang es, die Folgen der Krise für den Arbeitsmarkt im Verhältnis zur Schwere der Krise gering zu halten. Der Beschäftigungsabbau konnte so begrenzt werden. Das erleichtert eine schnelle Erholung in zweifacher Weise: Zum einen stehen die Beschäftigten dem Betrieb weiter zur Verfügung. Mit der Steigerung der Nachfrage kann die Produktion schnell wieder hochgefahren werden. Zum anderen werden damit die Einkommensausfälle verringert, was zu einer Stabilisierung der Nachfrage beiträgt.

Die Industrie ist insgesamt relativ gut durch die Krise gekommen. Am Anfang der Pandemie, im Frühjahr 2020, brach die Industrieproduktion kräftig ein. Unternehmen wurden zum Teil pandemiebedingt geschlossen. Grenzschließungen oder verstärkte Grenzkontrollen bereiteten zusätzliche Probleme. Deshalb riss in vielen Fällen die Lieferkette. Danach kam es sehr schnell, schon im Sommer 2020, zu einer kräftigen Erholung. Eine große Hilfe war hierbei die Entwicklung in China. China hatte die Pandemie schnell überwunden. Es war das einzige große Industrieland, das sogar 2020 ein Wirtschaftswachstum von 2,3 Prozent erzielen konnte. China wurde der Motor der Weltwirtschaft. Die deutsche Exportindustrie profitierte davon. Mit zunehmendem Impffortschritt und großen Konjunkturhilfen kamen später die USA hinzu, deren Ökonomie sich rasant erholte. Weltweit stieg die Industrieproduktion im ersten Quartal 2021 wieder an. Die Corona-Maßnahmen zur Bekämpfung der zweiten und dritten Welle haben die industrielle Produktion nicht mehr sehr eingeschränkt. Hier wurden eher fehlende Zulieferteile und Transportkapazitäten zu einem Problem. Insgesamt kann die Industrie aber fast schon mit dem Vorkrisenniveau in die Nach-Corona-Zeit durchstarten. Es spricht derzeit viel dafür, dass die Wirtschaftsprognosen zutreffen und wir in einen Nach-Corona-Boom hineineinlaufen. Es gibt aber auch Risiken für die weitere Entwicklung. Wenn die Erholung stark durch die Fiskalpolitik getrieben wurde, kann ein zu schnelles und zu kräftiges Umsteuern die Konjunktur auch wieder abwürgen. Die Probleme mit der Schuldenbremse in Deutschland und Europa und mit der Steuerpolitik wurden hier beschrieben.

Die Probleme, die vor der Pandemie bestanden, existieren natürlich weiter. Die ökologische und digitale Transformation wurde durch die Krise beschleunigt. Die Klimaziele wurden verschärft. Mit dem Konjunkturpaket wurden auch zusätzliche Programme aufgelegt, aber diese Programme reichen zur ökonomischen und sozialen Bewältigung der Transformation noch längst nicht aus. Es gibt ausformulierte Programme, aber in der praktischen Umsetzung drohen sie zu scheitern. Wenn die Transformation nicht gelingt, droht über die eher kurzfristige konjunkturelle Perspektive hinaus der Verlust an Wettbewerbsfähigkeit und an Arbeitsplätzen.

»Go large!«, das muss auch in Deutschland die Maxime sein. In der makroökonomischen Gestaltung genauso wie bei industriepolitischen Maßnahmen, im finanziellen Volumen wie auch in der politischen Steuerung. Das Marktregime ist dafür ungeeignet. Wenn es jetzt nicht gelingt, die neoliberalen Dogmen zu überwinden, führt der Weg nicht in einen wirtschaftlichen Aufbruch, sondern in ein Spardiktat mit schwerwiegenden ökonomischen und sozialen Verwerfungen.

Literatur

Destatis (Statistisches Bundesamt) (2021): Fachserie 18, Reihe 1.2, Inlandsproduktberechnung, Vierteljahresergebnisse, Februar 2021.
Deutscher Gewerkschaftsbund (DGB) (2021): DGB Steuerkonzept, https://www.dgb.de/dgb-steuerkonzept.
Bank for International Settlements (BIS) (2021): Annual Economic Report 2021.
Deutsche Bundesbank (2021): Monatsbericht Juni 2021, Frankfurt am Main.
DIW (2013): Investitionen für mehr Wachstum – Eine Zukunftsagenda für Deutschland, DIW-Wochenbericht 26/2013.
DIW (2019): Öffentliche Investitionen sind wichtige Voraussetzung für private Aktivitäten, DIW-Wochenbericht 31/2019.
Dullien, S./Ekaterina, J./Paetz, C./Watzka, S. (2021): Makroökonomische Auswirkungen eines Kreditfinanzierten Investitionsprogramms in Deutschland, IMK Report 168, Mai 2021.
Gemeinschaftsdiagnose (2021): Pandemie verzögert Aufschwung – Demografie bremst Wachstum, April 2021.
Hayek, v., F. A. (1973): Die Anmaßung von Wissen, in: Ordo, Band 26, 1973, S. 12–21.
International Monetary Fund (IMF) (2021): Fiscal Monitor – A fair Shot, Washington, April 2021.
KfW Research (2021): KfW-Kommunalpanel, Frankfurt am Main 2021.
Kurtzke, W./Scheidt, B. (2021): Nach Corona – Spardiktat oder Investitionsoffensive, in: Wirtschaftspolitische Informationen Nr. 1, Juni 2021, https://www.igmetall.de/service/publikationen-und-studien/periodika/wirtschaftspolitische-informationen.
Scholz, B. (2021): Die grundgesetzliche Schuldenbremse und ihre Umsetzung durch Bund und Länder sowie die haushaltspolitische Umsetzung der Notlagenverschuldung in der Corona-Pandemie, Studie erstellt im Auftrag des DGB Bundesvorstands, https://www.dgb.de/-/0mF.
Tooze, A. (2021): Krugmanismus – Der Türsteher, aus: MAKRONOM vom 3.5.2021.
Umweltbundesamt (2019): Nationales Treibhausgasinventar 2020, Dezember 2019.
Wirtschafts- und Sozialwissenschaftliches Institut (WSI) (2021): Tarifarchiv 2021.

Nadine Müller/Astrid Schmidt
Arbeitsintensität und Corona – Gute Arbeit jetzt erst recht!

Gewerkschaftliches Engagement für gute Arbeitsbedingungen ist gerade in Krisen- und Umbruchzeiten unverzichtbar. ver.di baut deshalb ihre Initiative für Gute Arbeit zu einer gemeinsamen Offensive in Betrieben und Verwaltungen aus – unter veränderten Rahmenbedingungen, vor allem infolge der COVID-19-Pandemie und der Digitalisierung.

Kern der Initiative ist es, die Arbeitsbedingungen beteiligungsorientiert zu verbessern. Das Recht auf Gute Arbeit ist in der ver.di-Grundsatzerklärung festgeschrieben. Ein wichtiges Augenmerk liegt darauf, die Rechte der Erwerbstätigen in Zukunft zu stärken: das Recht auf faire Löhne, auf Bildung, auf Nichterreichbarkeit, auf Homeoffice, auf mehr Orts- und Zeitsouveränität – und vor allem auf adäquate Arbeitsmengen. Es braucht in vielen Bereichen – vor allem in den Krankenhäusern – eine gesetzliche Personalbemessung (s. dazu die Beiträge von Frank Werneke und Grit Genster in diesem Band).

Gute Arbeitsbedingungen sind nicht die Regel, im Gegenteil. Arbeitsintensität und psychische Belastungen steigen (Schmidt 2020; Wille/Müller 2020). Und das nicht erst in der Corona-Pandemie. Seit Jahren zeigen die Daten des DGB-Index Gute Arbeit sowie anderer Untersuchungen beispielsweise der Bundesanstalt für Arbeitsschutz und Arbeitsmedizin (BAuA), dass die Arbeitsintensität alarmierend hoch ist (BAuA 2019). Die Hälfte der abhängig Beschäftigten in Deutschland ist in hohem Maß Arbeitshetze und Zeitdruck ausgesetzt (DGB-Index Gute Arbeit 2020).

Wissenschaftler:innen stellen einen Zusammenhang fest zwischen steigendem Leistungsdruck und der sich vor allem seit den 1960/70er Jahren ausbreitenden Steuerung mittels Zielen (Kratzer 2013). Diese Personalführungsmethode der »indirekten Steuerung« hat auch mit der Digitalisierung an Bedeutung gewonnen, weil die Vorgabe und Kontrolle einzelner Arbeitsschritte mit der Zunahme von Wissensarbeit und der Arbeit mit Menschen nicht mehr funktioniert. Im Unterschied zur klassischen, direkten Steuerung, wo die Arbeitnehmer:innen Arbeitsaufträge entgegennehmen und abarbeiten, werden bei der indirekten Steuerung Ziele bzw. Kennziffern vereinbart und die Arbeitnehmer:innen entsprechend über solche Vorgaben und Zielvereinbarungen geführt (s. ver.di 2019, S. 50). Auch die sogenannte

Wirtschafts- und arbeitspolitische Probleme

Kontextsteuerung zählt dazu: Hier wird vor allem über gesetzte Rahmenbedingungen gesteuert – dazu kann eben auch zu knappes Personal gehören. Diese neuen »indirekten« Steuerungsmodelle gelten als eine Ursache für die anhaltend hohe Arbeitsintensität, bei denen Verantwortung für das Erreichen der geforderten Leistungen an Beschäftigte delegiert wird – oft aber, ohne sie mit den entsprechenden Ressourcen und Handlungsspielräumen auszustatten.

In der Pandemie hat die Arbeitsintensität zugenommen

Auswertungen der vergangenen Jahre haben bereits gezeigt, dass die Arbeitsintensität dort, wo mit Menschen gearbeitet wird, noch höher ist als insgesamt im Dienstleistungssektor. Über 70 Prozent der Dienstleistungsbeschäftigten arbeiten regelmäßig interaktiv, also im Kontakt mit Menschen (vgl. Roth 2019).

Während der Corona-Pandemie waren es insbesondere diese Bereiche der Daseinsvorsorge im Dienstleistungsbereich, in denen die Beschäftigten unter teils extrem belastenden Bedingungen arbeiten mussten: im Gesundheitssektor und in sozialen Berufen, im Einzelhandel, im Verkehr, im IKT-Sektor, den Gesundheitsämtern oder in der Abfallwirtschaft zum Beispiel. Viele Bereiche, in denen mit Menschen gearbeitet wird, mussten weiterhin in Präsenz am Arbeitsplatz funktionieren – unter Pandemie-Bedingungen, nicht immer mit dem notwendigen Arbeits- und Infektionsschutz und oft mit krankheits- oder quarantänebedingt reduzierten Belegschaften.[1] Dabei waren die Arbeitsbedingungen in den meisten Fällen auch vor der Pandemie schon eher bedenklich, wie die hier vorzustellende ver.di-Studie zu Leistungssteuerung und Arbeitsintensität (Hoppe/Roth 2020) zeigt.

Auch dort, wo vor allem digital gearbeitet wird, ist die Arbeitsintensität eher höher (Roth 2017), denn der digitale Wandel wird meist neoliberal gemanagt und nicht im Hinblick auf Entlastung der Arbeitnehmer:innen (ver.di 2019, S. 36). Im Zuge der Corona-Pandemie gibt es einen weiteren Digitalisierungsschub, der kritisch hinsichtlich der Auswirkungen auf die Arbeitsbedingungen beobachtet werden muss, da dies vermutlich mit einer weiteren Arbeitsverdichtung einhergeht. Erste Berichte von Beschäftigten über Non-Stop- und parallele Videokonferenzen zeugen davon (vgl. auch Rump 2020). »Drei Viertel (75 Prozent) der Unternehmen mit 100 oder mehr Mitarbeitern haben infolge der Corona-Krise ihre Investitionen in digitale Geräte, Technologien und Anwendungen erhöht. Das ist ein Vorab-Ergebnis einer reprä-

---

1 Vgl. auch Videostatements von ver.di-Mitbestimmungsakteuren zu Coronaerfahrungen, https://innovation-gute-arbeit.verdi.de/gute-arbeit/filme.

sentativen Umfrage und Trendstudie von Bitkom Research im Auftrag des IT-Dienstleisters Tata Consultancy Services (TCS) unter 955 Unternehmen mit 100 oder mehr Mitarbeitern in Deutschland. Vier von zehn Unternehmen (40 Prozent) geben an, dass die Corona-Krise die Digitalisierung ihres Geschäftsmodells beschleunigt hat, also zu einer Veränderung des Angebots an Produkten und Dienstleistungen führt.« (IT-Finanzmagazin, 28.8.2020) Die Erfahrungen der letzten Jahre haben gezeigt, dass Digitalisierung tendenziell zu einer Erhöhung der Arbeitsintensität führt und die Potenziale zur Verbesserung der Arbeitsbedingungen eher nicht ausgeschöpft wurden, auch wenn erste gute Gestaltungsansätze und kollektive Regelungen bereits vorhanden sind (Schmidt/Susec/Brandl 2019; Müller 2020).

Um mehr über den Zusammenhang von Arbeitsintensität und Leistungssteuerung zu erfahren und Handlungsansätze zu eruieren, wie ver.di einer Arbeitsintensivierung entgegenwirken kann, ist die hier vorzustellende Sonderauswertung zu Beschäftigtenbefragungen mit dem DGB-Index Gute Arbeit zum Themenschwerpunkt Arbeitsintensität und Leistungssteuerung von ver.di herausgegeben worden. Denn das Urteil der Beschäftigten ist für uns handlungsleitend: Sie zeigen die Problem- und Handlungsfelder auf, es geht um ihre Beteiligung und Aktivierung.

Steigender Leistungsdruck im Dienstleistungssektor
Die ver.di-Studie »Leistungssteuerung und Arbeitsintensität im Dienstleistungssektor« untersucht auf Grundlage der Ergebnisse einer Repräsentativbefragung mit dem DGB-Index Gute Arbeit 2019, wie die Arbeitsleistung in den Unternehmen gesteuert wird, welche Effekte die Leistungssteuerung auf die Intensität der Arbeit und welche Folgen die hohe Arbeitsintensität vor allem auf die Gesundheit der Beschäftigten hat. Betrachtet wird sowohl der Dienstleistungssektor insgesamt als auch die Situation in der Sozialarbeit bzw. Sozialpädagogik, beim wissenschaftlichen Personal in Hochschulen, im Versand- und Einzelhandel, der Informations- und Kommunikationstechnologie, bei den Finanzdienstleistungen sowie in der Alten- und Krankenpflege.

Die Ergebnisse zeigen, dass neue Formen der Steuerung dominieren (Abb. 1). Nur noch 9 Prozent der Befragten werden ausschließlich mit klassischen Formen (Anordnung der Vorgesetzten, zeitliche Vorgaben für einzelne, kleinere Arbeitsschritte, technische Vorgaben) gesteuert, 22 Prozent ausschließlich mit neuen Formen (Anforderungen der Kundschaft etc., Ziele/Ergebnisse, gemeinsame Vereinbarungen in Team/Projektgruppe). Auch bei den Mischformen dominieren diejenigen mit einer Tendenz zu neuen Steuerungsformen (30 Prozent – versus 9 Prozent Tendenz klassische Formen). »Dazu passt, dass die Digitalisierung insgesamt eine relativ hohe Bedeutung

Wirtschafts- und arbeitspolitische Probleme

für die Beschäftigten hat: 23 Prozent der Befragten geben an, sie seien in ihrer Arbeit in sehr hohem Maß von Digitalisierung betroffen, weitere 33 Prozent meinen, dies sei in hohem Maß der Fall; das sind zusammen 56 Prozent.« (Hoppe, Roth 2020, S. 24)

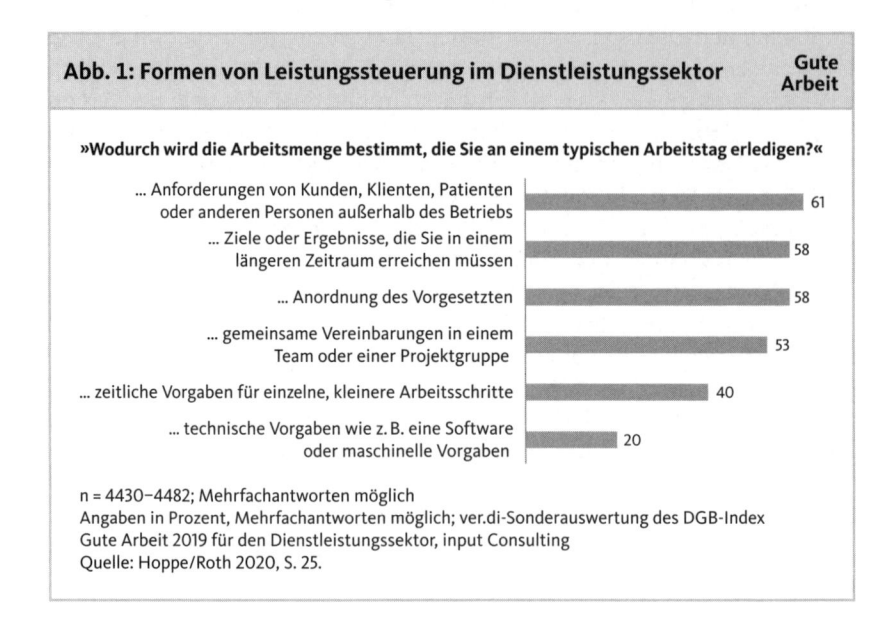

Abb. 1: Formen von Leistungssteuerung im Dienstleistungssektor — Gute Arbeit

»Wodurch wird die Arbeitsmenge bestimmt, die Sie an einem typischen Arbeitstag erledigen?«

... Anforderungen von Kunden, Klienten, Patienten oder anderen Personen außerhalb des Betriebs	61
... Ziele oder Ergebnisse, die Sie in einem längeren Zeitraum erreichen müssen	58
... Anordnung des Vorgesetzten	58
... gemeinsame Vereinbarungen in einem Team oder einer Projektgruppe	53
... zeitliche Vorgaben für einzelne, kleinere Arbeitsschritte	40
... technische Vorgaben wie z. B. eine Software oder maschinelle Vorgaben	20

n = 4430–4482; Mehrfachantworten möglich
Angaben in Prozent, Mehrfachantworten möglich; ver.di-Sonderauswertung des DGB-Index Gute Arbeit 2019 für den Dienstleistungssektor, input Consulting
Quelle: Hoppe/Roth 2020, S. 25.

Für die Arbeitsintensität spielen sowohl die Anzahl der Steuerungsformen als auch die Art der Steuerung eine Rolle (Abb. 2):
- Je mehr Steuerungsformen angewandt werden, desto höher ist die Arbeitsverdichtung und desto häufiger kommt es zum Beispiel vor, dass Beschäftigte ihre Arbeitsmenge nicht in der vorgesehenen Zeit bewältigen.
- Die Art und Weise, wie Leistung gesteuert wird, kann sich negativ auf die Gesundheit der Beschäftigten auswirken. Beeinträchtigungen der Gesundheit sind insbesondere bei einer hohen Anzahl an Steuerungsformen sowie der Steuerung durch Ziele bzw. Ergebnisse zu konstatieren.
- Indirekte Formen der Leistungssteuerung wie das Führen über Ziele und Ergebnisse führen potenziell zu einer höheren Arbeitsintensität (Abb. 3). So berichten beispielsweise 60 Prozent der Beschäftigten, deren Leistung über Ziele bzw. Ergebnisse gesteuert wird, von (sehr) häufiger Arbeitshetze und Zeitdruck. Bei Beschäftigten, die dieser Form der Leistungssteuerung nicht unterliegen, ist der Anteil mit 44 Prozent deutlich geringer.

Abb. 2: Anzahl von Formen der Leistungssteuerung und Arbeitsintensität
Gute Arbeit

Wie häufig kommt es vor, dass Sie sich bei der Arbeit gehetzt fühlen bzw. unter Zeitdruck stehen?

	sehr häufig	oft	selten	nie
eine Form	17	22	37	25
drei Formen	21	37	29	13
sechs Formen	30	33	20	16

n = 4538
Angaben in Prozent; Abweichungen von 100 sind rundungsbedingt; ver.di-Sonderauswertung des DGB-Index Gute Arbeit 2019 für den Dienstleistungssektor, input Consulting
Quelle: Hoppe/Roth 2020, S. 39.

Abb. 3: Zusammenhang zwischen der Leistungssteuerung durch Ziele bzw. Ergebnisse und Arbeitshetze
Gute Arbeit

»Wie häufig fühlen Sie sich bei der Arbeit gehetzt oder stehen unter Zeitdruck?«

	sehr häufig	oft	selten	nie
Steuerung durch Ziele bzw. Ergebnisse	26	34	29	11
Keine Steuerung durch Ziele bzw. Ergebnisse	20	24	33	23

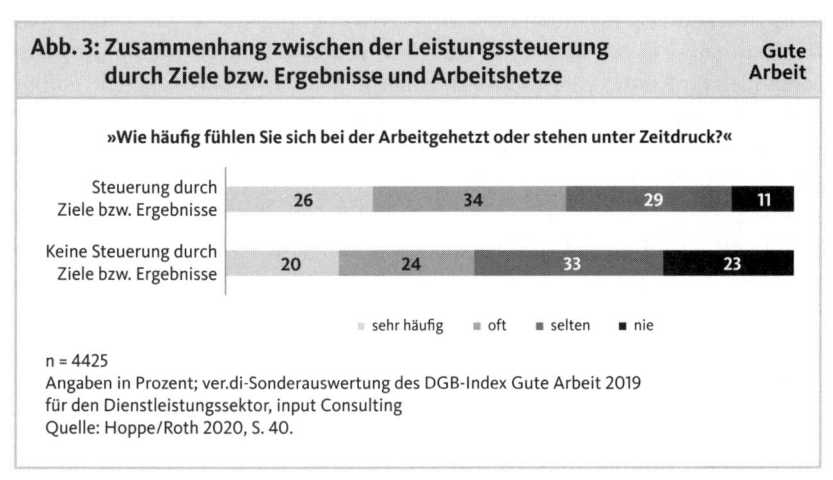

n = 4425
Angaben in Prozent; ver.di-Sonderauswertung des DGB-Index Gute Arbeit 2019 für den Dienstleistungssektor, input Consulting
Quelle: Hoppe/Roth 2020, S. 40.

Zu hohe Leistungsanforderungen und hohe Arbeitsintensität können zum Verzicht auf Pausen oder zu Präsentismus (krank zur Arbeit gehen) führen und negative Auswirkungen auf die psychische wie physische Gesundheit haben. Die Ergebnisse zeigen:
- Die Tendenz zur »Selbstgefährdung« ist bei denjenigen Beschäftigten besonders ausgeprägt, die sehr häufig oder oft ihre Arbeitsmenge nicht in der vorgesehenen Zeit schaffen, die von (sehr) häufiger Arbeitshetze und

Wirtschafts- und arbeitspolitische Probleme

Zeitdruck berichten und für die es Folgen hätte, wenn sie die vorgesehene Arbeitsmenge nicht bewältigen.
- Diese »Selbstgefährdung« meint: Mehrarbeit zu Hause, unbezahlte Arbeit, die Verkürzung von Pausen oder der Verzicht auf Urlaubstage. Dies hat nachweislich einen negativen Einfluss auf die Gesundheit und das Wohlbefinden der betroffenen Beschäftigten: Sie können häufiger auch in ihrer arbeitsfreien Zeit nicht richtig abschalten, sich nicht richtig erholen und sie fühlen sich nach der Arbeit eher leer und ausgebrannt.

Ein Blick in die Branchen

Die Studie nimmt sechs sehr unterschiedliche Branchen bzw. Berufe in den Blick, die sich auch vom Grad der Digitalisierung sowie der Verbreitung »indirekter« Steuerungsformen stark unterscheiden.

Informations- und Kommunikationstechnologie
Die IKT-Branche ist hoch digitalisiert und seit Langem Vorreiterin bei der Etablierung neuer Steuerungsmethoden. Projektarbeit ist an der Tagesordnung, wesentliche Bestandteile indirekter Steuerung wie Vertrauensarbeitszeit wurden in dieser Branche schon früh eingesetzt und Modelle wie agile Methoden im Kontext der IT-Programmierung entwickelt (ver.di 2019, S. 20). Das zeigt sich auch in den Ergebnissen der Studie: Klassische Formen der Leistungssteuerung werden hier seltener genutzt, indirekte Formen dominieren: 81 Prozent der Beschäftigten arbeiten mit langfristigen Zielvorgaben, 77 Prozent mit Team- oder Projektzielen. Auch die Anforderungen der Kundschaft spielen für gut zwei Drittel der Beschäftigten (70 Prozent) eine steuernde Rolle. Klassische Formen wie Anordnungen des Vorgesetzten prägen die Steuerung bei der Hälfte (52 Prozent), zeitliche Vorgaben für einzelne Arbeitsschritte bei einem Drittel (34 Prozent) der IKT-Beschäftigten (Hoppe/ Roth 2021).

Die Beschäftigten der IKT-Branche ermöglichen durch ihre Arbeit den digitalen Wandel. Sie sind aber auch Betroffene der rasant voranschreitenden Digitalisierung, durch die Arbeitsweisen, Arbeitsprozesse und Qualifikationsanforderungen teils massiv verändert werden. Arbeitgeber versprechen sich neue Rationalisierungspotenziale und setzen Einsparungsmaßnahmen durch, die in der Realität oftmals mit höheren Arbeitsmengen für die Beschäftigten einhergehen. Parallel dazu werden stetig wachsende Leistungsanforderungen und überambitionierte Zielerwartungen auch regelmäßig mit marktinterner Konkurrenz begründet (Kratzer 2020, S. 30).

Die Ergebnisse der Studie zeigen: »Neue« Formen der Leistungssteuerung gehen mit einer eher hohen Arbeitsintensität und hohen Leistungserwartungen einher. 30 Prozent – also etwas mehr Beschäftigte als im Dienstleistungssektor insgesamt (27 Prozent) – berichten, dass sie ihre Arbeit sehr häufig/oft nicht in der dafür vorgesehenen Zeit schaffen. Das wird oftmals durch »selbstgefährdendes« Verhalten kompensiert, das sich negativ auf die Gesundheit und die Vereinbarkeit von Berufs- und Privatleben auswirken kann. Jede:r vierte IKT-Beschäftigte geht regelmäßig an die Grenzen der Leistungsfähigkeit und arbeitet damit dauerhaft am Leistungslimit. Die Folgen sind psychische Fehlbeanspruchungen: 31 Prozent der befragten IKT-Beschäftigten können nach der Arbeit sehr häufig bzw. oft nicht abschalten, 28 Prozent fühlen sich sehr häufig oder oft nach der Arbeit leer und ausgebrannt, 22 Prozent können sich sehr häufig oder oft nach der Arbeit nicht richtig erholen.

Zugleich haben Beschäftigte dieser Branche aber auch mehr Gestaltungsspielräume und Einfluss auf die Arbeitsmengen als ihre Kolleg:innen im Dienstleistungssektor insgesamt (Hoppe/Roth 2020).

Gewerkschaftliche Ansätze zielen deshalb darauf ab, Souveränität und Spielräume zu erhalten, diese aber mit kollektiven Regelungen zum Schutz vor den erwiesenen Risiken wie etwa permanenten Erreichbarkeitsanforderungen oder entgrenzten Arbeitszeiten zu flankieren. ver.di hat bereits 2014 beim IT-Konzern IBM einen Tarifvertrag zum Gesundheitsmanagement abgeschlossen, der unter anderem die verbindliche Umsetzung einer Gefährdungsbeurteilung unter Einschluss psychischer Belastungen regelt. Ein Ergebnis der seit 2014 regelmäßig durchgeführten Gefährdungsbeurteilungen war, dass Zielplanung und -erwartungen auf die Einhaltung der Arbeitszeitregelungen hin angepasst werden sollten.

Im Telekom-Konzern haben ver.di und ver.di-Betriebsräte die variablen Entgeltanteile weitgehend abgeschafft. Dort, wo sie noch Gültigkeit haben, wurden tarifvertragliche und betriebliche Regelungen zum Zielvereinbarungsprozess abgeschlossen, die eine Überprüfung und etwaige Anpassung der Ziele beinhalten.

Branchenweit wurden in etlichen Unternehmen kollektive Regelungen zu mobiler Arbeit abgeschlossen, die Mindeststandards definieren und vor Entgrenzung und Überlastung schützen sollen, so beispielsweise der Tarifvertrag Mobile Working bei der Telekom oder die Gesamtbetriebsvereinbarungen zum Thema bei der STRABAG oder bei Unitymedia.

Auch Arbeitszeitverkürzung in Form zusätzlicher freier Tage ist ein gewerkschaftlicher Ansatz zur Entlastung, der in der Tarifrunde 2018 bei der Telekom dazu führte, dass die Arbeitszeit für viele Beschäftigte von 38 auf 36 Stunden reduziert wurde. Diese Verkürzung wird in Form 14 zusätzlicher freier Tage umgesetzt, die wie Urlaub genommen werden können.

Wirtschafts- und arbeitspolitische Probleme

Klare Forderung des ver.di-Fachbereichs TK.IT ist auch, eine Debatte um Leistungspolitik zu forcieren und die Mitbestimmungsrechte in diesem Bereich zu erweitern (Sauerland 2019). Denn nur mit angemessenen Leistungserwartungen können Souveränität und Gestaltungsspielräume ihre positive Wirkung entfalten und zu Guter Arbeit führen.

Finanzdienstleistungen
Entsprechend dem hohen Digitalisierungsgrad der Branche ist dort auch die indirekte Steuerung mittels Zielen und Ergebnissen sehr stark verbreitet – und deutlich stärker als im Dienstleistungssektor insgesamt (71 Prozent; Hoppe/Roth 2020, S. 85). Hohe Zielvorgaben, aber auch häufige Aufgabenwechsel (zum Beispiel weg von der Beratung, hin zum Verkaufsgespräch) sowie die Zunahme »illegitimer Arbeitsaufgaben« (Klüser/Neitzner 2020, S. 5) sorgen für Leistungsdruck (ebd., S. 90). Damit sind zum Beispiel die Vermittlung und der Verkauf von an den Bedarfen der Kund:innen vorbeigehenden Finanz- und Versicherungsprodukten gemeint. Aber auch die Anforderungen durch die Kund:innen haben eine große Bedeutung für das Maß der Arbeitsmenge, die an einem Tag erledigt werden muss (67 Prozent). Hervor sticht zudem die relativ weite Verbreitung der Ansicht unter den Beschäftigten (58 Prozent), dass das Team bzw. die Projektgruppe die tägliche Arbeitsmenge bestimmt. Auch hieran zeigt sich, dass neue, mit der Digitalisierung einhergehende Managementformen wie das agile Arbeiten in dieser Branche zunehmend Fuß fassen (s. u.). Die Anteile der Beschäftigten, die wegen fehlenden Personals sehr häufig oder oft eine höhere Arbeitsmenge erledigen oder länger arbeiten müssen, liegt in Banken und Versicherungen mit 43 Prozent etwas höher als im Durchschnitt des Dienstleistungssektors (39 Prozent).

ver.di macht diese Entwicklung tarifpolitisch zum Thema. So forderte die Gewerkschaft in der Tarifrunde 2019 für die Beschäftigten privater und öffentlicher Banken zusätzliche freie Tage für Gesundheitsschutz und Entlastung. Hier konnte sich ver.di zwar noch nicht durchsetzen, erreichte aber im gleichen Jahr eine Tarifregelung bei der Postbank, wonach Beschäftigte die vereinbarte Tariferhöhung ganz oder teilweise gegen zusätzliche Freizeit tauschen können. Die betrieblichen Interessenvertretungen versuchen bei der Einführung agiler Arbeitsmethoden, im Sinne Guter Arbeit Einfluss zu nehmen.

So schreibt beispielsweise eine Gesamtbetriebsvereinbarung fest, dass Führungskräfte auch beim agilen Arbeiten eine Fürsorgepflicht für Beschäftigte und Teams haben und diese vor Überlastung schützen müssen. Zudem werden darin Aspekte benannt, die bei der Personalbedarfsplanung in den sogenannten Squads zu berücksichtigen sind – neben Urlaub und Fortbildungen auch Erkrankungen, die Betreuung von Auszubildenden und Gremienarbeit, zum Beispiel in der betrieblichen Interessenvertretung. Grundsätzlich argumentieren Gewerkschaft und Betriebsräte dafür, dass die Teams nicht nur die Verantwortung für das Erreichen von Zielen erhalten, sondern auch die Hoheit über die dafür notwendigen Ressourcen. Zudem setzt sich ver.di dafür ein, dass sich die Übernahme »agiler Rollen« – die oft besondere Kompetenzen verlangen und mit denen (zeitweise) Verantwortungen auf Beschäftigte übertragen werden – auch im Entgelt niederschlägt.

Eine besondere Herausforderung sind die durch die Corona-Pandemie beschleunigten Veränderungen der Arbeitsorganisation. So setzen etliche Arbeitgeber verstärkt auf Homeoffice bzw. mobiles Arbeiten, was auch von vielen Beschäftigten begrüßt wird. Allerdings bestehen hier besondere Gefahren von Entgrenzung und psychischer Belastung. Vor diesem Hintergrund drängen Betriebsräte und ver.di beispielsweise darauf, dass die Arbeit außerhalb des Betriebs freiwillig ist und genug Büroarbeitsplätze zur Verfügung stehen. Um Entgrenzung entgegenzuwirken, ist eine klare Arbeitszeiterfassung nötig, ebenso Regelungen zum Arbeits- und Gesundheitsschutz im Homeoffice.

Versand- und Einzelhandel
Im Handel wird vor allem über die Anordnung durch Vorgesetzte (65 Prozent) die Arbeitsmenge an einem typischen Arbeitstag bestimmt, und dann erst folgt eine indirekte Steuerung durch Kund:innen (56 Prozent) bzw. Ergebnisse/Ziele (55 Prozent). »Der Umfang der Leistungssteuerung über zeitliche und technische Vorgaben wird auch durch den Digitalisierungsgrad der Arbeit bestimmt. So sagen 45 Prozent der Beschäftigten, deren Arbeit in (sehr) hohem Maß von Digitalisierung betroffen ist, die Arbeitsmenge werde über zeitliche Vorgaben gesteuert. Bei Beschäftigten, deren Arbeit einen geringen Digitalisierungsgrad aufweist, liegt dieser Anteil bei 33 Prozent.« (Hoppe/Roth 2020, S. 71) 44 Prozent müssen sehr häufig oder oft wegen fehlenden Personals eine höhere Arbeitsmenge schaffen oder länger arbeiten.

ver.di greift in diese Entwicklungen ein und fordert, dass die Beschäftigten und ihre Interessenvertretungen bei der Einführung und Nutzung neuer Technik frühzeitig und umfassend einbezogen werden. Das macht ver.di auch tarifpolitisch zum Thema. So setzte der Fachbereich bereits im März 2018 bei der Textilkette Primark den ersten Tarifvertrag zur gesundheitsförderlichen Führung im Handel durch. Aufbauend auf der Gefährdungsbeurteilung psychischer Belastungen beinhaltet er unter anderem eine Qualifizierung von Führungskräften für gute Kommunikation und unterstützenden Umgang mit Beschäftigten. 2020 setzte ver.di bei Galeria Karstadt Kaufhof sowie Galeria Markthalle jeweils einen »Tarifvertrag zu Gute & Gesunde Arbeit/Beteiligung Zukunftskonzept« durch. Damit erhalten Beschäftigte erstmalig die Möglichkeit, bei der Entwicklung der Zukunftskonzepte im Unternehmen mitzureden und mitzuentscheiden. Bei H&M und bei Ikea fordert ver.di einen Digitalisierungstarifvertrag.

Wissenschaftliches Personal in Hochschulen
Die Leistungssteuerung im Wissenschaftsbetrieb kann als Sonderfall gelten, vor allem auch weil die Art der Tätigkeit und ihre Bewertung anders als übrige Dienstleistungen sind (Gülker 2011; Hoppe/Roth 2020, S. 92). »Als wichtigste Steuerungsinstrumente kommen Ziele oder Ergebnisse zum Einsatz, die über einen längeren Zeitraum erreicht werden müssen. 93 Prozent der Befragten dieser Berufsgruppe geben an, dass die zu erledigende Arbeitsmenge auf diese Weise gesteuert wird. ... Bei knapp drei Vierteln der Befragten spielen zudem gemeinsame Vereinbarungen in einem Team oder einer Projektgruppe eine Rolle bei der Bestimmung der Arbeitsmenge (72 Prozent). ... Bei der Steuerung durch Anforderungen von Kund:innen, Klient:innen, Patient:innen oder andere Personen außerhalb des Betriebs weisen die Anteile beim wissenschaftlichen Personal und im Dienstleistungssektor insgesamt mit jeweils etwa 60 Prozent ein vergleichbares Niveau auf.« (ebd., S. 92f.)

Ein unhaltbarer Zustand ist, dass an vielen Hochschulen mehr als 90 Prozent der wissenschaftlichen Mitarbeiterinnen und Mitarbeiter auf Zeit angestellt sind. Diese Unsicherheit drängt viele zu einem andauernden ungesunden Leistungseinsatz. ver.di prangert dies immer wieder an. So hat der ver.di-Fachbereich gemeinsam mit der GEW und dem Netzwerk Gute Arbeit in der Wissenschaft 2019 die Kampagne »Frist ist Frust« ins Leben gerufen. Ziel war ein »Entfristungspakt«: Die Bundesregierung wurde aufgefordert, mit der Vergabe unbefristeter Finanzmittel im Rahmen des »Zukunftsvertrags Studium und Lehre stärken« festzuschreiben, dass damit an den Hochschulen auch unbefristete Stellen geschaffen werden. Dem haben die beteiligten Organisationen, Mittelbauinitiativen und Beschäftigten mit einer Vielzahl von Aktionen und Petitionen Nachdruck verliehen.

Das Ergebnis ist bisher ernüchternd. Im Bereich der Tarifpolitik – dem wirkungsvollsten Instrument, das Gewerkschaften zur Verfügung steht – hat der Gesetzgeber ver.di Fesseln angelegt. Das Wissenschaftszeitvertragsgesetz, das Sonderbefristungsrecht für die Wissenschaft, verbietet weitgehend, tarifvertraglich bessere Befristungsregelungen für alle Beschäftigten zu vereinbaren: aus Sicht von ver.di ein unangemessener Eingriff in die Koalitionsfreiheit, der beendet werden muss.

Die Corona-Pandemie hat die Belastungssituation nochmals verschärft. Binnen weniger Wochen mussten Lehrveranstaltungen auf digitale Formen umgestellt werden, was neben der fachlichen eine intensivere organisatorische und didaktische Vorbereitung erfordert. Forschung wurde erschwert, zum Beispiel durch zeitweise geschlossene Bibliotheken und Labore oder schwierigeren Feldzugang. Zudem waren und sind viele wissenschaftliche Mitarbeiter:innen mit problematischen Situationen im Homeoffice und in der Kinderbetreuung konfrontiert. All dies setzt vor allem Beschäftigte auf befristeten Qualifikationsstellen unter Druck. ver.di fordert deshalb unter anderem, dass betroffenen Kolleg:innen eine Vertragsverlängerung von mindestens zwölf Monaten angeboten wird. Bundestag und Bundesrat haben die zulässige Befristungsdauer im Wissenschaftszeitvertragsgesetz entsprechend erhöht. Doch es bleibt den Hochschulen überlassen, ob sie dies nutzen. ver.di macht gemeinsam mit vielen lokalen Initiativen weiter Druck. Generell unterstützt der Fachbereich die Personalräte der Hochschulen dabei, psychosoziale Belastungen mit Hilfe von Gefährdungsbeurteilungen anzugehen (ebd., S. 96).

Sozialarbeit bzw. Sozialpädagogik
Die Arbeit von Sozialarbeiter:innen und Sozialpädagog:innen wird in hohem Maß durch die Menschen geprägt, mit denen sie arbeiten. Das spiegelt sich in den Steuerungsformen, die dominieren – 78 Prozent der Befragten geben an, dass ihre Arbeitsmenge an einem typischen Arbeitstag durch die Anforderungen von Klient:innen oder anderen Personen außerhalb des Betriebs bestimmt wird. 74 Prozent werden über Ziele und Ergebnisse gesteuert, 71 Prozent durch Teamvereinbarungen.

Die Leistungserwartungen sind oft zu hoch: 34 Prozent haben sehr häufig/oft Schwierigkeiten, ihre Arbeitsmenge in der vereinbarten Zeit zu schaffen (Hoppe/Roth 2020, S. 78). Dahinter steht in vielen Fällen eine unrealistische Ergebniserwartung: So werden zum Beispiel von der Bundesarbeitsgemeinschaft Allgemeiner Sozialer Dienst/Kommunaler Sozialer Dienst (BAG ASD/KSD) 35 Fälle bei einer Vollzeitstelle für angemessen eingeschätzt, ver.di plädiert für eine Obergrenze von 28 Fällen. Eine Studie hingegen berichtete von realen Fallzahlen zwischen 50 und 100 Fällen (Beckmann 2018). Dazu kommen erschwerende Rahmenbedingungen. So sind zum Beispiel 46 Prozent der Sozialarbeiter:innen in ihrer Arbeit sehr häufig oder oft mit widersprüchlichen Anforderungen konfrontiert. »Das könnte dadurch zustande kommen, dass sie sich oftmals im Spannungsfeld zwischen den rechtlichen und sachlichen Vorgaben und den Anforderungen der Adressat:innen einerseits und dem Kostendruck bzw. der Wirtschaftlichkeit andererseits bewegen müssen.« (Hoppe/Roth 2020, S. 80)

Die hohen Belastungen gehen bei Beschäftigten in sozialen Berufen mit einer hohen intrinsischen Motivation einher: 96 Prozent gehen davon aus, mit ihrer Arbeit einen wichtigen Beitrag für die Gesellschaft zu leisten, 94 Prozent identifizieren sich in (sehr) hohem Maß mit ihrer Arbeit. Diese Konstellation birgt enorme Risiken, und es ist kein Zufall, dass der Begriff »Burnout« in eben dieser Branche geprägt wurde (Hoppe/Roth 2020, S. 83).

ver.di fordert deshalb eine Fallzahlbegrenzung und generell bessere Arbeitsbedingungen – nicht zuletzt, um dem drohenden Fachkräftemangel zu begegnen. Denn die Kombination aus hoher Verantwortung, starker Belastung und unzureichender Bezahlung führt dazu, dass immer weniger Menschen diese Berufe ergreifen bzw. weiterhin ausüben wollen. Ein zentrales Thema von ver.di ist deshalb auch die Aufwertung der Sozialen Arbeit. Alljährlich diskutieren die gewerkschaftlichen Aktiven ihre Forderungen, die deutlich über finanzielle Verbesserungen hinausgehen und die Arbeitsbedingungen insgesamt im Blick haben.

Alten- und Krankenpflege
Die strukturellen Defizite im Gesundheits- und Pflegesektor, insbesondere die mangelhafte Personalausstattung, sind im Zuge der Corona-Pandemie breit diskutiert worden. Die Probleme sind nicht neu. Eine zentrale Weichenstellung für die extrem belastende Situation erfolgte 2002 mit der Einführung eines Finanzierungssystems über Fallpauschalen (DRG), das Krankenhäuser in einen Preiswettbewerb gezwungen hat. Um Kosten zu sparen, haben die Krankenhäuser Personal abgebaut und die Fallzahlen ausgeweitet (Braun 2019; Simon 2019). Dem ver.di-Belastungscheck zufolge fehlen in der Krankenhauspflege 80 000 Vollzeitstellen (ver.di 2018). In der stationären Altenpflege fehlen 115 000 Vollzeitstellen für eine bedarfsgerechte Pflege (Rothgang 2020).

Die Konsequenzen lassen sich aus der hier vorgestellten Studie ablesen und werden durch eine Vielzahl an Untersuchungen bestätigt: Hohe Arbeitsintensität und oft kaum zu bewältigende Arbeitsmengen prägen den Alltag der Beschäftigten in der Alten- und Krankenpflege. 44 Prozent der Beschäftigten schaffen die Arbeitsmengen sehr häufig/oft nicht in der vorgegebenen Zeit. Die Zahlen sind deutlich höher als im Dienstleistungssektor insgesamt (27 Prozent).

Die Leistungssteuerung in der Pflege erfolgt meist über die Anordnung der Vorgesetzten (66 Prozent) oder die Anforderungen von Patientinnen und Patienten (58 Prozent). Aber auch gemeinsame Vereinbarungen im Team bestimmen für 57 Prozent die Leistungserwartungen. Hervorzuheben ist, dass in Krankenhäusern und Altenheimen auch über Faktoren wie das Verhältnis von Betten und Personal gesteuert wird – eine so genannte Kontextsteuerung. Die Verantwortung für das Gelingen der notwendigen Arbeitsleistung wird auf die Teams und einzelnen Beschäftigten verlagert. Diese Selbstorganisierung ist zwar nicht neu, findet aber unter ökonomisierten Rahmenbedingungen statt (Behruzi 2018). Die Bereitschaft der Beschäftigten, im Zweifel auch die eigene Gesundheit zu gefährden, um die zu betreuenden Menschen zu versorgen, wird einkalkuliert und ausgenutzt.

Der ver.di-Fachbereich Gesundheit und Soziales verfolgt deshalb einen Ansatz, der auf die Personal- und darüber auch Leistungsbemessung abzielt. Bereits erkämpfte »Tarifverträge Entlastung« in den Unikliniken legen neben zusätzlichen Stellen auch verbindliche Verfahren zur Personalbedarfsermittlung fest. Parallel zur Tarifbewegung arbeitet ver.di auf eine gesetzlich verankerte Personalbemessung in der Pflege hin (s. den Beitrag von Grit Genster in diesem Band).

Arbeitsmenge und Personalbemessung als zentrale Stellschrauben
Die Arbeitsmenge, die Beschäftigte in der vertraglich vereinbarten Zeit leisten müssen, ist zentral für den Grad der Arbeitsintensität – und die Ergebnisse der Studie zeigen, dass hier oft ein Missverhältnis besteht zwischen Arbeitsmengen und vereinbarten Arbeitszeiten. Durch eine Verknappung der personellen Ressourcen werden strukturelle Zwänge geschaffen – denn die Arbeit muss dennoch erledigt werden. 39 Prozent aller Dienstleistungsbeschäftigten sind in hohem Maß davon betroffen, aufgrund einer zu knappen Personaldecke mehr bzw. länger zu arbeiten.

Im Pflegebereich müssen 58 Prozent der Befragten aufgrund von fehlendem Personal häufig höhere Arbeitsmengen bewältigen oder ihre Arbeitszeiten ausdehnen. Nur bei einem Drittel (35 Prozent) werden Arbeitsmenge bzw. eingeplante Zeiten vom Arbeitgeber angepasst, wenn unvorhergesehene Ereignisse oder Störungen auftreten. Auch in den Finanzdienstleistungen berichten 43 Prozent davon, wegen fehlenden Personals mehr Arbeit leisten zu müssen bzw. länger zu arbeiten. Eine Anpassung der Arbeitsmenge bzw. der eingeplanten Termine finden nur bei knapp der Hälfte der Beschäftigten (49 Prozent) statt (Hoppe/Roth 2020).

Ansatzpunkte für Gute Arbeit?
Positiv wirken sich Einflussmöglichkeiten auf die Arbeitsmenge und die Arbeitszeit aus. Wer hier über gute Spielräume verfügt, ist weniger stark belastet als diejenigen, bei denen das nicht der Fall ist. Dies alleine reicht allerdings bei weitem nicht aus, um die Belastungen zu kompensieren, auch das zeigen die Ergebnisse deutlich. Denn die Arbeitsintensität ist auch bei denjenigen mit guten Einflussmöglichkeiten viel zu hoch. Dazu kommt, dass Einflussmöglichkeiten auf die Arbeitsmenge eher selten sind – werden Beschäftigten

Wirtschafts- und arbeitspolitische Probleme

größere Spielräume zugestanden, so meist in Bezug auf die Gestaltung der Arbeitszeiten. Das heißt: Eine angemessene Arbeitsmenge bzw. Möglichkeiten, diese wenn notwendig anzupassen, sind wichtige Voraussetzungen für gute und gesundheitserhaltende Arbeitsbedingungen. Die Realität sieht häufig anders aus.

Wie aber können mehr Einflussmöglichkeiten der Beschäftigten auf die Arbeitsmenge hergestellt werden? Solch eine Beteiligung wird zum Beispiel durch vollständig angewandte agile Methoden ermöglicht, indem Teams selbst festlegen, wie viele Aufgaben sie in einem bestimmten Zeitraum erledigen. Insbesondere das Prinzip des »nachhaltigen Tempos« bietet einen Ansatzpunkt, um das Problem der Arbeitsverdichtung anzugehen. Die Befragungen mit dem DGB-Index Gute Arbeit im von ver.di initiierten Projekt diGAP haben gezeigt: Je stärker agile Methoden tatsächlich umgesetzt werden – vor allem je mehr die Beschäftigten tatsächlich die Verfügung über zeitliche Ressourcen haben –, desto geringer sind die Belastungen. In den Gestaltungsempfehlungen für Gute agile Arbeit (Müller/Wille 2019; Wille/Müller 2021) sind zahlreiche konkrete Ansatzpunkte zur Reduzierung von Arbeitsverdichtung aufgezeigt (s. Wille/Müller 2020). Tarifverträge wie Betriebs- und Dienstvereinbarungen sind hierbei ein zentrales gewerkschaftliches Instrument, um vor allem die Einflussmöglichkeiten auf die Arbeitsmenge bzw. die Verfügung über zeitliche Ressourcen sicherzustellen (Interview mit Sabine Pfeiffer in Hoppe/Roth 2020, S. 60).

Beschäftigte brauchen Entlastung, Gesundheitsschutz, mehr Kolleg:innen und stärkere Rechte. Dafür setzt ver.di sich ein – in Tarifverhandlungen, auf betrieblicher Ebene und gegenüber dem Gesetzgeber. Dem Problem der Arbeitsverdichtung kann nur mit einer Änderung der Arbeitsbedingungen in Verbindung mit einer Absicherung durch kollektive Regelungen effektiv begegnet werden (ver.di 2020). Im Arbeits- und Gesundheitsschutz muss die sogenannte »Verhältnisprävention« Vorrang haben. Gesetzlich vorgeschrieben ist die Gefährdungsbeurteilung. Aus einer Gute-Arbeit-Perspektive ist diese beteiligungsorientiert, also mit den Erwerbstätigen gemeinsam durchzuführen.

Ein ausgewogenes Verhältnis von Arbeitszeit und Arbeitsmenge ist die Grundlage für gute, gesundheitserhaltende Arbeitsbedingungen. Hier gilt es, sowohl die Mitbestimmungsrechte der betrieblichen Interessenvertretungen zu stärken als auch gesetzliche Regelungen beispielsweise zur Personalbemessung in der Pflege einzufordern.

Für die Zeit nach Corona bedeutet dies, dass ver.di nicht nur mit Blick auf die Regierungsbildung ihr Bemühen verstärken wird, politisch Einfluss zu nehmen: für ein Gesetz zur Personalbemessung sowie für einen verbindlicheren Arbeits- und Gesundheitsschutz, d.h. Sanktionen bei Nicht-Durchführung der Gefährdungsbeurteilung wie auch mehr Aufsichtspersonal. Eine Arbeitsschutzverordnung zu psychischen Gefährdungen am Arbeitsplatz ist überfällig. Die Beteiligung der betrieblichen Interessenvertretung an der Gefährdungsbeurteilung inkl. der Festlegung wirksamer Maßnahmen zum Abbau psychischer Gefährdungen sind zwingend und verbindlich vorzuschreiben. Auch wird ver.di ihre gewerkschaftlichen Aktivitäten noch stärker auf qualitative Aspekte der Arbeitsgestaltung ausrichten. Dazu hat ver.di unter anderem eine Offensive für Gute Arbeit auf ihrem Bundeskongress 2019 beschlossen. Der Kickoff zur Offensive hat in diesem Jahr stattgefunden, und neue Gute-Arbeit-Projekte sind in verschiedenen Branchen bzw. ver.di-Fachbereichen auf den Weg gebracht worden. Dabei geht es unter anderem darum, tarifliche und betriebliche Aktivitäten mit dem Ziel, Arbeitsstress bei den Beschäftigten abzubauen, auszuweiten. Auch die Frage, was im Rahmen der Digitalisierung und bei der Arbeit mit Menschen hier besonders zu beachten ist, wird in ver.di noch stärker in den Fokus gerückt. Denn zum einen hat Corona zu einem weiteren Digitalisierungsschub geführt. Zum anderen hat die Corona-Krise gezeigt, dass die Arbeit mit Menschen in verschiedenen Dienstleistungsberufen wie im Bereich Gesundheit, aber auch Handel, den Gesundheitsämtern und in den Finanzdienstleistungen in besonderem Maße systemrelevant – oder wie es ver.di benennt: gesellschaftlich notwendig ist. Es wird also nach der Corona-Pandemie darum gehen, die Aufwertung von Dienstleistungsarbeit voranzutreiben (s. auch den Beitrag von Frank Werneke in diesem Band).

Zudem sind tiefgreifendere strukturelle Veränderungen notwendig, das zeigen die Corona-Erfahrungen – Mindeststandards etwa zur Personalbemessung werden jedoch nur dann greifen, wenn auch die dahinter liegenden Grundlagen infrage gestellt werden: Wachstumslogik, Börsenorientierung und die Ökonomisierung der Daseinsvorsorge (s. auch den Beitrag von Hans-Jürgen Urban in diesem Band). Nicht mit allen Dienstleistungen lässt sich Profit erwirtschaften, ohne die Interessen von Gesellschaft und Individuen auf eine angemessene Versorgung teils massiv zu verletzen. Und eben auf dieser sehr grundsätzlichen Ebene gilt es zu diskutieren, was aus den Corona-Erfahrungen folgen muss. Dabei ist eins klar: Ohne Konflikte und Kämpfe wird das nicht ablaufen.

Wirtschafts- und arbeitspolitische Probleme

Literatur

BAuA (2019): Stressreport Deutschland 2019. Psychische Anforderungen, Ressourcen und Befinden. Dortmund. DOI: 10.21934/baua:bericht20191007.

Beckmann, K. (2018): Statement zu den Ergebnissen der ASD-Studie. In: Deutsche Kinderhilfe e.V. (Hrsg.): Stellungsnahme zur Studie zu den Arbeitsrealitäten in den Allgemeinen Sozialen Diensten (ASD) der Jugendämter. Presseinformation. Berlin S. 2–3.

Behruzi, D. (2018): Kampfmethode Ultimatum. Von disziplinierender Kollegialität zu widerständiger Solidarität – Fallbeispiele aus dem Gesundheitswesen. In: IndBez 25 (4). S. 469–494, DOI: 10.3224/indbez.v25i4.05.

DGB: Report (2020): Mehr als Homeoffice – Mobile Arbeit in Deutschland. Ergebnisse des DGB-Index Gute Arbeit 2020, Berlin Dezember 2020.

Gülker, S. (2011): Wissenschaftliches und künstlerisches Personal an Hochschulen: Stand und Zukunftsbedarf. Eine Expertise gefördert durch die Max-Traeger-Stiftung. Frankfurt am Main (Hochschule und Forschung).

Hoppe, M./Roth, I. (2020): Leistungssteuerung und Arbeitsintensität. Eine Sonderauswertung des DGB-Index Gute Arbeit 2019 für den Dienstleistungssektor, hrsg. vom ver.di-Bereich Innovation und Gute Arbeit, Berlin.

IT-Finanzmagazin (2020): Corona bewirkt Schub der Digitalisierung in deutschen Unternehmen, Beitrag vom 28.8.2020, it-finanzmagazin.de.

Klüser, R./Neitzner, I. (2020): Branchenbild des Risikoobservatoriums der DGUV: Banken, Sparkassen, private Versicherungen. Hrsg. v. Institut für Arbeitsschutz der Deutschen Gesetzlichen Unfallversicherung (IFA). Sankt Augustin. Online verfügbar unter https://www.dguv.de/medien/ifa/de/fac/arbeiten_4_0/branchenbild_banken_sparkassen_versicherungen_langfassung.pdf, zuletzt geprüft am 30.07.2020.

Kratzer, N. (2013): Neue Steuerungsformen bei Dienstleistungsarbeit – Folgen für Arbeit und Gesundheit, in: Junghanns, G./Morschhäuser, M. (Hrsg.): Immer schneller. Immer mehr. Psychische Belastungen bei Wissens- und Dienstleistungsarbeit, Wiesbaden, S. 41–61.

Kratzer, N. (2020): Selbstmanagement von Überlastung, in: ver.di (Hrsg.): Leistungssteuerung und Arbeitsintensität. Eine Sonderauswertung des DGB-Index Gute Arbeit 2019 für den Dienstleistungssektor, Berlin.

Müller, N./Wille, Ch. (2019): Gute agile Arbeit – Arbeitsstress im Zuge der Digitalisierung vermeiden, in: Schröder, L./Urban, H.-J. (Hrsg.): Transformation der Arbeit – Ein Blick zurück nach vorn. Jahrbuch Gute Arbeit 2019, Frankfurt/M., S. 155–169.

Müller, N. (2020): Digitalisierung und psychische Belastungen – Bilanz und Handlungsperspektiven für Gute Arbeit, in: Schröder, L. (Hrsg.): Arbeitsschutz und Digitalisierung – Impulse für eine moderne Arbeitsgestaltung. ver.di-Reader Gute Arbeit 2020, Frankfurt/M., S. 34–50.

Roth, I. (2017): Digitalisierung und Arbeitsqualität. Eine Sonderauswertung auf Basis des DGB-Index Gute Arbeit 2016 für den Dienstleistungssektor, hrsg. vom ver.di-Bereich Innovation und Gute Arbeit, Berlin.

Roth, I. (2019): Interaktionsarbeit. Eine Sonderauswertung auf Basis des DGB-Index Gute Arbeit 2018 für den Dienstleistungssektor, hrsg. vom ver.di-Bereich Innovation und Gute Arbeit, Berlin.

Rothgang, H. (2018): Abschlussbericht im Projekt »Entwicklung und Erprobung eines wissenschaftlich fundierten Verfahrens zur einheitlichen Bemessung des Personalbedarfs in Pflegeeinrichtungen nach qualitativen und quantitativen Maßstäben gemäß § 113c SGB XI (PeBeM)«. Hrsg. v. SOCIUM Forschungszentrum Ungleichheit und Sozialpolitik, Institut für Public Health und Pflegeforschung (IPP), Institut für Arbeit und Wirtschaft (iaw) und Kompetenzzentrum für Klinische Studien (KKSB). Bremen. Online verfügbar unter https://www.gs-qsa-pflege.de/wp-content/uploads/2020/09/Abschlussbericht_PeBeM.pdf, zuletzt geprüft am 26.10.2020.

Rump, J./Brandt, M. (2020): Zoom-Fatigue. Eine Studie des Instituts für Beschäftigung und Employability, IBE, Ludwigshafen; https://www.ibe-ludwigshafen.de/wp-content/uploads/2020/09/Folien_IBE-Studie_Zoom-Fatigue.pdf.

Sauerland, F. (2019): Beschäftigung in Zeiten des digitalen Wandels. Ein Plädoyer für eine Renaissance der Lohn-Leistungs-Politik, in: Schröder, L./Urban, H.-J. (Hrsg.): Transformation der Arbeit – Ein Blick zurück nach vorn. Jahrbuch Gute Arbeit 2019, Frankfurt/M., S. 123–136.

Schmidt, A./Susec, B./Brandl, K.-H. (2019): Gute Digitale Arbeit? Gewerkschaftliche Handlungsfelder im digitalen Wandel, in: Badura, B. et al (Hrsg.): Fehlzeiten-Report 2019. Digitalisierung – gesundes Arbeiten ermöglichen? Berlin, Heidelberg, S. 63–76.

Schmidt, A. (2020): Arbeitsintensität, das zentrale Problem, in: Zeitgeschichtliches Archiv (ZGA) 5/2020.

ver.di (2019): Arbeitsintensität. Perspektiven, Einschätzungen, Positionen aus gewerkschaftlicher Sicht, Berlin, S. 36, 50.

ver.di (2020): Gesunde Arbeit. Empfehlungen für die tarif- und betriebspolitische Gestaltung, Berlin.

Wille, Ch./Müller, N. (2020): Arbeitsverdichtung: Ursachen, Wirkungen und Konsequenzen, in: Arbeitsmedizin – Sozialmedizin – Umweltmedizin (ASU) 09/2020.

Wille, Ch./Müller, N. (2021): Gute Agile Arbeit: Befragungsergebnisse und Gestaltungsempfehlungen aus dem diGAP-Projekt, in: Abschlussbroschüre zum Forschungsprojekt Gute agile Arbeit in der digitalisierten Welt, S. 25–34; diGAP-Abschlussbroschuere-2021.pdf (verdi.de).

Anke Muth/Dirk Neumann
Berufliche Aus- und Weiterbildung im Zeichen der Corona-Krise

Als sich zu Beginn des Jahres 2020 das Corona-Virus auch in Deutschland zunehmend ausbreitete, rückten rasch – noch vor einer intensiven Auseinandersetzung mit betrieblichen Corona-Präventionskonzepten[1] – wirtschafts- und beschäftigungspolitische Fragen in den Fokus. Denn der Beschluss der Bundesregierung im März 2020, das öffentliche Leben bundesweit durch einen sogenannten Shutdown weitgehend zum Erliegen zu bringen, konnte nicht ohne Folgen für die Arbeitswelt bleiben. In vielen Wirtschaftsbereichen – neben dem Hotel- und Gastgewerbe insbesondere auch in Industrie und Handwerk – wurde die Arbeit bzw. die Produktion teils für mehrere Wochen vollständig eingestellt oder zumindest deutlich heruntergefahren. Dies lag gleichwohl nicht allein am Shutdown, sondern auch am Einbrechen weltweiter Lieferketten.

Wo möglich wurden Arbeitsplätze in die eigenen vier Wände verlegt. Wo sich der Arbeitsplatz hingegen nicht ohne weiteres nach außerhalb des Betriebs verlagern ließ, waren Beschäftigte häufig von Kurzarbeit betroffen. Die Bundesagentur für Arbeit schätzt für 2020 eine jahresdurchschnittliche Zahl von 2,9 Mio. sozialversicherungspflichtig Beschäftigten in Kurzarbeit, was fast einem Zehntel (8,7 Prozent) dieser Gruppe entspricht. Der Arbeitsausfall betrug dabei im Schnitt rund 38 Prozent.[2] Rein rechnerisch konnten mittels Kurzarbeit über eine Million Arbeitsplätze gesichert werden.

Auch der Bereich der Aus- und Weiterbildung war früh und stark von der Corona-Krise betroffen, auch wenn deren Folgen für den Ausbildungs- und Arbeitsmarkt zum jetzigen Zeitpunkt noch nicht abschließend absehbar sind. Dieser Beitrag versucht dessen ungeachtet eine erste Bestandsaufnahme, um einschlägige Erfahrungen aus der Corona-Krise festzuhalten und daraus Anforderungen an die Berufsbildungspolitik[3] für die Zeit nach der Krise aus

---

1   Vgl. hierzu Andrea Fergen/Dirk Neumann: Corona-Prävention im Betrieb. Neue Herausforderungen für eine demokratische Arbeitsschutzpolitik, in: Christoph Schmitz/Hans-Jürgen Urban (Hrsg.), Jahrbuch Gute Arbeit 2021. Demokratie in der Arbeit. Eine vergessene Dimension der Arbeitspolitik? Frankfurt am Main 2021, S. 158–174.
2   Vgl. Bundesagentur für Arbeit (Hrsg.): Monatsbericht zum Ausbildungs- und Arbeitsmarkt: Dezember und Jahr 2020, S. 47–48.
3   Fragen der schulischen Bildung sowie des Übergangssystems können angesichts der gebotenen Kürze in diesem Beitrag nicht thematisiert werden.

gewerkschaftlicher Sicht zu entwickeln. Viele Schwachstellen des Systems der beruflichen Aus- und Weiterbildung wurden durch Corona mitunter zwar verstärkt sichtbar – das Gros der Defizite war gleichwohl aber schon vor der Krise deutlich erkennbar, und die Anforderungen an eine sozial-ökologische Transformation auch hinsichtlich der Qualifizierungspolitik sind schon vielfach beschrieben und diskutiert worden.[4] Dies gilt insbesondere für den Bereich der Fort- und Weiterbildung, aber auch für die Berufsausbildung – wenngleich hier die Folgen durch die Corona-Krise deutlicher spürbar waren.

Berufsausbildung im Krisenmodus
Mit Eintritt in den bundesweiten Shutdown im Frühjahr 2020 waren im Bereich der Berufsausbildung sowohl auf betrieblicher als auch berufsschulischer Ebene unmittelbar Einfallsreichtum und Anpassungswille gefragt, um das Aufrechterhalten des Ausbildungsalltags zu gewährleisten. Und es brauchte Geduld und Flexibilität, denn so wie vieles über das neue Virus unklar war, so waren auch immer wieder Anpassungen im Umgang damit nötig. Wiederholt mussten Rahmenbedingungen verändert und Richtungsentscheidungen getroffen werden. Der Primat der Stunde sollte dabei der Schutz der Gesundheit der Beschäftigten und Auszubildenden sein. Hier standen die Betriebe und Unternehmen in der Verantwortung, notwendige Schritte zügig umzusetzen und die entstehenden Kosten zu tragen. Wenn eine Homeoffice-Lösung für die Fortführung der Ausbildung nicht möglich war, blieben die Auszubildenden oftmals im Betrieb, während allerdings zeitgleich ein Großteil der Belegschaft in Kurzarbeit oder eben ins Homeoffice geschickt wurde.

Die Betriebe standen so vor dem Problem, dass unter Umständen nicht genug Personal vor Ort war, um die Ausbildung aufrecht zu erhalten. Der Ruf der Arbeitgeber:innen nach Kurzarbeit auch für Auszubildende, mit nur 60 Prozent der Ausbildungsvergütung, ließ nicht lange auf sich warten.[5] Gedroht wurde dabei mit möglichen Entlassungen der Auszubildenden. Die Gewerkschaften übten massive Kritik, und eine entsprechende Änderung des Berufsbildungsgesetzes an dieser Stelle konnte verhindert werden – ohne dass eine große Entlassungswelle bei den Betrieben gefolgt wäre. Doch auch ohne Ausbildung in eigener Kurzarbeit war die Ausbildungsqualität oftmals

---

4 Vgl. exemplarisch Hans-Jürgen Urban: Gute Arbeit in der Transformation. Über eingreifende Politik im digitalisierten Kapitalismus, Hamburg 2019; Klaus Dörre et.al.: Große Transformation? Zur Zukunft moderner Gesellschaften, Wiesbaden 2019; Hartmut Hirsch-Kreinsen/Peter Ittermann/Jonathan Niehaus (Hrsg.): Digitalisierung industrieller Arbeit. Die Vision Industrie 4.0 und ihre sozialen Herausforderungen, Baden-Baden 2015.
5 »Eine Kurzarbeit-Ausnahme wird jetzt zum Bumerang für Lehrlinge«; Welt am Sonntag, 28.3.2020. https://www.welt.de/wirtschaft/article206859917/Handwerk-fordert-Kurzarbeit-auch-fuer-Auszubildende.html (eingesehen am 5.7.2021).

deutlich beeinträchtigt. Wenn Beschäftigte in Kurzarbeit waren, die Azubis aber im Betrieb verblieben, wurden sie oft als Ersatz für nicht anwesende Kräfte eingesetzt. Die Vermittlung ausbildungsspezifischer Inhalte stand dann hintan. Abgefedert werden konnte dies über das aktive Mitwirken von Mitbestimmungsgremien bei der Gestaltung der Ausbildung unter Pandemiebedingungen. Nichtsdestotrotz gab knapp ein Viertel der Auszubildenden an, die Qualität ihrer Ausbildung habe gelitten.[6]

Auch das »Allheilmittel« Homeoffice erwies sich gerade zu Beginn der Krise in vielen Fällen als schale Medizin für die pandemischen Herausforderungen. Allzu oft wurden die Auszubildenden ohne weitere Orientierung geschweige denn materielle Ausstattung nach Hause geschickt: Welche Inhalte können von zu Hause aus erarbeitet werden und wie soll eine Erfolgskontrolle erfolgen? Welche technischen Voraussetzungen sind vorhanden oder werden benötigt? Und woher bekomme ich meinen Lernstoff und wo kann ich bei wem nachfragen, wenn ich nicht weiterkomme? Mit solchen Fragen blieben Auszubildende von ihren Betrieben häufig allein gelassen. Dabei zeigte sich, dass Betriebe mit einem höheren Digitalisierungsgrad auch die Ausbildung unter Pandemiebedingungen insgesamt besser bewältigen konnten. Ihnen gelang es deutlich häufiger, Material für das Selbststudium digital aufzubereiten und zur Verfügung zu stellen und den Auszubildenden auch online eine Betreuung zu ermöglichen. Gleichwohl blieb auch hier das Problem, dass allein mit Simulationen viele Arbeitsprozesse höchstens bedingt vermittelt bzw. erlernt werden können.

Und in den Berufsschulen? Auch diese waren immer wieder von Shutdowns betroffen. Nun gibt es eine Fülle von digitalen Plattformen. Doch der Umstieg auf digitale Lernformate lief eher schleppend. Mal waren Schul-Clouds nicht verfügbar, mal war die Bandbreite der schuleigenen Netzverbindung völlig unzureichend.[7] Und auch das Lehrpersonal sah sich mit den Herausforderungen der digitalen Umsetzung des Lernstoffs, der eigenen Technikkompetenz und der mangelnden technischen Ausstattung von Schule konfrontiert. Hier rächte es sich besonders, dass dringend notwendige Investitionsbedarfe seit langer Zeit ignoriert wurden und weder die Mittel des Digitalpakts Schule verausgabt noch die Zahl der Lehrkräfte in ausreichendem Maße gesteigert wurden.

---

6 Vgl. Carolin Neuber-Pohl/Alexander Christ/Verena Eberhard et al.: Wie beeinflusst die Corona-Krise die Ausbildung aus Sicht der Auszubildenden? Deskriptive Analysen auf Basis der BA/BIBB-Bewerberbefragung 2020. Version 1.0 Bonn, 2021, S. 12.
7 Zu Bewertung des schulischen Digitalisierungsgrades vor der Pandemie aus Sicht der Auszubildenden vgl. auch DGB Ausbildungsreport 2019, online unter https://jugend.dgb.de/ausbildung/ausbildungsreport (eingesehen am 2.7.2021).

Auch auf Seiten der Jugendlichen wurden bestehende Ungleichheiten weiter verschärft: Viele der Auszubildenden verfügen nicht über geeignete Endgeräte – dem häufig gezeichneten Bild einer Generation der »Digital Natives« zum Trotz. Zwar sind viele junge Menschen durchaus Smartphoneerprobt, besitzen aber oftmals kein weiteres Endgerät. Vor allem Jugendliche aus finanziell schwächeren Haushalten oder mit Fluchterfahrung blieben hier während des gesamten Pandemiegeschehens abgehängt, wenn kein Lernlaptop zur Verfügung gestellt wurde oder man öffentliche Räume etwa in Jugendzentren aufsuchen konnte, um dort Laptop oder Drucker nutzen zu können.[8] So zählen jene zu den besonderen Krisenverlierern, die schon vor der Pandemie aufgrund ihres sozio-kulturellen Hintergrundes eine schlechtere Ausgangsposition hatten.

Rückblickend bleibt insbesondere das Jahr 2020 mit Blick auf die Berufsausbildung ernüchternd in Erinnerung. Entsprechend gaben bei einer Betriebsbefragung des Instituts für Arbeitsmarkt- und Berufsforschung (IAB) im Herbst 2020 zu Auswirkungen der Krise 36 Prozent der Betriebe an, dass Ausbildungsinhalte nicht wie gewohnt vermittelt werden konnten. Von jedem fünften Betrieb wurde Kurzarbeit als Ausbildungshemmnis beschrieben. Und jeder zweite Betrieb gab an, dass die Prüfungen der Auszubildenden verschoben wurden.[9] Das bleibt nicht ohne Folgen: Zwar zeigen erste Auswertungen der Prüfungsaufgaben- und Lehrmittelentwicklungsstelle (PAL), dass sich der Notenschnitt der Abschlussprüfungen nicht verschlechtert hat. Aus Berichten einzelner Branchen lässt sich aber schließen, dass diejenigen, die über gute Selbstlernkompetenzen und technische Ausstattung verfügen, die Zeit gut genutzt und im Schnitt bessere Noten erreicht haben. Ganz anders stellt sich das hingegen bei jenen dar, die ohne angemessene Ausstattung und mit bildungspraktischen Defiziten nicht genügend Lernbegleitung erlebt haben. Hier droht durch die Corona-Krise eine Beschleunigung der sozialen Spaltung und Bildungsbenachteiligung genau an einem neuralgischen Punkt der Weichenstellung für die gesamte Erwerbsbiografie.

---

8   Siehe dazu auch DIHK 2021: Technische und sprachliche Barrieren durch Corona verstärkt. Umfrage zu Herausforderungen bei der Integration von Azubis mit Fluchthintergrund. Abrufbar unter: https://www.dihk.de/de/technische-und-sprachliche-barrieren-durch-corona-verstaerkt-54072 (eingesehen am 2.7.2021).

9   Vgl. Lutz Bellmann/Bernd Fitzenberger/Patrick Gleiser et al.: Betriebliche Ausbildung trotz Erschwernissen in der Covid-19-Krise robuster als erwartet, In: IAB-Forum 5. November 2020, https://www.iab-forum.de/betriebliche-ausbildung-trotz-erschwernissen-in-der-covid-19-krise-robuster-als-erwartet (eingesehen am 8.7.2021).

Wirtschafts- und arbeitspolitische Probleme

Ausbildungsbereitschaft im Sinkflug

Parallel zu den Bemühungen um die Fortführung der Ausbildung in den Betrieben zeigte sich schnell, dass die Corona-Krise wie ein Katalysator die schon zuvor negative Entwicklung am Ausbildungsmarkt beschleunigte. Bereits zum Ende des Frühjahrs 2020 zeichnete sich ab, dass es nach der Sommerpause zu einem deutlichen Einbruch bei den abgeschlossenen Ausbildungsverträgen kommen würde. Entsprechend warnten die Gewerkschaften vor einer »Generation Corona« und mahnten, eine solche Entwicklung müsse mit aller Kraft verhindert werden.

Alarmiert durch die starken Rückgänge an angebotenen Ausbildungsplätzen[10] wurde auf Bundesebene ein Unterstützungsprogramm für Betriebe auf den Weg gebracht, das die Ausbildungsbereitschaft erhöhen sollte. Erarbeitet wurde dieses in einem ersten Schritt von den Sozialpartner:innen in der »Allianz für Aus- und Weiterbildung« und anschließend von Bundesarbeits- sowie Bundesbildungsministerium in Förderrichtlinien gegossen. Bereits in der Finanzkrise 2009 waren solche Hilfen für die Betriebe auf den Weg gebracht worden, mehr als Mitnahmeeffekte wurden damals jedoch kaum erreicht – ebenso wenig, wie das Vorkrisenniveau an bereitgestellten Ausbildungsplätzen jeweils wieder erreicht wurde. Umso wichtiger war es den Gewerkschaften, neben Boni für die Einstellung von Auszubildenden weiter reichende Aspekte zu berücksichtigen. So fand sich schließlich eine Förderung für die Übernahme von Auszubildenden aus insolventen Betrieben, eine Unterstützung bei Auftrags- und Verbundausbildung und eine Unterstützung bei Ausbildung statt Kurzarbeit im Programm. Man einigte sich dabei auf die Förderung von Klein- und Mittelbetrieben (KMU), da in Deutschland rund 90 Prozent der Auszubildenden dort ihre Ausbildung absolvieren. Die 50 Millionen Euro zur Stabilisierung des Ausbildungsmarktes waren im Juni 2020 Teil des 130 Millionen Euro schweren Konjunkturprogramms der Bundesregierung, um die Folgen der Krise in Schach zu halten und – mit den Worten von Olaf Scholz – mit einem »Wumms aus der Krise« zu kommen.[11]

Doch der heraufbeschworene »Wumms« blieb aus. Aller Aktivitäten zum Trotz wurden 2020 rund 51 000 betriebliche Ausbildungsplätze weniger gemeldet als noch 2019. Und auch die Zahl der abgeschlossenen betrieblichen Ausbildungsverträge sank deutlich: Rund 58 000 Verträge wurden weniger abgeschlossen als im Vorjahr, ein Rückgang um 11,4 Prozent. Und wenn

---

10 Genaue Zahlen siehe IG Metall (Hrsg.): Ausbildungsbilanz 2020, Frankfurt am Main 2021, online unter https://wap.igmetall.de/ausbildungsbilanz-21372.htm (eingesehen am 6.7.2021).
11 https://www.bundesregierung.de/breg-de/themen/coronavirus/-wir-wollen-mit-wumms-aus-der-krise-kommen–1757510 (eingesehen am 6.7.2021).

Befragungen zeigen, dass das Programm zur Förderung für Ausbildungsbetriebe zumindest anfangs gar nicht hinreichend bekannt war[12] und in der Folge eine Verlängerung und Erweiterung der Förderkriterien erfolgte: Die ernüchternde Bilanz zeigt, dass sowohl die Reichweite als auch die konkrete Wirkung von Förderprogrammen für den Erhalt von Ausbildungsangeboten in Krisenzeiten offensichtlich höchst begrenzt ist.

Dabei ist das tiefe Tal voraussichtlich noch gar nicht durchschritten und die Ausbildungsbereitschaft der Betriebe scheint höchstens auf Krisenniveau zu verharren, wenn nicht gar weiter zu sinken.[13] Für das Ausbildungsjahr 2021 jedenfalls ist am Ausbildungsmarkt keine Entspannung oder gar ein größerer Aufschwung in Sicht. Hier zeigt sich besonders deutlich, dass die Krise bereits bestehende Tendenzen forciert, denn der Boden für diese Entwicklung wurde in vielen Jahren kontinuierlich vorbereitet, die Auswirkungen der Corona-Krise wirken hier nur katalysierend. Wie oben bereits erwähnt, hat sich der Ausbildungsmarkt nie vollständig von der Finanzkrise 2008/2009 erholt, rund 50 000 Ausbildungsplätze gingen damals im Jahresvergleich für immer verloren. Und der Abbau ging weiter: Von den 616 000 Ausbildungsplätzen vor der Finanzkrise sind im Schnitt der vergangenen Jahre rund 525 000 Ausbildungsplätze jährlich übriggeblieben. Auch der Blick in die aktuelle wissenschaftliche Begleitforschung vor Corona ist ernüchternd. Sowohl bei Klein- und Kleinstbetrieben als auch bei börsennotierten Unternehmen ist die Ausbildungsbereitschaft rückläufig.[14]

Gleichzeitig ging es in den letzten Jahren mit der Konjunktur zuletzt bergauf und Beschäftigung wurde aufgebaut. Doch die Ausbildung hat dabei nicht mitgehalten, die Ausbildungsquoten sind gesunken. Und auch die Ausbildungsbereitschaft der Betriebe sinkt seit Jahren, nur noch jeder fünfte Betrieb bildet überhaupt aus. Fachkräfte für die Zukunft lassen sich auf diese Weise nicht sichern, und die immer wieder beschworenen Selbstregulierungskräfte des Marktes tragen nicht zur Problemlösung bei.

---

12 Vgl. Lutz Bellmann/Bernd Fitzenberger/Patrick Gleiser et al.: Die Mehrheit der förderberechtigten Betriebe wird das Bundesprogramm »Ausbildungsplätze sichern« nutzen, in: IAB-Forum 22. Februar 2021, https://www.iab-forum.de/die-mehrheit-der-foerderberechtigten-betriebe-wird-das-bundesprogramm-ausbildungsplaetze-sichern-nutzen/ (eingesehen am 8.7.2021).
13 Neuere Berechnungen gehen davon aus, dass die Zahlen auf niedrigem Niveau verharren werden. Vgl. dazu Dieter Dohmen/Klaus Hurrelmann/Galiya Yelubayeva: Kein Anschluss trotz Abschluss?! Benachteiligte Jugendliche am Übergang in Ausbildung. Studie des FiBS in Kooperation mit der Akademie für Innovative Bildung und Management (aim), FiBS-Forum Nr. 76, Berlin, März 2021.
14 Vgl. Marcus Eckelt/Sabine Mohr et al.: Rückgang der betrieblichen Ausbildungsbeteiligung. BIBB, Bertelsmann 2020; Robert Scholz/Lisa Wing: Ausschütten statt Investieren. Was Shareholder Value für unser Ausbildungssystem bedeutet, WZBrief Arbeit, Dezember 2019.

Wirtschafts- und arbeitspolitische Probleme

Von fehlender Orientierung und ungleichen Chancen

Auch die Bewerber:innenseite blieb von den Auswirkungen der Pandemie nicht unberührt. Insgesamt hat die Corona-Krise für tiefe Verunsicherung bei den Berufseinsteiger:innen gesorgt, wenn es um die Frage der eigenen beruflichen Zukunft geht, und welcher Weg der vermeintlich krisensicherste ist. Zudem lagen berufsorientierende Maßnahmen, die dieser Verunsicherung hätten entgegenwirken können, ab 2020 weitgehend auf Eis und kommen bis heute höchst schwer wieder ins Laufen. Abgesagte Praktika, fehlende Berufsbildungsmessen und allzu oft auch keine oder reduzierte schulische Berufsorientierung seien hier exemplarisch genannt. Das Bundesinstitut für Berufsbildung (BIBB) kommt zu dem Ergebnis, dass deutlich weniger Jugendliche an schulischer Berufsorientierung teilnahmen (– 11,8 Prozent zu 2018) oder eine Ausbildungsmesse o.Ä. besuchten (– 8,3 Prozent).[15] Da gerade für bildungsschwächere Jugendliche solche Orientierungs- und Einstiegsangebote besonders wichtig seien, kommen die Autor:innen zu dem Schluss, dass die Ergebnisse der Befragung »die Wichtigkeit von institutionalisierten Bildungsangeboten gerade in Krisenzeiten (betonen)« und unterstreichen die Notwendigkeit, diese auch in Pandemiezeiten aufrechtzuerhalten.[16] Zwar wurde zwischenzeitlich vermehrt auf digitale Formate gesetzt und es gab zahlreiche kreative Lösungen, aber das praktische Erleben und sich persönliche Orientieren können diese Angebote nur bedingt auffangen. Vielmehr suchten ab 2020 viele potenzielle Bewerber:innen ihr Heil in einem weiteren Schulbesuch oder schlugen, sofern individuell möglich, den Weg in Richtung Hochschule ein.

Hier hätte man erwarten können, das mit weniger Konkurrenz mehr Jugendliche mit niedrigeren Bildungsabschlüssen leichter einen Einstieg in die duale Berufsausbildung finden würden. Doch hier zeigte sich in der Krise ein Phänomen: Die Zahl der unversorgten Jugendlichen stieg. Dabei waren neben Jugendlichen ohne bzw. mit Hauptschulabschluss in 2020 sogar überdurchschnittlich viele Realschüler:innen vertreten.[17] Ein Grund hierfür dürfte zunächst ein Passungsproblem zwischen betrieblich angebotenen und von Bewerber:innen nachgefragten Ausbildungsplätzen sein. Darüber hinaus aber setzt sich augenscheinlich die Bildungsbenachteiligung auch am Werkstor fort und Jugendliche mit mehr Förderbedarf bekommen häufig gar nicht die Chance auf einen Einstieg. Für die Bewerber:innenseite zeigt sich damit einmal mehr, das bildungsschwächere Jugendliche ohne oder mit Hauptschul-

---

15 Vgl. Alexander Christ/Verena Eberhard/Eric Schuß et al.: Bildungs- und Berufsorientierungsangebote für ausbildungsinteressierte Jugendliche während der Corona-Pandemie. Empirische Analysen auf Basis der BA/BIBB-Bewerberbefragung 2018 und 2020. Version 1.0, Bonn 2021, S. 10.
16 Ebenda, S. 20.
17 Vgl. IG Metall, Ausbildungsbilanz 2020, a.a.O., S. 9.

abschluss es am schwersten haben, einen guten Einstieg ins Erwerbsleben zu finden. Sie leiden zuerst unter fehlenden orientierenden Angeboten und allzu oft lassen Betriebe einen Ausbildungsplatz eher unbesetzt, als ihn mit einem Jugendlichen aus diesem Spektrum zu besetzen – eine Tendenz, die auch unter Krisenbedingungen deutlich wurde.

Perspektiven schaffen mit Garantie
Wie bei allen Krisen zuvor hat sich wieder einmal bestätigt, dass Wirtschaftskrisen immer auch Auswirkungen auf den Ausbildungsmarkt haben. Wirtschaftliche Einbrüche verringern die Bereitschaft der Unternehmen zur Bereitstellung betrieblicher Ausbildungsplätze.[18] Zwar führen der Boom an den Hochschulen und die steigende schulische Qualifikation der Schulabgänger:innen für einige zu besseren Chancen auf dem Ausbildungs- und Arbeitsmarkt. Doch zu viele bleiben weiter abgehängt, da Betriebe für ihre weniger werdenden Ausbildungsplätze zunehmend am oberen Ende der Schulabschluss-Skala nach potenziellen Auszubildenden suchen. Um aber alle mitzunehmen, braucht es eine Ausbildungsgarantie, die unabhängig von wirtschaftlichen Entwicklungen allen eine angemessene Perspektive für den Einstieg in das Berufsleben bietet. Konzepte dazu wurden nicht nur von den Gewerkschaften vorgelegt, auch andere haben die Notwendigkeit einer solchen Regelung mittlerweile erkannt.[19]

Weitere, teils sehr konkrete Vorschläge zur Zukunftssicherung im Themenfeld der beruflichen Bildung wurden in der letzten Legislaturperiode etwa von der Enquete-Kommission »Berufliche Bildung in der digitalen Arbeitswelt« oder auch von dem vom Bundesministerium für Arbeit und Soziales initiierten Rat der Arbeitswelt vorgelegt. So findet sich im Abschlussbericht der Enquete-Kommission ebenfalls die Idee der Ausbildungsgarantie wieder.[20] Aber auch Fragen von besserer personeller und technischer Ausstattung des Lernorts Berufsschule, die auch die oben genannten Krisenauswirkungen mindern könnten und das duale System stärken würden, gehören auf die politische Agenda. Die neue Bundesregierung ist hier gefordert, sich diesen Forderungen anzunehmen und sie umzusetzen.

---

18 Vgl. Maier, Tobias: Auswirkungen der »Corona-Krise« auf die duale Berufsausbildung: Risiken, Konsequenzen und Handlungsnotwendigkeiten. Version 1.0 Bonn, 2020.
19 So etwa die Bertelsmann-Stiftung in einem Impulspapier zur Ausbildungsgarantie von Claudia Burghard (Gütersloh 2021); abrufbar unter https://www.bertelsmann-stiftung.de/de/publikationen/publikation/did/mit-einer-ausbildungsgarantie-aus-bildung-sichern-all (eingesehen am 17.7.2021).
20 Vgl. Bericht der Enquete-Kommission Berufliche Bildung in der digitalen Arbeitswelt, BT-Drucksache 19/30950, https://dserver.bundestag.de/btd/19/309/1930950.pdf (eingesehen am 17.7.2021).

Wirtschafts- und arbeitspolitische Probleme

Fort- und Weiterbildung in Zeiten coronabedingter Kurzarbeit
Auch der Bereich der Fort- und Weiterbildung rückte im Kontext der Corona-Krise immer wieder in den Fokus. Dies lag in besonderer Weise an der großen Zahl von Beschäftigen, die im Verlauf der Pandemie zumindest teilweise in Kurzarbeit geschickt wurden. Grundsätzlich bieten solche Zeiten für betroffene Beschäftigte eine gute Gelegenheit – wenn nicht sogar überhaupt erst die Möglichkeit –, an Qualifizierungsmaßnahmen teilzunehmen. Und ganz ungeachtet der Corona-Situation: Angesichts des Wandels der Arbeitswelt waren Fort- und Weiterbildung auch vor der Pandemie schon als eine der Stellschrauben klar identifiziert und damit ein wichtiges Feld von Gewerkschaftspolitik, die sich dem Ziel Guter Arbeit verpflichtet sieht.[21]

Nun ist die Bereitschaft der Beschäftigten, die Herausforderungen der Transformation anzunehmen, zweifelsfrei vorhanden. So sprach sich eine überwältigende Mehrheit der Beschäftigten (87 Prozent) im Rahmen eine Befragung der IG Metall im Herbst 2020 dafür aus, dass Zeiten von Kurzarbeit für Qualifizierung genutzt werden sollen, um »die Belegschaften fit für die Zukunft zu machen«.[22] Darin mag auch eine gewisse Verunsicherung über die eigenen, individuellen Entwicklungsperspektiven zum Ausdruck kommen. Diese jedenfalls werden nach Aussagen befragter Betriebsräte in einer Mehrheit der Betriebe (58 Prozent) überhaupt nicht oder eher nicht mitgedacht, wenn es um den anstehenden oder bereits laufenden technologischen Wandel der Arbeitswelt geht. Bei weiteren 22 Prozent geschieht dies nur teilweise.[23]

Doch hier stehen viele Beschäftigte vor einem Dilemma: Während die Veränderungs- oder Anpassungsbereitschaft durchaus vorhanden ist, fehlt es in vielen Betrieben am Wissen darüber, in welche Richtung die Beschäftigten überhaupt (weiter-)qualifiziert werden müssen. Dies zeigte bereits der Transformationsatlas der IG Metall 2019: In mehr als der Hälfte (53 Prozent) der Betriebe wurde zum Zeitpunkt der Betriebsrätebefragung der Qualifizierungsbedarf nicht systematisch ermittelt und in 50 Prozent der Betriebe fand keine strategische Personalplanung statt.

Hier muss im Kontext der Corona-Krise eine vertane Chance konstatiert werden: Die Qualifizierungsbereitschaft insbesondere der von Kurzarbeit betroffenen Beschäftigten steht mutmaßlich einer in der Breite unbefriedigenden

---

21 Dies betrifft insbesondere die Felder der Arbeitsmarkt-, Mitbestimmungs-, Tarif- und Qualifizierungspolitik sowie insgesamt der Arbeitsgestaltung.
22 Vgl. Beschäftigtenbefragung IG Metall 2020, Datenblatt Kurzarbeit (S. 4), abrufbar unter https://www.igmetall.de/im-betrieb/beschaeftigtenbefragung-2020 (eingesehen am 16.7.2021).
23 Vgl. IG Metall (Hrsg.): Transformationsatlas 2019. Betriebsrätebefragung der IG Metall, Frankfurt am Main 2019.

Qualifizierungsperspektive gegenüber. Zwar stehen umfangreiche Daten zur Weiterbildungsbeteiligung in der Corona-Krise noch aus, doch erste Zahlen deuten darauf hin, dass es bei den weiterbildenden Betrieben im Jahr 2020 zu einem deutlichen Rückgang gekommen ist und »die Weiterbildung das niedrigste Niveau seit Beginn des Jahrtausends erreicht«[24] hat. Zudem zeigt sich die Tendenz einer nur geringen Nutzung etwa der seitens der Bundesagentur für Arbeit zur Verfügung gestellten Förderinstrumente – auch wenn die Gründe hierfür vielfältig erscheinen.[25]

Qualifizierung in der Transformation

Nun ist der Grad der Digitalisierung zwar in vielen Großbetrieben insgesamt recht weit vorangeschritten und auch die neuen Tätigkeiten und damit verbundenen Kompetenzanforderungen sind, zumindest teilweise, bekannt. Doch in der großen Mehrzahl der Betriebe, dies kann exemplarisch an den KMU der metallverarbeitenden Industrie aufgezeigt werden, herrscht offenbar noch immer große Unsicherheit. Das mag nicht zuletzt daran liegen, dass Industrie 4.0-Lösungen wie 3D-Druck oder intelligente Produktionsroboter in diesem Bereich häufig (noch) gar keine große Rolle zu spielen scheinen.[26] Vielmehr geht es in der Produktion um eher grundsätzliche Anpassungen von Arbeitsabläufen, und genau auf diesem Feld lässt – oder ließe – sich aktuell auch der konkrete Weiterbildungsbedarf identifizieren.

Dies beschreibt aber eine zentrale Herausforderung, vor der insbesondere Arbeitsmarkt- und Qualifizierungspolitik gleichermaßen stehen: Die in vielen Betrieben augenscheinlich immer noch fehlende Bereitschaft – oder Möglichkeit – der Arbeitgeber, die im jeweiligen Geschäftsmodell mittel- und langfristig benötigten Weiterbildungsbedarfe zu identifizieren und den Beschäftigten entsprechende Qualifizierungsangebote zu unterbreiten, dürfte mit zunehmender Beschleunigung der Transformation mehr und mehr Betriebe in ernsthafte Existenzkrisen führen. Und maßgeblich liegen die großen Veränderungen in der sozial-ökologischen Transformation und damit die Kompetenzanforderungen an die Beschäftigten weniger in den einzelnen, heute

---

24 Lutz Bellmann/Corinna König/Ute Leber: Betriebliche Weiterbildung in der Covid-19-Krise – Ergebnisse aus einer hochfrequenten Betriebsbefragung. IAB 2021, S. 4.
25 So bemängeln beispielsweise 52 Prozent der befragten Betriebe das Fehlen passender Weiterbildungsangebote, 37 Prozent kritisieren den zu großen Aufwand der Beantragung und 34 Prozent lehnen eine Förderung durch die Bundesagentur ab. Vgl. dazu Thomas Kruppe/Juli Lang/Ute Leber: Nur jeder zehnte Betrieb nutzt die Weiterbildungsförderung der Bundesagentur für Arbeit, In: IAB-Forum 17. Mai 2021, https://www.iab-forum.de/nur-jeder-zehnte-betrieb-nutzt-die-weiterbildungsfoerderung-der-bundesagentur-fuer-arbeit (eingesehen am 15.7.2021).
26 Vgl. ausführlich Günther Schuh/Christoph Kelzenberg/Jens Helbig/Tim Graberg: Kompetenzprofile in einer digital vernetzten Produktion, Working Paper der Forschungsförderung der HBS Nr. 198, Düsseldorf 2020.

Wirtschafts- und arbeitspolitische Probleme

bekannten Tätigkeitsprofilen. Vielmehr dürfte es angesichts der sich erst in den nächsten Jahren oder Jahrzenten abzeichnenden radikalen Neuausrichtungen gängiger Geschäftsmodelle mittel- und langfristig eher um notwendig werdende berufliche Neuorientierungen gehen.[27]

Dies wird sich jedoch mit Anpassungsqualifizierung allein kaum realisieren lassen. Gleichzeitig liegt in einem möglicherweise massenhaften Bedarf an Umschulungen und Neuorientierungen die Gefahr einer deutlichen Entwertung bereits vorhandener Qualifikationen. In der Folge drohen Status- und Einkommensverlust und zunehmend Stress durch den wachsenden Druck, zum Erhalt der eigenen Arbeitskraft an Qualifizierungsmaßnahmen teilzunehmen bzw. teilnehmen zu müssen.[28]

In diesem Zusammenhang tut die Corona-Pandemie ihr übriges: Wir haben in den zurückliegenden Monaten in vielen Bereichen der Arbeitswelt eine beschleunigte Digitalisierung erlebt – nicht nur, aber in besonderem Maß auch durch die exponentielle Ausbreitung mobiler Arbeit in den eigenen vier Wänden, dem sogenannten Homeoffice. Die damit verbundenen Anforderungen an Kompetenzen müssen zeitnah identifiziert werden. Dabei müssen auch mögliche Veränderungen der Tätigkeiten auf dem Shopfloor und damit verbundene Qualifizierungsbedarfe frühzeitig erkannt und berücksichtigt werden.

Corona als Brandbeschleuniger der sozialen Schieflage?

Schon vor Corona waren die Bildungs- und Erwerbschancen in Deutschland höchst ungleich verteilt und in hohem Maße abhängig von sozialer und/oder ethnischer Herkunft oder vom Geschlecht.[29] Entsprechend sind es in erster Linie strukturelle Gründe, die über Weiterbildungsbeteiligung und damit berufliche Perspektiven entscheiden – und weniger die individuelle Lernbereitschaft. Dies betrifft insbesondere die Auswahl derjenigen, denen Weiterbildungsmaßnahmen konkret angeboten werden und jenen, die durch weitere Selektion auf der Strecke zu bleiben drohen. Und nicht zuletzt ist Weiterbildung mit einem hohen gesellschaftlichen wie betriebspolitischen Erwartungsdruck verbunden. Gefordert werden Eigeninitiative zur Weiter-

---

27 Vgl. Matthias Knuth: Transformative Arbeitsmarktpolitik. Herausforderungen der Arbeitsmarktpolitik unter den Bedingungen der »konfluenten Digitalisierung«, Working Paper der Forschungsförderung der HBS Nr. 219, Düsseldorf 2021.
28 Zum Qualifizierungsdruck als Stressor vgl. Hans-Jürgen Urban: Gute Arbeit in der Transformation. Über eingreifende Politik im digitalisierten Kapitalismus, Hamburg 2019, S. 116f.
29 Vgl. Timo Gayer/Anke Muth/Thomas Ressel: »There is no glory in prevention?« – Ideen für präventive Ansätze in der Berufsbildungspolitik, in: Brigitte Aulenbacher/Frank Deppe/Klaus Dörre/Christoph Ehlscheid/Klaus Pickshaus (Hrsg.): Mosaiklinke Zukunftspfade. Gewerkschaft – Politik – Wissenschaft, Münster 2021, S. 345–354.

bildung, und dies am besten auf eigene Kosten – gerade für wenig lerngeübte Beschäftigte eine enorme Belastung. Hier droht nun die Gefahr, dass die Weiterbildungsbeteiligung im Zuge der Corona-Krise etwa durch neue Zugangshürden in Folge der Digitalisierung zusätzlich selektiv verläuft. Das betrifft sowohl Fragen der materiellen Ausstattung (technische Geräte, schneller Internet-Zugang etc.) als auch das Wissen bzw. Erfahrungen im Umgang mit entsprechender Software. Auf der anderen Seite sollten die Chancen dieser Entwicklung nicht ignoriert werden. Gerade Personen in strukturschwachen, ländlichen Regionen könnten im Zuge der Digitalisierung durch Online-Angebote verbesserte Zugänge zu Qualifizierungsmaßnahmen erhalten. Diese Entwicklungspfade intensiv in den Blick zu nehmen ist eine zentrale Aufgabe für die gewerkschaftliche Qualifizierungspolitik. Dabei gilt es, die Tendenz zu durchbrechen, dass Weiterbildungsangebote eher auf diejenigen Beschäftigtengruppen konzentriert werden, bei denen der »Return on Investment«, also die erwartete Rendite des Kapitalisten aus einer getätigten Investition, möglichst hoch eingeschätzt wird. Denn die Frage, ob sich eine Bildungsinvestition für die Unternehmen tatsächlich rentiert, könnte sich durch das coronabedingte Voranschreiten der Digitalisierung auch von Lernprozessen und Lernangeboten weiter beschleunigt haben – zumal in einer Zeit angespannter wirtschaftlicher Entwicklung, in der Bildungsinvestitionen ohnehin nicht besonders hoch im Kurs der Unternehmen stehen.

Dies jedoch dürfte das »Grundgefühl der Transformation«[30] bei vielen Beschäftigten weiter verstärken, nämlich die Angst vor dem Verlust des eigenen Arbeitsplatzes und damit verbunden des bestehenden Status im Erwerbsleben. Vor diesem Hintergrund wird Bildung – konkret die berufliche Fort- und Weiterbildung – häufig als eine Art Arbeitsversicherung wahrgenommen. Entsprechende Qualifizierungsaktivitäten gelten als Garant dafür, dem Arbeitsmarkt auch in der Zukunft bestmöglich zur Verfügung stehen zu können. Gleichwohl kann und darf Qualifizierungspolitik nicht allein auf ihre arbeitsmarktpolitischen Verwertungsfunktion reduziert werden. Vielmehr wird sich die Bildungs- und Qualifizierungspolitik mit Blick auf den Wandel der Arbeitswelt an drei neuralgischen Punkten messen lassen müssen: Sie muss *sozialen, nachhaltigen* und *demokratischen* Anforderungen gerecht werden. Das Soziale lässt sich dabei zusammenfassen als »Gute Arbeit für alle«. Der nachhaltige Baustein guter Bildung wiederum ist zuvorderst im ökologischen Sinn zu verstehen – meint also vereinfacht die Fokussierung auf naturverträgliche Produkte und Produktionsweisen. Und demokratische Bildungspolitik

---

30 Hans-Jürgen Urban: Gute Arbeit in der Transformation, a.a.O., S. 177.

Wirtschafts- und arbeitspolitische Probleme

wiederum berücksichtigt Anforderungen an Selbstbestimmung, Möglichkeiten der Einflussnahme und auch der Persönlichkeitsentwicklung. Wird all dies angemessen berücksichtigt, kann Bildungspolitik einen wesentlichen Beitrag zu einer Humanisierung der Arbeitswelt leisten – von selbstbewussten Fachkräften mit ihren Gewerkschaften solidarisch erkämpft.

Für eine kontinuierliche berufliche Lebenswegplanung

Ob beim Eintritt in das Erwerbsleben oder beim Erhalt der Beschäftigungsfähigkeit durch Weiterbildung in der Transformation – hinsichtlich der beruflichen Fort- und Weiterbildung sind jedenfalls gesetzgeberische Eingriffe geboten. Hier ist die neue Bundesregierung nach der Wahl im September 2021 gefordert, die Erfahrungen aus der Corona-Krise aufzugreifen. So hat etwa der Rat der Arbeitswelt in seinem ersten Bericht dafür plädiert, dass Verständnis von Weiterbildung stärker als Investition in die Zukunft zu betrachten, und er fordert flexible Strukturen des lebenslangen Lernens. Mit Blick auf die Mitbestimmungsrechte von Betriebsräten spricht sich der Rat der Arbeitswelt für ein generelles Initiativrecht bei der Weiterbildung aus.[31] In der neuen Legislaturperiode ist die Bundesregierung nun gefordert, unter Einbeziehung der Erfahrungen aus der Corona-Krise in der Qualifizierungspolitik die notwendigen Weichen für eine gelingende Transformation zu stellen.

Zentraler Gedanke bei den notwendigen Reformen sollte dabei sein, die berufliche Lebenswegplanung als etwas Kontinuierliches zu begreifen, das nicht nach der Erstausbildung abgeschlossen ist. Vielmehr muss das System der beruflichen Aus- und Weiterbildung darauf ausgerichtet werden, den beruflichen Werdegang fortwährend zu begleiten, immer wieder neue persönliche Entwicklungsperspektiven zu eröffnen und so die Beschäftigungsfähigkeit auch in transformativen Phasen zu sichern. Flankierend bedarf es dabei der Unterstützung durch pädagogisch und fachlich gut geschulte Begleiter:innen wie Ausbilder:innen oder Weiterbildungsmentor:innen. Die strategische Herangehensweise der IG Metall setzt verstärkt an diesen beiden Punkten an.

Um Bedarfe in der Qualitätsverbesserung von Ausbildungskonzepten zu erfahren, strukturelle Defizite besser einschätzen zu können und Anforderungen des Ausbildungspersonals zielgerichtet aufzunehmen, hat die IG Metall eine große Befragung des Ausbildungspersonals durchgeführt, deren Ergebnisse Anfang 2022 vorliegen werden.[32] Und mit ihrem Projekt der Wei-

---

31 Vgl. https://www.arbeitswelt-portal.de/arbeitsweltbericht/arbeitswelt-bericht-2021 (eingesehen am 21.7.2021).
32 Vgl. www.ausbildungspersonal-im-fokus.de (eingesehen am 17.7.2021).

terbildungsmentor:innen wird die IG Metall in den nächsten Jahren Vertrauensleute für die innerbetriebliche Weiterbildungsberatung qualifizieren. Diese werden dann gemeinsam mit Betriebsräten die Beschäftigten durch berufliche Veränderungsprozesse begleiten und auf niedrigschwelliger Basis auch weniger bildungsaffine Kolleg:innen erreichen.[33]

Insgesamt lässt sich festhalten: Die Politik hat in den zurückliegenden Jahren verschiedene Strukturen aufgebaut, um über Qualifizierungsbedarfe in der Transformation insbesondere unter Beteiligung der Gewerkschaften sowie der Arbeitgeberverbände zu diskutieren und auch zu Vereinbarungen zu kommen. Ob Allianz für Aus- und Weiterbildung, Enquete Kommission, Rat der Arbeitswelt oder auch die Nationale Weiterbildungsstrategie (NWS): Es konnten wichtige Erkenntnisse gesammelt und teils auch konkrete Vereinbarungen getroffen werden. Doch viele Punkte sind weiterhin offen und müssen von der neuen Bundesregierung aufgenommen und umgesetzt werden. Dies gilt exemplarisch mit Blick auf verbindliche Regelungen zur Freistellung für die Teilnahme an Qualifizierungsmaßnahmen, umfangreiche Mitbestimmungsrechte für Betriebsräte oder Fragen der Finanzierung und Förderung von Weiterbildungsangeboten.

Ausblick
Vor, während und nach Corona: Mit Blick auf die Bildungs- und Qualifizierungspolitik lassen sich in der Transformation (mindestens) drei zentrale Konflikte zwischen Kapital und Arbeit identifizieren.[34] Dies betrifft zunächst die zentrale Frage, welche Kompetenzen für die Arbeitswelt von morgen benötigt werden und welche Schlussfolgerungen dabei für die berufliche Aus- und Weiterbildung zu ziehen sind. Diese Debatte muss flankiert werden von der gesamtgesellschaftlich zu führenden Diskussion um Aus- und Weiterbildungsbeteiligung. Hierzu gehört untrennbar der Verteilungskonflikte etwa um die Finanzierung notwendiger Ausbildungskapazitäten oder die Finanzierung sowie Bereitstellung von und Freistellung für Weiterbildungsaktivitäten. Dabei spielen Fragen von transparenten Förderkulissen ebenso eine Rolle wie die kapitalistische Marktlogik. Denn eine an Gewinnmaximierung ausgerichtete Unternehmenspolitik steht einer an mittel- und langfristigen Perspektiven auszurichtenden Qualifizierungspolitik massiv im Weg. Und schließlich müssen (zusätzliche) gesundheitliche Belastungen der Beschäftigten durch wachsende Weiterbildungsbedarfe im Blick behalten werden.

---

33 Erste positive Erfahrungen mit diesem Ansatz konnten bereits in einem Vorgängerprojekt gesammelt werden. Vgl. dazu IG Metall (Hrsg.): Gewerkschaftliche Weiterbildungsmentoren. Vertrauen schaffende Experten für Bildungswege. Erkenntnisse des Forschungsprojektes. Frankfurt am Main 2018.
34 Vgl. ähnlich Hans-Jürgen Urban: Gute Arbeit in der Transformation, a. a. O., S. 151 f.

Wirtschafts- und arbeitspolitische Probleme

In den damit verbundenen anstehenden Aushandlungsprozessen ist es eine zentrale Aufgabe der Gewerkschaften, eine Reduzierung des Bildungs- bzw. Kompetenzbegriffes auf eine bloße Verwertungsrhetorik zu verhindern. Gerade durch die Transformation und die damit verbundene Digitalisierung stehen wir vor komplexen sozialen Arbeitsanforderungen. Eine Reduzierung auf »Training-on-the-job« oder modulares Ausbildungsgeschehen oder in der Folge lediglich Anpassungsqualifizierung und damit rein fachliche Weiterbildungsaktivitäten allein werden da nicht ausreichen. Vielmehr muss darauf hingearbeitet werden, dass sich die Digitalisierung der Arbeit als Humanisierung von unten entfaltet. In diesem Prozess haben Anforderungen an Erhalt und Entwicklung der Beschäftigungsfähigkeit, die Verbesserung der Beschäftigungsstruktur und mehr sozialen Schutz sowie der Schutz von Arbeitsvermögen und Gesundheit hohe Bedeutung.

Bei all dem wird der Veränderungsbereitschaft der Beschäftigten zweifellos eine zentrale Rolle zukommen. In dem Kontext muss verstärkt darüber diskutiert werden, ob Qualifizierungs- wie Förderungsangebote primär an jene adressiert werden sollten, die schwerer erreichbar für Weiterbildung sind und/oder deren Arbeitsplätze potentiell stärker gefährdet sind – oder ob stärker allgemein eine Bereitschaft zur beruflichen Veränderung erzeugt und unterstützt werden sollte[35] –nicht zuletzt vor dem in vielen Bereichen immer noch unklaren konkreten Qualifizierungsbedarfen in der Transformation.

Wie lange das Corona-Virus das gesellschaftliche wie auch das wirtschaftliche Geschehen noch beeinflussen wird, lässt sich zum jetzigen Zeitpunkt kaum absehen.[36] Entsprechend können sich auch die aktuell eher positive Grundstimmung in der Wirtschaft und der Dank Kurzarbeit verhältnismäßig robuste Arbeitsmarkt jederzeit wieder eintrüben. Spätestens »nach Corona« aber ist eine umfassende Aufarbeitung auch des Aus- und Weiterbildungsgeschehens in dieser Zeit geboten. Die dadurch zu gewinnenden Erkenntnisse müssen in den weit vor Corona begonnen Diskussionsprozess um die sozial-ökologische Transformation einfließen, bestehende Defizite müssen klar benannt und die entsprechenden Schlüsse gezogen werden – auch vor dem Hintergrund der Ungewissheit, wann uns die nächste Krise vergleichbaren Ausmaßes treffen wird.

---

35 Vgl. hierzu etwa Matthias Knuth: Transformative Arbeitsmarktpolitik, a.a.O.
36 So war zum Zeitpunkt des Verfassens dieses Beitrags völlig unklar, welche Auswirkungen etwa die Ausbreitung der sogenannten Delta-Variante des Corona-Virus oder auch die Frage der Wirkungsdauer der gängigen Impfstoffe mittel- wie langfristig haben wird.

Claus Zanker/Christian Wille
Corona – Treiber oder Hemmnis für Innovationen?
Befunde des ver.di-Innovationsbarometers 2021

Macht Not erfinderisch?
Die Corona-Pandemie hat zum größten Einbruch der Wirtschaftsleistung in der Nachkriegsgeschichte geführt. Sie hat die Unternehmen unvorbereitet getroffen und ihnen und den Beschäftigten ein hohes Maß an Flexibilität und Anpassungsfähigkeit abverlangt. Unmittelbare Krisenbewältigung stand in den Betrieben im Vordergrund, langfristige Zielsetzungen drohen in den Hintergrund zu geraten. Nicht selten werden in Krisenzeiten Investitionen – und vor allem solche in Forschung und Entwicklung – auf bessere Zeiten verschoben.

Wirkt die Corona-Pandemie als Treiber oder Hemmnis für Innovationen? Für beide dieser Szenarien gibt es begründete Annahmen. So zeigen verschiedene Analysen, dass durch die Pandemie die Bedeutung der Digitalisierung als Innovationstreiber zugenommen hat. Einer Studie des Branchenverbandes Bitkom zufolge wollen gut 60 Prozent der Industrieunternehmen die Digitalisierung in ihren Betrieben aufgrund der Erfahrungen in der Corona-Pandemie beschleunigen (Bitkom 2021). In der öffentlichen Verwaltung erwarten knapp 90 Prozent der Kommunen, dass die Corona-Krise zu einer stärkeren Digitalisierung beitragen wird, gut die Hälfte der Behörden plante, das Digital-Budget für 2021 zu erhöhen (Bitkom 2020).

Innovationen führen nicht nur zu neuen Produkten und Dienstleistungen. Sie verändern auch die Arbeits- und Geschäftsprozesse in den Unternehmen. Damit die digitalen Innovationen ihr volles Potenzial entfalten können, »ist oftmals neues Wissen der Beschäftigten sowie eine Umstellung von Arbeitsabläufen und Organisationsstrukturen notwendig.« (Sachverständigenrat zur Begutachtung der gesamtwirtschaftlichen Entwicklung 2020, S. 289) Daher sind erhebliche Investitionen in Weiterbildung und das »Humankapital« nötig. Auch sind traditionelle Formen von Arbeitsorganisation und Führungsverständnis auf den Prüfstand zu stellen, um das Unternehmen besser auf die neuen Formen der (digital vermittelten) Zusammenarbeit auszurichten. Auf Grundlage der bisherigen Erfahrungen mit der Krisenbewältigung zeigt sich, dass bei den neuen Formen digitaler Zusammenarbeit und des mobilen Arbeitens noch erheblicher Verbesserungsbedarf besteht, um diese im Sinne »Guter Arbeit« zu gestalten und einen nachhaltig wirksamen Arbeits- und Gesundheitsschutz zu etablieren.

Wirtschafts- und arbeitspolitische Probleme

Rund die Hälfte der Unternehmen ist überwiegend negativ durch die Corona-Pandemie betroffen. Die Wirtschaftsleistung und das Beschäftigungsniveau in Deutschland wird voraussichtlich erst im Jahr 2022 wieder das Vorkrisenniveau erreichen. Infolge dieser wirtschaftlichen Schwierigkeiten und Unsicherheiten werden nach Angaben des ifo-Instituts zwischen 40 und 50 Prozent der deutschen Unternehmen ihre Forschungs- und Entwicklungsaktivitäten verringern (Ragnitz 2020, S. 26). Einer Befragung der Boston Consulting Group zufolge will die Hälfte der Unternehmen, in denen Kurzarbeit eingeführt wurde, laufende Transformations- und Innovationsprojekte stoppen oder verlangsamen (BCG – Boston Consulting Group 2020).

Folgen der betrieblichen Corona-Maßnahmen für die Innovationstätigkeit
Welche Folgen hat die Corona-Pandemie auf das Innovationsverhalten der Unternehmen? Und inwieweit haben Innovationen Auswirkungen auf die Bewältigung der Krise und die Widerstandsfähigkeit von Unternehmen? Diese Fragen sind Gegenstand der weiteren Ausführungen, die auf den Ergebnissen des ver.di-Innovationsbarometers 2021 basieren (vgl. Zanker 2021).[1]

Seit Beginn der Corona-Pandemie steht in den Unternehmen die Bewältigung ihrer unmittelbaren Folgen im Fokus. Aufgrund der Situation, dass viele Unternehmen in den »Krisenmodus« umgestellt haben, besteht die Gefahr, dass die mit einer längerfristigen Perspektive verbundenen und für eine nachhaltige Unternehmensentwicklung wichtigen Themen und Aktivitäten in den Hintergrund geraten. Zu solchen langfristig positiv wirkenden Zukunftsinvestitionen gehören die Qualifizierung der Beschäftigten, Aktivitäten und Investitionen im Bereich Forschung und Entwicklung sowie Investitionen in Innovationen und die Digitalisierung des Unternehmens. Zugleich stellt sich die Frage, inwiefern diese Innovationen, besonders in Form von Digitalisierungsschüben, auch sozial innovativ sind, also zur Verbesserung der Arbeits- und Lebensbedingungen beitragen.

Offensichtlich waren Unternehmen mit einem hohen Digitalisierungsgrad von den Lockdown-Maßnahmen weitaus weniger betroffen, denn sie konnten auch bei Kontakt- und Mobilitätsbeschränkungen ihre Leistungen anbieten und die Arbeitsprozesse aufrechterhalten. Sie verfügten über eine höhere Anpassungsfähigkeit und erwiesen sich dadurch als deutlich krisenresistenter (vgl. Bertschek 2020, S. 653). 72 Prozent der befragten Interessenvertreter:innen bestätigen die vielfach formulierte These, wonach »Corona

---

1   Die Ergebnisse des ver.di-Innovationsbarometer 2021 basieren auf den Antworten von 541 befragten betrieblichen Interessenvertreter:innen und Arbeitnehmervertreter:innen in Aufsichtsräten im Organisationsbereich der ver.di. Erhebungszeitraum war Februar/März 2021.

als Treiber der Digitalisierung« wirkt, und geben an, dass die Corona-Pandemie zu einer Zunahme der Digitalisierung in ihren Unternehmen geführt hat (siehe Abb. 1).

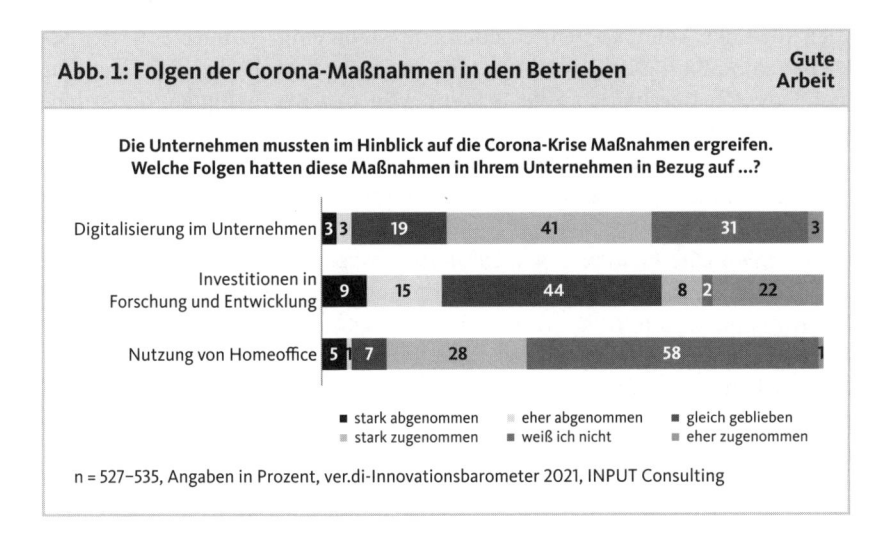

Abb. 1: Folgen der Corona-Maßnahmen in den Betrieben

Die Unternehmen mussten im Hinblick auf die Corona-Krise Maßnahmen ergreifen. Welche Folgen hatten diese Maßnahmen in Ihrem Unternehmen in Bezug auf …?

	stark abgenommen	eher abgenommen	gleich geblieben	stark zugenommen	weiß ich nicht	eher zugenommen
Digitalisierung im Unternehmen	3	3	19	41		31	3
Investitionen in Forschung und Entwicklung	9	15	44	8	2	22
Nutzung von Homeoffice	5	1	7	28	58	1

n = 527–535, Angaben in Prozent, ver.di-Innovationsbarometer 2021, INPUT Consulting

Digitalisierung ist für die Unternehmen auch eine wesentliche technologische Basis für viele Prozess- und Produkt-Innovationen. Die vielfältigen, auch kurzfristig zu bewältigenden Herausforderungen der Corona-Pandemie für die Unternehmen bergen die Gefahr, dass bei wirtschaftlichen Schwierigkeiten Investitionen in Forschung und Entwicklung (F&E) aus Kostengründen eingeschränkt werden. Allerdings gibt es auch Unternehmen, die Krisenzeiten als Chance sehen und ihre F&E-Aktivitäten verstärken (vgl. Dachs und Peters 2020). Gefragt nach den Auswirkungen der Corona-Pandemie auf die F&E-Aktivitäten berichten 44 Prozent der befragten Betriebs-, Personal- und Aufsichtsräte, dass F&E-Investitionen trotz der Krisensituation gleichgeblieben sind. 10 Prozent geben an, dass sie in ihrem Unternehmen gestiegen sind. Dagegen berichten 24 Prozent von rückläufigen Investitionen in Forschung und Entwicklung infolge der Corona-Pandemie.

Laut SARS-CoV-2-Arbeitsschutzverordnung vom Januar 2021 mussten Arbeitgeber überall dort Homeoffice anbieten, wo dies möglich ist. Diese Regelung galt in ihrer verbindlichen Form bis zum 30. Juni 2021. Während der Corona-Pandemie hat die Anzahl von Beschäftigten stark zugenommen, die teilweise oder auch vollständig von zu Hause aus arbeiteten. 58 Prozent der befragten Interessenvertreter:innen berichten, die Nutzung von Home-

Wirtschafts- und arbeitspolitische Probleme

office in ihrem Betrieb habe »stark zugenommen«, weitere 28 Prozent, sie habe »eher zugenommen«. Nach den Daten des Instituts für Arbeitsmarkt- und Berufsforschung (IAB) boten im April 2021 46 Prozent aller Betriebe ihren Beschäftigten an, im Homeoffice zu arbeiten. Mit der Betriebsgröße stieg auch der Anteil von Unternehmen mit Homeoffice-Angeboten. Bei Betrieben von 50 bis 249 Beschäftigten betrug er 81 Prozent, bei Betrieben mit mehr als 250 Beschäftigten 98 Prozent. Von den Beschäftigten, die grundsätzlich Homeoffice nutzen können, arbeiteten Ende April 2021 47 Prozent teilweise und weitere 28 Prozent ausschließlich im Homeoffice (vgl. Institut für Arbeitsmarkt- und Berufsforschung 2021).

Unterschiedliche Auswirkungen auf Innovationen

Die Corona-Pandemie kann also sehr unterschiedliche Auswirkungen auf die Innovationstätigkeit in den Unternehmen haben. Auf der einen Seite ist sie bei vielen Unternehmen mit negativen wirtschaftlichen Folgen verbunden. Diese können dazu führen, dass Innovationsaktivitäten gestrichen oder verschoben werden. Auf der anderen Seite sind Unternehmen in solchen Krisen gezwungen, sich mit der neuen Situation schnell zu arrangieren. Sie führen neue Geschäfts- und Arbeitsprozesse ein, passen ihr Geschäftsmodell an die neuen Bedingungen an und entwickeln neue Produkte und Dienstleistungen. Somit kann eine krisenhafte Entwicklung als Katalysator in der Entwicklung von Produkt- und Prozess-Innovationen wirken. Und schließlich können auch die Zunahme der Digitalisierung in den Unternehmen und damit einhergehende Veränderungen in den Arbeits- und Geschäftsprozessen die Entwicklung sozialer Innovationen fördern.

Für das Innovationsbarometer 2021 wurden die betrieblichen Interessenvertreter:innen danach gefragt, wie sich die Corona-Pandemie auf Innovationen in verschiedenen Bereichen ihres Unternehmens ausgewirkt hat. Richtet man den Blick auf die Antworten zu Prozess- und Produktinnovationen (neue interne Verfahren, neue Produkte/Dienstleistungen, Weiterentwicklung des Geschäftsmodells), bestätigt sich die Befürchtung nicht, dass die Corona-Pandemie als Hemmnis gewirkt hat. Nur 4 bis 5 Prozent der betrieblichen Interessenvertreter:innen geben an, dass Prozess- und Produktinnovationen gestrichen, und zwischen 14 und 18 Prozent, dass sie verschoben worden seien (siehe Abb. 2). Bei 42 Prozent bis knapp der Hälfte der Befragten wurde die Innovationstätigkeit wie geplant fortgesetzt. Vor allem die Entwicklung neuer, oftmals digitaler Produkte und Dienstleistungen wurde während der Corona-Pandemie sogar vorangetrieben (21 Prozent der Antworten). Dies lässt sich auch für Innovationen bei der Arbeitsorganisation (17 Prozent) und die Weiterentwicklung des Geschäftsmodells zeigen (10 Prozent).

Abb. 2: Auswirkungen der Pandemie auf betriebliche Innovationen

Gute Arbeit

Wie wirkte sich in Ihrem Unternehmen die Corona-Pandemie auf Innovationen in den nachfolgenden Bereichen aus?

Bereich	wurden vorangetrieben	wurden weiterverfolgt	wurden verschoben	wurden gestrichen	weiß nicht
Die Entwicklung neuer (digitaler) Produkte, Dienstleistungen	21	42	4	14	19
Neue interne Verfahren / Prozesse / Arbeitsorganisation	17	48	5	18	12
Die Weiterentwicklung des Geschäftsmodells / Geschäftsideen	10	49	4	16	21
Die Nutzung digital gestützter Formen der Zusammenarbeit	51	28	5	8	8
Sozialmaßnahmen	8	37	14	21	20

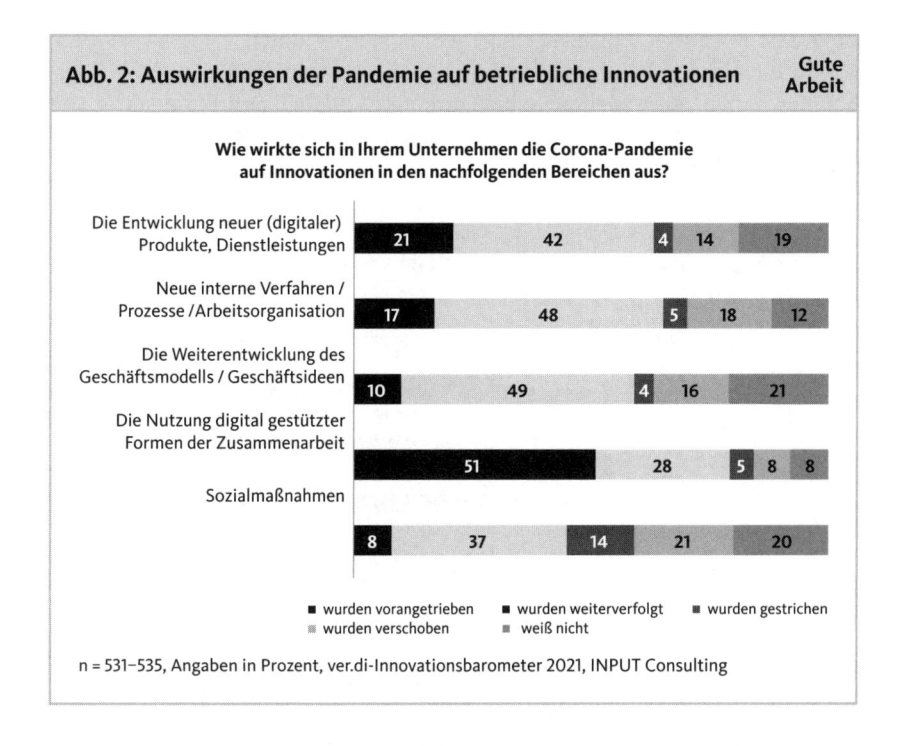

n = 531–535, Angaben in Prozent, ver.di-Innovationsbarometer 2021, INPUT Consulting

Positiv wirkte sich die Corona-Pandemie den Angaben von 51 Prozent der Befragten zufolge auf die verstärkte Nutzung digital gestützter Verfahren der Zusammenarbeit im Unternehmen aus. Weitere 28 Prozent gaben an, dass solche Innovationen schon geplant waren und fortgeführt wurden. Ein anderes Bild ergibt sich bei der Frage nach den Wirkungen auf betriebliche Sozialmaßnahmen, die auf die sozialen Bedürfnisse der Beschäftigten ausgerichtet sind, z. B. Unterstützung bei der Kinderbetreuung, betriebliche Altersvorsorge, Bildungsurlaub etc. sowie Maßnahmen zur Integration sozial benachteiligter Beschäftigtengruppen. Nach den Antworten von 14 Prozent der Befragten wurden diese durch die Corona-Pandemie gestrichen, weitere 21 Prozent antworteten, sie seien verschoben worden. 37 Prozent der Befragten geben demgegenüber an, die Sozialmaßnahmen seien auch während der Corona-Pandemie fortgeführt worden. 8 Prozent berichten, dass Innovationen auf diesem Gebiet vorangetrieben worden seien.

Wirtschafts- und arbeitspolitische Probleme

Innovationen durch Digitalisierung im Branchenvergleich

Durch die Corona-Pandemie haben Digitalisierungsprozesse in den Unternehmen einen zusätzlichen Schub erhalten. Digitalisierung verstärkt die Notwendigkeit, innovativ zu sein, also mehr Innovationen in kürzeren Abständen auf den Weg zu bringen.

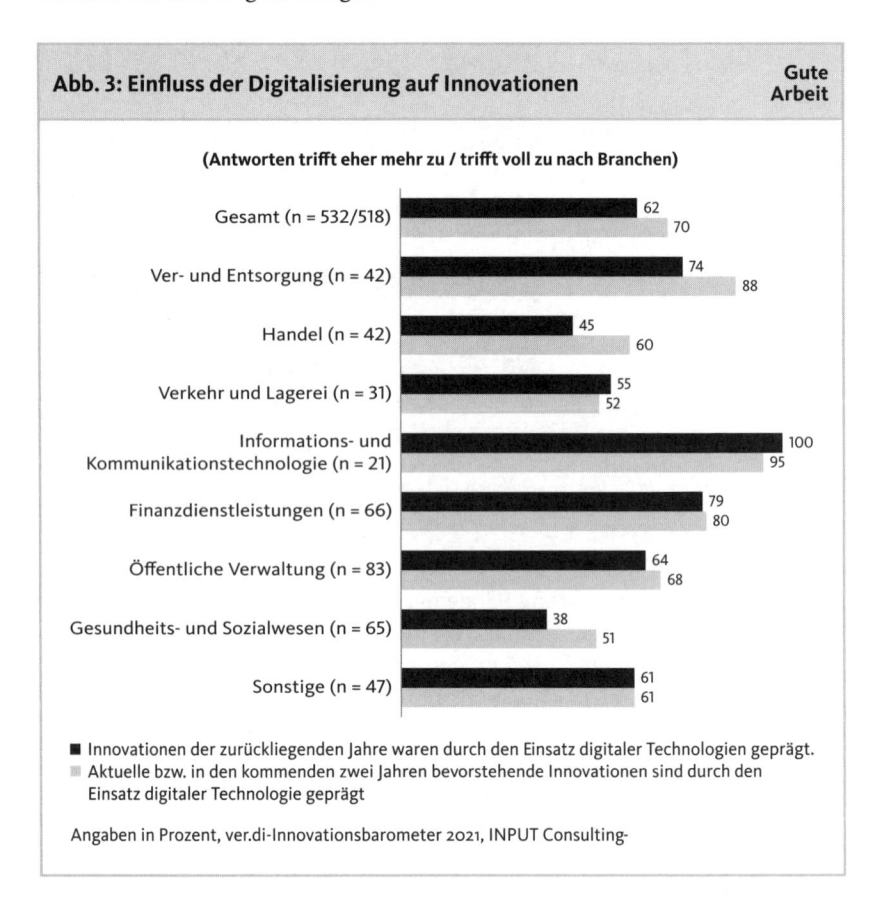

Abb. 3: Einfluss der Digitalisierung auf Innovationen — Gute Arbeit

(Antworten trifft eher mehr zu / trifft voll zu nach Branchen)

Branche	Innovationen der zurückliegenden Jahre (%)	Aktuelle bzw. bevorstehende Innovationen (%)
Gesamt (n = 532/518)	62	70
Ver- und Entsorgung (n = 42)	74	88
Handel (n = 42)	45	60
Verkehr und Lagerei (n = 31)	55	52
Informations- und Kommunikationstechnologie (n = 21)	100	95
Finanzdienstleistungen (n = 66)	79	80
Öffentliche Verwaltung (n = 83)	64	68
Gesundheits- und Sozialwesen (n = 65)	38	51
Sonstige (n = 47)	61	61

■ Innovationen der zurückliegenden Jahre waren durch den Einsatz digitaler Technologien geprägt.
▫ Aktuelle bzw. in den kommenden zwei Jahren bevorstehende Innovationen sind durch den Einsatz digitaler Technologie geprägt

Angaben in Prozent, ver.di-Innovationsbarometer 2021, INPUT Consulting-

62 Prozent der befragten betrieblichen Interessenvertreter:innen geben an, Innovationen in ihren Unternehmen seien in den zurückliegenden Jahren durch den Einsatz digitaler Technologien geprägt worden; 70 Prozent meinen, dies werde auch in den kommenden zwei Jahren so sein (siehe Abb. 3). Eine Differenzierung nach Branchen zeigt hier deutliche Unterschiede. Es überrascht wenig, dass die Bedeutung von digitalen Technologien fürs

Innovationsgeschehen in der IKT-Branche am größten ist und danach die Finanzdienstleistungsbranche und die Ver- und Entsorgungsunternehmen die höchsten Werte aufweisen. Während im Branchenvergleich die öffentliche Verwaltung und Verkehr und Lagerei im Mittelfeld rangieren, ist im Handel sowie im Gesundheits- und Sozialwesen ein deutlich niedriger Anteil der Befragten (45 bzw. 38 Prozent) der Meinung, dass Innovationen in den zurückliegenden Jahren durch digitale Technologien geprägt waren. Allerdings gehen in den beiden letztgenannten Branchen 60 bzw. 51 Prozent der betrieblichen Interessenvertreter:innen davon aus, dass die Bedeutung von Digitalisierung für die Innovationen bei ihnen künftig zunehmen wird. Eventuell ist dies bereits eine Schlussfolgerung, die sie aus den Erfahrungen der Corona-Pandemie gezogen haben.

Einen solchen Nachholeffekt erwarten auch die Befragten aus Ver- und Entsorgungsunternehmen sowie der öffentlichen Verwaltung, wenngleich der erwartete Zuwachs für den öffentlichen Sektor im Vergleich geringer ausfällt.

Was haben die Unternehmen aus der Krise gelernt?

Welche Schlüsse haben die Unternehmen (bisher) aus den Erfahrungen der Corona-Pandemie gezogen? Sind sie widerstandsfähiger und krisenfester im Hinblick auf zukünftige Entwicklungen geworden? Die Einschätzung der betrieblichen Interessenvertreter:innen ist diesbezüglich zweigeteilt, wobei die skeptischen Einschätzungen etwas überwiegen. Insgesamt 41 Prozent (Summe der Antworten »trifft voll zu«/»trifft eher mehr zu«) der Befragten sind der Meinung, dass es in ihrem Unternehmen ausreichend konkrete Planungen und Vorkehrungen für zukünftige krisenhafte Entwicklungen gibt (siehe Abb. 4). Zusammen 50 Prozent hingegen vertreten die Ansicht, dass es in ihren Unternehmen solche Planungen und Vorkehrungen eher nicht bzw. gar nicht gibt. Differenziert man die Antworten nach wirtschaftlicher Betroffenheit der Unternehmen, so kommt man zu einem Ergebnis, das zu denken gibt: Von den Unternehmen, die durch die Folgen der Corona-Pandemie wirtschaftlich negativ betroffen sind, haben nach Einschätzung ihrer betrieblichen Interessenvertreter:innen nur 38 Prozent entsprechende Vorkehrungen für künftige krisenhafte Entwicklungen getroffen. Deutlich höher mit 46 Prozent liegt demgegenüber der Anteil bei den Unternehmen, die in wirtschaftliche Hinsicht nicht oder positiv von der Corona-Krise betroffen waren.

Wirtschafts- und arbeitspolitische Probleme

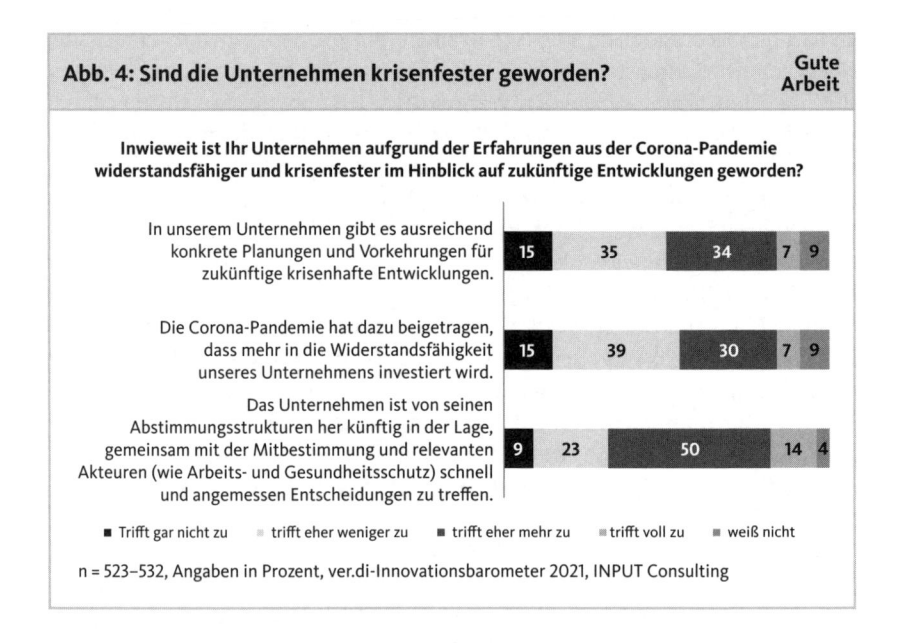

Abb. 4: Sind die Unternehmen krisenfester geworden? — Gute Arbeit

Inwieweit ist Ihr Unternehmen aufgrund der Erfahrungen aus der Corona-Pandemie widerstandsfähiger und krisenfester im Hinblick auf zukünftige Entwicklungen geworden?

Aussage	Trifft gar nicht zu	trifft eher weniger zu	trifft eher mehr zu	trifft voll zu	weiß nicht
In unserem Unternehmen gibt es ausreichend konkrete Planungen und Vorkehrungen für zukünftige krisenhafte Entwicklungen.	15	35	34	7	9
Die Corona-Pandemie hat dazu beigetragen, dass mehr in die Widerstandsfähigkeit unseres Unternehmens investiert wird.	15	39	30	7	9
Das Unternehmen ist von seinen Abstimmungsstrukturen her künftig in der Lage, gemeinsam mit der Mitbestimmung und relevanten Akteuren (wie Arbeits- und Gesundheitsschutz) schnell und angemessen Entscheidungen zu treffen.	9	23	50	14	4

n = 523–532, Angaben in Prozent, ver.di-Innovationsbarometer 2021, INPUT Consulting

Werden die Unternehmen künftig mehr in die Widerstandsfähigkeit investieren? 37 Prozent der Befragten gehen davon aus, dass dies in ihrem Unternehmen der Fall sein wird. 54 Prozent sehen das (eher) nicht. 9 Prozent können keine Auskunft dazu geben. Auch hier spielt die wirtschaftliche Betroffenheit hinein. Der Anteil der Unternehmen, die nach Einschätzung der Befragten mehr in die Widerstandsfähigkeit investieren, ist unter den positiv betroffenen höher (41 Prozent) als bei den Unternehmen, die wirtschaftlich negativ von der Corona-Pandemie betroffen sind oder waren (32 Prozent).

In einem Punkt zeigt sich eine Mehrheit der befragten Interessenvertreter:innen jedoch eher optimistisch: 64 Prozent vertreten die Einschätzung, dass ihr Unternehmen bei ähnlichen Situationen wie der Corona-Pandemie in der Lage sein werde, die erforderlichen Entscheidungen gemeinsam mit der Mitbestimmung und relevanten betrieblichen Akteuren schnell und angemessen zu treffen. Unter den betrieblichen Interessenvertreter:innen der nicht oder positiv betroffenen Unternehmen ist der Anteil mit 68 Prozent höher als bei den Befragten aus negativ betroffenen Betrieben (59 Prozent).

Einschätzungen zur Resilienz nach Branchen

Einen Überblick, wie die betrieblichen Interessenvertreter:innen die Resilienz ihrer Unternehmen einschätzen, zeigt die Abb. 5. In der Darstellung sind die zustimmenden Antworten (»trifft voll zu«/»trifft eher zu«) der drei Fragen zur Widerstandsfähigkeit nach Branchen dargestellt. In allen Branchen ist eine Mehrzahl der Interessenvertreter:innen der Meinung, dass ihr Unternehmen künftig in der Lage sein wird, gemeinsam mit der Mitbestimmung die in einer krisenhaften Situation erforderlichen Entscheidungen zu treffen.

In vielen Branchen vertritt jedoch nur etwa ein Drittel oder sogar noch weniger der Befragten die Meinung, dass ihr Unternehmen ausreichend in Maßnahmen zur Verbesserung ihrer Widerstandsfähigkeit investiert und ausreichend Vorkehrungen und Planungen für zukünftige krisenhafte Entwicklungen getroffen hat. Nur in drei Branchen wird die Ausgangssituation mehrheitlich positiv beurteilt: bei den Ver- und Entsorgungsbetrieben, IKT-Unternehmen sowie Banken und Versicherungen ist die Mehrzahl der befragten Interessenvertreter:innen der Meinung, ihr Unternehmen habe aus der Corona-Pandemie gelernt und ausreichende Maßnahmen für künftige Krisensituationen ergriffen. Damit ist aber gerade für Bereiche, die zur »kritischen Infrastruktur« zählen, dringender Handlungsbedarf angezeigt – für das Sozial- und Gesundheitswesen, die öffentliche Verwaltung, den Handel und die Verkehrs- und Logistikunternehmen, die während der Corona-Pandemie von herausragender gesellschaftlicher und wirtschaftlicher Bedeutung für die Aufrechterhaltung des Gemeinwesens waren und es auch in Zukunft sein werden. Eine Vielzahl dieser systemrelevanten Unternehmen hat nach Meinung der betrieblichen Interessenvertreter:innen keine ausreichenden Vorkehrungen und Investitionen für künftige Krisensituationen getroffen.

Innovationen in der Corona-Pandemie: ein Fazit

In Bezug auf die Innovationstätigkeit der Unternehmen zeigte sich die Corona-Pandemie vor allem als Treiber der Nutzung digital gestützter Formen der Zusammenarbeit. Die Corona-Krise wirkte ferner als Beschleuniger bei der Entwicklung neuer (digitaler) Produkte und Dienstleistungen sowie bei neuen Prozessen und der Arbeitsorganisation. Nicht selten zwangen die Kontaktbeschränkungen die Unternehmen dazu, ihr Geschäftsmodell weiterzuentwickeln und neue Geschäftsideen zu generieren. Eher negative Folgen hatte die Corona-Situation auf Sozialmaßnahmen, diese wurden teilweise verschoben oder gestrichen.

Bei den Befunden zur Innovationstätigkeit nach Branchen fällt auf: In den Branchen mit den höchsten Innovationsaktivitäten wirkt die Digitalisierung sehr stark als Treiber. Es sind gleichzeitig diejenigen Wirtschaftszweige, in de-

Wirtschafts- und arbeitspolitische Probleme

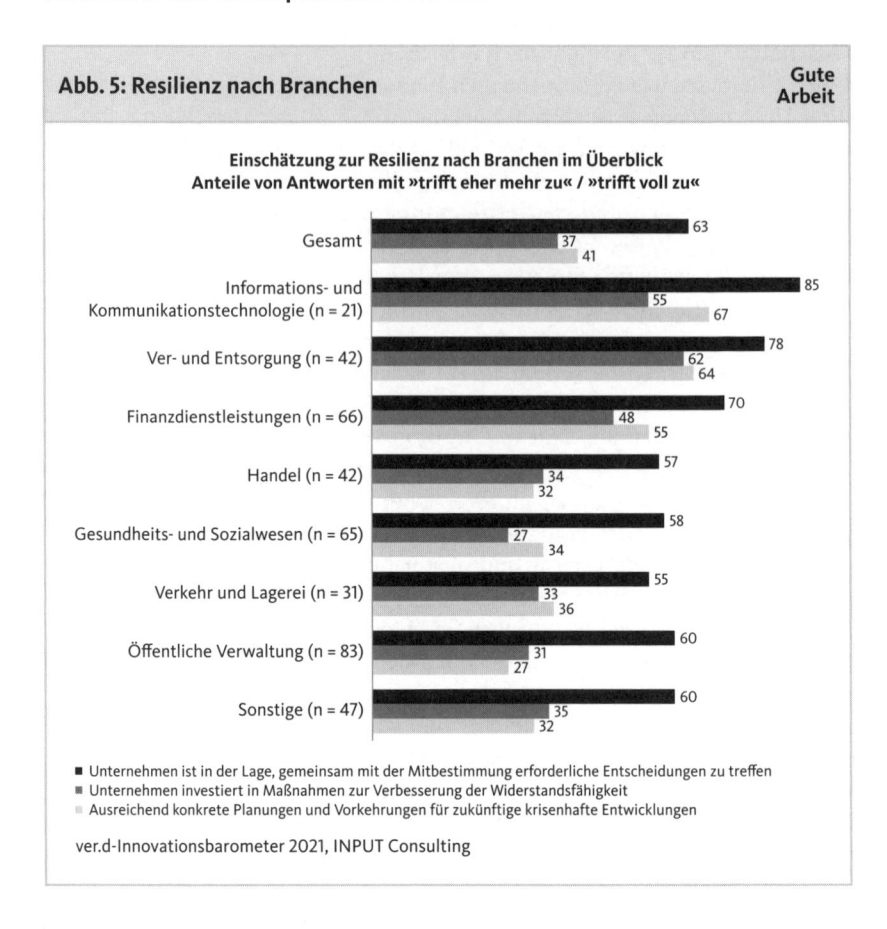

Abb. 5: Resilienz nach Branchen — Gute Arbeit

Einschätzung zur Resilienz nach Branchen im Überblick
Anteile von Antworten mit »trifft eher mehr zu« / »trifft voll zu«

Branche	Unternehmen ist in der Lage, gemeinsam mit der Mitbestimmung erforderliche Entscheidungen zu treffen	Unternehmen investiert in Maßnahmen zur Verbesserung der Widerstandsfähigkeit	Ausreichend konkrete Planungen und Vorkehrungen für zukünftige krisenhafte Entwicklungen
Gesamt	63	37	41
Informations- und Kommunikationstechnologie (n = 21)	85	55	67
Ver- und Entsorgung (n = 42)	78	62	64
Finanzdienstleistungen (n = 66)	70	48	55
Handel (n = 42)	57	34	32
Gesundheits- und Sozialwesen (n = 65)	58	27	34
Verkehr und Lagerei (n = 31)	55	33	36
Öffentliche Verwaltung (n = 83)	60	31	27
Sonstige (n = 47)	60	35	32

ver.d-Innovationsbarometer 2021, INPUT Consulting

nen die Unternehmen nach Meinung der befragten Interessenvertreter:innen ein hohes Maß an Widerstandsfähigkeit gegen krisenhafte Entwicklungen aufweisen und entsprechende Vorkehrungen für die Zukunft getroffen haben. Anders ausgedrückt: Innovative Unternehmen erweisen sich aufgrund ihrer hohen Anpassungsfähigkeit und der umfassenden Digitalisierung des Unternehmens als widerständiger gegenüber krisenhaften Entwicklungen.

Literatur

BCG – Boston Consulting Group (2020): Kurzer Segen – langer Fluch? Wie sich die Kurzarbeit auf die deutsche Wirtschaft auswirkt. Chart-Präsentation zum Pressegespräch vom 11.11.2020.

Bertschek, Irene (2020): Digitalisierung – der Corona-Impfstoff für die Wirtschaft. In: *Wirtschaftsdienst* 100 (9), S. 653–656.

Bitkom (2020): Corona hat in Kommunen einen Digitalisierungsschub ausgelöst. Presseinformation vom 02.12.2020.

Bitkom 2021: Corona führt zu Digitalisierungsschub in der deutschen Industrie. Presseinformation vom 07.04.2021.

Dachs, Bernhard/Peters, Bettina (2020): Covid-19-Krise und die erwarten Auswirkungen auf F&E in Unternehmen (ZEW policy brief, 2).

Institut für Arbeitsmarkt- und Berufsforschung (Hrsg.) (2021): Ergebnisse aus Welle 12 der Studie »Betriebe in der COVID-19-Krise«. 14. Mai 2021. Online verfügbar unter http://doku.iab.de/arbeitsmarktdaten/ADuI_BeCovid_W12.xlsx.

Ragnitz, Joachim (2020): Langfristige wirtschaftliche Auswirkungen der Corona-Pandemie. In: *ifo Schnelldienst* 73 (11), S. 25–30.

Sachverständigenrat zur Begutachtung der gesamtwirtschaftlichen Entwicklung (2020): Corona-Krise gemeinsam bewältigen, Resilienz und Wachstum stärken. Jahresgutachten 2020/2021. Wiesbaden.

Zanker, Claus (2021): ver.di-Innovationsbarometer 2021. Unternehmen und Arbeitswelt in der Corona-Pandemie. Hrsg. v. Vereinte Dienstleistungsgewerkschaft, Bereich Innovation und Gute Arbeit. Berlin.

Jürgen Reusch
Das Virus, die Politik und die Betriebe

Die Corona-Krise ist nicht vorüber. Schon gar nicht weltweit. Politik und »Wirtschaft« in Deutschland sehnten zwar im Herbst 2021 die gewohnte »Normalität« herbei. Von Infektions- und Gesundheitsrisiken in den Betrieben und Verwaltungen wollten sie am liebsten gar nicht mehr reden, als sei da alles in Ordnung. Sicher war aber gar nichts, außer, dass es keinen Lockdown mehr geben sollte. Bei allem Hin und Her, bei allen Widersprüchlichkeiten und Konfusionen der staatlichen Krisenpolitik der vergangenen zwei Jahre gab es stets eine Konstante: Die »Wirtschaft« mit dem Kernbereich der kapitalistischen Profitproduktion musste weiter funktionieren. Gleichzeitig versuchte das Krisenmanagement irgendwie, die Gesundheit der Bevölkerung und damit die gesellschaftliche Reproduktion einigermaßen zu sichern. Diese beiden im Grunde sich widersprechenden Politikvarianten verstärkten eine enorme soziale Schieflage.[1]

Der Staat griff an vielen Stellen im Sinne eines »Notfall-Pragmatismus« ein (so Hans-Jürgen Urban in diesem Band), verhinderte das Schlimmste, konservierte dabei aber zugleich ein staatliches und betriebliches Arbeitsschutzsystem, dessen eklatante Schwächen und Defizite auch vor der Krise schon lange bekannt waren. Das zeigte sich umso deutlicher, als die Corona-Krise das Funktionieren und den Ausbau der gesundheitlichen Prävention in der Arbeitswelt zu einer Aufgabe von zentraler Bedeutung machte (s. dazu den Beitrag von Andrea Fergen/Moriz-Boje Tiedemann in diesem Band).

Auch hier agierte die Politik widersprüchlich. Während sie einen Teil der Beschäftigten ins Homeoffice schickte, entwickelte sie für die anderen (die Mehrheit!) betriebliche Regelungen, die zwar Schlimmeres verhinderten, die aber teilweise spät kamen und zu wenig konkret und verbindlich waren. Und die zudem auch hier wieder, was die Gesundheitsrisiken und den Gesundheitsschutz betraf, soziale Ungleichheit reproduzierten. Denn die verschiedenen Beschäftigtengruppen waren von diesen Risiken und Möglichkeiten sehr unterschiedlich betroffen und wurden von der Krisenpolitik nach unterschiedlichen Maßstäben behandelt.

---

1 So schon im ersten Krisenjahr 2020 die Feststellung von Nicole Mayer-Ahuja: Arbeit und Staat im Zeichen der Pandemie. Denkverbote fallen, Konfliktlinien vertiefen sich. In: D.F. Bertz (Hrsg.): Die Welt nach Corona, Berlin 2021, S. 659.

Die Gewerkschaften, hier besonders die IG Metall, machten Druck im Interesse der Beschäftigten, die sie vertraten, und konnten auch Erfolge erzielen.[2] Die Arbeitgeberseite wusste, dass Profitproduktion mit kranken Beschäftigten nicht funktionieren kann. Sie delegierte die Verantwortung an den Staat, der für geimpfte Beschäftigte sorgen solle. Kurz vor der Bundestagswahl erwärmten sich die Unternehmensverbände für die absurde Idee des Bundesgesundheitsministers, Arbeitgeber sollten das Recht erhalten, den Impfstatus »ihrer« Beschäftigten abzufragen. DGB-Vorstandsmitglied Anja Piel konterte zu Recht, Impfen sei kein Ersatz für mangelnden betrieblichen Arbeitsschutz, und es gehe nicht an, dass Arbeitgeber die Verantwortung für den Gesundheitsschutz in den Betrieben (mit staatlicher Hilfe) auf die Beschäftigten abzuwälzen versuchten.[3] Die Arbeitgeber blieben bei ihrer Linie, sich auf der betrieblichen Ebene möglichst wenig von staatlichen Regeln »gängeln« zu lassen und verkündeten schon sehr früh in der Pandemie-Krise, im betrieblichen Arbeitsschutz sei eigentlich alles gut.[4]

Im Blindflug: Amtliches Nichtwissen über Infektionsorte
In Krisen- und Ausnahmephasen wie der Covid-19-Pandemie ist eine zielgenaue und eingreifende gesundheitspolitische Prävention in den Betrieben auf solide Informationen über die dort virulenten Gesundheits- und Infektionsrisiken angewiesen. Tatsächlich zeigte sich aber sehr rasch ein – bis heute anhaltendes – strukturelles staatliches Nichtwissen. Das räumte die Bundesregierung bereits im Dezember 2020 in ihrer Antwort auf eine Kleine Anfrage der Fraktion Die Linke unumwunden ein. Und das galt sogar für das skandalöse Infektionsgeschehen insbesondere in der Fleischindustrie.[5] Mehr noch: Die damalige Bundesregierung zeigte auch gar kein Interesse, diese für ein politisches Agieren doch sehr relevanten Wissenslücken zu schließen.

Die wichtigste Adresse, um Covid-19-Infektionen genauer zu lokalisieren, ist das Robert-Koch-Institut (RKI). Es bezieht seine Informationen von den

---

2 So etwa: IG Metall: Corona-Prävention im Betrieb. Infektionsrisiken durch Arbeitsgestaltung und Gesundheitsschutz minimieren. Eine Handlungshilfe für die betriebliche Interessenvertretung, Frankfurt/Main 2020. Download: https://bit.ly/30X9dyS.
3 DGB-Presseerklärung vom 31.8.2021; https://www.dgb.de/presse/++co++ddce683a-0a40-11ec-bef1-001a4a160123.
4 So z.B. Steffen Kampeter, Hauptgeschäftsführer der Bundesvereinigung der deutschen Arbeitgeberverbände, auf https://arbeitgeber.de.
5 Bundestagsdrucksache 19/25613 vom 23.12.2020, v.a. Antwort 10 sowie Antwort von Thomas Gebhart, Staatssekretär im Bundesgesundheitsministerium, auf die schriftliche Frage 11/211 von Jutta Krellmann MdB/Die Linke vom 20.11.2020; https://www.linksfraktion.de/fileadmin/user_upload/PDF_Dokumente/2020/2020-11-20_AW_PSt_Dr._Gebhart_SF_11_211_MdB_Jutta_Krellmann.pdf.

Wirtschafts- und arbeitspolitische Probleme

rund 400 kommunalen Gesundheitsämtern, zumeist hoffnungslos unterfinanziert und mit zu wenig Personal ausgestattet, die die ihnen vorliegenden Infektionsdaten an das RKI weitergeben. Das RKI ist dem Bundesgesundheitsministerium nachgeordnet, das für die Datenlücken letztlich verantwortlich ist. Verantwortlich sind auch die Länder und Kommunen, die die Auszehrung der Gesundheitsämter an Ressourcen und Personal (mit) erzeugt haben. Diese Behörden teilen somit das Los auch weiterer finanziell und personell ausgezehrter Aufsichtsbehörden wie der Arbeitsschutzämter oder auch der Finanzkontrolle Schwarzarbeit. Alle zusammen sind Teil eines öffentlichen Dienstes, dessen »Systemrelevanz« gerade in der Krise deutlich wurde, der aber jahrzehntelang zusammengespart wurde.

Die Daten des RKI zeigen unter anderem: Der private Bereich ist ein wichtiger Infektionsort. Sie zeigen aber weiter: Der größte Teil der gemeldeten Infektionen kann gar keinem Infektionsort zugeordnet werden. Das RKI weist selbst darauf hin, dass die Gesundheitsämter »nicht immer die Kapazität« haben, »detaillierte Informationen zu Ausbrüchen zu erheben und zu übermitteln«.[6]

In seinen regelmäßigen Lageberichten[7] liefert das RKI Daten zum Infektionsgeschehen vor allem nach Kreisen, Bundesländern, Altersgruppen und Geschlecht, außerdem nach Infektionen »in Haushalten, im beruflichen Umfeld sowie in Kitas und Horteinrichtungen« und nach Tätigkeiten in Krankenhäusern, Reha-Einrichtungen und Schulen. Außerdem gibt es auch die Rubrik »sonstige«. Immerhin werden also Bereiche des »beruflichen Umfelds« zumindest teilweise erfasst, die aufgrund intensiver Personenkontakte hohe Ansteckungsrisiken aufweisen, wie Krankenhäuser, Pflegeheime und Gemeinschaftsunterkünfte. Darüber hinaus erscheint das Setting »Arbeitsplatz« in den Daten aber ohne weitere Aufschlüsselung, etwa nach Branchen. Vorsorglich warnt das RKI vor zu hohen Erwartungen: Nur ein kleiner Teil – nämlich etwa ein Sechstel – der Infektionen könne einem bestimmten Ort zugeordnet werden. Im Lagebericht vom 8.6.2021 heißt es beispielsweise: »Der Anteil von Ausbrüchen am Arbeitsplatz war in den Wochen 16–18 etwas gestiegen, sinkt nun wieder und liegt in KW 22 bei 8,7 Prozent.« In der 21. KW habe er 9,5 Prozent betragen, in der 19. KW 13 Prozent usw. usf. Der Anteil der Haushalte habe in der 22. KW bei 64 Prozent gelegen.[8]

---

6 Z.B. https://www.rki.de/DE/Content/InfAZ/N/Neuartiges_Coronavirus/Situationsberichte/Jun_2021/2021-06-08-de.pdf?__blob=publicationFile.
7 S. https://www.rki.de/DE/Content/InfAZ/N/Neuartiges_Coronavirus/Situationsberichte/Gesamt.html.
8 https://www.rki.de/DE/Content/InfAZ/N/Neuartiges_Coronavirus/Situationsberichte/Jun_2021/2021-06-08-de.pdf?blob=publicationFile, S. 14.

Eine Recherche des bayerischen Rundfunks vom Februar 2021 ergab unter anderem: Nach Daten des bayerischen Landesgesundheitsamtes »ist ein steigender Anteil der Ansteckungen am Arbeitsplatz festzustellen«, am meisten in der Altersgruppe der 35- bis 59-Jährigen.[9] Das RKI verweist zudem auf die Wechselwirkungen: Hohe Fallzahlen in privaten Haushalten hängen zusammen mit dem Infektionsgeschehen in Kitas, Schulen, in Bahn und Bus und eben auch Betrieben. Infektionen aus Betrieben werden in die Familien und andere private und öffentliche Bereiche weitergetragen und umgekehrt. Insgesamt gleicht die auf das Infektionsgeschehen zielende Corona-Politik einem »Blindflug«.[10] Wo staatliches Nichtwissen vorherrscht, macht sich Ideologie breit – etwa in der durch keine Fakten gestützten Behauptung von Arbeitgebern, in den Betrieben laufe im Infektionsschutz alles »vorbildlich«.[11]

Und es gibt ihn doch: Infektionsherd Betrieb

Wo die amtlichen Daten versagen, müssen andere Quellen herangezogen werden. Dass coronabedingte Erkrankungen vor allem in den Gesundheits- und Sozialberufen besonders häufig vorkamen, belegen nicht nur die Daten des RKI, sondern auch Erhebungen von Krankenkassen, so etwa der AOK und der Techniker Krankenkasse (tk).[12] Die tk-Daten zeigen aber auch, dass Berufe in der Maschinenbau- und Betriebstechnik, technische Servicekräfte in Wartung und Instandhaltung und auch Verkaufsberufe und sogar Büro- und Sekretariatskräfte (die ja auch nicht alle im Homeoffice waren) relativ hohe Erkrankungsrisiken aufwiesen.[13] Der im Juni 2021 veröffentlichte Gesundheitsreport 2021 der Techniker Krankenkasse gibt ebenfalls einen gewissen Aufschluss über Covid-19-Infektionen an Arbeitsplätzen. Unter den bei der tk erwerbstätig Versicherten wurden 2020 demnach 8015 Covid-19-Diagnosen gestellt – das entsprach 0,541 Prozent aller Versicherten. Die tk listet in ihrem Report diejenigen Berufsgruppen auf, die über diesem Durchschnitt lagen. Dazu zählen erwartungsgemäß viele Beschäftigte in medizinischen und Sozialberufen mit engem Personenkontakt, aber auch z.B. Maschinen- und Gerätezusammensetzer:innen und Maschinen- und Anlagenführer:innen

---

9   https://www.br.de/nachrichten/wissen/corona-wer-sind-die-infektionstreiber-ein-faktenfuchs,SQ3TrI3.
10 So Richard Detje/Dieter Sauer in ihrem Beitrag in diesem Band.
11 So der Präsident von Gesamtmetall, Stefan Wolf; Neue Osnabrücker Zeitung, 13.1.2021.
12 S. Pressemitteilung des Wissenschaftlichen Instituts der AOK (WIdO) vom 22.4.2021 unter www.wido.de sowie der Report »Corona 2020« der Techniker Krankenkasse, Download unter https://www.tk.de/firmenkunden/service/gesund-arbeiten/gesundheitsberichterstattung/corona-2020-gesundheit-belastungen-moeglichkeiten-2096082.
13 tk-Report, ebd., S. 16.

mit zeitweiligen Anteilen von 0,652 und 0,685 Prozent. Frauen waren der tk zufolge 1,37-mal häufiger von Covid-19-Diagnosen betroffen als Männer, vor allem, weil in den besonders stark betroffenen Berufen der Frauenanteil höher liegt.[14]

Viele Arbeitsplätze befinden sich in Innenräumen. Eine Studie der TU Berlin hat an Hand der Ausbreitung von Aerosolen die Infektionsrisiken in verschiedenen Innenräumen der Arbeitswelt untersucht. Die Studie zeigt: Wenn das Ansteckungsrisiko in einem Supermarkt für eine Person mit Maske 1 beträgt (sie also wahrscheinlich eine weitere Person ansteckt), liegt es in einem Mehrpersonenbüro bei 20 Prozent Belegung schon bei 1,6, bei 50 Prozent Belegung ohne Maske gar bei 8.[15]

Andersherum kann auch untersucht werden, wie sehr sich Beschäftigte am Arbeitsplatz eigentlich vor einer Infektion mit Covid-19 geschützt fühlen. Untersuchungen des WSI geben darüber Aufschluss (s. dazu auch den Beitrag von Elke Ahlers, Bettina Kohlrausch und Aline Zucco in diesem Buch).[16] Nach der trügerischen Entspannung des Sommers 2020 wuchs in den Belegschaften die Sorge vor Ansteckung wieder rasch an. Im Frühjahr 2021 befürchtete jede:r dritte Befragte (35 Prozent), sich bei der Arbeit oder auf dem Weg dorthin infizieren zu können – erheblich mehr als im Juni/Juli 2020 (jeweils 25 Prozent) – dies vor allem wegen des als mangelhaft empfundenen Arbeitsschutzes in den Betrieben.

Besonders verbreitet war diese Sorge verständlicherweise bei Beschäftigten, die im Beruf engen Kontakt mit anderen Menschen haben – vor allem in den Bereichen Erziehung und Soziales (57 Prozent) und bei den medizinischen Gesundheitsberufen (52 Prozent). Auch die Verkaufsberufe und die nichtmedizinischen Gesundheitsberufe (zu denen die Altenpflege gehört) haben ausgeprägte Infektionsängste (47 bzw. 46 Prozent). Doch auch viele Beschäftigte in Produktion und Fertigung fürchteten sich vor Ansteckung (31 Prozent), ähnlich auch in den klassischen Bürotätigkeiten (29 Prozent).

Viele Betriebe, viele Infektionen
Wo viele Betriebe aktiv sind, gibt es auch viele Infektionen mit Covid-19. So zumindest die generelle Schlussfolgerung einer Studie der Uni München auf der Basis von Meldedaten. Allerdings sei der Ausbruchsort Arbeitsplatz »sehr viel heterogener« als beispielsweise die Haushalte. Daher bedürfe es

---
14 tk-Gesundheitsreport 2021, S. 24–28. Download: www.tk.de >gesundheitsreport-au-2021-data.
15 https://depositonce.tu-berlin.de/handle/11303/12578.
16 https://www.wsi.de/de/pressemitteilungen-15991-sorge-unter-beschaftigten-vor-corona-bleibt-unverandert-hoch-30611.htm.

auch »detaillierterer Informationen«, die aber leider – so der kritische Hinweis – nicht vorlägen.[17]

Da, wo die amtlichen Daten Leerstellen lassen, müssen weitere wissenschaftliche Studien aushelfen, die Lücken wenigstens teilweise zu füllen. Nico Dragano und Morten Wahrendorf, Medizinsoziologen an der medizinischen Fakultät und am Klinikum der Uni Düsseldorf, haben regionale Meldedaten analysiert und kommen zu dem Ergebnis: »Kreise mit einem hohen Anteil Erwerbstätiger in der Produktion hatten und haben im Durchschnitt höhere Inzidenzen im Vergleich zu Kreisen mit einem weniger ausgeprägten Produktionssektor. In Regionen mit hohen Anteilen stiegen die Inzidenzen zu Beginn aller drei Wellen früher und schneller an und erreichten ein höheres Niveau. Zusätzlich zeigt sich, dass die Inzidenzen nach Einführung von Interventionsmaßnahmen (Lockdown 1 und Lockdown ›light‹) später zurückgingen als in Regionen mit geringerem Anteil an Erwerbstätigen in der Produktion. Aktuell sind die Inzidenzen in Regionen mit einem hohen Anteil von Produktionsarbeit wieder deutlich erhöht.«[18] Die Wissenschaftler haben im Februar/März 2021 die Covid-Infektionen in der Bevölkerung im Erwerbsalter in 401 Kreisen mit den Daten zur Erwerbstätigkeit nach Wirtschaftszweigen abgeglichen. Die Ergebnisse müssten zwar vorsichtig interpretiert werden, und es sei weitere Forschung notwendig. Aber auch in der dritten Welle zeige sich der Zusammenhang deutlich: »Das Muster höherer Infektionszahlen in Regionen mit einem hohen Anteil von Menschen in Erwerbsarbeit ist aktuell auch zu Beginn der dritten Infektionswelle zu erkennen.« Also: Wo viele Produktionsbetriebe, dort auch viele Infektionen. Das spreche für Kontakt beschränkende Maßnahmen.

Es geht um mehr als um Ansteckungsrisiken

Aufschluss über den Zusammenhang von Virus, Arbeitswelt und Gesundheitsrisiken geben in gewisser Weise auch Daten über das Krankheitsgeschehen in den Betrieben, vor allem Daten der Krankenkassen. Sie zeigen: Die Pandemie und ihre Folgen für Wirtschaft, Gesellschaft und Beschäftigte haben

---

17 S. CODAG-Bericht Nr. 16 vom 28.5.2021, Uni München, Institut für Statistik, hier besonders der Beitrag von Ursula Berger/Jana Gauß/Göran Kauermann: Das aktuelle Ausbruchs- und Infektionsgeschehen in Schulen und an Arbeitsplätzen. https://www.covid19.statistik.uni-muenchen.de/pdfs/codag_bericht_16.pdf.

18 Nico Dragano/Morten Wahrendorf: Zusammenhänge zwischen dem Verlauf der Covid-19 Inzidenzen auf regionaler Ebene und Indikatoren zur Erwerbstätigkeit. Universitätsklinikum Düsseldorf/Heinrich-Heine-Universität Düsseldorf, 14.4.2021; https://www.uniklinik-duesseldorf.de/fileadmin/Fuer-Patienten-und-Besucher/Kliniken-Zentren-Institute/Institute/Institut_fuer_Medizinische_Soziologie/Forschung/Covid-19/210414_Report_Inzidenzverlaeufe_nach_regionalen_Indikatoren_zu_Wirtschaft_und_Beruf.pdf.

Wirtschafts- und arbeitspolitische Probleme

das arbeitsbedingte Krankheitsgeschehen stark beeinflusst. Das betrifft nicht nur die Ansteckungsgefahren, sondern auch die massiven Auswirkungen der Pandemie auf Arbeitsbedingungen und Arbeitsorganisation.[19]

Die DAK hat 2021 eine erste Analyse des Krankheitsgeschehens unter den erwerbstätig Versicherten für das Pandemiejahr 2020 vorgelegt. Hier fällt auf: Der allgemeine Krankenstand ging zwar ganz leicht zurück (2019 4,2 Prozent, 2020 4,1 Prozent). Aber es gab deutlich mehr langwierige Krankheitsfälle. Krankschreibungen über zwei Wochen nahmen zu. Es wurden sehr viel mehr Fehltage wegen Rückenschmerzen verzeichnet, und bei den psychischen Erkrankungen wurde ein neuer Höchststand erreicht. Noch nie gab es wegen psychischer Erkrankungen so viele Ausfalltage wie 2020. Gegenüber 2010, so die DAK, sei das eine Zunahme um 56 Prozent. Psychische Erkrankungen waren mit 19,8 Prozent häufigste Ursache für Krankschreibungen. Besonders häufig wurden Anpassungsstörungen diagnostiziert. Hier betrug der Anstieg 8 Prozent. Die üblichen Atemwegserkrankungen waren hingegen rückläufig. An zweiter Stelle folgten mit 17,6 Prozent die Rückenprobleme. Hier nahmen die Krankschreibungen um 7 Prozent zu.

Vieles in dieser Entwicklung hängt mit physisch und psychisch belastenden Arbeitsbedingungen im Homeoffice zusammen, so die DAK. Aber der hohe Krankenstand z. B. in der Branche Verkehr, Lagerei und Kurierdienst (4,7 Prozent) spricht dafür, dass auch in den Branchen außerhalb des Homeoffice die Arbeitsbelastungen und Gesundheitsrisiken zunahmen.[20]

Ständige Arbeit im Homeoffice ist mit zahlreichen, teilweise neuen Stressfaktoren verbunden. Und für viele Beschäftigte ist die Angst vor Ansteckung am Arbeitsplatz oder auf dem Arbeitsweg mit öffentlichen Verkehrsmitteln und die Sorge wegen unzureichender Schutzmaßnahmen in den Betrieben ein starker Stressfaktor. Zugenommen haben aber auch insgesamt für alle Gruppen von Beschäftigten die psychosozialen Belastungen, die Unsicherheit über die beruflichen Perspektiven, die wachsenden Arbeitsanforderungen und häufige Überforderung, existenzielle Unsicherheit und Zukunftsangst, vor allem Angst vor Arbeitsplatzverlust und unsozialen Folgen anstehender Veränderungen, die Entgrenzung von Arbeitszeiten, Kommunikationsprobleme, Konflikte mit Kund:innen und Klient:innen und zusätzliche Belastungen durch höhere Anforderungen an Alltagsbewältigung.[21]

---

19 Das WSI hat diese Sachverhalte in verschiedenen Datenerhebungen und Befragungen näher untersucht; s. dazu den Beitrag von Ahlers/Kohlrausch/Zucco in diesem Band.
20 S. Mitteilungen der DAK unter www.dak.de/presse (4. und 19.2.2021).
21 S. dazu z. B. David Beck u. a.: Homeoffice und Social Distancing in der Corona-Pandemie; https://www.baua.de/DE/Angebote/Publikationen/Aufsaetze/artikel2995.pdf?__blob=publicationFile&v=1.

Durchwachsenes Bild in den Betrieben

Insgesamt sind schon lange bekannte und – gerade auch von den Gewerkschaften kritisierte – Defizite und Mängel des Arbeitsschutzsystems in der Pandemie noch deutlicher offengelegt und sogar weiter verschärft worden.[22] Das belegen mehrere Betriebsbefragungen, deren Ergebnisse die Bundesanstalt für Arbeitsschutz und Arbeitsmedizin (BAuA) veröffentlichte. Generell zeigte sich: In großen Betrieben wurde einiges getan, in kleinen weniger. Und es überwogen – entgegen den Vorgaben des Arbeitsschutzrechts – verhaltenspräventive Maßnahmen. Die Belegschaften selbst sahen das mit Recht kritisch. Laut einer Beschäftigtenbefragung des WSI attestierten sie zwar zu 54 Prozent dem Arbeitgeber, seit Beginn des zweiten Lockdowns ausreichend aktiv geworden zu sein. Jede:r dritte Befragte (33 Prozent) sah das aber nur mit Einschränkungen so, jede:r Achte gar nicht.[23] Die Interviews von Detje/Sauer mit Betriebsräten und Gewerkschafter:innen während der Pandemie zeigen ähnliche Befunde.[24]

Auf der Grundlage seiner Beschäftigtenbefragung kritisiert das WSI, viele Betriebe setzten zu einseitig auf verhaltensorientierte Maßnahmen, ohne selbst die Arbeitsabläufe und die Arbeitsorganisation an die Bedingungen der Corona-Pandemie anzupassen. So beschränkten sich viele Unternehmen darauf, von ihren Beschäftigten die Einhaltung der Hygiene- und Abstandsregeln oder das Tragen von Masken anzumahnen – passten aber die Leistungsanforderungen nicht an die veränderten Umstände an, die vor allem bei körperlich anstrengenden Tätigkeiten durch das dauerhaft erschwerte Atmen beim Tragen einer Maske entstehen können.[25]

Auch eine im Mai 2021 von der BAuA veröffentlichte umfassendere Erhebung im Rahmen des Sozial-ökonomischen Panels (SOEP) zeitigte ähnliche und in manchen Punkten sogar noch problematischere Ergebnisse. Dazu wurden zunächst insgesamt 6700 Haushalte befragt. Die BAuA interviewte auf dieser Basis im Mai–Juli 2020 und noch einmal im Januar/Februar des Jahres 2021 abhängig Beschäftigte zu den Arbeitsschutzmaßnahmen in ihren

---

22 Ausführlich dazu: Andrea Fergen/Moriz Boje Tiedemann in diesem Band sowie: Andrea Fergen/Dirk Neumann/Moriz Boje Tiedemann: Arbeitsschutz im Brennglas der Corona-Pandemie, in: Brigitte Aulenbacher/Frank Deppe/Klaus Dörre/Christoph Ehlscheid/Klaus Pickshaus (Hrsg.): Mosaiklinke Zukunftspfade. Gewerkschaft, Politik, Wissenschaft, Münster 2021, S. 319ff. sowie einschlägige Beiträge in: Christoph Schmitz/Hans-Jürgen Urban (Hrsg.): Demokratie in der Arbeit. Eine vergessene Dimension der Arbeitspolitik, Jahrbuch Gute Arbeit 2021, Frankfurt/Main 2021, sowie dort auch die Kapitel des Datenanhangs zum Thema, Datenanhang, S. 371ff.
23 Auswertung des WSI-Portals Lohnspiegel.de mit Ergebnissen der Beschäftigtenbefragung zu Arbeitsschutzmaßnahmen der Arbeitgeber gegen Corona; www.wsi.de (Pressedienst 11.2.2021).
24 Detje/Sauer, a.a.O., S. 59ff.
25 WSI, s. Fußnote 22.

Wirtschafts- und arbeitspolitische Probleme

Betrieben. An der ersten Runde nahmen 940 Personen teil, an der zweiten 2654.[26]

Das Gros der Befragten gab an, personenbezogene Maßnahmen seien in ihren Betrieben das Mittel der Wahl gewesen. 90 Prozent erwähnten z. B. die Bereitstellung von Mund-Nasen-Schutzmasken und die Einführung von Abstandsregeln. Organisatorische Maßnahmen gab es dagegen sehr viel seltener. Für nur 57 Prozent der Befragten waren die Arbeitsaufgaben zur Reduzierung der Kontakthäufigkeit umgestaltet worden. Eine im gleichen Sinn vorgenommene Umgestaltung der Teams gab es nur für 48 Prozent. Für 22 Prozent der Beschäftigten gab es gar keine organisatorischen Maßnahmen. Insgesamt nahmen die organisatorischen Maßnahmen von der ersten zur zweiten Befragungsrunde sogar ab. Vor allem in den Fertigungsberufen war dieser negative Trend besonders stark. Die – meist eher neutral formulierende – BAuA selbst schreibt, es sei »eine deutliche Dominanz personenbezogener im Vergleich zu organisatorischen Maßnahmen zu beobachten, die sich im Zeitvergleich noch verstärkte«, wohl, weil diese »leichter umzusetzen« seien. Dies alles sei »aus Arbeitsschutzperspektive kritisch zu bewerten.«[27]

Zu wenige Arbeitsschutzkontrollen in der Pandemie – und noch mehr amtliches Nichtwissen

Die kritische Bewertung führt zum nächsten Problem: Ohne Druck und Kontrollen der staatlichen Behörden werden auch die unzureichenden Corona-Arbeitsschutzregelungen in den Betrieben nur mangelhaft umgesetzt. Hier zeigt sich ein weiteres Mal ein bedenkliches Ausmaß an staatlichem Nichtwissen.[28] Und es zeigt sich auch eine irritierende Behäbigkeit der staatlichen Behörden: Auch in der Ausnahmesituation der Pandemie-Krise zeigten sie wenig Elan, Kontroll- und Wissenslücken zu schließen. Aber auch die lückenhaften Daten offenbaren: Das ohnehin große Kontrolldefizit der staatlichen Behörden ist im ersten Pandemiejahr 2020 noch größer geworden.

Dass wir im Frühherbst 2021 überhaupt einige wenige vorläufige bundesweite Daten über die Überwachungstätigkeit der Behörden und damit über die Umsetzung der Corona-Arbeitsschutzregeln in den Betrieben – wenigstens für das Jahr 2020 – haben, verdanken wir hauptsächlich dem hartnä-

---

26 S. ausführlicher: S.C. Meyer u. a.: Gut geschützt im Betrieb? Arbeitsschutz in der Corona-Pandemie aus Sicht der Beschäftigten. BAuA-kompakt, Mai 2021. www.baua.de.
27 Ebd. S. 4.
28 Das betrifft den Anfang 2021 (verspätet) vorgelegten jährlichen Bericht der Bundesregierung »Sicherheit und Gesundheit bei der Arbeit« (SuGA). Er enthält nur die Daten des Jahres 2019; auch das erste Jahr der Pandemie ist noch nicht erfasst.

ckigen Nachfragen der Fraktion Die Linke im Bundestag sowie dem ARD-Politmagazin »Report Mainz«.

Ohnehin sind die Arbeitsschutzbehörden der Länder seit Jahrzehnten einem Prozess der Auszehrung an Ressourcen und Personal ausgesetzt.[29] Dabei fällt auf, dass die Aufsichts- und Kontrolltätigkeit dieser Behörden proportional noch mehr nachgelassen haben als der Personalstand selbst. Der bereits zweite Evaluationsbericht einer EU-Expertenkommission (SLIC) 2017[30] hat diese mangelnde Aufsichtstätigkeit – diplomatisch zurückhaltend, aber in der Sache sehr hart – als eines der zentralen und hartnäckigen Defizite des bundesdeutschen Arbeitsschutzsystems kritisiert[31] – neben der unzureichenden Kooperation zwischen Bund/Ländern auf der einen und der gesetzlichen Unfallversicherung auf der anderen Seite.

Der Ausbruch der Pandemie Anfang 2020 verschärfte die prekäre Situation zusätzlich. Denn die Corona-Krise und die neuen Arbeitsschutzregelungen, vor allem die SARS-CoV-2-Arbeitsschutzregel vom Mai 2020 und die gleichnamige Arbeitsschutzverordnung vom Januar 2021 stellten – bei allen Mängeln, die sie auch aufwiesen – hohe und vielfach neue Anforderungen an den betrieblichen Arbeits- und Gesundheitsschutz.

Hinzu kam, dass die Aufsichtspersonen der Länderbehörden zumindest in der Anfangsphase der Pandemie zum Schutz ihrer eigenen Gesundheit ins Homeoffice beordert wurden und ihre Betriebsbesuche reduzierten. Teilweise mussten die Aufsichtsbehörden auch Personal abgeben, etwa für den Corona-Krisenstab ihrer jeweiligen Region. Zudem waren in dieser Zeit viele Betriebe geschlossen oder in Kurzarbeit, was Kontrollen erschwerte. In vielen Länderbehörden fehlte es zunächst auch an persönlicher Schutzausrüstung, z. B. an Masken. Das mag für die erste Phase der Pandemie einen Rückgang der Aufsichtstätigkeit erklären. Spätestens mit der zweiten Jahreshälfte 2020 – zeitlich zusammenfallend mit dem Inkrafttreten der Corona-Arbeitsschutzregel – hätte aber eine intensivere Überwachungstätigkeit einsetzen müssen.

Wenigstens einige konkrete Zahlen zur bundesweiten Situation überhaupt – zumindest für das erste Pandemiejahr 2020 – lagen bis zur Jahres-

---

29 S. dazu Christoph Schmitz/Hans-Jürgen Urban (Hrsg.): Demokratie in der Arbeit. Eine vergessene Dimension der Arbeitspolitik? Jahrbuch Gute Arbeit, Frankfurt/Main 2021, hier Datenanhang, S. 367–377. Die Datenanhänge der Jahrbücher berichten seit 2009 kontinuierlich über den Prozess des Abbaus der Personalkapazitäten und der Überwachungstätigkeit der Aufsichtsbehörden im Arbeitsschutz. S. zum Thema auch den Datenanhang in diesem Band.
30 Auch der erste Evaluationsbericht dieser Art hatte schon die gleichen Probleme und Defizite bemängelt. S. Jürgen Reusch: Es fehlt an Koordination und strategischer Planung – Ein EU-Bericht zum deutschen Arbeitsschutzsystem. In: Gute Arbeit 6/2006, S. 22–24.
31 Der 2. Bericht der SLIC-Kommission ist ausführlicher analysiert und erläutert in: Jürgen Reusch: Es gibt viel zu tun … In: Der Personalrat, 9/2019, S. 16–19.

Wirtschafts- und arbeitspolitische Probleme

mitte 2021 nur deswegen vor, weil die damalige Bundestagsabgeordnete Jutta Krellmann (Die Linke) beim Länderausschuss für Arbeitsschutz und Sicherheitstechnik (LASI) hartnäckig nachgefragt und auch Antwort erhalten hatte.[32] Wie schon zu befürchten war, zeigte sich: Die Anzahl der Betriebsbesuche und Kontrollen war 2020 noch niedriger als 2019. Die Zahl der Betriebsbesuche ging um 15 Prozent zurück (von knapp 62 000 auf gut 50 000), die Zahl der Kontrollen sank um 19 Prozent (von 86 500 auf knapp 67 000). Die Anzahl der sogenannten Dienstgeschäfte außerhalb von Betriebsstätten, d. h. der Kontrollen online vom Schreibtisch aus, ging ebenfalls um 12 Prozent zurück. Im Vergleich dazu war die Zahl der Beanstandungen hoch; 2021 waren es etwas über 110 000 in Betriebsstätten (ein Vergleich mit 2019 war noch nicht möglich; 2018 waren es 334 842 gewesen; das wäre für 2020 ein Rückgang von rund 27 Prozent; 2014 waren es noch knapp 410 000 gewesen). Zudem, so berichtete der LASI, war im Corona-Jahr 2020 die Nachfrage nach Beratungsgesprächen außerordentlich hoch. Die Länder hatten dementsprechend viel Zeit darauf verwandt, Informationsmaterial zu erstellen.

Schwerpunkte der Beratungs- und Überwachungstätigkeit waren die Fleischwirtschaft, Baustellen, Saisonarbeit, Einzelhandel, Pflege, die Friseur-Branche und auch das Homeoffice. Offenbar aber eben nicht ausreichend. So bemängelte die IG BAU Anfang 2021, auf Baustellen werde viel zu wenig kontrolliert. Eine Aufsichtsperson sei im Schnitt für 26 000 Bauarbeiter zuständig.[33]

Die Kontrolle des Arbeitsschutzes in den Betrieben ist Sache der Länder. Man muss hier anerkennen, dass etliche Länder zusätzliche Bemühungen unternommen haben, zumindest stichprobenartig – und mit großen Unterschieden – den Corona-Arbeitsschutz in ihren Bereichen zu überprüfen und Mängeln zu Leibe zu rücken und dass sie darüber auch Daten zugänglich gemacht haben. Einige Beispiele können das illustrieren.

In ihrem Bericht für 2020 verzeichnete beispielsweise die Arbeitsschutzverwaltung NRW 44 000 Betriebsbesuche, darunter knapp 15.00 Kontrollen zur Einhaltung der Corona-Arbeitsschutzvorschriften. Dabei wurden rund 7700 Mängel festgestellt. Die betrafen vor allem die Einhaltung des Mindestabstands, die Reinigung von Arbeitsstätten und die arbeitsmedizinische

---

[32] https://www.linksfraktion.de/themen/nachrichten/detail/arbeitsschutzkontrollen-gehen-im-corona-jahr-2020-weiter-zurueck/. Für den Bericht der Bundesregierung »Sicherheit und Gesundheit bei der Arbeit« 2020, der üblicherweise am Ende des Folgejahres erscheint, waren aktuelle Daten in Aussicht gestellt. Dieser Bericht lag bei Redaktionsschluss dieses Buches noch nicht vor.

[33] https://igbau.de/Seltene-Arbeitsschutz-Kontrollen-Ein-Beamter-fuer-26-000-Beschaeftigte-zustaendig.html.

Vorsorge.³⁴ Für Baden-Württemberg wurde von maximal einer Kontrolle pro Woche im Großraum Stuttgart berichtet – eine Region mit 26 000 Unternehmen. Die Landesregierung wurde vom Bundesarbeitsministerium zu energischerem Handeln aufgefordert.³⁵ Sachsen-Anhalt berichtete von 558 Kontrollen bis März 2021 zur Einhaltung der Corona-Regeln – darunter von 297 Verstößen.³⁶ Insgesamt bietet sich das Bild eines Flickenteppichs, in dem die Flicken unterschiedlich groß und von unterschiedlicher Qualität sind.

Anfang des Jahres 2021 hatte Report Mainz zusammen mit BuzzFeedNews 70 Arbeitsschutzbehörden in Deutschland zu ihren Aufsichtsaktivitäten in der Corona-Krise befragt, knapp 50 hatten geantwortet. Der ernüchternde Befund: »Rund ein Jahr nach Beginn der Pandemie sind die Corona-Kontrollen in deutschen Betrieben nach wie vor unzureichend.«³⁷ Zu wenig Personal, zu wenige Kontrollen, zu wenige Durchsetzungsmaßnahmen, auch wegen zu unkonkret formulierter Regelungen, starke Ablehnung von Arbeitsschutzmaßnahmen bei etlichen Arbeitgebern. Das alles sei auch Resultat eines systematischen Aushöhlens des Arbeitsschutzes durch die Politik seit mindestens zwanzig Jahren – so etwa lauteten die Befunde, anhand vieler Beispiele erläutert.

Betriebsräte, die Detje und Sauer im Rahmen ihrer Interviews zur »Corona-Krise im Betrieb« befragten, bestätigten das: Selbst wenn es nur darum ging, auch simpelste personelle Schutzmaßnahmen – wie etwa Masken – durchzusetzen, blieben Beschäftigte und Interessenvertretungen im Konflikt mit einem uneinsichtigen Management oftmals auf sich gestellt und konnten nicht auf die personell ausgedünnte Gewerbeaufsicht bauen.³⁸

Wissenslücken räumte die Bundesregierung auch ein hinsichtlich der Anpassung der Gefährdungsbeurteilungen in den Betrieben während der Pandemie und auch hinsichtlich der konkreten Belastungsfaktoren und Krankheitstage in dieser Zeit. Ein erkennbares Engagement, diese Lücken zu schließen, ließ sie nicht erkennen. Was die mangelhaften Kontrollen betraf, spielte sie das sattsam bekannte (und von der SLIC-Kommission schon scharf kritisierte) Spiel, die Verantwortung allein den Ländern zuzuschieben. Auf die unzureichende Konkretheit und Verbindlichkeit der Arbeitsschutzregelungen in der Pandemie angesprochen, begnügte sich die Regierung mit

---

34 Landtag NRW, Drucksache 17/4787 vom 19.3.2021.
35 www.swr.de/swraktuell vom 21.6.2021.
36 www.volksstimme.de/sachsen-anhalt/kontrolle-der-corona-regeln-am-arbeitsplatz-1106722.
37 www.swr.de/report Pressemitteilung vom 9.2.2021; https://www.buzzfeed.de/recherchen/mangelhafter-arbeitsschutz-wie-arbeiterinnen-in-der-corona-krise-allein-gelassen-werden-90196624.html.
38 Richard Detje/Dieter Sauer: Corona-Krise im Betrieb. Empirische Erfahrungen aus Industrie und Dienstleistungen, Hamburg 2021, z. B. S. 60f.

Wirtschafts- und arbeitspolitische Probleme

der lapidaren Auskunft, »weitere Regelungen zum betrieblichen Infektionsschutz in Form von Gesetzen oder Verordnungen« seien »aktuell nicht vorgesehen«.[39]

Fazit

Wie geht es also weiter, wie müsste es weitergehen? Eines liegt klar auf der Hand: Es muss endlich ein systematischer »arbeitskraftzentrierter Arbeits- und Gesundheitsschutz« geschaffen werden (so Hans-Jürgen Urban in diesem Buch). Der staatliche und betriebliche Gesundheitsschutz benötigt eine reformorientierte Erneuerung und Stärkung von Arbeitsschutzrecht und Arbeitsschutzpraxis und der dazugehörigen Institutionen (mehr dazu im Beitrag von Fergen/Tiedemann in diesem Buch). Auch die Mitbestimmungsrechte der Interessenvertretungen auf diesem Gebiet müssen ausgebaut werden. Dazu gehört weiter eine Stärkung der wissenschaftlichen Erkenntnisse über Gesundheitsrisiken und Belastungen in der Arbeitswelt. Vorschläge und Konzepte von Gewerkschaften und der kritischen Wissenschaft liegen auf dem Tisch. Verbündete werden sich finden lassen. Diese Erneuerung müsste Teil von umfassenden sozialen und ökologischen Reformen sein.

Darum wird es heftige Kämpfe geben, die schon begonnen haben. Bereits die Interventionen des staatlichen Krisenmanagements in den Gesundheitsschutz der Beschäftigten in der Pandemie-Krise – auch wenn sie sich vielfach auf Feuerwehreinsätze beschränkten –, mussten gegen Widerstände von Kapital und Kapitalverbänden in Tateinheit mit Teilen der damaligen Regierungskoalition – durchgesetzt werden. Das Bundesarbeitsministerium der bisherigen Koalition spielte dabei eine durchaus positive Rolle. Der heftige und geradezu groteske Protest der Unternehmensverbände gegen verbindlichere Regelungen oder gegen vergleichsweise marginale Vorschriften wie die Testpflicht in den Betrieben – der im Herbst 2021 wieder aufflammte – zeigen das. Diese Abwehr konkreter und verbindlicher Regelungen im Arbeitsschutzrecht hat bei den Unternehmen und ihren Interessenverbänden eine lange und weit zurückreichende Geschichte. Schon seit dem Inkrafttreten des Arbeitsschutzgesetzes 1996 und vor allem seit ihrer Deregulierungsoffensive unter dem damaligen Wirtschafts- und Arbeitsminister Clement geht es ihnen darum, möglichst viel »Beinfreiheit« für betriebliche Lösungen durchzusetzen und sich von konkreten Rechtsvorschriften und einem funktionierenden staatlichen Überwachungssystem möglichst frei zu halten. Die Konflikte um das Arbeitsstättenrecht sind ein gutes Beispiel dafür. Das Ergebnis ist ein in vielem zersplittertes, nicht wirklich konsistentes und den ökonomischen und

---

39 Bundestagsdrucksache 19/25613, hier bes. die Antworten auf die Fragen 1, 5 und 12.

sozialen Entwicklungen hinterherhinkendes Arbeitsschutzsystem, das den Anforderungen an eine demokratisch organisierte Daseinsvorsorge und an soziale Gerechtigkeit nicht entspricht. Das darf nicht so bleiben.

In den Debatten um die Gestaltung der Arbeitswelt »nach Corona« haben Unternehmensverbände und Teile der Politik zudem zahlreiche weitere und umfassendere Forderungen nach Sozialdemontage in der Pipeline.

Das ist aber nur die eine Seite der Problematik. Die Pandemiekrise hat auch den hohen Stellenwert öffentlicher Daseinsvorsorge und die Systemrelevanz sozialer Institutionen deutlich gezeigt. Dazu gehört auch das System des staatlichen und betrieblichen Gesundheitsschutzes. Sozialer Kahlschlag ist in der öffentlichen Wahrnehmung unpopulär. Daran lässt sich anknüpfen. Es wird in der kommenden Zeit einen in vieler Hinsicht aktiveren interventionistischen Staat geben. Ob und in welchem Maß er aber auch im sozialen und ökologischen Sinne eingreift und ein transformativer Staat sein kann, wie Klaus Dörre in diesem Buch schreibt, hängt von den politischen Kräfteverhältnissen ab. Das spricht für eine von den Gewerkschaften initiierte Präventionsbewegung von unten, die dem Primat der ungestörten Profitproduktion Reformen abtrotzt, die sich am Gemeinwohl orientieren, die strategische Allianzen sucht und Konflikte nicht scheut.

Branchenprobleme und Forderungen aus gewerkschaftspolitischer Sicht

Christoph Schmitz/Lisa Basten
Kultur, Krise, Gewerkschaft – eine Branche im Fokus

»Kunst ist schön, macht aber viel Arbeit.«
(Karl Valentin)

Kulturschaffende während der Pandemie
Kulturräume sind Räume der Begegnung, der Präsenz und des gemeinsamen Erlebens. Lesungen, Konzerte, Musicals, Tanzvorstellungen, Oper- und Theateraufführungen, Kinovorführungen, Ausstellungen, Clubs, Messen und Festivals sind das Rückgrat der Kulturwirtschaft und pulsierende Zentren gesellschaftlichen Lebens. Mit dem Ausbruch der Pandemie im Frühjahr 2020 wurden sie aber auch Orte der Angst – denn hier kommen Menschen zusammen, oft in geschlossenen Räumen, über viele Stunden, je nach Veranstaltung schreiend, singend, springend, tanzend oder nur atmend. Natürlich wurden diese Orte geschlossen, als die Ansteckungszahlen stiegen. Selbstverständlich wurde verzichtet, als die Risiken der Pandemie für unsere Gesellschaft deutlich wurden.

Wir haben diesen Artikel im Juli 2021 geschrieben. Nach 16 Monaten, in denen die Erwerbsmöglichkeiten für Kulturschaffende in großen Teilen wegbrachen, schien es jetzt so, als gäbe es tatsächlich wieder eine Perspektive für Kunst und Kultur. Während der langen Zeit des Lockdowns konnten Schulen (beschränkt) wieder öffnen, wurden Lösungen für den Einzelhandel gefunden und nahmen Industriebetriebe wieder ihre Arbeit auf. Es gab sehr gute Gründe für alle diese Öffnungen. Doch die Kultur blieb geschlossen – unabhängig von Hygiene- und Veranstaltungskonzepten, unabhängig auch von Studien zur Ansteckungsgefahr etwa in Theatern (vgl. Hartmann/Kriegel 2020).

Keine andere Branche war so früh, so umfassend und so lange von den Maßnahmen zur Bekämpfung der Pandemie betroffen. Kulturschaffende gehören mit großer Sicherheit zu den Berufsgruppen, die unter COVID-19 am stärksten mit wegbrechenden Erwerbsmöglichkeiten umgehen mussten. Dieses eindeutige Statement muss am Anfang unseres Artikels stehen – auch wenn es im Folgenden stark um Unterschiede zwischen Kulturbereichen gehen wird, und auch darum, dass die Pandemie Probleme nicht hervorgebracht, sondern vor allem verdeutlicht hat. Es muss am Anfang stehen,

Branchenprobleme

weil die Krise die Probleme so nachdrücklich gezeigt hat, vor der Kulturschaffende und ihre Interessenvertretungen in Deutschland grundsätzlich stehen: Wir haben es mit Rahmenbedingungen der Kulturarbeit zu tun, auf die die sozialen Sicherungssysteme oft nur unzureichend ausgerichtet sind. Mit einer Kulturförderung (und einem Kulturkonsum), die das Produkt, nicht aber den Produktionsprozess im Blick haben. Und zuletzt mit einem beruflichen Selbstverständnis, das oft in einen Konflikt mit der Vision einer starken, kollektiven Interessenvertretung gerät.

Auch aus diesen Gründen erreichten die Wirtschaftshilfen Kulturschaffende nur unzureichend. Der Wissenschaftliche Dienst des Bundestags konstatiert in seinem Bericht zu Auswirkungen der Krise auf die Kultur: »Die Kultur- und Kreativwirtschaft und damit die in diesen Bereichen tätigen Personen haben durch die Einschränkungen aufgrund der Maßnahmen zur Bekämpfung der Pandemie signifikante finanzielle Verluste erlitten, die durch die sehr vielfältigen Förder- und Hilfsprogramme auf Bundes- und Landesebene nur ansatzweise kompensiert werden konnten.« (Wissenschaftliche Dienste 2021) Dieser Befund deckt sich mit den Berichten aus der Mitgliedschaft von ver.di und er ist auch insoweit erstaunlich, als dass es vielfältige Programme aus dem Staatsministerium für Kultur und Medien (BKM) sowie aus verschiedenen Landes- und Kommunalregierungen gab, die wegbrechende Erwerbsmöglichkeiten für Kulturschaffende abzufedern suchten. Zusätzliche Stipendien (etwa in Baden-Württemberg und Nordrhein-Westfalen) und Soforthilfezahlungen (etwa in Berlin und Hamburg) wurden ab Mitte 2020 zielgerichtet für Kulturschaffende aufgesetzt. Neben dem schieren Ausmaß der Verdienstausfälle, die in keinem Verhältnis zu den bereitgestellten Geldern standen, waren es auch restriktive Kriterien, Konflikte zwischen Hilfsprogrammen und komplizierte Antragswege, die den Erfolg dieser engagierten Versuche, Kulturschaffende zu unterstützen, minderten.

Aufgrund der heterogenen Arbeitswelten in den unterschiedlichen Branchen zeigen sich allerdings deutliche Unterschiede darin, wie Kulturschaffende durch die Krise gekommen sind. Kulturelle Branchen sind von hohen Anteilen selbstständiger Erwerbstätigkeit geprägt: Eine aktuelle Auswertung des Mikrozensus zeigt, dass mehr als ein Drittel der Kulturschaffenden selbstständig arbeitet, in einigen Bereichen (etwa Bildende Kunst und Musik) sind es über 60 Prozent (Weißmann 2021). Ein großer Teil dieser Selbstständigen hat einen Jahresumsatz unter 17 500 Euro (Schulz/Zimmermann 2020). Der Anteil der geringfügig Beschäftigten liegt in der gesamten Kreativwirtschaft bei über 16 Prozent (vgl. BMWi 2020). Darüber hinaus ist die Erwerbsrealität vieler Kulturschaffender genau wie im Medienbereich von einem Einkommensmix geprägt, in dem zwischen Phasen der Selbstständigkeit und Phasen projektbasierter Anstellung gewechselt wird oder beides zeitgleich erfolgt (Mirschel 2018). Aufgrund dieser Vielfalt von Erwerbsformen lohnt sich ein etwas genauerer Blick auf die Konsequenzen der Pandemie auf Kulturschaffende.

Wirtschaftshilfen erreichen viele Kulturschaffende nicht

Das Kurzarbeitergeld als vielleicht mächtigstes Werkzeug zum Schutz von abhängig Beschäftigten und Betrieben während der Krise griff branchenunabhängig – entsprechend profitierten auch Arbeitnehmer:innen in künstlerischen Bereichen. Darüber hinaus konnte für festangestellte Kulturschaffende in kommunalen Kultureinrichtungen mit dem »Tarifvertrag Covid-19« eine sehr weit gehende Kurzarbeitergeld-Aufstockung erreicht werden (mit der Folge, dass viele kommunale Theater trotz Stillstands und in der Regel höherer Zuschüsse ihrer Träger die Spielzeit 2020/21 sogar mit positiven finanziellen Ergebnissen statt mit Defiziten abschließen konnten). Stärker betroffen waren Festangestellte in privaten und freien Institutionen, wobei gewerkschaftliches Engagement und aktive Interessenvertretungen auch dort vereinzelt Vereinbarungen zur Beschäftigungssicherung und zur Aufstockung des Kurzarbeitergelds erreichen konnten, so etwa beim Musical-Unternehmen »Stage Entertainment« oder bei den großen Kino-Ketten. Grundsätzlich konnten überall dort, wo die Erwerbstätigkeit im Kulturbereich durch Tarifverträge geregelt ist, die Folgen aus den Maßnahmen zur Bekämpfung der Pandemie für Arbeitnehmer:innen zumindest abgefedert werden.

Weitgehend ohne Absicherung blieben hingegen Solo-Selbstständige, die stattdessen auf einen erleichterten Zugang zur Grundsicherung (Hartz IV) verwiesen wurden. Ganz abgesehen davon, dass dieser Totalabsturz aus einer künstlerischen Tätigkeit übergangslos in das unterste soziale Absicherungssystem als demütigend und entwürdigend erlebt wurde, waren trotz großzügigerer Rahmenbedingungen (höhere Vermögensfreibeträge als im Regelsystem, Anerkennung der tatsächlichen Wohnkosten) die Vorgaben zu restriktiv, um tatsächlich zu greifen. Noch hinderlicher war allerdings, dass Solo-Selbstständige im Hartz-IV-System trotzdem mit Partner:innen und Kindern als Bedarfsgemeinschaft angesehen wurden und damit Nebeneinkünfte von Kindern oder Einkünfte der Partner:innen angerechnet wurden (ungeachtet dessen, ob diese auch pandemiebedingte Einbußen zu verkraften hatten).

Darüber hinaus wurden Wirtschaftshilfen – nach ersten kurzen Ansätzen unbürokratischer Unterstützungszahlungen – sehr bald an Betriebskosten gekoppelt und konnten damit von einer Vielzahl von freischaffenden Kulturschaffenden (Schauspieler:innen, Musiker:innen, Schriftsteller:innen, Tänzer:innen) nicht mehr beantragt werden, weil es an Verständnis mangelte, dass Person und Betrieb hier untrennbar verbunden sind.

Offenkundig wurden die Lücken in der sozialen Absicherung Solo-Selbstständiger: Analoge Zahlungen zu Kurzarbeitergeld setzen die Zahlung von Beiträgen in die Arbeitslosenversicherung voraus. Doch selbst dort, wo die wenigen Solo-Selbstständigen, die Zugang zu diesem System haben, freiwillig Beiträge zahlen, durften sie nach der geltenden Rechtslage nur zweimal aus einer spezifischen Erwerbstätigkeit heraus Leistungen der Arbeitslosenversicherung in Anspruch nehmen. Dies hätte in der Konsequenz zu einem Ausschluss aus der Arbeitslosenversicherung trotz jahrelanger Beitragszahlung geführt. Auf Intervention von ver.di hat das Bundesministerium für Arbeit und Soziales (BMAS) die entsprechende Verordnung für die Dauer der Corona-Pandemie ausgesetzt.

Vor besonderen Herausforderungen standen Kolleg:innen mit hybriden Erwerbsverhältnissen, in denen selbstständige und angestellte Tätigkeit kombiniert werden (vgl. Bührmann et al. 2018). Im Kulturbereich ist es durchaus üblich, künstlerische Selbstständigkeit mit Anstellung etwa im pädagogischen Bereich zu verbinden (z. B. Musiker:innen, die auch an Musikschulen tätig sind, oder Schriftsteller:innen, die an Hochschulen unterrichten) oder zwischen kurzfristiger, projektbasierter Anstellung und Selbstständigkeit zu wechseln (etwa im Film- oder Theaterbereich). Wirtschaftshilfen pufferten in diesen Fällen nur Teile des Einkommensmix ab. Bei bestimmten Konstellationen führte die Mischung aus verschiedenen Erwerbsformen und/oder -quellen auch dazu, dass überhaupt kein Antrag auf Hilfe möglich war.

Darüber hinaus – und das war auch emotional für viele Kreative ein Schlag ins Gesicht – führte eine hybride Erwerbstätigkeit in pandemischen Zeiten oft zum Verlust der Mitgliedschaft in der Künstlersozialkasse (KSK). Über die KSK wird selbstständigen Künstler:innen und Publizist:innen eine Kranken-, Pflege- und Rentenversicherung analog zu Arbeitnehmenden ermöglicht. Wie diese bezahlen sie 50 Prozent der Beiträge, die andere Hälfte wird aus öffentlichen Geldern sowie aus Abgaben der Unternehmen finanziert, die künstlerische und publizistische Leistungen in Anspruch nehmen und verwerten. Voraussetzung für eine Mitgliedschaft in der KSK ist die hauptberufliche, selbstständige künstlerische Tätigkeit. Während der Pandemie waren viele Kulturschaffende aber gezwungen, Nebentätigkeiten anzunehmen, die – da Einnahmen aus künstlerischer Tätigkeit wegfielen – zur Haupteinnahmequelle wurden. Der Verlust der Versicherung über die KSK führt zu immensen Mehrkosten, die während der Pandemie schnell existenzbedrohend werden konnten. ver.di erneuerte vor diesem Hintergrund ihre Forderung, den Umgang mit Nebentätigkeiten der Realität künstlerischen Schaffens anzupassen

(Basten 2021). Immerhin konnte erreicht werden, dass diese Praxis während der Pandemie ausgesetzt wurde.

Diese Beispiele zeigen, wie schwer es war, Kulturschaffende in der Krise abzusichern, da ihre Arbeitsrealität nicht in gängige Muster passt, sie weicht vom »Normalarbeitsverhältnis« (der unbefristeten Vollzeitstelle, vgl. Mückenberger 1985) genauso ab wie vom »Normalunternehmertum« (der finanziell unabhängigen Selbstständigkeit, vgl. Bührmann 2012). Für den Arbeitsmarkt jenseits dieser »Normalfälle« ist es nicht gelungen, passgenaue Lösungen zu entwickeln. Dies wurde von Selbstständigen allgemein und insbesondere von Kulturschaffenden als fehlende Wertschätzung der Gesellschaft, der Politik und auch der Gewerkschaft empfunden.

Strukturelle Probleme waren lange bekannt
Allerdings: Die Probleme traten unter pandemischen Bedingungen zwar stärker und deutlicher hervor – die prekären Bedingungen, unter denen viele Kulturschaffende in Deutschland auch vor der Pandemie tätig waren, sind jedoch lange bekannt, gut erforscht und klar benannt (vgl. u. a. Schulz 2013, Basten/Vitols 2020). Fehlende Mindeststandards, die strukturelle Unterlegenheit von Kreativen in Vertragsverhandlungen und eine Kulturförderpraxis, die die Verantwortung für die sozialen Bedingungen von Kulturarbeiter:innen negiert, sind ursächlich für oft sehr niedrige Einkommen und in der Konsequenz für die fehlende Resilienz im Kulturbereich, die sich in der Pandemie nun erbarmungslos gezeigt hat. Politiker:innen, Konsument:innen und nicht zuletzt viele Kulturschaffende haben diese Situation auch vor der Pandemie hingenommen.

Entsprechend sind auch die Lösungsansätze, die ver.di als Kulturgewerkschaft formuliert, in großen Teilen unabhängig von der Pandemie entwickelt worden und zielen auf langfristige Verbesserungen jenseits von Hilfsprogrammen im Rahmen der COVID-19 Krise. Gewerkschaftliche Forderungen sind etwa die Verankerung von Mindestvergütungen in Förderrichtlinien, die Verankerung von Kultur als Staatsziel, die Stärkung der Stellung von Urheber:innen in Vertragsverhandlungen und die konsequente Einbeziehung von selbstständig und hybrid Tätigen in die sozialen Sicherungssysteme.

ver.di als Kulturgewerkschaft in der Pandemie
Die Vereinte Dienstleistungsgewerkschaft ver.di ist mit rund 20 000 Mitgliedern aus den Bereichen Musik, Theater, Literatur und Bildender Kunst sowie mehr als 40 000 Mitgliedern im Medienbereich die größte Interessenvertretung in der Kultur- und Kreativwirtschaft. Darüber hinaus vertritt ver.di branchenübergreifend mehr als 30 000 hauptberuflich Selbstständige und ist

Branchenprobleme

damit europaweit die größte Vereinigung für Solo-Selbstständige. Doch trotz der immensen Expertise, die so vorhanden ist, wurden auch wir vom Ausmaß der Krise überrascht, bekamen unsere Defizite – insbesondere in der Wahrnehmung als Kulturgewerkschaft – verdeutlicht und sind nicht zuletzt an den Erfahrungen einer Kulturgewerkschaft in pandemischen Zeiten gewachsen.

ver.di versteht sich als Gewerkschaft aller Kultur*schaffenden*: Dieser nicht unumstrittene Begriff umfasst neben den klassischen Kulturberufen, Künstler:innen und/oder Urheber:innen auch andere Erwerbstätige im Bereich Kunst und Kultur – etwa eher technische oder organisatorische Tätigkeiten oder auch Bereiche der kulturellen Bildung. »Als Kulturgewerkschaft und in der Tradition der Arbeiter:innenbewegung stellen wir die Gemeinsamkeiten und die Solidarität zwischen diesen Gruppen und unabhängig von Geschlechterzuschreibungen in den Mittelpunkt – und entscheiden uns deshalb bewusst für diesen Begriff.« (Bossen/Falkenhagen 2021)

Neben tariflichen Regelungen zur Kurzarbeit und befristeten Anpassungen im Bereich der sozialen Absicherung konzentrierte sich die Arbeit der Gewerkschaft im Bereich Kultur von Beginn der Pandemie an auch auf die Bereitstellung von Informationen, um Mitgliedern Orientierung in dem schnell anwachsenden Dschungel von Hilfsangeboten, Öffnungsszenarien und regionalen Besonderheiten zu geben. Insbesondere der schnelle Ausbau und die Aktualität der Informationen für Selbstständige in ver.di (vgl. https://selbststaendigen.info/) wurde von Kulturschaffenden in großem Maße genutzt und gewürdigt. Doch obwohl ver.di viel Anerkennung in der Mitgliedschaft und darüber hinaus für ihre Selbstständigen-Arbeit bekam, muss auch benannt werden: Trotz des großen personellen Einsatzes und eines exzellenten Netzwerks wurden die Forderungen der Gewerkschaft an die Politik, in Hilfsprogrammen und Öffnungsszenarien Kulturschaffende im Speziellen und Selbstständige im Allgemeinen konsequent mitzudenken, nur in Teilen gehört. Als starke politische Organisation war ver.di von Beginn an selbstverständlich in Runden mit der Bundeskanzlerin und im Bundesministerium für Arbeit und Soziales zu Maßnahmen der Pandemiebekämpfung eingebunden und konnte in vielfältigen Kooperationen die Belange der Erwerbstätigen benennen. Aber gerade für atypische Bereiche des Arbeitsmarkts wurden Lösungsvorschläge zwar wahrgenommen, aber nicht umgesetzt. So konnte zum Beispiel kein Einkommensersatz für Selbstständige durchgesetzt werden, auch zielten die Förderprogramme für den Kulturbereich vor allem auf Institutionen und Veranstalter und kamen nur unzureichend bei den einzelnen Kulturschaffenden an.

Alte ver.di-Forderungen gewinnen neue Aktualität
Viele Forderungen ver.dis für Erwerbstätige im Kulturbereich sind nicht aus der Krise geboren, es entstanden aber Diskurse und mediale Aufmerksamkeit darum, die neu (und überfällig) waren. Dafür drei Beispiele:
1. Die faire Vergütung aller Kulturschaffenden etwa ist selbstverständlicher Kern gewerkschaftlichen Handelns. Während der Pandemie bekam die Diskussion um *Mindeststandards im geförderten Kulturbereich* neuen Auftrieb. ver.di steht klar für die Forderung ein, dass – wann immer Kunst und Kultur durch öffentliche Gelder finanziert werden – die beteiligten Kulturschaffenden fair entlohnt werden müssen. Faire Entlohnung wird in Tarifverträgen sichergestellt – die Bindung öffentlicher Fördergelder an Tariflöhne und Vergütungsregeln wäre ein wirksamer und umsetzbarer Schritt in Richtung eines fairen Kulturbetriebs. Ein Beispiel außerhalb kollektiver Regelungen findet sich etwa im Bereich der bildenden Künstler:innen: Noch immer wird an vielen Stellen nicht vergütet, wenn Künstler:innen ihre Werke in geförderten Ausstellungen oder im öffentlichen Raum zeigen. Auch die verbindliche, gesetzlich verankerte Vergütung für Ausstellungen wäre ein Baustein für einen fairen Kulturbetrieb, der künstlerische Praxis wertschätzt.
2. Die verbindliche Einführung von *branchenspezifischen Mindesthonoraren für Selbstständige* ist ebenfalls eine Forderung, die ver.di bereits vor Ausbruch der Pandemie erhoben hat. Ziel ist es, Honorardumping, Prekarität, Schmutzkonkurrenz und den Missbrauch von Werkverträgen zumindest einzugrenzen. Mindesthonorare können den zu geringen Einkommen entgegenwirken, die die Bildung von adäquaten Rücklagen und einer ausreichenden Altersvorsorge unmöglich machen. Die fehlenden finanziellen Puffer – für »normale« Unternehmer:innen selbstverständlich – hatten fatale Folgen während der Pandemie. Nun gilt es, die Aufmerksamkeit gegenüber dem Defizit in der Entgeltregulierung in die politische Umsetzung zu führen. In diesem Kontext setzt sich ver.di für die faire Vergütung von Urheber:innen und ausübenden Künstler:innen ein. Auf europäischer Ebene kämpft ver.di dafür, dass Mindestvergütungen für Selbstständige auch in Tarifverträgen geregelt werden dürfen – was bislang aufgrund kartellrechtlicher Bestimmungen untersagt ist.
3. Kultur ist in Deutschland haushaltsrechtlich eine freiwillige Leistung, die je nach finanzieller Lage und politischer Ausrichtung der Kommunen und Länder ausgebaut oder gestrichen werden kann. Das war schon vor der Pandemie problematisch, in den nächsten Jahren droht aber ein Kahlschlag mit fatalen Auswirkungen auf die kulturelle Vielfalt, die kulturelle Bildung und die Erwerbsmöglichkeit von tausenden Künstler:innen und

Branchenprobleme

anderen Kulturschaffenden. Bereits auf dem Bundeskongress 2019 wurde beschlossen, dass sich ver.di konsequent dafür einsetzt, *Kultur als Staatsziel* im Grundgesetz, in den Landesverfassungen einschließlich der kommunalen Ebene und somit als Pflichtaufgabe festzuschreiben. Auch hier gilt: Die Forderung ist nicht aus der Pandemie geboren, sie bezeichnet ein strukturelles Problem in der Kulturförderung. Aber ihre Brisanz hat die Krise deutlich gezeigt. »Die Förderung der Kunst in ihrer gesamten Vielfalt darf nicht von der wechselnden politischen Ausrichtung von Bund, Ländern und Kommunen abhängig sein«, so Anja Bossen, die Beauftragte für Kunst und Kultur der ver.di (ver.di 2021).

Es braucht für die Zukunft mehr kollektives Handeln
Diese Beispiele zeigen, dass nicht nur die Herausforderungen für Erwerbstätige im Kulturbereich, sondern auch die Antworten darauf durch die Pandemie zwar verdeutlicht wurden, aber strukturellen Ursprungs sind. Sie zeigen auch, dass die Kulturgewerkschaft ver.di über Jahrzehnte zumindest Lösungsansätze entwickelt hat, die wir in der Pandemie aktualisiert haben und für deren Umsetzung es aufgrund eines veränderten Bewusstseins jetzt vielleicht neue Möglichkeitsfenster gibt.

Allerdings wurde in den vergangenen Monaten klar, dass viele Künstler:innen ver.di nicht als Kulturgewerkschaft wahrnehmen und sich weiterhin viele Menschen auch in der Krise gegen den Eintritt in eine Gewerkschaft entscheiden. »Was muss denn eigentlich noch passieren, damit sich alle Kulturschaffenden für ihre eigenen Belange solidarisieren und gewerkschaftlich engagieren?«, fragt die ehrenamtliche Kulturbeauftragte der ver.di in einem Interview zu Gewerkschaft in Pandemiezeiten (»mdr kultur« am 27.4.2021). Ob Corona aus langfristiger Perspektive der Arbeiter:innenbewegung als Schub oder Bedeutungsverlust eingeordnet wird, wird sich erst noch zeigen. Die Aufarbeitung der Rolle der Gewerkschaft während COVID-19 als »Kulturgewerkschaft« hat gerade erst begonnen.

Jenseits dessen aber braucht es für die Umsetzung der Lehren aus der Krise auch einen Aufbruch der Kulturschaffenden. Gewerkschaft agiert im 21. Jahrhundert nicht paternalistisch, stellvertretend, sondern organisiert die Bündelung von Einzelinteressen, um das Kollektiv in seiner Gesamtheit durchsetzungsstärker zu machen. Während das unter Kulturschaffenden in anderen Ländern (z.B. in den USA) auch im Kulturbereich durchaus verstanden und systematisch genutzt wird, ist dies in Deutschland bisher nicht der Fall. Das mag Gründe aus der Erwerbstätigkeit heraus haben, weil der kreative künstlerische Akt, ganz gleich ob in der Bildenden Kunst oder in der Literatur, hoch individuell und vielfach auch in der »Produktion« ganz allein, fast isoliert, erfolgt. Darüber hinaus erleichtert das Selbstverständnis als »Kreative« oft die Akzeptanz asymmetrischer Machtverhältnisse und deregulierter Märkte (Basten 2016; Manske 2016). Zudem werden, andere Künstlerinnen und Künstler gerade in der selbstständigen Erwerbstätigkeit immer wieder nicht nur als Kolleg:innen, sondern auch als Konkurrent:innen wahrgenommen. Dabei verlangt gerade die strukturelle Unterlegenheit in Vertragsverhandlungen selbstständiger Kulturschaffender eine kollektive Durchsetzung – gegenüber Verwertern schöpferischer Leistung im Urheberrecht, gegenüber der Politik zur sozialen Absicherung und bei der Aushandlung branchenspezifischer Mindesthonorare. Gerade Letzteres könnte in den nächsten Jahren hochaktuell werden, wenn, wie von ver.di und ihren europäischen Dachverbänden gefordert, die bisherigen kartellrechtlichen Hürden für Kollektivverhandlungen für Selbstständige aus Artikel 101 des Vertrags über die Arbeitsweise der Europäischen Union (AEUV) noch 2021 auch für Kulturschaffende beseitigt werden (vgl. Mirschel/Basten 2021).

Zukunftsszenarien: dicke Bretter und neue Schwerpunkte
Was sind sinnvolle Linien und Schwerpunkte einer Post-Corona-Gewerkschaftsarbeit für und mit den Kolleg:innen aus Kunst und Kultur? An vielen Stellen, so wurde dargelegt, hat sich die Relevanz der von ver.di entwickelten Forderungen gezeigt – hier werden wir gemeinsam dranbleiben. Neben den Forderungen nach branchenspezifischen Mindesthonoraren für selbstständige Kulturschaffende und der Verankerung von (tariflich vereinbarten) Mindeststandards in Förderrichtlinien und Kulturfördergesetzen steht insbesondere die Arbeit für ein faires soziales Sicherungssystem, das selbstständige und hybride Erwerbstätigkeit einbezieht, im Zentrum:

Die ver.di-Selbstständigen fordern seit Gründung der Gewerkschaft im Jahr 2001, die soziale Sicherung gerecht zu gestalten. Tatsächlich konnte die Gewerkschaft hier schon viel erreichen, zum Beispiel die Absenkung des Mindestbeitrags für selbstständig Versicherte in der Gesetzlichen Krankenversicherung. Im Grundsatz aber sind wir weit von einer Gleichstellung selbstständig Tätiger mit den Beschäftigten in sogenannten »Normalarbeitsverhältnissen« in den sozialen Sicherungssystemen (Kranken-, Pflege-, Arbeitslosen- und Rentenversicherung) entfernt. Ziel muss ein *faires soziales Sicherungssystem* für alle sein.

Über arbeitspolitische Forderungen hinaus hat die Pandemie verdeutlicht, wie wichtig die *gewerkschaftliche Bildungsarbeit* unter Kulturschaffenden ist. Auch weil die Arbeitsrealitäten hoch komplex sind und sich der einfachen Einordnung in Sicherungssysteme, tarifliche Regelungen, Mitbestimmungsstrukturen und betriebliche Zusammenhänge oft entziehen, ist das Wissen

Branchenprobleme

über Rechte und Interessenvertretung der Erwerbstätigkeit oft gering. An dieser Stelle können ehrenamtliche und hauptamtliche Strukturen Knowhow vermitteln, und wir müssen noch bessere Wege finden, dies zu tun, um die Kolleg:innen zu unterstützen.

Parallel dazu hat sich die Bedeutung von *interessenpolitischen Netzwerken* in der Pandemie deutlich gezeigt. Gerade im Kulturbereich gibt es eine Vielzahl von kleinen und kleinsten interessenpolitischen Organisationen, die zum Teil berufsspezifische Belange und zum Teil ganz spezifische Themen vertreten wollen. ver.di verfügt hier über ihre Mitglieder über ein exzellentes Netzwerk auf kommunaler, nationaler, europäischer und internationaler Ebene. Es gilt, dieses Netzwerk auszubauen und für konkrete politische Belange zu nutzen. Über bestehende branchenspezifische Allianzen und Dachverbände können, auch das hat die Pandemie gezeigt, gemeinsame Ziele identifiziert und durchgesetzt werden.

Neben diesen konkreten Bausteinen einer Post-Covid-Kulturgewerkschaft gilt es, den Blick über den realpolitischen Tellerrand nicht zu verlieren. Denn im Moment kann noch niemand absehen, welche *langfristigen Folgen* die Pandemie für diese Branchen tatsächlich hat. Gibt es ein Zurück zum analogen Kulturbetrieb – oder schrecken wir noch viele Jahre vor Veranstaltungen mit vielen Menschen zurück? Werden sich Kino- und Theatersäle wieder füllen und Konzertbesucher das Gedränge genießen? Wie viel Vielfalt ist verloren? Kommen all die kleinen, oft ortsgebundenen Szenen, die Kunst und Kultur in unserer Gesellschaft tragen, wieder auf die Beine oder haben zu viele Kulturschaffende aufgegeben?

Für unsere Gesellschaft sind diese Fragen hochrelevant. Kreative Menschen, so heißt es aus dem Deutschen Bundestag, »leisten mit ihrer Arbeit einen unersetzbaren Beitrag zum Selbstverständnis und zur Wertedebatte in einer demokratischen und pluralen Gesellschaft« (Deutscher Bundestag 2007: 229). Das Grundgesetz (Art. 5 Abs. 3) schützt sowohl die Freiheit künstlerischen Ausdrucks als auch Künstler:innen in besonderem Maße. Grundlage dieses verfassungsrechtlichen Schutzes ist die aus historischer Erfahrung gewonnene Überzeugung, die Freiheit der Kunst sei wesentlich für die demokratische Grundordnung. Daraus leitet sich ja auch die staatliche Aufgabe ab, die Ausübung von Kunst zu fördern (vgl. Jarass/Pieroth 2014: 229–231). Ein Verlust der Vielfalt in Kunst und Kultur durch die materiellen Auswirkungen der Corona-Pandemie auf Kulturschaffende wäre ein furchtbares Armutszeugnis. ver.di positioniert sich in diesem Kontext als Interessenvertretung der Kulturschaffenden, aber im Kontext der gesamtgesellschaftlichen Bedeutung auch als politische Organisation mit knapp zwei Millionen Mitgliedern.

Wir brauchen eine echte *Kultur-Finanzierung*, die die Kulturförderung als freiwillige öffentliche Leistung ablöst. Bildung, Gesundheit, Sporteinrichtungen, öffentliche Begegnungsräume und Infrastruktur werden *finanziert*, nicht gefördert. Unser in weiten Teilen auf Projekte, Freiwilligkeit und nicht zuletzt »Selbstausbeutung« beruhendes Fördersystem wertet Kultur als notwendigen Beitrag des gesellschaftlichen Diskurses, der Debatte, der Demokratie und der individuellen Persönlichkeitsentwicklung ab. Erwerbstätigkeit im Kultur- und Kreativbereich ist jedoch *Arbeit*, die angemessen bezahlt und deren Erbringung nach den Prinzipien Guter Arbeit ausgestaltet werden muss.

Unsere Gesellschaft braucht auch in Zukunft Räume abseits des Marktes, in denen sie sich selbst spiegeln und hinterfragen kann, sie braucht Kulturschaffende, die diese Räume schaffen. Wir brauchen ein (neues) Verständnis von Kultur-Finanzierung, das Erwerbsbiografien von Kulturschaffenden konsequent mitdenkt. Kultur-Schaffen darf kein Privileg der Klassen und Milieus sein, die es sich leisten können, prekär zu arbeiten. Die *Diversität* der Welt im 21. Jahrhundert muss sich in Kunst und Kultur spiegeln, damit sie ihrer gesellschaftlichen, im Grundgesetz verankerten Rolle gerecht werden kann – dafür braucht es Arbeitsverhältnisse jenseits der Prekarität. Kulturpolitische Zielsetzungen dürfen arbeitsmarktpolitische Auswirkungen nicht länger ignorieren.

Literatur

Basten, Lisa (2016): Wir Kreative! Das Selbstverständnis einer Branche, Berlin: Frank & Timme.

Basten, Lisa/Vitols, Sigurt (2020): »Die Chancen des SOEP für den Diskurs um künstlerische und kulturelle Arbeit«. In: Schulz, Gabriele/Zimmermann, Olaf (2020), S. 437–461.

Basten, Lisa (2021): »Künstler:in trotz Zweitjob?«. In: neue musikzeitung (nmz) 4:70. URL: https://www.nmz.de/artikel/kuenstlerin-trotz-zweitjob.

Bossen, Anja/Falkenhagen, Lena/Basten, Lisa (2021, 1. April): »Das Jahr der Kulturschaffenden und belastete Wörter der Nazis«. In kunst + kultur online. URL: https://kuk.verdi.de/jahr-der-kulturschaffenden/das-jahr-der-kulturschaffenden-und-belastete-woerter-der-nazis-11309/.

Bührmann, Andrea (2012): »Unternehmertum jenseits des Normalunternehmertums: Für eine praxistheoretisch inspirierte Erforschung unternehmerischer Aktivitäten«. In: Berliner Journal für Soziologie 1:22, S. 129–156. https://doi.org/10.1007/s11609-012-0175-2.

Dies./Fachinger, Uwe/Welskop-Deffaa, Eva (2018) (Hrsg.): Hybride Erwerbsformen. Digitalisierung, Diversität und sozialpolitische Gestaltungsoptionen, Wiesbaden: Springer VS.

Bundesministerium für Wirtschaft und Energie (BMWi) (2020) (Hrsg.): Monitoringbericht Kultur- und Kreativwirtschaft. URL: https://www.kultur-kreativ-wirtschaft.de/KUK/Redaktion/DE/Publikationen/2020/monitoring-wirtschaftliche-eckdaten-kuk.pdf?__blob=publicationFile&v=9.

Deutscher Bundestag (2007): Schlussbericht der Enquete-Kommission »Kultur in Deutschland«. Drucksache 16/7000. URL: https://dip21.bundestag.de/dip21/btd/16/070/1607000.pdf.

Branchenprobleme

Hartmann, Anne/Kriegel, Martin (2020): Covid-19 Ansteckung über Aerosolpartikel – vergleichende Bewertung von Innenräumen hinsichtlich des situationsbedingten R-Wertes. TU Berlin Preprint. URL https://depositonce.tu-berlin.de/bitstream/11303/11477/5/hartmann_kriegel_2020_de.pdf.

Jarass, Hans D./Pieroth, Bodo (2014): Grundgesetz für die Bundesrepublik Deutschland. Kommentar, München: Beck.

Manske, Alexandra (2016): Kapitalistische Geister in der Kultur- und Kreativwirtschaft. Kreative zwischen wirtschaftlichem Zwang und künstlerischem Drang, Bielefeld: transcript.

Mirschel, Veronika (2018): »Interessenvertretung von (zeitweise) Selbstständigen in der Medienbranche«. In: Bührmann et al. (2018), S. 131–153.

Mirschel, Veronika/Basten, Lisa (2021): »In Bewegung. EU-Recht und kollektives Verhandeln«. In kunst+kultur online. URL: https://kuk.verdi.de/aktuell/in-bewegung-eu-recht-und-kollektives-verhandeln-12533/.

Mückenberger, Ulrich (1985): »Die Krise des Normalarbeitsverhältnisses«. In: Zeitschrift für Sozialreform 7:31, S. 415–434.

Schulz, Gabriele (2013a): »Arbeitsmarkt Kultur. Eine Analyse von KSK-Daten«. In: Schulz, Gabriele/Zimmermann, Olaf/Hufnagel, Rainer (Hrsg.): Arbeitsmarkt Kultur. Zur wirtschaftlichen und sozialen Lage in Kulturberufen. Berlin: Deutscher Kulturrat, S. 241–324.

Schulz, Gabriele/Zimmermann, Olaf (Hrsg.) (2020): Frauen und Männer im Kulturmarkt. Bericht zur wirtschaftlichen und sozialen Lage. Berlin: Deutscher Kulturrat.

ver.di (2021, 27. April): »Alle Parteien sollen Kultur als Staatsziel in Wahlprogramme aufnehmen« [Pressemitteilung]. URL: https://www.verdi.de/presse/pressemitteilungen/++co++f0d70216-a749-11eb-9f87-001a4a16012a.

Wissenschaftliche Dienste des Deutschen Bundestags (2021): Auswirkungen der Maßnahmen zur Bekämpfung der COVID-19-Pandemie auf das kulturelle Leben in Deutschland. Entwicklungen des Kultur- und Kreativsektors in den Jahren 2020–2021. Sachstand WD 10-3000-027/21. URL: https://www.bundestag.de/resource/blob/845792/af175ed2ab6db0f12636d49fc8c5644f/WD-10-027-21-pdf-data.pdf.

Kai Burmeister
Sozialökologischer Umbau, Automobilindustrie und sichere Arbeitsplätze

1 Ökologische Krise und Gewerkschaften als Treiber des ökologischen Umbaus

Mit Hitzewellen im Mittelmeerraum und an der Westküste der USA sowie Starkregen in Mitteleuropa zeigten sich im Sommer 2021 die mit dem Klimawandel in Verbindung gebrachten Extremwetterlagen. Neben gewaltigen Schäden in der Natur, in Dörfern, Städten und der Infrastruktur kamen auch zahlreiche Menschen in Feuern und Fluten um. Die Ereignisse dieses Sommers werden wahrscheinlich erst der Anfang des Klimawandels sein, gänzlich überraschend kamen sie allerdings nicht. Der Weltklimarat hat in einem Sonderbericht zu einer Erderwärmung von (nur) 1,5° C herausgearbeitet, dass die Risiken des Klimawandels für Mensch und Natur größer sind als bisher angenommen. So würden Extremereignisse wie Hitzewellen, Starkregen und Dürren in einigen Regionen deutlich zunehmen und Kipppunkte im Erd-Klimasystem würden zu irreversiblen Veränderungen führen. Die Menschheit bewegt sich demnach auf eine Situation zu, bei der sie allmählich die Kontrolle über den Zustand der Erde verliert (Rahmstorf 2019). Auch der im August 2021 vorgestellte 6. Sachstandsbericht des Weltklimarats hat nochmals unterstrichen, wie sehr der vom Menschen verursachte Klimawandel sich bereits auf viele Wetter- und Klimaextreme in allen Regionen der Welt auswirkt (Deutsche IPCC-Koordinierungsstelle 2021).

Hat die Weltgemeinschaft jetzt die Zeichen der Zeit erkannt und schließt die Lücke zwischen dem Stand des umfangreichen Wissens und dem zögerlichen Handeln rund um den Klimawandel? »Wir bekennen uns zu den Klimazielen und erreichen die Klimaneutralität bis 2039«, so etwa die ambitionierte Aussage eines deutschen Automobilbauers. Problem erkannt, Problem gebannt? Tatsächlich ist mit der Bewegung »fridays for future« und dem Urteil des Bundesverfassungsgerichts Bewegung in die Dringlichkeit des Klimaschutzes gekommen und die Industrie bemüht sich kommunikativ, als Teil der Lösung und nicht Teil des Problems wahrgenommen zu werden. Ob diese Ankündigungen schon für sich genommen die Lösung sind, kann bezweifelt werden. In der Vergangenheit sind schließlich Industrieverbände immer wieder Selbstverpflichtungen eingegangen, um gesetzliche Regulierun-

Branchenprobleme

gen abzuwehren, passiert ist dann aber tatsächlich wenig. Ein kritischer Blick bleibt deshalb nötig.

Birgit Mahnkopf etwa verweist darauf, dass »Lieder von der nahen Klimaneutralität kapitalistischer Industriegesellschaften« heute zum Alltagsrepertoire ökonomischer und politischer Eliten gehören. Bei Lichte betrachtet solle die Rohstoffbasis des industriekapitalistischen Entwicklungspfades erneuert werden, und der Green Deal der Europäischen Kommission sei eher eine Beruhigungspille denn ein notwendiger Politikwechsel (Mahnkopf 2021). Solche grundsätzlichen Sichtweisen sind hilfreich, um nicht in der Dauerbeschallung »Wir sind alle Klimaschützer« der Kommunikationsabteilungen von Lobbyverbänden den Blick aufs Wesentliche zu verlieren.

Andersherum gilt es genauso kritisch damit umzugehen, dass in manchen Debatten der Industrieproduktion jegliche Existenzberechtigung abgesprochen wird. Demnach sei die Abwicklung der Industrie begrüßenswert und der Abbau der Beschäftigung in der Automobilindustrie eben ein Nebeneffekt, von dem man selbst aber nicht betroffen sei. Ergänzend wird manchmal hinzugefügt, dass aus nicht mehr benötigten Industriehallen dann Kletter- und Boulderhallen werden könnten. Dies mag dem eigenen urbanen Lebensgefühl entsprechen, aber solche gesellschaftlichen Debatten sind im starken Maße sozial ignorant und zeugen von ökonomischer Unkenntnis über den Zusammenhang von Industrieproduktion und Wohlstand.

Die Gewerkschaften müssen hier manche Schieflage geraderücken. Angesichts der drohenden ökologischen Krise geht es weniger um Lifestyle als um einen tatsächlichen ökologischen Umbau der Industrie. Die Industrieproduktion muss dekarbonisiert, die Energieversorgung auf eine regenerative Basis umgestellt und auch die Nutzung von Autos und Maschinen muss klimaverträglich gestaltet werden.

Der Verkehrssektor muss sowohl Emissionen drastisch reduzieren und Verkehrssysteme in den Städten müssen so organisiert werden, dass verstopfte Straßen mit langen Staus überwunden werden. Vorfahrt für Bus, Bahn und Rad zeigt die Richtung an. Konkret geht es darum, in gesellschaftlichen Bündnissen und in den Betrieben für eine Mobilitätswende einzutreten. Jüngst haben Gewerkschaften, Umwelt- und Sozialverbände und Kirchen Handlungsempfehlungen für eine sozial- und klimaverträgliche Mobilitätswende in Deutschland vorgelegt und dabei Mobilität als wesentlichen Bestandteil der Daseinsvorsorge definiert und entsprechende Maßnahmen auf die politische Agenda gebracht (Bündnis sozialverträgliche Mobilitätswende 2021). Über diesen programmatischen Impuls hinaus haben sich Expert:innen von IG Metall und dem Umweltverband BUND die Mühe gemacht, in einem Szenarienprozess über auftretende Konflikte von Ökonomie, Arbeit und Ökologie vorzudenken. Die Absicht dahinter ist es, nicht wegzudiskutierende Konflikte und Widersprüche so bearbeitbar zu machen, dass Umwelt- und Gewerkschaftsbewegung zusammen- und nicht gegeneinander antreten können. Dies ist kein Automatismus, sondern setzt den aktiven Willen und Handeln bei den Interessenvertreter:innen von Arbeit und Umwelt voraus.

Aktuell ist die IG Metall an vielen Stellen in der Gesellschaft unterwegs und sucht auch in der Politik Bündnispartner für einen fairen Wandel der Automobilindustrie (Meinhardt/Würdinger 2020). Gesellschaftlicher Fortschritt kann nur dann durch Gewerkschaften befördert werden, wenn die betriebliche Verankerung dieser Forderungen mit der Lebens- und Arbeitsrealität der Beschäftigten zusammenpasst. Entsprechend notwendig ist ein klarer Blick auf die Lage und Perspektiven der Automobilproduktion in Deutschland.

2 Globaler Automarkt: Zwischen Neuerfindung des Automobils und gänzlicher neuer Logik?

Das vergangene Jahrzehnt verlief für die deutsche Automobilindustrie ausgesprochen erfolgreich. Der Umsatz konnte von 266 Mrd. Euro im Jahr 2009 auf knapp 439 Mrd. Euro in 2019 gesteigert werden. Gleichzeitig zeigt der Aufstieg von Tesla, Nio und BYD, wie sehr sich das Automobil und seine Produktion verändern und wie etablierte Hersteller in Deutschland unter Druck geraten.

Anders als in der öffentlichen Debatte geht es um weit mehr als die Antriebstechnologie hin zum Elektroauto. Die Vernetzung des Fahrzeugs und die stark auszubauende Softwarekompetenz werden ebenfalls zu entscheidenden Wettbewerbsfaktoren im Rennen um die Poleposition der Automobilproduktion (Bain & Company 2020, 24). Entsprechend wird bei Daimler mit dem Mercedes-Benz Operating System (MBOS) an einem eigens entwickelten Betriebssystem gearbeitet, mit dem das Auto der Zukunft gesteuert und vernetzt werden soll. Volkswagen bereitet sich ebenfalls mit einer eigenen Einheit (ehemals Car.Software-Organisation, jetzt Cariad) auf diese digitale Herausforderung vor, und auch bei anderen Automobilherstellern wird Softwarekompetenz zum neuen Schwerpunkt der Strategie.

Bei den Neuzulassungen in Deutschland zeigt sich ein starker Zuwachs der Elektromobilität. Im ersten Halbjahr 2021 wurden 312 000 teil- und vollelektrische Fahrzeuge zugelassen, damit war schon jede vierte Neuzulassung elektrisch angetrieben (e-mobil BW 2021). Handelt es sich bei diesem bisher nie erreichten Marktanteil um ein Ergebnis deutscher Förderpolitik oder um eine substantielle und nicht aufzuhaltende Verschiebung auf dem Weltmarkt?

Nach ZSW-Angaben hat der Bestand von E-Autos 2020 die Marke von 10 Millionen überschritten, wobei jedes zweite E-Auto in China unterwegs

Branchenprobleme

ist (ZSW 2021). In China und den USA, den beiden mit Abstand größten Automobilmärkten, sowie in der Europäischen Union wird mit einem steileren Aufstieg der Elektromobilität bis zum Jahr 2030 gerechnet. War Elektromobilität in den letzten Jahren zwar viel diskutiert, aber eher selten auf den Straßen zu sehen, so macht sich jetzt eine Dynamik bemerkbar. Die LBBW bemerkt zum Anteil batterieelektrischer PKW (BEV) jüngst: »Wir passen (...) unsere BEV-Prognose für 2030 nach oben an. Für Europa erwarten wir über alle Hersteller hinweg eine BEV-Quote von bis zu 60 Prozent, weltweit von bis zu 40 Prozent. Diese Trendbeschleunigung könnte noch aufgehalten werden durch den mäßigen Aufbau der Infrastruktur, einen zu geringen Anteil an regenerativem Strom, eine Änderung in der Förderpolitik, bei Engpässen in Batteriematerialien oder Umweltthemen bei der Batterieherstellung. Allerdings zeigt die bisherige Entwicklung, dass sich die Elektrifizierung nicht aufhalten lässt und dynamischer als prognostiziert verläuft.« (LBBW 2021) Zwar verweisen die LBBW-Forscher noch auf Unsicherheiten, aber die Grundsatzentscheidung in Richtung Antriebstechnologie ist gefallen. So verkündet der Stuttgarter Autobauer Mercedes Benz einen früheren Abschied vom Verbrenner und spricht im Strategieupdate anstelle von »Electric first« jetzt von »Electric only« und geht damit von einem höheren Tempo in Richtung emissionsfreier und softwaregetriebener Zukunft aus (Daimler 2021). Eine solche Radikalität überrascht und wäre noch vor einiger Zeit undenkbar gewesen. Woher kommt dieser Umschwung, der das Ende einer über Jahrzehnte hinweg aufgebauten Technologie rund um den Verbrennungsmotor einläutet? Zum einem sind es die politischen Vorgaben der Regulierung in den relevanten Absatzmärkten, denn substantielle Einsparungen an Treibhausgasen lassen sich vor allem mit regenerativ betriebener Elektromobilität erreichen. Zum zweiten sprechen – neben dem Fahrspaß – vor allem die Kosten für diese Antriebsart. Fallende Batteriekosten lassen die Anschaffungskosten sinken und auch bei den laufenden Kosten ist die Batterie dem Verbrenner überlegen. Dies klingt aktuell noch erstaunlich, entspricht aber der prognostizierten Zukunft der nächsten Jahre.

Wie steht es jenseits der Antriebstechnologie um den Automobilabsatz? Nachdem, getrieben von China, die Weltautomobilproduktion immer neue Höchststände erreicht hat, ist 2020 der weltweite PKW-Markt gegenüber dem Vorjahr um 16 Prozent von über 79 Millionen auf rund 66 Millionen Einheiten eingebrochen. In Deutschland ist die Inlandsproduktion um ein Viertel auf nur noch 3,5 Millionen Einheiten zurückgegangen. In den ersten sieben Monaten des Jahres 2021 zeigt sich allmählich eine leichte Erholung der Nachfrage, bei der für Deutschland die Neuzulassungen (+7 Prozent) leicht und der Export (+11 Prozent) stark zulegt haben (VDA). Damit wird einmal mehr die starke Exportorientierung der hiesigen Hersteller unterstrichen, an der ein Großteil der über 800 000 direkt bei Herstellern und Zulieferern beschäftigten Arbeitnehmer:innen hängt.

Wahrscheinlich wird die globale Autoindustrie eine mehrjährige Durststrecke durchschreiten, bis wieder das Vor-Corona-Niveau erreicht werden kann. Was ist realistisch? Branchenexperten gehen davon aus, dass der Bedarf an Autos langfristig wieder zunehmen wird. Im Jahr 2030 könnten jährlich bis zu 100 Millionen PKW und LKW produziert und abgesetzt werden.

Dies mag allzu optimistisch sein, aber global gesehen ist das Auto nicht an sein Ende gelangt. Viel eher spricht – jenseits von temporären Überkapazitäten – viel dafür, dass weiterhin große Stückzahlen nachgefragt werden, und dies ist die Grundlage für die Sicherung und die dringend gebotene Erneucrung der industriellen Basis von Industriearbeit in Deutschland. Klar ist, das Auto wird angesichts der Entscheidung des Bundesverfassungsgerichts zum ambitionierteren Klimaschutz und den Vorschlägen der Europäischen Kommission im »Fit for 55-Maßnahmenpaket« gänzlich anders gebaut und angetrieben werden müssen.

Die Antriebswende allein ist für sich genommen schon eine gewaltige Herausforderung, würde aber die Funktionslogik des Automobilmarktes an sich nicht verändern. Allerdings könnte es auch viel radikaler von statten gehen. So erwartet das ISF München eine »historische Zeitenwende analog zur Durchsetzung der industriellen Produktionsweise« (Boes/Ziegler 2021: 187). Dahinter steht nicht nur ein erleichterter Marktzutritt für neue Automobilproduzenten, sondern vielmehr ein Produktivkraftsprung entlang des Informationsraums und der Tech-Unternehmen. Boes und Ziegler gehen von dieser Entwicklung aus: »Im Ergebnis ist nicht zu erwarten, dass sich eine der beiden Fraktionen (Automobilindustrie vs. Informationsökonomie) vollständig durchsetzt und ihr Wertschöpfungskonzept ohne die andere Fraktion realisieren kann. Gleichzeitig ist aber auch davon auszugehen, dass die Wertschöpfungsstruktur der zukünftigen Automobilindustrie sich von dem hierarchischen Muster der Wertschöpfungskette emanzipieren wird und damit in eine multiple Struktur von Kommandohügeln münden wird, sodass die ehemals dominanten OEMs mit Sicherheit nicht mehr die allein bestimmenden Akteure sein werden, wie das in den pyramidenartigen Strukturen der Vergangenheit der Fall war.« (Boes/Ziegler 2021: 195)

Damit stehen die klassischen Lieferbeziehungen zwischen Automobilproduzenten und Zulieferern von einer grundsätzlichen Neujustierung, deren Ausgang mehr denn je offen ist. Zudem wollen neue Anbieter wie etwa der US-Chiphersteller Qualcomm ins Zulieferergeschäft einsteigen und die enge Verbindung von Soft- und Hardware für sich nutzen. Auch kann es zu einer

Branchenprobleme

Dekonzentrierung der Produktion jenseits großer Automobilstandorte kommen. So spricht der Aachener Autohersteller E-GO davon, in Bulgarien und Griechenland kleine Mikrofabriken aufbauen zu wollen, die jeweils einige tausend Einheiten für den lokalen Markt produzieren sollen. Angesichts digital vernetzter Fabriken und fallender Produktionskosten ist dies keine unrealistische Ankündigung. Auf jeden Fall spricht viel dafür, dass produktions-, vertriebs- und wettbewerbsseitig die Transformation viel grundsätzlicher verlaufen wird als ein bloßer Wandel im Motorraum dies vermuten lässt.

Allgemein wird der Elektroantrieb mit einem starken Rückgang der Beschäftigung in Verbindung gebracht, weil gegenüber konventionellen Antrieben weniger Teile produziert und montiert werden. Die Beschäftigungswirkungen der Elektrifizierung wurden in der Studie »Wirkungen der Fahrzeugelektrifizierung auf Beschäftigung am Standort Deutschland« untersucht. Der Beschäftigungseffekt hängt dabei von der Geschwindigkeit beim Hochlauf ab. Die Bilanz fällt umso weniger drastisch aus, je mehr neue elektrische Komponenten auch innerhalb der heutigen Wertschöpfungskette gefertigt werden.

Wenn der Hochlauf der Elektromobilität mit höherem Tempo als bisher angenommen verlaufen wird, so werden die Auswirkungen in den Betrieben schneller und heftiger auftreten. Untermauert wird die zunehmende Drucksituation durch eine Veröffentlichung der Boston Consulting Group in Zusammenarbeit mit der Agora Verkehrswende. In der Untersuchung werden die erwarteten Beschäftigungseffekte bis zum Jahr 2030 dargestellt (Boston Consulting Group). Zwar wird für den Mobilitätssektor von einer konstanten Beschäftigtenzahl ausgegangen, gleichwohl kommt es zu massiven Veränderungen zwischen den einzelnen Segmenten. Besonders die Beschäftigten bei Endherstellern, in der antriebsstrangfokussierten Zuliefererindustrie und in den Kfz-Werkstätten geraten unter Druck. Neue Beschäftigung hingegen könnte entlang von Zellfertigung und Ladeinfrastruktur entstehen (s. Abb. 1).

3 Transformation in den Betrieben und zunehmende Standortkonflikte
Ob sich die prognostizierten positiven und negativen Beschäftigungseffekte tatsächlich einstellen, ist von vielerlei Faktoren abhängig und damit auch Gegenstand gewerkschaftlichen Handelns. Entsprechend drängt die IG Metall Baden-Württemberg an allen bestehenden Standorten der Endhersteller und der Zuliefererindustrie auf belastbare Konzepte, die klären, mit welchen zukünftigen Produkten die Teilhabe an der neuen automobilen Wertschöpfungskette gesichert werden kann. Es geht um neue Produkte, entsprechende Investitionen und Qualifizierungskonzepte. Nachdem es der Beschäftigtenseite beim Zulieferer ZF gelungen ist, in einen organisierten Prozess um die

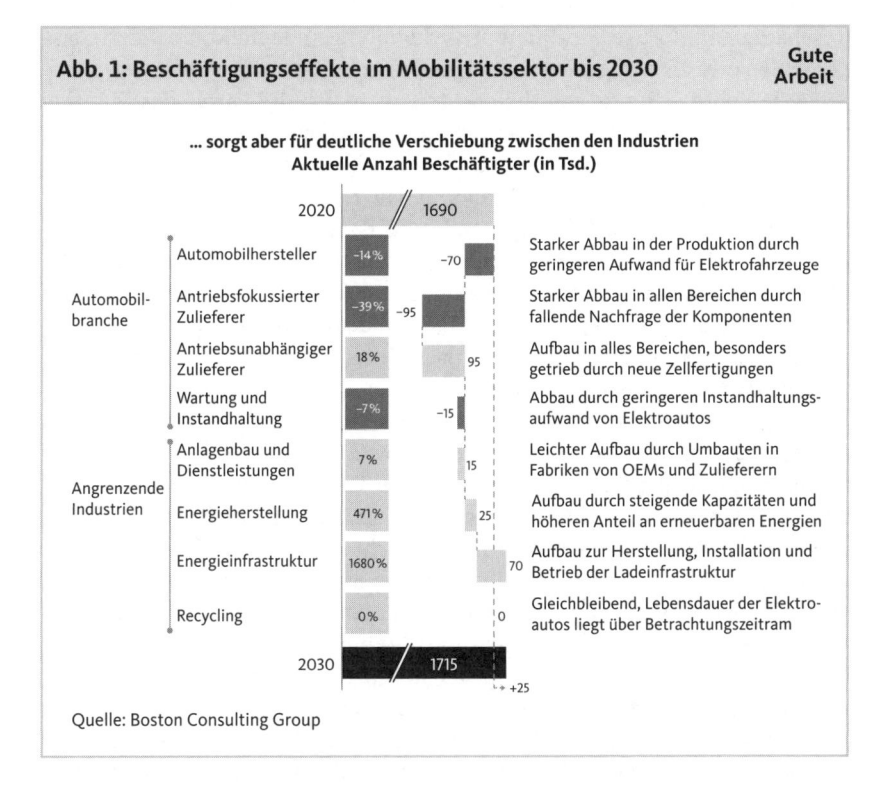

Abb. 1: Beschäftigungseffekte im Mobilitätssektor bis 2030 — Gute Arbeit

... sorgt aber für deutliche Verschiebung zwischen den Industrien
Aktuelle Anzahl Beschäftigter (in Tsd.)

2020: 1690

Bereich	Segment	Veränderung	Anzahl	Begründung
Automobilbranche	Automobilhersteller	-14 %	-70	Starker Abbau in der Produktion durch geringeren Aufwand für Elektrofahrzeuge
	Antriebsfokussierter Zulieferer	-39 %	-95	Starker Abbau in allen Bereichen durch fallende Nachfrage der Komponenten
	Antriebsunabhängiger Zulieferer	18 %	95	Aufbau in alles Bereichen, besonders getrieb durch neue Zellfertigungen
	Wartung und Instandhaltung	-7 %	-15	Abbau durch geringeren Instandhaltungsaufwand von Elektroautos
Angrenzende Industrien	Anlagenbau und Dienstleistungen	7 %	15	Leichter Aufbau durch Umbauten in Fabriken von OEMs und Zulieferern
	Energieherstellung	471 %	25	Aufbau durch steigende Kapazitäten und höheren Anteil an erneuerbaren Energien
	Energieinfrastruktur	1680 %	70	Aufbau zur Herstellung, Installation und Betrieb der Ladeinfrastruktur
	Recycling	0 %	0	Gleichbleibend, Lebensdauer der Elektroautos liegt über Betrachtungszeitram

2030: 1715 (+25)

Quelle: Boston Consulting Group

Gestaltung von betrieblichen Zukunftsbildern mit dem Management einzusteigen, konnte die IG Metall in der Tarifrunde 2021 dieses Instrument in der Fläche durchsetzen. Der Tarifabschluss sieht sogenannte Zukunftstarifverträge vor, bei denen die strategische Ausrichtung von Unternehmen und Betrieben Beratungsgegenstand zwischen den Tarifparteien ist.

Ist damit die Zukunft für alle Standorte gerettet? Ausdrücklich: Nein! Eine Einschätzung einer Manager-Befragung ist in diesem Zusammenhang von besonderem Interesse: Drei Viertel der Manager sind der Auffassung, dass in zehn Jahren nur noch jedes 20. Auto in Westeuropa produziert wird (KPMG 2020). Diese Einschätzung deckt sich mit den Befürchtungen vieler Beschäftigter, wonach der Technologiewechsel zum Verlust an industrieller Wertschöpfung führen und damit zu einer Gefahr für Arbeitsplätze werden könnte. Tatsächlich strebt das Management in vielen Unternehmen auch eine neue Welle der Verlagerung an. Viele Zulieferer haben jüngst Standortschließungen angekündigt und dies mit Verlagerungen in Richtung sogenannter Best Cost Countries verbunden. Bei einem großen Zulieferer sehen sich die

Branchenprobleme

Beschäftigten im Zuge von Standortverhandlungen damit konfrontiert, dass der Anteil zwischen sogenannten Highcost- und Lowcost-Locations neu ausgehandelt wird. »Runter mit den Kosten« ist dabei die Parole des Managements, und die IG Metall befindet sich in einem Abwehrkampf.

Derzeit ist die Verunsicherung der Beschäftigten groß und die Angst vor Arbeitsplatzverlust steigt. Es gilt aber genau zu unterscheiden, zu welchen Veränderungen der Technologiewandel führt und welchen Anteil renditegetriebene Managementstrategien ausmachen. Die Gefahren falscher Managemententscheidungen mit Verlagerungen in Richtung Osteuropa sowie der beabsichtigten Flucht aus Tarifverträgen überwiegen die technischen Veränderungen. Es gilt zu verhindern, dass Unternehmen die Transformation für ihre Rendite-Ziele missbrauchen.

Für die IG Metall ergibt sich in den Betrieben damit eine komplexe Ausgangssituation aus *Zuspitzung und Komplexität* sowie aus *Kooperation und Konflikt*. »Mit allen Beschäftigten durch die Transformation«, »Zukunft für alle Standorte« und »keine Entlassungen« müssen die Zielstellungen sein, damit fatale Managementstrategien der Flucht in Richtung Osteuropa abgewehrt werden können. Es geht um die breite Einbindung und Mobilisierung ganzer Belegschaften, um eben jene Zukunftstarifverträge durchsetzen zu können. Und darüber hinaus muss die Zukunft strukturbestimmender Betriebe zum öffentlichen Thema in der jeweiligen Region gemacht werden. Dies braucht Zuspitzung und Mut zum Konflikt.

Auf der anderen Seite werden die Klarheit in der Forderung nach Zukunft für alle Beschäftigten und Konfliktorientierung alleine auch nicht ausreichen, um den anspruchsvollen Prozess nach tragfähigen Standortkonzepten und Geschäftsmodellen auf technischer und betriebswirtschaftlicher Ebene bewältigen zu können. Arbeitnehmerorientierte Beratung ist hier mehr denn je gefordert, deutlicher formuliert: Es braucht mehr Kompetenz und Kapazität für die Unterstützung arbeitnehmerorientierter Strategien. Und nicht zuletzt ist auch jede konfliktorientierte und fundierte Strategie für die Zukunft von Standorten auf ein Management angewiesen, das zum Kompromiss fähig und befugt ist. Die Betriebs- und Tarifpolitik der IG Metall steht damit vor einer gewaltigen Bewährungsprobe.

4 Qualifizierungszeiten als neue Normalität etablieren

Gesetzliche und tarifliche Regelungen zur Kurzarbeit haben den Corona-Einbruch für die Beschäftigten abgemildert. Zu den vergebenen Gelegenheiten gehört allerdings, dass Kurzarbeit bis heute nur in Ausnahmefällen mit Qualifizierung verbunden wurde. Nach Angaben des IAB hat nur etwa jeder 10. Betrieb Kurzarbeit für eine geförderte Weiterbildung genutzt (Bellmann et al. 2021). Diese Zurückhaltung wirkt fahrlässig, weil sich doch für das neue Auto für nahezu alle Beschäftigtengruppen neue Arbeitsanforderungen ergeben.

Der Qualifizierungsbedarf umfasst Spezialisten, Facharbeiter bis hin zu An- und Ungelernten. Eine Umfrage unter Betriebsräten in Baden-Württemberg kommt dabei zu dieser nüchternen Feststellung: Nur ein kleiner Anteil bewertet die Qualifizierungspläne der Unternehmen als voll und ganz ausreichend (IG Metall Baden-Württemberg 2020). Sechs von zehn Betriebsräten sehen die Pläne als eher nicht ausreichend an. Offenbar steht die vielfach postulierte Kultur von Weiterbildung und lebenslangem Lernen in starkem Kontrast zur betrieblichen Realität.

Zwar gibt es einen vermeintlichen Konsens in der Öffentlichkeit rund um die Bedeutung von Weiterbildung. Auch verfügen in Baden-Württemberg die Sozialpartner in der Metallindustrie mit der AgenturQ über eine gemeinsame Einrichtung für die Weiterbildung, und es besteht aus sozialpartnerschaftlicher Perspektive durchaus eine gemeinsame Sicht auf die Herausforderungen für die betriebliche Qualifizierung (Dunst et al. 2021). Auch gibt es einige gute Beispiele, in denen Betriebe vorbildlich unterwegs sind. Diese bilden leider die Minderheit der Betriebe ab. Ein grundsätzlicher betrieblicher Konflikt ist nicht zu übersehen. Weiterbildung fällt gerade in Zeiten des Rotstifts der Kostensenkung und Sicherung von Liquidität zum Opfer.

Qualifizierung während des Arbeitstags muss zur neuen Normalität werden, um die Veränderung rund ums Auto zusammen mit den vorhandenen Belegschaften bewältigen zu können. Im Südwesten hat die Landesregierung eine umfangreiche »Qualifizierungsoffensive« auf den Weg gebracht, die die Folgen des Strukturwandels abfedern soll (Staatsministerium 2021). Neben solchen begrüßenswerten Initiativen braucht es auch strukturelle Reformen, wie etwa den institutionellen Umbau der Arbeitslosenversicherung hin zu einer Arbeits- und Bildungsversicherung. »Kern der neuen Sozialleistung wäre ein Recht auf Weiterbildung und beruflichen Neustart in allen Lebensphasen, das aktiv jede Einzelne und jeden Einzelnen bei den bevorstehenden Veränderungsprozessen unterstützt, die individuellen Möglichkeitsräume vergrößert und somit Chancen, Schutz und Verlässlichkeit in Zeiten der Unsicherheit bietet.« (Böhning/Rahmer 2021) Anders ausgedrückt: Beschäftigte brauchen verbindliche Ansprüche auf entsprechende Zeiten und sichere Einkommen während der Phasen der Weiterbildung, deren Fehlen heute oft die Hindernisse für umfassende Qualifizierungen jenseits von Tagesschulungen sind. Qualifizierung in Verbindung mit verkürzten Arbeitstagen sind das Gegenprogramm zu Personalabbau und Entlassungen.

Branchenprobleme

5 Industriepolitischer Kraftakt

Der notwendige institutionelle Umbau der Arbeitslosenversicherung verweist darauf, dass die Transformation der Automobilindustrie sich nicht nur in der Sphäre der Ökonomie abspielt. Zwar ist der Vorwurf gegenüber der Automobilindustrie mehr als berechtigt, viel zu lange an einem klimaschädlichen Geschäftsmodell festgehalten zu haben, dennoch würde es zu kurz greifen, die Schuld für eine versäumte Mobilitätswende allein bei der Industrie abzuladen. Dies zeigt sich etwa aktuell beim zu langsamen Ausbau der Ladeinfrastruktur und der zu langsamen Energiewende.

Im Zuge der Wirtschafts- und Finanzmarktkrise Ende der 2000er Jahre hat die Bundesregierung das Ziel von einer Million E-Autos ausgegeben. Passiert ist damals zu wenig, und das ambitionierte Ziel war kaum mit belastbaren Plänen zu Umsetzung unterlegt. Die Schlussfolgerung daraus lautet: Ein grundsätzlicher Wandel einer Basistechnologie verlangt zahlreiche planerische Infrastrukturmaßnahmen. Für die gesellschaftliche Großaufgabe der Transformation von Industrie und Mobilität sind neoliberale und ordoliberale Glaubenssätze gänzlich ungeeignet. Die Gretchenfrage lautet nicht »Markt oder Staat«.

Vielmehr kommt es auf das intelligente Zusammenspiel von Unternehmen, Staat und wissenschaftlichen Einrichtungen an, das an sich zu den Stärken eines eher stakeholderorientierten Wirtschaftsmodells wie in Deutschland zählt (Mazzucato 2019: 256). Nötig ist das politische Bekenntnis, dass der »Staat mit einer aktiven Industriepolitik ein neues Zeitalter einläuten« muss und dazu eine ambitionierte »Innovations- und Investitionsförderung« voranbringen muss (Hofreiter/Vassiliadis 2021). Der Umbau des Mobilitätssektors muss mit einer Aufwertung eines aktiv handelnden und gestaltenden Staates verbunden werden. Statt einer Schuldenbremse geht es um massive öffentliche Investitionen. Es geht nicht allein um Milliarden und Beton, vielmehr wäre Mut in Richtung einer Reformpolitik des New Deal von Roosevelt der 1930er Jahre nötig, damit Beschäftigte und Umwelt von einer Investitionsoffensive profitieren (Lehndorff 2020).

Es bietet sich an, jetzt mit Entschlossenheit ein Ziel für klimaneutrale Mobilität 2030 vorzulegen und konkrete industriepolitische Zwischenschritte zu definieren. Neben der Elektromobilität gehört dazu auch eine industrialisierte Zelltechnologie. Nachdem die Automobilkonzerne lange darauf beharrt haben, Zellen und Batterien als Zukaufteile zu betrachten, die bei Produzenten aus Asien eingekauft werden sollten, hat erfreulicherweise ein Umdenken stattgefunden. Auch die europäische Politik hat die Zeichen der Zeit erkannt und die Batteriezellfertigung als »Important Project of Common European Interest« definiert und bemüht sich um industriepolitische Flankierung. Christian Hochfeld von der Agora Verkehrswende sieht eine positive Prognose der wirtschaftlichen und beschäftigungspolitischen Potentiale: »Deutschland verfügt in allen Teilen der Wertschöpfungskette über wichtige Kompetenzen und mit der Automobilindustrie über einen vielversprechenden Absatzmarkt. Weltweit wird die Nachfrage nach umwelt- und klimaschonend hergestellten Batterien steigen. Aus unseren zusätzlichen Arbeiten zur automobilen Arbeitswelt 2030 geht hervor, dass allein in der Batteriezellproduktion in Deutschland 20 000 neue Arbeitsplätze entstehen können.« (Agora Verkehrswende 2021) Ebenso vielversprechend ist das Batterierecycling, um Rohstoffe im Sinne der Kreislaufwirtschaft stetig zu nutzen. Auch ließen sich hier sozial und ökologisch verträgliche Lieferbeziehungen entlang von Kobalt, Mangan und Lithium aufbauen (emobil bw 2019). Realistisch umfasst das tatsächlich betriebene Mobilitätssystem 2030 bei PKW und LKW weitere Technologien wie Brennstoffzellen und Wasserstoff, optimierte Verbrennungsmotoren und defossilierte Kraftstoffe. Ausdrücklich als zeitlich begrenzter Zwischenschritt bieten sich auch mehr Hybrid-Antriebe an, die eine längere batterieelektrische Reichweite erhalten und tatsächlich elektrisch gefahren werden müssen (Poreski et al. 2020).

Wenn sich fortschrittliche Politik mit der nötigen Ausdauer der Aufgabe der demokratischen Steuerung der Transformation annimmt, kann darin der notwendige Aufbruch in eine industriepolitische Neuerfindung der politischen Linken in Richtung einer nachhaltigen Wirtschaftsweise liegen (Dörre 2020). Mit der »Nationalen Plattform Zukunft der Mobilität« und vorangegangenen Initiativen in den Autoländern Baden-Württemberg, Bayern und Niedersachsen bestehen aktuell Orte, an denen Politik zusammen mit Industrie und Gewerkschaften heute zusammenkommt, um über Maßnahmen der automobilen Transformation zu beraten.

In der Realität sind diese Formate noch weit entfernt von einer Steuerung der Transformation unter wirtschaftsdemokratischen Vorzeichen, aber dies ließe sich unter anderen politischen Mehrheiten ändern. Heute sind Technologien wichtige Themen dieser Formate, aber auch Unternehmensstrategien müssten stärker öffentlich thematisiert werden. Anstelle von Renditewahn braucht es einen Vorrang von Investitionen gegenüber Ausschüttungen an die Aktionäre. Kurzum: Das künftige Industriemodell Deutschlands verlangt das Bekenntnis zur aktiven Industriepolitik entlang des Zieldreiecks sozial gerecht – ökologisch nachhaltig und demokratisch legitimiert (Lemb 2021).

Auch die Eigentumsfrage rund um manche Betriebe muss aufgeworfen werden. Um sowohl Insolvenzen zu verhindern als auch notwendige Zukunftsinvestitionen abzusichern, braucht es einen finanziell gut ausgestatteten Transformationsfonds. Die IG Metall selbst hat die Idee einer »Best Owner

Branchenprobleme

Group« entwickelt, die als Beteiligungsmodell gedacht ist. Es beinhaltet nicht automatisch Chancen für wirtschaftsdemokratische Erneuerung, aber es kann dafür ein Gelegenheitsfenster geben. Heute könnte die Erneuerung der Industrie, die Ausrichtung des Wirtschaftens auf konsequenten Klimaschutz und sichere und gute Arbeit den Kern eines gesellschaftlichen Reformbündnisses ausmachen.

6 Solidarität gewinnt auch in rauen Zeiten

Der Klimawandel duldet keinen Aufschub mehr. Entsprechend muss jetzt mit Nachdruck der Umbau der Autoindustrie in Deutschland in Richtung klimaneutraler Mobilität vorangetrieben werden. Dies ist die Aufgabe für die Politik und die Industrie, und auch die IG Metall ist verpflichtet, sich dem Klimaschutz zu stellen.

In den Betrieben ist die Transformation der Automobilindustrie mittlerweile von einer abstrakten Begrifflichkeit zu einer konkreten Erfahrung geworden. Unter den Beschäftigten der Automobilindustrie nimmt die Angst vor Arbeitsplatzverlust, Einkommenseinbußen und Prekarisierung zu. Die Zeiten für die Beschäftigten in den Betrieben sind rauer geworden, und die nächsten zwei bis drei Jahre werden darüber entscheiden, ob die Transformation der Industrie *mit* den Beschäftigten oder *gegen* sie verlaufen wird.

In vielen Unternehmen verfolgt das Management aktuell das Ziel des Beschäftigungsabbaus, der Verlagerung und der Kostendisziplin, um nachhaltige Transformationsstrategien geht es hingegen zu selten. Die Abwehr der Zumutungen des Managements fordert die IG Metall mit ihren Betriebsräten und Vertrauensleuten und Mitgliedern im starken Maße. Es kommt auf eine aktive Verteidigungs- sowie Offensivstrategie an. An allen Standorten müssen Arbeitsplätze verteidigt und Zukunftskonzepte eingefordert und durchgesetzt werden. Die Politik muss die Transformation durch eine aktive Arbeitsmarkt-, Industrie und Strukturpolitik begleiten.

Große Herausforderungen wie die Transformation der Industrie erfordern einen ebenso großen Blick bei der Bewältigungsstrategie. Angesichts der Klimakrise und der gewerkschaftlichen Tradition als Demokratiebewegung im Betrieb hilft möglicherweise das Zielbild der guten Arbeit und guten Gesellschaft für eine solchen großen Blick. Es gibt Hinweise darauf, dass die Belegschaften bereit sind, Teil einer Mobilitätswende zu sein, wie eine Untersuchung der Rosa-Luxemburg-Stiftung zeigt (Boewe et al. 2020). Die Bereitschaft für ökologisch verträglichere Produkte ist bei den Beschäftigten vorhanden, jedenfalls ist sie größer als dies manchmal öffentlich gemutmaßt wird. Mit Blick auf das gesellschaftliche Bedarfsfeld Mobilität würde es darum gehen, aus Automobilkonzernen Anbieter integrierter Mobilität für alle zu machen. Wie wäre es konkret damit, im ersten Schritt die Wege von und zur Arbeit ökologischer zu gestalten? Zu wenige Unternehmen haben ein entsprechendes Mobilitätsmanagement entwickelt, viele Beschäftigte wünschen sich hierbei Unterstützung. Daran gilt es offensiv anzuknüpfen und dies in Kontrast zur extremen Rechten darzustellen, die zunehmend Umwelt gegen Arbeit stellt und mit dem Ansatz »Wir lassen uns nicht von den Ökos die Arbeitsplätze klauen« Hetze und Spaltung im Betrieb betreibt.

Die anstehende Transformation rund um die Autoindustrie ist für die IG Metall auch eine organisationspolitische Herausforderung. Für die Gewerkschaften insgesamt geht es darum, wie in einer Schlüsselbranche der Strukturwandel so bewältigt werden kann, dass gewerkschaftliche Durchsetzungskraft erhalten bleibt. Es bietet sich an, die Diskussion entlang von Machtressourcen offensiv zu führen und gewerkschaftliche Erschließung unter den Beschäftigten auch in Hochburgen der Automobilindustrie zu forcieren. Die Mitgliedschaft ist das eine, die Beteiligung im Arbeitsalltag ist das andere. Mehr Beteiligung und mehr Erschließung sind Gebote der Stunde für die Gewerkschaften. Mehr denn je müssen Beschäftigte einbezogen werden und so erleben, dass solidarisches gewerkschaftliches Handeln und kollektive Mitbestimmung die Grundlagen für Selbstbestimmung sind. Diese Ansprüche an Beteiligung sind auch offensiv gegenüber dem Management einzufordern. In den Betrieben braucht es gerade in rauer werdenden Zeiten eine neue Qualität der Beteiligung und der Demokratie im Betrieb. Kurzum es geht um ein neues gewerkschaftliches Großvorhaben der Humanisierung der Arbeit.

Literatur

Agora Verkehrswende (2021): Batteriestandort auf Klimakurs. Perspektiven einer klimaneutralen Batterieproduktion für Elektromobilität in Deutschland.

Bain & Company (2020): Endspiel in der Automobilindustrie: Entscheidend ist der Tipping Point, München.

Baron, Stefan/Schömann, Klaus (2021): Weiterbilden#Weiterdenken. Berufliche Weiterbildung für das Jahr 2041.

Bellmann, Lutz/Kruppe, Thomas/Segert-Hess, Nadine (2021): Qualifizierung während Corona: Wie stark nutzen Betriebe Kurzarbeit für Weiterbildungen? In: IAB-Forum 11. August 2021, www.iab-forum.de/qualifizierung-waehrend-corona-wie-stark-nutzen-betriebe-kurzarbeit-fuer-weiterbildungen/.

Boston Consulting Group und Agora Verkehrswende (2021): Automobile Arbeitswelt im Wandel: Jobeffekte in Deutschland bis 2030, https://www.agora-verkehrswende.de/fileadmin/Projekte/2021/BCG-Jobstudie/2021-07-01_Automobile-Arbeitswelt-im-Wandel_Ergebnisfolien.pdf.

Böhning, Björn/Rahner, Sven (2021): Von der Arbeitslosenversicherung zur Arbeits- und Bildungsversicherung, in: *spw*, H. 2.

Branchenprobleme

Boes, Andreas/Ziegler, Alexander (2021): Umbruch in der Automobilindustrie. Analyse der Strategien von Schlüsselunter nehmen an der Schwelle zur Informationsökonomie, ISF München.

Boewe, Jörn/Krull, Stephan/Schulten, Johannes (2020): »Wo ist die Ladestation? Beim Aldi!« Automobilindustrie und Transformation aus Sicht der Beschäftigten, Rosa-Luxemburg-Stiftung, www.rosalux.de/news/id/42956.

Bündnis sozialverträgliche Mobilitätswende (2021): Wie wir das Klima schützen und eine sozial gerechte Mobilitätswende umsetzen können, Berlin.

Daimler (2021): Mercedes-Benz Strategy Update: electric drive; www.daimler.com/konzern/strategie/mercedes-benz-strategy-update-electric-drive.html.

Deutsche IPCC-Koordinierungsstelle (2021): Sechster IPCC-Sachstandsbericht, Bonn.

DGB Baden-Württemberg (2020): Kampagne der Mobilitätswende für Baden-Württemberg; https://bw.dgb.de/presse/++co++2e4ac094-c67a-11ea-87b5-5254008f5c8c.

Dörre; Klaus (2020): Mit Wumms – für eine industriepolitische Neuerfindung der Linken, in: spw, www.spw.de/data/spw_doerre_wumms.pdf.

Dunst, Claudia/Küppr, Stefan/Würth, Thorsten (2021): Herausforderungen für die betriebliche Qualifizierung aus sozialpartnerschaftlicher Perspektive, in: Baron, S./Dick, P./Zitzelsberger, R. (Hrsg.): weiterbilden#weiterdenken. Den Strukturwandel in der Metall- und Elektroindustrie durch berufliche Weiterbildung gestalten. Bielefeld.

e-mobil BW (2019): Rohstoffe für innovative Fahrzeugtechnologien, Stuttgart.

e-mobil BW (2021): Datenmonitor Juli 2021, Stuttgart.

Fraunhofer IAO (2018): ELAB 2.0 – Wirkungen der Fahrzeugelektrifizierung auf die Beschäftigung am Standort Deutschland, Stuttgart.

Hofreiter, Anton/Vassiliadis, Michael (2021): Aufbruch in ein neues Industriezeitalter, 14. Mai, www.gruene-bundestag.de/fileadmin/media/gruenebundestag_de/themen_az/wirtschaft/PDF/Thesenpapier_Industriezeitalter.pdf.

IG Metall Baden-Württemberg (2020): Stimmungs-Barometer Wirtschaft und Beschäftigung, Stuttgart.

LBBW (2021): Mobilität der Zukunft, Stuttgart.

Lehndorff, Steffen (2020): New Deal heißt Mut zum Konflikt, Hamburg.

Lemb, Wolfgang (2021): Das Industriemodell der Zukunft: sozial gerecht – ökologisch nachhaltig – demokratisch legitimiert. Download: https://metropolis-verlag.de/Das-Industriemodell-der-Zukunft%3A-sozial-gerecht---oekologisch-nachhaltig---demokratisch-legitimiert/14929/book.do.

Mahnkopf, Birgit (2021): Nebelkerze Green New Deal, In: Blätter für deutsche und internationale Politik H. 6.

Mazzucato, Mariana (2019): Wie kommt der Wert in die Welt?, Frankfurt/M.

Meinhardt, Uwe/Würdinger, Thomas (2020): Das Auto FairWandeln – eine gewerkschaftliche Strategie für die sozial-ökologische Transformation einer Leitbranche, Berlin.

KPMG (2020): Global Automotive Executive Survey, Berlin.

Poreski, Thomas/Koch-Gröber, Hermann/Burmeister, Kai (2020): Mehr Klimaschutz bei erfolgreicher Transformation unserer Autoindustrie, Stuttgart.

Rahmstorf, Stefan (2019): Die Menschheit verliert die Kontrolle über den Zustand der Erde, URL: https://www.spiegel.de/wissenschaft/mensch/klima-die-menschheit-verliert-die-kontrolle-ueber-den-zustand-der-erde-a-1284286.html.

Staatsministerium Baden-Württemberg (2021): Eine gemeinsame ressortübergreifende Qualifizierungsoffensive für Baden-Württemberg, Stuttgart.

ZSW (2021): Datenservice, Ulm www.zsw-bw.de/mediathek/datenservice.html.

Christine Behle/Mira Ball
»ÖPNV: Gute Arbeit für das Klima«

Der Klimawandel und die Erderwärmung haben zunehmend dramatische Folgen. Deutschland hat sich zu den europäischen Klimazielen für 2030 bekannt und will dazu beitragen, die Erderhitzung auf möglichst 1,5 Grad zu begrenzen. Die aktualisierten Klimaschutzziele verlangen auch Maßnahmen im Verkehrssektor, die über die Vorgaben des Klimaschutzgesetzes von 2019 hinausgehen.

Im Personenverkehr müssen die CO_2-Emissionen bis 2030 auf 61 Millionen Tonnen reduziert werden. Den größten Anteil am Ausstoß klimaschädlicher Gase hat der motorisierte Individualverkehr mit Autos und Krafträdern (MIV) mit 75 Prozent der Treibhausgasemissionen bei einem Anteil von 66 Prozent an der Verkehrsleistung im gesamten Personenverkehr. Der öffentliche Personennahverkehr (ÖPNV) zeigt bei bisher niedrigen 8 Prozent der Verkehrsleistung sein klimaschützendes Potential mit nur 4 Prozent der Treibhausgasemissionen und trägt zugleich zu mehr Fuß- und Radverkehr bei. Die Potenziale zur Verlagerung der Verkehrsmittelwahl, des sogenannten Modal Splits auf den Umweltverbund, sind noch lange nicht ausgeschöpft. Dafür müssen neben dem Ausbau emissionsfreier Antriebe vor allem die Stärkung des Umweltverbunds, eine Effizienzsteigerung im Verkehr und Verkehrsvermeidung konsequent vorangetrieben werden. Die finanziellen Einbußen durch die Covid-19-Pandemie sind dabei eine zusätzliche Herausforderung.

Um diese Maßnahmen umzusetzen und das ÖPNV-Angebot dauerhaft auszubauen, müssen die Verkehrsunternehmen nicht nur in neue Fahrzeuge und in die Erneuerung und den Ausbau der Infrastrukturen investieren. Auch große Investitionen für das Personal sind dringend notwendig, denn die Branche leidet unter Fachkräftemangel. Über lange Zeit wurde beim Personal gespart, gab es Einstellungsstopps. Daraus resultiert heute eine demografische Krise. Bis 2030 geht jede:r Zweite in den Ruhestand, etwa 100 000 Fachkräfte in den Bereichen Fahrdienst, Werkstatt, Infrastruktur und Verwaltung müssen bis dahin neu gewonnen und ausgebildet werden (Burgert 2018; VDV 2019). Die Einnahmen aus dem Verkauf von Fahrscheinen reichen dafür bei weitem nicht aus. Daher gilt es auch, die Rahmenbedingungen neu aufzustellen. Bund und Länder müssen langfristig für eine solide Finanzierung des ÖPNV sorgen.

Branchenprobleme

Harte Arbeitsbedingungen im ÖPNV

Die Rekrutierung von Fachkräften gestaltet sich seit geraumer Zeit immer schwieriger, denn sowohl die Arbeitsbedingungen als auch die Entlohnung im öffentlichen Nahverkehr (ÖPNV) erscheinen vielen potenziellen Beschäftigten nicht attraktiv. Mit der Einführung des europäischen Wettbewerbs haben die Kommunen seit Anfang der 2000er Jahre auf Einsparungen in den Nahverkehrsunternehmen gedrängt. Die Folge waren Privatisierungen durch Ausschreibungen und Ausgliederungen in Tochterfirmen mit schlechteren Tarifverträgen bzw. ohne Tarifbindung oder zugunsten privater Unternehmen. Dies betraf nicht nur das Reinigungspersonal und Kontrolleure, sondern auch Kernbereiche wie das Fahrpersonal für Bus, Straßen- und U-Bahn sowie die Werkstätten. Die Sicherung der Arbeitsplätze in den Unternehmen in öffentlicher Hand war nur mit der Einführung des TV-N (Tarifvertrag Nahverkehr) möglich, die Regelungen zur Beschäftigungssicherung beinhalteten. Die damit verbundenen Verschlechterungen, vor allem für Neueingestellte, waren der Preis, den die Beschäftigten für den Erhalt unserer öffentlichen Unternehmen bezahlt haben. Auch in den privaten Unternehmen wurde gespart. Die Beschäftigten im gesamten ÖPNV mussten eine im Vergleich zu den übrigen Branchen deutlich unterdurchschnittliche Lohnentwicklung hinnehmen. Darüber hinaus gab es in allen Bereichen Personalabbau, wodurch Arbeitsverdichtung und Belastung enorm zunahmen und zweistellige Krankenstände zur Regel wurden. Im Bundesdurchschnitt ist die Zahl der Beschäftigten heute im Vergleich zu 1998 um 18 Prozent gesunken. Die Anzahl der Fahrgäste im ÖPNV stieg dagegen um 24 Prozent.

Arbeitsverdichtung, Belastung und Stress betreffen alle Beschäftigten, ob in Verwaltung und Service, Werkstätten oder Infrastruktur, in besonderem Maße jedoch den Fahrdienst. Die Fahrer:innen von Bussen, U-Bahnen und Straßenbahnen sehen sich aufgrund des Schichtdienstes und der Abhängigkeit von den Fahrplänen besonderen Belastungen gegenüber. Ihre Arbeitszeiten richten sich nach den Zeiten, zu denen öffentlicher Nahverkehr angeboten wird, sie sind an 24 Stunden an allen sieben Wochentagen im Einsatz. Entsprechend häufig arbeiten Fahrer:innen samstags, sonntags und nachts, höchstens 15 freie Sonntage im Jahr sind die Regel. Ihre Dienste beginnen zu jeder Tages- und Nachtzeit, je nachdem, auf welcher Bus- oder Bahnlinie sie eingesetzt werden. Durch fahrplanbedingte Fahrtunterbrechungen ergeben sich gerade im ländlichen Raum Dienste von bis zu 14 Stunden. In den Ballungsräumen sind die Belastungen für das Personal mit der Zunahme des Verkehrsaufkommens und der Fahrgäste gestiegen. Durch Verspätungen und zu enge Taktungen im Fahrplan fallen Pausen oft aus, so fehlt die Zeit zur Erholung und manchmal sogar für den Gang zur Toilette.

Im ÖPNV ist es außerdem üblich, kurze Fahrtunterbrechungen zum Ausgleich von Verspätungen, für notwendige technische und dokumentarische Nebenarbeiten oder Personalwechsel auf der Strecke Zeit einzuplanen, die sogenannten Wendezeiten. Auch diese Zeiten reduzieren sich häufig oder entfallen gänzlich, wodurch der Stress für die Fahrer:innen weiter steigt, notwendige Arbeiten nicht geschafft werden und Verspätungen sich immer weiter aufbauen. Im Rahmen einer Befragung in vier Unternehmen des ÖPNV mit dem DGB-Index Gute Arbeit 2014 gaben 56 Prozent der befragten Bus-, Straßenbahn- und U-Bahnfahrer:innen an, dass die Pausenzeiten nicht oder in geringem Maß angemessen geplant seien. Für die Wendezeiten gaben dies sogar 80 Prozent der Befragten an (Forschungsteam internationaler Arbeitsmarkt – FIA-GmbH: 2014).

Die Arbeitsbedingungen von Busfahrer:innen untersucht auch eine Studie des Instituts für komplexe Gesundheitsforschung an der Hochschule Fresenius aus dem Jahr 2018. Auf einer Skala von 1 (sehr niedrig) bis 10 (sehr hoch) werden die beruflichen Perspektiven, die Arbeitszeiten und Pausenregelungen mit einer 4,0 eher schlecht bewertet (Institut für komplexe Gesundheitsforschung: 2018). Im Rahmen der Studie wird auch das Empfinden vieler Fahrer:innen deutlich, dass ihnen laut eigener Aussage wenig Wertschätzung entgegengebracht wird. Beschäftigte im Fahrdienst sind in besonderem Maß davon betroffen, von den Kund:innen für Probleme im Betriebsablauf in Stellvertreterhaftung genommen zu werden. Bei Fahrtausfällen und Verspätungen, Umleitungen durch Baustellen, Verschmutzungen oder komplizierten Tarifregelungen sind sie die ersten und oft einzigen Ansprechpersonen. Dadurch entsteht weiterer psychischer Druck. »*Ich denke, man ist keine Respektsperson mehr, man wird eher als ›Depp vom Dienst‹ betrachtet*«, lautet das deutliche Urteil einer der Befragten. Viele äußerten den Wunsch, »*als Mensch wahrgenommen zu werden*« (ebd.).

Da die Vermeidung von Fahrtausfällen höchste Priorität hat, sind Bus-, U- und Straßenbahnfahrer:innen häufig davon betroffen, an einem freien Tag zur Arbeit gerufen zu werden. Damit wird es zusätzlich erschwert, das private Leben zu planen. Der in der Vergangenheit übliche Einsatz von bezahlten Reservediensten wird aus Kostengründen nur noch selten praktiziert.

Die dünne Personaldecke führt in allen Bereichen regelmäßig zum Aufbau von Überstunden. Die ver.di-Arbeitszeitbefragung 2019 gibt Aufschluss über das Ausmaß in den Nahverkehrsunternehmen. In den Bereichen Fahrdienst, Verwaltung und Infrastruktur gaben über 73 Prozent der befragten Beschäftigten an, regelmäßig Überstunden zu machen, im Service und in den Werkstätten knapp 63 Prozent der Befragten. Dabei arbeiten Männer im Schnitt 2,6 Stunden und Frauen 1,6 Stunden länger pro Woche. 56 Prozent

Branchenprobleme

der Befragten sehen die Ursache dafür darin, dass zu wenig Personal beschäftigt ist, 26 Prozent gaben an, dass die Arbeit nicht zu schaffen ist. Ihre vertragliche Arbeitszeit würden 77 Prozent der Befragten gern reduzieren (uzbonn 2019), wobei die Verkürzung der Wochenarbeitszeit und der Wunsch nach zusätzlichen freien Tagen sich mit je 52 Prozent Zustimmung die Waage hält.

Die Tarifkampagne #tvn2020

Die tarifliche Situation im öffentlichen Nahverkehr (ÖPNV) ist seit Beginn der 2000er Jahre aufgrund der Sicherung der Arbeitsplätze durch eine Vielzahl von Tarifverträgen geprägt. In jedem Bundesland gibt es zu jeweils einem Tarifvertrag für die Unternehmen in öffentlicher Hand, dem sogenannten Tarifvertrag Nahverkehr (TV-N), einen weiteren Tarifvertrag für private Busunternehmen sowie zahlreiche Haustarifverträge. Arbeitsbedingungen und Entgelte haben sich zunehmend auseinanderentwickelt. Heute liegen zwischen den Einstiegsgehältern teilweise mehrere hundert Euro, und selbst grundlegende Bedingungen wie die Anzahl der Urlaubstage oder die Höhe von Zuschlägen für Nacht- und Wochenendarbeit sind unterschiedlich. Neben dem Thema Entgelt sind die belastenden Arbeitsbedingungen bereits seit längerer Zeit ein wichtiges Thema der Beschäftigten, es geht dabei vor allem um deutliche Entlastungen und bessere Bezahlung der unvermeidbaren Belastungen. In den vergangenen Jahren sind diese Themen immer im regionalen Kontext der einzelnen Tarifverträge behandelt worden, aufgrund der Verbindung mit Beschäftigungssicherungsvereinbarungen hatten einige TV-N zudem sehr lange Laufzeiten während derer keine Verbesserungen vorgenommen werden konnten. In dieser eigentlich sehr gut organisierten Branche konnte besonders durch die beschriebene Zersplitterung der Tariflandschaft in den vergangenen Jahrzehnten nicht das volle Potenzial an Durchsetzungskraft entfaltet werden. Im Jahr 2017 haben Delegierte der Tarifkommissionen aller Flächentarifverträge für öffentliche und private Nahverkehrsunternehmen im Rahmen einer Tarifkonferenz deshalb eine gemeinsame tarifpolitische Strategie für die Zukunft verabredet. Sie fand Ausdruck in der Tarifkampagne #tvn2020. Mit dreijähriger Vorbereitung ist es gelungen, die Laufzeiten aller Manteltarifverträge der TV-N und wichtiger Haustarifverträge auf den 30. Juni 2020 zu synchronisieren, um bundesweit gemeinsam in eine Tarifauseinandersetzung für bessere Arbeitsbedingungen zu gehen. Die Kampagne umfasste 130 Unternehmen mit über 87 000 Tarifbeschäftigten in allen 16 Bundesländern.

Die Tarifkampagne startete im Frühjahr 2019 zunächst mit Schulungen hunderter aktiver Gewerkschafter:innen, den Kampagnenbotschafter:innen, um im weiteren Verlauf des Jahres in mehreren betrieblichen Aktionswochen die Forderungen mit den Mitgliedern zu entwickeln. Tatsächlich glichen sich die Anforderungen der Mitglieder an gute Arbeitsbedingungen trotz der unterschiedlichen Tarifverträge in den entscheidenden Punkten. Im März 2020 verständigten sich die 16 Tarifkommissionen auf sechs gemeinsame bundesweite Forderungen, die mit der Vereinigung Kommunaler Arbeitgeberverbände (VKA) in einem bundesweiten Rahmentarifvertrag festgeschrieben werden sollten. Es handelte sich um einheitlichen Urlaub von 30 Tagen, verbesserte Regelungen zur Abrechnung und Bezahlung von Überstunden, hundert Prozent Jahressonderzahlung, Anrechnung der Ausbildungszeit bei der Eingruppierung von übernommenen Auszubildenden, verbesserte Zuschlagsregelungen und die Einführung von Schicht- und Wechselschichtzulagen für den Fahrdienst. Darüber hinaus beschlossen die Mitglieder weitere Forderungen für die Tarifverträge in den einzelnen Bundesländern.

Erschwerte Streikbedingungen aufgrund der Covid-19-Pandemie
Der Zeitplan sah erste Verhandlungen sowohl auf bundesweiter Ebene mit der Vereinigung Kommunaler Arbeitgeberverbände (VKA) als auch auf regionaler Ebene parallel mit den Kommunalen Arbeitgeberverbänden (KAVen) im Frühjahr vor. Zum Ende der Friedenspflicht am 1. Juli 2020 sollten, sofern nötig, bundesweite Warnstreiks starten. Durch die Covid-19 Pandemie verschob sich der Start der Tarifverhandlungen allerdings auf August. Im September und Oktober streikte der ÖPNV bundesweit parallel zum öffentlichen Dienst (s. den Beitrag von Christine Behle und Oliver Bandosz in diesem Band). Die Wirkung war beeindruckend, stand doch de facto das ganze Land im Stau. Der Beginn der zweiten Welle der Pandemie erschwerte allerdings sowohl die Verhandlungen, die nun nach und nach auf Videokonferenzen verlagert werden mussten, als auch koordinierte Aktivitäten zur Durchsetzung, da insbesondere die mediale Öffentlichkeit Warnstreiks im ÖPNV zunehmend kritischer beurteilte.

In dieser besonderen Situation entschieden die Tarifkommissionen im Herbst des Jahres 2020, alle Forderungen in die landesbezirklichen Verhandlungen zu nehmen, um zu greifbaren Ergebnissen zu kommen. In den Verhandlungen in den Ländern wurden nach weiteren Warnstreiks Schritte zur Angleichung der Arbeitsbedingungen erreicht, wie 30 Tage Urlaub, Erhöhung der Sonderzahlung, Nachwuchsförderung und weitere Entlastungsregelungen. Je nach Bundesland konnten darüber hinaus weitere Verbesserungen wie Entlastungstage, deutliche Gehaltssprünge, Arbeitszeitverkürzung, Entlastungen im Fahr- und Schichtdienst und die Beseitigung von Benachteiligungen von Neueingestellten, die im Zuge der Sparmaßnahmen zu Beginn des neuen

Branchenprobleme

Jahrtausends zur Beschäftigungssicherung vereinbart worden waren, durchgesetzt werden.

Die Tarifkampagne #tvn2020 war der erste Schritt der neuen tarifpolitischen Strategie von ver.di im ÖPNV, die das Ziel verfolgt, durch Bündelung der gemeinsamen Stärke Ungerechtigkeiten zwischen den Ländern zu überwinden und die Arbeitsbedingungen für alle deutlich zu verbessern. Durch die Pandemie konnte diese Stärke nicht voll ausgespielt werden, aber Gewerkschaftsmitglieder wie Öffentlichkeit haben einen Eindruck davon bekommen. Es hat sich außerdem gezeigt, dass ein gemeinsames Vorgehen leicht koordiniert werden kann, im Interesse der durchgängig sehr gut organisierten Belegschaften liegt und große Mobilisierungskraft entfaltet. Die gewerkschaftlich Aktiven sind trotz verschiedener Tarifgebiete zusammengewachsen und das Selbstbewusstsein ist gestiegen. Alle Manteltarifverträge laufen längstens bis zum 31.12.2023, damit ist die nächste Tarifkampagne schon in Sicht und der bundesweite Rahmentarifvertrag keineswegs vom Tisch. Nach der Zuspitzung der Arbeitskämpfe hat sich die Vereinigung kommunaler Arbeitgeberverbände (VKA) bereiterklärt, mit Blick auf die nächste Tarifrunde in Gespräche über einen möglichen Lösungsprozess zur Vereinheitlichung der Arbeitsbedingungen einzusteigen.

Das Bündnis mit Fridays for Future und Umweltverbänden

Die Rahmenbedingungen für Tarifbewegungen im ÖPNV sind, sieht man einmal von der Covid-19-Krise ab, durchaus günstig, denn neben dem nicht mehr zu leugnenden Fachkräftemangel nahm die Diskussion um den Klimawandel und damit den Ausbau und bessere Finanzierung des ÖPNV schon seit geraumer Zeit Fahrt auf. Die Kampagne #tvn2020 bezog die politischen Rahmenbedingungen explizit mit ein und beinhaltete neben der Tarifauseinandersetzung selbst sowohl bundesweit als auch vor Ort viele Elemente politischer Öffentlichkeitsarbeit. Die Zusammenarbeit mit Fridays for Future und weiteren Umweltverbänden wie dem Bund für Umwelt und Naturschutz Deutschland BUND und dem ökologischen Verkehrsclub Deutschland e.V. (VCD) war ein wichtiger Teil davon.

Die Aktivist:innen von Fridays for Future haben die Beschäftigen im ÖPNV bei ihrer Unterstützung der Tarifkampagne #tvn2020 anerkennend als »Klimaretter:innen« bezeichnet. Trotz aller Belastungen und unzureichender finanzieller Wertschätzung sind die Beschäftigten im ÖPNV in hohem Maß von der Bedeutung ihrer Arbeit für Daseinsvorsorge und Klimaschutz überzeugt und identifizieren sich stark mit ihrer Tätigkeit. In der politischen Wirklichkeit wurde der Stellenwert des ÖPNVs in den vergangenen Jahrzehnten jedoch anders gesetzt. Es wurde systematisch gespart und dem System finanzielle Unterstützung von Seiten der Kommunen und Länder entzogen. Neben den beschriebenen belastenden Folgen für die Beschäftigten führte dies auch zu erheblich ansteigenden Fahrpreisen. Hohe Preise und auch mangelhaftes ÖPNV-Angebot sind Themen der Klimabewegung, die – wie ver.di (Wötzel 2018, 129) – einen starken ÖPNV als wesentlichen Teil der Mobilitätswende ansieht. Um die Hintergründe und die Zusammenhänge mit der Situation der Beschäftigten ging es in gemeinsamen Workshops und Zoom-Konferenzen von aktiven Gewerkschafter:innen aus dem ÖPNV mit Fridays for Future-Aktivist:innen, zahlreichen Veranstaltungen von Fridays for Future, auf denen Beschäftigte auftraten, den vielen Gesprächen in den Betrieben und auf Betriebsversammlungen, an denen Klimaaktivist:innen teilnahmen.

Mehr ÖPNV ist besser für alle und die Voraussetzung dafür sind gute Arbeitsbedingungen. Diese Erkenntnis begründet das gemeinsame Verständnis und bildet damit die Grundlage für die Zusammenarbeit. Auf der gemeinsamen Pressekonferenz am 4. September 2020 brachte Helena Marschall von Fridays for Future dies auf den Punkt: »Für die Erreichung des 1,5-Grad-Ziels brauchen wir eine sofortige sozial-gerechte Mobilitätswende, die den ÖPNV in den Fokus stellt. Jetzt müssen durch massive Investitionen in den ÖPNV die Bedingungen dafür geschaffen werden. Die Arbeitsbedingungen der Beschäftigten müssen dafür besonders im Vordergrund stehen – sie verdienen als grüne und systemrelevante Jobs der Zukunft mehr Anerkennung. Die gewaltige Herausforderung die Klimakrise zu stoppen, schaffen wir nur, wenn wir alle Menschen mitnehmen und sowohl soziale als auch ökologische Ungerechtigkeiten hinter uns lassen.« (ver.di 2020)

Unter dem Slogan #wirfahrenzusammen fanden im Verlauf der Tarifkampagne in über 30 Städten Gewerkschafter:innen und Klimaaktivist:innen zusammen. Neben zwei bundesweiten gemeinsamen Aktionstagen im Juli und August 2020 mit Betriebsbesuchen und Kundgebungen fanden etliche weitere Aktivitäten statt, wie die Übergabe der Forderungen eines breiten Bündnisses für den ÖPNV an den Hamburger Verkehrssenator, Reden von Gewerkschafter:innen bei Demonstrationen der Klimabewegung oder gemeinsame Pressekonferenzen. Als die Warnstreiks begannen, erschienen Aktivist:innen von Fridays for Future in den frühesten Morgenstunden an den Streikposten, drückten mit Transparenten und Plakaten ihre Solidarität aus und warben auf öffentlichen Aktionen für Verständnis bei Fahrgästen und Öffentlichkeit. Diese Wertschätzung und Unterstützung hat viele Gewerkschaftsaktive inspiriert und der Tarifbewegung insgesamt besonders im Hinblick auf die verkehrspolitischen Forderungen von ver.di Dynamik und Aufmerksamkeit beschert. Viele Kontakte bestehen weiterhin, und auch gemeinsame Aktivitäten zu Finanzierung und Ausbau des ÖPNV finden

Branchenprobleme

nach wie vor statt. Dazu gehört auch der ÖPNV-Gipfel, den ver.di u. a. im Bündnis mit Fridays for Future, dem BUND, dem ökologischen Verkehrsclub Deutschland, Naturfreunde e. V. und attac am 7. Juni 2021 durchgeführt hat. Unter der Schirmherrschaft der Bremer Mobilitätssenatorin und Vorsitzenden der Verkehrsministerkonferenz, Maike Schaefer, diskutierten dort Landesverkehrsminister, der Präsident des Städtetags Burkhard Jung, ver.di, der Verband Deutscher Verkehrsunternehmen und die Bündnismitglieder die Zukunft des öffentlichen Nahverkehrs.

Covid-19 trifft den ÖPNV hart

Durch Covid-19 zeigt sich, wie krisenfest unsere Gesellschaft aufgestellt ist. Gerade die Beschäftigten in der Daseinsvorsorge stehen in der vordersten Front, in den Gesundheitsämtern und im Gesundheitswesen, aber auch im öffentlichen Nahverkehr. Busse und Bahnen fuhren auch in Zeiten des Lockdowns unvermindert weiter, zugleich konnten in Deutschland frühzeitig umfassende Schutzmaßnahmen mit den Arbeitgebern verabredet werden. Dazu gehörten neben vermehrten Reinigungen und Desinfektionen vor allem die Schließung des Vordereinstiegs in Bussen und Straßenbahnen sowie der Verzicht auf den Fahrscheinverkauf durch das Fahrpersonal. Im Ergebnis war die Zahl der Infektionen nicht höher als im Bevölkerungsdurchschnitt. In Großbritannien oder den USA, wo diese Maßnahmen sehr viel später ergriffen wurden, waren dagegen gerade Busfahrer:innen überproportional von Infektionen betroffen, woraus auch viele Todesfälle resultierten.

Die Pandemie trifft die Kommunen und die bereits zuvor unterfinanzierten Verkehrsunternehmen hart. Aufgabenträger und Verkehrsunternehmen im öffentlichen Personennahverkehr auf Straße und Schiene haben im Jahr 2020 aufgrund zurückgegangener Fahrgeldeinnahmen bundesweit Schäden von voraussichtlich rund 3,3 Milliarden Euro erlitten. Für das Jahr 2021 wird ein Schaden von weiteren 3,6 Milliarden Euro prognostiziert. Durch den ÖPNV-Rettungsschirm von Bund und Ländern konnten die Verluste bisher ausgeglichen werden. Es ist jedoch nicht zu erwarten, dass Fahrgastzahlen und Einnahmen bald wieder das Vor-Krisen-Niveau erreichen, auch im Jahr 2022 ist noch mit Auswirkungen zu rechnen. Maßnahmen zum Infektionsschutz und zusätzliche Angebote zur Einhaltung der Abstandsregeln verursachen weitere Kosten, die nicht kompensiert werden. Durch den Ausgleich der Gewerbesteuerverluste durch Bund und Länder konnte im vergangenen Jahr wie geplant in Schulen, Digitalisierung und den ÖPNV investiert werden. Aber auch für 2021 werden in den Kommunen 9,4 Milliarden Euro weniger Steuereinnahmen erwartet, für 2022 werden sogar 10,1 Milliarden Euro weniger prognostiziert als ursprünglich angenommen (Deutscher Städtetag 2021).

Ohne einen entsprechenden Ausgleich sind die Kommunen gezwungen, bei der Daseinsvorsorge den Rotstift anzusetzen. Da die Kommunen die Hälfte aller öffentlichen Sachinvestitionen tätigen, wären die Folgen für Wirtschaft und Handwerk sowie das Erstarken der Konjunktur insgesamt verheerend. Das trifft auch den ÖPNV und Maßnahmen für den Umweltverbund. Die Krise verlangt von Bund und Ländern Maßnahmen zur Stabilisierung der finanziellen Leistungsfähigkeit der Kommunen und der Sicherung kommunaler Investitionen in die Daseinsvorsorge für Bürgerinnen und Bürger. Das von Bund und Ländern gesetzte Ziel der Verdopplung der Fahrgastzahlen wird andernfalls nicht erreichbar sein und die Mobilitätswende unmöglich.

Zukunft braucht ÖPNV – Verkehrspolitische Forderungen von ver.di

Viele Kommunen haben den Wert des ÖPNVs, Fuß- und Radverkehr für Klimaschutz, Reduzierung des Verkehrsaufkommens und Lärms sowie zur Erreichung des Ziels gleichwertiger Lebensverhältnisse längst erkannt. Der Umsetzung der Pläne für die Modernisierung und den Ausbau des ÖPNVs, der Anbindung weiterer Quartiere und Regionen und der preislichen Reform von Ticketsystemen sind jedoch viel zu enge finanzielle Grenzen gesetzt. Und dies ist nicht erst seit der Corona-Pandemie so. Gerade der Betrieb des ÖPNVs ist auf dauerhafte und verlässliche Finanzierung angewiesen. Die Kommunen hängen neben eigenen Einnahmen hinsichtlich Planung und Steuerung in hohem Maße von Bundes- und Landeszuweisungen ab. Das System des ÖPNV ist seit längerer Zeit unterfinanziert, mit deutlich negativen Auswirkungen auf Infrastruktur und Betrieb. Einmalige Förderungen der Infrastruktur oder Modellprojekte reichen hier nicht aus, zumal immer mehr Kommunen nicht in der Lage sind, den erforderlichen Eigenanteil dafür aufzubringen.

Zur Erreichung der Klimaziele ist eine Mobilitätswende mit der Verdopplung der Fahrgastzahlen im öffentlichen Nahverkehr und gleichzeitiger Reduzierung des Autoverkehrs notwendig. Um die Verlagerungspotenziale zu heben, müsste eine gezielte Verkehrsinfrastrukturplanung über kommunale und Landesgrenzen etabliert werden, die den ÖPNV als wesentliches Element eines flächendeckenden Netzes öffentlicher Mobilität einbindet. Zur Sicherung der Betriebsfinanzierung und Entwicklung des ÖPNV-Angebotes muss den Kommunen deshalb unabhängig von der jeweiligen Haushaltslage eine breite, verlässliche und nachhaltige Finanzierungssäule zur Verfügung stehen. Da der öffentliche Nahverkehr eine Dienstleistung mit hohem Personaleinsatz ist, sind auch die Betriebsfinanzierung und besonders auskömmliche Ressourcen für ausreichend Personal und attraktive Arbeitsbedingungen zu berücksichtigen. Für eine Angebotsverdopplung im öffentlichen Nahverkehr mit Bussen, U- und Straßenbahnen durch kleine Zubringer und größere

Branchenprobleme

Fahrzeuge, Taktverdichtungen, Einrichtung von neuen Linien und Ausbau von Schienen- und Betriebsanlagen wären bundesweit über einen Zeitraum von zehn Jahren bis 2030 jährlich für die Infrastruktur fünf Milliarden und für zusätzliche Fahrzeuge zwei Milliarden Euro anzusetzen. Zum Abbau des Sanierungsstaus bei Betriebsanlagen und Leitsystemen sowie Modernisierungen für Barrierefreiheit und Digitalisierungsmaßnahmen sind weitere zehn Milliarden Euro bis 2030 notwendig. Insgesamt geht es um Investitionen von etwa acht Milliarden Euro jährlich. Aber eine Verdopplung des Angebotes schafft auch allein in den Verkehrsunternehmen etwa 70 000 zusätzliche Arbeitsplätze. Hinzu kommen Beschäftigungseffekte in den verbundenen Branchen wie in der Bauwirtschaft, im Fahrzeug- und Maschinenbau, bei Zulieferern oder Sicherheit. Die zusätzlichen Personalausgaben im ÖPNV belaufen sich aufwachsend auf knapp vier Milliarden Euro im Jahr 2030 (nach heutigen Löhnen). Im Durchschnitt bedeutet das für den Gesamtzeitraum von zehn Jahren zusätzliche Kosten in Höhe von knapp zwei Milliarden Euro im Jahr.

Gelingen kann der Ausbau nur mit einer Investitionsoffensive, an der sich Bund, Länder und Kommunen gemeinsam beteiligen. Es sind neue Förderprogramme des Bundes insbesondere für den Ausbau und die Modernisierung der Busflotten, zur Attraktivitätssteigerung und Barrierefreiheit erforderlich. In der aktuellen Krisensituation sind die notwendigen Finanzmittel für einen Ausbau des ÖPNV über öffentliche Kreditaufnahme hauptsächlich des Bundes aufzubringen. Eine zusätzliche Kreditaufnahme von zehn Milliarden Euro und ein daraus resultierendes zusätzliches gesamtstaatliches Finanzierungsdefizit von fünf Milliarden Euro entspräche einer Erhöhung des Schuldenstandes am Bruttoinlandsprodukt um etwa 0,15 Prozentpunkte, für den gesamten Zehnjahreszeitraum um weniger als 1,5 Prozentpunkte. Bei einer gesamtwirtschaftlichen Betrachtung kann man hohe Selbstfinanzierungseffekte einkalkulieren. Die Ausgaben eines Programms zum Ausbau des ÖPNV würden sich zu mehr als der Hälfte selbst finanzieren. Empirische Untersuchungen ergeben, dass um 1 Prozent des Bruttoinlandsproduktes erhöhte öffentliche Investitionen das BIP um mehr als 1 Prozent steigen lassen und dadurch zu einem Anstieg der Steuer- und Sozialbeitragseinnahmen von etwa 0,4 bis 0,5 Prozentpunkten des Bruttoinlandsproduktes führen. Der gesamtwirtschaftliche Nutzen des ÖPNV übersteigt zudem die Höhe der für den Betrieb eingesetzten Mittel durchschnittlich um den Faktor 3,8. Jeder Euro des ÖPNV kommt somit drei- bis vierfach zurück (VDV 2018). Die zusätzlichen Personal- und anderen Betriebsausgaben sollten über zusätzliche Steuereinnahmen aufgebracht werden. Die Finanzierung des öffentlichen Nahverkehrs liegt zwar primär bei den Kommunen, aber dennoch sind hier die Steuereinnahmen insgesamt in den Blick zu nehmen, da große Teile der zusätzlichen Aufwendungen durch zusätzliche Mittel des Bundes und der Länder gedeckt werden müssen. Die gewerkschaftlichen Vorschläge dazu beschreiben die steuerpolitischen Eckpunkte des DGB und würden bei vollständiger Umsetzung zu steuerlichen Mehreinnahmen von etwa 70 Milliarden Euro jährlich führen. Die wesentlichen Elemente sind Änderungen beim Spitzensteuersatz, die Besteuerung von Kapitalerträgen, vollständige und höhere Besteuerung von Unternehmensgewinnen, Einführung einer Vermögenssteuer und umfassenden Finanztransaktionssteuer sowie die Besteuerung von Unternehmenserbschaften und ein effektiverer Steuervollzug. Diese Investitionen werden sich lohnen. Das große Potenzial einer Verkehrswende ist neben der Reduktion der CO_2-Emissionen die Steigerung der Lebensqualität für uns alle an den Orten, an denen wir leben. Lärm- und Luftverschmutzung können mit konsequenter Verkehrsplanung zur Stärkung des Umweltverbunds reduziert werden. Mit Vorfahrt für ÖPNV, Fahrrad und Fußgängerverkehr können Quartiere attraktiver gestaltet und Platz für Wohn- und Begegnungsräume gewonnen werden. Die Verkehrssicherheit wird durch menschenfreundlichere Verkehrsplanung erhöht. Unsere Gesellschaft hat viel zu gewinnen.

Literatur
Burgert, T. (2018): Handgelder für neue Kollegen. [https://www.bustreff.de/busmagazin/handgelder-fuer-neue-kollegen/; 26.10.2018].
Deutscher Städtetag 2021: Pressemitteilung zur aktuellen Steuerschätzung [https://www.staedtetag.de/presse/pressemeldungen/kommunen-brauchen-dringend-hilfe-ueber-9-milliarden-euro-weniger-als-vor-corona-erwartet; 12.5.2021].
Forschungsteam internationaler Arbeitsmarkt (FIA) (2014): DGB-Index Gute Arbeit, Sondererhebung im öffentlichen Nahverkehr, Berlin.
Uzbonn, Gesellschaft für empirische Sozialforschung und Evaluation uzbonn GmbH in Kooperation mit der Organisations- und Technologieberatung Ralf Stuth Consulting (2019): Was wünschen sich Beschäftigte im öffentlichen Dienst: Mehr Geld, mehr Freizeit oder eine Kombination aus beidem? Bonn.
Institut für komplexe Gesundheitsforschung an der Hochschule Fresenius (2018): »Da vorne sitzt ein Mensch« – Diskrepanz zwischen Image und Bedeutung der Busfahrer ist hoch. [https://www.adhibeo.de/da-vorne-sitzt-ein-mensch-diskrepanz-zwischen-image-und-bedeutung-der-busfahrer-ist-hoch/; 20.2.2018].
Verband Deutscher Verkehrsunternehmen (VDV) (2019): Personal- und Fachkräftebedarf im ÖPNV. [https://www.vdv.de/personal-und-fachkraeftebedarf-im-oepnv.aspx; Zugriff am 10.7.2020].
Verband Deutscher Verkehrsunternehmen (VDV) (2018): Jährliche Statistik, Köln.
ver.di (2020): Pressemitteilung »Bündnis fordert von Bundesregierung ÖPNV-Gipfel« [https://oepnvbrauchtzukunft.de/2020/09/02/breites-buendnis/#more-2786; 4.9.2020].
Wötzel, Uwe (2018): Mobilitätskonzepte für die Zukunft, in: Lothar Schröder/Hans-Jürgen Urban (Hrsg.): Ökologie der Arbeit. Impulse für einen nachhaltigen Umbau. Jahrbuch Gute Arbeit 2018, Frankfurt/Main, S. 124–138.

Grit Genster
Versprochen. Gebrochen. Lehren ziehen!
Für Gute Arbeit in einem gemeinwohlorientierten Gesundheitswesen

Wie im Brennglas lässt die Pandemie die Schwachstellen im deutschen Gesundheitswesen offensichtlich werden. Ohne Zweifel stellt sie das gesamte System der Gesundheitsversorgung vor eine immense Herausforderung. Während der Krise beherrschen ordnungsrechtliche und medizinische Fragen die politische Diskussion, mit ganzer Kraft muss das Virus bekämpft werden. Die gesundheits- und sozialpolitischen Schlüsse müssen vorbereitet und die gesammelten Erfahrungen und Daten ausgewertet und systematisch analysiert werden. Die Pandemie schafft ein politisches Momentum für Reformen. ver.di hat für notwendige Veränderungen im Gesundheitssystem zukunftsfähige und solidarische Positionen entwickelt, an die mit den Erfahrungen in der Krise gut angeschlossen werden kann. Gesundheitsversorgung ist eine wichtige Aufgabe der Daseinsvorsorge und als solche zu organisieren. Gerade vor dem Hintergrund, dass sich die Pandemie zur ökonomischen und sozialen Krise entwickeln kann, sind Konzepte für eine starke öffentliche Daseinsvorsorge zu profilieren.

Bereits vor der Pandemie hat das Personal im Gesundheitswesen am Limit gearbeitet. Mit der Corona-Krise hat sich seine Belastungssituation verschärft. Dabei ist die Arbeit im Gesundheitswesen, insbesondere die in der Pflege, sehr wertvoll für die Gesellschaft und systemrelevant. Das Gesundheitswesen ist eine Zukunftsbranche. Das handlungsleitende Motiv der nächsten Dekade muss darin bestehen, Gute Arbeit in dieser Zukunftsbranche zu schaffen und zu gewährleisten. Zwei Kernthesen stehen dafür im Fokus:
1. Das Gesundheitswesen gewinnt in den nächsten Jahren weiter deutlich an Bedeutung für den Arbeitsmarkt. Um die notwendigen Fachkräfte zu gewinnen und zu halten, müssen dort die Arbeitsbedingungen gut, attraktiv und gesundheitsförderlich gestaltet werden.
2. Hohe Versorgungsqualität und Gute Arbeit im Gesundheitswesen bedingen einander. Eine angemessene Personalausstattung ist Voraussetzung, um den steigenden Anforderungen im Gesundheitswesen gerecht zu werden.

Personalmangel: strukturelle Ursachen

Über Jahrzehnte dominiert eine wettbewerbliche Ausrichtung das Gesundheitswesen – mit dem Ziel, die Kosten zu senken. Dieser Kostendruck wirkte sich auf alle Beschäftigten aus – ob in der Pflege oder im Gesundheitswesen. Vielfach kann mit dem vorhandenen Personal eine professionelle und qualitativ hochwertige Versorgung von Patient:innen und Pflegebedürftigen nicht gewährleistet werden. Mit den Fallpauschalen wurden die Krankenhäuser in einen Preiswettbewerb getrieben, auf den sie vor allem mit der Senkung der Personalkosten reagiert haben. Besonders betroffen vom Personalabbau waren die Servicebereiche und der Pflegedienst (Simon 2020).

Noch gravierender ist die Entwicklung in der Altenpflege und Rehabilitation. Mittlerweile haben Finanzinvestoren diese Bereiche als lukrative Anlagemöglichkeiten für sich entdeckt (vgl. Scheuplein et al. 2020). Gleichzeitig sind die Anforderungen an die Beschäftigten aufgrund der steigenden Zahl multimorbider pflegebedürftiger Menschen, stark veränderter Bewohner:innen- und Patient:innenstrukturen und tendenziell zurückgehenden Verweildauern in den Einrichtungen gestiegen. In der Folge verschlimmerten sich die Arbeitsbedingungen für die Gesundheits- und Pflegeberufe.

Schlechte Arbeitsbedingungen treiben vor allem Pflegekräfte in Teilzeit oder ganz aus dem Beruf. Die #PflegeComebackStudie im Auftrag von Hartmann sieht ein Potenzial von 120 000 bis 200 000 zusätzlichen examinierten Pflegekräften, die bei besseren Rahmenbedingungen zurückgewonnen werden könnten. Etwa jede:r vierte Pflege-Azubi bleibt laut Statistischem Bundesamt ohne Abschluss. Schätzungsweise 10 bis 15 Prozent fallen durch die Abschlussprüfung. Dadurch gehen jedes Jahr über 13 000 Pflegefachkräfte verloren.

Die Arbeitsbedingungen der Beschäftigten im Gesundheitswesen, die Ausstattung mit Personal und die Versorgungsqualität für Patient:innen sowie pflegebedürftige Menschen bedingen einander. Der Zusammenhang zwischen zu geringer Personalausstattung im Krankenhaus und unzureichender Versorgungsqualität bis hin zu erheblichen Gefährdungen der Patientensicherheit ist klar belegt (Aiken et al. 2017). Das heißt, eine bedarfsgerechte Personalausstattung ist die Voraussetzung für eine sichere und gute Versorgung im Gesundheitswesen.

Personalmangel: die Folgen

Im kommerzialisierten Gesundheitssystem, in dem Wettbewerb und Kostendruck häufig die Regeln bestimmen, geraten Beschäftigte unter Druck. Gerade Pflegekräfte erleben jeden Tag, dass sie die Menschen nicht so versorgen können, wie sie es gelernt haben. Unter Zeitdruck können sie die erlernten fachlichen Standards oft nicht umsetzen. Sie entscheiden alltäglich, welche

Branchenprobleme

bedarfsnotwendigen Tätigkeiten aufgrund des Personalnotstandes und Zeitdrucks weggelassen werden müssen (DGB-Index-Sonderauswertung 2018). Das führt zu einer inneren Spannung, die in der Sozialpsychologie »kognitive Dissonanz« genannt wird. Die Situation gefährdet die Sicherheit der pflegebedürftigen Menschen und Patient:innen sowie die Gesundheit der Beschäftigten.

Mangel wird im Gesundheitswesen in den vergangenen Jahren insbesondere vor dem Hintergrund des Fachkräftemangels diskutiert. Doch der Personalnotstand macht sich nicht nur an vorhandenen unbesetzten Stellen fest. Um verlässliche Dienstpläne, Pausen und die Vereinbarkeit von Beruf und Privatleben zu ermöglichen, muss zusätzliches Personal in die Kliniken und Pflegeeinrichtungen. Für die Krankenhäuser sind bis zu 100 000 zusätzliche Stellen erforderlich, um eine bedarfsgerechte Versorgung zu gewährleisten (Simon 2018). Für die stationäre Langzeitpflege wurde zuletzt ein zusätzlicher Bedarf von 115 000 Stellen ermittelt (Rothgang 2020). Auch die Covid-19-Pandemie zeigte, dass die Herausforderungen in der Krankenversorgung nicht in erster Linie in der Verfügbarkeit von räumlich-materiellen Ressourcen (hier: Intensivpflegebetten) bestehen, sondern insbesondere im Nichtvorhandensein ausreichend qualifizierten Personals (hier: Intensivpflegekräfte). Dabei ist diese Herausforderung nicht auf pandemische Situationen beschränkt; sie bestand bereits vor der Covid-19-Pandemie. Schon der »normale« Betrieb vieler Gesundheits- und Pflegeeinrichtungen bringt zahllose Beschäftigte an physische und psychische Belastungsgrenzen. Gleichzeitig erleben sie – erneut am Beispiel der Covid-19-Pandemie – dass die gesellschaftliche Wertschätzung sich in sonntäglichen Dankesreden und abendlichem Klatschen auf Balkonen erschöpft. Die Herausforderung betrifft nicht nur Pflegeberufe, sondern fast alle Berufe im Gesundheits- und Pflegebereich.

So funktionieren Krankenhäuser nur mit Teamarbeit. Ausgliederungen und Werk- bzw. Dienstverträge erschweren die Zusammenarbeit, die Versorgungsqualität leidet. Da bei einem Werk- bzw. Dienstvertrag die Beschäftigten der Tochter- bzw. Fremdfirma nicht direkt in die Arbeitsorganisation des Auftraggebers eingebunden sein dürfen, bedeutet das im Krankenhaus, dass die für eine optimale Patientenversorgung erforderliche Zusammenarbeit der sogenannten Stammbeschäftigten mit den Beschäftigten der Tochtergesellschaften der Einsparung von Personalkosten zum Opfer fällt. Physio- und Ergotherapeut:innen oder Beschäftigte im Krankentransport zum Beispiel, die bei Tochtergesellschaften angestellt sind, können nicht unmittelbar mit dem Pflegepersonal, das beim Krankenhausträger angestellt ist, zusammenarbeiten, ohne gegen Arbeitsrecht zu verstoßen. Es gibt Kliniken, die außer Pflegefachpersonen und Ärzt:innen fast alle anderen Tätigkeiten ausgegliedert haben.

Schlechte Personalausstattung, schlechte Versorgungsqualität

Mit dem »Versorgungsbarometer« hat ver.di im Frühjahr 2021 eine bundesweite Umfrage in den Teilbranchen Altenpflege, Krankenhäuser und Psychiatrien sowie in den Servicebereichen durchgeführt, an der sich fast 12 000 Beschäftigte beteiligt haben. Die Ergebnisse zeigen deutlich, wie hoch der Druck auf die Arbeitsbedingungen und damit auch auf die Versorgungsqualität ist (s. Abb. 1).

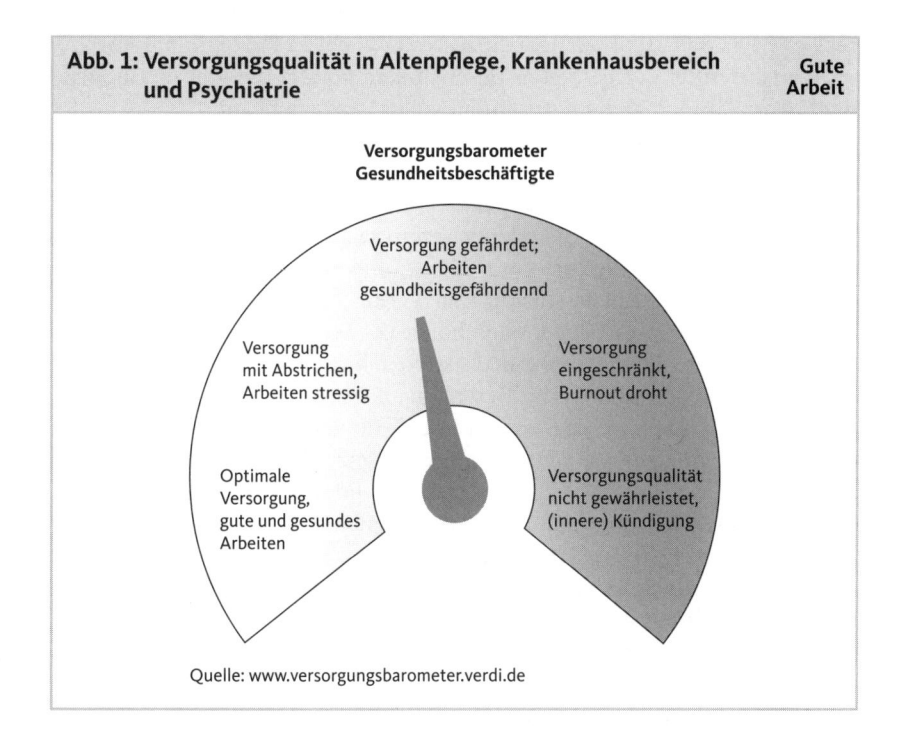

Abb. 1: Versorgungsqualität in Altenpflege, Krankenhausbereich und Psychiatrie

Versorgungsbarometer Gesundheitsbeschäftigte

- Versorgung gefährdet; Arbeiten gesundheitsgefährdennd
- Versorgung mit Abstrichen, Arbeiten stressig
- Versorgung eingeschränkt, Burnout droht
- Optimale Versorgung, gute und gesundes Arbeiten
- Versorgungsqualität nicht gewährleistet, (innere) Kündigung
- Gute Arbeit

Quelle: www.versorgungsbarometer.verdi.de

Die schlechte Personalausstattung hat Folgen für die Versorgungsqualität: In Krankenhäusern und Altenpflege berichtete ein Viertel der Beschäftigten, nur eingeschränkt oder gar nicht genug Zeit für die notwendigen Prophylaxen (z. B. gegen Wundliegen) zu haben. Gut ein Viertel der Befragten gab an, dass sie auf Wünsche und Bedarfe der Patient:innen/Bewohner:innen nur eingeschränkt oder gar nicht eingehen konnten. Mehr als die Hälfte der Befragten gab an, dass sie mit ihren Aufgaben innerhalb des Arbeitstages nur teilweise, eingeschränkt oder gar nicht fertig wurden. In mehr als einem Viertel der Fälle blieb der fachliche Austausch mit Kolleg:innen auf der Strecke.

Branchenprobleme

Die Versorgungsqualität sahen viele durch die Corona-Pandemie stark beeinträchtigt: 30 Prozent sagen, dass die Qualität nur sehr eingeschränkt oder nicht aufrechterhalten werden konnte.
Vor allem in den Psychiatrien wurde diese Frage negativ beantwortet. Mehr als drei Viertel der Befragten sahen die gewohnte Qualität teilweise, eher nicht oder überhaupt nicht mehr gewährleistet.

Die Personalnot wirkt sich auch auf die Arbeitssituation aus: In einem Fünftel der Fälle fand keine strukturierte Anleitung der Auszubildenden statt, bei weiteren 18 Prozent nur sehr eingeschränkt, bei 23 Prozent nur teilweise.

Nur ein Drittel der befragten Beschäftigten konnte die Pausen überwiegend oder vollständig ungestört und in voller Länge nehmen.

Unter diesen Bedingungen kann es nicht überraschen, wenn 78 Prozent der befragten Beschäftigten es sich nicht vorstellen können, mit der derzeitigen Personalausstattung bis zur Rente in ihrer Teilbranche weiterzuarbeiten.

Auch über ein Jahr nach Pandemiebeginn sagten noch 18 Prozent der befragten Beschäftigten, dass sie nur teilweise, eher nicht oder überhaupt nicht genügend Corona-Schutzausrüstung zur Verfügung hatten. Bei den Servicekräften war dieser Anteil sogar noch höher (24 Prozent).

Die ersten Pandemieabwehrmaßnahmen in den Krankenhäusern und Pflegeeinrichtungen setzten die Beschäftigten zusätzlich unter Druck: Pflegepersonaluntergrenzen, die »rote Linien« für die Personalausstattung in Krankenhäusern ziehen sollen, wurden ausgesetzt; Arbeitsschichten wurden auf 12 Stunden ausgedehnt; positiv getestete Pflegekräfte ohne Symptome mussten in »Arbeitsquarantäne« weiterarbeiten. Politik und Arbeitgeber fuhren mit dieser Strategie auf Verschleiß und setzten die Gesundheit der Beschäftigten aufs Spiel. Dabei kommt es gerade während einer Pandemie, zu einem Zeitpunkt, an dem ihr Ende nicht absehbar war, auf nachhaltig wirkende Maßnahmen an, damit die Versorgung weiter gesichert und das Personal gesund an Bord bleibt. Statt tägliche Höchstarbeitszeiten auszudehnen, kann Deutschland aus internationalen Erfahrungen lernen. So hat der Arzt Eckhard Nagel, Präsident des Chinesisch-Deutschen Freundschaftskrankenhauses im chinesischen Wuhan, aufgezeigt, dass lange Arbeitsschichten zu Beginn der Pandemie zu höheren Sterberaten unter Patient:innen und erhöhter Ansteckungsgefahr unter den Beschäftigten führten. Als die Schichten in Wuhan auf sechs Stunden verkürzt wurden, sanken beide Raten. »Die Lehre für Deutschland und Europa ist, dass eine Sechs-Stunden-Schicht Leben rettet«, so Nagel in einem Interview (Nagel 2020).

Neue Krankheits- und Pflegebedürftigkeitsformen verändern die Berufsbilder im Gesundheitswesen. So führt der demographische Wandel dazu, dass es immer mehr Pflege- und Altenhaushalte gibt, die neben der Pflege und pflegerischen Betreuung Bedarf an Unterstützung im Alltag haben. Besonders für Live-in-Arbeitsverhältnisse besteht dringender Handlungsbedarf. Oft stehen die Betroffenen »aus der Not heraus« vor der finanziell unlösbaren Herausforderung, eine Live-in-Kraft, etwa aus Osteuropa, zu beschäftigen und diese dann in Deutschland legal sozial abzusichern. Vielfach wird gegen geltende Arbeitsschutzgesetze, Persönlichkeitsrechte und das Recht auf Mindestvergütungen verstoßen. ver.di sieht sich in der Kritik am bestehenden Modell der sogenannten 24-Stunden-Pflege bestätigt durch ein Urteil des Bundesarbeitsgerichtes (BAG, Urteil vom 24. Juni 2021 – 5 AZR 505/20). Das BAG betonte, dass sämtliche Arbeitsstunden, auch Bereitschaftszeiten, wenigstens mit dem gesetzlichen Mindestlohn vergütet werden müssen. Hieraus sind nun die richtigen Schlüsse zu ziehen.

Klares Ziel: Gesundheits- und Pflegeberufe aufwerten
Die Widerstände gegen eine faire Bezahlung und eine gute Personalausstattung sind bei Care-Berufen besonders groß. Noch immer wird Arbeit, die überwiegend von Frauen verrichtet wird, gesellschaftlich weniger wertgeschätzt – sei sie auch noch so professionell und wichtig. Die mit der Corona-Pandemie angestoßene Diskussion über die »Systemrelevanz« der Daseinsvorsorge ist eine Chance, das zu verändern.

Ein vorrangiges Ziel der Gesundheitspolitik in der kommenden Dekade muss sein, so viele Menschen wie möglich für eine Tätigkeit im Gesundheitswesen und in der Pflege zu begeistern, zu gewinnen und dort zu halten. Nur so wird es gelingen, dem bereits jetzt existierenden Personalnotstand zu begegnen. Es braucht ausreichend engagierte und qualifizierte Personen mit den richtigen Kompetenzen, die in der Lage sind, professionell eine qualitative Versorgung von Patient:innen und Pflegebedürftigen sicherzustellen. Dafür muss die Attraktivität der Berufe durch bessere Arbeits- und Ausbildungsbedingungen erhöht werden.

Das Potenzial der zusätzlich erforderlichen Fachkräfte ist vorhanden. Doch wenn nichts passiert, verlassen täglich mehr Fachkräfte die Einrichtungen des Gesundheitswesens oder reduzieren ihre Arbeitszeit, um gesund durchzuhalten. Das Henne-Ei-Problem beim Fachkräftemangel in der Pflege und anderen Gesundheitsberufen muss durchbrochen werden. Studien zeigen: Fast die Hälfte der ausgebildeten Pflegekräfte, die ihren Beruf verlassen haben, würde zurückkehren – wenn die Bedingungen stimmen (Auffenberg/Heß 2021).

Die Digitalisierung im Gesundheitswesen soll in allen Bereichen forciert werden, dazu trägt nicht zuletzt der konzertierte politische Wille über eine Vielzahl gesetzlicher Regelungen und Förderprogramme bei. Doch Digitalisierung im Gesundheitswesen darf kein Selbstzweck sein. Allzu oft werden Maßnahmen lediglich unter Effizienzaspekten bewertet. Jedoch muss es bei der Einführung und Weiterentwicklung digital gestützter Arbeit im Gesundheitswesen vor allem darum gehen, die Effekte auf Arbeits- und Versorgungsqualität zu bewerten (Rat der Arbeitswelt 2021). Es gilt, die Digitalisierung zur Unterstützung, Entlastung und Aufwertung der Arbeit im Gesundheitswesen, vor allem der beruflichen Pflege, intelligent zu nutzen.

Die Strukturen und Abläufe des Gesundheitssystems werden bislang in der Regel auf Ärzt:innen als zentrale Leistungserbringer ausgerichtet. Durch die digitale Transformation kann an vielen Stellen eine Enthierarchisierung stattfinden. Die Gesundheitsversorgung der Zukunft sollte in Netzwerken aus Leistungserbringern organisiert sein und gleichzeitig eine klare Ansprechperson für Patient:innen ermöglichen.

Die Gesundheitsberufe diversifizieren sich und können verschiedene Versorgungsleistungen eigenverantwortlich übernehmen. Diese Veränderungen bieten das Potenzial, die Behandlungsprozesse an den Bedarfen von Patient:innen auszurichten und nicht, wie bisher, an der Verfügbarkeit und Wartezeit von örtlichen Leistungserbringern.

Zwischen den Gesundheitsberufen muss die Kooperation unter Aufwertung nichtärztlicher Gesundheitsberufe weiterentwickelt werden. Eine Primärversorgung durch multiprofessionelle Teams ist ein Lösungsansatz. Diese kann einen effektiven gemeinde- bzw. quartiersnahen Erstzugang unter Einschluss von Pflegekräften, Physiotherapeut:innen, Psychotherapeut:innen, Sozialarbeiter:innen, aber auch Ärzt:innen und weiteren Berufsgruppen ermöglichen.

Jetzt die richtigen Lehren ziehen:
Das Gesundheitswesen krisenfest gestalten

Der verstärkte Wettbewerb und die ungesteuerte Kommerzialisierung haben nicht zu einer besseren Versorgung der Bevölkerung geführt. Der Druck auf die in der Branche Beschäftigten wurde verstärkt. Das gemeinwirtschaftliche Prinzip – mit guter Qualität effizient und kostendeckend zu wirtschaften – muss der Maßstab sein, um Bedarfsgerechtigkeit und einen Zugang zu medizinischen Leistungen für alle gleichermaßen zu gewährleisten. Mit der Corona-Pandemie wurden die Grenzen eines stark wettbewerblich ausgerichteten Gesundheitswesens deutlich. Die Bedeutung der Daseinsvorsorge ist verstärkt in den Fokus der öffentlichen Aufmerksamkeit gerückt. Der Wert gut ausgestatteter Krankenhäuser, ausreichend qualifizierten Personals, der Bevorratung von Schutzausrüstung, des Einhaltens von Hygieneregeln und der Zusammenarbeit unterschiedlicher Versorgungssektoren ist unserer Gesellschaft bewusst geworden. Die Beschäftigten brauchen das kraftvolle Signal, dass sich ihre Arbeitsbedingungen dauerhaft verbessern.

Krankenhäuser brauchen nachhaltige Verbesserungen
In den Krankenhäusern ist eine durchgreifende und nachhaltige Verbesserung der Personalsituation im Pflegedienst erforderlich. Dies können Pflegepersonaluntergrenzen auf dem Niveau der unteren Quartilsgrenze nicht bewirken. Erforderlich sind vielmehr Vorgaben, die eine bedarfsgerechte Personalbesetzung sicherstellen können. ver.di hat gemeinsam mit der Deutschen Krankenhausgesellschaft (DKG) und dem Deutschen Pflegerat (DPR) mit der PPR 2.0 ein Instrument zur Personalbemessung für die Pflege auf der Grundlage der Pflege-Personalregelung (PPR) entwickelt, die bis Mitte der 1990er Jahre gegolten hat. In kurzer Frist wurde damit die im Juni 2019 getroffene Vereinbarung der Konzertierten Aktion Pflege (KAP) umgesetzt. Das Instrument schätzt unterschiedliche Patientengruppen und Leistungsfelder hinsichtlich des Pflegepersonalbedarfs ein und kann in die digitale Datenverarbeitung des Krankenhauses eingebunden werden. Die Bedienung ist einfach, selbsterklärend und bürokratiearm. Die PPR 2.0 orientiert sich an den anerkannten Standards einer qualitativ hochwertigen Patient:innenversorgung und gewährleistet eine hohe Patient:innensicherheit. Sie geht über die vorhandenen Pflegepersonaluntergrenzen hinaus und ist anders als diese nicht auf ausgewählte, vermeintlich »pflegesensitive« Bereiche beschränkt. Das Instrument ist zusammen mit Inpuls, einer Personalbemessung für die Intensivpflege, als Interimslösung kurzfristig für die unmittelbare Patient:innenversorgung auf allen bettenführenden Stationen einsetzbar.

Die Bundesregierung hat in der 19. Legislaturperiode mit der Ausgliederung der Pflegepersonalkosten aus dem bestehenden Fallpauschalensystem (DRG) einen sehr wichtigen Schritt getan, um das Pflegepersonal im Krankenhaus vor den negativen Anreizen des Finanzierungssystems zu schützen. Die PPR 2.0 ergänzt das Pflegebudget um einen Ordnungsrahmen, der eine bedarfsgerechte Personalausstattung vorgibt und absichert.

Um die vorhandenen Pflegekräfte im Krankenhaus zu halten und zusätzliche, dringend notwendige Beschäftigte zu gewinnen, ist die PPR 2.0 schnellstmöglich verbindlich und bundeseinheitlich auf den Weg zu bringen. Die beste Werbung für Pflegeberufe ist es, wenn Auszubildende und Beschäftigte sie guten Gewissens weiterempfehlen können. In einem zweiten Schritt ist ein weitergehendes Instrument zur Personalbedarfsermittlung zu entwickeln und zu erproben, welches an die PPR 2.0 anschließt.

Auch alle anderen Berufsgruppen in den Akutkrankenhäusern und Reha-Kliniken brauchen am Bedarf orientierte Personalstandards. Für die psy-

Branchenprobleme

chiatrischen Einrichtungen und Fachabteilungen muss die Politik wieder die Verantwortung für die Personalausstattung übernehmen und die geltende Richtlinie weiterentwickeln zu einer vollständigen, bedarfsgerechten Personalbemessung.

Auf Dauer angelegte Werk- oder Dienstverträge müssen in allen versorgungsrelevanten Krankenhausbereichen gesetzlich untersagt werden.

Die Corona-Pandemie hat gezeigt, dass in den Regionen ein abgestimmtes Miteinander der Kliniken unterschiedlicher Versorgungsstufen notwendig ist. Auch nach der Krise muss neben der erforderlichen Spezialisierung eine flächendeckende Grundversorgung in ländlichen Räumen und strukturschwachen Teilen der Ballungsgebiete gesichert sein. Die Menschen müssen sich überall auf eine gute, zeitnah erreichbare Gesundheitsversorgung verlassen können. Dazu gehört Versorgungssicherheit im Notfall ebenso wie Krankenhäuser, die für planbare Maßnahmen in guter Qualität und angemessenem Aufwand erreicht werden können. Gesundheitsversorgung ist Daseinsvorsorge. Es dürfen keine Kliniken oder Fachabteilungen schließen, weil sie sich nicht »rentieren«. Dies gilt insbesondere für den unterversorgten ländlichen Bereich. In regionalen Versorgungsnetzwerken ist deshalb die spezielle Versorgung in Schwerpunktkrankenhäusern sicherzustellen, angeschlossene Krankenhäuser der Grund- und Regelversorgung nutzen die Kompetenz des Netzknotens und weisen im Bedarfsfall schnell zu. Telemedizin und weitere digitale Anwendungen stellen sicher, dass die Patientenversorgung in den Krankenhäusern der Grund- und Regelversorgung auf einem qualitativ hohen Niveau unter Nutzung der vorhandenen Kompetenzen im regionalen Versorgungsnetzwerk gewährleistet ist. Eine direkte Steuerung der Krankenhauskapazitäten durch den Staat ist notwendig, stößt jedoch aufgrund der derzeitig stark fragmentierten, grundgesetzlich abgesicherten Trägerstruktur an Grenzen. Der Staat hat die Verpflichtung, über die Landeskrankenhauspläne auf die Krankenhausstruktur Einfluss zu nehmen und die Daseinsvorsorge zu sichern. Dieser Verantwortung muss er gerecht werden durch eine bedarfsorientierte Versorgungssteuerung.

In den vergangenen Jahren wurden Korrekturen am bestehenden System der Krankenhausfinanzierung in hoher Zahl vorgenommen. Dennoch sind die Fehlentwicklungen nicht behoben worden. Stattdessen handelt es sich bei der Krankenhausfinanzierung auf der Grundlage der Fallpauschalen inzwischen um ein hochkomplexes, dysfunktionales System, das Krankenhäusern weiter falsche Anreize bietet. Oft steht nicht mehr die beste Patientenversorgung im Vordergrund, sondern die höchste Rentabilität für das Unternehmen Krankenhaus. Die Weiterentwicklung muss deshalb als gescheitert angesehen werden. Das DRG-System ist durch eine an den tatsächlichen Bedarfen der

Patient*innen orientierte Finanzierung zu ersetzen. Dabei müssen alle notwendigen Vorhalte- und Ausbildungskosten sowie Kosten für die umfassende Notfallversorgung Berücksichtigung finden. Krankenhausplanung und Krankenhausversorgung sind Bestandteil der öffentlichen Daseinsvorsorge, und daher ist auch die Finanzierung der Investitionskosten eine staatliche Aufgabe. Krankenhäuser müssen den medizinischen Fortschritt in Diagnostik, Therapie, Digitalisierung und Medizintechnik umsetzen können. Dafür müssen die Länder ihrer Investitionsverpflichtung zwingend nachkommen. Bisher erfüllen sie diese nur unzureichend. Einem jährlichen Investitionsbedarf von über 6,5 Mrd. Euro stehen tatsächliche Investitionsförderungen von 2,8 Mrd. Euro gegenüber. Der Teilausstieg aus ihrer Finanzierungsverantwortung verlagert die Investitionskosten auf die gesetzlich Krankenversicherten bzw. Träger, schadet der Qualität der Versorgung der Patient:innen und schwächt die Krankenhäuser in ihrem Versorgungsauftrag.

Altenpflege – Arbeitsbedingungen und Bezahlung sind die Stellschrauben
Die Bedingungen in der Altenpflege müssen sich verbessern – im Interesse der pflegebedürftigen Menschen und der Beschäftigten, sowohl in der ambulanten als auch in der stationären Pflege. Dabei sind die belastenden Arbeitsbedingungen und angemessene Löhne die zentralen Stellschrauben. Um einem weiteren »Pflexit« vorzubeugen und die Abwärtsspirale zu durchbrechen, müssen substantielle Verbesserungen erreicht werden.

In der stark fragmentierten Pflegebranche verweigern viele Arbeitgeber ihren Beschäftigten den Schutz eines Tarifvertrages und faire Löhne. Damit der Fachkräftebedarf künftig gedeckt werden kann, sind flächendeckend bessere Arbeitsbedingungen im öffentlichen Interesse. Deshalb streitet ver.di auch nach der Blockade von Caritas und Diakonie weiter für flächendeckende Mindeststandards in der Altenpflege. Bessere Tarifverträge bleiben davon unberührt. Die Vergütungen der Beschäftigten müssen ihre gesellschaftlich herausragende Rolle widerspiegeln.

Für die Langzeitpflege liegt ein wissenschaftlich fundiertes Verfahren zur einheitlichen Bemessung des Personalbedarfs vor (Rothgang 2020). Ein Ergebnis: Es braucht 36 Prozent mehr Personal, um die Standards von guter Pflege zu erfüllen. Damit ist wissenschaftlich belegt, wie groß das Personaldefizit in der stationären Altenpflege tatsächlich ist.

Pflegebedürftige Menschen und Pflegekräfte erwarten, dass im Pflegealltag Entlastung ankommt und eine gute pflegerische Versorgung gewährleistet wird. Dabei sind die Verbesserung der Versorgungsqualität und die Umsetzung des neuen Pflegeverständnisses von zentraler Bedeutung. Daher muss bei der anstehenden Einführung des Instruments sichergestellt werden, dass:

Branchenprobleme

- die erste Stufe, der sogenannte Algorithmus 1.0, zügig unter optimalen Bedingungen und unter arbeitswissenschaftlicher Begleitung erprobt wird,
- verbindliche Zielvorgaben für den personellen Aufbau, verbunden mit einem detaillierten Zeitplan zur Einführung eines bundesweit einheitlichen Personalbemessungsinstruments definiert werden. Der Teufelskreis aus schlechten Arbeitsbedingungen, fehlenden Fachkräften und mangelhafter Versorgungsqualität muss durchbrochen werden,
- es keinesfalls zur Absenkung von Qualitätsstandards führen darf; in keinem Bereich darf der Einsatz von Fachkräften reduziert werden, denn gute Pflege ist verbunden mit einer hohen Fachlichkeit. Eine Flexibilisierung würde zur Absenkung von Standards und zu einer weiteren Verschlechterung der Arbeitsbedingungen führen.

Die bundesweit einheitliche und verbindliche Umsetzung der Personalvorgaben wiederum ist nicht denkbar ohne eine nachhaltig wirksame Begrenzung der Eigenanteile der pflegebedürftigen Menschen. Hierzu sind die gesetzlichen Regelungen, welche die Bundesregierung kurz vor Ende der 19. Legislaturperiode auf den Weg gebracht hat, ungeeignet (Rothgang/Kalwitzki 2021). Eine Deckelung der Eigenanteile auf 700 Euro wäre ein erster Schritt, dem weitere folgen müssten. Auch angesichts der weiter stark steigenden Belastung für pflegebedürftige Menschen in der stationären Versorgung (allein der Eigenanteil für pflegerische Leistungen liegt im Bundesschnitt bei 873 Euro Stand Juli 2021), ist ein umfassender Systemwechsel notwendig.

Ein Systemwechsel im Gesundheitswesen ist überfällig
Um die Versorgung nachhaltig zu verbessern, die Solidarität im Gesundheitswesen zu stärken, das System zu stabilisieren und gerechter zu finanzieren, ist eine grundlegende Reform der Gesetzlichen Krankenversicherung (GKV) dringend nötig. Gerade nachdem die Versicherten der GKV durch die Vielzahl der gesundheitspolitischen Gesetzgebungsverfahren der vergangenen Legislatur und nicht zuletzt durch die pandemiebedingten Aufwendungen massiv belastet werden, und weil nach der Corona-Krise absehbar die verteilungspolitischen Auseinandersetzungen zunehmen werden, macht ver.di sich weiter für das Modell der Bürgerversicherung stark.

Am einfachsten lässt sich der Systemwechsel in der Pflegeversicherung umsetzen. Die Pflegebürgerversicherung gewährleistet eine stabile, solidarische und gerechte Einnahmebasis. Auf der Leistungsseite deckt sie alle pflegebedingten Aufwendungen ab, die Eigenanteile für pflegebedingte Kosten werden auf null reduziert, die Investitionskosten in Pflegeinfrastruktur von den Ländern übernommen. Die notwendige Anpassung der Pflegeleistungen orientiert sich an der Lohnentwicklung statt wie bisher an der Inflationsrate.

Pflegebedürftige Menschen, Angehörige und Beschäftigte machen mit ver.di #GemeinsameSache für das Konzept der Solidarischen Pflegegarantie, denn gemeinsam haben alle Beteiligten ein Interesse an guten Arbeitsbedingungen, fairer Vergütung und qualitativ hochwertiger pflegerischer Versorgung (vgl. www.gemeinsamesache.info).

Die Solidarische Pflegegarantie bietet die entscheidenden Voraussetzungen für eine moderne Ausgestaltung der sozialen Sicherheit und der sozialen Gerechtigkeit in der Pflege. Durch sie kann die Versorgungsqualität verbessert und kann das Leistungsangebot ausgeweitet werden. Und nicht zuletzt kann mit ihr auch die Teilnahme der Pflegebedürftigen am öffentlichen Leben ermöglicht werden.

Umfragen belegen, dass die überwiegende Mehrheit der Bevölkerung im Pflegefall am liebsten im eigenen Zuhause versorgt werden möchte. Politisches Ziel muss es deshalb sein, so lange wie möglich die Pflege zu Hause zu gewährleisten. Daher ist es ein herausragendes Anliegen, dass bereits in der Häuslichkeit den individuellen Bedarfen entsprechend niedrigschwellige Betreuungs- und Entlastungsangebote bis hin zu umfänglichen Pflegeleistungen in Anspruch genommen werden können und das notwendige Personal vor Ort zur Verfügung steht. Zudem ist eine bessere Kenntnis und Kontrollmöglichkeit über die in ihrem Bereich tätigen Pflege- und Betreuungsdienste notwendig, insbesondere im Hinblick auf die Leistungserbringer von ambulanten Pflege- und Betreuungsleistungen. Um eine gute, qualitätsgesicherte pflegerische Versorgung sicherzustellen, ist auch aus diesem Grund die Weiterentwicklung der Pflegeteilleistungsversicherung zu einer bedarfsdeckenden solidarischen Pflegegarantie ein unverzichtbarer Schritt. Um den bestehenden Bedarf nach regulärer, qualifizierter hauswirtschaftlicher Unterstützung gerecht zu werden, müssen zusätzliche steuerfinanzierte Anreize auf den Weg gebracht werden. Für die zumeist osteuropäischen Migrantinnen muss die Tätigkeit in Alten- und Pflegehaushalten unter regulären Arbeitsbedingungen entsprechend ihrer Qualifikation möglich sein.

Nicht zuletzt ist der Öffentliche Gesundheitsdienst (ÖGD) während der Corona-Pandemie in den Blick der Öffentlichkeit gerückt. Aufbau von Teststationen, Maßnahmen zur Eindämmung der Pandemie, Kontrollen, Beratung mussten schnell zur Verfügung gestellt werden. Aufgaben, die mit dem vorhandenen Personal oft nicht bewältigt werden konnten. Der dringende Handlungsbedarf, den ÖGD für künftige Herausforderungen zu wappnen, ist deutlich geworden.

ver.di hält eine umfassende Reform und eine neue Aufgabenbeschreibung des ÖGD für erforderlich. Dabei sind Pandemiebekämpfung und Infektionsschutz wichtige Aufgaben. Darüber hinaus hat der ÖGD jedoch weitere

Branchenprobleme

wichtige Handlungsfelder, die ausgebaut, vollständig und dauerhaft finanziert werden müssen.

Der öffentliche Gesundheitsdienst darf nicht auf seine hoheitlichen Aufgaben beschränkt werden. Vielmehr muss er eine stärkere Rolle im Rahmen der Daseinsvorsorge wahrnehmen. Diese reicht von elementaren Beratungsaufgaben, der internationalen Zusammenarbeit, Versorgungsforschung, Gesundheitsberichtserstattung, Koordination verschiedener Akteure im Rahmen von Gesundheitskonferenzen bis zur Gesundheitsinformation und auch wichtigen Ordnungsaufgaben.

Um diese Aufgaben bewältigen zu können, ist der ÖGD personell zu stärken. Dies kann nur über gezielte Maßnahmen und attraktive Arbeitsbedingungen erfolgen. Hierfür ist der »Pakt für den Öffentlichen Gesundheitsdienst« zu verstetigen und die vorgeschlagenen Maßnahmen zur nötigen Stärkung der Fort-, Aus- und Weiterbildung und zur Sicherung des Fachkräftebedarfs sind dauerhaft abzusichern.

Die Gesellschaft wird sich auf ein Leben mit Covid-19 einstellen müssen. Pandemien werden weiterhin Ausnahmen bleiben, auch wenn durch globale Mobilität, Klimawandel und weitere Einflüsse globale Infektionsgeschehen zunehmen werden. Auf pandemiebedingte Krisen muss das Gesundheitswesen gut vorbereitet sein. Schließlich soll der Sozialstaat gewährleisten, dass Gesundheitsversorgung als soziales Menschenrecht allen zur Verfügung steht. Prävention besteht auch im Vorhalten eines Gesundheitswesens, das auf plötzliche, aber grundsätzlich vorhersehbare Ereignisse wie eine Pandemie bestmöglich eingerichtet ist. Das können Markt und Wettbewerb nicht leisten.

Literatur

Aiken/Sloane/Griffiths/Rafferty/Bruyneel/McHugh/Maier/Moreno-Casbas/Ball/Ausserhofer/Sermeus (2017): Nursing skill mix in European hospitals: cross-sectional study of the association with mortality,patient ratings, and quality of care, in: BMJ Quality & Safety 26/2017, S. 559–568. Link: https://qualitysafety.bmj.com/content/qhc/26/7/559.full.pdf [Zugriff: 9.7.2021].

Auffenberg/Heß (2021): Pflegekräfte zurückgewinnen – Arbeitsbedingungen und Pflegequalität verbessern. Bericht zur Studie »Ich pflege wieder, wenn ...« der Arbeitnehmerkammer Bremen und des SOCIUM der Universität Bremen. Link: Bericht zur Studie: »Ich pflege wieder, wenn ...« (arbeitnehmerkammer.de) [Zugriff 9.7.2021].

BAG-Bundesarbeitsgericht: Pressemitteilung vom 24.6.2021, Link https://juris.bundesarbeitsgericht.de/cgi-bin/rechtsprechung/document.py?Gericht=bag&Art=pm&pm_nummer=0016/21 [Zugriff: 9.7.2021].

DGB-Index-Sonderauswertung: Arbeitsbedingungen in der Pflege (2018): Link: https://index-gute-arbeit.dgb.de/++co++fecfee2c-a482-11e8-85a5-52540088cada [Zugriff: 8.7.2021].

Hartmann #PflegeComebackStudie (2018): Link: #PflegeComebackStudie: Fast jede zweite ehemalige Pflegekraft kann sich Rückkehr vorstellen (hartmann.info) [Zugriff 9.7.2021].

Nagel (2020): Interview in: Riffreporter https://www.riffreporter.de/de/wissen/corona-wuhan-exit-maskenpflicht-krankenhaus-interview-nagel [Zugriff: 9.7.2021].

Bsirske/Evans (2021): Kapitel 4, Im Fokus: Berufliche Pflege. In: Rat der Arbeitswelt, Arbeitswelt-Bericht 2021, S. 123 – 129 Link: https://www.arbeitswelt-portal.de/fileadmin/user_upload/awb_2021/Kapitel4.pdf [Zugriff: 9.7.2021].

Rothgang (2020): Pflegepersonalbemessungsinstrument für stationäre Langzeitpflege.

Rothgang/Kalwitzki (2021): Pflegeversicherungsreform 2021 – Was muss geschehen und was geht noch? In: Gesundheits- und Sozialpolitik, S. 6–15.

Scheuplein/Evans/Merkel (2020): Übernahmen durch Private Equity im deutschen Gesundheitssektor, Discussion Paper 01/2019. Link: https://www.iat.eu/discussionpapers/download/IAT_Discussion_Paper_19_01.pdf [Zugriff: 4.7.2021].

Simon (2018): Von der Unterbesetzung in der Krankenhauspflege zur bedarfsgerechten Personalausstattung. Eine kritische Analyse der aktuellen Reformpläne für die Personalbesetzung im Pflegedienst der Krankenhäuser und Vorstellung zweier Alternativmodelle. Hans-Böckler-Stiftung Working Paper Forschungsförderung 96/2018. Link: https://www.boeckler.de/de/faust-detail.htm?sync_id=06992 [Zugriff: 8.7.2021].

Simon (2020): Das DRG-Fallpauschalensystem für Krankenhäuser. Kritische Bestandsaufnahme und Eckpunkte für eine Reform der Krankenhausfinanzierung jenseits des DRG-Systems. Hans-Böckler-Stiftung Working Paper Forschungsförderung 196/2020. Link: https://www.boeckler.de/pdf/p_fofoe_WP_196_2020.pdf [Zugriff: 24.6.2021].

Verband der Ersatzkassen (vdek) (2021): Daten zum Gesundheitswesen: Soziale Pflegeversicherung (SPV), Finanzielle Belastung eines Pflegebedürftigen in der stationären Pflege. Link: https://www.vdek.com/presse/daten/f_pflegeversicherung.html [Zugriff: 9.7.2021]

Annabell Kolbe/Birte Radmacher/Martina Schmerr
Nach der Krise ist vor der Krise: Schulen und Kitas in Zeiten der Pandemie

Die Corona-Pandemie hat die Schulen und Kindertagesstätten vor immense Herausforderungen gestellt. Auch wenn immer von Schul- und Kita-Schließungen die Rede war: Keiner der beiden Bereiche war wirklich geschlossen. Die Schulen waren für die Notbetreuung und über weite Phasen auch für die Abschluss- und Grundschuljahrgänge offen, wenngleich in halbierten Gruppen. Im Schulbetrieb war insbesondere die Umstellung auf Wechselunterricht, Distanz- oder Hybridlernen belastend für alle Beteiligten. In den Kitas reichten die Öffnungen von der Notbetreuung über den eingeschränkten Regelbetrieb hin zum Regelbetrieb unter Pandemiebedingungen. Schulen und Kitas mussten in den vergangenen anderthalb Jahren immer wieder und unter ständig neuen Bedingungen den Spagat zwischen Gesundheitsschutz auf der einen und dem Bildungs- und Erziehungsauftrag auf der anderen Seite schaffen. Dabei erhielt die Gewerkschaft Erziehung und Wissenschaft (GEW) mit der Forderung, die Beschäftigten sowohl vor gesundheitlichen Risiken als auch psychischen Belastungen zu schützen, viel Gegenwind.

Chancengleichheit in der Krise: Die Nöte von Familien und Kindern
»Wir haben als Kollegium probiert, alles zu tun, damit die Schülerinnen und Schüler nicht abgehängt werden. Das heißt wir haben ein Stück die Rolle der Eltern übernommen. Wir haben die Schülerinnen und Schüler digital adoptiert.« (Lehrerin)[1]

Gerade in Zeiten der Pandemie wurde deutlich, welchen Zweck Kindertageseinrichtungen und Schulen in unserem gesellschaftlichen System – auch – erfüllen: Sie ermöglichen den Eltern, ihren Beruf auszuüben. Somit sorgen sie dafür, dass die Wirtschaft reibungslos laufen kann. Fällt diese Stellschraube im System aus, belastet dies vornehmlich Frauen und führt zu einer Re-Traditionalisierung der Rollen. Überwiegend Frauen vereinbarten ihre Arbeit mit der Betreuung ihrer Kinder und begleiteten sie beim Lernen zu Hause unter

---

1 Die folgenden Zitate entstammen dem Videoclip »Bildung krisenfest machen!«, den die GEW zu ihrem Gewerkschaftstag im Juni 2021 produziert hat. Siehe https://www.gew.de/gewtag21/videos/.

hoher (Mehr-)Belastung (Allmendinger 2020; s. a. ihren Beitrag in diesem Band).

Die Leidtragenden der pandemiebedingten Bildungskrise waren indes fraglos die Kinder und Jugendlichen. Das betrifft besonders diejenigen, die ohnehin schon Nachteile haben, etwa durch ihren sozialen Hintergrund, durch Behinderungen oder Beeinträchtigungen oder durch Migrations- und Fluchterfahrungen. Sprachliche oder digitale Barrieren, beengte Wohnverhältnisse, coronabedingte finanzielle Nöte oder vermehrte Konflikte und Gewalt in den Familien erschwerten das Aufwachsen und Lernen zusätzlich. Während die Einschränkung der Grundrechte im Pandemieverlauf eine wachsende Rolle im öffentlichen Diskurs spielte, ging die Kinderrechtsperspektive regelrecht unter. Die von Deutschland vorbehaltlos anerkannte UN-Kinderrechtskonvention formuliert einen gesetzlichen Anspruch auf Bildung und Teilhabe und schreibt vor, dass bei allen Maßnahmen, die Kinder betreffen, das Wohl des Kindes vorrangig zu berücksichtigen ist. Neben dem Recht auf Bildung waren indessen noch weitere Kinderrechte eingeschränkt, wie etwa das Recht auf Spiel und Freizeit und das Recht auf Teilhabe. Zu keinem Zeitpunkt der Pandemie wurden Kinder und Jugendliche formell an der Ausgestaltung der verschiedenen Corona-Maßnahmen beteiligt.

Zahlreiche Studien und Befragungen während der Pandemie ergaben, dass die jungen Lernenden an Einsamkeit oder Zukunftsangst leiden, dass Lernzeit und körperliche Bewegung deutlich abnahmen und die mit Fernsehen, Computerspielen und Handy zugebrachte Zeit deutlich zunahm (vgl. Fickermann/Edelstein 2020; Wössmann 2021). Diejenigen Schüler:innen, die in der Lage waren, ihren Tag und ihr eigenes Lernen gut zu strukturieren, kamen vergleichsweise gut durch die Krise (Huber et al. 2020). Dies ist aber eine Fähigkeit, die in hohem Maße sozial konnotiert ist. Ausgerechnet Kinder aus ärmeren Familien konnten weniger von einem individuellen Kontakt zur Lehrkraft und der »Begegnung« im Videounterricht profitieren als die Kinder von Akademiker:innen (Wößmann 2021) und gingen vielfach regelrecht »verloren«. Kinder mit sonderpädagogischem Förderbedarf und Kinder, die die Unterrichtssprache Deutsch noch erlernen müssen, waren besonders zu Beginn der Pandemie, aber auch in den späteren Maßnahmepaketen und Unterrichtsmodellen schlicht vergessen worden.

Nach dem Ende des ersten Lockdowns hatten die Bildungsverantwortlichen vor allem die Übergänge auf die weiterführenden Schulen, die Abschlussprüfungen am Ende der Sekundarstufe I und die Abiturprüfungen im Blick und öffneten die Schulen für diese Jahrgänge. Die Kinder und ihr Recht auf Bildung wurden von der Bildungspolitik erst in den Fokus gestellt, als deutlich wurde, dass in vielen Einrichtungen der Infektionsschutz, die Hygie-

Branchenprobleme

neregeln und Lüftungsauflagen nur unzureichend eingehalten werden konnten und der Unmut bei den Beschäftigten immer lauter wurde. Mitunter klang das Bekenntnis der Politik zum Recht auf Bildung, als sei das Bildungswesen erst mit Beginn der Corona-Krise ungerecht geworden. Dabei ist Deutschland seit jeher trauriger Spitzenreiter in internationalen Leistungsvergleichen, was den Zusammenhang von Schulerfolg und sozialem Hintergrund betrifft.

Die Bundesregierung reagierte schließlich und beschloss das »Aktionsprogramm Aufholen nach Corona« (BMBF/BMFSJ 2021) in Höhe von zwei Milliarden Euro für 2021/2022. Etwa die Hälfte davon ist für die Kompensation von Lernrückständen in den Kernfächern – auch in Zusammenarbeit mit Stiftungen, Vereinen oder kommerziellen Nachhilfeinstituten – vorgesehen. Sinnvoller wäre es, das Geld zum Ausbau öffentlicher, inklusiver und multiprofessionell aufgestellter Ganztagsschulen zu verwenden. Denn Lehrkräfte und pädagogische Fachkräfte wissen in der Regel besser über den Förderbedarf und die Nöte ihrer Schüler:innen Bescheid. Damit die Schulpsychologie und Schulsozialarbeit sowie therapeutische Expertise bedarfsgerecht und zeitnah zur Verfügung stehen können, müsste auch hier ein massiver Stellenaufwuchs erfolgen.

Die andere Hälfte der Bundesmittel – also eine weitere Milliarde – ist für die Förderung frühkindlicher Bildung (150 Mio.), für Freizeit-, Ferien- und Sportaktivitäten (530 Mio.) sowie für weitere Angebote der Kinder- und Jugendhilfe vorgesehen. Das klingt viel, reicht aber nicht, um den Bereich der frühen Bildung krisenfest zu gestalten. Die Kindertagesstätten können – das belegen Studien – die Bildungsnachteile im Kindesalter nur mindern, wenn sie qualitativ hochwertig gestaltet sind (Brake/Büchner 2012).[2]

Das Kompensieren verlorener Lernzeiten und sozialer Verwerfungen ist wichtig, ebenso die Beteiligung des Bundes. Aber jetzt muss erheblich mehr in die Personalversorgung, die Verbesserung der Rahmenbedingungen und den strukturellen Ausbau von Inklusion und Qualität investiert werden. Nur dann kann es gelingen, der sozialen Spaltung zu begegnen und Schulen und Kindertagesstätten zukunftsfest zu machen.

---

2 Die GEW fordert seit vielen Jahren gemeinsam mit weiteren Verbänden ein Kita-Qualitätsgesetz für bundeseinheitliche, nach wissenschaftlichen Erkenntnissen begründete, strukturelle Qualitätsstandards.

Gute Arbeit? Corona zeigt Fehlentwicklungen im Bildungsbereich deutlich auf

»Das Ganze führt zu einer völligen Entgrenzung der Arbeitszeit. Und viele Kolleginnen und Kollegen kommen an ihre absolute Grenze.« (Lehrerin)*

Auch Erzieher:innen und Lehrkräfte erleben als Eltern die Doppelbelastung von Berufstätigkeit und Kinderbetreuung bzw. Distanzunterricht. Als Beschäftigte ist ihre Situation im Vergleich zu anderen Branchen in finanzieller Hinsicht vermeintlich komfortabel, weil sie während der Pandemie keine Einbußen hinnehmen mussten. Allerdings sind die Gehälter im Sozial- und Erziehungsdienst, wie in den »frauentypischen Berufen« im Allgemeinen, niedrig. In der Sonderauswertung des DGB-Index Gute Arbeit (2020, 3) gaben knapp die Hälfte der Befragten in diesem Bereich an, dass ihr Einkommen finanziell nicht ausreiche und ihre Arbeitsleistung nicht angemessen wertschätze. Dies trifft insbesondere auf diejenigen zu, die bei einem freien Träger beschäftigt und entweder gar nicht oder kaum tarifvertraglich geschützt sind.

Schulen und Kitas sind in marodem Zustand. Angefangen bei einem Gebäudesanierungsstau, einer unzureichenden Ausstattung, veralteter Technik bis hin zu einer hohen Lärmbelastung aufgrund baulicher Fehlkonstruktionen. Die Ausgaben für den Bildungsbereich stagnieren. Allein für die Schulgebäude liegt der Investitionsrückstand bei 46,5 Mrd. Euro (KfW 2021). In einer repräsentativen Umfrage aus dem Frühsommer 2020 kritisierten knapp 71 Prozent der Befragten, dass die hygienische Ausstattung in Schulen nicht ausreichend sei (GEW 2020a). Dass in den vergangenen Jahren zu wenig Geld in die Ausstattung, die Umgebung der Kinder und Jugendlichen sowie der Beschäftigten investiert wurde, wurde für die breite Öffentlichkeit spätestens im Frühjahr 2020 ersichtlich.

Sowohl unter den Erzieher:innen als auch unter den Lehrkräften besteht ein eklatanter Fachkräftemangel. Seit Jahren bekannt und von der GEW kritisiert, hat diese Fehlentwicklung in Pandemiezeiten besonders gravierende Auswirkungen. Verstärkt wurde dies durch die Altersstruktur der Beschäftigten, denn viele Kolleg:innen gehören altersbedingt einer vulnerablen Gruppe an. Auch Vorerkrankungen erhöhten das gesundheitliche Risiko. Diese Beschäftigten wurden deshalb insbesondere im Frühjahr 2020 nicht in der Notbetreuung eingesetzt. Hinzu kam, dass Kolleg:innen mit jüngeren Kindern ausfielen, die sich mit einer fehlenden Betreuungsmöglichkeit ihrer eigenen Kinder konfrontiert sahen. Ob Schule oder Kita – der »Ausfall« vieler Kolleg:innen verstärkte die Arbeitsbelastung derjenigen, die weiterhin vor Ort tätig waren. Auch zuhause waren die Kolleg:innen nicht untätig: Lehrkräfte waren im Distanzlernen oder für außerunterrichtliche Zwecke eingesetzt, Er-

Branchenprobleme

zieher:innen erarbeiteten pädagogische Konzepte (nach) und widmeten sich ihrer »Portfolio-Arbeit«. Aufgaben, für die ihnen bei knapp acht Stunden täglicher Arbeit mit den Kindern üblicherweise die Zeit fehlt.

Lehrkräfte wurden von jetzt auf gleich mit Distanzunterricht konfrontiert. Dabei fehlte es sowohl an der notwendigen Ausstattung als auch oftmals an Unterstützung (Dusse 2020). Insgesamt stiegen Mehrbelastung und die Arbeitszeit enorm an. Zum großen Teil war dies auf den pandemiebedingten Wechsel zwischen Distanz-, Hybrid- und Wechselunterricht sowie auf die Überführung von analogen in digitale Medien zurückzuführen (Mußmann et al. 2021). Auch die Kommunikation mit Schüler:innen und Eltern nimmt seit Jahren zu und sorgt dafür, dass die Arbeitszeit neben der reinen Unterrichtszeit stetig länger wird (s. u. a. Bruno-Latocha/Kolbe 2020). Es verwundert nicht, dass eine nahezu ausschließlich digitale Kommunikation noch mehr Zeit beansprucht. Die Pandemie ist nicht die Ursache, sondern hat bereits bekannte Probleme verstärkt.

Auch im Sozial- und Erziehungsdienst wurde der Fachkräftemangel in den vergangenen anderthalb Jahren besonders deutlich. Zu wenige Erzieher:innen für zu viele Kinder, viele davon in Teilzeit und alle mit Urlaubsanspruch – da durfte schon vor dem Frühjahr 2020 niemand erkranken. Viele Beschäftigte haben seit Langem den Eindruck, ihrem eigenen pädagogischem Anspruch nicht gerecht zu werden. In der Notbetreuung bzw. dem erweiterten Regelbetrieb waren stellenweise bis zu 25 Prozent des Personals nicht in der Einrichtung tätig. Die Anzahl der betreuten Kinder jedoch blieb mit Ausnahme einer »Winterpause« stetig bei 75 bis 85 Prozent (Autorengruppe Corona-Kita-Studie 2021). Mit noch weniger Personal Kinder und Jugendliche individuell zu fördern, Bildung zu vermitteln und keine »Verwahranstalt« zu sein, glich der Quadratur des Kreises. Lange Zeit wurde argumentiert, dass jüngere Kinder sich nicht oder selten mit Corona infizieren und wenn, hätten sie einen milden Verlauf. Erzieher:innen seien deshalb einem vergleichsweise geringen Ansteckungsrisiko ausgesetzt. Einige der effektiven Hygienemaßnahmen, wie die AHA-Regeln, sind in Kitas kaum anwendbar. Vor diesem Hintergrund führte diese Einstellung bei vielen Kolleg:innen dazu, dass sie sich mit ihren Sorgen – insbesondere der Angst vor einer Infektion – nicht ernst genommen fühlten.

Sowohl Erzieher:innen als auch Lehrkräfte sahen sich mit zusätzlichen Aufgaben konfrontiert: regelmäßiges Lüften und Desinfizieren, Durchführung von Schnelltests, Umgang mit positiven Tests. Vieles wurde in Hygienekonzepte aufgenommen, ohne die konkreten Abläufe in den verschiedenen Einrichtungen zu durchdenken. Die Verantwortlichen für all diese Aufgaben sind die Leitungen. Sie mussten immer wieder kurzfristig neue Regelungen umsetzen, Stunden- und Personaleinsatzpläne ändern und den Kita- bzw. Schulbetrieb umorganisieren. Die Mehrbelastung war und ist bei allen Leiter:innen enorm hoch.

Das Dilemma, in dem sich Erzieher:innen und Lehrkräfte seit jeher befinden, wurde durch die Pandemie verstärkt: Sie fühlen sich »ihren« Kindern und Jugendlichen sowie deren Eltern und ihren Kolleg:innen gegenüber verantwortlich. Letztere müssen ihre Arbeit im Krankheitsfall kompensieren mit der Folge, dass die Mehrbelastung ihres Teams ansteigt. Um dies zu vermeiden, vernachlässigten viele ihre eigene Gesundheit. Kurzum: Die Kolleginnen und Kollegen kamen an ihre Grenzen.

Betriebs- und Personalräte sind außen vor
Beim Arbeits- und Gesundheitsschutz haben Betriebs- und Personalräte einen weitreichenden Gestaltungsspielraum, der in der Vergangenheit häufig nicht genutzt wurde. Mit Beginn der Pandemie stand er plötzlich im Fokus, so dass sich Betriebs- und Personalratsmitglieder erstens mit dem »klassischen« Arbeits- und Gesundheitsschutz konfrontiert sahen. Zweitens kamen pandemiebedingt neue Themen hinzu, wie beispielsweise die Definition vulnerabler Gruppen, bei denen sie zumindest theoretisch eingebunden werden mussten (Kohte 2020). Aus allen Bundesländern berichteten Kolleg:innen, dass sie insbesondere im Frühjahr 2020 übergangen wurden und ihre Mitbestimmung einfordern mussten. Anordnungen wurden von Ministerien mit der Devise »gilt ab Montag« am Freitagnachmittag geschickt, bei den Rahmenhygieneplänen waren Betriebs- und Personalräte vielfach außen vor. »Echte« Mitbestimmung sieht anders aus. Viele Personalräte haben daher begonnen, Initiativanträge zu stellen, einige beschritten den juristischen Weg.

Insgesamt haben viele Betriebs- und Personalratsmitglieder den Eindruck, ihrem Recht auf Mitbestimmung »hinterherzurennen«. Gleichzeitig änderte sich der Pandemieverlauf permanent und in einem rasanten Tempo. Dadurch konnte oftmals nur reagiert werden, statt Gesundheitsschutz aktiv zu gestalten. Zusätzlich waren die Aufgaben, mit denen die Interessenvertretungen umzugehen hatten, komplex, vielfältig und alle gleichzeitig zu lösen. Neben Arbeits- und Gesundheitsschutz sprangen Themen wie die Ausstattung mit mobilen Endgeräten, die Erreichbarkeitsfrage sowie Datenschutz in der Prioritätenliste nach oben.

Durch den besonderen Zeit- und Arbeitsdruck während der Schließung der Einrichtungen und des schrittweisen Wiedereinstiegs haben die Beschäftigten in Kitas und Schulen eigenständig leicht verfügbare Programme und Medien genutzt, um mit den Kindern in Kontakt zu bleiben. So hatten allseits bekannte Messenger-Dienste, deren Nutzung für schulische Zwecke teilweise

Branchenprobleme

untersagt ist, Hochkonjunktur, obwohl sie als Datensammler gelten. Auch einige Videokonferenzsysteme sind im Gerede, weil bei ihnen der Schutz von Daten und Persönlichkeitsrechten nicht gewährleistet ist. Verschiedentliche Hackerangriffe haben diese Unsicherheit vergrößert.

In einer GEW-Mitgliederbefragung zum DigitalPakt Schule kurz *vor* dem ersten Lockdown hat nur die Hälfte der Befragten angegeben, dass der Datenschutz an ihrer Schule grundsätzlich geregelt sei (GEW 2020, 36ff.). 65 Prozent sahen sich durch den Arbeitgeber in Datenschutzfragen nicht ausreichend unterstützt. Das alles vor dem Hintergrund – auch das hatte die Befragung ergeben –, dass 90 Prozent der Lehrkräfte ihre Privatrechner nutzen müssen. Ein Zustand, der in anderen Branchen undenkbar wäre.

Neben der Ausstattung mit dienstlichen Endgeräten fordert die GEW öffentlich verantwortete und kontrollierte Plattformen sowie Mindeststandards für den Datenschutz für alle Geräte und Programme in Unterricht und Verwaltung. Zumindest beginnen nunmehr einige Bundesländer damit, rechtlich »aufzuräumen«, indem sie bestimmte Anwendungen künftig verbieten wollen. Bis hier Rechtssicherheit geschaffen ist, wird es jedoch dauern.

Schattenseite: Privatisierung und Kommerzialisierung

Gerade in Corona-Zeiten, wo viele Lerngruppen auf digitalem Weg mit Lerngelegenheiten zu versorgen sind, werden Schulen mit privaten und kommerziellen Angeboten überrannt. Das Problem, dass auf digitalem Weg kommerzielle oder unausgewogene Anwendungen und Inhalte in Schulen Einzug halten, ist nicht neu, nahm aber mit der Pandemie sprunghaft zu. Vor allem die Giganten der Digitalindustrie haben seither viel Marktterrain hinzugewonnen – in Deutschland wie auch global. Weltweit hatte sich bereits nach einigen Monaten der Pandemie das Marktvolumen der »EdTech-Industrie« nahezu verdoppelt (Williamson/Hogan 2020).

Für die GEW ist wichtig, Bildung und Erziehung sowie die Kinder und Jugendlichen vor Werbung, Kommerz und Lobbyismus zu schützen. Bildungseinrichtungen und ihre Beschäftigten müssen so ausgestattet und unterstützt werden, dass sie ihren Aufgaben gerecht werden können und dabei nicht auf einen wildwüchsigen privaten Markt von Unterstützung, Technik und Materialien angewiesen sind.

Die rechtlichen Vorgaben, etwa das Werbeverbot an Schulen sowie die Auflagen für Sponsoring, müssen eingehalten und auch durchgesetzt werden. Die GEW hat hierzu eine Checkliste erarbeitet, die zur Orientierung der Kolleg:innen dienen kann (»Lobby-Check«; GEW 2020c). Auch fordert die GEW seit Jahren – gemeinsam mit den DGB-Gewerkschaften in der DGB-Initiative Schule und Arbeitswelt – öffentliche Monitoringstellen, die die Materialien,

Software und Tools nach ihrem pädagogischen Nutzen und ihrer Qualität prüfen und bewerten. Die Kultusministerien müssen mehr Verantwortung übernehmen – auch im Sinne einer »Digitalaufsicht«, indem sie Kommerzialisierung und Lobbyismus im Schulwesen vorbeugen und verhindern.

Dauerbaustelle Digitalisierung

»Ich unterrichte hier mit Overhead-Projektoren aus den 70er Jahren. Damit kann ich keinen Online-Unterricht machen. Wir haben hier kein durchgängiges W-LAN. Es gibt ein oder zwei Stellen in der Schule, an denen geht es so einigermaßen. Auf was soll ich die jungen Leute vorbereiten?« (Weiterbildungslehrerin)

Im Rückblick auf die Corona-Pandemie wird man sich vermutlich positiv an die pragmatischen und kreativen Lösungen erinnern, die Erzieher:innen und Lehrkräfte angesichts der neuen Herausforderung entwickelt haben. Ebenso an den Digitalisierungsschub, der durch Lockdown und das Distanzlernen ausgelöst wurde. Digitale unterstützende Infrastrukturen haben sich im Schulbereich von 2020 bis 2021 mehr als verdoppelt, wie eine GEW-Studie vom Januar/Februar 2021 ergeben hatte (Mußmann et al. 2021). Vor allem die Quote an verfügbaren Endgeräten für die Schüler:innen und Lehrkräfte ist bemerkenswert gestiegen. Allerdings mit zum Teil erheblichen Unterschieden zwischen den Bundesländern und Schulen sowie von einem – auch im internationalen Vergleich – niedrigen Niveau aus.

Bereits im ersten Pandemiejahr hatte das Schul-Barometer der Pädagogischen Hochschule Zug (Huber et al. 2020) im Drei-Länder-Vergleich ergeben, dass in Deutschland Online-Plattformen weniger genutzt werden (31 Prozent) als in Österreich und der Schweiz (75 Prozent bzw. 82 Prozent) und dass hierzulande weitaus weniger digitalisierter Unterricht organisiert wird. Vermutlich infolgedessen konnte der Kontakt zu den Schüler:innen in den Nachbarländern während der Pandemie bedeutend besser aufrechterhalten werden.

Digitalpakt: Motor, Krücke oder Schnecke?

2019 haben das Bundesbildungsministerium (BMBF) und die Kultusministerkonferenz (KMK) den Digitalpakt Schule aufgelegt, um den Ausbau der digitalen Infrastruktur an Schulen voranzutreiben. Der Bund veranschlagte hierfür fünf Milliarden Euro, die Länder 500 Millionen Euro. Das Förderprogramm wurde bereits mehrfach – z. B. im Hinblick auf Endgeräte und IT-Administrator:innen – aufgestockt und umfasst nun rund sieben Milliarden Euro.

Branchenprobleme

Aber: Der Digitalpakt ist nicht nur um mehrere Milliarden Euro unterfinanziert.[3] Er krankt auch daran, dass er irgendwann ausläuft und die damit verbundenen Folgekosten – z. B. für Support, Wartung und Wiederbeschaffung, aber auch die »pädagogischen Kosten« (Personal, Fortbildung, Materialien, Tools usw.) – nicht gedeckt werden. Die Systemadministration z. B. wird vielerorts immer noch von einzelnen Lehrkräften geschultert.

Mittlerweile zeigen sich außerdem erhebliche Probleme in der Steuerung und Umsetzung des Digitalpakts. So waren im Februar 2021 erst 1,36 von sieben Milliarden Euro bewilligt oder abgerufen. Was wirklich bei den Schulen ankommt, ist sehr abhängig von den Regelungen der örtlichen Schulträger, von den handelnden Personen an den Schulen sowie den zur Verfügung stehenden zeitlichen Ressourcen.

Trotz des pandemiebedingten Digitalisierungsschubs und trotz Digitalpakt klaffen also weiterhin enorme Lücken. Nur zwei Drittel der Schulen können WLAN für alle Lehrkräfte sicherstellen, bei den Schüler:innen sieht es noch schlechter aus (50 Prozent). Nach einem Jahr Pandemie verfügt immer noch ein Viertel der Schulen über keine Schul-Cloud. Als größte Hindernisse für das digitalisierte Lernen benannten unsere Kolleg:innen »technische Ausfälle oder Unterbrechungen« (64 Prozent) sowie »unausgereifte Lehrmaterialien und Lehrkonzepte« (54 Prozent). Nur die Hälfte der Befragten kann zudem bei technischen Problemen auf Unterstützung zurückgreifen (Mußmann et al. 2021).

Dass der Fern-, Hybrid- und Wechselunterricht angesichts dieser Probleme – wenngleich nach anfänglichen Startschwierigkeiten – weitgehend aufrechterhalten werden konnte, ist nicht zuletzt den Lehrkräften zu verdanken, die beherzt nach handelsüblichen Programmen wie nach Grashalmen griffen und zu 95 Prozent ihre privaten Geräte wie Handy, Computer oder Tablet noch häufiger einsetzten als vor der Pandemie (ebd.).

Schattenseite: digitale Kluft

Die GEW-Studie (Mußmann et al. 2021) hat eine deutliche Kluft zwischen digital gut aufgestellten Schulen (»Vorreiterschulen«) und digital unterdurchschnittlich entwickelten Schulen (»Nachzüglerschulen«) ergeben. Erstere konnten die Potenziale ihrer Schüler:innen weitaus besser fördern. Die Nachzüglerschulen berichteten zusätzlich viel häufiger von höheren Belastungen, fehlenden Lernkonzepten und Hindernissen beim Techniksatz. Die digitale Kluft zwischen den Schulen potenziert also auch die digitale Kluft bei

---

3   Laut GEW-Berechnungen müsste der Digitalpakt mit rund 21 Milliarden Euro ausgestattet sein (George 2020; George/Klinger 2019).

den Schüler:innen. Wenn hier nicht zeitnah und intensiv nachgesteuert wird, wird die Spaltung das Schulsystem, die Schulen und die ohnehin bereits benachteiligten Kinder und Jugendlichen weiter belasten.

Ein Schwerpunkt bei der Umsetzung des Digitalpaktes muss deshalb auf die Kompensation von ungleichen Chancen im Zugang zu Technik und Infrastruktur in den Schulen bzw. zwischen den Schulen und Regionen gelegt werden. Ebenfalls ist es wichtig, dass digitalisierte Bildung in Zukunft für alle Menschen zugänglich, nutzbar und barrierefrei ist. Nur dann kann die Behauptung vieler Bildungspolitiker:innen, Digitalisierung leiste einen Beitrag für mehr Chancengleichheit, Teilhabe und Inklusion, wahr gemacht werden. Andernfalls droht die Digitalisierung die Ungerechtigkeiten zu vergrößern.

Ausblick

»In dieser Pandemie hat man angefangen anders auf uns zu schauen, wie viel wir eigentlich leisten.« (Erzieher)

Viele der in diesem Beitrag diskutierten Aspekte sind strukturelle Probleme, die die GEW seit Langem kritisiert. Ins öffentliche Bewusstsein sind sie jedoch erst durch die Pandemie gerückt. Wie können die drängendsten Fehlentwicklungen behoben werden? Dies wird hier anhand ausgewählter Handlungsfelder erläutert.

Für deutlich mehr Personal und eine Aufwertung der Professionen
Eine gewaltige Zukunftsaufgabe liegt in der Bewältigung des Lehr- und Fachkräftemangels im Bildungsbereich. Allein im Grundschulbereich werden bis 2025 – nur für die Unterrichtsversorgung – 20 000 Vollzeitlehrkräfte zusätzlich gebraucht. Für den geplanten Rechtsanspruch auf Ganztagsbetreuung werden weitere 10 000 bis 20 000 Lehrkräfte fehlen. Zwar weist die frühkindliche Bildung einen Personalzuwachs auf, wie kaum ein anderer gesellschaftlicher Bereich, doch werden schätzungsweise bis 2025 weitere 191 000 Fachkräfte benötigt (vgl. Prognos AG 2018: 4).

Die Gewinnung von Fachkräften kann nur über eine Aufwertung der Professionen mit verbesserten Arbeitsbedingungen erfolgen. Im Schuldienst muss gleiche Bezahlung für gleichwertige Arbeit durchgesetzt werden. Tarifvertragliche Lücken im öffentlichen Dienst sind zu schließen und Beschäftigte bei freien Trägern durch einen (Haus-)Tarifvertrag zu schützen.[4]

---

4 Um eine Aufwertung und gerechte Bezahlung der Professionen zu erreichen, hat die GEW die Kampagnen »Wir sind die Profis. Sozial- und Erziehungsberufe: Anspruchsvoll und wertvoll« sowie »JA13 – weil Grundschullehrerinnen es verdienen!« ins Leben gerufen.

Branchenprobleme

Für eine verstärkte föderale Zusammenarbeit und deutlich mehr Bildungsinvestitionen
Die geteilten Verantwortlichkeiten zwischen dem Land als Dienstherrn und »Schulhoheitsträger« und der Kommune als »Schulsachkostenträger« blockieren nachhaltige Lösungen. Das Kooperationsverbot zwischen Bund und Ländern muss endlich fallen, denn es behindert die Finanzierung. Und die Ergebnisse des »Dresdner Bildungsgipfels« müssen endlich umgesetzt werden. Hier hatten sich bereits 2008 die politischen Verantwortungsträger zum Ziel gesetzt, zehn Prozent der Wirtschaftsleistung für Bildung- und Forschung auszugeben.

Für mehr mutige pädagogische und strukturelle Veränderungen
Bildungseinrichtungen, die Bildung ganzheitlich denken, Wert auf das selbstbestimmte Lernen und die Förderung von Lernfreude legen, die inklusiv arbeiten und professionell mit der Vielfalt ihrer Kinder und Jugendlichen umgehen, sind besser durch die Corona-Krise gekommen. Mit den kleineren Gruppen, die als Notlösung eingerichtet wurden, haben viele Kinder gute Erfahrungen gemacht. Die Pädagog:innen können verstärkt und besser auf einzelne Kinder und Jugendliche eingehen und sie individuell fördern. Dafür brauchen die Kitas und Schulen mehr Personal sowie mehr Zeit zur Vor- und Nachbereitung und insgesamt mehr Zeit, um den Kindern gerecht zu werden. Hiervon profitieren alle: Kinder und Jugendliche, Eltern sowie Erzieher:innen und Lehrkräfte.

Die Pandemie-Erfahrungen sind Anlass, über die Grundausrichtung des Bildungssystems nachzudenken. Im Rahmen des Bündnisses »Eine für alle – Die inklusive Schule für die Demokratie« hat die GEW z. B. im September 2020 gefordert, die Corona-Krise für schulpädagogische und schulstrukturelle Veränderungen zu nutzen. Insbesondere stellen die Verbände die starren, normierten Leistungserwartungen und Leistungsbewertungen in Frage und fordern, Klassenwiederholungen und Abschulungen von »höheren« auf geringer bewertete Schulformen als Schritte zu einem inklusiven Schulsystem auf Dauer abzuschaffen.

Literatur
Allmendinger, Jutta (2020): Familie in der Corona-Krise: Die Frauen verlieren ihre Würde. In: DIE ZEIT vom 12. Mai 2020. https://www.zeit.de/gesellschaft/zeitgeschehen/2020-05/familie-corona-krise-frauen-rollenverteilung-rueckentwicklung?utm_referrer=https%3A%2F%2Fwww.bing.com%2F.
Autorengruppe Corona-KiTa-Studie (2021): 4. Quartalsbericht der Corona-KiTa-Studie (II/2021). München 2021: DJI, https://corona-kita-studie.de/quartalsberichte-der-corona-kita-studie.

[BMBF/BMFSFJ] Bundesministerium für Bildung und Forschung / Bundesministerium für Familie, Senioren, Frauen und Jugend (2021): »Aufholen nach Corona für Kinder und Jugendliche«. Mai 2021. https://www.bmbf.de/files/BMFSFJ_Corona_Aufholpaket_Paper_06_sa%20(1).pdf.

Brake, Anne/Büchner, Peter (2012): Bildung und soziale Ungleichheit. Eine Einführung. Stuttgart: Kohlhammer.

Bruno-Latocha, Gesa/Kolbe, Annabell (2020): Lehrkräfte: Motiviert und hoch belastet. In: Gute Arbeit »Arbeitsschutz an Schulen. Belastungen und fehlende Konzepte in der Pandemie«, 10/2020, S. 9–11.

DGB-Index Kompakt (2020): Weiblich, systemrelevant, unterbezahlt. Arbeitsbedingungen in vier frauendominierten Berufsgruppen. Kompakt 01/2020, https://www.dgb.de/themen/++co++b0c5e3f8-c6cc-11ea-8c72-001a4a160123.

Dusse, Birgita (2020): Digitalisierung – von 0 auf 100. In: Gute Arbeit »Arbeitsschutz an Schulen. Belastungen und fehlende Konzepte in der Pandemie«, 10/2020, S. 17–19.

Fickermann, Detlef/Edelstein, Benjamin (Hrsg.) (2020): »Langsam vermisse ich die Schule …«. Schule während und nach der Corona-Pandemie. Die Deutsche Schule, 16. Beiheft. Hrsg. von der Gewerkschaft Erziehung und Wissenschaft. Münster: Waxmann, https://doi.org/10.31244/9783830992318.

George, Roman (2020): Adäquate digitale Ausstattung an allgemeinbildenden Schulen. Eine Analyse der Mehrbedarfe vor dem Hintergrund des Digitalpakts. GEW-Hauptvorstand, Frankfurt am Main, https://www.gew.de/fileadmin/media/publikationen/hv/Bildung-digital/202005-BWd-MehrbedarfAllgemSchulen-web.pdf.

George, Roman/Klinger, Ansgar (2019): Mehrbedarfe für eine adäquate digitale Ausstattung der berufsbildenden Schulen im Lichte des Digitalpakts. GEW-Hauptvorstand, Frankfurt am Main, www.gew.de/studie-digiberufsbildung.pdf.

[GEW] Gewerkschaft Erziehung und Wissenschaft (2020a): Schlechte Noten für hygienische Grundausstattung an Schulen. https://www.gew.de/aktuelles/detailseite/neuigkeiten/schlechte-noten-fuer-hygienische-grundausstattung-an-schulen/.

[GEW] Gewerkschaft Erziehung und Wissenschaft (2020b): Digitalpakt Schule und Digitalisierung an Schulen. Ergebnisse einer GEW-Mitgliederbefragung 2020. Durchgeführt von Mauss Research im Auftrag der GEW. Juni 2020, https://www.gew.de/fileadmin/media/publikationen/hv/Bildung-digital/202004-Mitgliederbefr-Digitalisierung.pdf.

[GEW] Gewerkschaft Erziehung und Wissenschaft (2020c): Lobby-Check: Für eine werbe- und lobbyismusfreie Schule. August 2020, https://www.gew.de/bildung-digital/bundesforum/ (Publikationen).

Huber, S. G./Günther, P. S./Schneider, N./Helm, C./Schwander, M./Schneider, J./Pruitt, J. (2020): COVID-19 und aktuelle Herausforderungen in Schule und Bildung. Münster: Waxmann. https://doi.org/10.31244/9783830942160.

Hoffmann, Ilka (2021): Kein »Weiter so wie bisher!«, https://www.gew.de/aktuelles/detailseite/neuigkeiten/kein-weiter-so-wie-bisher/.

KfW-Kommunalpanel (Hrsg.) (2021): KfW-Bankengruppe in Kooperation mit dem Deutschen Institut für Urbanistik. Mai 2021, https://www.kfw.de/KfW-Konzern/KfW-Research/KfW-Kommunalpanel.html.

Kohte, Wolfhard (2020): Infektionsschutz an Schulen – jetzt! In: Gute Arbeit »Arbeitsschutz an Schulen. Belastungen und fehlende Konzepte in der Pandemie«, 10/2020, S. 20–23.

Mußmann, Frank/Hardwig, Thomas/Riethmüller, Martin/Klötzer, Stefan (2021): Digitalisierung im Schulsystem – Herausforderung für Arbeitszeit und Arbeitsbelastung von Lehrkräften. Forschungsprojekt der Kooperationsstelle Hochschulen und Gewerkschaften

Branchenprobleme

der Universität Göttingen. Im Auftrag der Gewerkschaft Erziehung und Wissenschaft. Vorstellung erster Befunde am 1. Juni 2021. www.arbeitszeitstudie.de.

Prognos AG (2018): Zukunftsszenarien – Fachkräfte in der Frühen Bildung gewinnen und binden.

Williamson, Ben/Hogan, Anna (2020): Commercialisation and privatisation in/of education in the context of Covid-19. Im Auftrag der Bildungsinternationale (Education International). Juli 2020, https://issuu.com/educationinternational/docs/2020_eiresearch_gr_commercialisation_privatisation?fr=sZDJkYjE1ODA2MTQ (Kurzfassung).

Wößmann L./Freundl, V./Grewenig, E./Lergetporer, P./Werner, K./Zierow, L. (2021): Bildung erneut im Lockdown: Wie verbrachten Schulkinder die Schulschließungen Anfang 2021? ifo Schnelldienst 5/2021, 74. Jahrgang, 12. Mai.

Susanne Uhl/Thomas Bernhard/Szabolcs Sepsi/Johannes Specht
Willkommen im neuen Fleischindustriezeitalter!?
Wie Corona, jahrelanges Engagement Vieler und am Ende beherzte Minister die deutsche Fleischindustrie umbauten – eine erste Bilanz

Niemand von uns hatte sich auch nur ansatzweise ausgemalt, dass eine wirklich eingreifende gesetzgeberische Intervention in die schon so lange unerträglichen Arbeitsbedingungen der industriellen Schlachthöfe und der Fabriken der Fleischverarbeitung der Republik ausgerechnet eine Folge der Corona-Pandemie sein könnte. Und das nach vielen Jahren und vielen Versuchen, Behörden, Parlamentarier:innen und Regierende davon zu überzeugen, dass Selbstverpflichtungen in der Fleischindustrie das Papier nicht wert waren, auf das sie geschrieben wurden. Die Erfahrung vieler Engagierter aus Initiativen, Beratungsstellen, Kirchen und Gewerkschaften war, dass verschiedene (gute!) Wellen der öffentlichen Empörung allenfalls zu einer Art Kurzzeitgesetzestreue führten, die die Managementetagen der Schlachthöfe dann ihren »Werkvertragspartnern« abverlangten. Und nur so lange, wie der – flüchtige – öffentliche Blick auf sie gerichtet war.

Es liegt am System
Die Dauer der öffentlichen und parlamentarischen Aufmerksamkeit reichte in der Vergangenheit aber leider nie, um wirklich mit einem »System« zu brechen. Einem System, das von Seiten der Unternehmen darauf ausgerichtet war, sich jedweder Verantwortung für das Treiben auf dem eigenen Betriebsgelände zu entledigen. Und genau dafür nutzten die Unternehmen Werkverträge. Denn ein Werkvertrag, von einem Subunternehmen erledigt, ist nur dann ein legaler Werkvertrag, wenn der Auftraggeber (in diesem Fall der Schlachthofbetreiber) rein rechtlich nichts zu tun hat mit der tatsächlichen Abwicklung des »Werkes« – beispielsweise der Schlachtung und Zerlegung. Wie, mit wem und in welchen Schichten der Subunternehmer das tat, interessierte den Schlachthofbetreiber nicht. Hätte er in den Prozess eingegriffen, wäre es ein illegaler Scheinwerkvertrag. Aber mit teilweise nur noch 15 Prozent Stammbeschäftigten und einem Selbstverständnis in einigen Managementetagen, die »Kernaufgabe« eines Schlachthofbetreibers sei schließlich nur das Management desselben, waren die Schnittstellen in die Produktion ohnehin teilweise nur noch minimal.

Aber egal wie die Aufgabenverteilung im Einzelnen geregelt war: Landauf, landab hörten wir von Geschäftsführern von Schlachthöfen oder Wurst-

Branchenprobleme

fabriken so oder ähnlich »was mein Subunternehmen veranstaltet, darf mich ja gar nicht interessieren, denn täte es das, wäre es kein Werkvertrag mehr.« Das hatte System – und machte es sehr einfach, nichts wissen zu müssen.

Und wie bequem: Geld verdienen, Profite machen, ohne für bösartige Arbeits- und Wohnbedingungen geradestehen zu müssen. Denn die rechtliche Verantwortung trägt ja der Subunternehmer, und der hat seinen Sitz in einem anderen Bundesland und da ist dann schon eine andere staatliche Arbeitsschutzkontrolle zuständig. Und Amtshilfe dauert.

So waren es schließlich die massenhaften Corona-Ausbrüche bei Beschäftigten im Frühjahr 2020, die für die so nötige breite öffentliche Empörung über die Zustände in der deutschen Fleischindustrie sorgten und die miesen Arbeits- und Lebensbedingungen der vorwiegend aus Osteuropa stammenden Beschäftigten ans Licht der Öffentlichkeit brachten. Aber es war auch die klare Haltung der zuständigen rumänischen Arbeits- und Sozialministerin Violeta Alexandru, die – wie die Süddeutsche Zeitung am 21. Mai 2020[1] schrieb – in ihren Wagen stieg und mehr als 1700 Kilometer mit dem Auto von Bukarest nach Berlin zurücklegte, um nachzusehen, wie es ihren Landsleuten im Ausland ergeht: »Zu viele Meldungen waren wohl aus Deutschland eingegangen, wonach Arbeiter aus Rumänien von ihren Arbeitgebern schlecht behandelt werden. Manche sagen auch: ausgebeutet. (...) Ein Besuch, der überfällig war.« Auch dieser Besuch und die Meldungen über die Diskussionen in rumänischen Medien waren es wohl, die – neben der langjährigen deutschen Auseinandersetzung – mit dazu beitrugen, dass sich ein deutscher Bundesarbeits- und Sozialminister, Hubertus Heil (SPD), zusammen mit seinem nordrhein-westfälischen Landesarbeitsministerkollegen, Karl-Josef Laumann (CDU), auf den Weg machte, beherzt in das System Werkverträge in der Fleischindustrie einzugreifen. Doch bevor wir das schließlich auf den Weg gebrachte Arbeitsschutzkontrollgesetz näher beschreiben und eine erste Wirkungsbilanz ziehen, nochmals kurz ein Blick zurück.

Arbeits-»Verhältnisse«
Öffentliche Beschäftigte – der kommunale Schlachthof
Es ist noch gar nicht so lange her, dass die Schlachthöfe hierzulande ganz gut sortiert waren. Waren noch um 1900 die hygienischen und sozialen Verhältnisse rund ums Fleisch in den Städten einigermaßen trostlos, setzte eine Entwicklung ein, die im Bau von Schlachthöfen mit Schlachthauszwang

---

1 Grausige Unterkünfte, kaum Lohn und dann auch noch Corona. Süddeutsche Zeitung vom 21.5.2020. URL: https://www.sueddeutsche.de/politik/migration-werkvertraege-landwirtschaft-rumaenien-1.4913656 (zuletzt aufgerufen am 19.6.2021).

und in eine Kommunalisierung der Fleischversorgung mündete. Viehmarkt, Schlachthof und Fleischmarkt waren integrierter Teil der städtischen Verwaltung und der Stadthygiene und unter öffentlicher Kontrolle. Rund um die kommunalen Vieh- und Schlachthöfe waren auch die Arbeitsverhältnisse der öffentlich Bediensteten geordnet.[2]

Eine Entwicklung, in die erst in den 1970er Jahren radikal eingegriffen wurde. Städte und Kreise verkauften und privatisierten ihre Schlachthöfe und mit ihnen die Beschäftigten: »Personalabbau, Senkung der Personalkosten zulasten der Arbeitsbedingungen und der Löhne der Beschäftigten gehörten untrennbar zur Privatisierungsstrategie von Bundesländern und Kommunen. Mit der Konsequenz, dass das Schlachten heute nahezu komplett privatisiert und konzentriert ist: Im Jahr 2019 lag der Marktanteil der Top-10-Unternehmen in der Schweineschlachtung bei 80,1 Prozent.«[3] Die gesamte Branche ist aber sehr heterogen aufgestellt: Neben Großkonzernen wie Tönnies, Westfleisch oder Vion ist vor allem die Fleischverarbeitung durch viele mittelständische Unternehmen geprägt. Die drei großen Fleischverbände sind jeweils nicht tariffähig, und insgesamt sind weite Teile der Branche nicht tarifgebunden und auch nicht in den Unternehmensverbänden organisiert. Auch das macht es nicht gerade einfacher, einen Konsens herzustellen, den es für verbindliche Tarifverhandlungen aber braucht.

Privatisierung – zunächst tarifvertraglich geordnet, dann outgesourct
Aber auch diese Entwicklung setzte nicht über Nacht ein. Die Konzentration auf einige große industrielle Schlachthöfe und nur noch vergleichsweise wenige handwerkliche Schlachtereien war auch begünstigt durch europäisch harmonisierte lebensmittelrechtliche Hygienevorgaben, durch die Liberalisierung des Weltagrarmarktes und die Aufhebung vieler internationaler Handelsschranken. Gleichzeitig veränderte sich das Kaufverhalten. Supermärkte boten immer mehr vorverpackte, küchenfertige Produkte an. Internationale Absatzmärkte nahmen die Innereien, Füße oder Köpfe ab. Deutsches Fleisch wurde zu einem Produkt auf dem Weltmarkt, der Wettbewerb um den billigsten Preis verschärfte sich. Kleine Betriebe gaben oft auf.

Durch die Öffnung der Arbeitsmärkte innerhalb der Europäischen Union heuerten die neuen Großschlachthöfe Werkvertragsbeschäftigte und Leiharbeiter:innen aus dem Ausland an und hebelten tarifvertragliche Standards und betriebliche Mitbestimmung aus.

---

2 Vgl. Zeitler, Guido (2021): Gesundes Essen – nachhaltige Produktion – faire Arbeit? Nachdenken über Lebensstile und eine K(l)assenfrage am Beispiel der Fleischindustrie, in: Hoffmann, Reiner (Hrsg.): Arbeit aufwerten – Demokratie stärken, S. 81–94.
3 Ebenda, S. 85.

Branchenprobleme

Der gesetzliche Mindestlohn (und in seinem Windschatten der sogenannte »Fleischmindestlohn«) war im Übrigen bis zum Arbeitsschutzkontrollgesetz 2021 eine der wenigen wirklich einschneidenden Maßnahmen zur Verbesserung der Arbeits- und Lohnsituation in der Fleischindustrie.

In der fleischverarbeitenden Industrie war der Anteil an Leiharbeit zunächst sehr hoch, er lag an einzelnen Standorten bei gut 50 Prozent.

Je deutlicher sich die zuständigen Betriebsräte und die Gewerkschaft Nahrung-Genuss-Gaststätten (NGG) an der Seite der Leiharbeitnehmer:innen aber einmischten, und z. B. Betriebsräte dem Einsatz von Leiharbeit widersprachen (was im Unterschied zu Werkverträgen möglich ist), desto massiver setzten auch Fleischverarbeiter auf Outsourcing. Die Leiharbeitsunternehmen schickten ihre Mitarbeiter:innen als Beschäftigte im Werkvertrag – mit geringerer Bezahlung – an die Produktionslinien zurück. Aus den »geordneten« Beschäftigten der kommunalen Schlachthöfe wurden, zwar privatisierte, aber zunächst noch weitgehend tarifvertraglich erfasste Stamm-Beschäftigungsverhältnisse, aus denen bald Leiharbeitnehmer:innen wurden, und aus diesen schließlich Beschäftigte in Werkverträgen. All das führte über die Jahre dazu, dass Deutschland zum Billiglohnland im Fleischbereich wurde – und in der Folge alle benachbarten Länder und deren Tarifstandards massiv unter Druck gerieten: Lohndumping und eine Spirale nach unten setzten ein, mit dem »Modell Deutschland« als negativem Motor der Entwicklung.

Aus europäischen Mitgliedstaaten entsandt
Entsendung bedeutet – mindestens theoretisch –, dass beispielsweise Beschäftigte eines rumänischen Schlachthofes zur Erfüllung eines genau umrissenen Auftrages – eines »Werkes« – nach Deutschland geschickt werden. In Deutschland gelten für sie die so genannten Mindestarbeitsbedingungen, wozu nicht nur der gesetzliche Mindestlohn oder ggf. der einschlägige allgemeinverbindliche Mindestlohn zählt, sondern ebenfalls das Arbeitszeit-, das Urlaubs- und das Arbeitsschutzgesetz. Sozialversicherungsbeiträge werden allerdings im Herkunftsstaat bezahlt und müssen über eine so genannte A1-Bescheinigung nachgewiesen werden, die dem Zoll als zuständiger Stelle übermittelt werden muss. Eine Überprüfung allerdings, ob es im Herkunftsstaat tatsächlich einen Schlachthof gibt, von dem aus legal entsendet wird, ist ein kompliziertes europäisches Amtshilfeverfahren, das – sofern überhaupt angestrengt – häufig länger dauert als der Auslandseinsatz der Betroffenen.

»Deutsche sozialversicherungspflichtige Beschäftigung« und dennoch wenig Neues

Dass in Deutschlands Schlachtindustrie im Jahr 2016 schließlich vom Entsendemodell Abschied genommen wurde, hatte so weniger mit gewachsenem Kontrolldruck auf die Subunternehmerketten oder öffentlichen Empörungswellen über die Arbeitsbedingungen zu tun, als vielmehr mit Gesetzesänderungen in Rumänien selbst, in deren Folge die Sozialversicherungsbeiträge für entsandte Beschäftigte stiegen und die (Lohn-)Kostendifferenz zwischen Entsandten und in Deutschland sozialversicherten Beschäftigten aus Rumänien weiter schrumpften. Die Einführung des gesetzlichen Mindestlohns in Deutschland, der auch für Entsandte gilt, ließ zudem die Lohnkosten steigen. So wurde es aus Sicht der Fleischindustrie finanziell immer unerheblicher, ob Schlachthofarbeiter:innen entsandt oder direkt in Deutschland beschäftigt wurden. Für die Auftraggeber wiederum brachte die in Verbindung mit dem gesetzlichen Mindestlohn eingeführte Auftraggeberhaftung nach dem Arbeitnehmer-Entsendegesetz (AEntG) ein zusätzliches finanzielles Risiko – sie konnten nun für nicht gezahlte Mindestlöhne und Sozialversicherungsbeiträge ihrer Subunternehmen haftbar gemacht werden.

Die Schlachtunternehmen wussten diese Tatbestände allerdings öffentlichkeitswirksam zu ihren Gunsten auszuschlachten: Sie erklärten im Jahr 2015, auf das Entsendemodell zu verzichten und auf sozialversicherungspflichtige Beschäftigung in Deutschland zu setzen,[4] was in der Folge auch tatsächlich geschah. Allerdings vergrößerte dies nicht die Stammbelegschaften, sondern führte zu deutschen Neu- und Umgründungen ehemaliger (ausländischer) Subunternehmen. Für die rumänischen oder bulgarischen Beschäftigten änderte sich dadurch wenig bis gar nichts.

Für die rumänischen oder bulgarischen Beschäftigten war dies vielfach ein völlig unüberschaubarer Prozess. Sie bekamen neue Arbeitsverträge, die sie wie üblich, weil in deutscher Sprache verfasst, nicht verstehen konnten, und die wie immer und erneut befristet waren. Ihre miesen Unterkünfte blieben genauso dieselben, wie ihre Vorarbeiter und überlange Arbeitszeiten. Und obwohl sie nun in Deutschland krankenversichert waren, wurden ihre Versicherungskarten weiter vom Arbeitgeber einbehalten, sie wurden von densel-

---

4 »Die sich der Selbstverpflichtung anschließenden Unternehmen verpflichten sich, im Rahmen der rechtlichen Vorgaben, bis Juli 2016 ihre Strukturen und Organisationen derart umzustellen, dass sich sämtliche in ihren Betrieben eingesetzte Beschäftigte in einem in Deutschland gemeldeten, sozialversicherungspflichtigen Beschäftigungsverhältnis befinden (...)«, aus: Standortoffensive deutscher Unternehmen der Fleischwirtschaft – Selbstverpflichtung der Unternehmen für attraktivere Arbeitsbedingungen (2015), URL: www.bmwi.de/Redaktion/DE/Downloads/S-T/standortoffensive-fleischwirtschaft-selbstverpflichtung-attraktive-arbeitsbedingungen.pdf?__blob=publicationFile&v=1 (zuletzt aufgerufen am 15.7.2021).

Branchenprobleme

ben Subunternehmerhelfern ggf. zum Arzt gebracht, der dort auch übersetzte. Krankschreibungen wurden in einigen Fällen weiter nur dann an den Arbeitgeber übermittelt und von diesem akzeptiert, soweit der Produktionsprozess das zuließ. Unter diesem Druck sind Menschen also krank und oftmals unter Schmerzen zur Arbeit gegangen – obwohl eine Ärztin die Arbeitsunfähigkeit festgestellt hatte. Die rechtlichen Möglichkeiten, individuelle Ansprüche vor inländischen Gerichten durchzusetzen, verbesserten sich zwar durch die Umstellung auf inländische Verträge, die Nettolöhne blieben aber niedrig. Aus Sicht der Beschäftigten änderte sich kaum etwas.

Und dann kam Covid-19 in die Schlachthöfe der Republik. Im Frühjahr und Sommer 2020 infizierten sich mehrere tausend Beschäftigte in einigen Dutzend Fleischfabriken mit dem Coronavirus. Es folgte eine öffentliche Schockwelle über die Zustände in der Fleischindustrie, wie wir sie bisher nicht erlebt haben – Berichte und Reportagen, auf allen Kanälen und in allen Medien mit einer europaweiten Resonanz. Nichtstun war für die Regierenden in dieser Situation keine Option.

Zeitenwende in der Fleischwirtschaft:
Ein Gesetz verbietet Werkverträge und Leiharbeit

In Baden-Württemberg, Schleswig-Holstein und Nordrhein-Westfalen wurden zwischen Ende April und Anfang Mai 2020 mehr als 600 vorwiegend rumänische Beschäftigte in Werkverträgen positiv auf das Virus getestet. Das Leid und die Verunsicherung der Menschen, Quarantäneanordnungen, Werkschließungen, Druck auf konsequente Landräte – all dies beschäftigte die Öffentlichkeit und es gab fast täglich neue Infektionen zu vermelden.

Die Bundesregierung (in Gestalt des Bundesarbeitsministeriums) reagierte: Am 20. Mai 2020 veröffentlichte sie »Eckpunkte für ein Arbeitsschutzprogramm für die Fleischwirtschaft«,[5] und begründete dies auch mit dem besonderen Schutzbedürfnis von ausländischen Arbeitnehmer:innen in einem Wirtschaftszweig, der existenziell auf diese angewiesen sei: »Dabei werden Teile der Fleischwirtschaft bereits seit vielen Jahren wegen ihrer Arbeits- und Unterkunftsbedingungen massiv kritisiert. Konkret werden u. a. Überbelegungen und Wuchermieten, Verstöße gegen Hygiene-, Abstands- und Arbeitsschutzbestimmungen (insbesondere fehlende Schutzausrüstung, zu geringer Sicherheitsabstand, keine arbeitsmedizinische Versorgung) sowie Verstöße

---

5 URL: www.bmas.de/SharedDocs/Downloads/DE/Pressemitteilungen/2020/eckpunkte-arbeits schutzprogramm-fleischwirtschaft.pdf?__blob=publicationFile&v=1 (zuletzt aufgerufen am 15.7. 2021).

gegen das Mindestlohn- und Arbeitszeitgesetz angeführt. (...) Aktuelle Missstände zeigen, dass weiterer Handlungsbedarf besteht.«
Nach Punkten, die sich mit Verbesserungen des Arbeitsschutzes aufgrund der akuten Corona-Situation befassten, schloss Punkt 3 an: »Ab dem 1. Januar 2021 soll das Schlachten und die Verarbeitung von Fleisch in Betrieben der Fleischwirtschaft im Sinne des § 6 Absatz 10 Arbeitnehmer-Entsendegesetzes nur noch von Arbeitnehmerinnen und Arbeitnehmern des eigenen Betriebes zulässig sein. Damit wären Werkvertragsgestaltungen und Arbeitnehmerüberlassungen nicht mehr möglich.«[6] So wurde eine Forderung umgesetzt, die die Gewerkschaft Nahrung-Genuss-Gaststätten und viele der Unterstützer:innen der Beschäftigten seit Jahren erhoben hatten. Insbesondere die Fleischverarbeiter, Leiharbeitsunternehmen, aber auch Teile des CDU-Wirtschaftsflügels liefen Sturm gegen das Verbot der Leiharbeit.

Ein Argument, das öffentlich wiederholt vorgetragen wurde und wird, ist: Leiharbeitsunternehmen seien per se die seriöseren Unternehmer als diejenigen, die Werkverträge anbieten. Die Voraussetzung sei ja eine erteilte Verleiherlaubnis der Bundesagentur für Arbeit. Ein Blick in die öffentlich zugängliche Liste aller Erlaubnisinhaber zeigt aber: Die meisten der (Sub-)Unternehmen, die mit Werkverträgen negativ aufgefallen sind, haben auch eine Leiharbeitserlaubnis und hätten – falls das Leiharbeitsverbot nicht in das Arbeitsschutzkontrollgesetz aufgenommen worden wäre – in Zukunft einfach mit Leiharbeit statt Werkverträgen weitergemacht. Eine Befürchtung, die noch vor Inkrafttreten des Gesetzes offensichtlich wurde: So bekamen Beschäftigte, die im Werkvertrag bei einem Fleischverarbeiter eingesetzt waren, bereits zum 1. August 2020 neue Arbeitsverträge als Leiharbeitnehmer:innen. Ein Wechsel, der auch von anderen Subunternehmen später so vollzogen wurde, immer noch in der Hoffnung, ein Leiharbeitsverbot könnte verhindert werden. Darüber hinaus zeigt die Verwaltungspraxis: Eine Leiharbeitserlaubnis der Bundesagentur für Arbeit zu bekommen, ist nicht schwer. Und obwohl das Arbeitnehmerüberlassungsgesetz (AÜG) vorsieht, dass sich die Zuverlässigkeit des Arbeitgebers auch dadurch erweisen muss, dass er »die Vorschriften des Arbeitsschutzrechts oder die arbeitsrechtlichen Pflichten« einhält, spielt dies in der Verwaltungspraxis der Erlaubniserteilung keine Rolle.

---

6   Siehe Fn. 8, S. 2f.

Branchenprobleme

Auch Leiharbeit verboten – befristete Ausnahmen möglich
Trotz des Aufbäumens der Branche und von Teilen des CDU-Wirtschaftsflügels blieb es aber dabei: Das Arbeitsschutzkontrollgesetz, das zum 1. Januar 2021 in Kraft trat, verbot nicht nur Werkverträge ab dem 1. Januar, sondern ab dem 1. April 2021 auch die Leiharbeit, es sei denn, durch einen Tarifvertrag in der Branche würde eine Übergangszeit ausgelöst, die bis am 31. März 2024 dauern kann. Mit Tarifvertrag kann Leiharbeit übergangsweise zu gleichen Bedingungen und Löhnen wie die Stammbeschäftigten stattfinden, allerdings nur im Bereich der Fleischverarbeitung und dort in engen Grenzen: bis maximal 8 Prozent des kalenderjährlichen Arbeitszeitvolumens und keinesfalls mit mehr als 100 Personen. Es gibt darüber hinaus eine grundsätzliche Ausnahme vom Werkvertrags- und Leiharbeitsverbot für das Fleischerhandwerk, nämlich für Betriebe mit weniger als 50 Vollzeitbeschäftigten.

Erste Erfahrungen mit dem neuen Gesetz

Die Unternehmen der Branche haben das Verbot von Werkverträgen in den Bereichen Schlachtung, Zerlegung und Fleischverarbeitung zum 1. Januar 2021 umgesetzt und den Mitarbeiterinnen und Mitarbeitern der Subunternehmen direkte Anstellungsverhältnisse angeboten.

Betriebsübergänge weitgehend geglückt
Dabei sind sie unseren Erfahrungen und Beobachtungen nach für ihre Verhältnisse ungewöhnlich korrekt vorgegangen, nämlich im Sinne eines Betriebsübergangs nach § 613a des Bürgerlichen Gesetzbuchs, d.h. sie übernahmen alle Beschäftigten zu mindestens den Arbeitsbedingungen und Löhnen, die sie bei ihrem früheren Arbeitgeber bekamen. »Da die Arbeitsverträge bei den Subunternehmen in aller Regel zu den gesetzlichen Mindestbedingungen geschlossen worden waren, spielte diese Regelung in der Praxis keine große Rolle. Einige Arbeiter nutzten die Gelegenheit aber und forderten individuell Lohnerhöhungen, oft mit Erfolg. Vielen fehlte dazu jedoch der Mut, weshalb sie zum gesetzlichen Mindestlohn übernommen wurden.«[7]

Die Unzufriedenheit entlud sich in einigen Betrieben in spontanen Arbeitsniederlegungen einzelner Betriebsabteilungen. Auch dies teilweise mit Erfolg – schließlich können die Unternehmen in der derzeitigen Personalknappheit auf keine:n Mitarbeiter:in verzichten. An einer Handvoll Standorten haben sich Beschäftigte zu spontanen, »wilden« Streikaktionen zusammen-

---

7 Sepsi, Szabolcs (2021): Umbruch in der Schlachtindustrie? In: JACOBIN, URL: https://jacobin.de/artikel/schlachtindustrie-gesetz-subunternehmen-fleischindustrie-tonnies-westfleisch-vion-faire-mobilitaet-werkvertraege/ (zuletzt aufgerufen am 15.7.2021).

gefunden. Aus sozialen Medien und gewerkschaftlichen Informationsmaterialien waren sie über das Gesetzgebungsverfahren informiert und wussten, dass – entgegen der Behauptung mancher Subunternehmer – dieses sie nicht vom Arbeitsmarkt verdrängen, sondern ihre Arbeitsbedingungen verbessern sollte. Darunter verstanden sie in erster Linie höhere Löhne. Nachdem es in den letzten Jahren aus Sicht der Beschäftigten keine wesentlichen Verbesserungen der Arbeitsbedingungen gegeben hatte, waren einige bereit, ihre Angelegenheiten in die eigenen Hände zu nehmen. Auch hieran konnte die NGG mit ihren Streikaktionen rund um die Tarifverhandlungen anknüpfen.

Tarifverhandlungen nach Streiks und Aktionen abgeschlossen
Nachdem das Arbeitsschutzkontrollgesetz die zeitlich begrenzte Leiharbeit für die fleischverarbeitenden Betriebe an einen Tarifvertrag geknüpft hatte, starteten die Tarifverhandlungen im März 2021.[8] Die Gewerkschaft NGG forderte einen Mindestlohntarifvertrag mit drei Stufen: Für alle Beschäftigten sollte einen Mindestlohn von 12,50 Euro pro Stunde gelten, für Beschäftigte mit kurzer Einarbeitungszeit sollte es mindestens 14 Euro geben. Außerdem sollte für qualifizierte Fachbeschäftigte ein dritter Mindestlohn in der Höhe von 17 Euro eingeführt werden. Darüber hinaus forderte die NGG, in einem weiteren Tarifvertrag Mindestarbeitsbedingungen wie Arbeitszeit, Zuschläge und Urlaub zu regeln. Im Gegenzug signalisierten sie den Arbeitgebern ihre Bereitschaft, auch über Ausnahmeregelungen vom Leiharbeitsverbot zu verhandeln.

Nachdem die Arbeitgeberseite auch in der dritten Verhandlungsrunde aus Gewerkschaftssicht kein akzeptables Angebot unterbreitet hatte, erklärte die NGG die Verhandlungen vorläufig für gescheitert und begann in zahlreichen Betrieben Warnstreiks und andere Protestaktionen zu organisieren. Und das in einer Branche, in der abgesehen von einigen wenigen Haustarifverhandlungen schon lange keine größeren Streiks stattgefunden hatten. Auch vor diesem Hintergrund ist es ein wirklicher Erfolg, dass es mehr als 20 Streikaktionen gab, die teilweise zu einem Stillstand der Unternehmen führten. Darunter waren viele Betriebe, die sich zum ersten Mal überhaupt an Warnstreiks beteiligten. Begleitet wurden die Streiks von Dutzenden Protesten und Kundgebungen vor Fleischbetrieben.[9]

---

[8] Siehe ausführlich zu Motiven und Verlauf der Tarifverhandlungen 2021 in der Fleischwirtschaft Specht, Johannes und Schulten, Thorsten (2021): Mindestlohntarifvertrag in der Fleischwirtschaft, URL: https://www.wsi.de/de/blog-17857-mindestlohntarifvertrag-in-der-fleischwirtschaft-33525.htm (zuletzt aufgerufen am 15.7.2021).

[9] Vgl. u. a. Fleischwirtschaft: Arbeitgeber verhindern Mindestlohn: Proteste auch beim Branchenprimus Tönnies. Pressemitteilung der NGG vom 23.4.2021.

Branchenprobleme

Eine wesentliche Besonderheit der Streikaktionen bestand auch darin, dass sie zum Teil in erheblichem Maße von den ehemaligen Werkvertragsbeschäftigten selbst getragen wurden: Sie waren erbost darüber, dass sich zwar ihr Beschäftigtenstatuts mit dem Arbeitsschutzkontrollgesetz verändert hatte, ihre Arbeitsbedingungen im Wesentlichen jedoch nach wie vor die gleichen geblieben waren.

Teilweise hatten sie nach wie vor mit denselben – oft autoritär geprägten – Vorarbeitern zu tun, die ebenfalls von den ehemaligen Subunternehmen übernommen worden waren und die in teilweise äußerst aggressiver Weise versuchten, die ehemaligen Werkvertragsbeschäftigten von der Teilnahme an Streikaktionen oder Kundgebungen abzuhalten.[10]

Die neuen Herausforderungen für die NGG und die in der Branche verbliebenen Betriebsräte sind dabei nicht zu unterschätzen: Informationen und Aufrufe mussten in mehr als zehn Sprachen übersetzt und entsprechend vermittelt werden. Betriebliche Mobilisierungen waren vom Einsatz sozialer Medien begleitet: gerade die osteuropäischen Beschäftigten in der Branche sind stark über Messengerdienste vernetzt. Bilinguale Videos, Online-Sprechstunden, Posts in den Muttersprachen der Beschäftigten wurden produziert, um schnell Hunderte von Menschen zu erreichen.

Von nicht zu unterschätzender Bedeutung war schließlich das schon länger existierende Netzwerk all derjenigen, die sich auch schon in den vergangenen Jahren mit den Vorgängen rund um die industriellen Schlachthöfe befasst haben: Kirchenvertreter:innen, Initiativen, engagierte Einzelpersonen und Wissenschaftler:innen, Beratungsstellen, Gewerkschafter:innen. Sie alle haben sich auch rund um die Tarifverhandlungen engagiert.

Dass es schließlich zu einem Tarifkompromiss mit der Arbeitgeberseite kam, hat – neben der Ermöglichung von Leiharbeit – sicherlich auch mit der öffentlichen Aufmerksamkeit zu tun, die noch immer auf der Fleischbranche lag. Vereinbart wurde schließlich Anfang Juni 2021 ein neuer Mindestlohntarifvertrag, der auf der Grundlage des AEntG für die rund 160 000 Beschäftigten der Branche allgemeinverbindlich erklärt werden soll. Der neue Branchenmindestlohn soll in folgenden Stufen erhöht werden: 10,80 Euro pro Stunde ab der Einführung der Allgemeinverbindlicherklärung (voraussichtlich August 2021), 11 Euro pro Stunde ab dem 1. Januar 2022, 11,50 Euro pro Stunde ab dem 1. Dezember 2022, 12,30 Euro pro Stunde ab dem 1. Dezember 2023. Die Laufzeit des Tarifvertrages geht bis zum 30. November 2024.

---

10 Vgl. Specht/Schulten, Fn. 8 und Sepsi, Szabolcs/Szot, Anna (2021): Das Arbeitsschutzkontrollgesetz in der Praxis. Eine erste Bilanz aus der Perspektive von Faire Mobilität, URL: https://www.faire-mobilitaet.de/++co++8175fed8-c2ea-11eb-b373-001a4a160123 (zuletzt aufgerufen am 15.7.2021).

Im Gegenzug wurde neben dem Mindestlohntarifvertrag auch ein Tarifvertrag zur Leiharbeit vereinbart, der den Unternehmen der Fleischverarbeitung ermöglicht, die im Arbeitsschutzkontrollgesetz vorgesehenen, engen Ausnahmemöglichkeiten zu nutzen. Anders als der Mindestlohntarifvertrag soll dieser Tarifvertrag ausdrücklich nicht für allgemeinverbindlich erklärt werden. Auf diesem Weg kommt er ausschließlich Unternehmen zugute, die Mitglied in einem der tarifschließenden Arbeitgeberverbände sind. Das schafft einen Anreiz zur Mitgliedschaft in einem der regionalen Arbeitgeberverbände. Das könnte ein erster Schritt zu einer größeren Verbandsmitgliedschaft auf Unternehmensseite sein und mittelfristig die Möglichkeit für (neue) Flächentarifverhandlungen auf der Ebene der Bundesländer sein.

Schließlich wurde zwischen den Tarifvertragsparteien verabredet, im nächsten Schritt Verhandlungen über einen Rahmen-Manteltarifvertrag aufzunehmen. Aus Sicht der NGG sollte ein solcher Manteltarifvertrag zunächst einige elementare Regelungen über Arbeitszeiten, Urlaubstage, Urlaubs- und Weinachtgeld etc. enthalten. Am Ende sollte auch ein solcher Manteltarifvertrag wieder allgemeinverbindlich erklärt werden, wobei dies dann auf der Grundlage des Tarifvertragsgesetzes (§ 5) erfolgen müsste.

NGG, Betriebsräte und Beschäftigte stehen also weiter vor großen Herausforderungen: Kaum anzunehmen, dass die Arbeitgeberseite von sich aus ein akzeptables Angebot macht. Und auch die Betriebsratswahlen stehen 2022 vor der Tür. Mehrere zehntausend osteuropäische Arbeiter:innen werden als neue Stammbeschäftigte erstmals Teil der Interessenvertretungsstrukturen sein können. Betriebsratswahlen werden so unter völlig neuen Bedingungen stattfinden – ehemals streng getrennte Belegschaften müssen zusammenfinden und sich verstehen lernen. Diese Integration in den Betrieb ist für alle Beteiligten keine Kleinigkeit.

Echte Integration statt Druck

Für die neuen Stammbeschäftigten wird in Zukunft viel davon abhängen, dass es tatsächlich gelingt, sie zu integrieren. Denn es geht, neben der im engeren Sinne betrieblichen Integration, um ein Ankommen der ehemaligen Werkvertragsbeschäftigten in den Kommunen: Dazu gehören Sozialberatung, Sprachkurse, Wohnungsvermittlung und einiges mehr. All dies erleichtert dann wiederum das Ankommen im Betrieb.

Es bleibt also noch einiges zu tun. Und es bleibt zu hoffen, dass das Verbot von Werkverträgen und Leiharbeit in der Fleischbranche Bestand hat – auch vor den Gerichten. Die Beschäftigten in der Fleischbranche haben es mehr als verdient. Und die Arbeitsbedingungen und Tarifstandards bei unseren europäischen Nachbarn hängen sehr direkt davon ab, ob es gelingt,

Branchenprobleme

in Deutschland geordnete und deutlich bessere Standards wiederherzustellen.

Die finale Bilanz können wir also noch nicht ziehen. Es ist aber jetzt schon beachtlich, wie viele Veränderungsprozesse begonnen haben oder auf dem Weg sind: Staatliches Handeln hat (positive) Effekte, vor allem dann, wenn es auf soziale und ökologische Nachhaltigkeit zielt.

Anhang:
Arbeitspolitik nach Corona –
Daten, Schwerpunkte, Trends

Anhang

Inhalt

1. Basisdaten zu Arbeitsbedingungen und Arbeitsverhältnissen _____ 335
   1.1 Die Corona-Krise – Prekarisierung und weitere Erosion der Tarifbindung _____ 335
   1.2 Verfestigung des Niedriglohnsektors _____ 337
   1.3 Mobile Arbeit und Homeoffice _____ 340
   1.4 Re-Traditionalisierung _____ 346
2. Psychische Belastungen in der Krise _____ 349
3. Arbeitszeit: Aktuelle Trends _____ 353
4. Psyche und Arbeitswelt _____ 356
   4.1 Psychische Störungen in der Allgemeinbevölkerung _____ 356
   4.2 Krankenstand: Trends und Ursachen der Arbeitsunfähigkeit __ 358
   4.3 Arbeitsunfähigkeit infolge psychischer Störungen _____ 360
   4.4 Frühberentungen infolge psychischer Störungen _____ 364
   4.5 Exkurs: Corona und psychische Störungen _____ 366
5. Arbeitsunfälle und Berufskrankheiten _____ 369
6. Personalstand und Tätigkeit der Aufsichtsbehörden und -dienste __ 374

Der folgende Anhang erläutert ausgewählte aktuelle Trends im Arbeits- und Gesundheitsschutz und zur Gestaltung der Arbeit und präsentiert ausgewählte Daten anhand einiger Themenschwerpunkte. Ein Anspruch auf Vollständigkeit wird nicht erhoben. Soweit auf der Basis vorhandener Daten möglich, werden in dieser Ausgabe Auswirkungen der Corona-Pandemie und der damit verbundenen Krise berücksichtigt. Der hier abgedruckte Anhang ist aus Platzgründen stark gekürzt. Leser*innen dieses Buches finden eine ausführlichere Fassung dieses Datenanhangs unter www.bund-online.de (siehe vordere Umschlaginnenseite).
Verfasser*innen dieses Anhangs sind Jürgen Reusch (Abschnitte 1, 2, 3), Joseph Kuhn, Johannes Brettner und Judith Hausmann (Abschnitt 4) sowie Uwe Lenhardt (Abschnitt 6). Abschnitt 5 enthält Passagen von Uwe Lenhardt (Arbeitsunfälle) und Jürgen Reusch (Berufskrankheiten). Die Grafiken, Tabellen und den Satzentwurf des Anhangs hat Frank Walensky angefertigt.

Daten, Schwerpunkte, Trends

1. Basisdaten zu Arbeitsbedingungen und Arbeitsverhältnissen

1.1 Die Corona-Krise – Prekarisierung und weitere Erosion der Tarifbindung

Grundsätzlich änderten die Einbrüche der Krisenjahre 2020 und 2021 nichts Wesentliches am Charakter des Arbeitsmarktes als prekäre Vollerwerbsgesellschaft. Ende 2021 zeigte sich bereits ansatzweise eine Rückkehr zu den alten Verhältnissen – abgesehen allerdings vom strukturellen Wandel v.a. in der Automobilindustrie, im Handel und im Verkehrsbereich. Alles, was die Strukturen prekär machte und macht, bestand und besteht weiter.

Die immer weitergehende Erosion der Tarifbindung haben wir in den früheren Jahrbüchern dokumentiert, zuletzt im Datenanhang der Ausgabe 2021 (Seite 302 ff.). Dieser Erosionsprozess hat sich fortgesetzt und hat sich während der Corona-Krise auch negativ auf die Arbeitsbedingungen und Arbeitsverhältnisse ausgewirkt. Insgesamt ging die Tarifbindung in branchentarifgebundenen Betrieben zwischen 2000 und 2020 in West und Ost von 44 % auf 26 % zurück (Abb. 1). Von den Betrieben waren 2020 hochgerechnet noch rund 28 % im Westen und 19 % im Osten durch Branchentarifverträge gebunden. Haus- oder Firmentarifverträge gelten für jeweils 2 % der Betriebe in den alten und neuen Bundesländern.

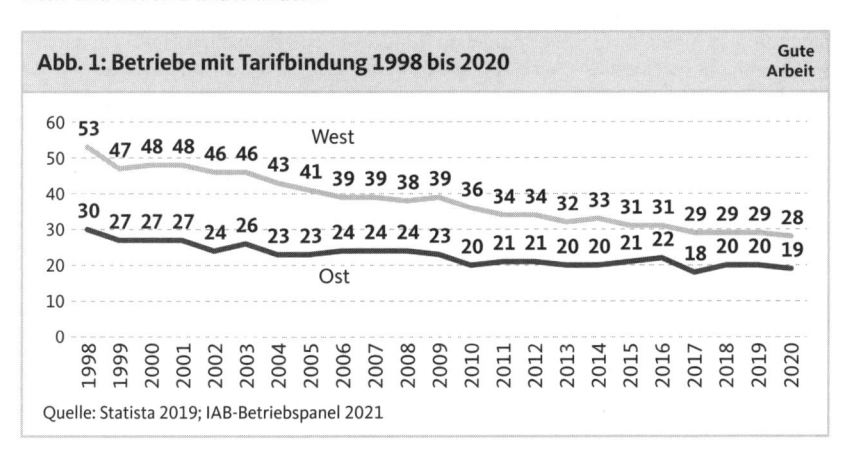

Abb. 1: Betriebe mit Tarifbindung 1998 bis 2020 Gute Arbeit

Jahr	West	Ost
1998	53	30
1999	47	27
2000	48	27
2001	48	27
2002	46	24
2003	46	26
2004	43	23
2005	41	23
2006	39	24
2007	39	24
2008	38	24
2009	39	23
2010	36	20
2011	34	21
2012	34	21
2013	32	20
2014	33	20
2015	31	21
2016	31	22
2017	29	18
2018	29	20
2019	29	20
2020	28	19

Quelle: Statista 2019; IAB-Betriebspanel 2021

Der Blick auf die Beschäftigten zeigt ein noch negativeres Bild. Auch hier ging der Anteil derjenigen, die tarifgebunden arbeiteten, kontinuierlich zurück. Abb. 2 zeigt die Entwicklung im Zeitverlauf bis 2019. In diesem Jahr arbeiteten nurnoch rund 46 % der westdeutschen und 34 % der ostdeutschen Beschäftigten in Betrieben mit einem Branchentarifvertrag. (Hinzu kamen noch 7 % der westdeutschen und 11 % der ostdeutschen Beschäftigten, für die ein Firmen- oder Haustarifvertrag galt.) Umgekehrt heißt das: 47 % der westdeutschen und 55 % der ostdeutschen Beschäftigten arbeiteten 2017 in Betrieben, in denen es gar keine Tarifbindung gab.

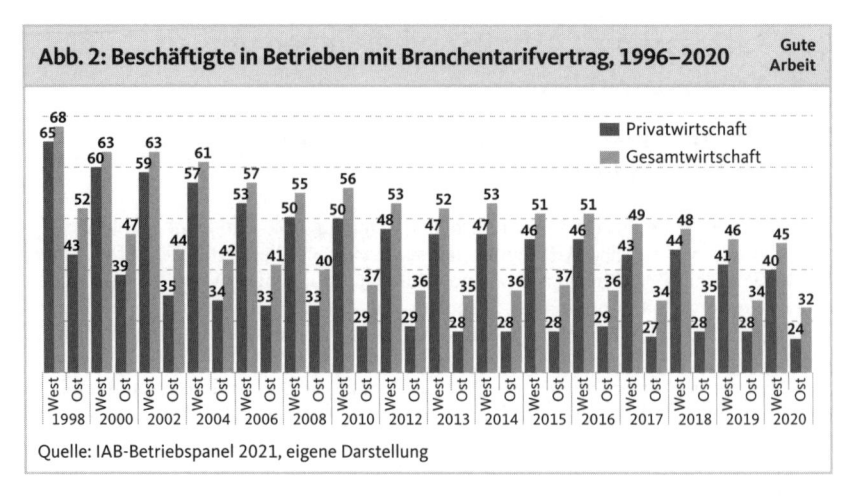

Anhang

Abb. 2: Beschäftigte in Betrieben mit Branchentarifvertrag, 1996–2020 *Gute Arbeit*

Privatwirtschaft / Gesamtwirtschaft

Werte (West/Ost je Jahr):
- 1998: West 65/52, Ost 43/–
- 2000: West 63/47, Ost 39/–
- 2002: West 60/44, Ost 35/34
- 2004: West 59/42, Ost 33/–
- 2006: West 61/41, Ost 33/–
- 2008: West 57/50, Ost 37/29
- 2010: West 56/48, Ost 36/29
- 2012: West 53/47, Ost 35/28
- 2013: West 52/47, Ost 36/28
- 2014: West 53/46, Ost 37/28
- 2015: West 51/46, Ost 36/29
- 2016: West 51/43, Ost 34/27
- 2017: West 49/44, Ost 35/28
- 2018: West 48/41, Ost 34/28
- 2019: West 46/40, Ost 34/–
- 2020: West 45/32, Ost 24/–

(weitere Werte: 68, 63, 57, 55, 50, 50)

Quelle: IAB-Betriebspanel 2021, eigene Darstellung

Von den rund 73.000 als gültig in das Tarifregister eingetragenen Tarifverträgen sind zurzeit 443 und damit weniger als 1 % allgemeinverbindlich. Ein besonders deutliches Beispiel für die Brisanz der Problematik ist das Scheitern des Branchen-Tarifvertrags für die Altenpflege im Februar 2021, mitten in der Pandemie-Krise. Nach jahrelangen Bemühungen vor allem von ver.di verweigerten die Arbeitgeber der Caritas die Zustimmung zu einem fertig ausgehandelten bundesweiten allgemeinverbindlichen Tarifvertrag für die Altenpflege. Auch die Diakonie weigerte sich, ein positives Votum für den Tarifvertrag abzugeben.

Mit dieser Entwicklung verlieren auch gewerkschaftliche Verankerung in Betrieben und unter Beschäftigten und auch die betriebliche Mitbestimmung weiter an Boden. Denn mit der Erosion der Tarifbindung arbeitet inzwischen auch nur noch eine Minderheit der Beschäftigten in Betrieben mit Betriebsrat, vor allem in Ostdeutschland (Abb. 3). Dieser Erosionsprozess setzte sich im Pandemie-Jahr 2020 weiter fort.

Abb. 3: Vorhandensein von Betriebsräten nach Betriebsgröße (2020) *Gute Arbeit*

Anzahl der Beschäftigten im Betrieb	Betriebe mit Betriebsrat	Beschäftigte in Betrieben mit Betriebsrat
5–50	5 %	8 %
51–100	31 %	32 %
101–199	47 %	48 %
200–500	67 %	69 %
Über 500	85 %	90 %
Insgesamt	8 %	40 %

Quelle: IAB-Betriebspanel 2021

Der Anteil der Beschäftigten in Betrieben mit 5 bis 50 Beschäftigten, die einen Betriebsrat haben, sank seit dem Jahr 2000 in Westdeutschland von 14 % auf 7 %, in Ostdeutschland von 14 auf 9 %. Er ist also von einem ohnehin niedrigen Ausgangsniveau nochmals zurückgegangen. Hier verliert die betriebliche Mitbestimmung deutlich an Boden.

2020 wurden in Ostdeutschland 36 % der Beschäftigten durch einen Betriebsrat vertreten, in Westdeutschland 40 %. In den vergangenen Jahren hat sich der langjährige Rückstand Ostdeutschlands bei der betrieblichen Mitbestimmung verringert. Diese Annäherung beruht allerdings auf einer rückläufigen Entwicklung im Westen und einer Zunahme im Osten. Lag 2016 der Anteil der Beschäftigten in Betrieben mit Betriebsrat im Westen noch 9 Prozentpunkte über der im Osten, betrug der Abstand 2020 noch 4 Prozentpunkte.

Eine im Auftrag der Hans-Böckler-Stiftung im Juni 2020 angefertigte Online-Befragung von 6.300 Erwerbstätigen ergab auch, dass das Fehlen von Tarifverträgen in der Corona-Krise erheblich dazu beigetragen hat, die soziale Ungleichheit zu verschärfen und Beschäftigten Einkommensverluste zu bringen. Danach erhielten beispielsweise 54 % der Beschäftigten mit Tarifvertrag eine Aufstockung des Kurzarbeitergelds, aber nur 31 % derjenigen ohne Tarifvertrag.

1.2 Verfestigung des Niedriglohnsektors

Die fortschreitende Prekarisierung der Arbeitswelt äußert sich besonders deutlich in der weit verbreiteten Niedriglohnbeschäftigung. Deutschland hat einen der größten Niedriglohnsektoren in Europa – maßgeblich geschaffen durch politische Entscheidungen der verschiedenen Bundesregierungen seit den 1990er Jahren. Von der relativ guten Konjunktur der Jahre zwischen 2010 und 2019 hat der Niedriglohnsektor kaum profitieren können. Im Jahr 2020 hat die Corona-Krise auf den Niedriglohnsektor besonders heftig durchgeschlagen.

Aktuelle Studien und Daten zeigen vor allem: Der Niedriglohnsektor hat sich verfestigt und ist zu einem zentralen Bestandteil der Arbeitsverhältnisse geworden. Für die große Mehrheit der dort Arbeitenden ist er eine Sackgasse, kein Einstieg oder Sprungbrett in besser entlohnte Arbeit, und er ist auch keine nur vorübergehende Abweichung von einem ansonsten intakten System auskömmlicher und Existenz sichernder Arbeit. Daran hat auch die Einführung des Mindestlohns im Jahr 2015 nichts Wesentliches geändert.

> *Was ist Niedriglohn?*
> Die Niedriglohnschwelle liegt bei zwei Dritteln des mittleren Stundenlohns (Medianschwelle). Diese lag nach Berechnungen des IAQ 2018 bei 11,21 Euro. Der amtliche Datenreport 2021 beziffert ihn auf 11,05 Euro. Die Bertelsmann-Stiftung errechnete eine Schwelle von 11,40 Euro, das DIW lediglich 10,80 Euro. Auf einen Monatslohn umgerechnet liegt die Niedriglohnschwelle derzeit bei etwa 2 200 Euro brutto. Wer für den Mindestlohn Vollzeit schuftet, landet bei 1 600 Euro. Bis Ende 2020 betrug der gesetzliche Mindestlohn 9,35 Euro. Im Juni 2020 hat die Mindestlohnkommission eine weitere stufenweise Erhöhung beschlossen. Zum 1. Januar 2021 stieg der Mindestlohn a auf 9,50 Euro, zum 1. Juli 2021 auf 9,60 Euro. Zum 1. Januar 2022 soll er auf 9,82 Euro und zum 1. Juli 2022 schließlich auf 10,45 Euro steigen. Der Abstand zwischen Mindestlohn und Niedriglohn ist im Lauf der Jahre sogar größer geworden. Er lag 2018 bei 2,37 Euro pro Stunde. 2018 betrug der Mindestlohn bei 8,84 Euro. Der gesetzliche Mindestlohn ist also seit 2015 immer weiter hinter der allgemeinen Lohnentwicklung zurückgeblieben.

Anhang

Abb. 4: Entwicklung der Niedriglohnschwelle in Deutschland, 1995–2019 — Gute Arbeit

Jahr	1995	1996	1997	1998	1999	2000	2001	2002	2003	2004	2005	2006	2007	2008	2009	2010	2011	2012	2013	2014	2015	2016	2017	2018	2019
€	7,20	7,51	7,58	7,74	7,84	7,84	8,03	8,44	8,93	8,94	9,01	8,99	9,03	9,16	9,44	9,31	9,38	9,58	9,58	9,97	10,22	10,49	10,73	11,21	11,50

Quelle: IAQ-Report 6/2021

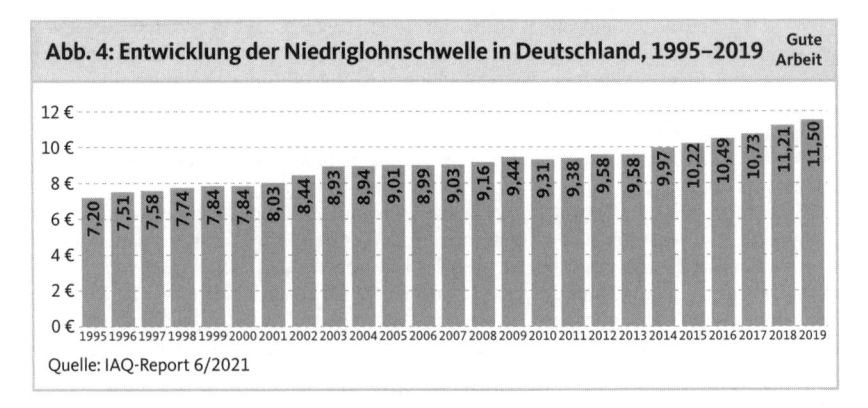

Die Antwort der Bundesregierung auf eine Kleine Anfrage der Bundestagsfraktion Die Linke ergab für die aktuelle Situation: Bundesweit liegt bei fast jeder/jedem fünften Beschäftigten (18,8 %) der Lohn unterhalb der Niedriglohnschwelle. 2019 verdienten 4,06 Millionen Menschen nur einen Niedriglohn. Besonders hoch sind die Niedriglohnanteile im Gastgewerbe (63,4 %), mehr noch im Friseurhandwerk (92 %). Dort betraf das fast 50.000 Menschen, mehrheitlich Frauen. Ihr mittleres Einkommen lag bei 1.680 Euro brutto pro Monat. In der Floristik arbeiteten 85 % aller Vollzeitbeschäftigten zu Niedriglöhnen, in der Kosmetik 78 %, bei den Berufskraftfahrer:innen im Personentransport ebenfalls 78 %, das waren 48.000 Menschen.

Die Bundestagsabgeordnete Susanne Ferschl (Die Linke) verwies außerdem darauf: Hauptbetroffene vom Niedriglohn sind Frauen, von denen nur jede Vierte (25,8 %) nur auf den Niedriglohn kommt, während das 15,5 % der Männer betrifft. In Ostdeutschland lag der Anteil der Niedriglohnbeschäftigten mit 30,4 % (2019) – jede/r dritte Beschäftigte dort – fast doppelt so hoch wie in Westdeutschland (16,3 %). In der Corona-Krise, so der Hinweis von Susanne Ferschl, wurden gerade die Beschäftigten mit den niedrigsten Löhnen am härtesten von den Lockdowns getroffen. Je nach Art der Beschäftigung bekamen sie gar kein Kurzarbeitergeld oder nur den gesetzlichen Mindestsatz, der nicht ausreichte, um davon leben zu können.[1]

Eine Studie des Instituts Arbeit und Qualifikation der Uni Duisburg-Essen[2] verwies darauf, dass der Niedriglohnsektor 2019 unter die 20 %-Marke (19,9 %) gesunken sei. Aber auch wenn es dort einen leichten Rückgang gegeben hat: An der Verfestigung dieses Sektors ändert das nichts. Eine Besonderheit des Niedriglohnsektors liegt dem IAQ zufolge darin, dass auch Kerngruppen der Beschäftigten in hohem Maß davon betroffen sind: Fast drei Viertel der Niedriglohnbezieher:innen haben eine abgeschlossene Berufsausbildung oder sogar einen akademischen Abschluss. Und gut 40 % der Niedriglohnbezieher*innen sind Vollzeitbeschäftigte. Das IAQ verwies weiter darauf, das vor allem die Mehrheit der Minijobber:innen (knapp 77 %) im Niedriglohnsektor arbeitete – von denen viele während der Pandemie-Krise auch ihren schlecht bezahlten Job ganz verloren. 37 % der befristet Beschäftigte arbeiteten im Niedriglohnsektor, fast

---

1 Bundestagsdrucksache 19/21260.
2 IAQ-Report 6/2021.

31 % der Beschäftigten ausländischer Herkunft. Sogar 8,5 % der Beschäftigten im Gesundheitswesen und 4,8 % derjenigen im Bereich Erziehung und Unterricht steckten im Niedriglohnsektor fest.

Eher unerwartete Warnsignale kamen Mitte des Jahres 2020 von der Bertelsmann-Stiftung, die das DIW mit einer Untersuchung der Niedriglohnentwicklung beauftragt hatte. Die Bertelsmann-Stiftung, sonst eher als Vordenker neoliberaler Deregulierung hervorgetreten, bezifferte den Anteil der Niedriglohnbeschäftigten auf 22 % aller Beschäftigten. Ihre Befunde unterschieden sich nicht wesentlich von denen anderer Einrichtungen. Die Besonderheit liegt darin, dass inzwischen offenbar nicht mehr nur im Kreis der üblichen Verdächtigen über die Problematik nachgedacht wird. Das liegt vermutlich daran, dass die Corona-Krise die Probleme des Niedriglohnsektors verschärft, vor allem für die zahlreichen Minijobber*innen, oder auch für viele Beschäftigte in den plötzlich als »systemrelevant« erkannten Bereichen. Darin könnte unerwünschter sozialer Zündstoff liegen. Sorge bereitet der Bertelsmann-Stiftung auch, dass auch qualifizierte Tätigkeiten zunehmend in den Niedriglohnsektor geraten.

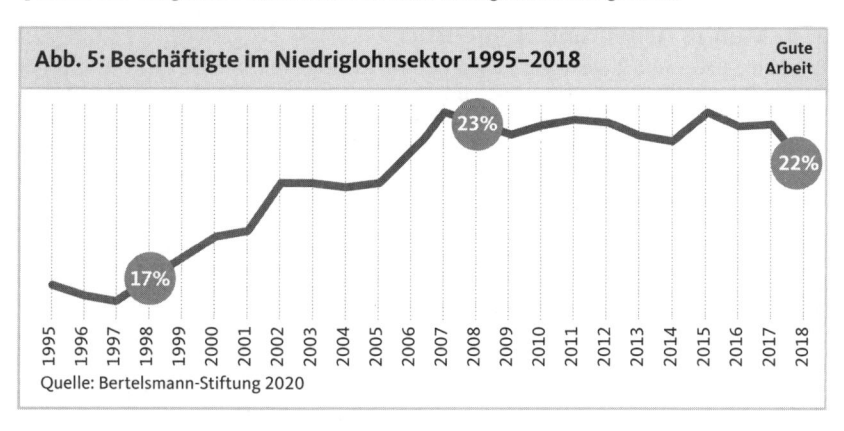

Abb. 5: Beschäftigte im Niedriglohnsektor 1995–2018

Quelle: Bertelsmann-Stiftung 2020

Beschäftigte in Branchen, die in der Corona-Krise plötzlich überall als »systemrelevant« erkannt wurden, machen einen Großteil der Niedriglohnbezieher*innen aus: 2018 war mehr als die Hälfte der Niedriglohnbeschäftigten im Groß- und Einzelhandel, in der Transport- und Nahrungsmittelindustrie sowie in den Bereichen Bildung, Gesundheits- und Sozialwesen tätig.

Insgesamt verstärkte die Corona-Krise die Problematik des Niedriglohnsektors – vor allem für Minijobber*innen. Sie fielen durch das Sicherheitsnetz des Kurzarbeitergeldes, rutschten tiefer in Armut und wurden nicht selten arbeitslos. Besonders prekär war und ist die Lage von Beschäftigten, bei denen der Minijob der Haupterwerb war – rund drei Viertel von ihnen verdienten 2018 weniger als 11,40 Euro pro Stunde, und ein Aufstieg aus dem Niedriglohn gelang ihnen nur halb so häufig wie den Vollzeitbeschäftigten. Sie haben keinen Anspruch auf Kurzarbeitergeld, und der drastische Beschäftigungsrückgang bei dieser Gruppe von bereits 4,6 % im März 2020 im Vergleich zum Vorjahresmonat zeigt: Insbesondere für Haushalte mit niedrigen Einkommen brach mit der Corona-Krise ein erheblicher Teil des verfügbaren Einkommens weg.

Anhang

Mit dem Lockdown im Frühjahr 2020 verloren zahlreiche Minijobber*innen von heute auf morgen ihre Arbeit und ihr Einkommen. Nach Angaben der Minijob-Zentrale wurde bereits im März 2020 224.000 Minijobber*innen gekündigt. Die Kündigungsfrist von sechs Wochen wurde weithin ignoriert. In den Folgemonaten ging die Kündigungswelle weiter. Etwa im Juni stieg die Zahl der Minijobs dann langsam wieder an und lag wieder rund 6 Mio. – deutlich weniger als Ende 2019. Minijobber*innen haben kein Anrecht auf Sozialleistungen, falls sie ihren Job verlieren. Ob sie ihn als Haupt- oder Nebentätigkeit ausüben – der Verlust dieses Einkommens trifft die jeweiligen Beschäftigten hart, Kurzarbeitergeld bekommen sie nicht. Minijobs sind geradezu ein Geschenk für Arbeitgeber: Diese haben stets Zugriff auf ein Heer von Beschäftigten, die sie nach Belieben anheuern und feuern können. Genau das zeigte sich in der Corona-Krise deutlich. Minijobs laden die Arbeitgeber zum Betrug ein. Und der Lockdown traf gerade solche Branchen besonders hart, in denen Minijobs zum Geschäftsmodell gehören. Die Alternative wären besser bezahlte sozialversicherungspflichtige Beschäftigungsverhältnisse.

1.3 Mobile Arbeit und Homeoffice

Pandemie-Krise und Lockdown haben den Stellenwert der mobilen Arbeit und des Homeoffice radikal verändert; das wird auch in mehreren Beiträgen dieses Buches thematisiert. In vielerlei Hinsicht hat sich Homeoffice als »arbeitsgestalterisches Neuland« (Fergen/Tiedemann) erwiesen, dessen Bearbeitung zum allergrößten Teil noch der Erledigung harrt. Was ist nun genau mobile Arbeit, was ist Homeoffice und was ist Telearbeit? (siehe Kasten)

> *Telearbeit*
> Telearbeit, manchmal auch alternierende Tele(heim)arbeit oder stationäre Telearbeit genannt, meint die zeitweilige Arbeit im privaten Bereich an einem fest installierten Bildschirmarbeitsplatz, den der Arbeitgeber für die jeweiligen Beschäftigten auf seine Kosten eingerichtet und bei dem Art und Zeit der beruflichen/Dienstlichen Nutzung mit dem Arbeitgeber geregelt sind. Diese Arbeitsform unterliegt neben dem Arbeitsschutz- und dem Arbeitszeitgesetz auch der Arbeitsstättenverordnung (s. dort § 2 Abs. 7). Diese Arbeitsform kommt in der Praxis selten vor und dürfte – vor allem seit der Corona-Krise – eher ein Auslaufmodell sein.
>
> *Mobile Arbeit*
> Die modernen Kommunikationstechnologien ermöglichen es, zu unterschiedlichen Zeiten und an unterschiedlichen Orten selbstständig zu arbeiten, z.B. bei Kund*innen, in der Bahn, im Café oder in einer Wohnung, auch in der Wohnung der Arbeitenden selbst. Diese Arbeitsform ist heute schon weit verbreitet, in der Privatwirtschaft mehr als im öffentlichen Dienst. Auch für mobile Arbeit gelten grundsätzlich die Regelungen des Arbeitsschutzgesetzes und des Arbeitszeitgesetzes, wie für jede Arbeit. Tatsächlich gehen bei mobiler Arbeit feste Arbeitszeiten tendenziell verloren. Mobil im Sinne der Nutzung digitaler Kommunikationstechnologien arbeiten häufig qualifizierte Wissensarbeiter*innen, Verwaltungsangestellte und die wachsende Gruppe der digitalen Clickworker. Die SARS-CoV-2-Arbeitsschutzregel (ursprünglich vom Mai 2020, danach mehrfach aktualisiert) enthält zum ersten Mal eine Rechtsdefinition. Dort heißt es in Nr. 2.2 (Punkt 1 und 2): »Mobiles Arbeiten ist eine Arbeitsform, die nicht in einer Arbeitsstätte gemäß § 2 Absatz 1 Arbeits-

stättenverordnung (ArbStättV) oder an einem fest eingerichteten Telearbeitsplatz gemäß § 2 Absatz 7 ArbStättV im Privatbereich des Beschäftigten ausgeübt wird, sondern bei dem die Beschäftigten an beliebigen anderen Orten (zum Beispiel beim Kunden, in Verkehrsmitteln, in einer Wohnung) tätig werden. Für die Verrichtung mobiler Arbeit werden elektronische oder nichtelektronische Arbeitsmittel eingesetzt.«

Homeoffice
Homeoffice ist eine auf digitale Arbeitsmittel gestützte Form mobiler Arbeit, also mobile Arbeit (zumeist) in der Wohnung der jeweiligen Beschäftigten. In der SARS-CoV-2-Arbeitsschutzregel (Nr. 2.3) wird der Begriff erstmal definiert:»Homeoffice ist eine Form des mobilen Arbeitens. Sie ermöglicht es Beschäftigten, nach vorheriger Abstimmung mit dem Arbeitgeber zeitweilig im Privatbereich, zum Beispiel unter Nutzung tragbarer IT-Systeme (zum Beispiel Notebooks) oder Datenträger, für den Arbeitgeber tätig zu sein.« Homeoffice meint das Arbeiten von zu Hause aus mittels moderner Kommunikationstechnologien – also dann, wenn Beschäftigte gelegentlich oder regelmäßig mit ihrem eigenen Laptop und Smartphone »irgendwie« im Privatbereich arbeiten – evtl. auch mit dienstlichem Endgerät, das mit dem Kommunikationsnetz des Betriebes oder der Dienststelle verbunden ist und möglicherweise an eine heimische Docking-Station angeschlossen wird. Für die Arbeit im Homeoffice gelten ebenfalls Arbeitsschutzgesetz und Arbeitszeitgesetz. Werden dort (regelmäßig) Laptop oder Notebook verwendet (die für dauerhaftes Arbeiten eigentlich ungeeignet sind), gelten auch die Anhänge 6.4 und 6.1 der Arbeitsstättenverordnung (nicht aber die gesamte ArbStättV) sowie Teile der Betriebssicherheitsverordnung, v. a. § 3. Die SARS-CoV-2-Arbeitsschutzregel unterstreicht ausdrücklich: »Regelungen zur Telearbeit bleiben unberührt.« Das bedeutet, dass die Arbeitsstättenverordnung, die in § 2 (7) Telearbeit definiert, hier (weiterhin) nicht gelten soll.

Vor der Pandemie und dem Lockdown war das Homeoffice eine krasse Ausnahme. Nach Daten des DIW arbeiteten lediglich 12 % der Beschäftigten – vor allem Hochqualifizierte und besser Bezahlte – regelmäßig oder gelegentlich auch am heimischen Arbeitsplatz – obwohl rund 40 % aller Tätigkeiten rein technisch auch von zu Hause erledigt werden könnten.[3] Die Daten des WSI ergaben: Vor der Pandemie arbeiteten 13 % der abhängig Beschäftigten überwiegend und weitere 4 % wechselnd zu Haus.[4]

Im Folgenden sind einige Daten zusammengetragen, die Auskunft geben über die Verbreitung des Homeoffice während der Pandemie. Das Corona-Jahr 2020 ist inzwischen recht gut dokumentiert, für 2021 liegen zumindest erste Zahlen vor (Abb. 6 und 7), die allerdings bis zum Redaktionsschluss dieses Buches über das 1. Halbjahr nicht hinausgehen.

---

3   DIW-Wochenbericht 11/2019.
4   WSI-Report 65, April 2021.

Anhang

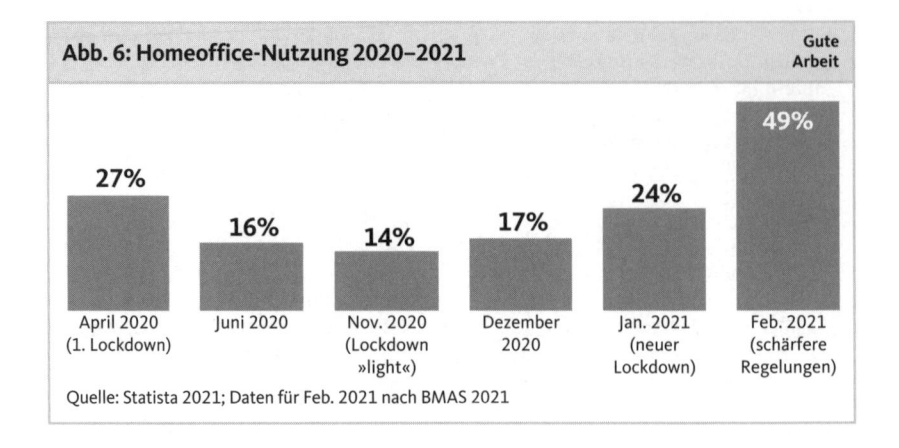

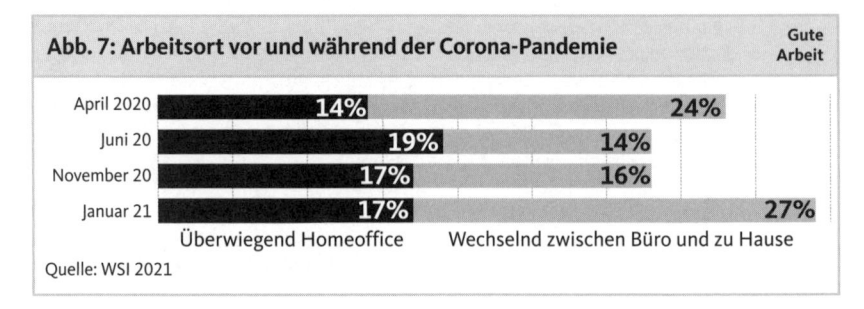

Abb. 6: Homeoffice-Nutzung 2020–2021 — Gute Arbeit

- April 2020 (1. Lockdown): 27%
- Juni 2020: 16%
- Nov. 2020 (Lockdown »light«): 14%
- Dezember 2020: 17%
- Jan. 2021 (neuer Lockdown): 24%
- Feb. 2021 (schärfere Regelungen): 49%

Quelle: Statista 2021; Daten für Feb. 2021 nach BMAS 2021

Abb. 7: Arbeitsort vor und während der Corona-Pandemie — Gute Arbeit

Zeitraum	Überwiegend Homeoffice	Wechselnd zwischen Büro und zu Hause
April 2020	14%	24%
Juni 20	19%	14%
November 20	17%	16%
Januar 21	17%	27%

Quelle: WSI 2021

Über Januar/Februar 2021 hinausgehende Daten waren zum Zeitpunkt des Abschlusses dieses Buches noch rar. Eine Studie des (unternehmernahen) ifo-Instituts zusammen mit INFAS vom Juli 2021 nannte für die Monate März bis Mai eine Homeoffice-Quote von je 31%, für Juni 28%.[5] Fassen wir erste Erfahrungen mit dem Homeoffice zusammen, so zeigen sich insgesamt auch etliche gravierende Probleme, die in mehreren Beiträgen dieses Buches auch erörtert werden.

- *Mangelnde technische Ausstattung:* In vielen Fällen fand die Arbeit im häuslichen Umfeld unter improvisierten Bedingungen statt. Dem im Januar 2021 erschienenen Forschungsbericht 520 des BMAS zur Arbeitssituation in der Corona-Pandemie ist zu entnehmen: Noch nach rund einem Jahr Corona arbeiteten zwar 85% der abhängig Beschäftigten mit einem vom Arbeitgeber zur Verfügung gestellten Computer (darunter auch Laptop oder Tablet), bereits sehr viel weniger (44%) mit einem Firmenhandy. Mit Programmen oder Apps des Betriebs waren nur noch 33% ausgestattet, und nur 8% erhielten vom Arbeitgeber Büromöbel für die Arbeit zu Hause. 8% der im Homeoffice Arbeitenden hatten gar nichts davon. Laut dem IAB-Kurz-

---

[5] Ifo-Institut und INFAS: Homeoffice im Verlauf der Corona-Pandemie. Themenreport Corona-Datenplattform (im Auftrag des BMWi), Bonn, Juli 2021.

Daten, Schwerpunkte, Trends

bericht 5/2021 arbeitete etwa ein Drittel der Beschäftigten im Homeoffice dauerhaft unter improvisierten Bedingungen, beispielsweise am Küchentisch.
- *Trennung zwischen Arbeit und Privatleben verschwimmt:* Nach der genannten DAK-Studie vermisste beispielsweise jede/r Zweite (54 %) im Homeoffice eine klare Trennung zwischen Arbeit und Privatleben. Dass die Grenzen zwischen Arbeit und Privatleben im Homeoffice verschwimmen, berichteten laut dem WSI-Report 65 60 % der befragten Beschäftigten.
- *Problem ständige Erreichbarkeit:* Schon vor der Corona-Krise fühlten sich nach dem AOK-Fehlzeitenreport 20 % der Arbeitenden im Homeoffice gedrängt, Anrufe oder E-Mails des Arbeitgebers auch außerhalb der regulären Arbeitszeit zu beantworten. In einer Antwort der Bundesregierung auf eine Kleine Anfrage der Linken (BT-Drucksache 19/9032, 2019) ließ diese wissen, es sei belegt, dass von Beschäftigten im Homeoffice erwartet werde, auch außerhalb der regulären Arbeitszeit erreichbar zu sein. Aus den Beschäftigtenbefragungen des WSI während der Pandemie (WSI-Report 65) geht hervor, dass zwischen 53 % und 57 % der Beschäftigten im Homeoffice auch außerhalb der regulären Arbeitszeit für das Management oder für Kund:innen erreichbar waren.
- *Arbeitszeit tendenziell entgrenzt:* Schon der etwas ältere Fehlzeitenreport der AOK hatte ergeben, dass 34 % der Beschäftigten im Homeoffice auch häufig abends und am Wochenende arbeiteten. Laut BT-Drucksache 19/9032 berichteten Beschäftigte im Homeoffice öfter davon, sie hätten die im Arbeitszeitgesetz vorgeschriebene Ruhezeit von ununterbrochenen 11 Stunden nicht einhalten können. Die BAuA resümierte auf der Basis der Arbeitszeitbefragung 2018, viele Beschäftigte im Homeoffice oder überhaupt bei mobiler Arbeit erlebten, dass ihre Arbeit bzw. ein Teil davon »unsichtbar« werde, weil sie außerhalb des Betriebs und außerhalb der regulären Arbeitszeit erledigt werde. Daraus resultiere ein Druck zur Mehrarbeit. Für die Zeit der Pandemie zeigten die Daten des WSI, dass 39 % der Beschäftigten im Homeoffice Überstunden machten. Diese Tendenz nahm im zweiten Jahr der Pandemie zu (WSI-Report 65).
- *Retraditionalisierung nahm zu:* Insgesamt gingen Frauen häufiger ins Homeoffice als Männer (IAB-Kurzbericht 5/2021). Die von vielen erhoffte bessere Vereinbarkeit von Beruf und Privatleben erwies sich im Homeoffice für sie allerdings als zweischneidiges Schwert: Vor allem Frauen erlebten sie stark als Überlastung und Mehrarbeit. Die schon im Datenanhang 2021 genannte Befragung der Hans-Böckler-Stiftung ergab, dass 54 % der Frauen den überwiegenden Teil der familiären Betreuungsarbeit übernahmen, aber nur 12 % der Männer. Mehr dazu im nächsten Abschnitt.
- *Mehr Stress und Arbeitsintensivierung:* Viele Beschäftigte empfanden bei der Arbeit im Homeoffice mehr Stress. Die schon im Datenanhang 2021 genannte Umfrage von Linkedin zeigte etwa: 20 % der Befragten fühlen sich unter Druck gesetzt, E-Mails schneller beantworten zu müssen. 30 % empfanden mehr Zeit- und Arbeitsdruck. Und 80 % leisteten im Homeoffice Mehrarbeit – fast 30 Prozent von ihnen sogar vier oder mehr Stunden pro Tag. 22 % spürten dadurch mehr Zeit- und Leistungsdruck. Der Forschungsbericht 520 des BMAS sagt u. a.: ein erheblicher Teil der Beschäftigten empfindet im Homeoffice hohe Belastungen und Stress. Das trifft auf 42 % der Beschäftigten zu (13 % ständig, 29 % häufig). Weitere 27 % berichten zumindest hin und wieder von solchen Belastungen. Bei Frauen ist das stärker der Fall als bei Männern (s. u.).

Anhang

- *Isolierung nahm zu:* Drei Vierteln der Befragten fehlte laut DAK-Studie der direkte Kontakt zu den Kollegen. Auf die Frage »Was fehlt im Homeoffice?« antworteten auch bei einer Studie des Fraunhofer Instituts, dass der persönliche (85%) und fachliche Austausch (66%) fehle. Informelle Kontakte wie Kaffeepausen, Mittagessen (je rund 65%) und gemeinsame Kreativ-Sessions (knapp 60%) wurden ebenfalls vermisst.
- *Soziale Ungleichheit nahm zu:* Homeoffice, so die Mannheimer Corona-Studie, war eine Art »Privileg« der Qualifizierten. Sie betraf »deutlich mehr Personen mit hohem Bildungsabschluss und gutem Verdienst«. Über 40% der Beschäftigten mit »hoher Schulbildung« und höherem Einkommen (über 2.500 Euro) konnten ins Homeoffice gehen, während bei denjenigen mit niedriger oder mittlerer Schulbildung (11% und 17%) oder niedrigem und mittlerem Einkommen (1000 Euro bzw. 1000 bis 2500 Euro) die Anteile deutlich geringer waren (etwa 12% und 19%). Während der gesamten Pandemie-Krise zeigte sich, dass die Nutzung des Homeoffice immer noch ein Privileg der qualifizierten Beschäftigten geblieben ist (Abb. 8). Das fördert soziale Spaltungen. IM WSI-Policy-Brief 55 (S. 9) heißt es dazu: »Um soziale Gerechtigkeit zu fördern und Ausgrenzung und Interessenkonflikte innerhalb der Belegschaft zu vermeiden, muss der Zugang zur mobilen Arbeit möglichst universell ausgestattet sein. Mobile Arbeit sollte prinzipiell allen offenstehen, wenn dies technisch möglich ist.«

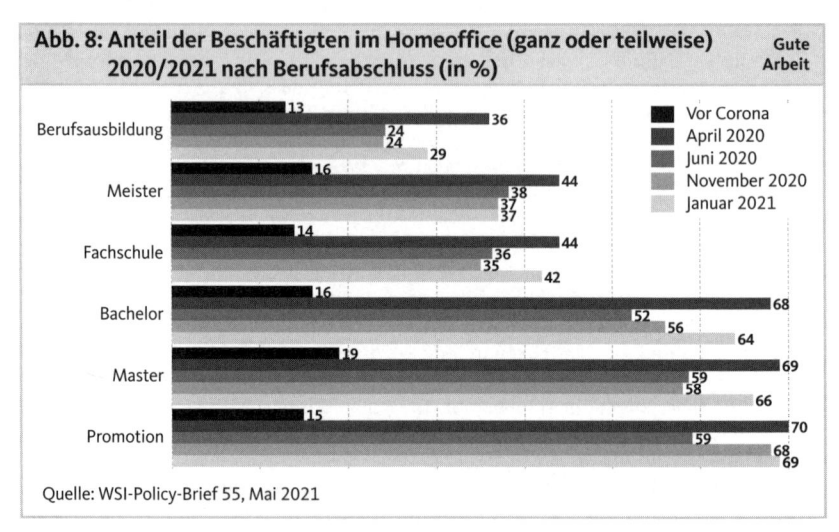

Abb. 8: Anteil der Beschäftigten im Homeoffice (ganz oder teilweise) 2020/2021 nach Berufsabschluss (in %) — Gute Arbeit

Berufsabschluss	Vor Corona	April 2020	Juni 2020	November 2020	Januar 2021
Berufsausbildung	13	36	24	24	29
Meister	16	44	38	37	37
Fachschule	14	44	36	35	42
Bachelor	16	68	52	56	64
Master	19	69	59	58	66
Promotion	15	70	59	68	69

Quelle: WSI-Policy-Brief 55, Mai 2021

- *Homeoffice braucht ausreichende betriebliche Regelungen:* Das war zu Beginn des Homeoffice-Booms aber nur ausnahmsweise so. Eine Studie des WSI aus dem Jahr 2020 ergab: Nur 17% der 2019/2020 regelmäßigen »HeimarbeiterInnen« arbeiteten unter vertraglich geregelten Bedingungen[6] – vor der Corona-Krise. Im Lauf des Jahres 2020 setzte ein hektisches Nachholen ein, das viele der hier genannten

---

6 Yvonne Lott: Work-Life-Balance im Homeoffice. WSI-Report 54, Düsseldorf, Januar 2020.

Daten, Schwerpunkte, Trends

Probleme zunächst nicht aus der Welt schaffen konnte – auch wegen des Fehlens ausreichender Regelungen im Arbeitsschutzrecht. Stellenweise gibt es auch Tarifverträge zur mobilen Arbeit. Viele Beschäftigte – vor allem in kleineren und mittleren Betrieben – wurden von betrieblichen und kollektiven Regelungsmöglichkeiten auch gar nicht erreicht, weil keine gewerkschaftliche oder betriebliche Interessenvertretung bestand. Das schlug sich in den Bewertungen der Beschäftigten nieder: In Betrieben mit betrieblichen Regelungen zum Homeoffice wünschten sich 65 % der Beschäftigten, weiter im Homeoffice arbeiten zu können. In Betrieben ohne solche Regelungen waren es 54 % (WSI-Policy-Briefe 55, S. 17). Im Februar 2021, nach fast einem Jahr Pandemie, waren die Daten zum Bestehen betrieblicher Vereinbarungen zum Homeoffice noch immer ernüchternd (BMAS Forschungsbericht 520, S. 21). Bei weniger als der Hälfte (45 %) der im Homeoffice tätigen Beschäftigten gab es eine kollektive betriebliche Vereinbarung. Am günstigsten schien die Situation noch in größeren Betrieben. Weitere 13 % teilten mit, sie hätten eine individuelle schriftliche Vereinbarung mit dem Arbeitgeber. Bei 29 % der Beschäftigten gab es formlose mündliche Vereinbarung. Und immerhin noch 15 % der Beschäftigten arbeiteten im Homeoffice ohne jede Vereinbarung.

- *Homeoffice ohne ausreichende Rechtsgrundlagen:* Rechtsverbindliche Arbeitsschutzmaßnahmen für die Arbeit im Homeoffice werden bisher nirgendwo fixiert – wenn man von den in diesem Fall zu allgemeinen Regelungen des Arbeitsschutzgesetzes und des Arbeitszeitgesetze absieht. Mit Blick auf die ergonomischen und psychischen Belastungen der Arbeit im Homeoffice laufen die arbeitsschutzrechtlichen Anforderungen an mobile Arbeit oder insbesondere Bildschirmarbeit im Homeoffice ins Leere. Zudem fehlt es an gesetzlichen Regelungen, die das Recht der Beschäftigten auf Homeoffice begründen und sie zugleich vor dem Druck von Arbeitgebern auf Verpflichtung zum Homeoffice schützen (s. dazu weiter unten). Der WSI-Policy-Brief 55 Recht auf mobile Arbeit, Mai 2021) erläutert die Notwendigkeit verbindlicher Rechtsgrundlagen für das Homeoffice ausführlich.
- *Mobile Arbeit – ein Schritt zur Dekonstruktion von Arbeit:* Mobile Arbeit generell und Arbeit im Homeoffice im Besonderen sind verbunden mit der tendenziellen Auflösung von festem Arbeitsort und klar definierter Arbeitszeit. Damit erodiert die Wirksamkeit von arbeitsrechtlichen und arbeitsschutzrechtlichen Regelungen, die auf den Begriff des Betriebes bezogen sind. Zugleich entfällt in vielerlei Hinsicht für die Beschäftigten die Basis für die Kommunikation und den Austausch gemeinsamer sozialer Erfahrungen und die Bildung von kollektiven Forderungen. Dieser Trend kann zu einer »Individualisierung von Problemen« führen, die aus Sicht der Beschäftigten kollektiv bearbeitet werden müssen. »Für Betriebs- und Personalräte und andere Akteure des betrieblichen Gesundheitsschutzes sind mobil arbeitende Beschäftigte schwerer zu erreichen« (WSI-Policy-Brief 55, S. 5). Analog dazu wird es für Gewerkschaften und betriebliche Interessenvertretungen schwerer, den Kontakt zu den Belegschaften zu halten, den Austausch von Erfahrungen und die Artikulation von Interessen und Forderungen zu fördern – aus gewerkschaftlicher Sicht ein ernstes Problem mit Blick auf die notwendige Demokratisierung von Arbeit.

Anhang

1.4 Re-Traditionalisierung

Die Pandemie-Krise hat schon lange bestehende strukturelle soziale Ungleichheiten zwischen den Geschlechtern und Benachteiligungen von Frauen in der Arbeitswelt[7] deutlicher zutage treten lassen und teilweise such weiter verstärkt. Insgesamt hat die Krise eine Re-Traditionalisierung bestehender Geschlechterungleichheiten bewirkt. Dies These wird in diesem Buch im Beitrag von Jutta Allmendinger vertreten. Elke Ahlers, Bettina Kohlrausch und Aline Zucco verweisen ihrem Jahrbuch-Beitrag anhand ihres Datenmaterials darauf, dass viele Dinge noch im Fluss sind, dass aber vieles darauf hindeutet, dass Frauen Verliererinnen dieser Krise sind. Das hängt auch damit zusammen, dass die mit der Pandemie verbundene Krise nicht nur den Industriesektor, sondern massiv auch den Dienstleistungssektor erreicht hat, also Bereiche, in denen vorwiegend Frauen arbeiten, und das oftmals unter schlechten und schlecht bezahlten Bedingungen. Im WSI-Report 64 (März 2021) tragen Aline Zucco und Yvonne Lott wichtige Daten zum »Stand der Gleichberechtigung« zusammen. Ihre Studie stützt sich auf drei Erwerbspersonenbefragungen vom April, Juni und November 2020. Ergebnisse einer weiteren Befragung vom Januar 2021 werden, so weit möglich, im Beitrag von Ahlers/Kohlrausch/Zucco in diesem Buch schon berücksichtigt.

»In der Gesamtschau spricht also vieles dafür, dass sich die bereits vor der Krise existierenden Ungleichheitsstrukturen in der Krise verschärfen und damit auch langfristig zu einer wachsenden Ungleichheit zwischen den Geschlechtern führen können«, heißt es im genannten WSI-Report (S. 3).

Der Rückstand der Frauen beim Gender Pay Gap, beim durchschnittlichen Bruttoverdienst pro Stunde ist nach wie vor groß. Dort, wo die Lücke etwas kleiner wurde, liegt das aber daran, dass vor allem bis zum Herbst 2020 Männer häufiger arbeitslos wurden als Frauen und dass mehr Männer in Kurzarbeit waren als Frauen. Die Männer-Einkommen gerieten somit stärker unter Druck. Hier verstärkten sich sogar Ungleichheiten, weil Frauen aufgrund des häufigen Ehegattensplittings mit den Steuerklassen

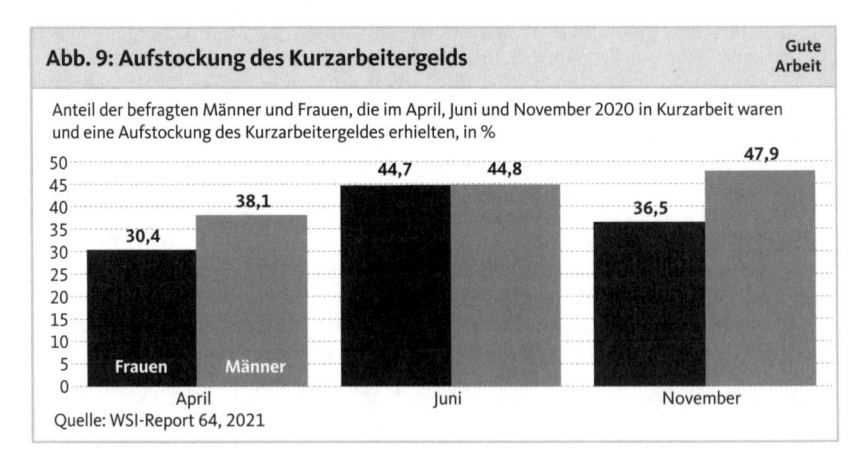

Abb. 9: Aufstockung des Kurzarbeitergelds   Gute Arbeit

Anteil der befragten Männer und Frauen, die im April, Juni und November 2020 in Kurzarbeit waren und eine Aufstockung des Kurzarbeitergeldes erhielten, in %

	April	Juni	November
Frauen	30,4	44,7	36,5
Männer	38,1	44,8	47,9

Quelle: WSI-Report 64, 2021

---

[7] Dazu ausführlicher DGB-Index Gute Arbeit: Weiblich, systemrelevant, unterbezahlt. Kompakt 01/2020, Berlin, Juni 2020.

Daten, Schwerpunkte, Trends

III und V auch beim Kurzarbeitergeld stärkere Einbußen hatten und – aufgrund ihrer häufig tariflich schlechteren Arbeitsbedingungen – auch seltener eine Aufstockung des Kurzarbeitergeldes erhielten (Abb. 9). Von einer Aufstockung profitierten im November 2020 knapp 48 % der Kurzarbeiter, aber nur 36,5 % der Kurzarbeiterinnen.

Der ohnehin deutliche Gender Time Gap wurde während der Krise größer. Frauen reduzierten ihre Arbeitszeit stärker als Männer, meist aus familiären Gründen. Vor der Pandemie arbeiteten erwerbstätige Mütter im Schnitt 10 Stunden pro Woche kürzer als erwerbstätige Väter. Im Frühjahr 2020 stieg diese Differenz auf 12 Stunden, im November 2020 betrug sie immer noch 11 Stunden (Abb. 10). Da im Dezember 2020 Schulen und Kitas erneut geschlossen wurden, besteht nach Einschätzung des WSI die Gefahr, dass die Schere weiter geöffnet bleibt. Schlimmstenfalls könnte sich bei Frauen unerwünschte Teilzeit verstetigen. Abb. 11 zeigt, dass Frauen mit minderjährigen Kindern deutlich häufiger ihre Arbeitszeit reduzierten als Männer, um ihre Kinder zu betreuen.

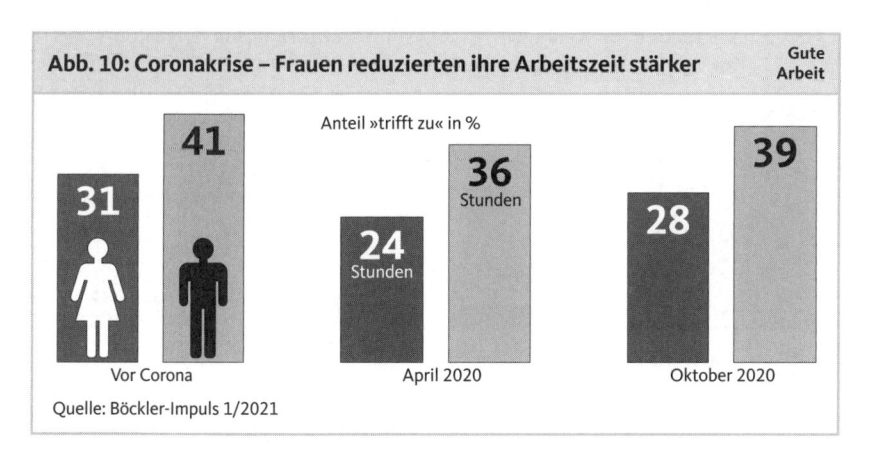

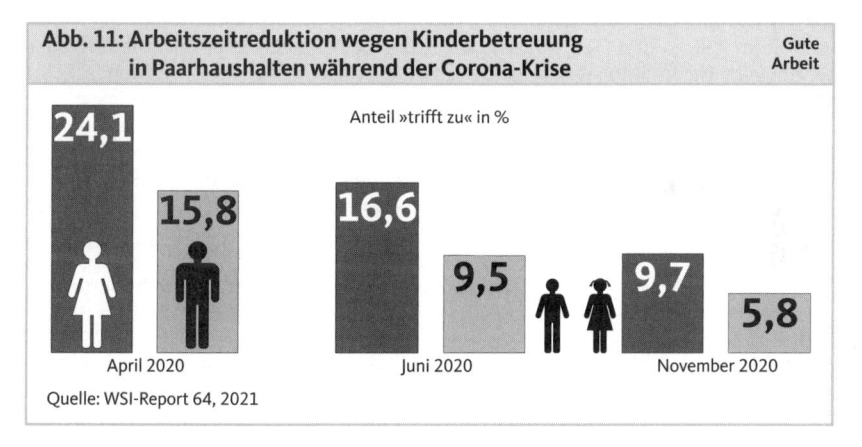

Abb. 10: Coronakrise – Frauen reduzierten ihre Arbeitszeit stärker *Gute Arbeit*

Anteil »trifft zu« in %

- Vor Corona: 31 / 41
- April 2020: 24 Stunden / 36 Stunden
- Oktober 2020: 28 / 39

Quelle: Böckler-Impuls 1/2021

Abb. 11: Arbeitszeitreduktion wegen Kinderbetreuung in Paarhaushalten während der Corona-Krise *Gute Arbeit*

Anteil »trifft zu« in %

- April 2020: 24,1 / 15,8
- Juni 2020: 16,6 / 9,5
- November 2020: 9,7 / 5,8

Quelle: WSI-Report 64, 2021

Anhang

Der Gender Care Gap, also die ungleiche Verteilung von familiärer Betreuungsarbeit zu Lasten der Frauen, bestand als dauerhaftes strukturelles Problem auch vor der Corona-Krise und blieb in der Krisenzeit auch bestehen. »Unbezahlte Arbeit bei der Kinderbetreuung übernehmen in Deutschland nach wie vor in erster Linie die Frauen, und zwar auch, wenn sie berufstätig sind«, heißt es in der Pressepräsentation des WSI-Reports 64. Und 75 % der befragten Paare gaben an, die Verteilung der Betreuungszeit sei in der Pandemie-Krise die gleiche geblieben. In weiteren gut 7 % gab es einen Wechsel von einer egalitäreren Struktur hin zur traditionellen Arbeitsteilung. Das wäre insgesamt eine Mehrheit für traditionelle Strukturen in über 83 % der Haushalte. Die Frauen übernahmen hier den größten Teil der anfallenden Sorgearbeit, oft auch dann, wenn diese in einigem Fällen vorher einigermaßen gleich verteilt war. Auf der anderen Seite berichteten fast 12 % der Befragten, in ihrem Haushalt sei die Kinderbetreuung ausgeglichener und egalisierter verteilt worden (Abb. 12).

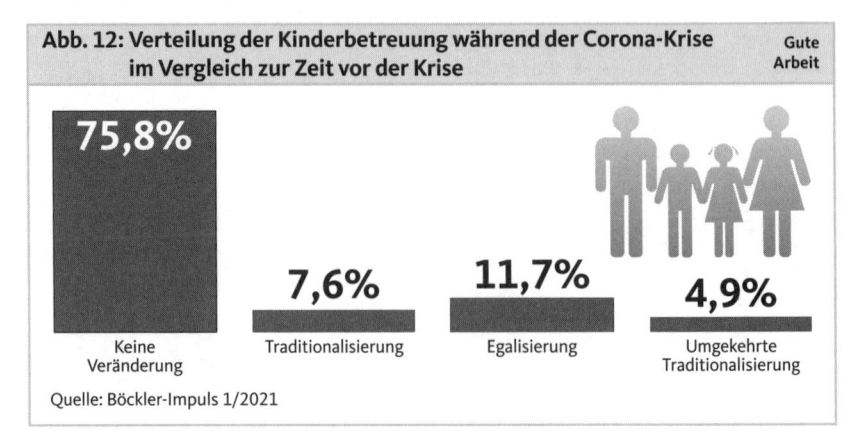

Abb. 12: Verteilung der Kinderbetreuung während der Corona-Krise im Vergleich zur Zeit vor der Krise — Gute Arbeit

- 75,8 % Keine Veränderung
- 7,6 % Traditionalisierung
- 11,7 % Egalisierung
- 4,9 % Umgekehrte Traditionalisierung

Quelle: Böckler-Impuls 1/2021

Der WSI-Report 64 fasst zusammen: Man könne festhalten, »dass die meisten Paare vor der Corona-Krise eine traditionelle Arbeitsteilung bei der Kinderbetreuung hatten und diese zum größten Teil während der Krise beibehielten. Eine Egalisierung oder gar umgekehrte Traditionalisierung fand in einigen Partnerschaften zwar statt, scheint allerdings in erster Linie eine kurzfristige Anpassung an die Notsituation zu sein, die selten von Dauer war.« (S. 19)

Über die Kinderbetreuung hinaus tragen Frauen »traditionell« auch die Hauptlast der sonstigen Care-Arbeit, vor allem die Hausarbeit, die Einkäufe, Kochen usw. Auskunft darüber gibt eine Studie der Bertelsmann-Stiftung vom Dezember 2020, die auf einer repräsentativen Online-Befragung von gut 1000 Personen beruht, zu gleichen Teilen Frauen und Männer. Die Daten stammen vom Mai 2020.

Sie zeigt zunächst – wenig überraschend –, dass die traditionelle Rollenverteilung zwischen Männern und Frauen vor Corona so gut wie gar nicht in fortschrittliche Richtung aufgebrochen war. Die Krise verfestigte diese Probleme eher. So gaben für die Zeit der Corona-Krise 69 % der Frauen an, sie erledigten generell die Hausarbeit. Nur 11 % der Männer sagten das von sich. Ähnlich verhielt es sich bei Kinderbetreuung und Homeschooling. Die Frauen gaben zu mehr als der Hälfte an, sie kümmerten sich darum. Bei den Männern waren es nur 13 bzw. 15 %. Auch wo ein großer Teil der Männer sagte, die Hausarbeit sei gleichmäßig verteilt, bestätigte das nur eine Minderheit der Frauen.

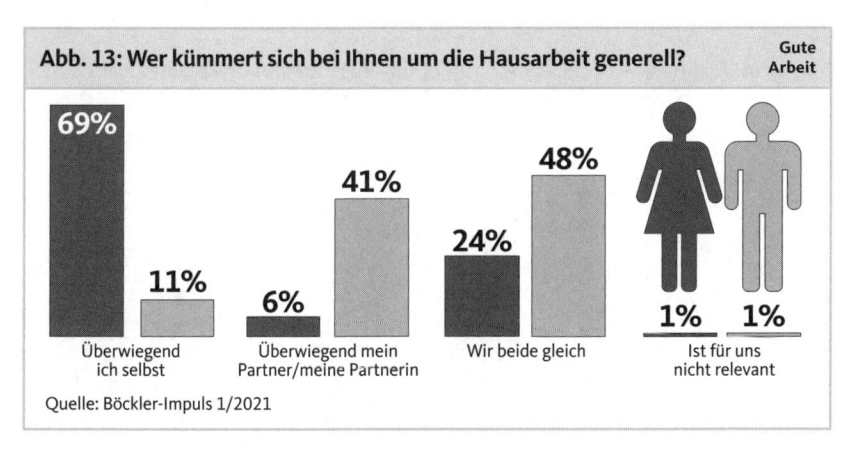

Abb. 13: Wer kümmert sich bei Ihnen um die Hausarbeit generell?

- Überwiegend ich selbst: 69% / 11%
- Überwiegend mein Partner/meine Partnerin: 6% / 41%
- Wir beide gleich: 24% / 48%
- Ist für uns nicht relevant: 1% / 1%

Quelle: Böckler-Impuls 1/2021

Ähnliche Proportionen zeigten sich in Bezug auf das Homeschooling, die Koordination der Termine der Kinder usw. Rund die Hälfte der befragten Frauen (49%) gab an, sie empfänden die psychische und körperliche Belastung durch die aktuelle Situation als sehr hoch und litten darunter. Das Gleiche meinten nur 30% der Männer. Auffällig ist auch ein Bruch in der Wahrnehmung: Frauen und Männer empfinden die Belastung durch Hausarbeit unterschiedlich. So heißt es in der Studie: »Obwohl den Männern zum Teil auffällt, dass viele der genannten Aufgaben bei den Frauen liegen, sind sie dennoch zu 66% der Ansicht, die Aufgaben der Kinderbetreuung und Hausarbeit seien gerecht aufgeteilt. Die Antworten der Frauen vermitteln ein anderes Bild: Noch nicht einmal jede zweite Befragte ist der Meinung, dass die Hausarbeit gerecht verteilt sei.« 43% der Frauen geben an, ihnen falle die Vereinbarkeit von Familie und Beruf schwerer als zu normalen Zeiten.

2. Psychische Belastungen in der Krise

Die Corona-Krise und ihren wirtschaftlichen und sozialen Folgen haben das Belastungsspektrum für die Beschäftigten in kurzer Zeit massiv verändert. Das ist in der zweiten Jahre2021 deutlicher erkennbar als im Vorjahr (vgl. Jahrbuch 2021, Datenanhang, hier S. 333 ff.). Empirisches Material dazu lag bei Redaktionsschluss dieses Buches im September 2021 aber immer noch wenig vor. Der für das BMAS erarbeitete Forschungsbericht 570 (März 2021) zeigte, dass sich für das Gros der Beschäftigten in der Pandemie arbeitsbedingte psychische Belastungen im engeren Sinne vermischen mit Belastungen, die mit dem Lockdown, den Anforderungen an Homeschooling, der generellen Veränderung der Arbeits- und der Lebenssituation durch Homeoffice, existenzielle Sorgen usw. Eine im Auftrag des BMAS vorgenommene Befragung unter 1000 abhängig Beschäftigten im Februar 2021 ergab, dass insgesamt 42% von ihnen ständig oder häufig ein allgemeines Belastungsempfinden verspüren, das mit der gesamten

Anhang

Arbeits- und Lebenssituation zusammenhängt. Dieser Anteil lag bei den weiblichen Beschäftigten mit 48 % erheblich höher als bei den Männern, bei denen er 36 % betrug (Abb. 14).

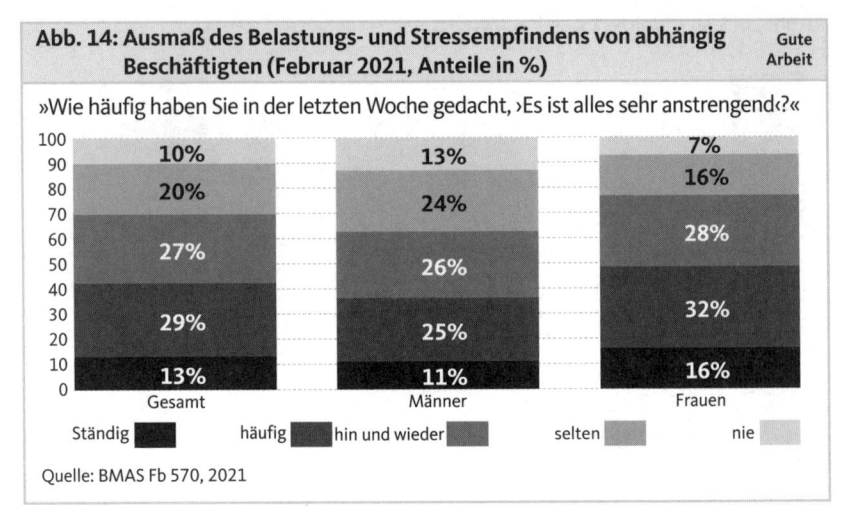

Abb. 14: Ausmaß des Belastungs- und Stressempfindens von abhängig Beschäftigten (Februar 2021, Anteile in %) — Gute Arbeit

»Wie häufig haben Sie in der letzten Woche gedacht, ›Es ist alles sehr anstrengend‹?«

	Gesamt	Männer	Frauen
nie	10%	13%	7%
selten	20%	24%	16%
hin und wieder	27%	26%	28%
häufig	29%	25%	32%
Ständig	13%	11%	16%

Quelle: BMAS Fb 570, 2021

Ergebnisse der ersten vier Wellen der Erwerbspersonenbefragungen der Hans-Böckler-Stiftung (April, Juni, November 2020 und Januar 2021) haben gezeigt, dass die Beschäftigten die Gesamtsituation ihrer Belastungen in der gesamten Lebens- und Arbeitssituation sehr hoch einschätzen. Bei der letztgenannten Befragung war das bei insgesamt 40 % der Beschäftigten der Fall. Vor allem die gewaltigen Anstrengungen und Herausforderungen von Doppelbelastung durch Arbeit und Kinderbetreuung wurden hier sichtbar. Auf besonders hohem Niveau sind hier die Werte der Befragten mit Kindern und der Alleinerziehenden. Das bedeutet: Vor allem die Frauen waren von der Situation in besonders hohem Maße belastet.[8]

Der mit dem ersten Lockdown einsetzende Boom des Homeoffice, der sich in Wellen entwickelte, förderte eine ganze Reihe von speziellen psychischen Belastungssituationen für die dort Arbeitenden zutage, die der DGB als »schwerwiegende Probleme« wertete. Hier vor allem: Entgrenzung und überlange Arbeitszeiten, unbezahlte Mehrarbeit, permanente Verfügbarkeitserwartungen von Vorgesetzten und Kund:innen, unzureichende technische Ausstattung und ergonomische Probleme, häufige Störungen und Unterbrechungen, auch durch die häusliche und familiäre Situation, bisweilen auch digitale Überwachung. Die Studien des WSI verweisen darüber hinaus auf weitere Belastungsfaktoren wie den Druck für die Beschäftigten, bei Nutzung des »Privilegs« Homeoffice permanent zu beweisen, dass man/frau auch zu Hause engagiert und leistungsstark arbeite. Die Doppelbelastungen vor allem der Frauen durch Kinderbetreuung und Homeschooling kamen hinzu.

---

8 WSI-Policy-Brief 50, 3/2021.

Daten, Schwerpunkte, Trends

Abb. 15: Anteil der Erwerbspersonen, die ihre Belastung in den jeweiligen Bereichen als »stark« oder »äußerst stark« einschätzen

Gute Arbeit

	Arbeitssituation Frauen	Arbeitssituation Männer	Gesamtsituation Frauen	Gesamtsituation Männer
oben	39 / 32 / 33 / 29	37 / 28 / 29 / 31	46 / 30 / 38 / 45	38 / 25 / 30 / 36

Quelle: WSI-Policy-Brief 50, 2021

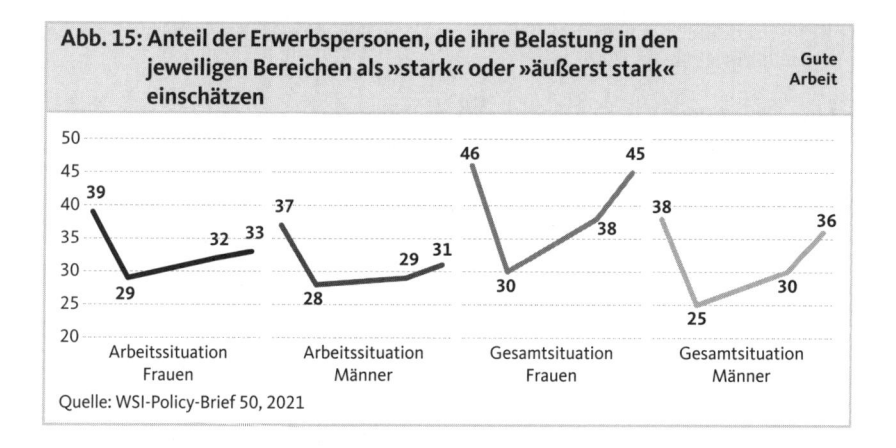

Eine Sonderauswertung des DGB-Index Gute Arbeit auf der Basis der Beschäftigtenbefragung des Jahres 2020 (6.297 Befragte, Januar-Mai 2020), die allerdings die Corona-Situation noch nicht erfasste, zeigte folgende Probleme der Entgrenzung der Arbeitszeiten und der Erwartungen an ständige Verfügbarkeit, verbunden mit mangelnder Erholungsfähigkeit (Abb. 16).

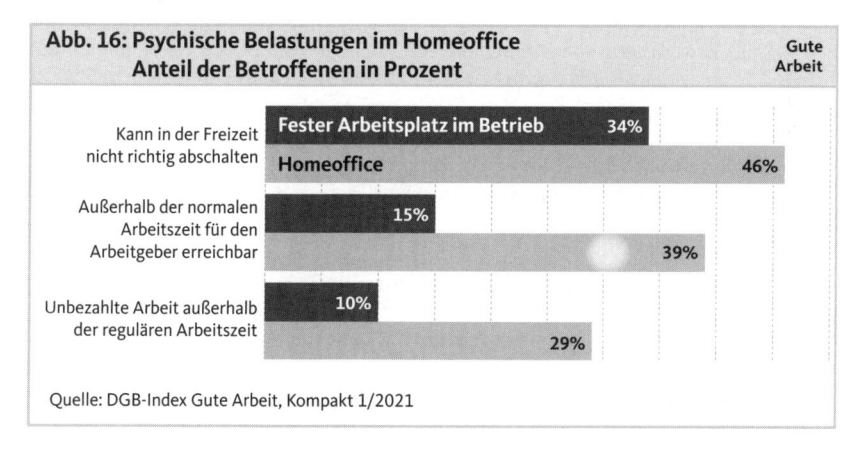

Abb. 16: Psychische Belastungen im Homeoffice
Anteil der Betroffenen in Prozent

Gute Arbeit

	Fester Arbeitsplatz im Betrieb	Homeoffice
Kann in der Freizeit nicht richtig abschalten	34%	46%
Außerhalb der normalen Arbeitszeit für den Arbeitgeber erreichbar	15%	39%
Unbezahlte Arbeit außerhalb der regulären Arbeitszeit	10%	29%

Quelle: DGB-Index Gute Arbeit, Kompakt 1/2021

Auf zunehmende psychische Belastungen verweisen auch Arbeitsunfähigkeits-Daten der Krankenkassen, b. B. der DAK, wobei natürlich zu beachten ist, dass psychische Belastungen ein breites Spektrum von Gesundheitsstörungen und Erkrankungen bewirken können, darunter, wie oben gezeigt, auch Rückenerkrankungen und andere Erkrankungen. Die DAK unterstreicht in ihrem Psychoreport 2021, bei generell leicht sinkendem Krankenstand sei bei den psychischen Erkrankungen ein neuer Höchststand erreicht worden. Es habe noch nie so viele Ausfalltagen wegen psychischer Erkrankungen gegeben wie 2020. Gegenüber 2010 sei das eine Zunahme um 56%. Psy-

Anhang

chische Erkrankungen waren 2020 mit einem Anteil von 19,8 % die häufigste Ursache für Krankschreibungen (Abb. 17).

Abb. 17: Fehltage durch psychische Erkrankungen im Vergleich zu Fehltagen insgesamt — Gute Arbeit

- Psychische Erkrankungen: 56 %
- Alle Erkrankungsgruppen: 21 %

Quelle: DAK-Psychoreport 2021

Seit dem BAuA-Stressreport 2012 liegen weitere Ergebnisse und Datenerhebungen vor, so etwa der BIBB-BAuA-Erwerbstätigenbefragung 2018, des DGB-Index Gute Arbeit, der WSI-Betriebsrätebefragungen und andere. Sie alle zeigen auf unterschiedliche Weise, wie psychische Belastungen am Arbeitsplatz weiterhin ein zentrales Problem der Arbeitsbedingungen und einer guten Arbeitsgestaltung sind. Die Auswertung der BIBB-BAuA-Erwerbstätigenbefragung, der die Angaben von 17.000 Beschäftigten zugrunde liegen, zeigt, wie sich psychische Belastungen bei der Arbeit auf hohem Niveau verfestigt haben (Abb. 18).

Abb. 18: Psychische Belastungen bei der Arbeit Anteile Betroffener in %, Antwort »häufig« — Gute Arbeit

	2018	2012	2006
Termin- und Leistungsdruck	49,9	52,0	53,5
Ständige Wiederholungen	45,5	48,4	51,4
Neue Aufgaben	40,	401	39,1
Häufige Unterbrechungen	44,7	42,8	46,1
Verschiedene Arbeiten gleichzeitig	60,9	58,7	58,7
Arbeiten bis an die Grenze der Leistungsfähigkeit	16,2	16,6	17,0
Emotional belastende Situationen	12,2	11,8	12,1

Quelle: BAuA 2018

Die WSI-Betriebsrätebefragung 2018 untersuchte den Prozess der Arbeitsintensivierung in den Betrieben genauer. Die Online-Befragung von knapp 2300 Betriebsräten (Rücklaufquote 60 %) ergab, dass 80 % der Betriebsräte in den vergangenen zwei Jahren eine Zunahme der Arbeitsintensität in den Belegschaften verzeichneten. Besonders ausgeprägt war das im Dienstleistungsbereich der Fall (Erziehung, Gesundheit, aber auch Banken und Versicherungen).

Die Betriebsräte machen dafür vor allem die unzureichende Personalbemessung verantwortlich (65 %). Weiter heißt es im WSI Policy-Brief 33 dazu: »Auch Führungsmängel werden oft als Ursache für Arbeitsintensivierung beschrieben (60 %). Ein Beispiel dafür wären widersprüchliche Arbeitsanforderungen, die die Beschäftigten im Unklaren lassen, ob z. B. maximale Kostenersparnis oder hohe Kundenorientierung (Interaktionsarbeit, Pflegequalität, etc.) im Vordergrund stehen. Beides parallel ist in der Praxis nicht leistbar. Generell spielt Führung eine entscheidende Rolle bei der Wahrnehmung von Arbeitsbelastungen: Führung kann ein zusätzlicher Stressor oder eine Ressource sein, von daher handelt es sich hier um ein wichtiges Einfallstor für Arbeitsintensivierung.

3. Arbeitszeit: Aktuelle Trends

Mit der Pandemie-Krise, mit Kurzarbeit, Entlassungen, Lockdown, mit hohen Anforderungen an die Beschäftigten in so genannten systemrelevanten Berufen, mit Homeoffice usw. haben sich die Arbeitszeitrealitäten vieler Beschäftigter massiv verändert. Manches davon wird sich verstetigen, manche Trends waren auch schon vor Corona erkennbar, manche Veränderungen werden auch vorübergehend sein. Daten zu diesen aktuellen Trends waren bei Redaktionsschluss dieses Buches Ende September 2021 noch kaum vorhanden. Die Bundesanstalt für Arbeitsschutz und Arbeitsmedizin (BAuA) arbeitete 2021 an einer weiteren Befragung im Rahmen ihres Projekts »Arbeitszeitberichterstattung für Deutschland«. Die Ergebnisse bleiben abzuwarten.

Seit der BAuA-Arbeitszeitbefragung 2015 haben zwei weitere Befragungswellen stattgefunden. Die zweite 2017, die dritte 2019. Die Ergebnisse hat die BAuA 2020 in einem ersten Bericht zusammengefasst.[9] Auch der Bericht »Sicherheit und Gesundheit bei der Arbeit 2019« (SuGA) enthält eine erste Zusammenfassung (S. 67-73). Die Daten können naturgemäß die Veränderungen der Pandemie-Krise noch nicht wiedergeben. In den Daten von 2019 werden allerdings erste Anzeichen der konjunkturellen Abschwächung erkennbar.

Die SARS-CoV-2-Epidemie beeinflusst die Arbeitszeitbedingungen vieler Beschäftigter. U. a. waren Beschäftigte systemrelevanter Berufe massivem Druck ausgesetzt, länger und intensiver zu arbeiten, zu Bedingungen, die auch vor der Pandemie schon extrem belastend waren. Das betraf besonders die Reinigungsberufe, Verkaufsberufe, Pflegeberufe und Erziehungs- und Sozialberufe. Abb. 19 zeigt auf der Basis von Daten des DGB-Index Gute Arbeit, dass diese Berufe auch schon unmittelbar vor der Pandemie in hohem Maße zu »atypischen« und belastenden Zeiten arbeiteten.

In das erste Jahr der Pandemie fällt auch eine Aufweichung des geltenden Arbeitszeitrechts, nämlich die »Verordnung zu Abweichungen vom Arbeitszeitgesetz infolge der Covid-19-Epidemie (Covid-19-Arbeitszeitverordnung – Covid-19-ArbZV). Sie trat am 10. April in Kraft und galt bis zum 30. Juni 2020. Sie erlaubte Abweichungen vom Arbeitszeitgesetz für Tätigkeiten in zahlreichen Branchen, u. a. bei Produktion und Transport von Waren des täglichen Bedarfs und Arzneimitteln, im Gesundheitswesen, bei Behörden und Energieversorgern. Die Kritik an dieser Verordnung blieb merkwürdig verhalten. Der Arbeitszeitforscher Friedhelm Nachreiner setzte sich ausführlicher

---

9 BAuA-Arbeitszeitbefragung. Vergleich 2015-2017-2019. Forschungsbericht 2452, Dortmund/Berlin/Dresden 2020.

Anhang

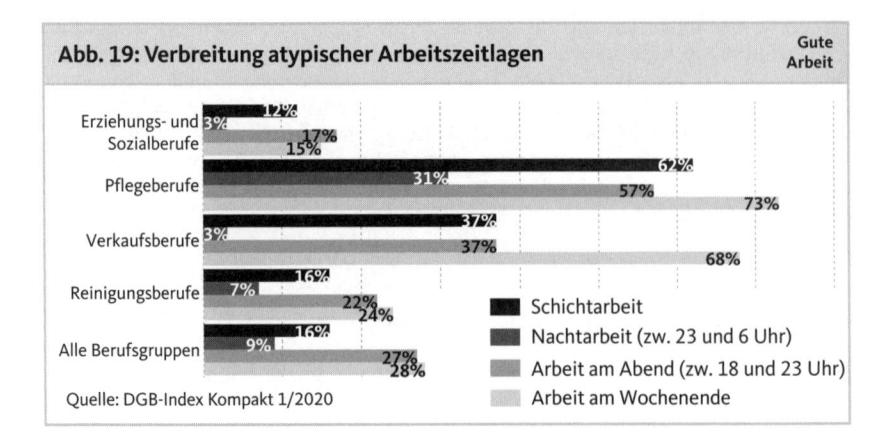

Abb. 19: Verbreitung atypischer Arbeitszeitlagen — Gute Arbeit

- Erziehungs- und Sozialberufe: 12%, 3%, 17%, 15%
- Pflegeberufe: 31%, 67%, 57%, 73%
- Verkaufsberufe: 3%, 37%, 37%, 68%
- Reinigungsberufe: 16%, 7%, 22%, 24%
- Alle Berufsgruppen: 16%, 9%, 27%, 28%

Quelle: DGB-Index Kompakt 1/2020

- Schichtarbeit
- Nachtarbeit (zw. 23 und 6 Uhr)
- Arbeit am Abend (zw. 18 und 23 Uhr)
- Arbeit am Wochenende

und kritisch mit ihr auseinander[10] und verwies darauf, sie widerspreche elementaren arbeitswissenschaftlichen Erkenntnissen und mindere das Niveau des Arbeitsschutzes für die Betroffenen.

Die genannten BAuA-Daten unterscheiden zwischen den (tarif-)vertraglich vereinbarten und den tatsächlich geleisteten (Wochen)Arbeitszeiten, die meist länger sind. Wie lange wirklich gearbeitet wird, entscheidet maßgeblich darüber, wie hoch die Arbeitsbelastung ist. Abb. 20 zeigt: Die durchschnittlichen tatsächlichen Wochenarbeitszeiten sind weitgehend konstant geblieben. Die geringe Verlängerung der vereinbarten Arbeitszeiten in der Teilzeit schlägt sich in den tatsächlichen Arbeitszeiten dieser Kategorie nieder. Teilzeitbeschäftigte arbeiten zunehmend häufiger in langer Teilzeit (20 bis 34 Stunden). Dieser Anteil ist unter den Teilzeitbeschäftigten im Verlauf der drei Befragungen von 74% auf 84% gestiegen. Vollzeitarbeit (über 35 Wochenstunden) ist eine Männerdomäne. In Vollzeit beschäftigte Männer arbeiteten 2019 durchschnittlich eine halbe Stunde kürzer als 2015 und 2017. Dabei reduzierten sich vor allem die die Anteile der Männer in überlanger Vollzeit (48 und mehr Stunden pro Woche) zu Gunsten der Anteile langer Vollzeit (40 bis 47 Stunden pro Woche). Frauen arbeiten viel häufiger in Teilzeit. Nach Daten des WSI haben 46% aller erwerbstätigen Frauen eine Teilzeitstelle. Die BAuA-Daten zeigen einen Gender Time Gap von 7,4 Stunden, das WSI zeigt eine Differenz von 8,2 Stunden für 2018 (WSI-Report 64 2021).

Ein großer Teil der Beschäftigten arbeitet regelmäßig auch am Wochenende. Seit den 1990er Jahren bis in die 2010er Jahre hat Wochenendarbeit kontinuierlich zugenommen (s. Jahrbuch 2017, Datenanhang, S. 341 f.). Seitdem liegt sie mit geringen Schwankungen auf einem – allerdings hohen – Niveau von 40% aller Beschäftigten. Die Arbeitszeitbefragung 2019 zeigt, dass der Anteil der Beschäftigten mit Wochenendarbeit seit 2015 leicht abgenommen hat, hier besonders bei der Samstagsarbeit (Abb. 21). Bei den einzelnen Berufen fällt diese Tendenz unterschiedlich aus. Bei den

---

10 Friedhelm Nachreiner: Arbeits(zeit)schutz nach Art der BRD – am Beispiel der Covid-19-Arbeitszeitverordnung. In: Zeitschrift für Arbeitswissenschaft 75, Mai 2020, S. 201-213.

Daten, Schwerpunkte, Trends

Abb. 20: Durchschnittliche tatsächliche Wochenarbeitszeit in Stunden — Gute Arbeit

	Gesamt	Teilzeit	Vollzeit	Männer	Frauen
2015	38,8	23,1	43,5	42,8	34,2
2017	39,0	23,9	43,4	42,9	34,6
2019	38,8	24,8	42,8	42,3	34,9

Quelle: BAuA Arbeitszeitbefragung, 2020

Abb. 21: Wochenendarbeit 2015, 2017, 2019 — Gute Arbeit

	Keine	Nur Samstags	Auch Sonntags
2015	60%	17%	23%
2017	57%	19%	24%
2019	57%	20%	23%

Quelle: BAuA Arbeitszeitbefragung, 2020

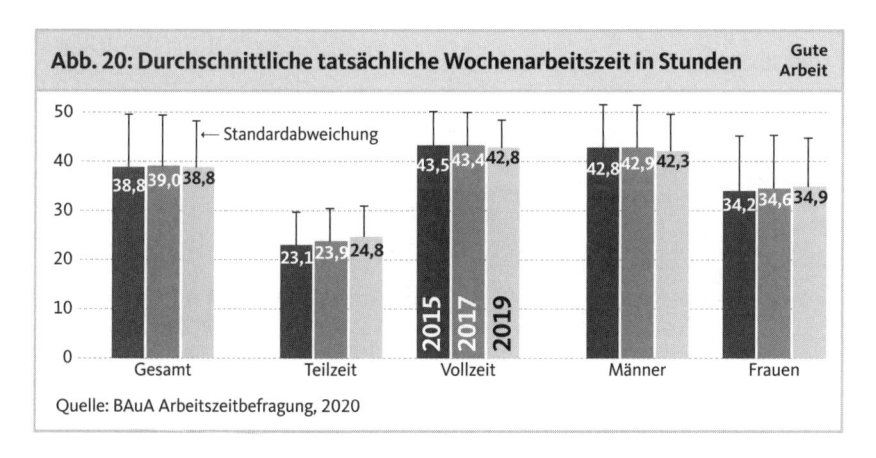

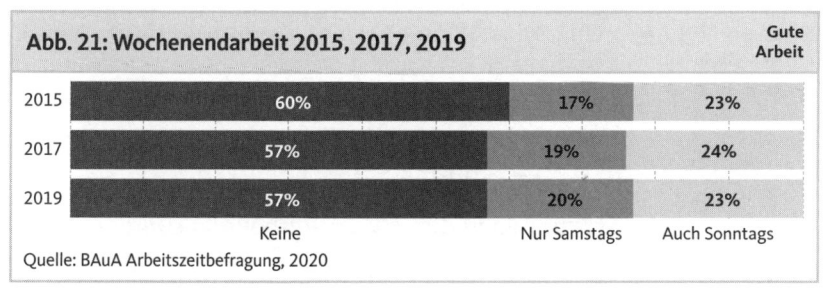

Fertigungsberufen z. B. hat zwar die Samstagsarbeit abgenommen, die Sonntagsarbeit hingegen zugenommen.

Mit den skizzierten Arbeitszeittrends steigt auch der Anteil derjenigen, die von gesundheitlichen Beschwerden berichten – vor allem Rückenschmerzen, Erschöpfung, Niedergeschlagenheit und Schlafstörungen. Bei Arbeitszeiten zwischen 40 und 47 Stunden betrifft das rund die Hälfte der Beschäftigten. Auch die Zufriedenheit mit der Work-Life-Balance – ebenfalls ein wichtiges Thema der Befragung – nimmt mit der Länge der Wochenarbeitszeit ab. Zudem lassen Beschäftigte mit langen Arbeitszeiten häufiger Arbeitspausen ausfallen – weil sie befürchten, ihre Arbeit sonst nicht zu schaffen.

Wie auch schon die früheren Arbeitszeitbefragungen der BAuA zeigt auch die derzeit aktuelle, dass zwischen tatsächlichen und gewünschten Arbeitszeiten eine Lücke klafft, die sogar größer geworden ist. Dafür gibt es viele Gründe. Ein besonders wichtiger ist, dass die Arbeitszeit häufig nicht zu den Anforderungen des Privatlebens passt.

Nach den Auswertungen der BAuA hat die durchschnittliche gewünschte mittlere Wochenarbeitszeit über die Jahre abgenommen (Abb. 22). Generell sind 34,5 Stunden pro Woche die am meisten gewünschte Arbeitszeit. Dieser Wunsch ist bei den Vollzeitbeschäftigten am stärksten ausgeprägt. Insgesamt äußern über die Jahre hinweg deutlich mehr Beschäftigte Verkürzungswünsche, besonders stark zwischen 2017 und 2019. Parallel dazu nahm der Wunsch, Arbeitszeiten beizubehalten oder zu verlän-

Anhang

Abb. 22: Arbeitszeitwünsche im Zeitvergleich (2015, 2017, 2019) — Gute Arbeit

	2015	2017	2019
Verkürzungswunsch	47	49	56
Beibehaltungswunsch	40	39	35
Verlängerungswunsch	13	12	9

Quelle: BAuA-Arbeitszeitbefragung, 2020

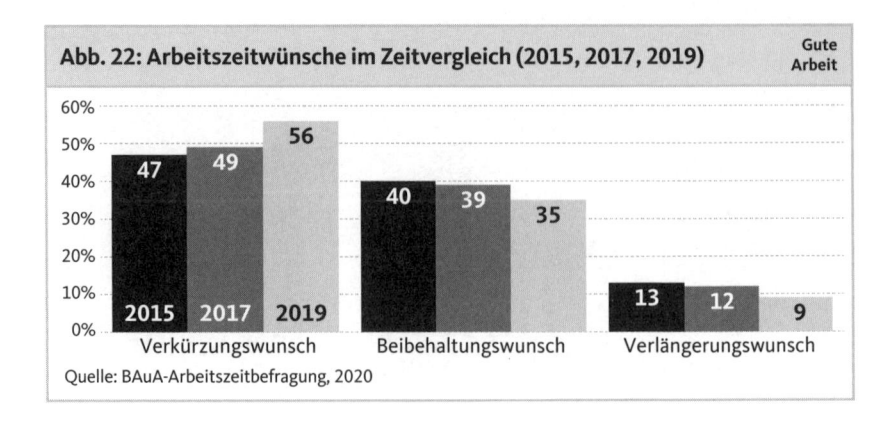

gern, weiter ab. Er zeigt sich besonders bei jüngeren Beschäftigten zwischen 15 und 29 Jahren (2015 46%/2017 46%/2019 63%) und bei älteren Beschäftigten über 55 (45%/45%56%).

4. Psyche und Arbeitswelt

4.1 Psychische Störungen in der Allgemeinbevölkerung

Psychische Störungen sind in der Allgemeinbevölkerung relativ weit verbreitet. Nach einer großen europäischen Studie ist mehr als ein Viertel der Bevölkerung im erwerbsfähigen Alter im Laufe eines Jahres einmal von einer psychischen Störung betroffen. Dementsprechend häufig sind psychische Störungen auch unter den Beschäftigten. Nur ein Teil dieser Krankheitslast schlägt sich in den Arbeitsunfähigkeitsdaten nieder (Abb. 23).

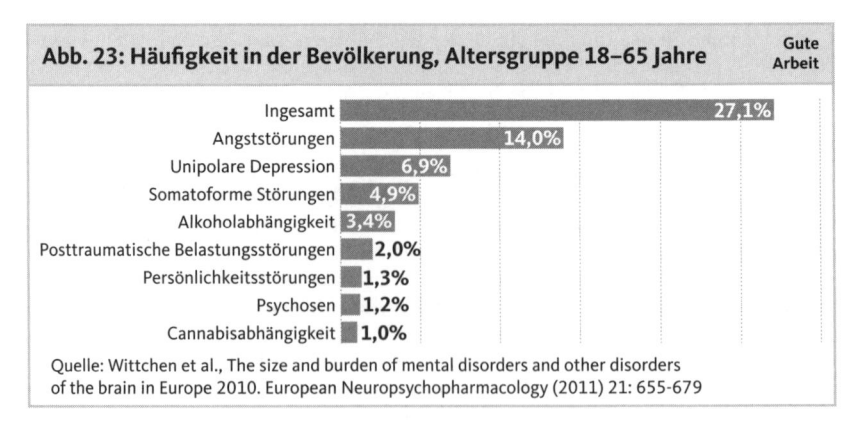

Abb. 23: Häufigkeit in der Bevölkerung, Altersgruppe 18–65 Jahre — Gute Arbeit

Ingesamt	27,1%
Angststörungen	14,0%
Unipolare Depression	6,9%
Somatoforme Störungen	4,9%
Alkoholabhängigkeit	3,4%
Posttraumatische Belastungsstörungen	2,0%
Persönlichkeitsstörungen	1,3%
Psychosen	1,2%
Cannabisabhängigkeit	1,0%

Quelle: Wittchen et al., The size and burden of mental disorders and other disorders of the brain in Europe 2010. European Neuropsychopharmacology (2011) 21: 655-679

Daten, Schwerpunkte, Trends

Von der Größenordnung her werden diese Angaben durch Behandlungsdaten der Krankenkassen bestätigt. Demnach wiesen beispielsweise – nach den aktuell zugänglichen Daten – rund 37,4% der Versicherten der Barmer im Jahr 2019 im ambulanten Bereich eine Diagnose aus dem Bereich der psychischen Störungen auf (Abb. 24).

Abb. 24: Psychische Störungen, Diagnosen im ambulanten Bereich — Gute Arbeit

	2007	2008	2009	2010	2011	2012	2013	2014	2015	2016	2017	2018	2019
Anteil der betroffenen Barmer-Versicherten	29,1%	29,4%	31,5%	32,3%	32,6%	23,9%	34,0%	35,2%	35,7%	36,3%	36,7%	37,0%	37,4%

Datenquelle: Barmer Arztreport 2021 S. 65; standardisiert mit der Durchschnittsbevölkerung Deutschland 2005

Viele Expert*innen sind der Auffassung, dass die psychischen Störungen an sich nicht zunehmen, sondern dass es nur zu einer stärkeren Offenlegung der vorhandenen Krankheitslast im Versorgungssystem gekommen ist, etwa bei den Behandlungen oder den Krankschreibungen.

Davon zu unterscheiden ist die Zunahme psychischer Belastungen am Arbeitsplatz, die jedoch nicht unmittelbar mit einer Zunahme psychischer Störungen einhergehen muss, sondern sich gesundheitlich auch in körperlichen Störungen niederschlagen kann (mehr dazu in Abschnitt 4.3).

Dass psychische Störungen immer häufiger Anlass für ärztliche und psychotherapeutische Behandlungen sowie für Arbeitsunfähigkeit und Frühberentung werden, zeigt sich deutlich in den Routinedaten des Versorgungssystems. So gab es beispielsweise bei den Krankenhausfällen infolge von psychischen Störungen im erwerbsfähigen Alter (15 bis unter 65 Jahre) 2019 fast 1 Mio. stationäre Behandlungsfälle, rund 24% mehr als zu Beginn des Jahrtausends (Abb. 25). Nach einer kontinuierlichen Zunahme zwischen 2000 und 2014 ist inzwischen ein leichter Rückgang zu verzeichnen.

Abb. 25: Psychische Störungen, Krankenhausfälle, Bevölkerung im erwerbsfähigen Alter. Altersgruppe 15 bis unter 65 Jahre — Gute Arbeit

Jahr	2000	2001	2002	2003	2004	2005	2006	2007	2008	2009	2010	2011	2012	2013	2014	2015	2016	2017	2018	2019
Fälle	730127	774585	778516	787628	802304	819927	824992	853724	880756	900664	912158	936211	959000	962379	974388	966016	960590	942883	914570	903306

Quelle: Statistisches Bundesamt

Bei den Psychopharmaka-Verordnungen geht es im Wesentlichen um Psychoanaleptika und Psycholeptika. Psychoanaleptika umfassen Medikamente mit vorwiegend anregender Wirkung, Psycholeptika solche mit vorwiegend dämpfender Wirkung auf die Psyche. Zur Untergruppe der Psychoanaleptika gehören beispielsweise Antidepressiva sowie Ritalin. Beispiele für Psycholeptika sind zentral wirksame Schmerz-, Beruhigungs- und Schlafmittel sowie Antipsychotika. Die Verordnungszahlen bei den Psycho-

Anhang

analeptika nehmen seit Jahren zu, zwischen 2006 und 2020 um rund 88%. Darin spiegelt sich zum Teil auch der Anstieg der diagnostizierten Depressionen wider. Psycholeptika-Verordnungen gingen dagegen leicht zurück (Abb. 26).

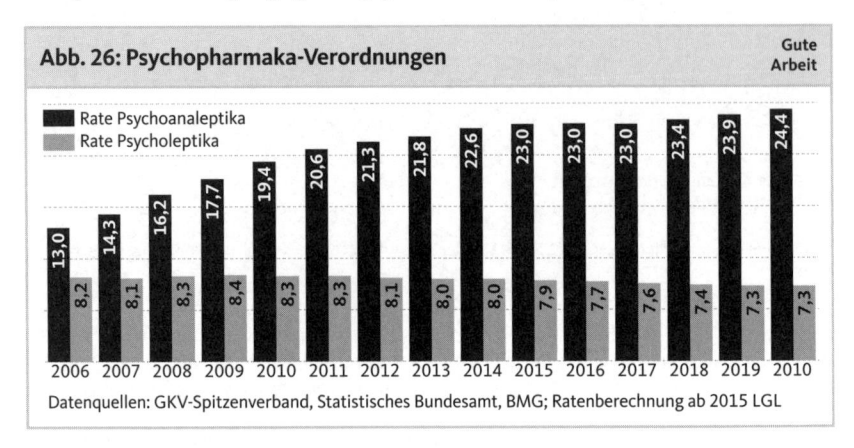

Abb. 26: Psychopharmaka-Verordnungen — Gute Arbeit

Jahr	Rate Psychoanaleptika	Rate Psycholeptika
2006	13,0	8,2
2007	14,3	8,1
2008	16,2	8,3
2009	17,7	8,4
2010	19,4	8,3
2011	20,6	8,3
2012	21,3	8,1
2013	21,8	8,0
2014	22,6	8,0
2015	23,0	7,9
2016	23,0	7,7
2017	23,0	7,6
2018	23,4	7,4
2019	23,9	7,3
2010	24,4	7,3

Datenquellen: GKV-Spitzenverband, Statistisches Bundesamt, BMG; Ratenberechnung ab 2015 LGL

4.2 Krankenstand: Trends und Ursachen der Arbeitsunfähigkeit

Der Krankenstand der Pflichtversicherten in der gesetzlichen Krankenversicherung (GKV) lag 1960 bei 5,11%. 1970 wurden 5,60% verzeichnet, 1973 erreichte der Krankenstand einen Höhepunkt mit 5,86%. Seit den 1990er Jahren bis 2008 war er rückläufig. 2007 wurde mit 3,22% der niedrigste Stand seit Einführung der Statistik und der Einführung der Lohnfortzahlung im Jahr 1970 überhaupt gemessen. Seit 2008 steigt der Krankenstand wieder. 2020 lag er bei 4,30% (Abb. 27). In diesem Anstieg spiegeln sich verschiedene Faktoren wider, neben einer »Normalisierung« historisch niedriger Krankenstände beispielsweise auch die Alterung der Erwerbsbevölkerung, die Belastungen der Beschäftigten und Veränderungen auf dem Arbeitsmarkt.

Abb. 27: Entwicklung des Krankenstands 1960 bis 2020 — Gute Arbeit

bis 1990: alte Länder
ab 1991: Deutschland gesamt

Quelle: bis 1969: IAB, ab 1970: BMG, GKV-Statistik KM 1. Ab 2005 ohne ALG II-Empfänger, Datenzusammenstellung: LGL.

Daten, Schwerpunkte, Trends

Ausgelöst durch die Pandemie-Krise und den Lockdown schnellte der Krankenstand im Frühjahr 2020 zeitweilig hoch. Viele Versicherte hatten sich präventiv und im vereinfachten Online-Verfahren aufgrund der Corona-Pandemie krankschreiben lassen. Der Krankenstand in der gesetzlichen Krankenversicherung, den das Bundesgesundheitsministerium regelmäßig bekanntgibt, lag im Frühjahr 2020 höher als in den Vorjahreszeiträumen. Der Höchststand wurde hier im April mit 6,48 % erreicht (Abb. 28). Etwa ab Mai normalisierte sich der Krankenstand wieder. Diese Normalisierung setzte sich auch 2021 (mit Schwankungen) fort.

Abb. 28: Krankenstand der Pflichtversicherten in der Gesetzlichen Krankenversicherung Jan. 2020–Juli 2021 — Gute Arbeit

Monat	1/2020	2/2020	3/2020	4/2020	5/2020	6/2020	7/2020	8/2020	9/2020	10/2020	11/2020	12/2020	1/2021	2/2021	3/2021	4/2021	5/2021	6/2021	7/2021
Krankenstand in %	3,32	4,56	4,47	6,48	3,78	3,4	4,24	3,6	4,13	4,74	4,05	4,78	3,38	4,32	4,24	4,26	3,94	4,02	4,58

Quelle: Bundesgesundheitsministerium 2020

Für differenzierte Betrachtungen des Krankenstands, z. B. nach Diagnosen oder Altersgruppen, muss auf die Daten einzelner Krankenkassen zurückgegriffen werden.

Betrachtet man das Krankschreibungsgeschehen nach Altersgruppen, so zeigt sich, dass die Zahl der Arbeitsunfähigkeitsfälle (AU-Fälle) bei den Jüngeren vergleichsweise hoch ist, während hier die AU-Tage je Fall niedrig liegen. Mit zunehmendem Alter sinkt die Zahl der AU-Fälle zunächst, ab dem 45. Lebensjahr steigt sie wieder leicht an. Die Krankheitsdauer je Fall nimmt in den Altersgruppen kontinuierlich zu und erreicht ihren Gipfel mit durchschnittlich fast 22 Tagen jährlich bei den Über-60-Jährigen (Abb. 29). Die beschriebenen Unterschiede bei Häufigkeit und Länge von Arbeitsunfähigkeitsfällen und -dauer zwischen den einzelnen Altersgruppen lassen sich im Trend der vergangenen zehn Jahre durchweg beobachten und die AU-Daten sind in diesem Zeitraum annähernd konstant geblieben.

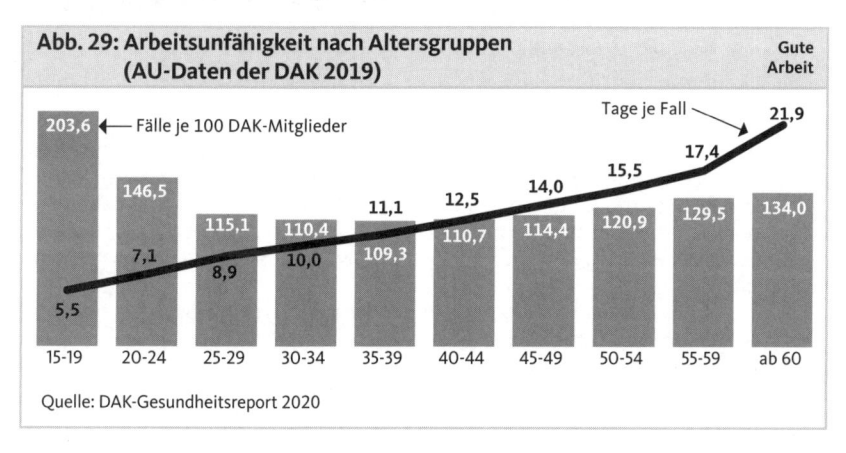

Abb. 29: Arbeitsunfähigkeit nach Altersgruppen (AU-Daten der DAK 2019) — Gute Arbeit

Altersgruppe	15-19	20-24	25-29	30-34	35-39	40-44	45-49	50-54	55-59	ab 60
Fälle je 100 DAK-Mitglieder	203,6	146,5	115,1	110,4	109,3	110,7	114,4	120,7	129,5	134,0
Tage je Fall	5,5	7,1	8,9	10,0	11,1	12,5	14,0	15,5	17,4	21,9

Quelle: DAK-Gesundheitsreport 2020

Anhang

Bei den Diagnosegruppen, die den Krankenstand verursachen, liegen die Erkrankungen des Muskel-Skelett-Systems an erster Stelle. Danach folgen die psychischen Erkrankungen sowie Krankheiten des Atmungssystems, die Reihenfolge dieser beiden Krankheitsarten kann je nach Kassenart wechseln. Als einzige Krankheitsart weisen die psychischen Störungen eine kontinuierlich steigende Tendenz auf (siehe dazu Abschnitt 4.3).

4.3 Arbeitsunfähigkeit infolge psychischer Störungen

Alle Krankenkassen verzeichnen seit vielen Jahren einen starken und stetigen Anstieg der psychischen Störungen bei den Krankschreibungen. Auch in den Jahren, als der Krankenstand insgesamt rückläufig war, hat die Arbeitsunfähigkeit infolge psychischer Störungen weiter zugenommen. Bei den DAK-Mitgliedern beispielsweise hat sich die Zahl der Krankheitstage infolge psychischer Störungen seit 1997 um das 3,4-fache erhöht, die Zahl der AU-Fälle stieg um das 3-fache (Abb. 30).

Abb. 30: Arbeitsunfähigkeit aufgrund psychischer Störungen (AU-Daten der DAK) — Gute Arbeit

Jahr	1998	1999	2000	2001	2002	2003	2004	2005	2006	2007	2008	2009	2010	2011	2012	2013	2014	2015	2016	2017	2018	2019
AU-Tage	88,6	96,3	110,0	115,9	123,8	124,6	125,6	125,4	121,7	130,2	140,2	149,5	169,6	195,6	203,5	212,8	237,3	243,7	246,2	249,9	236,0	260,3
AU-Fälle	2,8	3,0	3,6	3,8	4,1	4,0	4,3	4,1	4,2	4,5	4,8	5,0	5,5	6,0	6,1	6,2	6,8	6,9	6,5	7,0	7,0	7,4

Quelle: DAK-Gesundheitsreport 2020

Der Bericht Sicherheit und Gesundheit bei der Arbeit der Bundesregierung (SuGA) fasst Daten mehrerer Krankenkassen zusammen (Abb. 31). Danach lagen 2019 die psychischen Störungen mit 13,6 % an zweiter Stelle der Krankheitsursachen, hinter den Muskel-Skelett-Erkrankungen (23,9 %). 2007 hatte der Anteil der psychischen Störungen noch 8,6 % betragen und war seitdem kontinuierlich angestiegen. Die anderen genannten Diagnosegruppen weisen im 10-Jahres-Trend konstante oder leicht rückläufige Anteile auf.

Bei einzelnen Kassenarten kann der Anteil der psychischen Störungen am Krankenstand jedoch auch deutlich höher liegen, wie z. B. die DAK-Daten mit einem Anteil von 17,1 % für die psychischen Störungen zeigen (Abb. 32).

Der langjährige Anstieg der Krankheitstage aufgrund von psychischen Störungen hat viele Gründe, z. B. das bessere Versorgungsangebot, mehr Sensibilität für das Thema und eine teilweise Entstigmatisierung psychischer Störungen. Aber auch die

Daten, Schwerpunkte, Trends

Abb. 31: Arbeitsunfähigkeitstage nach Diagnosegruppen (2019) — Gute Arbeit

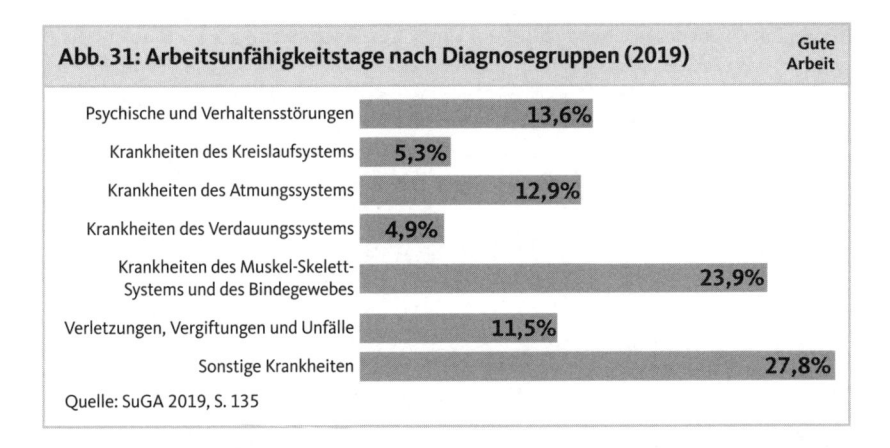

- Psychische und Verhaltensstörungen: 13,6%
- Krankheiten des Kreislaufsystems: 5,3%
- Krankheiten des Atmungssystems: 12,9%
- Krankheiten des Verdauungssystems: 4,9%
- Krankheiten des Muskel-Skelett-Systems und des Bindegewebes: 23,9%
- Verletzungen, Vergiftungen und Unfälle: 11,5%
- Sonstige Krankheiten: 27,8%

Quelle: SuGA 2019, S. 135

Abb. 32: Anteile der 10 wichtigsten Krankheitsarten an den AU-Tagen — Gute Arbeit

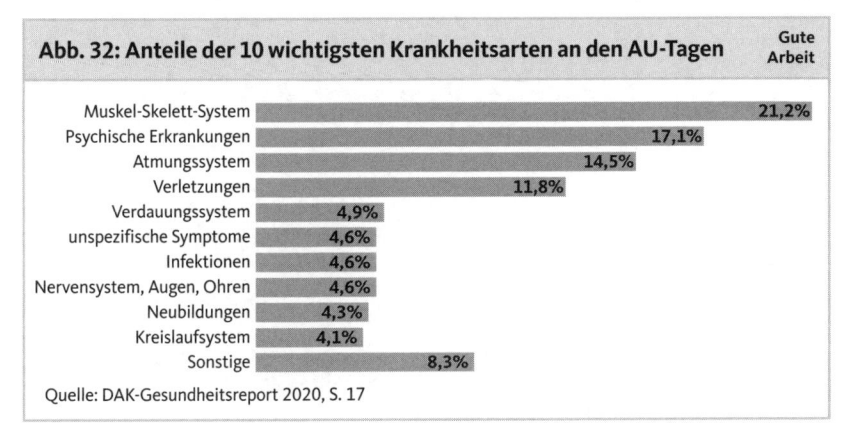

- Muskel-Skelett-System: 21,2%
- Psychische Erkrankungen: 17,1%
- Atmungssystem: 14,5%
- Verletzungen: 11,8%
- Verdauungssystem: 4,9%
- unspezifische Symptome: 4,6%
- Infektionen: 4,6%
- Nervensystem, Augen, Ohren: 4,6%
- Neubildungen: 4,3%
- Kreislaufsystem: 4,1%
- Sonstige: 8,3%

Quelle: DAK-Gesundheitsreport 2020, S. 17

hohen psychischen Belastungen der Beschäftigten schlagen sich vermutlich zum Teil hier nieder.

Im Vergleich zum Vorjahr verzeichneten einige Krankenkassen, darunter die DAK, die BKK und die TK, eine leichte Zunahme des Anteils psychischer Störungen an allen AU-Tagen. Krankschreibungen wegen psychischer Störungen dauern – mit Ausnahme von Tumorerkrankungen – im Schnitt deutlich länger als Krankschreibungen wegen anderer Diagnosen. Im Jahr 2019 waren es bei den DAK-Mitgliedern 35,4 Tage pro Fall, mehr als fünfmal so viel wie bei den Atmungserkrankungen und fast doppelt so viel wie bei den Muskelskeletterkrankungen (Abb. 33).

Welche Einzeldiagnosen sich in welchem Umfang hinter den psychischen Erkrankungen (ICD 10 F00-F99) verbergen, zeigt Abb. 34. Die weitaus meisten Fehltage innerhalb der Gruppe der psychischen Störungen werden demnach durch Depressionen verursacht.

Betrachtet man die Entwicklung der Krankschreibungen aufgrund psychischer Störungen im Lebenslauf nach Geschlecht, so zeigt sich ein nahezu gleicher Verlauf der

Anhang

Abb. 33: Durchschnittliche Falldauer einer Krankschreibung in Tagen, DAK-Mitglieder 2009–2019
Gute Arbeit

	2019	2018	2017	2016	2015	2014	2013	2012	2011	2010	2009
Neubildungen	37,4	35,4	37,3	39,4	38,8	38,4	35,7	34,1	31,6	31,7	31,7
Psychische Erkrankungen	35,4	33,7	35,5	38,1	35,5	35,1	34,2	33,2	30,5	28,9	28,0
Krankheiten des Kreislaufsystems	21,6	21,8	20,9	22,5	21,2	20,9	20,8	19,9	19,1	18,8	18,5
Verletzungen und Vergiftungen	20,9	20,8	20,2	20,9	19,3	19,0	19,1	19,2	18,1	17,8	17,4
Krankheiten des Muskel-Skelett-Systems und des Bindegewebes	18,4	18,7	18,5	19,5	18,3	18,0	18,2	18,7	17,5	17,2	17,1
Krankheiten des Nervensystems, des Auges und des Ohres	10,8	11,6	10,8	11,2	10,8	10,5	10,9	11,1	10,5	10,5	10,2
Symptome und abnorme klinische und Laborbefunde	7,9	8,5	7,7	7,8	7,4	7,5	8,5	9,8	9,5	9,2	9,0
Krankheiten des Atmungssystems	6,4	6,9	6,5	6,5	6,5	6,3	6,6	6,6	6,4	6,3	6,4
Krankheiten des Verdauungssystems	6,4	6,6	6,2	6,4	6,1	6,1	6,2	6,2	6,0	5,9	5,8
Infektiöse und parasitäre Krankheiten	5,5	5,7	5,6	5,4	5,4	5,3	5,6	5,7	5,5	5,3	5,7

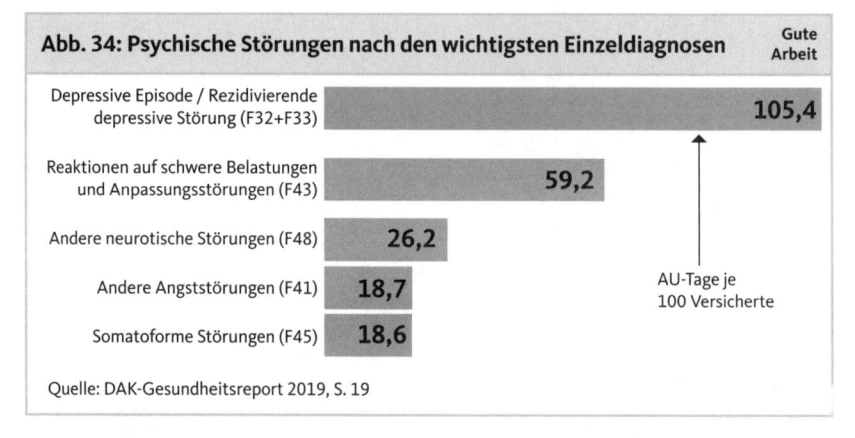

Datenquelle: DAK-Gesundheitsreports 2010-2020

Abb. 34: Psychische Störungen nach den wichtigsten Einzeldiagnosen
Gute Arbeit

Diagnose	AU-Tage je 100 Versicherte
Depressive Episode / Rezidivierende depressive Störung (F32+F33)	105,4
Reaktionen auf schwere Belastungen und Anpassungsstörungen (F43)	59,2
Andere neurotische Störungen (F48)	26,2
Andere Angststörungen (F41)	18,7
Somatoforme Störungen (F45)	18,6

Quelle: DAK-Gesundheitsreport 2019, S. 19

AU-Fälle und AU-Tage bei Frauen und Männern, wobei unter den DAK-Mitgliedern die Frauen einen höheren Krankenstand aufweisen als die Männer (Abb. 35).

Untersuchungen zeigen, dass gerade bei psychischen Erkrankungen das Phänomen des »Präsentismus« besonders weit verbreitet ist. Darunter versteht man Anwesenheit am Arbeitsplatz trotz Krankheit. Hier spielt z. B. eine Rolle, dass die Stigmatisierung psychischer Erkrankungen weiter wirksam ist. Längst nicht alle diagnostizierten psychischen Erkrankungen führen auch zu einer Krankschreibung. Im DAK-Gesundheitsreport 2013, der sich vertiefend mit diesem Thema beschäftigt hat, haben 31,7 % der

Daten, Schwerpunkte, Trends

Abb. 35: AU-Tage und AU-Fälle pro 100 Versichertenjahre aufgrund psychischer Störungen nach Altersgruppen, DAK-Mitglieder 2019

Gute Arbeit

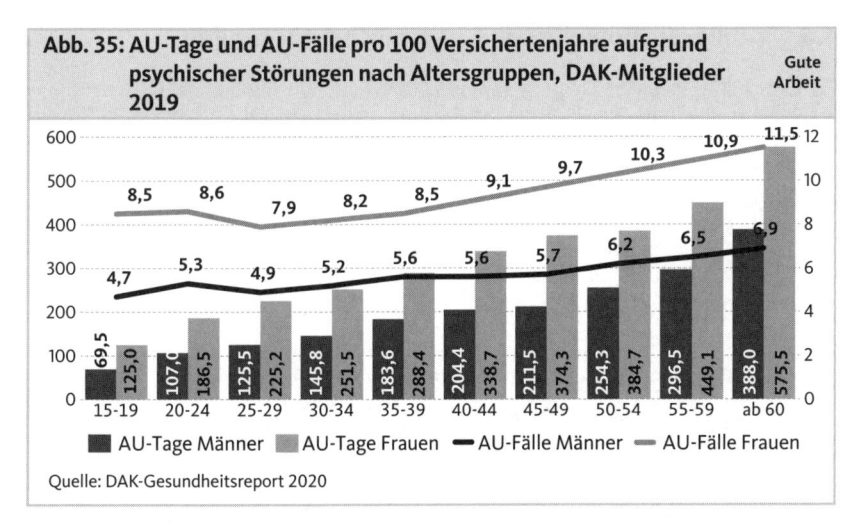

Altersgruppe	AU-Tage Männer	AU-Tage Frauen	AU-Fälle Männer	AU-Fälle Frauen
15-19	69,5	125,0	4,7	8,5
20-24	107,0	186,5	5,3	8,6
25-29	125,5	225,2	4,9	7,9
30-34	145,8	251,5	5,2	8,2
35-39	183,6	288,4	5,6	8,5
40-44	204,4	338,7	5,6	9,1
45-49	211,5	374,3	5,7	9,7
50-54	254,3	384,7	6,2	10,3
55-59	296,5	449,1	6,5	10,9
ab 60	388,0	575,5	6,9	11,5

Quelle: DAK-Gesundheitsreport 2020

seinerzeit von der DAK befragten Versicherten angegeben, in den letzten 12 Monaten einmal oder mehrmals trotz psychischer Beschwerden zur Arbeit gegangen zu sein. Es leiden also mehr Beschäftigte an psychischen Störungen, als sich in der AU-Statistik niederschlägt.

Eine besonders auffällige Erscheinung im Zusammenhang von psychischen Belastungen und Krankschreibungen ist die Entwicklung der Krankheitstage durch Burnout-Diagnosen (Z73) im Zeitverlauf. Während diese ICD-Ziffer viele Jahre selten genutzt wurde, haben sich Krankheitstage durch Burnout von 2006-2011 mehr als verdreifacht. Darin spiegelt sich der durch Medienberichte über Burnout häufigere Gebrauch der Zusatzdiagnose Z73 durch die Ärzte wider. In den letzten Berichtsjahren 2015-2019 gibt es keine gravierenden Veränderungen mehr (Abb. 36).

Abb. 36: Krankheitstage durch Burnout 2014–2019

Gute Arbeit

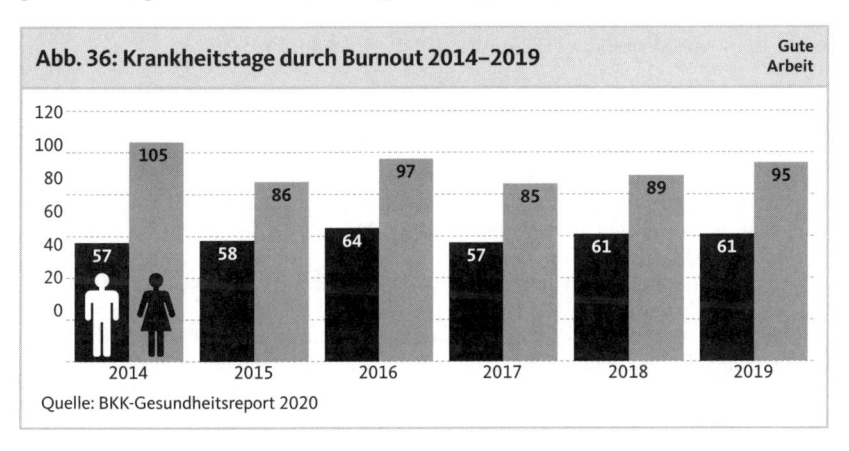

Jahr	Männer	Frauen
2014	57	105
2015	58	86
2016	64	97
2017	57	85
2018	61	89
2019	61	95

Quelle: BKK-Gesundheitsreport 2020

Anhang

4.4 Frühberentungen infolge psychischer Störungen

Im Jahr 2020 gingen in Deutschland 175.808 Menschen infolge einer Erwerbsminderung vorzeitig in die Rente, das war jeder 8. Rentenzugang (2019: 161.534 Zugänge). Das durchschnittliche Rentenzugangsalter bei Erwerbsminderung lag im Jahr 2020 bei den Frauen bei 52,8 Jahren und bei den Männern bei 53,7 Jahren. Bei krankheitsbedingter Frühberentung infolge psychischer Störungen (ohne Suchterkrankungen) liegt es mit gut 51 Jahren noch darunter.

72.990 Menschen gingen 2020 infolge einer psychischen Störung vorzeitig in Rente (2019: 67.321) (Abb. 37). Das ist ein Anteil von inzwischen ca. 42 % an allen Erwerbsminderungsrenten.

Abb. 37: Rentenzugänge wegen verminderter Erwerbsfähigkeit

Gute Arbeit

Jahr	Muskel-Skelett-Systems und Bindegewebe		Psychische Störungen		Krankheiten des Herz-Kreislauf-Systems		Neubildungen	
	Männer	Frauen	Männer	Frauen	Männer	Frauen	Männer	Frauen
2007	14394	11567	25256	28632	12477	4374	12214	11002
2008	13979	11803	26287	31124	12335	4510	11651	11220
2009	14014	12222	29006	35463	12520	4734	12114	11354
2010	14204	12290	31698	39248	13023	5045	12349	11687
2011	13539	11893	32642	40631	12524	4795	11558	11179
2012	12512	11684	32516	41944	12234	4819	11364	10976
2013	12158	11645	32268	42477	11737	4821	10880	10746
2014	10849	11009	31301	41671	11509	4607	10555	10497
2015	10326	10963	31557	42677	11417	4729	11067	11271
2016	10938	11878	31426	43042	11428	4746	10940	11379
2017	10372	11008	30117	41186	11713	4773	10729	11902
2018	10319	11323	29564	42107	10617	4846	10745	11659
2019	9665	10524	27912	39409	10444	4722	11041	11764
2020	10605	11796	29437	43553	11389	5015	12166	13469

Quelle: Deutsche Rentenversicherung: Statistikportal https://statistik-rente.de/drv

Bereits seit 2005 sind die psychischen Störungen die größte Diagnosegruppe unter den krankheitsbedingten Frühberentungen. Im langfristigen Trend ist die absolute Zahl der Fälle dieser Diagnosegruppe bis 2013 gestiegen, gegen den rückläufigen Trend bei den krankheitsbedingten Frühberentungen insgesamt. Ein ähnliches Bild zeigt sich im Verlauf der Rate je 100.000 aktiv Versicherte (Abb. 38). Im Jahr 2020, das von der Coronapandemie beeinflusst war, gab es im Vergleich zum Vorjahr eine Zunahme der krankheitsbedingten Rentenzugänge infolge psychischer Störungen um rund 7 %.

Lange Zeit standen die Muskel-Skeletterkrankungen an erster Stelle der Diagnosehäufigkeit bei den Frühberentungen. Ihr Anteil ist seit den 1990er Jahren stark zurückgegangen. Der Anteil der psychischen Störungen ist dagegen von 15,3 % im Jahr 1993 auf 41,5 % im Jahr 2020 gestiegen (Männer: 34,8 %, Frauen: 47,8 %) (Abb. 39).

Daten, Schwerpunkte, Trends

Abb. 38: Frühberentungen infolge psychischer Störungen, Trend – Rate je 100 000 aktiv Versicherte — Gute Arbeit

	Insgesamt	Männer	Frauen
2000	102,0	93,8	111,4
2001	137,2	125,1	150,6
2002	130,4	117,9	144,3
2003	134,3	122,6	147,3
2004	140,1	128,9	152,6
2005	137,4	125,3	150,5
2006	132,4	121,6	144,0
2007	138,2	125,5	151,6
2008	147,1	131,0	164,2
2009	165,4	145,0	187,0
2010	180,9	157,7	205,4
2011	186,9	162,4	212,6
2012	188,7	160,8	218,1
2013	206,5	173,0	242,2
2014	201,6	167,8	237,6
2015	203,5	167,8	241,4
2016	201,1	164,4	240,3
2017	189,6	154,5	227,5
2018	187,8	149,0	229,6
2019	173,8	138,4	212,4
2020	186,6	144,4	232,5

Quelle: Deutsche Rentenversicherung, Ratenberechnung 2017–2020 LGL

Abb. 39: Krankheitsbedingte Frühberentungen, 2020 — Gute Arbeit

Diagnosen	Insgesamt		Männer		Frauen	
	Fälle	je 100 000 aktiv Versicherte	Fälle	je 100 000 aktiv Versicherte	Fälle	je 100 000 aktiv Versicherte
Psychische Störungen	72 990	186,6	29 437	144,4	43 553	232,5
Muskel-Skeletterkrankungen	22 401	57,3	10 605	52,0	11 796	63,0
Krebs	25 635	65,5	12 166	59,7	13 469	71,9
Krankheiten des Kreislaufsystems	16 404	41,9	11 389	55,8	5 015	26,8
Krankheiten des Nervensystems	12 691	32,4	6 139	30,1	6 552	35,0
Sonstige	11 447	29,3	6 563	32,2	4 884	26,1
Insgesamt	175 808	449,4	84 640	415,1	91 168	486,7

Quelle: Deutsche Rentenversicherung, Ratenberechnung LGL

Anhang

4.5 Exkurs: Corona und psychische Störungen

Durch die COVID-19-Pandemie sowie die damit einhergehenden Maßnahmen zur Bekämpfung des Infektionsgeschehens erfuhr die Arbeitswelt auch in Deutschland einschneidende Veränderungen. Viele Beschäftigten konnten nicht mehr darauf vertrauen, ihren Arbeitsplatz zu behalten, mehrere Millionen mussten Kurzarbeitergeld beziehen, viele verloren auch ihren Arbeitsplatz. Auf dem ersten Höhepunkt der Krise, im April 2020, wurde in Deutschland für gut 8 Millionen Beschäftigte Kurzarbeitergeld aus konjunkturellen Gründen angemeldet, rund 33.000 Selbstständige waren auf Leistungen der Grundsicherung angewiesen.

Eine Schätzung der Bundesagentur für Arbeit aus dem Juni 2021 geht von einem coronabedingten Anstieg der Arbeitslosenquote in Höhe von 0,9 Prozentpunkten aus.[11] Gleichzeitig war ein anderer Teil der Beschäftigten mit erheblicher Mehrarbeit konfrontiert. Paradigmatisch dafür steht die hohe Arbeitsbelastung der **Ärzt**/innen und Pflegekräfte in den Krankenhäusern sowie Senioren- und Pflegeeinrichtungen während der Pandemie. Doch auch Eltern, die pandemiebedingt im Homeoffice arbeiten und gleichzeitig ihre Kinder aufgrund von Kita- und Schulschließungen betreuen mussten, waren zusätzlichen Belastungen ausgesetzt.

Der Anteil der Personen im Homeoffice nahm während des ersten Lockdowns im Frühjahr 2020 stark zu. Während im Jahr 2018 nur 5,3 % der Beschäftigten angaben, mindestens die Hälfte der Arbeitstage zu Hause zu arbeiten, vervierfachte sich dieser Anteil während des ersten Lockdowns im April 2020.[12] Eine Studie der DAK ergab, dass viele Beschäftigte das Homeoffice als Entlastung empfanden – zu den Vorteilen zählten eine höhere Arbeitszufriedenheit, eine bessere Work-Life-Balance sowie ein Rückgang im täglichen Stressempfinden. Allerdings wurden auch Nachteile des Homeoffice genannt. Fast jede/r Zweite vermisste eine klare Trennung zwischen Job und Privatleben, 75 % der Befragten fehlte der direkte Kontakt zu Kollegen (s. dazu auch Abschnitt 1.3 in diesem Datenanhang).[13]

Einer zwischen April und Juni 2020 durchgeführten Erhebung der Techniker Krankenkasse (TK) zufolge berichteten knapp zwei Drittel der befragten Beschäftigten, dass die Corona-Pandemie ihren Alltag radikal veränderte. Frauen waren im Durchschnitt stärker emotional erschöpft als Männer, insbesondere in Zeiten starker Einschränkungen wie Kitaschließungen und Maskenpflicht. Das eigene Gesundheitsverhalten der Befragten, wie beispielsweise regelmäßige Homeofficepausen zur Entspannung, hatte die stärkste Schutzwirkung vor psychischen Belastungen.[14]

Einer Analyse der DAK zufolge stieg im Jahr 2020 die durchschnittliche Falldauer einer Krankschreibung aufgrund psychischer Erkrankungen von 35,4 Tagen im Jahr 2019 auf 38,8 Tage. Gleichzeitig gingen von 2019 bis 2020 die AU-Fälle je 100 Versicherte infolge psychischer Erkrankungen bei den Frauen von 9,3 auf 8,8 und die AU-Fälle der Männer von 5,7 auf 5,1 zurück. Betrachtet man die AU-Tage nach Einzel-

---

11 Hartmann M. et al. 2021: Monatsbericht zum Arbeits- und Ausbildungsmarkt Juni 2021. Bundesagentur für Arbeit.
12 Bujard, M. et al.: Eltern während der Corona-Krise – Zur Improvisation gezwungen. Bundesinstitut für Bevölkerungsforschung. Wiesbaden 2020.
13 DAK: Digitalisierung und Homeoffice entlasten Arbeitnehmer in der Corona-Krise. Hamburg 2020.
14 Grobe T.G. et al. 2020: Corona 2020: Gesundheit, Belastungen, Möglichkeiten. Techniker Krankenkasse. Hamburg.

Daten, Schwerpunkte, Trends

diagnosen der psychischen Störungen 2020, so ist im Vergleich zum Vorjahr bei den »Reaktionen auf schwere Belastungen und Anpassungsstörungen (F43)« ein Anstieg um 8 % und bei den »anderen neurotischen Störungen (F48)« ein Anstieg um 7 % zu beobachten (Abb. 40).

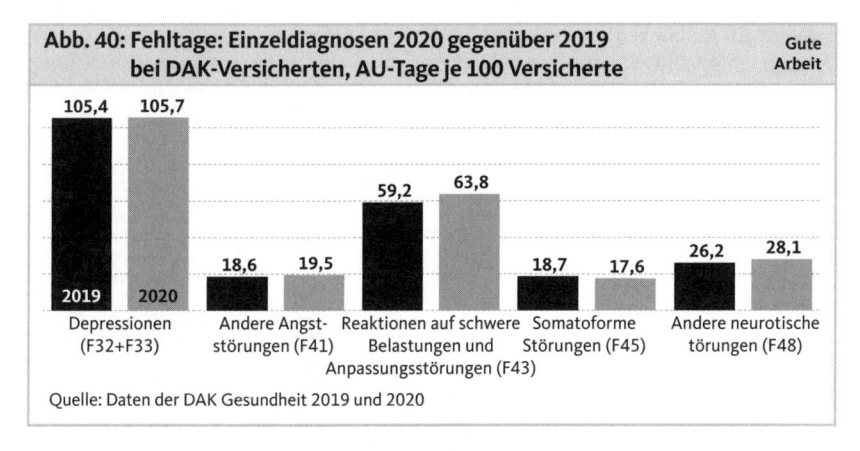

Abb. 40: Fehltage: Einzeldiagnosen 2020 gegenüber 2019 bei DAK-Versicherten, AU-Tage je 100 Versicherte — Gute Arbeit

Diagnose	2019	2020
Depressionen (F32+F33)	105,4	105,7
Andere Angststörungen (F41)	18,6	19,5
Reaktionen auf schwere Belastungen und Anpassungsstörungen (F43)	59,2	63,8
Somatoforme Störungen (F45)	18,7	17,6
Andere neurotische Störungen (F48)	26,2	28,1

Quelle: Daten der DAK Gesundheit 2019 und 2020

Bezüglich der AU-Tage aufgrund von Psychischen Erkrankungen bei ausgewählten Wirtschaftsgruppen zeigen sich bei den DAK-Versicherten 2020 im Vergleich zu 2019 teils deutliche Veränderungen: Bei den Beschäftigten im Gesundheitswesen, die bereits vor der Coronapandemie eine hohe Zahl von AU-Tagen aufgrund von psychischen Erkrankungen aufwiesen, ist eine Zunahme von 338,4 auf 377,3 AU-Tage festzustellen.

Abb. 41: AU-Tage aufgrund psychischer Erkrankungen nach ausgewählten Wirtschaftsgruppen je 100 DAK-Mitglieder — Gute Arbeit

Wirtschaftsgruppe	2020	2019
Gesundheitswesen	377,3	338,4
Öffentliche Verwaltung	328,3	382,4
Bildung, Kultur, Medien	262,6	243,8
Handel	261,4	248,7
Verkehr, Lagerei und Kurierdienste	259,9	248,2
Banken, Versicherungen	255,3	244,1
Land-, Forst-, Energie- und Abfallwirtschaft	231,9	196,2
Sonstige Dienstleistungen	220,8	219,9
Datenverarbeitung und Informationsdienstleistungen	218,1	231,5
Sonstiges verarbeitendes Gewerbe	206,6	222,5
Baugewerbe	150,5	154,2

Quelle: Gesundheitsdaten DAK 2019, 2020

Anhang

Auch bei einigen anderen Wirtschaftsgruppen wie Bildung, Kultur und Medien sowie der Land-, Forst-, Energie- und Abfallwirtschaft ist ebenfalls ein Anstieg der AU-Tage aufgrund psychischer Erkrankungen zu beobachten (Abb. 41).

Gleichzeitig gingen im Jahr 2020 bei der erwerbsfähigen Bevölkerung im Alter von 15 bis 64 Jahren im Vergleich zu den Vorjahren die Reha-Behandlungen aufgrund psychischer Erkrankungen um rund 30.000 zurück. Dieser Rückgang betraf alle Altersgruppen. Dieser Rückgang ist vermutlich vor allem auf die Einschränkungen des Angebots elektiver Leistungen in den Reha-Kliniken während der Krise zurückzuführen (Abb. 42).

Abb. 42: Anzahl Reha-Behandlungen aufgrund psychischer Erkrankungen* — Gute Arbeit

Altersgruppe	2018	2019	2020
15–24	6.294	6.045	5.281
25–34	20.273	20.053	16.857
35–44	34.695	34.420	29.637
45–54	67.774	65.803	52.030
55–64	77.404	70.594	67.511

Quelle: DRV
* Leistungen zur medizinischen Rehabilitation und sonstige Leistungen zur Teilhabe aufgrund psychischer und Verhaltensstörungen

Auch eine (durchgestandene) Covid-19-Infektion kann Auswirkungen auf die psychische Gesundheit haben. AOK-versicherte Beschäftigte, die aufgrund einer COVID-19-Infektion stationär behandelt werden mussten, haben einer Analyse des Wissenschaftlichen Instituts der Ortskrankenkassen (WIdO) zufolge in den neun Monaten nach der Infektion über 60 krankheitsbedingte Fehltage gehabt – rund viermal so viele wie der Durchschnitt der Erwerbstätigen. Die meisten AU-Tage verursachten hierbei Krankheiten des Atmungssystems, infektiöse Krankheiten, Herz-Kreislauferkrankungen sowie psychische Erkrankungen.[15]

Die langfristigen Folgen der Coronakrise für die psychische Gesundheit der Beschäftigten sind noch nicht absehbar. Es ist davon auszugehen, dass wie bei früheren Krisen auch hier Langzeitfolgen auftreten werden.[16]

---

15 www.wido.de/news-events/aktuelles/2021/lange-fehlzeiten-krankenhausbehandlung-wegen-covid-19/.
16 Röhrle B.: Die psychosozialen Folgen von Desastern: Möglichkeiten zur Bewältigung. Arbeitspapier 2020. http://www.gnmh.de/daten/20200418-Roehrle-psychosoziale-Folgen-von-Disaster.pdf.

Handlungshilfen des Kompetenznetzes Public Health Covid-19 :

- Management psychischer Arbeitsbelastungen während der COVID-19 Pandemie: www.public-health-covid19.de/images/2021/Ergebnisse/1_2Handreichung_Management_psychischer_Arbeitsbelastungen_COVID_19_V02_final1.pdf
- Gesundheitsfördernden Arbeitsgestaltung im Homeoffice: https://www.public-health-covid19.de/images/2021/Ergebnisse/Handreichung_Arbeitsgestaltung_V3.pdf

5. Arbeitsunfälle und Berufskrankheiten

Eine besonders markante Entwicklung in der Arbeitswelt bildet der enorme langfristige Rückgang von Unfallereignissen infolge von Gewichtsverschiebungen zwischen den Wirtschaftssektoren (Stichwort: Tertiarisierung), arbeitstechnologischen Umbrüchen und auch Verbesserungen im Arbeitsschutz. Alleine im Zeitraum 1991-2019 sank die Rate der meldepflichtigen Arbeitsunfälle gesamtwirtschaftlich um knapp 60%, die der zur Berentung führenden und der tödlichen Unfälle sogar um 70 bzw. 63%.

Damit hatte das Unfallniveau im Jahre 2019 einen vorläufigen historischen Tiefststand erreicht (siehe Ausgabe 2021 des Jahrbuchs Gute Arbeit, S. 359). Was dann folgte, war die – nach der Finanzkrise 2009 – tiefste ökonomische Zäsur seit Bestehen der Bundesrepublik: Aufgrund der Pandemie und der zu ihrer Eindämmung ergriffenen Maßnahmen brach die Wirtschaftstätigkeit hierzulande um fast 5% ein, zahlreiche Unternehmen mussten zeitweise ihren Betrieb ganz oder partiell einstellen, viele Beschäftigte wurden auf Kurzarbeit gesetzt oder verloren ihren Arbeitsplatz. Zudem verlagerte sich ein erheblicher Teil der Erwerbsarbeit in den häuslichen Bereich. Angesichts dessen ist es alles andere als überraschend, dass 2020 die absolute Zahl der

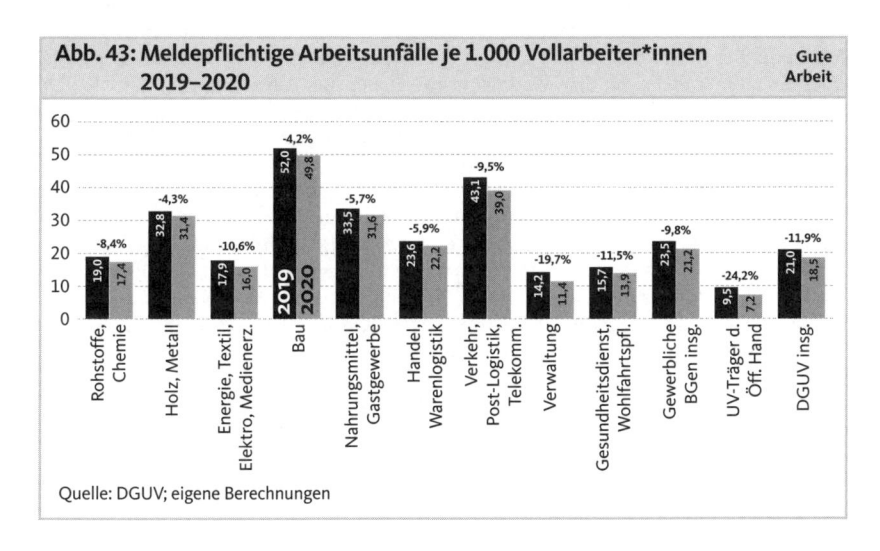

Abb. 43: Meldepflichtige Arbeitsunfälle je 1.000 Vollarbeiter*innen 2019–2020

Quelle: DGUV; eigene Berechnungen

Anhang

meldepflichtigen Arbeitsunfälle (ohne Landwirtschaft) um 110 000 (ein Minus von fast 13%) abnahm – schließlich wurden insgesamt auch rund 1,8 Mrd. Arbeitsstunden weniger geleistet. Bemerkenswert ist allerdings, dass die Zahl der Arbeitsunfälle deutlich stärker zurückging als die Zahl der Beschäftigten bzw. der von diesen geleisteten Arbeitsstunden, so dass auch die relative Unfallhäufigkeit in bislang kaum gekanntem Ausmaß abnahm.

Der Rückgang der Unfallziffer (meldepflichtige Arbeitsunfälle je 1000 Vollarbeiter*innen) ist in allen von der DGUV-Statistik ausgewiesenen Branchengruppen beobachtbar (Abb. 43). Im gewerblichen Sektor weist der Zuständigkeitsbereich der Verwaltungs-BG wie gesagt die am stärksten ausgeprägte Abwärtstendenz auf (-19,7%), gefolgt von Gesundheitsdienst/Wohlfahrtspflege (-11,5%) und Energie/Textil/Elektro/Medien (-10,6%). Vergleichsweise geringe (wiewohl immer noch beachtliche) Rückgänge verzeichnen insbesondere die Bereiche Holz/Metall und Bauwirtschaft mit einem Minus von jeweils gut 4%. Besonders bemerkenswert ist, wie sehr 2020 die Öffentliche Hand den gewerblichen Sektor in punkto Unfallreduktion in den Schatten stellte (-24,2% vs. -9,8%).

Nicht nur hinsichtlich der Veränderung der Unfallrate, sondern auch in Bezug auf deren Niveau existieren deutliche Branchenunterschiede. Den Spitzenplatz nimmt hier – trotz schrumpfenden Abstands zu den restlichen Wirtschaftsbereichen – nach wie vor die Landwirtschaft ein, die im Jahre 2019 (neuere Daten lagen bei Redaktionsschluss noch nicht vor) rund 55 meldepflichtige Arbeitsunfälle je 1000 Vollarbeiter*innen und damit das Zweieinhalbfache des gesamtwirtschaftlichen Durchschnittswerts verzeichnete. Inzwischen nur noch knapp dahinter rangiert die Bauwirtschaft, deren Unfallziffer im Jahre 2020 (49,8 meldepflichtige Arbeitsunfälle je 1000 Vollarbeiter*innen) 2,3-mal so hoch war wie in der gewerblichen Wirtschaft insgesamt (ohne Landwirtschaft und Öffentliche Hand). Ein deutlich erhöhtes Unfallrisiko existiert außerdem noch in den Branchengruppen Verkehr/Post-Logistik/Telekommunikation (84,0% über dem gewerblichen Durchschnitt), Nahrungsmittel/Gastgewerbe (49,1% ü. D.) und Holz/Metall (48,1% ü. D.), während Handel/Warenlogistik sich ungefähr auf dem Durchschnittsniveau und der Rest der Branchengruppen mehr oder weniger deutlich darunter bewegt. Am Ende der Hierarchie unfallträchtiger Sektoren rangiert die Öffentliche Hand mit einer um zwei Drittel unter dem Wert der gewerblichen Wirtschaft liegenden Unfallziffer (7,2 meldepflichtige Arbeitsunfälle je 1000 Vollarbeiter*innen) (Abb. 43).

Die höchste Zahl an neuen Arbeitsunfallrenten je 10 000 Vollarbeiter*innen innerhalb der gewerblichen Wirtschaft (ohne Landwirtschaft) wies 2020 der Bausektor mit dem Dreifachen des Durchschnittswertes (11,1) auf. Nahezu doppelt so hoch wie im Durchschnitt war die Rate in der Branchengruppe Verkehrswirtschaft/Post-Logistik/Telekommunikation (7,3), hinter der mit einigem Abstand Holz/Metall (4,3) und die restlichen Wirtschaftsbereiche folgen, am Ende der Rangskala die Öffentliche Hand mit 1,3 neuen Arbeitsunfallrenten je 10 000 Vollarbeiter*innen (Abb. 44). In den bei Redaktionsschluss vorliegenden Statistiken für 2020 noch nicht berücksichtigt war die Landwirtschaft, die im Jahr zuvor aber einen hohen Wert von 12,2 je 10 000 Vollarbeiter*innen zu verzeichnen hatte.

Wie eingangs erwähnt, haben tödliche Arbeitsunfälle aufgrund des wirtschaftssektoralen und technologischen Strukturwandels sowie effektiverer Arbeitsschutzmaßnahmen langfristig stark abgenommen und sind inzwischen äußerst seltene Ereignisse. Bemerkenswerter Weise ist DGUV-weit die Zahl der tödlichen Arbeitsunfälle je 100 000 Vollarbeiter*innen im Jahre 2020 aber auch kurzfristig noch einmal deutlich von 1,20

Daten, Schwerpunkte, Trends

Abb. 44: Neue Arbeitsunfallrenten je 10.000 Vollarbeiter*innen 2019–2020 — Gute Arbeit

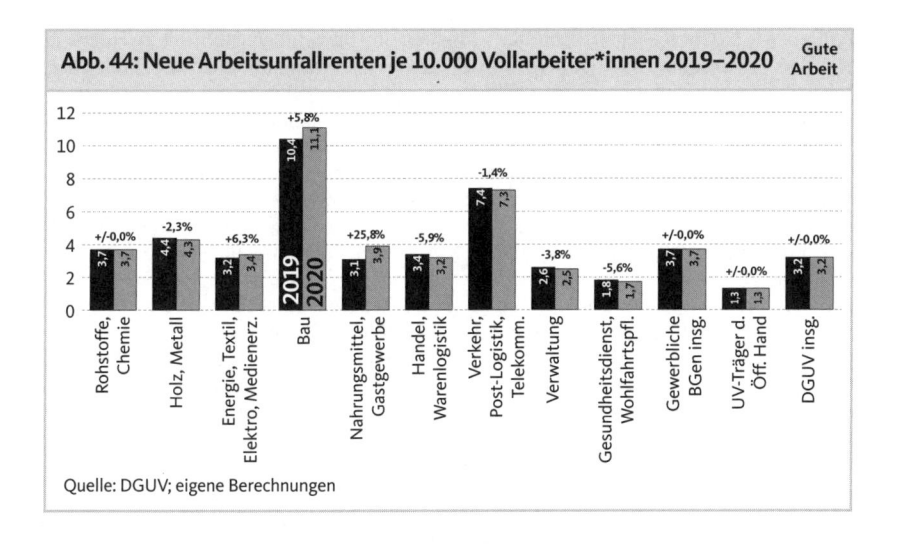

Branche	2019	2020	Veränderung
Rohstoffe, Chemie	3,7	3,7	+/-0,0%
Holz, Metall	4,4	4,3	-2,3%
Energie, Textil, Elektro, Medienerz.	3,2	3,4	+6,3%
Bau	10,4	11,1	+5,8%
Nahrungsmittel, Gastgewerbe	3,1	3,9	+25,8%
Handel, Warenlogistik	3,4	3,2	-5,9%
Verkehr, Post-Logistik, Telekomm.	7,4	7,3	-1,4%
Verwaltung	2,6	2,5	-3,8%
Gesundheitsdienst, Wohlfahrtspfl.	1,8	1,7	-5,6%
Gewerbliche BGen insg.	3,7	3,7	+/-0,0%
UV-Träger d. Öff. Hand	1,3	1,3	+/-0,0%
DGUV insg.	3,2	3,2	+/-0,0%

Quelle: DGUV; eigene Berechnungen

auf 0,97 gesunken. Dabei ist allerdings zu berücksichtigen, dass der Ausgangswert des Jahres 2019 durch die erstmalige Aufnahme zahlreicher älterer, vor Gericht anhängiger Fälle in die Statistik außergewöhnlich hoch war, der starke Rückgang in 2020 somit eher ein erfassungsbedingter Effekt ist als dass er eine reale Unfallreduktion abbildet.

Abb. 45: Tödliche Arbeitsunfälle je 100.000 Vollarbeiter*innen 2019–2020 — Gute Arbeit

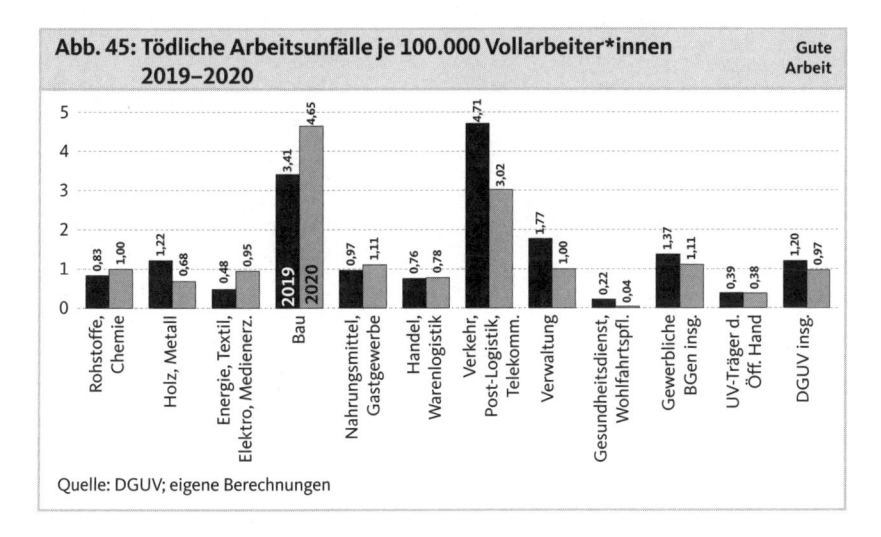

Branche	2019	2020
Rohstoffe, Chemie	0,83	1,00
Holz, Metall	1,22	0,68
Energie, Textil, Elektro, Medienerz.	0,48	0,95
Bau	3,41	4,65
Nahrungsmittel, Gastgewerbe	0,97	1,11
Handel, Warenlogistik	0,76	0,78
Verkehr, Post-Logistik, Telekomm.	4,71	3,02
Verwaltung	1,77	1,00
Gesundheitsdienst, Wohlfahrtspfl.	0,22	0,04
Gewerbliche BGen insg.	1,37	1,11
UV-Träger d. Öff. Hand	0,39	0,38
DGUV insg.	1,20	0,97

Quelle: DGUV; eigene Berechnungen

Die höchste Rate tödlicher Arbeitsunfälle verzeichnet traditionell die Landwirtschaft, im Jahre 2019 kamen dort rund 11 von 100 000 Vollarbeiter*innen unfallbedingt bei der Arbeit ums Leben. Im DGUV-Bereich (ohne Landwirtschaft), für den aktuellere

Anhang

Zahlen aus 2020 vorliegen (Abb. 45), rangiert die Bauwirtschaft mit 4,65 Fällen je 100 000 Vollarbeiterinnen ganz oben, gefolgt von der Verkehrswirtschaft (inkl. Post-Logistik und Telekommunikation) (3,02).

Wer sich bei der Arbeit oder auf dem Arbeitsweg mit dem Corona-SARS-CoV-2 Virus infiziert bzw. an Covid-19 erkrankt, sollte das dem zuständigen Unfallversicherungsträger als Arbeits- oder Wegeunfall bzw. als Berufskrankheit (BK) anzeigen. Der DGB weist darauf hin, dass die Leistungen hier deutlich besser sind als bei der gesetzlichen Krankenversicherung. Das ist vor allem wegen der noch unerforschten Spätfolgen wichtig. Das Thema Berufskrankheit bzw. Arbeitsunfall hat in den Corona-Jahren 2020 und 2021 sehr rasch hohe Bedeutung erlangt. In der Tat hat das BMAS bekannt gegeben, dass die in der BK-Liste enthaltene BK 3101 »Infektionskrankheiten« die Erkrankung durch Covid-19 grundsätzlich einschließt. Damit ist aber noch längst nicht alles klar. Auch nach relativ kurzer Frist muss leider festgestellt werden, dass sich die aus dem BK-Recht und der BK-Praxis bekannten Probleme hier reproduzieren (s. dazu den Datenanhang im Jahrbuch 2021, S. 362 ff. und die Langfassung dieses Datenanhangs).

Abb. 46 gibt einen Überblick über die Zahlen im Zeitverlauf. Für die vergangenen zehn Jahre ist – mit Schwankungen – die Zahl der jährlichen Verdachtsanzeigen allmählich angestiegen. Diese jährlichen Anzeigen auf Verdacht einer Berufskrankheit lagen 2007 und 2008 noch bei rund 64.000 und stiegen bis 2015 auf über 80.000. Die aktuellen Daten der DGUV zeigen einen drastischen Anstieg der BK-Verdachtsanzeigen im Pandemie-Jahr 2020 auf erstmals über 100.000. Gegenüber 2019 ist das ein Anstieg um ein Drittel (32 %).

Abb. 46: Berufskrankheiten 2011–2020

Kategorie	2011	2012	2013	2014	2015	2016	2017	2018	2019	2020*
Verdachtsanzeigen	74 337	73 574	74 680	75 102	81 702	80 163	79 774	82 622	84 853	106 000
Verdacht bestätigt, aber besondere versicherungsrechtliche Voraussetzungen nicht erfüllt	19 389	20 061	20 686	20 869	20 555	19 635	18 378	18 302	17 205	
Anerkennungen	15 880	15 949	16 413	16 969	18 041	22 320	21 772	21 794	20 422	37 886
BK-Verdacht nicht bestätigt	39 060	37 564	37 581	37 263	43 111	41 208	39 624	42 526	47 226	
Neue BK-Renten	5 534	5 053	4 926	5 277	5 180	5 458	5 064	4 921	4 806	
Todesfälle durch eine BK	2 560	2 468	2 357	2 469	2 415	2 576	2 609	2 457	2 581	

Quelle: SuGA 2013–2019, DGUV 2021.
*Die für 2020 ergänzten Zahlen veröffentlichte die DGUV im März 2021. Nach diesen Zahlen wurde von den 106 000 Verdachtsanzeigen die berufliche Verursachung in fast 54 000 Fällen bestätigt.

Daten, Schwerpunkte, Trends

Mit der absoluten Zahl der Verdachtsmeldungen ist im Zeitverlauf auch die Zahl der Anerkennungen gestiegen. Ihr Prozentsatz an der Gesamtzahl bewegte sich aber jahrelang – mit Schwankungen – stets um einen Anteil von rund 22%. 2015 stieg er auf 25%, 2016 waren es 24,5%, 2018 rund 26%. Auch die Zahl der Ablehnungen ist gestiegen, jedoch nicht im gleichen Verhältnis wie die Zahl der Verdachtsmeldungen. Generell erfährt mehr als die Hälfte der Verdachtsanzeigen eine Ablehnung. 2011 waren es 52,5%, 2016 51,4%, 2018 51,5%, 2019 sogar 55,7%. 2020 entstand durch Corona eine ganz neue Situation. Die Zahl der BK-Anerkennungen stieg binnen Jahresfrist um rund 17.500 oder 86%. Vorläufige Zahlen der DGUV gaben einen ersten Aufschluss über die Zahl der Verdachtsanzeigen auf eine BK bzw. einen Arbeitsunfall wegen Covid-19. Die Antwort der Bundesregierung auf eine Kleine Anfrage der Linken[17] lieferte ergänzende Informationen. Demnach lagen mit dem Stichtag 31. Januar 2021 rund 50.000 Verdachtsanzeigen auf eine BK 3101 Infektionskrankheiten durch Covid-19 vor, außerdem gut 13.000 Unfallmeldungen wegen Infektion mit Covid-19 (Abb. 47).

Abb. 47: BK-Verdachtsanzeigen und Unfallmeldungen wegen Covid-19 — Gute Arbeit

BK DGUV gesamt	Anzeigen	Anerkennungen	Anerkennungsquote
	49424	27789	56,23%
Unfallmeldungen DGUV	Meldungen	Anerkennungen	Anerkennungsquote
	13366	4540	33,97%

Quelle: BT-Drucksache 19/29319

Diese Zahlen bedeuten weiter: Rund 4 von 10 BK-Anzeigen werden nicht anerkannt (43,77%), Bei der BG Gesundheit und Wohlfahrtspflege sind die Anerkennungsquoten relativ hoch (knapp 70%), bei anderen wie der BG Handel und Warenlogistik (BGHW) beträgt sie nur knapp 15%. Bei den Arbeitsunfällen ist die Anerkennungsquote niedriger als bei den BKen. Hier werden zwei Drittel der Anzeigen (66%) nicht anerkannt. Nach aktuellen Daten der DGUV wurden im Bereich der gewerblichen BGen und der Unfallkassen seit Beginn der Pandemie bis einschließlich August 2021 rund 100.000 Fälle von Covid-19 als BK anerkannt.

Zur Gesamtthematik sind einige Erläuterungen erforderlich: Die Bundesregierung wies 2020 darauf hin, die in der BK-Liste enthaltene BK 3101 »Infektionskrankheiten« schließe auch eine Erkrankung durch Covid-19 ein. Die DGUV schränkte aber ein: Dies gelte überwiegend nur für bestimmte Berufs- und Tätigkeitsfelder, nämlich für Berufe im Gesundheitsdienst, der Wohlfahrtspflege oder für Menschen, die in einem Laboratorium tätig seien. Der DGB bewertete das als völlig unzureichend (https://www.dgb.de/themen/++co++4a38ec78-3df7-11eb-8d02-001a4a160123). Neben den zweifellos betroffenen Beschäftigten des Gesundheitswesens, der Wohlfahrtspflege und der Laboratorien müssten beispielsweise auch Lehrer*innen, Erzieher*innen, Polizist*innen, Beschäftigte im Wach- und Sicherheitsdienst und der Beauty-Branche berücksichtigt werden. Außerdem auch Beschäftigte in der fleischverarbeitenden Industrie, in Post- und Logistikzentren oder landwirtschaftlichen Betrieben, in Einrichtungen der privaten und öffentlichen Fürsorge, in Schulen und Kitas, in Justizanstalten. Daten der Krankenkassen hätten zudem gezeigt, dass Leiharbeitende im produzierenden Be-

---
17 Bundestagsdrucksache 19/29319, Mai 2021.

Anhang

reich ebenfalls betroffen seien. Hier müssten die in der BK 3101 geltenden Definitionen erweitert werden. Danach sah es zum Ende der Legislaturperiode allerdings nicht aus. Nach Auskunft des BMAS habe der Ärztliche Sachverständigenbeirat Berufskrankheiten (ÄSVB) geprüft, ob nach aktuellem wissenschaftlichem Erkenntnisstand weitere Tätigkeiten außerhalb der in der BK 3101 genannten ein vergleichbar hohes Infektionsrisiko aufwiesen. Dafür gebe es derzeit keine Belege, vielleicht ändere sich das aber in der Zukunft.

Gehen wir noch einmal zurück zu den Daten zu BK-Anzeigen, Anerkennungen usw. Hier waren bei Redaktionsschluss die aktuellen Daten die des Jahres 2019 laut SuGA 2019. Sie enthalten also noch nicht die neueren Verdachtsanzeigen zur BK 3101 Infektionskrankheiten (hier wegen Covid-19). Der Blick auf die besonders häufig angezeigten Krankheiten und deren Anerkennungen zeigt über die Jahre eine bemerkenswerte Kontinuität (s. dazu die Langfassung dieses Datenanhangs in der online-Version).

Am 1. Januar 2021 traten die im SGB VII beschlossenen Änderungen zum Recht der Berufskrankheiten in Kraft. Damit entfällt auch der bisher geltende so genannte Unterlassungszwang bei 9 Berufskrankheiten. Ohne Übertreibung lässt sich feststellen, dass die IG Metall die treibende Kraft dieser Reform war. Einer der Gründe liegt darin, dass 30 % der angezeigten BK-Verdachtsfälle aus dem Organisationsbereich der IG Metall kommen (s. dazu den Datenanhang 2021, S. 365 ff.). Es wird sich in der jetzt begonnenen Legislaturperiode zeigen müssen, ob aus den guten Ansätzen der BK-Reform auch gute Praxis wird.

6. Personalstand und Tätigkeit der Aufsichtsbehörden und -dienste

Für den Vollzug der bundesrechtlich geregelten Arbeitsschutzvorschriften sind in der hiesigen föderalen Ordnung die Länder zuständig. Deren Arbeitsschutzverwaltungen stehen seit geraumer Zeit in der Kritik: Trotz umfangreicher und komplexer gewordener Aufgaben seien die Personalkapazitäten der Aufsichtsbehörden über die Jahre in einem Maße heruntergefahren worden, welches eine Erfüllung ihrer Kontrollfunktionen kaum noch zulasse. Dass neuerdings sogar ein stramm neoliberal ausgerichtetes Medium wie die Tageszeitung »Die Welt« sich diese Sicht zu eigen macht (Welt online am 21.07.2021), darf als deutlicher Hinweis auf den Ernst der Lage verstanden werden.

Von dem um die Mitte der 2000er Jahre besonders intensiv betriebenen und bis 2013 reichenden Personalabbau hat sich die Arbeitsschutzaufsicht bis heute nicht erholt. Einen mehr als nur geringfügigen Zuwachs an Aufsichtsbeamt*innen (+127/+4,2 %) gab es nach Jahren der Stagnation eigentlich erst 2020, wobei zwei Drittel dieses Anstiegs allein aufs Konto von Baden-Württemberg gingen, das ein – zumindest erstaunlich zu nennendes – Plus von 14 % innerhalb des Jahres vermeldete (Abb. 48). Im Zehnjahresvergleich zeigt sich die Personalausstattung der Arbeitsschutzbehörden dennoch nicht substantiell verbessert, vom Niveau, auf dem sie sich noch zu Beginn der 2000er Jahre (mit deutlich über 4000 Aufsichtsbeamt*innen) bewegte, ist sie ohnehin himmelweit entfernt.

Daten, Schwerpunkte, Trends

Abb. 48: Zahl der Aufsichtsbeamt*innen insgesamt 2010–2020 — Gute Arbeit

	2010	2014	2015	2016	2017	2018	2019	2020	2010–20
Baden-Württ.	528	512	534	544	535	547	566	647	22,5 %
Bayern	376	325	374	360	332	330	325	316	-16,0 %
Berlin	104	105	98	102	102	92	102	113	8,7 %
Brandenburg	139	92	88	78	81	80	80	78	-43,9 %
Bremen	38	34	33	32	31	31	25	27	-28,9 %
Hamburg	68	66	63	61	60	62	61	57	-16,2 %
Hessen	158	243	237	234	229	258	259	280	77,2 %
Mecklenb.-Vorp.	87	87	86	84	73	70	74	75	-13,8 %
Niedersachsen[1]	422	436	443	449	462	455	462	447	5,9 %
Nordrh.-Westf.	464	466	495	507	519	541	534	567	22,2 %
Rheinland-Pfalz	188	169	169	172	173	126	164	164	-12,8 %
Saarland	28	25	29	29	28	28	25	27	-3,6 %
Sachsen	152	144	126	124	121	122	127	135	-11,2 %
Sachsen-Anhalt	113	104	98	93	86	86	89	87	-23,0 %
Schleswig-Holst.	35	52	52	54	53	55	56	56	60,0 %
Thüringen	129	73	73	71	77	74	66	66	-48,8 %
Insgesamt	**3 029**	**2 933**	**2 998**	**2 994**	**2 962**	**2 957**	**3 015**	**3 142**	**3,70 %**

[1] Zahlen ab 2014 wegen überhöhter Angaben im SuGA aus den Jahresberichten der niedersächsischen Gewerbeaufsicht entnommen. Quelle: SuGA, versch. Jahrg.; eigene Berechnungen

Hinzu kommt, dass die 16 Länder, was die Entwicklung ihrer Aufsichtskapazitäten betrifft, ein höchst unterschiedliches Bild abgeben. Während die Statistiken einiger Länder wie Hessen, Schleswig-Holstein, Baden-Württemberg oder Nordrhein-Westfalen für den Zeitraum 2010-2020 beachtliche (wenn auch nicht immer völlig plausible) Steigerungen ausweisen, stehen z. B. Thüringen, Brandenburg, Bremen oder Sachsen-Anhalt heute deutlich schlechter da als vor zehn Jahren. Auch die jüngste Entwicklung im Jahr 2020 fiel keineswegs überall so positiv aus wie etwa in Baden-Württemberg (+14,3 % gegenüber 2019, s. o.), Berlin (+10,8 %) oder Hessen (+8,1 %) (Abb. 48).

Die Problematik knapper Personalkapazitäten in den Aufsichtsbehörden wird zusätzlich dadurch verschärft, dass diese außer für die Überwachung des Arbeitsschutzes zunehmend auch für Aufgaben in anderen Bereichen, etwa dem Immissionsschutz oder die Produktsicherheit, zuständig sind. Dem Bericht der Bundesregierung zur Sicherheit und Gesundheit bei der Arbeit (SuGA) zufolge waren bundesweit zuletzt noch nicht einmal 1900 Aufsichtsbeamt*innen mit der Einhaltung von Arbeitsschutzvorschriften im engeren Sinne befasst, rund 40 % der vorhandenen Aufsichtskapazitäten entfallen also auf Aktivitäten in Rechtsgebieten außerhalb des Arbeitsschutzes. In einzelnen Ländern kann dieser Anteil durchaus noch höher liegen, so in Rheinland-Pfalz (60 %) oder Bayern (50 %) (Abb. 48).

Dass die arbeitsschutzbezogene Kontrolltätigkeit vor Ort erheblich nachgelassen hat, erscheint vor dem Hintergrund des zuvor Gesagten geradezu zwangsläufig. Die Zahl der von den Aufsichtsbeamt*innen jährlich besichtigten Betriebe ist im Zeitraum 2010-2019 von rund 122 000 auf knapp 62 000 (-49 %), die der dort durchgeführten Besichtigungen von ca. 182 000 auf gut 86 000 (-55 %) gesunken (Abb. 50). Oder anders

Anhang

Abb. 49: Anteil der Aufsichtsbeamt*innen mit Arbeitsschutzaufgaben an allen Aufsichtsbeamt*innen (in %) 2014–2020
Gute Arbeit

	2014	2015	2016	2017	2018	2019	2020	2014-20
Baden-Württ.	-	-	-	-	-	-	-	-
Bayern	-	-	-	52,7	52,7	52,0	50,3	-
Berlin	63,8	66,3	66,7	65,7	64,1	59,8	58,4	-8,50 %
Brandenburg	69,6	65,9	67,9	69,1	66,3	67,5	70,5	1,30 %
Bremen	47,1	48,5	53,1	51,6	54,8	52,0	59,3	25,90 %
Hamburg	87,9	87,3	86,9	85,0	87,1	80,3	77,2	-12,20 %
Hessen	61,3	63,7	64,1	61,6	52,7	56,4	58,2	-5,10 %
Mecklenb.-Vorp.	58,6	62,8	61,9	64,4	64,3	64,9	66,7	13,80 %
Niedersachsen[1]	44,5	51,7	51,0	49,6	50,3	49,6	51,9	16,60 %
Nordrh.-Westf.	64,6	60,4	61,1	60,9	60,4	60,9	60,7	-6,00 %
Rheinland-Pfalz	30,2	30,2	41,9	41,0	42,0	41,5	40,2	33,10 %
Saarland	64,0	62,1	62,1	64,3	67,9	72,0	66,7	4,20 %
Sachsen	85,4	87,3	86,3	85,1	82,8	84,3	85,2	-0,20 %
Sachsen-Anhalt	68,3	61,2	61,3	61,6	60,5	60,7	74,7	9,40 %
Schleswig-Holst.	94,2	92,3	88,9	94,3	96,4	96,4	98,2	4,20 %
Thüringen	86,3	87,7	88,7	80,5	66,2	68,2	65,2	-24,40 %
Insg. (o. BW)	-	-	-	60,0	59,6	58,8	59,8	-
Insg. (o. BW, BY)	60,7	61,1	62,1	61,1	60,7	59,8	61,1	0,70 %

[1] Zahlen ab 2014 wegen überhöhter Angaben im SuGA aus den Jahresberichten der niedersächsischen Gewerbeaufsicht entnommen. Quelle: SuGA, versch. Jahrg.; eigene Berechnungen

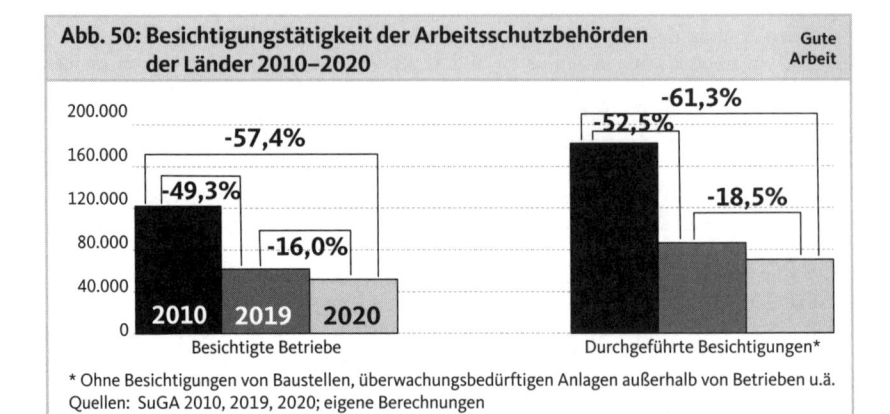

Abb. 50: Besichtigungstätigkeit der Arbeitsschutzbehörden der Länder 2010–2020
Gute Arbeit

Besichtigte Betriebe: 2010, 2019 (-49,3 %), 2020 (-16,0 %); Gesamt -57,4 %

Durchgeführte Besichtigungen*: 2010, 2019 (-52,5 %), 2020 (-18,5 %); Gesamt -61,3 %

* Ohne Besichtigungen von Baustellen, überwachungsbedürftigen Anlagen außerhalb von Betrieben u.ä.
Quellen: SuGA 2010, 2019, 2020; eigene Berechnungen

ausgedrückt: Zwischen 2013 und 2019 ging die Zahl der besichtigten Betriebe von rund 100.000 auf 61.864 zurück (Abb. 51).

Dies bedeutet, dass 2019 nurmehr 2,9 % aller Betriebe zu Überwachungszwecken aufgesucht wurden, womit sich die Besichtigungsquote seit 2010 exakt halbiert hat. Besonders stark zurückgegangen sind dabei so genannte »eigeninitiative« (oder »aktive«) Besichtigungen, die von den Arbeitsschutzbehörden auf der Grundlage vorab definierter Kriterien und Prioritäten geplant und durchgeführt werden. Folglich handelt es sich bei der Mehrzahl der Überwachungsbesuche in Betrieben inzwischen um an-

Daten, Schwerpunkte, Trends

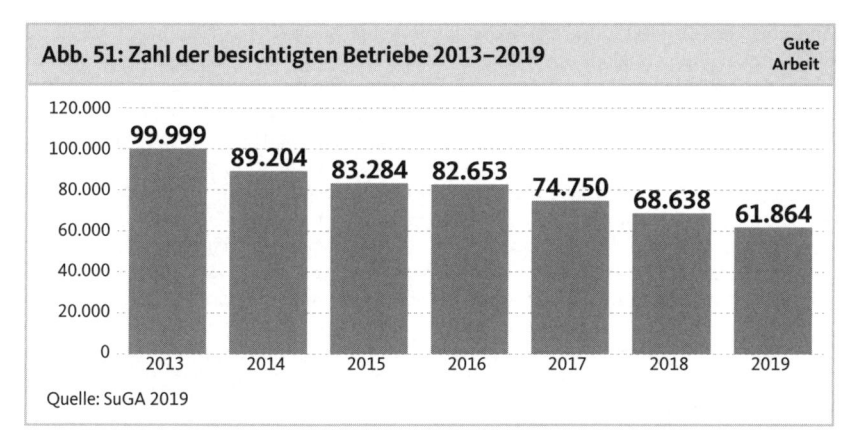

Abb. 51: Zahl der besichtigten Betriebe 2013–2019 — Gute Arbeit

Jahr	2013	2014	2015	2016	2017	2018	2019
Betriebe	99.999	89.204	83.284	82.653	74.750	68.638	61.864

Quelle: SuGA 2019

lassbezogene (»reaktive«) Besichtigungen, für die äußere, von der Behörde nicht unmittelbar beeinflusste Umstände (Unfallereignisse, Beschwerden, Anfragen) ursächlich sind. Aufschlussreich ist auch ein knapper Blick nicht nur auf besichtigte Betriebe und Anzahl der Besichtigungen überhaupt, sondern auch auf die dort festgestellten Mängel und die daraus folgenden Durchsetzungsmaßnahmen (Abb. 52).

Abb. 52: Beanstandungen und Durchsetzungsmaßnahmen 2017–2019 — Gute Arbeit

Beanstandungen 2017–2019					
Jahr	Zahl berührter Sachgebiete in Beanstandungen gesamt	Davon Unfallverhütung und Gesundheitsschutz	Sozialer Arbeitsschutz	Arbeitsmedizin	Verbraucherschutz
2019	354 660	286 023	39 407	2 810	26 415
2018	334 842	283 034	34 972	2 056	14 768
2017	351 815	306 682	27 868	2 058	15 197

Durchsetzungsmaßnahmen 2017–2019				
Jahr	Anordnungen	Verwarnungen	Bußgeldbescheide	Strafanzeigen
2019	10 903	602	2 062	226
2018	9 564	913	2 052	185
2017	9 392	1 001	2 205	210

Quelle: SuGA 2019

Die Daten zeigen weiter, dass die Zahl der Beanstandungen von 2017 bis 2019 erkennbar zugenommen hat, vor allem allerdings auf dem Gebiet des Verbraucherschutzes. Dagegen hat die Zahl der Beanstandungen im eigentlichen Fachgebiet Unfallverhütung und Gesundheitsschutz in der relativ knappen Zeit von zwei Jahren um rund 20.000 abgenommen. Das hängt offensichtlich mit dem generellen Abbau der Besichtigungstätigkeit zusammen. Wie kontraproduktiv diese Entwicklung ist, lässt der Blick auf die Durchsetzungsmaßnahmen erahnen. Trotz Reduzierung der Besichtigungstätigkeit ist die Zahl der Durchsetzungsmaßnahmen sogar gestiegen, zumindest, was die Anordnungen und die Strafanzeigen betrifft. Auch die – trotz Abnahme – beachtliche

Anhang

Zahl der Verwarnungen und der Bußgeldbescheide ist ein Indiz dafür, wie notwendig die Überwachungstätigkeit der Aufsichtsdienste ist.

Im Jahr 2020 herrschten wegen der Pandemie für die staatlichen Arbeitsschutzbehörden natürlich besondere Handlungsbedingungen. Infektionsschutzrechtliche Maßgaben und Lockdowns erschwerten den Zugang zu Betrieben erheblich. Es kann daher kaum verwundern, dass die Besichtigungshäufigkeit in kurzer Frist außergewöhnlich drastisch zurückging: Die Zahl der aufgesuchten Betriebe nahm im Vergleich zum Vorjahr um 16%, die der Besichtigungen um rund 19% ab (s. dazu auch den Beitrag von Jürgen Reusch in diesem Buch). Sofern es in nächster Zeit zu einer Entspannung der Pandemielage kommt (was keineswegs sicher ist), dürfte es bei diesem extrem niedrigen Besichtigungsniveau allerdings nicht bleiben.

Die gravierenden Lücken, die sich hier inzwischen auftun, können auch nicht einfach von den Unfallversicherungsträgern (UVT) kompensiert werden. Diese bilden zwar die »zweite Säule« des institutionellen Arbeitsschutzes in Deutschland, haben aber ein teilweise anders geartetes Aufgabenprofil als die staatlichen Behörden und weisen zudem selbst eine (wenn auch im Vergleich zu den Landes-Arbeitsschutzverwaltungen weniger stark) rückläufige Personalausstattung und Besichtigungstätigkeit auf. Zwischen 2009 und 2019 (neuere Zahlen waren zum Zeitpunkt der Texterstellung nicht verfügbar) reduzierte sich bei den Gewerblichen Berufsgenossenschaften und den UVT der Öffentlichen Hand die Zahl der Aufsichtspersonen um 10,0%. Die Zahl der besichtigten Unternehmen sank von 2010 bis 2019 um 16,8% und im Corona-Jahr 2020 dann noch einmal drastisch um 27,6%, die Zahl der durchgeführten Besichtigungen nahm im Zeitraum 2010-2019 um 7,2% und von 2019 auf 2020 überwiegend pandemiebedingt um 28,6% ab (Abb. 53).

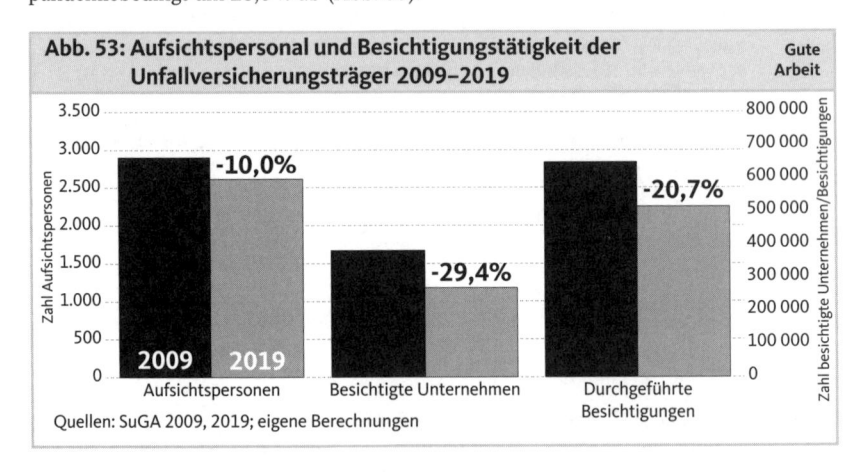

Abb. 53: Aufsichtspersonal und Besichtigungstätigkeit der Unfallversicherungsträger 2009–2019

	2009	2019	Veränderung
Aufsichtspersonen			-10,0%
Besichtigte Unternehmen			-29,4%
Durchgeführte Besichtigungen			-20,7%

Quellen: SuGA 2009, 2019; eigene Berechnungen

An einer substanziellen Stärkung der staatlichen Aufsicht führt also kein Weg vorbei, wenn an dem Anspruch einer effektiven Durchsetzung bestehender Arbeitsschutzvorschriften in der betrieblichen Praxis festgehalten werden soll. Dazu bedarf es auf jeden Fall eines deutlichen und nachhaltigen Personalzuwachses sowie einer Schärfung, Vereinheitlichung und konsequenten Umsetzung der Kriterien für die Auswahl zu besichtigender Betriebe sowie für die Besichtigungsdurchführung.

Kompetenz verbindet

Däubler

Digitalisierung und Arbeitsrecht

Künstliche Intelligenz – Homeoffice – Arbeit 4.0
7., aktualisierte Auflage
2020. 647 Seiten, kartoniert
€ 34,90
ISBN 978-3-7663-6969-7

Die Digitalisierung hat die Arbeitswelt fest im Griff. Wir können uns jederzeit weltweit informieren – aber wir sind auch zu jeder Zeit erreichbar. Homeoffice und mobile Arbeit werden immer wichtiger. Wo endet der Arbeitstag und wo beginnt das Privatleben?

Die Entwicklung schreitet rapide voran. Immer häufiger übernehmen Roboter und andere lernende Systeme einzelne Arbeiten. Welche Auswirkungen hat das auf die Beschäftigten – und was sollten Betriebs- und Personalräte beachten?

Der Ratgeber gibt fachkundige Antworten auf aktuelle Fragen der Arbeitswelt, die sich mit den technischen Veränderungen stellen. Dabei hat Wolfgang Däubler stets die Belange der Beschäftigten und die Handlungsmöglichkeiten von Betriebs- und Personalräten im Blick.

Schwerpunkte der 7. Auflage:
- Recht auf Homeoffice – hat die Pandemie nachgeholfen?
- Künstliche Intelligenz
- Algorithmus als Chef – Anweisungen durch Maschinen?
- Liefer- und Fahrdienste als Herausforderungen des Arbeitsrechts
- Virtuelle Betriebe

Bund-Verlag

Kompetenz verbindet

Fischer / Mitländer / Steiner

Arbeitszeitgesetz

Basiskommentar zum ArbZG
2021. 191 Seiten, kartoniert
€ 34,90
ISBN 978-3-7663-6869-0

Das Arbeitszeitgesetz (ArbZG) schützt Beschäftigte vor Gefährdungen der Gesundheit durch Überlastung. Dafür regelt es vor allem die maximale Arbeitszeit. Seine Vorgaben gelten auch für mobile Arbeit und Homeoffice. Bei ständiger Erreichbarkeit verwischen die Grenzen zwischen Arbeitszeit und Freizeit. Dem setzt das ArbZG zur Wahrung des Gesundheitsschutzes Grenzen.

Gleichzeitig ist das ArbZG einem ständigen Flexibilisierungsdruck ausgesetzt. Auch das viel diskutierte EuGH-Urteil zur Arbeitszeiterfassung verpflichtet den Gesetzgeber erneut, das Gesetz zu modernisieren.

Der neue Basiskommentar erläutert alle Regelungen auf neuestem Stand und liefert einen systematischen und kompakten Überblick. Im Vordergrund steht, was für Betriebs- und Personalräte besonders wichtig ist.

Die Schwerpunkte:
- Tägliche Höchstarbeitszeiten
- Zeitliche Verteilung der Arbeitszeit während des Tages
- Mobile Arbeit und Homeoffice
- Ruhepausen und Ruhezeiten
- Sonn- und Feiertagsarbeit
- Arbeitszeiterfassung
- Arbeitszeit und Pandemie

Bund-Verlag

Kompetenz verbindet

Gute Arbeit

Die Fachzeitschrift für
Arbeitsschutz und Arbeitsgestaltung

- informiert über aktuelle Entwicklungen und Trends im Arbeits- und Gesundheitsschutz

- berichtet über neue gesetzliche Regelungen, beispielhafte Betriebsvereinbarungen und aktuelle Rechtsprechung

- zeigt Wege zur menschen- und alternsgerechten Gestaltung von Arbeitsplätzen

- liefert erprobte Praxistipps zum Umgang mit Gefahrstoffen, Stress, psychischen Belastungen, Lärm und Mobbing

- informiert über Mitbestimmungsrechte und Handlungsmöglichkeiten der Interessenvertretungen

- enthält eine Extra-Rubrik speziell zur Teilhabepolitik

- bietet Online-Ausgabe, Online-Archiv und ePaper

Weitere Informationen und Bestellmöglichkeit unter:
www.gutearbeit-online.de

Bund-Verlag